# 广州统计年鉴

GUANGZHOU STATISTICAL YEARBOOK

## 2021

（总第33期 NO. 33）

广　州　市　统　计　局　编
国家统计局广州调查队
Guangzhou Statistics Bureau
Survey Office of the National Bureau of Statistics in Guangzhou

中国统计出版社
China Statistics Press

图书在版编目（CIP）数据

广州统计年鉴. 2021 = Guangzhou Statistical Yearbook 2021 : 汉英对照 / 广州市统计局，国家统计局广州调查队编. -- 北京 : 中国统计出版社，2021.9
ISBN 978-7-5037-9622-7

Ⅰ. ①广… Ⅱ. ①广… ②国… Ⅲ. ①统计资料－广州－2021－年鉴－汉、英 Ⅳ. ①C832.651-54

中国版本图书馆 CIP 数据核字(2021)第 170936 号

广州统计年鉴—2021

作　　者/ 广州市统计局　国家统计局广州调查队
责任编辑/ 钟钰
出版发行/ 中国统计出版社有限公司
地　　址/ 北京市丰台区西三环南路甲 6 号
邮政编码/ 100073
电　　话/ 邮购（010）63376909　书店（010）68783171
网　　址/ http://www.zgtjcbs.com
印　　刷/ 广州星河印刷有限公司
经　　销/ 新华书店
开　　本/ 890mm×1240mm　1/16
字　　数/ 1500 千字
印　　张/ 37.5
版　　别/ 2021 年 9 月第 1 版
版　　次/ 2021 年 9 月第 1 次印刷
定　　价/ 398.00 元　Price:398.00 yuan(RMB)

如有印装差错，由本社发行部调换。

# 编者说明

# EDITOR'S NOTE

一、《广州统计年鉴—2021》是一本全面反映广州经济和社会发展的资料工具书。本书通过大量的统计数据，全面客观地记录了2020年及重要历史年份广州市经济、社会的发展情况。

二、全书内容分为18个篇目，即：1. 综合；2. 人口；3. 从业人员和工资；4. 固定资产投资；5. 能源和环保；6. 财政和金融；7. 价格指数；8. 人民生活；9. 城市建设；10. 农业；11. 工业；12. 建筑业；13. 运输和邮电；14. 国内贸易；15. 对外经济贸易和旅游；16. 规模以上服务业；17. 科技；18. 教育、文化、体育、卫生、社会福利和其他。2020年开展了第七次全国人口普查，本书特设立人口普查专篇。在附录部分，收集了全国、广东省及香港特别行政区、澳门特别行政区主要经济指标。

三、本年鉴资料主要来自广州市的政府各级统计局、国家统计局广州调查队的各种定期统计报表和抽样调查资料，部分资料来自省属、市属各主管部门。

四、2014年广州市行政区划有调整，原黄埔区和原萝岗区合并为新黄埔区，原增城市和原从化市撤市设区。从2015年起，我市行政区划包括荔湾区、越秀区、海珠区、天河区、白云区、黄埔区、番禺区、花都区、南沙区、从化区和增城区等11个区，无县级市。

五、从2014年起广州市实施城乡一体化分市县住户调查制度，住户调查统计指标体系有较大变动。

六、根据《国家统计局关于执行新国民经济行业分类国家标准的通知》（国统字〔2017〕142号）要求，新《国民经济行业分类》从2017年统计年报和2018年定期统计报表统一开始使用。本资料中凡是涉及到分行业的表式（除个别部门提供的数据仍按旧行业分类，表中有注明），均按照新的行业分类《国民经济行业分类GB/T4754-2017》作调整。

七、从2018年起，新增《规模以上服务业》篇。

八、本年鉴总量指标计算所采用的价格除注明外均为当年价格。

九、读者在使用历年资料时，凡与本年鉴有出入的，均以本年鉴为准。

十、本年鉴中部分数据合计数或相对数由于单位取舍不同而产生的计算误差，均未作机械调整。

十一、本年鉴表中的符号使用说明：“空格”表示该项统计指标数据不详或无该项数据；“…”表示数不足本表最小单位数；“#”表示其中的主要项。

十二、2019年，根据第四次全国经济普查结果，对2008—2018年度地区生产总值、2010—2017年度工业、2011—2018年度年末全社会从业人员和1992—2018年度社会消费品零售总额数据进行了修订。

十三、2020年，根据第七次全国人口普查结果，对2011—2019年常住人口及常住人口城镇人口比重等数据进行了修正。

Ⅰ. *Guangzhou Statistical Yearbook 2021* is a reference book that comprehensively reflects the economic and social development of Guangzhou. Through a large number of statistical data, this book comprehensively and objectively records the economic and social development of Guangzhou in 2020 and important historical years.

Ⅱ. The yearbook contains the following 18 chapters: 1. General Survey; 2. Population; 3. Employment and Wages; 4. Investment in Fixed Assets; 5. Energy and Environment; 6. Government Finance and Banking; 7. Price Indices; 8. People' s Livelihood; 9. City Construction; 10. Agriculture; 11. Industry; 12. Construction; 13. Transport, Postal and Telecommunication Services; 14. Domestic Trade; 15. Foreign Economy and Tourism; 16. Service Industry above Scale; 17. Science and Technology; 18. Education, Culture, Sports, Public Health, Social Welfare and Others. The Seventh National Census was carried out in 2020, and this book has a special chapter on the census. In the appendix, the main economic indicators of China, Guangdong Province, Hong Kong Special Administrative Region and Macao Special Administrative Region are collected.

Ⅲ. The data in the yearbook are mainly obtained from regular statistical reports and sample surveys conducted by Statistics Bureaus of all levels of government and the Survey Office of the National Bureau of Statistics in Guangzhou. Some data are collected from the departments of the provincial and municipal government.

Ⅳ. Since 2014 Guangzhou administrative division has been adjusted. The original Huangpu and Luogang districts have been merged into the new Huangpu district. The former Zengcheng City and the former Conghua City are divided into districts. Since 2015, Guangzhou city administrative division has included 11 districts, which are Liwan district, Yuexiu district, Haizhu district, Tianhe district, Baiyun district, Huangpu district, Panyu district, Huadu district, Nansha district, Conghua district and Zengcheng district, excluding county-level cities.

Ⅴ. Urban and rural integrated household survey is carried out in Guangzhou from 2014, statistical indicator system of urban and rural integrated household survey is changed greatly.

Ⅵ. According to the notice of the National Bureau of Statistics on the implementation of the new national standard of national economic industry classification (2017) 142, the new national economic industry classification has been used from the statistical annual report of 2017 and the periodic statistical report of 2018. In this data, all the tables related to sub-industries (except the data provided by individual departments are classified according to the old industry, as indicated in the table), are adjusted according to the new industry classification & GB/T4754-2017 of national economy.

Ⅶ. Starting from 2018, a new chapter entitled "Service Industry above scale" has been added.

Ⅷ. The prices used in calculation in the yearbook are current prices except noted.

Ⅸ. In any case the data of this book shall be deemed as the authoritative ones.

Ⅹ. In the yearbook all calculating errors of some total and regular figures for the difference of measuring units haven't been adjusted.

Ⅺ. Notations in this book: blank space indicates data are not available. "…" indicates not large enough to be rounded into the least unit of measurement. "#" indicates major item in a category.

Ⅻ. In 2019, according to the results of the fourth national economic census, the regional GDP from 2008 to 2018, the industry from 2010 to 2017, the entire society's employees at the end of the year from 2011 to 2018, and the total retail sales of consumer goods from 1992 to 2018 were revised.

XIII. In 2020, according to the results of the Seventh National Census, the permanent population and the proportion of permanent urban population from 2011 to 2019 were revised.

## 地区生产总值（亿元）
[Gross Domestic Product (100 million yuan)]

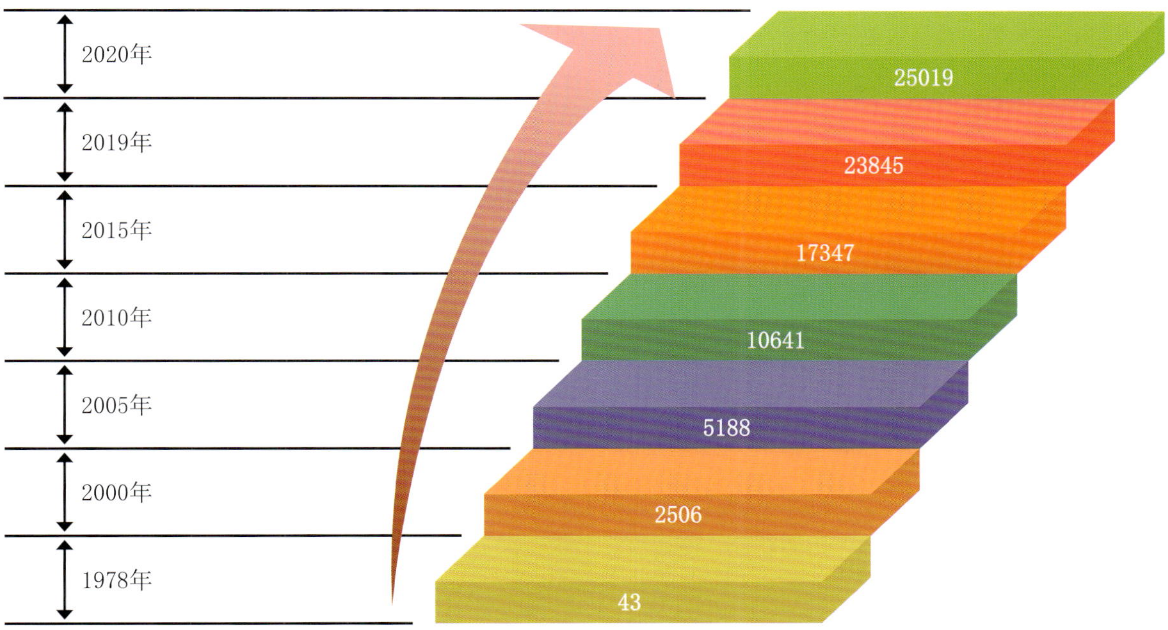


## 地区生产总值构成（%）
[Proportions in GDP (%)]

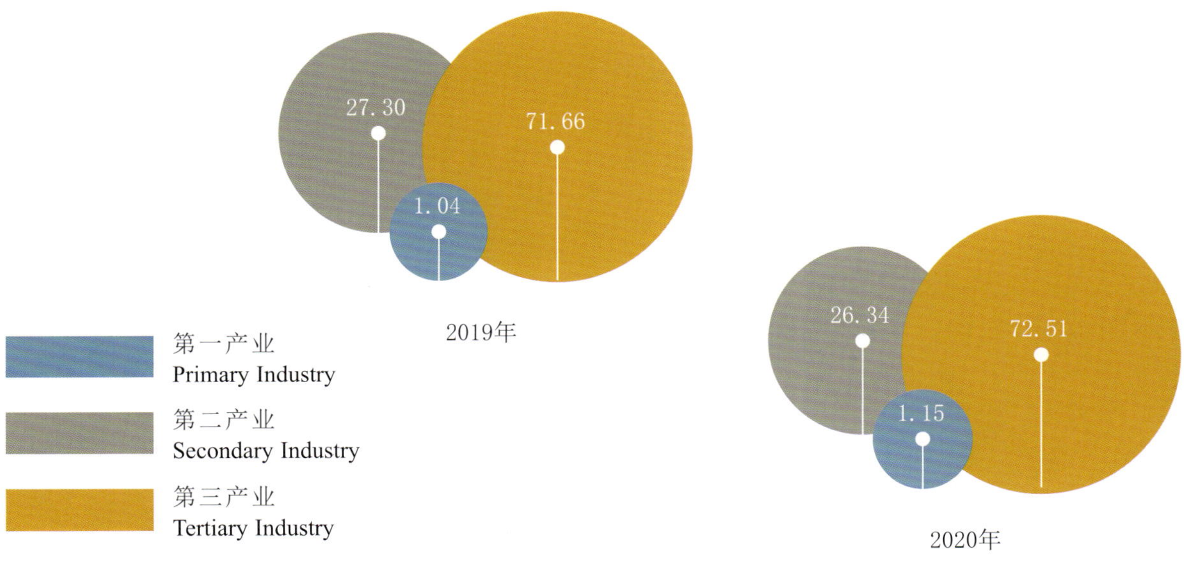

# 人口
# POPULATION

## 年末户籍总人口（万人）
[Total Registered Permanent Residents at Year-end (10000 persons)]

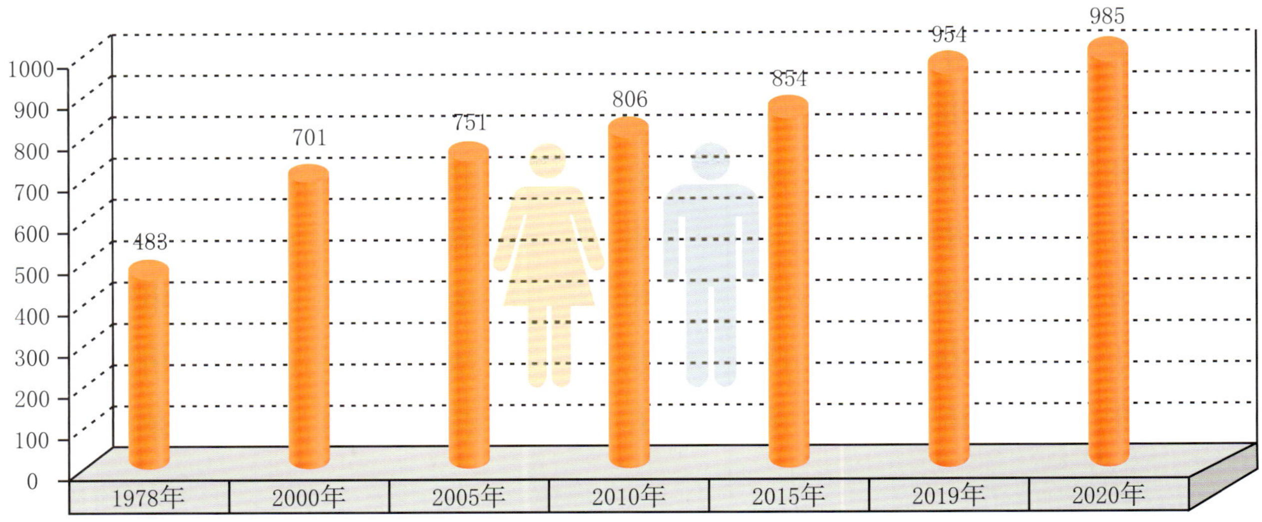


## 户籍人口自然增长率（‰）
[Natural Growth Rate of Registered Population (‰)]

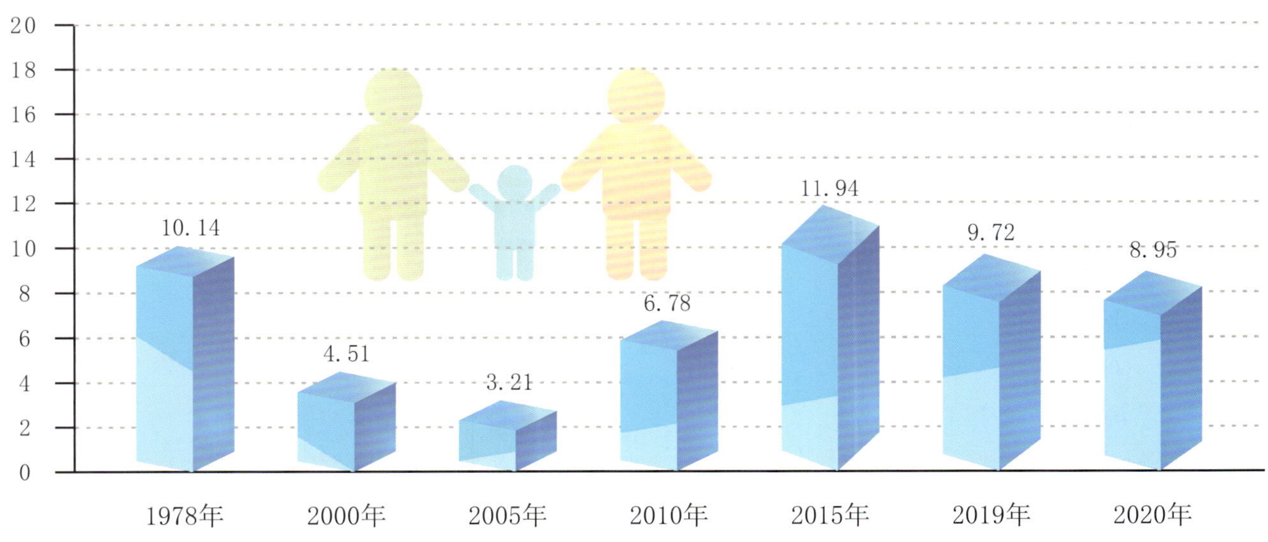

# 从业人员和工资

EMPLOYMENT AND WAGES

## 社会从业人员（万人）
[Number of Employed Persons (10000 persons)]

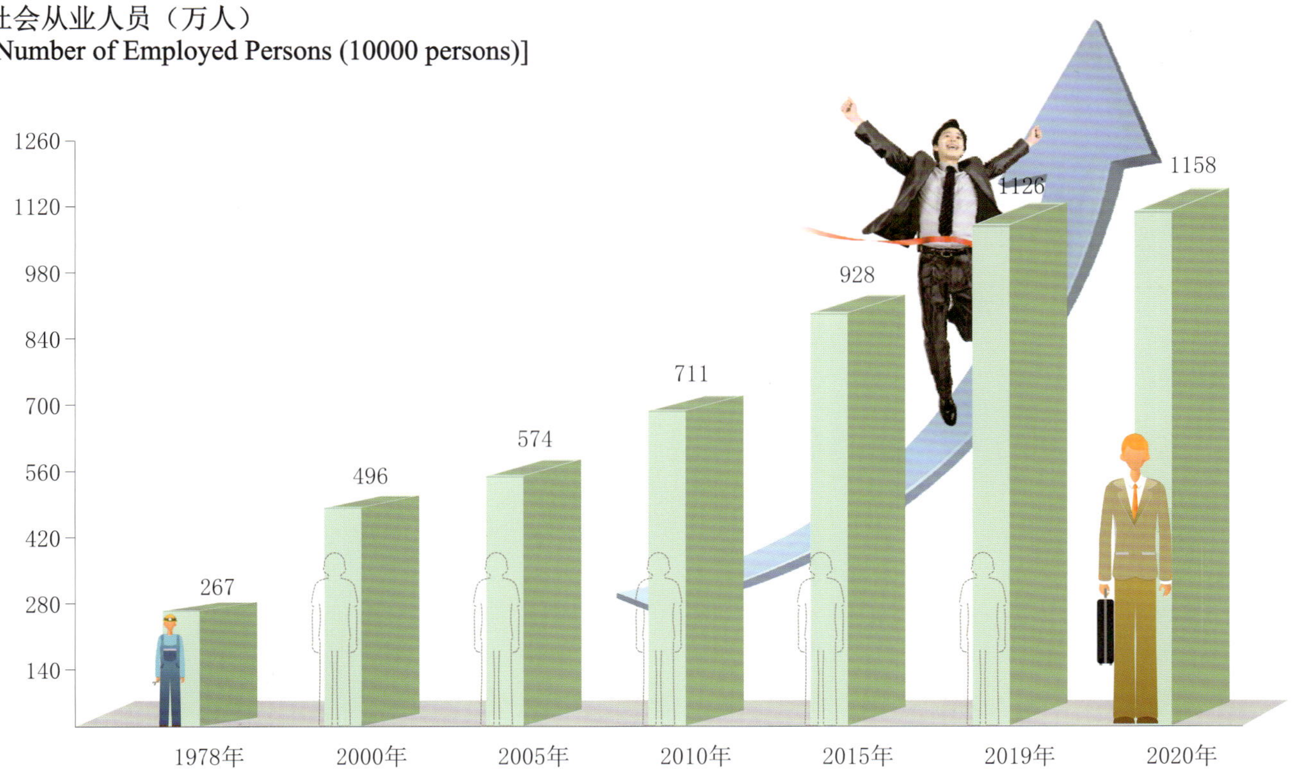


## 城镇非私营单位在岗职工年平均工资（元）
[Average Wage of Fully Employed Staff and Workers in Urban Units (yuan)]

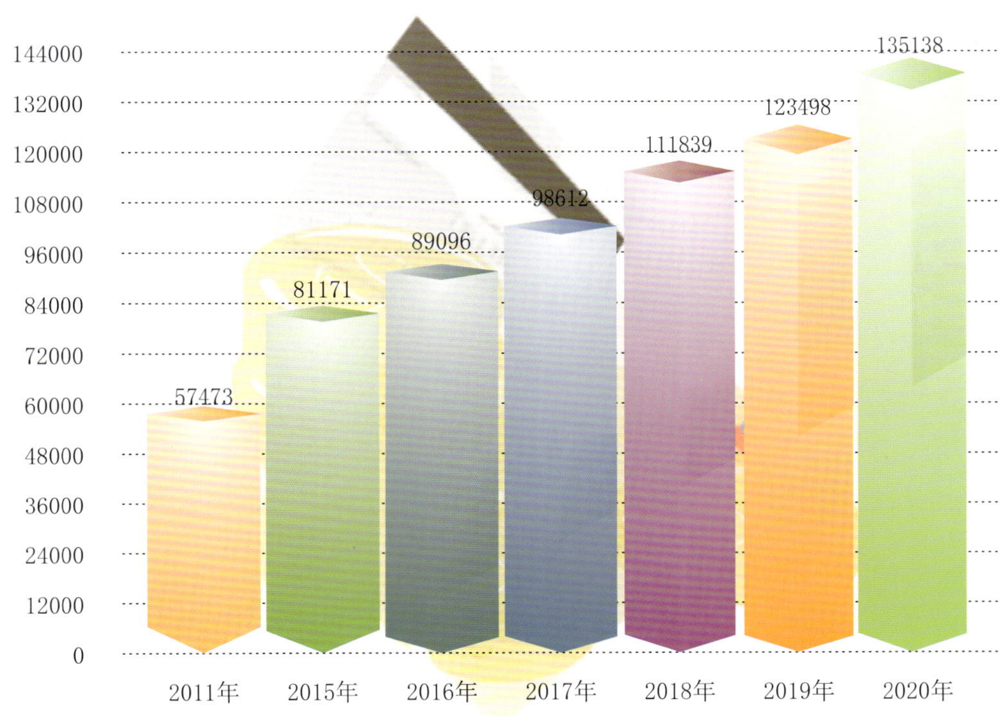

# 固定资产投资
INVESTMENT IN FIXED ASSETS

## 固定资产投资额（亿元）
[Total Investment in Fixed Assets (100 million yuan)]

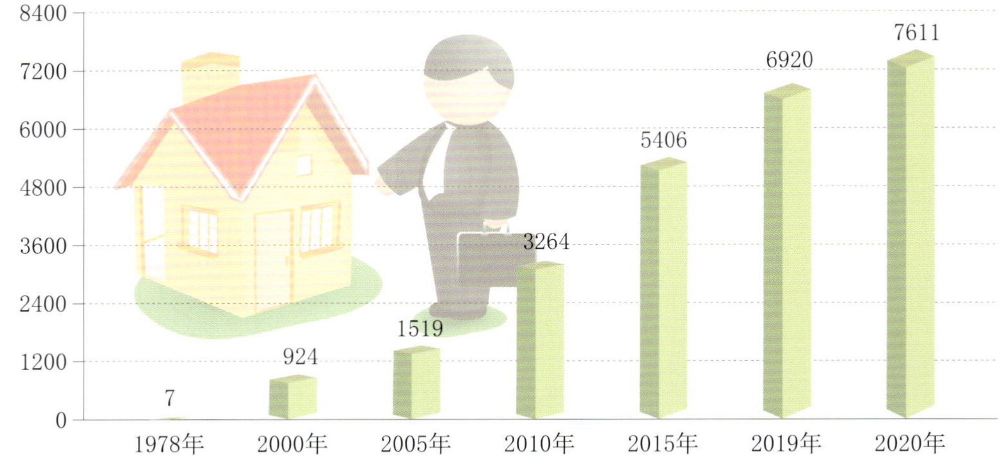


## 固定资产投资额三次产业构成（%）
[Compositions of Investment in Fixed Assets Classified by Three Strata of Industries (%)]

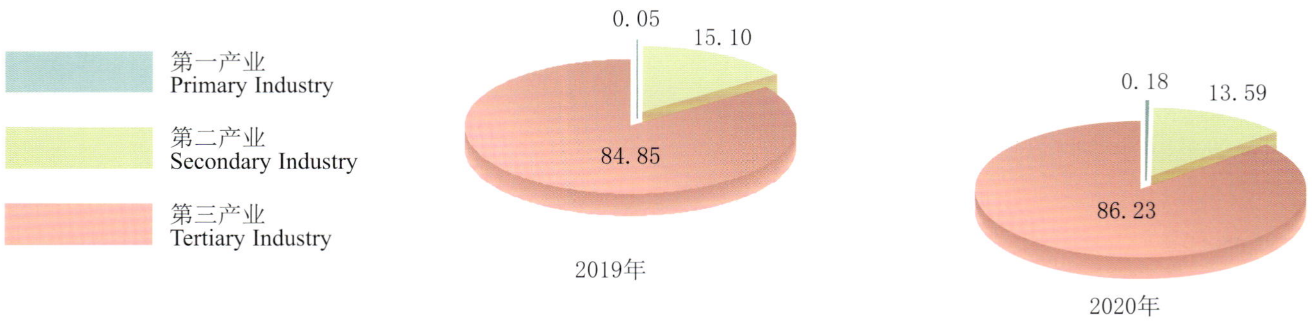


## 房屋建设(万平方米)
[Real Estate Development (10000 sq.m)]

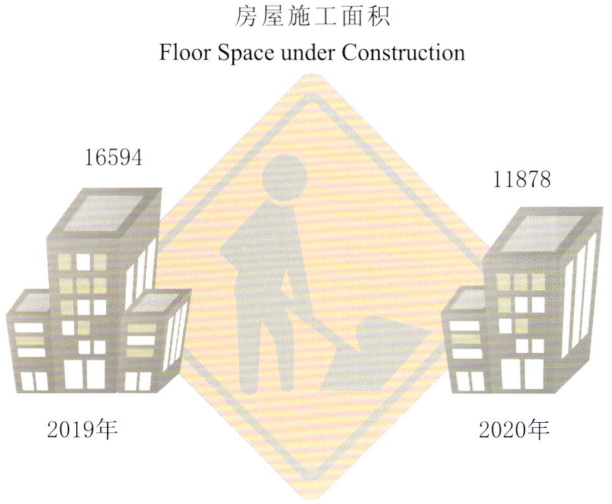


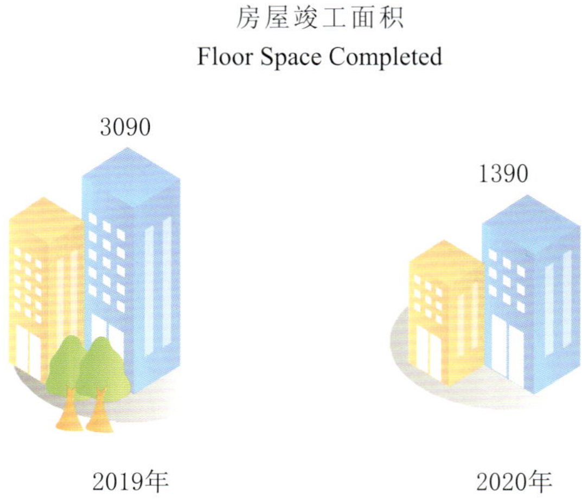

# 能源
ENERGY

**能源消费总量（万吨标准煤）**
[Total Energy Consumption (10000 tons of SCE)]

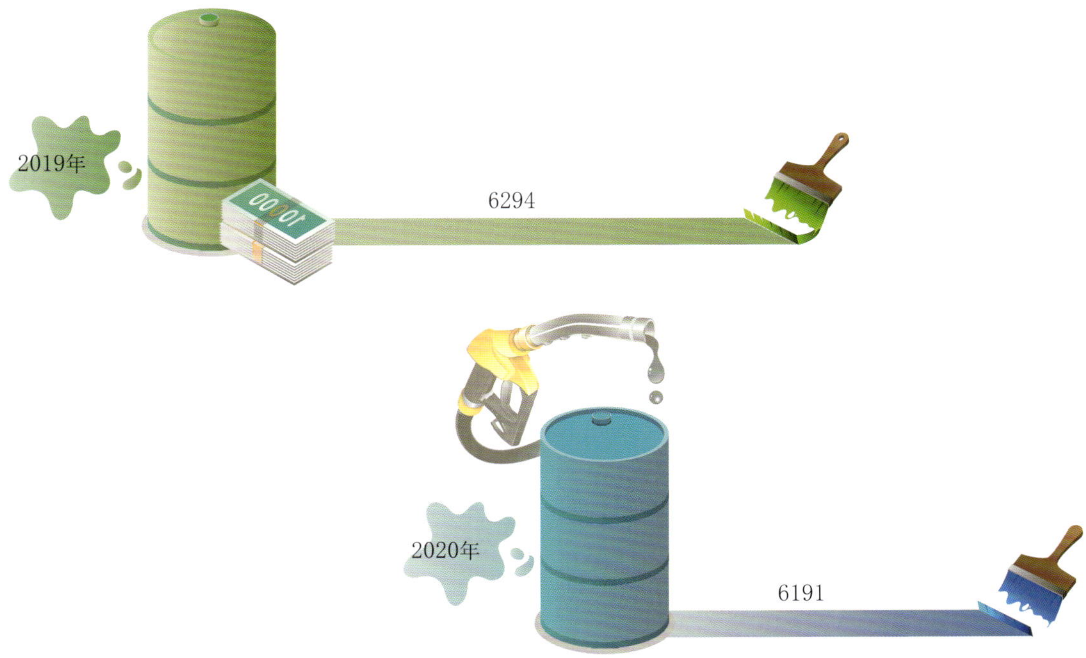


**能源消费总量构成（%）( 2020 年）**
[Proportions of Total Energy Consumption (%) (2020)]

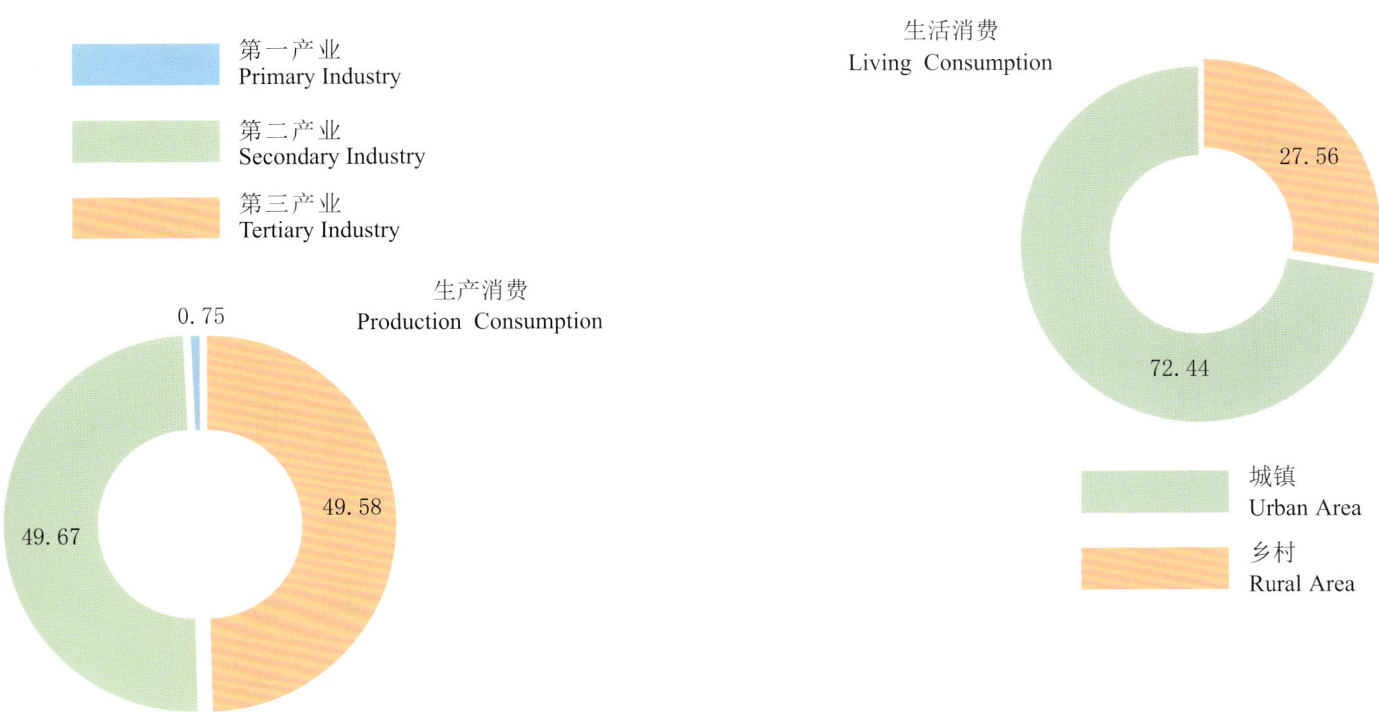

# 财政和金融
## GOVERNMENT FINANCE AND BANKING

### 财政收支（按当年口径、亿元）
### [Revenue and Expenditure of Local Government (at the Coverage of Current Year,100 million yuan)]

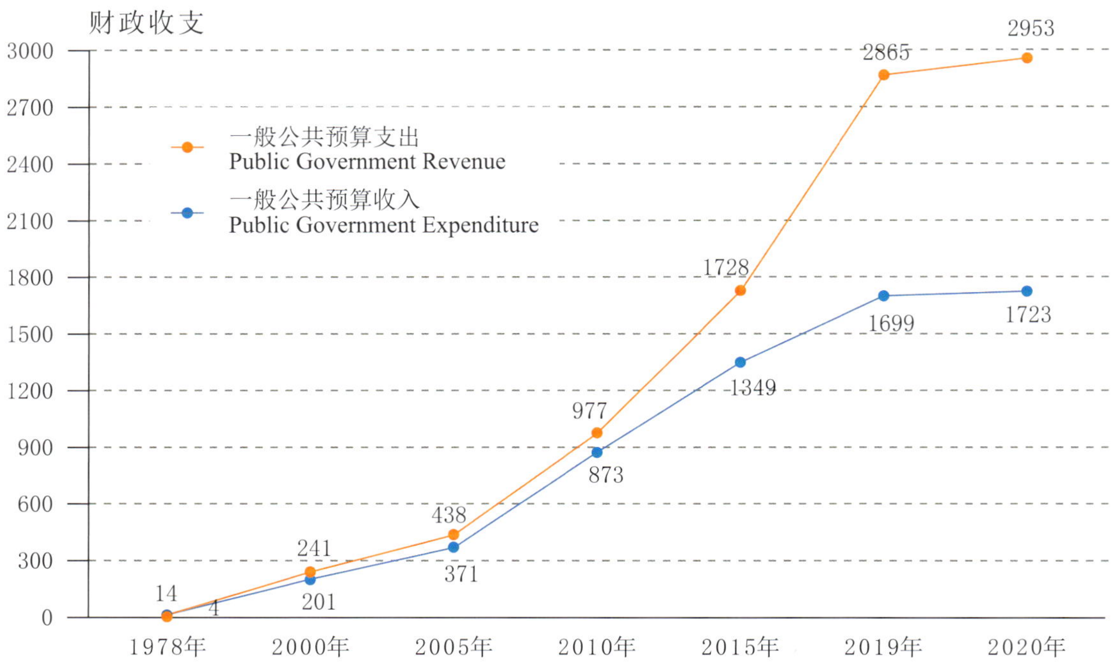


### 金融机构人民币存、贷款余额（亿元）
### [RMB Saving Deposit and Loan of Financial Institutions (100 million yuan)]

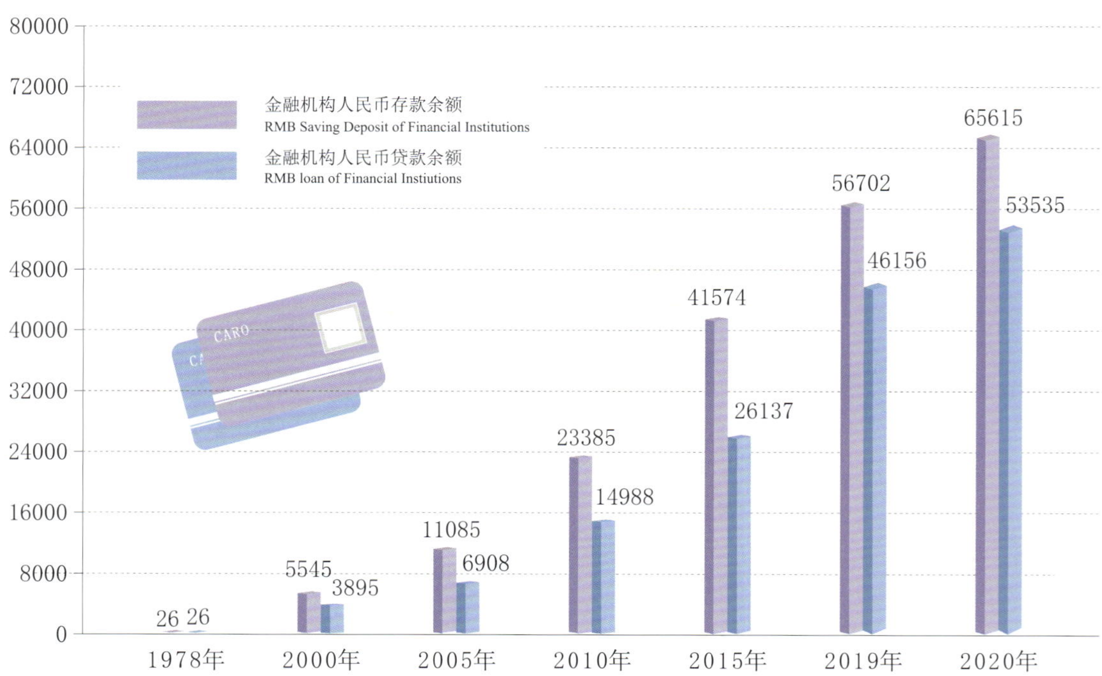

# 价格指数
PRICE INDICES

**城市居民消费价格指数（以1978年价格为100）**
[Urban Residents Consumer Price Indices (the price of 1978=100)]

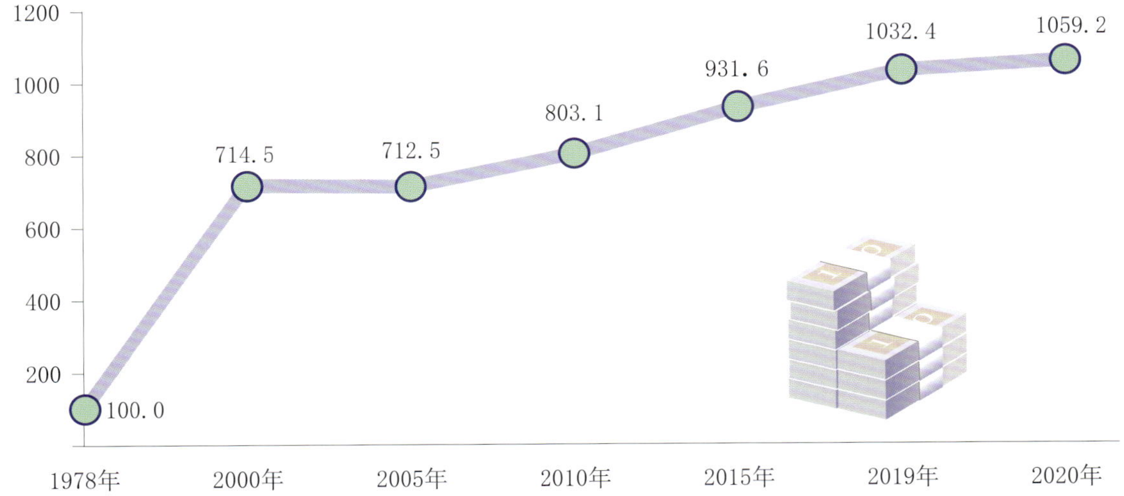


**城市商品零售价格指数（以1978年价格为100）**
[Urban Retail Price Indices in Main Years (the price of 1978=100)]

- 城镇居民年人均可支配收入（元）
  [Per Capita Annual Disposable Income of Urban Residents (yuan)]

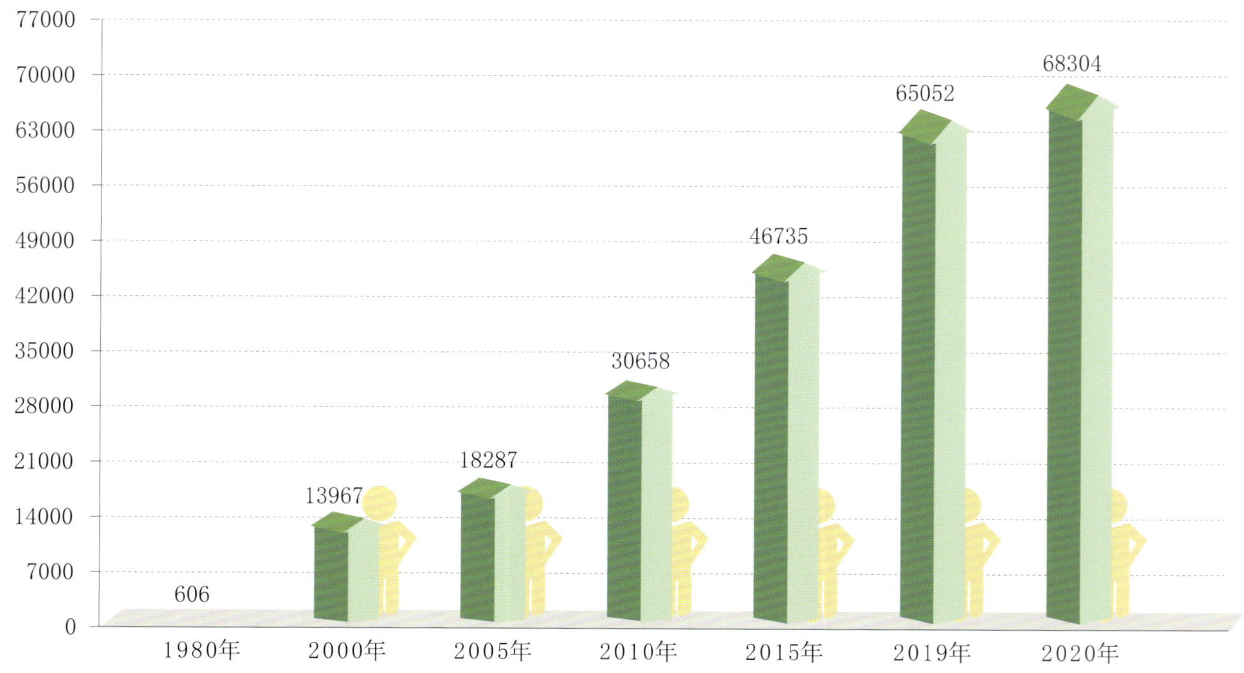


- 农村居民年人均可支配收入（元）
  [Per Capita Annual Net Income of Rural Residents (yuan)]

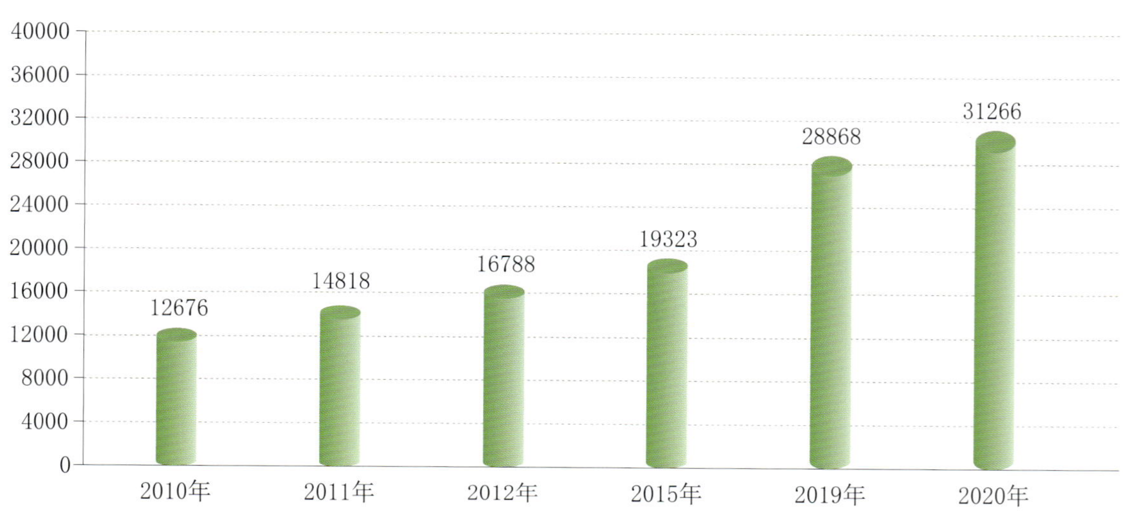

# 城市建设
## CITY CONSTRUCTION

**城市市政公用设施建设固定资产投资（亿元）**
[Investment in Fixed Assets in Public Facilities in Urban Districts (100 million yuan)]

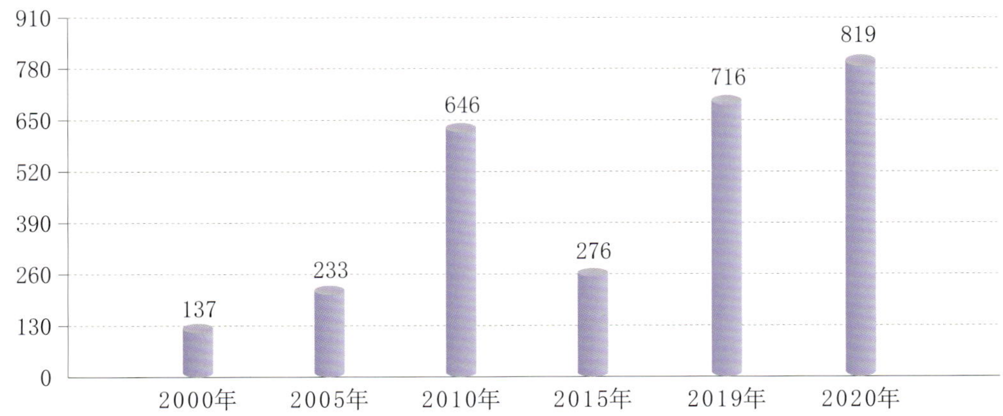


**城市道路面积（万平方米）**
[Roads Area in Urban Districts (10000 sq.m)]

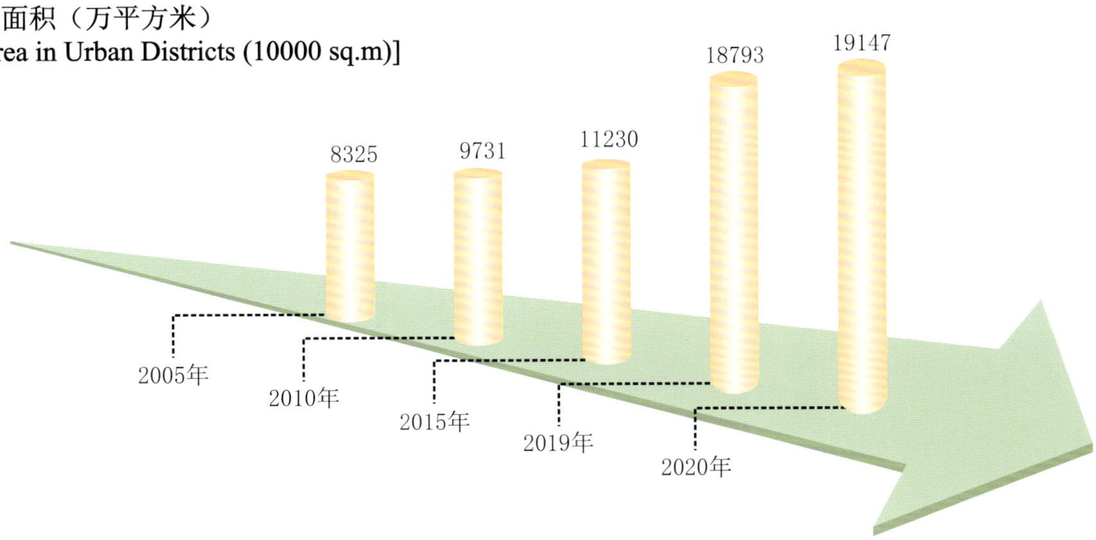


**绿地面积（公顷）**
[Area of Green Areas (hectare)]

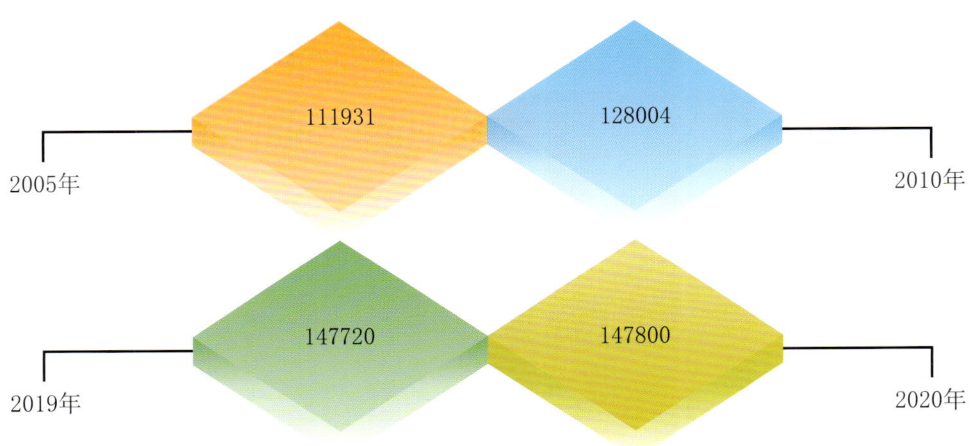

# 农 业
# AGRICULTURE

## 农、林、牧、渔业总产值及增加值（亿元）
## [Gross Output Value and Added Value of Agriculture (100 million yuan)]

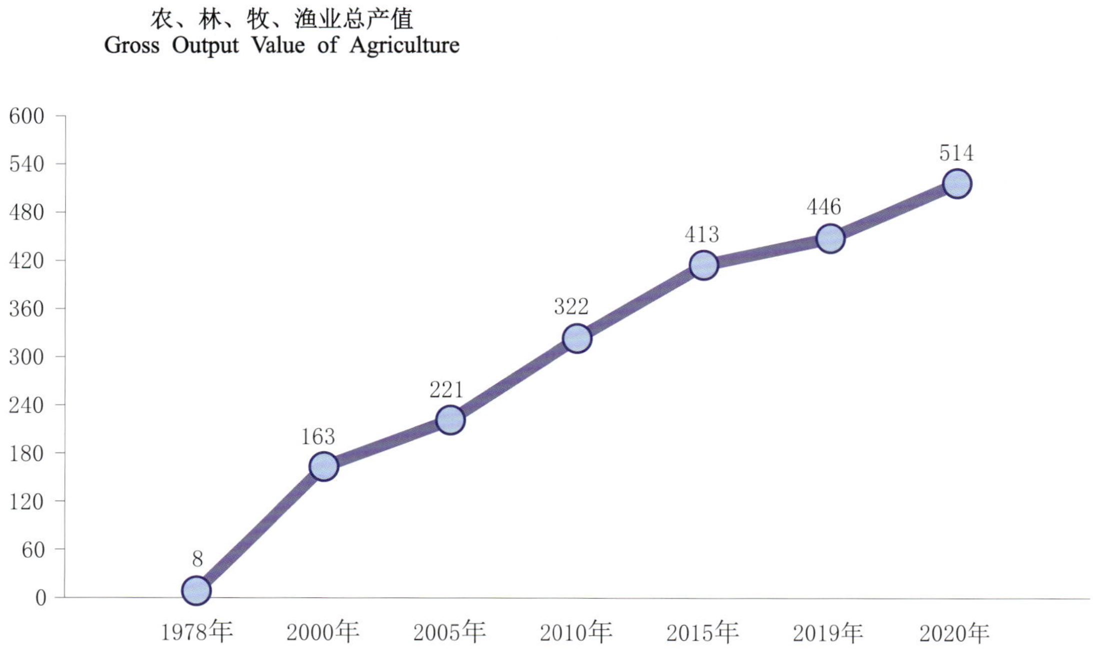


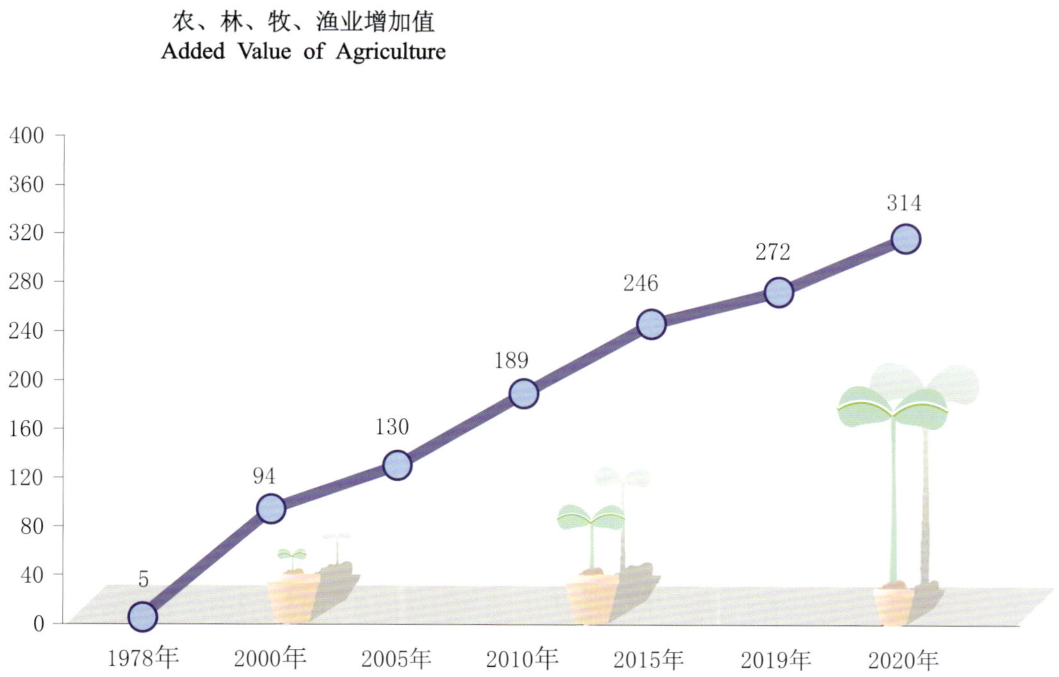

# 工 业
# INDUSTRY

## 工业总产值（亿元）
[Gross Output Value of Industry (100 million yuan)]

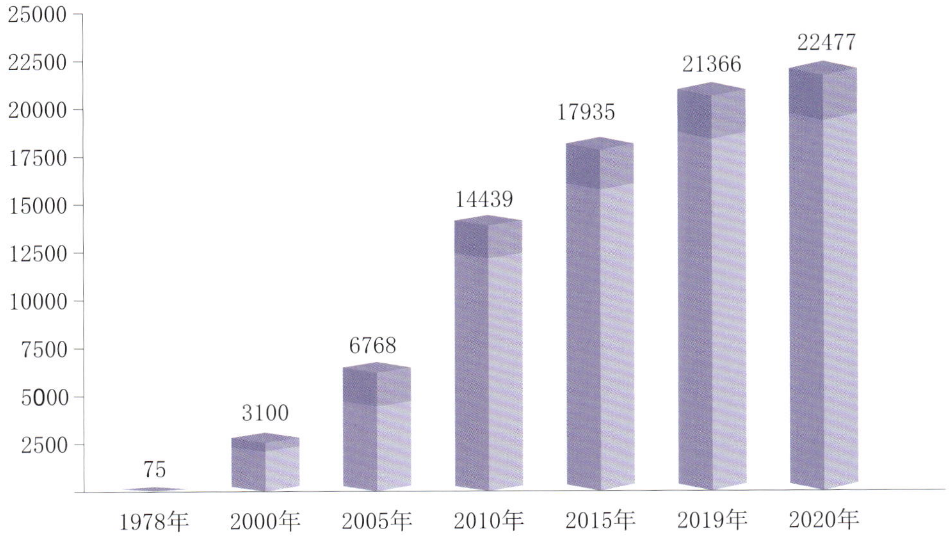


## 规模以上工业总产值构成（%）(2020)
[Proportions in Gross Output Value of Industry Enterprises above Designated Size(%) (2020)]

按规模分
by Scale

按轻重工业分
by Light and Heavy Industries

## 建筑业
CONSTRUCTION

### 建筑业总产值（亿元）
[Gross Output Value (100 million yuan)]

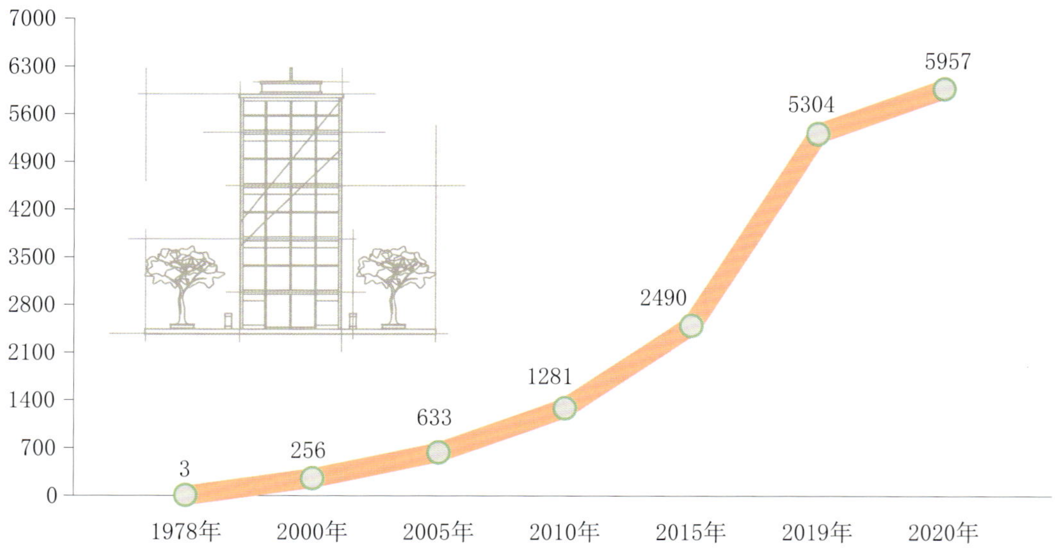


## 运输和邮电
TRANSPORT, POSTAL AND TELECOMMUNICATION SERVICES

### 邮电业务收入（亿元）
[Revenue of Postal and Telecommunication Services (100 million yuan)]

# 国内贸易
DOMESTIC TRADE

## 社会消费品零售总额（亿元）
[Total Retail Sales of Consumer Goods ]

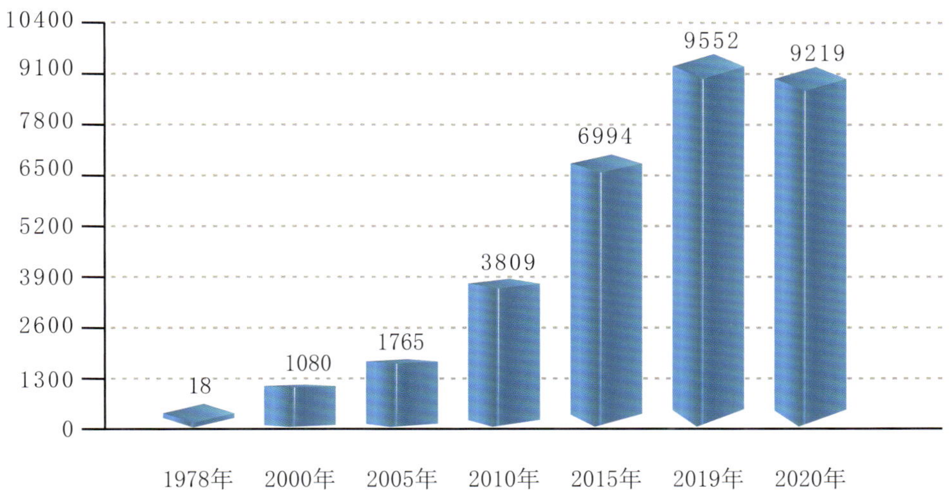


## 社会消费品零售总额构成（%）
[Proportions in Retail Sale of Consumer Goods (%)]

# 对外经济贸易和旅游
FOREIGN ECONOMY AND TOURISM

## 商品出口总值构成（%，以人民币计价）
[Proportions in Total Value of Export Comodities (%，Valuation in RMB)]

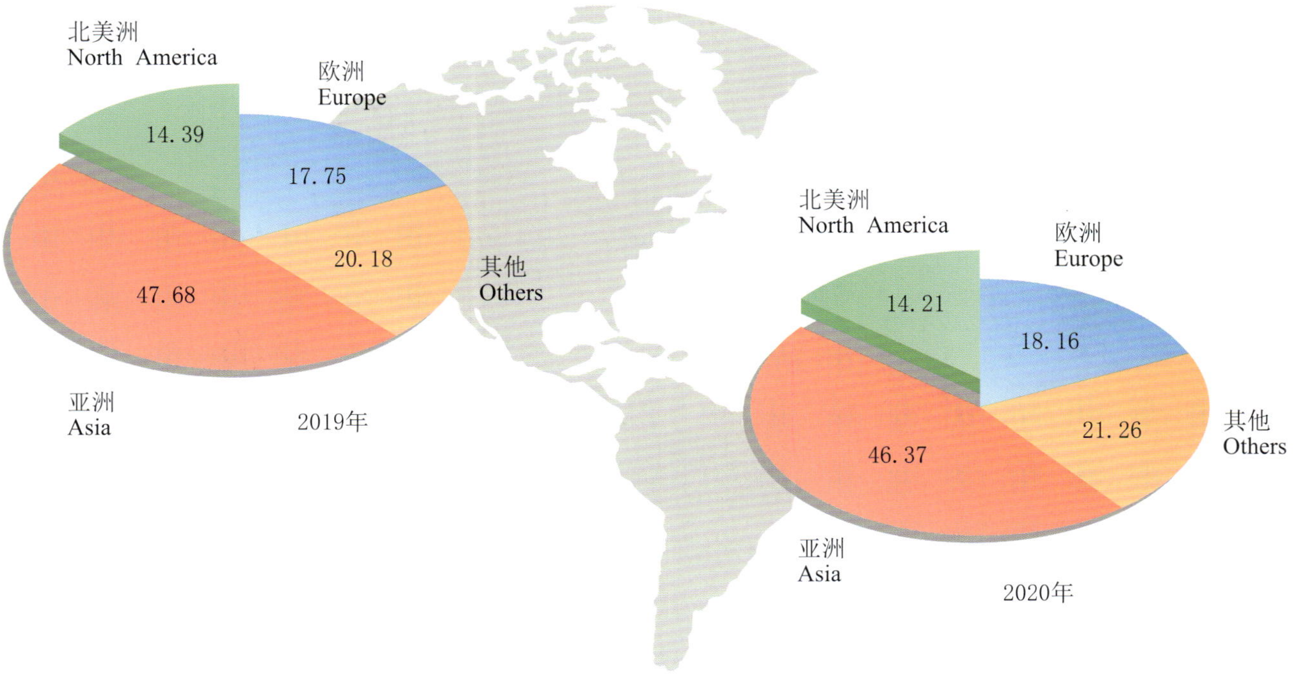


## 入境旅游者（万人次）
[Overseas Tourists (10000 person-times)]

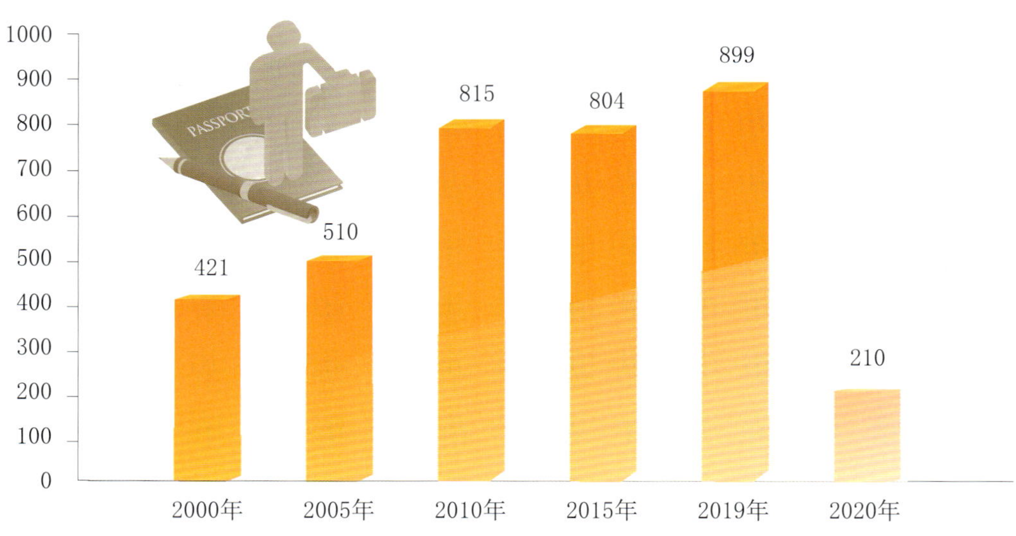

## 规模以上服务业
## SERVICE ENTERPRISES ABOVE DESIGNATED SIZE

### 营业收入（亿元）
[Operating Income]

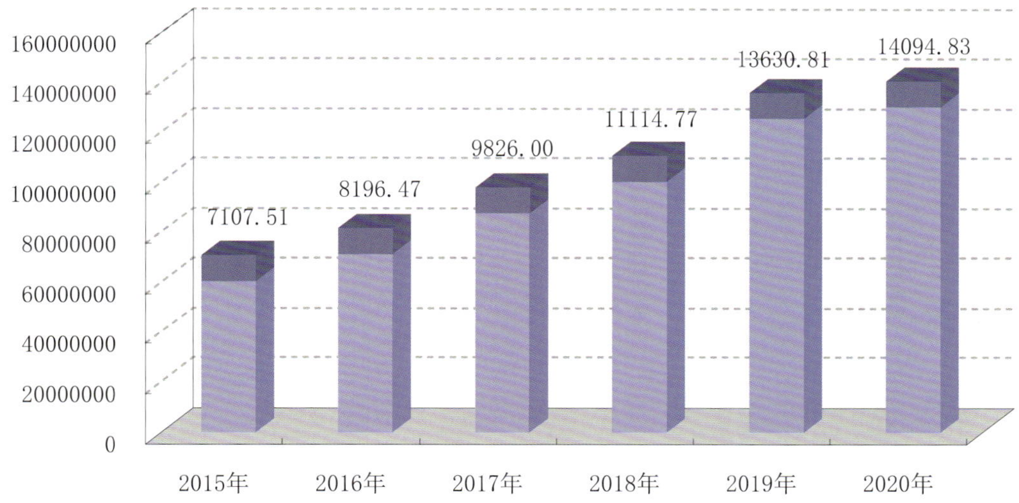


## 科 技
## SCIENCE AND TECHNOLOGY

### 专利授权量和发明专利授权量
[Number of Patent Applications Granted and the Inventions Parts]

专利授权量（件）
Number of Patent Applications Granted（item）

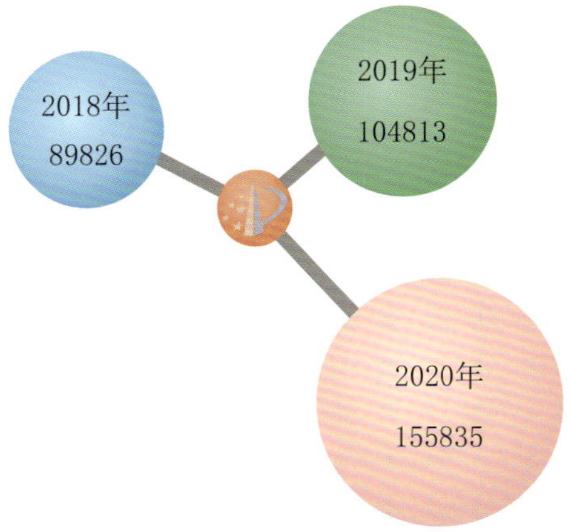


发明专利授权量（件）
Number of Invention Patent Applications Granted(item)

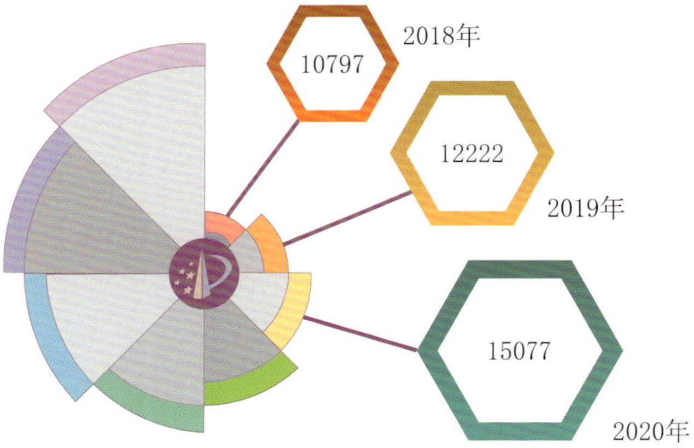

# 教育、文化、体育、卫生、社会福利和其他

EDUCATION, CULTURE, SPORTS, PUBLIC HEALTH, SOCIAL WELFARE AND OTHERS

## 各类学校及在校学生数
[Number of Schools and Enrolled Students]

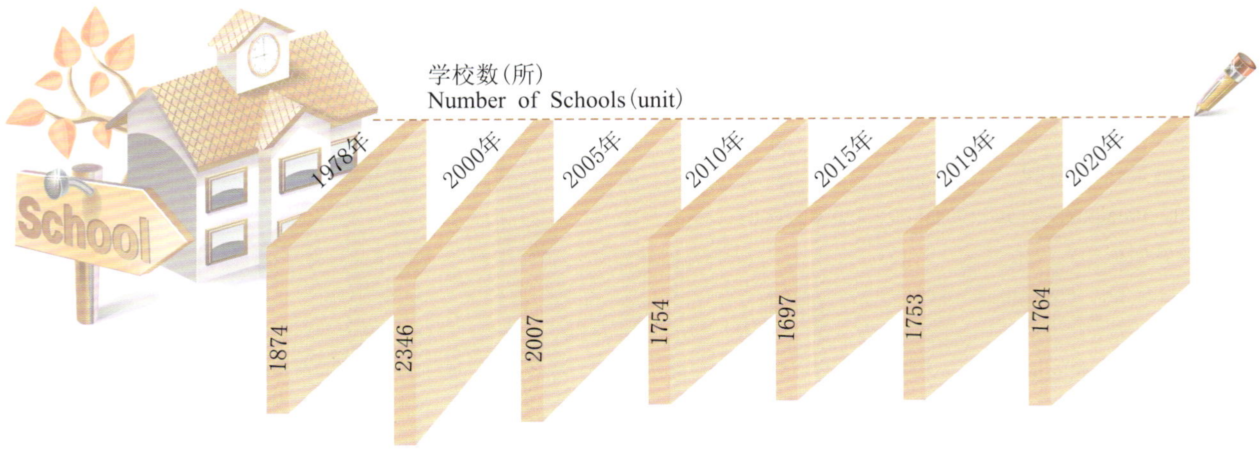

## 卫生事业机构床位数（张）
[Number of Beds in Health Institutions (unit)]

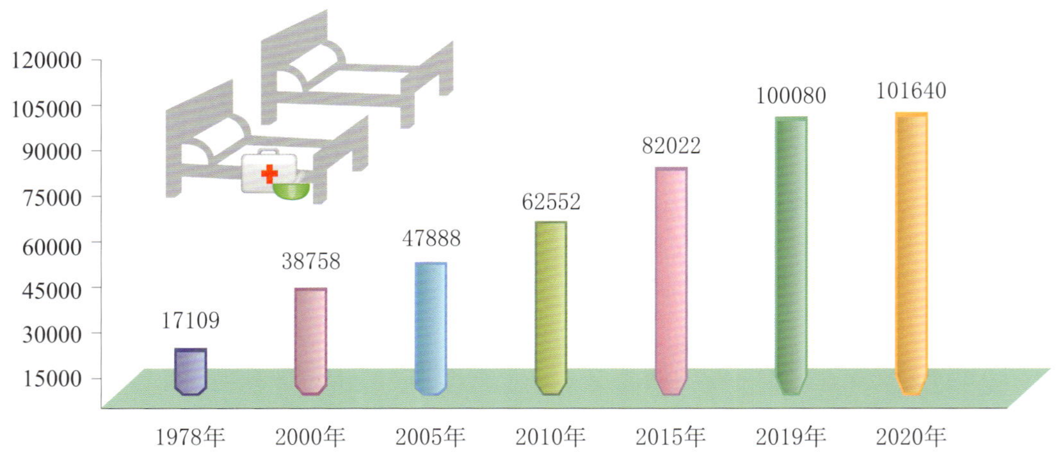

## 第一篇 综 合
## General Survey

## 第二篇 人 口
## Population

## 第三篇 从业人员和工资
## Employment and Wages

## 第四篇 固定资产投资
## Investment in Fixed Assets

## 第五篇 能源和环境
## Energy and Environment

## 第六篇 财政和金融
## Government Finance and Banking

## 第七篇 价格指数
## Price Indices

## 第八篇 人民生活
## People's Livelihood

## 第九篇 城市建设
## City Construction



## 第十篇 农 业
## Agriculture

## 第十一篇 工 业
## Industry

## 第十二篇 建筑业
## Construction

## 第十三篇 运输和邮电
## Transport, Postal and Telecommunication Services

## 第十四篇 国内贸易
## Domestic Trade

## 第十五篇　对外经济贸易和旅游
## Foreign Economy and Tourism

## 第十六篇 规模以上服务业
## Service Enterprise above the Designated Size

## 第十七篇 科 技
## Science and Technology

## 第十八篇 教育、文化、体育、卫生、社会福利和其他
## Education, Culture, Sports, Public Health, Social Welfare and Others

## 专篇 第七次全国人口普查
## The Seventh National Population Census

## 附 录 Appendix

# 综 合

# GENERAL SURVEY

# 第一篇　综合

简要说明

一、本篇资料反映广州国民经济和社会发展的综合情况以及国民经济核算情况，分别由广州市统计局综合统计处和国民经济核算处整理提供。

二、综合统计资料是根据广州市统计局各专业统计年报资料以及广州市有关部门提供的统计资料加工整理而成。

三、国民经济核算资料主要包括广州市地区生产总值及其有关资料。地区生产总值是根据不同产业部门、不同支出构成的特点和资料来源情况而采用不同方法计算的。2019 年，根据第四次全国经济普查结果，我市对 2008—2018 年度地区生产总值数据进行了修订。2020 年地区生产总值为年快报数据。

地区生产总值是一个价值量指标，其价值的变化受价格变化和物量变化两大因素影响。不变价地区生产总值是把按当期价格计算的地区生产总值换算成按某个固定期（基期）价格计算的价值，从而使两个不同时期的价值进行比较时，能够剔除价格变化的影响，以反映物量变化，反映生产活动成果的实际变动。地区生产总值指数就是根据两个时期不变价地区生产总值计算得到的。随着经济的不断发展，各行业的价格结构也会不断发生变化，为了更好的反映这种变化对于经济的影响，计算不变价地区生产总值需要每隔若干年调整一次基期。我国自开始核算国内生产总值以来，共有 1952 年、1957 年、1970 年、1980 年、1990 年、2000 年、2005 年、2010 年、2015 年 9 个不变价基期，目前的基期是 2015 年。2015—2020 年的不变价地区生产总值是按照 2015 年价格计算的。

四、根据《国家统计局关于执行新国民经济行业分类国家标准的通知》（国统字〔2017〕142 号）要求，新《国民经济行业分类》从 2017 年统计年报和 2018 年定期统计报表统一开始使用。本资料中凡是涉及到分行业的表式（除个别部门提供的数据仍按旧行业分类，表中有注明），均按照新的行业分类《国民经济行业分类 GB/T4754-2017》作调整。

五、资料来源

1．行政区划资料由广州市民政局提供；

2．城市房地产市场交易情况、国有土地使用权出让、划拨情况由广州市规划和自然资源局提供；

3．气象资料由广州市气象局提供；

4．劳动力市场情况由广州市人力资源和社会保障局提供；

5．技术市场交易情况由广州市科学技术局提供；

6．私营企业、城乡个体工商企业资料由广州市市场监督管理局提供。

# 1 General Survey

**Brief　Introduction**

I. The summary data in this chapter reflect the national economy and social development of Guangzhou and also cover the data on its national economic accounts. The data are prepared and provided by the Division of Comprehensive Statistics and the Division of National Accounts of Guangzhou Municipal Bureau of Statistics respectively.

II. The summary data are processed and prepared in the light of the annual reports of various specialized fields provided by Guangzhou Municipal Bureau of Statistics and data provided by some related departments of Guangzhou Municipality.

III.The data on the national economic accounts mainly cover the gross domestic Product (GDP)and related data of Guangzhou. The regional gross domestic product is calculated by different methods according to the characteristics and sources of different industrial sectors and different expenditure components. The GDP data of 2008-2018 are revised in 2019,according to the data of the fourth national economic census. The data of 2020 are the annual express data.

Regional GDP is an index of value, and the change of value is influenced by two factors: price change and material quantity change. The regional GDP at constant prices is converted to the value calculated at a fixed (base period) price at current prices, so that when comparing the values of two different periods, the effects of price changes can be excluded. In order to reflect the volume of change, reflect the actual changes in the results of production activities. Regional GDP index is based on two periods of constant price region GDP calculation. With the continuous development of economy, the price structure of various industries will change constantly. In order to better reflect the impact of this change on the economy, the base period should be adjusted once every several years to calculate the gross domestic product in the constant price area. Since the beginning of our gross domestic product (GDP) accounting, there have been nine constant price base periods in 1952, 1957, 1970, 1980, 1990, 2000, 2005, 2010 and 2015. The current base period is 2015. Gross domestic product in constant prices for 2015-2020 is calculated at 2015 prices.

IV. According to the notice of the National Bureau of Statistics on the implementation of the new national standard of national economic industry classification (2017) 142, the new national economic industry classification has been used from the statistical annual report of 2017 and the periodic statistical report of 2018. In this data, all the tables related to sub-industries (except the data provided by individual departments are classified according to the old industry, as indicated in the table), are adjusted according to the new industry classification & GB/T4754-2017 of national economy.

V. Data Resources comes as follows:

The data on administrative divisions are provided by Guangzhou Municipal Bureau of Civil Affairs.

The data on transaction in urban real estate, lease and administrative allocation of the use right of state-owned land are provided by Guangzhou Municipal Planning and Resources Bureau.

The data on meteorological phenomena are provided by Guangzhou Municipal Bureau Meteorology.

The data on labor force markets are provided by Guangzhou Municipal Science and Technology Bureau.

The data on transactions in technology markets are provided by Guangzhou Science Technology and Innovation Commission.

The data on private enterprises and individuals are provided by Guangzhou Municipal Market Regulatory Administration.

# 1-1 行政区划（2020年末）
## Administrative Divisions (Year-end of 2020)

单位：个 (unit)

| 地 区 | Districts | 街道办事处 Street Communities | 镇 Towns | 社区居委会 Community Committees | 村民委员会 Villagers' Committees |
|---|---|---|---|---|---|
| **合 计** | **Total** | **142** | **34** | **1614** | **1144** |
| 荔湾区 | Liwan | 22 | | 191 | |
| 越秀区 | Yuexiu | 18 | | 222 | |
| 海珠区 | Haizhu | 18 | | 265 | |
| 天河区 | Tianhe | 21 | | 220 | |
| 白云区 | Baiyun | 20 | 4 | 281 | 118 |
| 黄埔区 | Huangpu | 16 | 1 | 127 | 28 |
| 番禺区 | Panyu | 11 | 5 | 98 | 177 |
| 花都区 | Huadu | 4 | 6 | 64 | 188 |
| 南沙区 | Nansha | 3 | 6 | 33 | 128 |
| 从化区 | Conghua | 3 | 5 | 53 | 221 |
| 增城区 | Zengcheng | 6 | 7 | 60 | 284 |

注：本表数据由广州市民政局提供。
Note: The data in this table are provided by Guangzhou Municipal Civil Affairs Bureau.

# 1-2 各月平均温度、湿度（2020年）

## Monthly Average Temperature and Humidity (2020)

| 月份 | Month | 平均温度(℃) Average Temperature (℃) 全市 Total | #番禺站 Panyu | #花都站 Huadu | #从化站 Conghua | #增城站 Zengcheng | 平均相对湿度(%) Average Humidity (%) 全市 Total |
|---|---|---|---|---|---|---|---|
| **全年** | **Annual Total** | **23.1** | **23.7** | **23.4** | **22.3** | **23.0** | **78.3** |
| 一月 | January | 16.4 | 17.4 | 16.6 | 15.3 | 16.4 | 72.8 |
| 二月 | February | 17.0 | 17.7 | 17.3 | 16.1 | 16.8 | 78.1 |
| 三月 | March | 20.2 | 20.8 | 20.2 | 19.6 | 20.2 | 84.9 |
| 四月 | April | 20.5 | 21.1 | 20.8 | 19.6 | 20.5 | 78.8 |
| 五月 | May | 27.4 | 27.7 | 27.9 | 26.7 | 27.2 | 84.3 |
| 六月 | June | 28.5 | 29.0 | 28.9 | 27.8 | 28.3 | 85.1 |
| 七月 | July | 30.4 | 30.6 | 31.3 | 29.5 | 30.2 | 75.8 |
| 八月 | August | 28.6 | 28.9 | 29.3 | 27.9 | 28.4 | 84.3 |
| 九月 | September | 27.4 | 28.1 | 27.4 | 26.7 | 27.2 | 87.9 |
| 十月 | October | 24.0 | 24.7 | 24.3 | 23.2 | 23.8 | 72.1 |
| 十一月 | November | 22.0 | 22.9 | 22.2 | 21.1 | 21.6 | 69.5 |
| 十二月 | December | 15.2 | 16.0 | 15.1 | 14.3 | 15.2 | 66.6 |

注：本表数据由广州市气象局提供。
Note: The data in this table are provided by Guangzhou Meteorological Bureau.

# 1-3 各月降雨量、日照时数(2020年)

## Monthly Precipitation and Sunshine Hours (2020)

| 月份 | Month | 降雨量(毫米) Precipitation (millimeter) 全市 Total | #番禺站 Panyu | #花都站 Huadu | #从化站 Conghua | #增城站 Zengcheng | 日照时数(小时) Sunshine Hours (hour) 全市 Total | #番禺站 Panyu | #花都站 Huadu | #从化站 Conghua | #增城站 Zengcheng |
|---|---|---|---|---|---|---|---|---|---|---|---|
| **全 年** | **Annual Total** | **1793.8** | **1529.7** | **1741.5** | **1871.2** | **2032.7** | **1668.4** | **1652.7** | **1581.9** | **1704.1** | **1734.7** |
| 一 月 | January | 21.4 | 28.9 | 17.3 | 20.3 | 19.1 | 115.2 | 115.1 | 104.1 | 105.9 | 135.5 |
| 二 月 | February | 119.5 | 124.5 | 98.2 | 117.4 | 137.7 | 104.1 | 95.3 | 105.1 | 109.1 | 106.7 |
| 三 月 | March | 136.9 | 87.1 | 160.2 | 188.0 | 112.4 | 52.4 | 57.6 | 41.6 | 54.7 | 55.8 |
| 四 月 | April | 126.5 | 132.5 | 107.8 | 124.5 | 141.0 | 129.1 | 122.4 | 122.6 | 138.7 | 132.5 |
| 五 月 | May | 367.0 | 234.7 | 344.2 | 428.4 | 460.5 | 102.2 | 111.3 | 90.2 | 107.1 | 100.2 |
| 六 月 | June | 406.5 | 203.8 | 332.1 | 531.6 | 558.3 | 145.7 | 161.7 | 128.2 | 140.7 | 152.0 |
| 七 月 | July | 89.0 | 106.2 | 106.7 | 61.0 | 82.1 | 207.5 | 207.0 | 190.0 | 223.8 | 209.1 |
| 八 月 | August | 264.2 | 352.2 | 247.5 | 197.8 | 259.3 | 189.2 | 176.6 | 189.1 | 195.6 | 195.3 |
| 九 月 | September | 243.1 | 243.3 | 305.9 | 185.2 | 238.0 | 129.5 | 127.4 | 121.1 | 133.4 | 136.0 |
| 十 月 | October | 11.0 | 14.4 | 7.7 | 6.6 | 15.3 | 157.7 | 144.8 | 151.1 | 165.6 | 169.3 |
| 十一月 | November | 3.0 | 1.4 | 5.7 | 1.5 | 3.4 | 195.8 | 191.2 | 202.4 | 193.2 | 196.5 |
| 十二月 | December | 5.9 | 0.7 | 8.2 | 8.9 | 5.6 | 140.2 | 142.3 | 136.4 | 136.3 | 145.8 |

注：本表数据由广州市气象局提供。

Note: The data in this table are provided by Guangzhou Meteorological Bureau.

# 1-4 行政区域面积和人口密度(2020年)
# Land Area and Population Density (2020)

| 各 区 | Districts | 行政区域面积（平方公里）Administrative Area (sq.km) | 年末常住人口（万人）Permanent Population at Year-end (10000 person) | 年末户籍人口（万人）Registered Permanent Residents at Year-end (10000 person) | 常住人口密度（人/平方公里）Permanent Population Density (person/sq.km) | 户籍人口密度（人/平方公里）Population Density by Registered Permanent Residents (person/sq.km) |
|---|---|---|---|---|---|---|
| **全 市** | **Total** | **7434.40** | **1874.03** | **985.11** | **2521** | **1325** |
| 荔湾区 | Liwan | 59.10 | 124.16 | 76.90 | 21008 | 13012 |
| 越秀区 | Yuexiu | 33.80 | 103.66 | 117.33 | 30669 | 34713 |
| 海珠区 | Haizhu | 90.40 | 181.98 | 108.34 | 20131 | 11985 |
| 天河区 | Tianhe | 96.33 | 225.10 | 101.05 | 23368 | 10490 |
| 白云区 | Baiyun | 795.79 | 375.91 | 112.72 | 4724 | 1416 |
| 黄埔区 | Huangpu | 484.17 | 126.92 | 60.03 | 2621 | 1240 |
| 番禺区 | Panyu | 529.94 | 267.26 | 108.69 | 5043 | 2051 |
| 花都区 | Huadu | 970.04 | 165.09 | 83.94 | 1702 | 865 |
| 南沙区 | Nansha | 783.86 | 84.90 | 49.18 | 1083 | 627 |
| 从化区 | Conghua | 1974.50 | 71.98 | 64.98 | 365 | 329 |
| 增城区 | Zengcheng | 1616.47 | 147.07 | 101.95 | 910 | 631 |

注：本表行政区域面积数据由广州市民政局提供，户籍人口数据由广州市公安局提供。

Note: The data of administrative area in this table are provided by Guangzhou Municipal Civil Affairs Bureau, and registered permanent residents data are provided by Guangzhou Public Security Bureau.

# 1-5　法人和产业活动单位数

单位:个

| 项　　目 | Item |
| --- | --- |
| **总　计** | **Total** |
| **按产业分** | **Grouped By Industry** |
| 第一产业 | Primary Industry |
| 第二产业 | Secondary Industry |
| 第三产业 | Tertiary Industry |
| **按行业分** | **Grouped By Sector** |
| 农、林、牧、渔业 | Agriculture, Forestry, Animal Husbandry and Fishery |
| 采矿业 | Mining |
| 制造业 | Manufacturing |
| 电力、热力、燃气及水生产和供应业 | Production and Supply of Electricity, Heat,Gas and Water |
| 建筑业 | Construction |
| 批发和零售业 | Wholesale and Retail Trade |
| 交通运输、仓储和邮政业 | Transport, Storage and Post |
| 住宿和餐饮业 | Hotels and Catering Services |
| 信息传输、软件和信息技术服务业 | Information Transmission, Software and Information Technology |
| 金融业 | Financial Intermediation |
| 房地产业 | Real Estate |
| 租赁和商务服务业 | Leasing and Business Services |
| 科学研究和技术服务业 | Scientific Research and Technical Services |
| 水利、环境和公共设施管理业 | Management of Water Conservancy, Environment and Public Facilities |
| 居民服务、修理和其他服务业 | Service to Households, Repair and Other Services |
| 教　育 | Education |
| 卫生和社会工作 | Health and Social Service |
| 文化、体育和娱乐业 | Culture, Sports and Entertainment |
| 公共管理、社会保障和社会组织 | Public Management, Social Security and Social Organizations |

# Number of Corporate Units and Industrial Establishments

(unit)

| 2019 | | | 2020 | | |
|---|---|---|---|---|---|
| 法人单位 Corporate Units | 产业活动单位 Industrial Establishments | 其中:多产业法人所属的产业活动单位 Establishments belonging to Multi-industry Corporation | 法人单位 Corporate Units | 产业活动单位 Industrial Establishments | 其中:多产业法人所属的产业活动单位 Establishments belonging to Multi-industry Corporation |
| **782731** | **829627** | **59098** | **824700** | **874365** | **63759** |
| | | | | | |
| 2375 | 2406 | 54 | 2533 | 2568 | 63 |
| 107540 | 109926 | 4003 | 113111 | 115990 | 4890 |
| 672816 | 717295 | 55041 | 709056 | 755807 | 58806 |
| | | | | | |
| 2989 | 3030 | 68 | 3199 | 3244 | 79 |
| 56 | 57 | 3 | 66 | 67 | 3 |
| 79760 | 80753 | 1925 | 83208 | 84423 | 2353 |
| 688 | 852 | 193 | 738 | 915 | 211 |
| 28324 | 29594 | 1943 | 30455 | 31990 | 2391 |
| 272131 | 288802 | 19731 | 286758 | 304310 | 20968 |
| 20019 | 22749 | 3389 | 21482 | 24338 | 3603 |
| 16253 | 19564 | 4077 | 17793 | 21280 | 4348 |
| 60164 | 61964 | 2450 | 63516 | 65433 | 2763 |
| 4807 | 9126 | 4575 | 5110 | 9238 | 4433 |
| 31171 | 35597 | 5768 | 33175 | 37818 | 6128 |
| 131585 | 137734 | 7936 | 137180 | 143817 | 8695 |
| 70328 | 72112 | 2706 | 73300 | 75385 | 3170 |
| 2362 | 2426 | 124 | 2642 | 2737 | 164 |
| 16165 | 17321 | 1547 | 17267 | 18437 | 1610 |
| 12846 | 13601 | 995 | 13637 | 14441 | 1072 |
| 3583 | 3815 | 314 | 3864 | 4108 | 335 |
| 19190 | 19653 | 679 | 20347 | 20853 | 752 |
| 10310 | 10877 | 675 | 10963 | 11531 | 681 |

## 1-5 续表

单位:个

| 项　　目 | Item |
| --- | --- |
| **总　计** | **Total** |
| **按地区分** | **Grouped By District** |
| 荔湾区 | Liwan |
| 越秀区 | Yuexiu |
| 海珠区 | Haizhu |
| 天河区 | Tianhe |
| 白云区 | Baiyun |
| 黄埔区 | Huangpu |
| 番禺区 | Panyu |
| 花都区 | Huadu |
| 南沙区 | Nansha |
| 从化区 | Conghua |
| 增城区 | Zengcheng |
| **按注册类型分** | **Grouped by Registration Status** |
| 内资 | Domestic Funded |
| 国有 | State-owned |
| 集体 | Collective-owned |
| 股份合作 | Cooperative |
| 联营企业 | Joint Ownership Enterprises |
| 有限责任公司 | Limited Liability Corporations |
| 股份有限公司 | Share-holding Corporations Ltd. |
| 私营企业 | Private Enterprises |
| 其他 | Others |
| 港、澳、台商投资企业 | Enterprises with Funds from Hong Kong, Macao and Taiwan Investors |
| 与港、澳、台商合资经营企业 | Joint-venture Enterprises |
| 与港、澳、台商合作经营企业 | Cooperative Enterprises |
| 港、澳、台商独资经营企业 | Enterprises with Sole Funds |
| 港、澳、台商投资股份有限公司 | Share-holding Corporations Ltd. |
| 其他港、澳、台商投资企业 | Other Enterprises with Funds from Hong Kong, Macao and Taiwan |
| 外商投资企业 | Foreign Funded Enterprises |
| 中外合资经营企业 | Joint-venture Enterprises |
| 中外合作经营企业 | Cooperative Enterprises |
| 外资企业 | Enterprises with Sole Foreign Funds |
| 外商投资股份有限公司 | Share-holding Corporations Ltd. |
| 其他外商投资企业 | Other Foreign Funded Enterprises |

continued

(unit)

| 2019 | | | 2020 | | |
|---|---|---|---|---|---|
| 法人单位 Corporate Units | 产业活动单位 Industrial Establishments | 其中:多产业法人所属的产业活动单位 Establishments belonging to Multi-industry Corporation | 法人单位 Corporate Units | 产业活动单位 Industrial Establishments | 其中:多产业法人所属的产业活动单位 Establishments belonging to Multi-industry Corporation |
| **782731** | **829627** | **59098** | **824700** | **874365** | **63759** |
| | | | | | |
| 30019 | 33063 | 3766 | 31581 | 34738 | 3935 |
| 65109 | 71650 | 8609 | 66778 | 73623 | 9092 |
| 55912 | 60923 | 6067 | 58762 | 64002 | 6425 |
| 192612 | 203653 | 13899 | 199308 | 211222 | 15409 |
| 136736 | 142290 | 7027 | 143353 | 149120 | 7438 |
| 51408 | 53601 | 3105 | 55521 | 57961 | 3491 |
| 91737 | 97377 | 7024 | 96805 | 102715 | 7532 |
| 41836 | 44792 | 3523 | 45310 | 48437 | 3775 |
| 65489 | 67078 | 2086 | 71446 | 73230 | 2378 |
| 13093 | 14030 | 1138 | 13727 | 14697 | 1218 |
| 38780 | 41170 | 2854 | 42109 | 44620 | 3066 |
| | | | | | |
| 766146 | 806668 | 51823 | 807532 | 850547 | 56029 |
| 8464 | 10704 | 2613 | 8877 | 11088 | 2667 |
| 12371 | 13239 | 1024 | 12466 | 13398 | 1094 |
| 1945 | 2365 | 493 | 2008 | 2445 | 515 |
| 309 | 355 | 53 | 323 | 367 | 54 |
| 47082 | 54931 | 9782 | 49851 | 58377 | 10657 |
| 3788 | 7591 | 4131 | 3933 | 7666 | 4087 |
| 677602 | 702635 | 33427 | 714142 | 740983 | 36618 |
| 14585 | 14848 | 300 | 15932 | 16223 | 337 |
| 10208 | 12837 | 3150 | 10445 | 13155 | 3320 |
| 1578 | 2144 | 673 | 1584 | 2164 | 700 |
| 402 | 495 | 113 | 406 | 498 | 117 |
| 7917 | 9686 | 2153 | 8095 | 9932 | 2288 |
| 110 | 155 | 48 | 143 | 188 | 52 |
| 201 | 357 | 163 | 217 | 373 | 163 |
| 6377 | 10122 | 4125 | 6723 | 10663 | 4410 |
| 1223 | 1938 | 805 | 1246 | 1994 | 863 |
| 108 | 136 | 37 | 100 | 136 | 45 |
| 4542 | 7148 | 2865 | 4865 | 7610 | 3066 |
| 157 | 261 | 116 | 164 | 278 | 124 |
| 347 | 639 | 302 | 348 | 645 | 312 |

# 1-6 按登记注册类型分组的法人单位数（2020年）

单位:个

| 项　　目 | Item | 总　计 Total |
|---|---|---|
| **总　计** | **Total** | **824700** |
| **按地区分** | **Grouped By District** | |
| 荔湾区 | Liwan | 31581 |
| 越秀区 | Yuexiu | 66778 |
| 海珠区 | Haizhu | 58762 |
| 天河区 | Tianhe | 199308 |
| 白云区 | Baiyun | 143353 |
| 黄埔区 | Huangpu | 55521 |
| 番禺区 | Panyu | 96805 |
| 花都区 | Huadu | 45310 |
| 南沙区 | Nansha | 71446 |
| 从化区 | Conghua | 13727 |
| 增城区 | Zengcheng | 42109 |
| **按产业分** | **Grouped By Industry** | |
| 第一产业 | Primary Industry | 2533 |
| 第二产业 | Secondary Industry | 113111 |
| 第三产业 | Tertiary Industry | 709056 |
| **按行业分** | **Grouped By Sector** | |
| 农、林、牧、渔业 | Agriculture, Forestry, Animal Husbandry and Fishery | 3199 |
| 采矿业 | Mining | 66 |
| 制造业 | Manufacturing | 83208 |
| 电力、热力、燃气及水生产和供应业 | Production and Supply of Electricity, Heat,Gas and Water | 738 |
| 建筑业 | Construction | 30455 |
| 批发和零售业 | Wholesale and Retail Trade | 286758 |
| 交通运输、仓储和邮政业 | Transport, Storage and Post | 21482 |
| 住宿和餐饮业 | Hotels and Catering Services | 17793 |
| 信息传输、软件和信息技术服务业 | Information Transmission, Software and Information Technology | 63516 |
| 金融业 | Financial Intermediation | 5110 |
| 房地产业 | Real Estate | 33175 |
| 租赁和商务服务业 | Leasing and Business Services | 137180 |
| 科学研究和技术服务业 | Scientific Research and Technical Services | 73300 |
| 水利、环境和公共设施管理业 | Management of Water Conservancy, Environment and Public Facilities | 2642 |
| 居民服务、修理和其他服务业 | Service to Households, Repair and Other Services | 17267 |
| 教　育 | Education | 13637 |
| 卫生和社会工作 | Health and Social Service | 3864 |
| 文化、体育和娱乐业 | Culture, Sports and Entertainment | 20347 |
| 公共管理、社会保障和社会组织 | Public Management, Social Security and Social Organizations | 10963 |

# Number of Corporate Units by Sector and by Status of Registration (2020)

(unit)

| 内资 Domestic Funded | 国有 State-owned | 集体 Collective-owned | 股份合作 Cooperative | 联营企业 Joint Ownership Enterprises | 有限责任公司 Limited Liability Corporations | 股份有限公司 Share-holding Corporations Ltd. | 私营企业 Private Enterprises | 其他 Others |
|---|---|---|---|---|---|---|---|---|
| **807532** | **8877** | **12466** | **2008** | **323** | **49851** | **3933** | **714142** | **15932** |
| | | | | | | | | |
| 30456 | 609 | 395 | 446 | 12 | 1830 | 319 | 26029 | 816 |
| 63267 | 1825 | 459 | 637 | 33 | 5739 | 489 | 51995 | 2090 |
| 57787 | 722 | 546 | 511 | 26 | 5071 | 436 | 49310 | 1165 |
| 196189 | 1238 | 335 | 114 | 64 | 12434 | 1096 | 178950 | 1958 |
| 142480 | 812 | 2153 | 151 | 58 | 5156 | 358 | 132087 | 1705 |
| 53864 | 574 | 828 | 57 | 28 | 5686 | 459 | 45334 | 898 |
| 95169 | 797 | 597 | 45 | 37 | 2645 | 165 | 89678 | 1205 |
| 44599 | 694 | 2036 | 11 | 21 | 2008 | 77 | 38797 | 955 |
| 68872 | 458 | 240 | 21 | 16 | 6183 | 337 | 60558 | 1059 |
| 13277 | 533 | 1461 | 4 | 7 | 954 | 82 | 7747 | 2489 |
| 41572 | 615 | 3416 | 11 | 21 | 2145 | 115 | 33657 | 1592 |
| | | | | | | | | |
| 2501 | 14 | 19 | 1 | 2 | 184 | 19 | 1654 | 608 |
| 110085 | 270 | 387 | 411 | 38 | 5066 | 527 | 103267 | 119 |
| 694946 | 8593 | 12060 | 1596 | 283 | 44601 | 3387 | 609221 | 15205 |
| | | | | | | | | |
| 3153 | 26 | 27 | 1 | 3 | 241 | 21 | 2157 | 677 |
| 65 | | | | | 13 | 1 | 51 | |
| 80351 | 164 | 277 | 375 | 35 | 3263 | 392 | 75758 | 87 |
| 700 | 31 | 27 | 1 | | 165 | 18 | 458 | |
| 30310 | 83 | 88 | 39 | 3 | 1690 | 118 | 28255 | 34 |
| 281390 | 339 | 484 | 860 | 61 | 12662 | 1017 | 265523 | 444 |
| 20968 | 114 | 76 | 44 | 7 | 1401 | 104 | 19186 | 36 |
| 17445 | 132 | 50 | 186 | 6 | 1199 | 100 | 15722 | 50 |
| 62552 | 89 | 12 | 13 | 1 | 5141 | 381 | 56803 | 112 |
| 4576 | 78 | 3 | 5 | 2 | 953 | 216 | 3284 | 35 |
| 31920 | 375 | 1739 | 70 | 30 | 4301 | 173 | 24976 | 256 |
| 133597 | 617 | 8787 | 128 | 57 | 9864 | 641 | 110813 | 2690 |
| 72202 | 647 | 100 | 53 | 14 | 5390 | 447 | 65121 | 430 |
| 2614 | 318 | 36 | 1 | 4 | 235 | 23 | 1942 | 55 |
| 17124 | 107 | 96 | 164 | 9 | 834 | 80 | 15646 | 188 |
| 13558 | 1623 | 312 | 22 | 21 | 694 | 63 | 8486 | 2337 |
| 3837 | 530 | 111 | 5 | 6 | 358 | 20 | 2026 | 781 |
| 20207 | 370 | 33 | 41 | 6 | 1439 | 116 | 17800 | 402 |
| 10963 | 3234 | 208 | | 58 | 8 | 2 | 135 | 7318 |

## 1-6 续表

单位:个

| 项　　目 | Item | 港、澳、台商投资企业 Enterprises with Funds from Hong Kong, Macao and Taiwan Investors | 与港、澳、台商合资经营企业 Joint-venture Enterprises |
|---|---|---|---|
| **总　　计** | **Total** | **10445** | **1584** |
| **按地区分** | **Grouped By District** | | |
| 荔湾区 | Liwan | 530 | 37 |
| 越秀区 | Yuexiu | 1927 | 179 |
| 海珠区 | Haizhu | 500 | 74 |
| 天河区 | Tianhe | 1923 | 282 |
| 白云区 | Baiyun | 426 | 61 |
| 黄埔区 | Huangpu | 820 | 145 |
| 番禺区 | Panyu | 1070 | 153 |
| 花都区 | Huadu | 434 | 51 |
| 南沙区 | Nansha | 2056 | 512 |
| 从化区 | Conghua | 385 | 26 |
| 增城区 | Zengcheng | 374 | 64 |
| **按产业分** | **Grouped By Industry** | | |
| 第一产业 | Primary Industry | 27 | 2 |
| 第二产业 | Secondary Industry | 1867 | 275 |
| 第三产业 | Tertiary Industry | 8551 | 1307 |
| **按行业分** | **Grouped By Sector** | | |
| 农、林、牧、渔业 | Agriculture, Forestry, Animal Husbandry and Fishery | 40 | 4 |
| 采矿业 | Mining | 1 | |
| 制造业 | Manufacturing | 1752 | 257 |
| 电力、热力、燃气及水生产和供应业 | Production and Supply of Electricity, Heat,Gas and Water | 18 | 6 |
| 建筑业 | Construction | 105 | 15 |
| 批发和零售业 | Wholesale and Retail Trade | 2647 | 222 |
| 交通运输、仓储和邮政业 | Transport, Storage and Post | 321 | 42 |
| 住宿和餐饮业 | Hotels and Catering Services | 205 | 44 |
| 信息传输、软件和信息技术服务业 | Information Transmission, Software and Information Technology | 692 | 76 |
| 金融业 | Financial Intermediation | 409 | 205 |
| 房地产业 | Real Estate | 894 | 145 |
| 租赁和商务服务业 | Leasing and Business Services | 2415 | 412 |
| 科学研究和技术服务业 | Scientific Research and Technical Services | 678 | 96 |
| 水利、环境和公共设施管理业 | Management of Water Conservancy, Environment and Public Facilities | 16 | 6 |
| 居民服务、修理和其他服务业 | Service to Households, Repair and Other Services | 87 | 13 |
| 教　育 | Education | 51 | 10 |
| 卫生和社会工作 | Health and Social Service | 18 | 8 |
| 文化、体育和娱乐业 | Culture, Sports and Entertainment | 96 | 23 |
| 公共管理、社会保障和社会组织 | Public Management, Social Security and Social Organizations | | |

continued

(unit)

| 与港、澳、台商合作经营企业 Cooperative Enterprises | 港、澳、台商独资经营企业 Enterprises with Sole Funds | 港、澳、台商投资股份有限公司 Share-holding Corporations Ltd. | 其他港、澳、台商投资企业 Other Share-holding Corporations Ltd. | 外商投资企业 Foreign Funded Enterprises | 中外合资经营企业 Joint-venture Enterprises | 中外合作经营企业 Cooperative Enterprises | 外资企业 Enterprises with Sole Foreign Funds | 外商投资股份有限公司 Share-holding Corporations Ltd. | 其他外商投资企业 Other Share-holding Corporations Ltd. |
|---|---|---|---|---|---|---|---|---|---|
| **406** | **8095** | **143** | **217** | **6723** | **1246** | **100** | **4865** | **164** | **348** |
| | | | | | | | | | |
| 23 | 454 | 6 | 10 | 595 | 44 | 2 | 523 | 3 | 23 |
| 122 | 1585 | 12 | 29 | 1584 | 169 | 21 | 1312 | 20 | 62 |
| 26 | 376 | 9 | 15 | 475 | 101 | 6 | 312 | 19 | 37 |
| 55 | 1518 | 28 | 40 | 1196 | 201 | 21 | 816 | 59 | 99 |
| 29 | 312 | 15 | 9 | 447 | 66 | 3 | 328 | 19 | 31 |
| 26 | 619 | 20 | 10 | 837 | 225 | 13 | 547 | 19 | 33 |
| 32 | 852 | 21 | 12 | 566 | 136 | 13 | 389 | 11 | 17 |
| 21 | 350 | 3 | 9 | 277 | 57 | 4 | 203 | 3 | 10 |
| 30 | 1417 | 20 | 77 | 518 | 182 | 10 | 291 | 7 | 28 |
| 6 | 346 | 4 | 3 | 65 | 15 | 2 | 46 | 1 | 1 |
| 36 | 266 | 5 | 3 | 163 | 50 | 5 | 98 | 3 | 7 |
| | | | | | | | | | |
| 2 | 22 | | 1 | 5 | 1 | 2 | 2 | | |
| 70 | 1460 | 45 | 17 | 1159 | 308 | 23 | 778 | 18 | 32 |
| 334 | 6613 | 98 | 199 | 5559 | 937 | 75 | 4085 | 146 | 316 |
| | | | | | | | | | |
| 2 | 32 | 1 | 1 | 6 | 2 | 2 | 2 | | |
| | 1 | | | | | | | | |
| 60 | 1376 | 44 | 15 | 1105 | 285 | 22 | 755 | 15 | 28 |
| 1 | 10 | 1 | | 20 | 10 | | 8 | 1 | 1 |
| 9 | 78 | | 3 | 40 | 16 | 1 | 18 | 2 | 3 |
| 20 | 2324 | 25 | 56 | 2721 | 231 | 9 | 2290 | 63 | 128 |
| 96 | 176 | 6 | 1 | 193 | 49 | 10 | 123 | 3 | 8 |
| 14 | 139 | 4 | 4 | 143 | 34 | 4 | 94 | 3 | 8 |
| 6 | 584 | 14 | 12 | 272 | 73 | 2 | 180 | 4 | 13 |
| 5 | 193 | | 6 | 125 | 66 | 1 | 53 | 3 | 2 |
| 149 | 580 | 7 | 13 | 361 | 124 | 30 | 176 | 18 | 13 |
| 24 | 1886 | 26 | 67 | 1168 | 166 | 7 | 860 | 33 | 102 |
| 4 | 533 | 12 | 33 | 420 | 143 | 7 | 225 | 15 | 30 |
| 2 | 7 | 1 | | 12 | 3 | | 6 | | 3 |
| 3 | 67 | | 4 | 56 | 12 | 1 | 38 | 3 | 2 |
| 1 | 40 | | | 28 | 10 | 2 | 12 | | 4 |
| 1 | 8 | | 1 | 9 | 6 | 1 | 1 | | 1 |
| 9 | 61 | 2 | 1 | 44 | 16 | 1 | 24 | 1 | 2 |

# 1-7 国民经济和社会发展总量与速度指标

| 指标 | Item | 1978 | 2000 | 2005 | 2010 |
|---|---|---|---|---|---|
| **人口和劳动力** | **Population and Employment** | | | | |
| 年末户籍人口（万人） | Year-end Registered Permanent Residents (10000 persons) | 482.90 | 700.69 | 750.53 | 806.14 |
| 年末常住人口（万人） | Year-end Permanent Population (10000 persons) | 482.90 | 994.80 | 949.68 | 1270.96 |
| 年末全社会从业人员（万人） | Year-end Employment (10000 persons) | 266.90 | 496.26 | 574.46 | 711.07 |
| 城镇非私营单位从业人员年末人数（万人） | Number of Employed Persons at Year-end in Urban Units (10000 persons) | 147.36 | 175.55 | 199.76 | 246.37 |
| **地区生产总值（亿元）** | **Gross Domestic Product (100 million yuan)** | **43.09** | **2505.58** | **5187.85** | **10640.67** |
| 第一产业 | Primary Industry | 5.03 | 94.37 | 130.22 | 168.62 |
| 第二产业 | Secondary Industry | 25.24 | 1029.94 | 2067.00 | 4053.30 |
| 第三产业 | Tertiary Industry | 12.82 | 1381.27 | 2990.63 | 6418.75 |
| 人均地区生产总值（元） | Per Capita GDP (yuan) | 907 | 25758 | 54160 | 86582 |
| **农业生产** | **Agriculture** | | | | |
| 农林牧渔业总产值（亿元） | Gross Output Value of Agriculture, Forestry, Animal Husbandry and Fishery (100 million yuan) | 7.99 | 163.05 | 220.81 | 322.13 |
| 主要农业产品产量 | Output of Major Farm Products | | | | |
| 粮　食（万吨） | Grain (10000 tons) | 111.06 | 88.11 | 51.73 | 43.04 |
| 园林水果（万吨） | Fruits (10000 tons) | 5.17 | 32.97 | 48.87 | 39.92 |
| 蔬　菜（万吨） | Vegetable (10000 tons) | 55.68 | 306.49 | 348.89 | 325.99 |
| 肉　类（万吨） | Meat (10000 tons) | 5.05 | 32.77 | 32.03 | 32.36 |
| 水产品（万吨） | Aquatic Products (10000 tons) | 3.16 | 32.52 | 38.83 | 44.14 |
| **工业生产** | **Industry** | | | | |
| 工业总产值（亿元） | Gross Industrial Output Value (100 million yuan) | 75.39 | 3100.02 | 6767.96 | 14438.99 |
| 主要工业产品产量 | Output of Major Industrial Products | | | | |
| 汽　车（万辆） | Motor Vehicles (10000 unit) | 0.23 | 3.81 | 41.35 | 135.84 |
| 新能源汽车（辆） | New Energy Automobile (unit) | | | | |
| 摩托车整车（万辆） | Motorcycles (10000 units) | | 60.31 | 196.57 | 441.05 |
| 家用电冰箱（万台） | Household Refrigerators (10000 sets) | | 58.14 | 146.29 | 179.14 |
| 智能电视（万台） | Smart TV (10000 sets) | | | | |
| 房间空气调节器（万台） | Air Conditioners (10000 sets) | 0.32 | 103.43 | 292.71 | 636.78 |
| 原电池及原电池组（亿只） | Primary Cells and Batteries (100 million units) | 2.69 | 18.89 | 39.35 | 22.90 |
| 锂离子电池（亿只） | Lithium Ion Battery (10000 units) | | | | |
| 光缆（芯千米） | Optical Cable (Core Km) | | | | |
| 工业机器人（套） | Industrial Robot (set) | | | | |
| 工业自动调节仪表与控制系统（万套） | Industrial Automatic Regulating Instrument and Control System (10000 sets) | | | | |
| 粗　钢（万吨） | Crude Steel (10000 tons) | 18.46 | 151.16 | 308.71 | 403.17 |
| **固定资产投资** | **Investment in Fixed Assets** | | | | |
| 固定资产投资（亿元） | Total Investment in Fixed Assets (100 million yuan) | 7.26 | 923.67 | 1519.16 | 3263.57 |
| #住　宅 | Residential Buildings | 0.90 | 325.03 | 377.70 | 572.71 |
| **社会消费品零售总额（亿元）** | **Total Retail Sales of Consumer Goods (100 million yuan)** | **17.63** | **1079.59** | **1765.01** | **3809.04** |

注：1.本表地区生产总值和工业总产值指数按照可比口径计算。
2.2017年农业生产相关数据经过修订，绝对数沿用历史数，相对数以调整后数据为基期进行计算。
3.2011—2018年的年末社会从业人员根据第四次全国经济普查数据重新平滑处理。
4.2019年，根据第四次全国经济普查结果，对2008—2018年度地区生产总值和1992—2018年社会消费品零售总额数据进行了修订。
5.2015—2019年常住人口数根据2020年第七次全国人口普查结果进行了修正。

# Principal Aggregate Indicators on National Economic and Social Development and Growth Rates

| 2015 | 2019 | 2020 | 速度指标(%) Indices and Growth Rates (%) | | | | | | | | | |
|---|---|---|---|---|---|---|---|---|---|---|---|---|
| | | | 指数(2020为以下各年) Index(2020 as percentage of the following years) | | | | | | 平均增长速度 Average Annual Growth Rate | | | |
| | | | 1978 | 2000 | 2005 | 2010 | 2015 | 2019 | 1979–2020 | 2001–2020 | 2006–2020 | 2011–2020 |
| | | | | | | | | | | | | |
| 854.19 | 953.72 | 985.11 | 204.0 | 140.6 | 131.3 | 122.2 | 115.3 | 103.3 | 1.7 | 1.7 | 1.8 | 2.0 |
| 1594.95 | 1831.21 | 1874.03 | 388.1 | 188.4 | 197.3 | 147.4 | 117.5 | 102.3 | 3.3 | 3.2 | 4.6 | 4.0 |
| 927.91 | 1125.89 | 1158.00 | 433.9 | 233.4 | 201.6 | 162.9 | 124.8 | 102.9 | 3.6 | 4.3 | 4.8 | 5.0 |
| 320.31 | 400.22 | 419.36 | 284.6 | 238.9 | 209.9 | 170.2 | 130.9 | 104.8 | 2.5 | 4.5 | 5.1 | 5.5 |
| | | | | | | | | | | | | |
| **17347.37** | **23844.69** | **25019.11** | **14448.0** | **778.1** | **406.7** | **215.4** | **133.7** | **102.7** | **12.6** | **10.8** | **9.8** | **8.0** |
| 206.52 | 247.13 | 288.08 | 683.4 | 186.1 | 142.7 | 142.2 | 124.7 | 109.8 | 4.7 | 3.2 | 2.4 | 3.6 |
| 5777.17 | 6509.40 | 6590.39 | 15394.8 | 722.3 | 359.5 | 196.2 | 126.8 | 103.3 | 12.7 | 10.4 | 8.9 | 7.0 |
| 11363.68 | 17088.17 | 18140.64 | 18972.2 | 845.8 | 449.1 | 228.5 | 137.5 | 102.3 | 13.3 | 11.3 | 10.5 | 8.6 |
| 111060 | 131400 | 135047 | 4022.2 | 408.6 | 210.3 | 142.9 | 112.8 | 100.6 | 9.2 | 7.3 | 5.1 | 3.6 |
| | | | | | | | | | | | | |
| 413.46 | 446.28 | 514.03 | 731.7 | 183.8 | 121.0 | 120.2 | 119.3 | 111.3 | 4.9 | 3.1 | 2.8 | 3.0 |
| | | | | | | | | | | | | |
| 44.09 | 13.20 | 14.22 | 12.8 | 16.1 | 32.3 | 32.6 | 52.0 | 107.7 | -4.8 | -8.7 | -4.5 | -10.5 |
| 48.58 | 64.26 | 79.25 | 1532.9 | 240.4 | 163.1 | 160.2 | 150.1 | 123.3 | 6.7 | 4.5 | 2.6 | 7.2 |
| 369.10 | 385.32 | 403.82 | 725.3 | 131.8 | 109.4 | 108.0 | 105.2 | 104.8 | 4.8 | 1.4 | 1.2 | 2.2 |
| 22.86 | 11.49 | 11.21 | 222.0 | 34.2 | 49.0 | 51.4 | 58.3 | 97.6 | 1.9 | -5.2 | -2.4 | -10.1 |
| 48.39 | 46.52 | 50.67 | 1603.5 | 155.8 | 104.7 | 105.0 | 107.4 | 108.9 | 6.8 | 2.2 | 2.7 | 1.4 |
| | | | | | | | | | | | | |
| 17935.16 | 21366.49 | 22476.89 | 26714.3 | 981.1 | 423.7 | 203.7 | 127.5 | 104.9 | 14.2 | 12.1 | 10.1 | 7.4 |
| | | | | | | | | | | | | |
| 220.99 | 292.26 | 295.21 | 128350.0 | 7748.2 | 713.9 | 217.3 | 133.6 | 101.0 | 18.6 | 24.3 | 14.0 | 8.1 |
| 2613 | 60606 | 79767 | | | | | 3052.7 | 131.6 | | | | |
| 363.77 | 218.41 | 203.15 | | 336.8 | 103.3 | 46.1 | 55.8 | 93.0 | | 6.3 | 0.2 | -7.5 |
| 349.74 | 309.50 | 431.44 | | 742.1 | 294.9 | 240.8 | 123.4 | 139.4 | | 10.5 | 7.5 | 9.2 |
| 568.39 | 536.78 | 412.77 | | | | | 72.6 | 76.9 | | | | |
| 1154.23 | 813.20 | 916.16 | 286300.7 | 885.8 | 313.0 | 143.9 | 79.4 | 112.7 | 20.9 | 11.5 | 7.9 | 3.7 |
| 2.26 | 0.95 | 4.01 | 149.2 | 21.2 | 10.2 | 17.5 | 177.5 | 422.4 | 1.0 | -7.5 | -14.1 | -16.0 |
| 1.18 | 2.56 | 3.76 | | | | | 318.9 | 146.8 | | | | |
| 13960 | 7963 | 4747 | | | | | 34.0 | 59.6 | | | | |
| 1737 | 4200 | 4242 | | | | | 244.2 | 101.0 | | | | |
| 30.17 | 166.80 | 195.07 | | | | | 646.6 | 116.9 | | | | |
| | | | | | | | | | | | | |
| 101.44 | 159.63 | 147.27 | 797.8 | 97.4 | 47.7 | 36.5 | 145.2 | 92.3 | 5.1 | -0.1 | -4.8 | -9.6 |
| | | | | | | | | | | | | |
| 5405.95 | 6920.21 | 7611.10 | 125441.9 | 984.7 | 598.8 | 287.9 | 158.3 | 110.0 | 18.5 | 12.1 | 12.7 | 11.2 |
| 1406.81 | 2099.90 | 2263.17 | 251682.7 | 695.9 | 599.4 | 395.1 | 160.8 | 107.8 | 20.5 | 10.2 | 12.7 | 14.7 |
| **6994.42** | **9551.57** | **9218.66** | **52230.6** | **853.8** | **522.4** | **242.1** | **131.8** | **96.5** | **16.1** | **11.3** | **11.7** | **9.2** |

Note: I. Indices of gross domestic product and gross industrial output value are calculated at comparable coverage.

II. The relevant data of agricultural production in 2017 have been revised, and the absolute number follows the historical number. The relative number is calculated on the basis of adjusted data.

III. The end of 2011 to 2018 social workers were processed smoothly according to the data of the fourth National Economic Census.

IV. In 2019, according to the data of the Fourth National Economic Census, the regional GDP data from 2008 to 2018 and the total retail sales of consumer goods from 1992 to 2018 were revised.

V. The permanent population from 2015 to 2019 are revised according to the Seventh National Population Census.

## 1-7 续表

| 指　　标 | Item | 1978 | 2000 | 2005 | 2010 |
|---|---|---|---|---|---|
| **运输邮电** | **Transport, Post and Telecommunication** | | | | |
| 货运量　(万吨) | Total Freight Traffic　(10000 tons) | | 27972 | 38153 | 57369 |
| #铁　路 | Railway | | 5398 | 6379 | 6689 |
| 公　路 | Highway | | 12549 | 20601 | 39696 |
| 水　路 | Waterway | | 9569 | 10710 | 10169 |
| 民　航 | Civil Aviation | | 27 | 63 | 90 |
| 客运量　(万人次) | Total Passenger Traffic　(10000 person-times) | | 26097 | 40524 | 62595 |
| #铁　路 | Railway | | 4848 | 6356 | 9362 |
| 公　路 | Highway | | 19964 | 30782 | 47296 |
| 水　路 | Waterway | | 190 | 104 | 273 |
| 民　航 | Civil Aviation | | 1095 | 3282 | 5664 |
| 港口货物吞吐量　(万吨) | Volume of Freight Handled at Ports　(10000 tons) | 1950 | 12455 | 27283 | 42526 |
| 邮电业务收入　(亿元) | Postal and Telecommunication Services　(100 million yuan) | 0.24 | 138.48 | 222.06 | 290.09 |
| **对外贸易、外经** | **Foreign Trade and Economic Cooperation** | | | | |
| 商品进口总值　(亿美元) | Total Imports through Customs　(USD 100 million) | | 115.60 | 268.07 | 553.89 |
| 商品出口总值　(亿美元) | Total Exports through Customs　(USD 100 million) | | 117.91 | 266.68 | 483.79 |
| 外商直接投资实际使用金额　(亿美元) | Amount of Foreign Direct Investment Capital Actually Used　(USD 100 million) | | 29.89 | 26.49 | 39.79 |
| **财　政** | **Government Finance** | | | | |
| 一般公共预算收入　(亿元) | General Budgetary Revenue　(100 million yuan) | 13.65 | 200.55 | 371.26 | 872.65 |
| 一般公共预算支出　(亿元) | General Budgetary Expenditure　(100 million yuan) | 3.87 | 240.72 | 438.41 | 977.32 |
| **价格指数　(上年=100)** | **Price Indices　(preceding year =100)** | | | | |
| 城市居民消费价格总指数 | Urban Residents Consumer Price Index | 100.3 | 102.8 | 101.5 | 103.2 |
| **人民生活** | **People's Livelihood** | | | | |
| 城镇非私营单位从业人员年平均工资　(元) | Average Wage of Employed Persons in Urban Units　(yuan) | | 19714 | 34171 | 54091 |
| 城镇非私营单位在岗职工年平均工资　(元) | Average Wage of Fully Employed Staff and Workers in Urban Units　(yuan) | 714 | 19091 | 33853 | 54495 |
| 城镇居民年人均可支配收入　(元) | Per Capita Annual Disposable Income of Urban Households　(yuan) | 442 | 13967 | 18287 | 30658 |
| 农村居民年人均可支配收入　(元) | Per Capita Annual Disposable Income of Rural Households　(yuan) | 250 | 6086 | 7080 | 12676 |
| **教育文化** | **Education and Culture** | | | | |
| 普通高等学校所数　(所) | Number of Regular Institutions of Higher Education　(unit) | 15 | 31 | 59 | 77 |
| 普通高等学校在校学生数　(万人) | Number of Students Enrollment of Regular Institutions of Higher Education　(10000 persons) | 2.17 | 18.51 | 55.43 | 84.39 |
| 普通中学所数　(所) | Number of Regular Secondary Schools　(unit) | 234 | 388 | 448 | 475 |
| 普通中学在校学生数　(万人) | Number of Students Enrollment of Regular Secondary Schools　(10000 persons) | 38.43 | 42.53 | 55.03 | 57.23 |
| 小学学校所数　(所) | Number of Primary Schools　(unit) | 1515 | 1626 | 1283 | 1004 |
| 小学学校在校学生数　(万人) | Number of Students Enrollment of Primary Schools　(10000 persons) | 56.92 | 75.70 | 90.34 | 82.48 |
| **卫　生** | **Health Care** | | | | |
| 医院病床数　(万张) | Hospital Beds　(10000 units) | 1.44 | 3.37 | 3.94 | 5.32 |
| 卫生技术人员　(万人) | Medical Technical Personnel　(10000 persons) | 3.15 | 5.57 | 6.42 | 9.55 |
| #医　生 | Doctors | 1.20 | 2.35 | 2.59 | 3.36 |

注：1.国家统计局对2012年城市居民可支配收入统计方法有所调整，绝对值按新口径，增长幅度按可比口径计算。
2.2019年起，港口统计口径和部分货类吞吐量的计算方法有所调整，同时对2018年同期数据进行了调整。
3.交通部自2020年起对公路货运量统计口径进行调整，同时对2019年同期数作同口径调整。
4.外商直接投资实际金额2020年起调整为国家商务部统计口径。

continued

| 2015 | 2019 | 2020 | 速度指标(%) Indices and Growth Rates (%) | | | | | | | | | |
|---|---|---|---|---|---|---|---|---|---|---|---|---|
| | | | 指数(2020为以下各年) Index(2020 as percentage of the following years) | | | | | | 平均增长速度 Average Annual Growth Rate | | | |
| | | | 1978 | 2000 | 2005 | 2010 | 2015 | 2019 | 1979–2020 | 2001–2020 | 2006–2020 | 2011–2020 |
| 100124 | 95032 | 92458 | | 507.8 | 372.0 | 247.6 | 141.8 | 97.3 | | 8.5 | 9.2 | 9.5 |
| 4811 | 2105 | 1793 | | 93.4 | 79.1 | 75.5 | 104.8 | 85.2 | | -0.3 | -1.6 | -2.8 |
| 71284 | 48216 | 46966 | | 728.8 | 443.7 | 230.4 | 128.3 | 97.4 | | 10.4 | 10.4 | 8.7 |
| 23007 | 44571 | 42238 | | 440.8 | 394.3 | 415.4 | 183.5 | 94.8 | | 7.7 | 9.6 | 15.3 |
| 116 | 140 | 117 | | 432.7 | 185.5 | 129.8 | 100.7 | 83.6 | | 7.6 | 4.2 | 2.6 |
| 106082 | 49819 | 32702 | | 338.2 | 217.9 | 141.2 | 83.2 | 65.6 | | 6.3 | 5.3 | 3.5 |
| 13647 | 14530 | 8686 | | 239.0 | 182.4 | 123.8 | 84.9 | 59.8 | | 4.5 | 4.1 | 2.2 |
| 85109 | 25625 | 18054 | | 347.3 | 225.4 | 146.5 | 81.3 | 70.5 | | 6.4 | 5.6 | 3.9 |
| 281 | 33 | 6 | | 17.4 | 31.7 | 12.1 | 11.7 | 18.2 | | -8.4 | -7.4 | -19.0 |
| 7045 | 9630 | 5956 | | 544.0 | 181.5 | 105.2 | 84.5 | 61.8 | | 8.8 | 4.1 | 0.5 |
| 52096 | 62687 | 63643 | 3594.7 | 562.8 | 256.9 | 164.9 | 134.6 | 101.5 | 8.9 | 9.0 | 6.5 | 5.1 |
| 540.01 | 1045.06 | 1114.44 | 467100.0 | 809.6 | 504.8 | 386.4 | 207.6 | 106.6 | 22.3 | 11.0 | 11.4 | 14.5 |
| 527.01 | 687.96 | 593.94 | | 514.1 | 221.6 | 107.2 | 112.5 | 86.2 | | 8.5 | 5.4 | 0.7 |
| 811.67 | 762.23 | 782.18 | | 662.3 | 292.7 | 161.3 | 96.2 | 102.6 | | 9.9 | 7.4 | 4.9 |
| 54.16 | 71.43 | 70.85 | | 645.0 | 284.5 | 189.3 | 139.1 | 105.4 | | 9.8 | 7.2 | 6.6 |
| 1349.47 | 1699.04 | 1722.79 | 12621.2 | 859.0 | 464.0 | 197.4 | 127.7 | 101.4 | 12.2 | 11.4 | 10.8 | 7.0 |
| 1727.72 | 2865.33 | 2952.65 | 76295.9 | 1226.6 | 673.5 | 302.1 | 170.9 | 103.1 | 17.1 | 13.4 | 13.6 | 11.7 |
| 101.7 | 103.0 | 102.6 | 1059.2 | 148.3 | 148.7 | 131.8 | 113.7 | 102.6 | 5.8 | 2.0 | 2.7 | 2.8 |
| 79534 | 119453 | 130110 | | 660.0 | 380.8 | 240.5 | 163.6 | 108.9 | | 9.9 | 9.3 | 9.2 |
| 81171 | 123498 | 135138 | 18926.9 | 707.9 | 399.2 | 248.0 | 166.5 | 109.4 | 13.3 | 10.3 | 9.7 | 9.5 |
| 46735 | 65052 | 68304 | 19551.8 | 619.2 | 410.8 | 245.1 | 146.3 | 105.0 | 13.4 | 9.5 | 9.9 | 9.4 |
| 19323 | 28868 | 31266 | 17312.8 | 712.3 | 520.5 | 290.8 | 161.7 | 108.3 | 13.1 | 10.3 | 11.6 | 11.3 |
| 81 | 81 | 82 | 546.7 | 264.5 | 139.0 | 106.5 | 101.2 | 101.2 | 4.1 | 5.0 | 2.2 | 0.6 |
| 104.32 | 114.09 | 130.71 | 6023.5 | 706.2 | 235.8 | 154.9 | 125.3 | 114.6 | 10.2 | 10.3 | 5.9 | 4.5 |
| 510 | 534 | 539 | 230.3 | 138.9 | 120.3 | 113.5 | 105.7 | 100.9 | 2.0 | 1.7 | 1.2 | 1.3 |
| 51.52 | 52.62 | 54.32 | 141.3 | 127.7 | 98.7 | 94.9 | 105.4 | 103.2 | 0.8 | 1.2 | -0.1 | -0.5 |
| 941 | 980 | 992 | 65.5 | 61.0 | 77.3 | 98.8 | 105.4 | 101.2 | -1.0 | -2.4 | -1.7 | -0.1 |
| 93.79 | 110.47 | 112.51 | 197.7 | 148.6 | 124.5 | 136.4 | 120.0 | 101.8 | 1.6 | 2.0 | 1.5 | 3.2 |
| 7.33 | 9.09 | 10.16 | 705.6 | 301.5 | 257.9 | 191.0 | 138.6 | 111.8 | 4.8 | 5.7 | 6.5 | 6.7 |
| 12.67 | 16.81 | 17.78 | 564.4 | 319.2 | 276.9 | 186.2 | 140.3 | 105.8 | 4.2 | 6.0 | 7.0 | 6.4 |
| 4.25 | 5.87 | 6.23 | 519.2 | 265.1 | 240.5 | 185.4 | 146.6 | 106.1 | 4.0 | 5.0 | 6.0 | 6.4 |

Note: I. Since 2012,the coverage of per capita annual disposable income of urban households has been adjusted,the grow rate of which being calaulated at comparable coverage.

II. Since 2019, port statistical caliber and the calculation methods of some cargo throughput have been adjusted, and the data of the same period in 2018 have been adjusted.

III.Since 2020, the Ministry of Transportation has adjusted the statistical caliber of highway freight volume, and made the same caliber adjustment for the same period in 2019.

IV.The actual amount of foreign direct investment shall be adjusted to the statistical scope of the Ministry of Commerce from 2020.

# 1-8 各时期主要指标平均每年增长速度

## Average Annual Growth Speed of Main Indicators in Different Periods

单位：% (%)

| 时 期 | Period | 地区生产总 值 Gross Domestic Product | 工 业 总产值 Gross Output Value of Industry | 农林牧渔业 总 产 值 Gross Output Value of Agriculture | 社会消费品零售总额 Total Retail Sales of Consumer Goods | 一般公共预算收入 Genera Budgetary Revenue |
|---|---|---|---|---|---|---|
| “六五”时期 | 6th Five-year Plan Period | 12.7 | 12.8 | 6.2 | 21.2 | 13.3 |
| “七五”时期 | 7th Five-year Plan Period | 10.8 | 13.1 | 4.6 | 14.5 | 5.1 |
| “八五”时期 | 8th Five-year Plan Period | 20.2 | 26.1 | 10.0 | 31.0 | 21.3 |
| “九五”时期 | 9th Five-year Plan Period | 13.2 | 15.7 | 5.9 | 13.6 | 23.6 |
| “十五”时期 | 10th Five-year Plan Period | 13.9 | 18.3 | 5.8 | 10.3 | 18.1 |
| “十一五”时期 | 11th Five-year Plan Period | 13.6 | 15.8 | 2.3 | 16.6 | 18.6 |
| “十二五”时期 | 12th Five-year Plan Period | 10.0 | 9.8 | 2.1 | 12.9 | 9.1 |
| “十三五”时期 | 13th Five-year Plan Period | 6.0 | 5.0 | 3.9 | 5.7 | 5.0 |
| 1979-2020 | 1979-2020 | 12.6 | 14.2 | 4.9 | 16.1 | 12.2 |
| 2001-2020 | 2001-2020 | 10.8 | 12.1 | 3.1 | 11.3 | 11.4 |
| 2006-2020 | 2006-2020 | 9.8 | 10.1 | 2.8 | 11.7 | 10.8 |
| 2011-2020 | 2011-2020 | 8.0 | 7.4 | 3.0 | 9.2 | 7.0 |

注：2019年，根据第四次全国经济普查结果，对2008—2018年度地区生产总值和1992—2018年度社会消费品零售总额数据进行了修订。

Note: In 2019, according to the results of the fourth national economic census, the 2008-2018 regional GDP and the total retail sales of consumer goods in 1992-2018 were revised.

# 1-9 全市产业及主要结构情况

## Basic Statistics on Industries and Main Structure of Guangzhou

| 项　　目 | Item | 2019 | 2020 |
|---|---|---|---|
| 地区生产总值 （亿元） | Gross Domestic Product (100 milllion yuan) | 23844.69 | 25019.11 |
| # 服务业增加值 | Service Industry Added Value | 17088.17 | 18140.64 |
| 现代服务业增加值 （亿元） | Modern Service Added Value (100 milllion yuan) | 11294.13 | 11801.22 |
| 规模以上工业增加值 （亿元） | Added Value of Industry above Designated Size (100 milllion yuan) | 4347.79 | 4544.60 |
| 先进制造业增加值 （亿元） | Added Value of Advanced Manufacturing Industry (100 million yuan) | 2466.38 | 2644.06 |
| 高技术制造业增加值 （亿元） | Added Value of High-technology Industry (100 milllion yuan) | 592.87 | 715.41 |
| 民营经济增加值 （亿元） | Added Value of Private Economy (100 milllion yuan) | 9532.60 | 10200.03 |
| 规模以上民营工业增加值 （亿元） | Added Value of Private Industry above Designated Size (100 milllion yuan) | 1022.33 | 1418.63 |
| 固定资产投资 （亿元） | Total Investment in Fixed Assets (100 milllion yuan) | 6920.21 | 7611.10 |
| 民间投资 （亿元） | Private Investment in Fixed Assets (100 milllion yuan) | 2805.56 | 3068.26 |
| 出口 （亿元） | Exports (100 milllion yuan) | 5258.36 | 5423.35 |
| 现代服务业增加值占服务业增加值比重 （%） | Modern Service Added Value Accounts for Service Industry Added Value (%) | 66.09 | 65.05 |
| 先进制造业增加值占规模以上工业增加值的比重 （%） | Added Value of Advanced Manufacturing Industry Accounts for Added Value of Industry above Designated Size (%) | 57.03 | 58.18 |
| 高技术制造业增加值占规模以上工业增加值的比重 （%） | Added Value of High-technology Industry Accounts for Added Value of Industry above Designated Size (%) | 13.71 | 16.45 |
| 民营经济增加值占GDP比重 （%） | Added Value of Private Economy Accounts for Gross Domestic Product (%) | 39.98 | 40.77 |
| 规模以上民营工业增加值占规模以上工业增加值比重 （%） | Added Value of Private Industry above Designated Size Accounts for Added Value of Industry above Designated Size (%) | 23.64 | 31.22 |
| 民间投资占固定资产投资比重 （%） | Private Investment in Fixed Assets Accounts for Total Investment in Fixed Assets (%) | 40.54 | 40.31 |
| 工业品内销占工业销售产值的比重 （%） | Domestic Sales of Industrial Products Accounts for Sales Value of Industry (%) | 85.48 | 86.88 |
| 私营企业出口占全市出口的比重 （%） | Private Sector Exports Accounts for Total Exports (%) | 52.42 | 59.65 |
| 一般贸易出口占全市出口的比重 （%） | General Trade Exports Accounts for Total Exports (%) | 41.98 | 43.37 |
| 加工贸易出口占全市出口的比重 （%） | Processing Trade Exports Accounts for Total Exports (%) | 28.17 | 21.33 |

# 1-10 主要年份人民物质文化生活水平

## Material and Culture Life of the People in Main Years

| 项目 | Item | 2019 | 2020 |
|---|---|---|---|
| 城镇非私营单位在岗职工年平均工资（元） | Average Wage of Fully Employed Staff and Workers in Urban Units (yuan) | 123498 | 135138 |
| 城镇居民年人均可支配收入（元） | Per Capita Annual Disposable Income of Urban Residents (yuan) | 65052 | 68304 |
| 农村居民年人均可支配收入（元） | Per Capita Annual Disposable Income of Rural Residents (yuan) | 28868 | 31266 |
| 社会消费品零售总额（亿元） | Total Retail Sales of Consumer Goods (100 million yuan) | 9551.57 | 9218.66 |
| **储　蓄** | **Savings Deposits** | | |
| 住户存款余额（亿元） | Deposits of Households (100 million yuan) | 17980.56 | 20774.13 |
| 平均每人储蓄额（元） | Per Capita Savings Deposits (yuan) | 119036 | 122035 |
| **交　通** | **Transportation** | | |
| 每万人拥有公交车辆（辆） | Possession of Buses per 10000 Persons (unit) | 16.36 | 16.08 |
| 公交车辆平均每日乘客人数（万人次） | Average Daily Passengers by Buses (10000 person-times) | 613.95 | 371.77 |
| 每万人拥有出租汽车（辆） | Possession of Taxis per 10000 Persons (uint) | 21.50 | 22.17 |
| 出租车平均每日乘客人数（万人次） | Average Daily Passengers by Taxi (10000 person-times) | 146.57 | 114.83 |
| **通讯、电信** | **Postal and Telecommunication Services** | | |
| 城市电话普及率(含移动电话)（部/百人） | Possession of Telephones per 100 Persons in Urban Areas (including mobile telephones) (sets/100 persons) | 265.01 | 372.14 |
| 每人每年函件交寄（件） | Per Capita Annual Number of Letters Mailed (unit) | 687 | 792 |
| **供　气** | **Gas Supply** | | |
| 居民燃气普及率（%） | Popularization Rate of Residents with Access to Gas (%) | 99.20 | 99.30 |
| **自来水** | **Tap Water** | | |
| 人均日生活用水量（升） | Per Capita Daily Water Used (liter) | 263.86 | 263.69 |

1-10 续表 continued

| 项　目 | Item | 2019 | 2020 |
|---|---|---|---|
| **教　育** | **Education** | | |
| 每万人拥有在校大学生 （人） | Number of University and College Students Enrollment per 10000 Persons (person) | 1196.32 | 1326.90 |
| 适龄儿童入学率 （%） | Percentage of School-age Children Enrolled (%) | 100.00 | 100.00 |
| **卫　生** | **Public Health** | | |
| 每万人拥有医院床位 （张） | Number of Hospital Beds per 10000 Persons (unit) | 59 | 54 |
| 每万人拥有医生 （人） | Number of Doctors per 10000 Persons (person) | 38 | 33 |
| **就　业** | **Employment** | | |
| 城镇每一就业者负担人口 （人） | Number of Dependents per Employee in Urban Areas (person) | 1.71 | 1.75 |
| **绿　化** | **Green Areas** | | |
| 建成区绿化覆盖率 （%） | Coverage Rate of Green Areas in Developed Land Area (%) | 39.91 | 39.96 |
| 人均公园绿地面积 （平方米） | Per Capita Garden (sq.m) | 17.96 | 17.33 |
| **居民家庭耐用消费品拥有量** | **Number of Durable Consumer Goods Owned** | | |
| 每百户城市居民家庭拥有 | Owned by per 100 Urban Households | | |
| 彩色电视机 （台） | Color TV Sets (set) | 128 | 124 |
| 计算机 （台） | Computers (set) | 123 | 142 |
| 洗衣机 （台） | Washing Machines (set) | 103 | 104 |
| 电冰箱 （台） | Refrigerators (set) | 104 | 106 |
| 空调器 （台） | Air Conditioners (set) | 244 | 247 |
| 每百户农村居民家庭拥有 | Owned by Per 100 Rural Household | | |
| 彩色电视机 （台） | Color TV Sets (set) | 146 | 145 |
| 计算机 （台） | Computers (set) | 88 | 85 |
| 洗衣机 （台） | Washing Machines (set) | 107 | 107 |
| 电冰箱 （台） | Refrigerators (set) | 110 | 109 |
| 空调 （台） | Air Conditioners (set) | 237 | 239 |

# 1-11 主要年份地区生产总值

## Gross Domestic Product in Main Years

单位:万元 (10000 yuan)

| 年 份<br>Year | 地区生产总值<br>Gross Domestic Product | 第一产业<br>Primary Industry | 第二产业<br>Secondary Industry | 第三产业<br>Tertiary Industry | 地区生产总值中 In GDP:<br>工 业<br>Industry | 建筑业<br>Construction | 人均地区生产总值（元）<br>Per Capita GDP (yuan) | 人均地区生产总值(美元)<br>Per Capita GDP (USD) |
|---|---|---|---|---|---|---|---|---|
| 1978 | 430947 | 50287 | 252479 | 128181 | 243585 | 8894 | 907 | |
| 1980 | 575497 | 62438 | 313734 | 199325 | 295337 | 18397 | 1160 | |
| 1985 | 1243623 | 120449 | 658130 | 465044 | 577048 | 81082 | 2302 | 784 |
| 1986 | 1395466 | 132079 | 701074 | 562313 | 608511 | 92563 | 2536 | 734 |
| 1987 | 1732050 | 156794 | 794127 | 781129 | 693003 | 101124 | 3092 | 831 |
| 1988 | 2400818 | 227772 | 1141606 | 1031440 | 972078 | 169528 | 4205 | 1130 |
| 1989 | 2878733 | 243187 | 1296309 | 1339237 | 1093864 | 202445 | 4953 | 1315 |
| 1990 | 3195952 | 257288 | 1362975 | 1575689 | 1180978 | 181997 | 5418 | 1133 |
| 1991 | 3866741 | 281734 | 1799166 | 1785841 | 1582970 | 216196 | 5956 | 1119 |
| 1992 | 5107027 | 356399 | 2413129 | 2337499 | 2120096 | 293033 | 7521 | 1364 |
| 1993 | 7443455 | 475960 | 3512607 | 3454888 | 3050098 | 462509 | 10481 | 1819 |
| 1994 | 9853082 | 606222 | 4556278 | 4690582 | 3870183 | 686095 | 13264 | 1539 |
| 1995 | 12603097 | 734606 | 5787475 | 6081016 | 4941140 | 846335 | 16222 | 1943 |
| 1996 | 14706621 | 811630 | 6736549 | 7158442 | 5791501 | 945048 | 18098 | 2179 |
| 1997 | 16828743 | 857155 | 7642990 | 8328598 | 6635562 | 1007428 | 19800 | 2389 |
| 1998 | 19004058 | 888763 | 8245913 | 9869382 | 7113774 | 1132139 | 21378 | 2582 |
| 1999 | 21492534 | 928522 | 9375989 | 11188023 | 8044065 | 1331924 | 23116 | 2792 |
| 2000 | 25055794 | 943718 | 10299412 | 13812664 | 8861172 | 1438240 | 25758 | 3112 |
| 2001 | 28579151 | 972806 | 11228325 | 16378020 | 9657735 | 1570590 | 28700 | 3468 |
| 2002 | 32243283 | 1030721 | 12245382 | 18967180 | 10638507 | 1606875 | 32544 | 3932 |
| 2003 | 37804451 | 1099080 | 15000699 | 21704672 | 13279574 | 1721125 | 38621 | 4666 |
| 2004 | 44773511 | 1171452 | 18054293 | 25547766 | 16111365 | 1942928 | 46182 | 5579 |
| 2005 | 51878466 | 1302159 | 20670012 | 29906295 | 18652577 | 2017435 | 54160 | 6612 |
| 2006 | 61242011 | 1285022 | 24689504 | 35267485 | 22538389 | 2151115 | 62930 | 7894 |
| 2007 | 72029498 | 1495247 | 28665860 | 41868391 | 26428369 | 2237491 | 70284 | 9243 |
| 2008 | 83660227 | 1548659 | 32750141 | 49361427 | 30240254 | 2565556 | 77165 | 11110 |
| 2009 | 91467431 | 1558600 | 34601705 | 55307126 | 31772238 | 2898289 | 79457 | 11629 |
| 2010 | 106406742 | 1686203 | 40532998 | 64187541 | 37021616 | 3601957 | 86582 | 12753 |
| 2011 | 121996914 | 1800454 | 46326780 | 73869680 | 42089867 | 4407184 | 93224 | 14355 |
| 2012 | 131946870 | 1854415 | 47731922 | 82360533 | 43383733 | 4617236 | 95550 | 15137 |
| 2013 | 150504031 | 1961339 | 53184480 | 95358212 | 48209169 | 5170729 | 104235 | 16775 |
| 2014 | 161359536 | 2008134 | 56478499 | 102872903 | 51217728 | 5385230 | 107528 | 17505 |
| 2015 | 173473724 | 2065218 | 57771661 | 113636845 | 52329802 | 5576564 | 111060 | 17806 |
| 2016 | 185597316 | 2160317 | 58134525 | 125302474 | 52701453 | 5763975 | 113400 | 17084 |
| 2017 | 198716679 | 2204517 | 59006069 | 137506093 | 53407784 | 5978984 | 116051 | 17188 |
| 2018 | 210024435 | 2291770 | 61099495 | 146633170 | 54874446 | 6620846 | 118511 | 17909 |
| 2019 | 238446940 | 2471259 | 65094019 | 170881662 | 57142388 | 8380344 | 131400 | 19048 |
| 2020 | 250191096 | 2880787 | 65903908 | 181406401 | 57225172 | 9109842 | 135047 | 19579 |

注：1．本表数据按当年价格计算。
2．从1991年起，人均地区生产总值按常住人口计算。
3．人均地区生产总值(美元)按当年年平均汇率换算。
4．2019年，根据第四次全国经济普查结果，对2008—2018年度地区生产总值数据进行了修订。
5．2020年，根据第七次全国人口普查结果，对2011—2019年度人均地区生产总值数据进行了修订。

Note: I. The data in this table are calculated at current prices.
II.Since 1991, the Per Capita GDP have been calculated by resident population
III. The Per Capita GDP (USD) were calculated at current annual average exchange rate.
IV. The GDP data of 2008-2018 were revised in 2019,according to the data of the Fourth National Economic Census.
V.The Per Capita GDP of 2011-2019 were revised in 2020, according to the data of the Seventh National Population Census.

# 1-12 主要年份地区生产总值指数（上年=100）

# Indices of Gross Domestic Product in Main Years (Preceding Year=100)

| 年 份<br>Year | 地区生产总值<br>Gross Domestic Product | 第一产业<br>Primary Industry | 第二产业<br>Secondary Industry | 第三产业<br>Tertiary Industry | 地区生产总值中：In Gross Domestic Product<br>工 业<br>Industry | 建筑业<br>Construction | 人均地区生产总值<br>Per Capita GDP |
|---|---|---|---|---|---|---|---|
| 1978 | 110.3 | 100.1 | 108.5 | 117.6 | 108.7 | 105.0 | 108.8 |
| 1980 | 115.4 | 114.6 | 119.0 | 110.3 | 117.4 | 154.8 | 113.2 |
| 1985 | 118.3 | 107.4 | 124.3 | 111.7 | 123.1 | 135.7 | 116.3 |
| 1986 | 105.7 | 100.5 | 101.3 | 114.1 | 101.3 | 101.3 | 103.7 |
| 1987 | 115.2 | 99.0 | 108.2 | 128.9 | 108.6 | 104.5 | 113.2 |
| 1988 | 117.8 | 104.6 | 126.3 | 109.0 | 125.1 | 137.2 | 115.6 |
| 1989 | 104.7 | 100.7 | 100.6 | 111.4 | 101.0 | 96.9 | 102.9 |
| 1990 | 111.3 | 103.7 | 107.8 | 116.9 | 109.6 | 92.1 | 109.7 |
| 1991 | 116.3 | 109.1 | 127.2 | 108.0 | 128.6 | 118.2 | 114.6 |
| 1992 | 123.3 | 120.4 | 128.1 | 118.8 | 128.7 | 123.3 | 117.9 |
| 1993 | 126.4 | 102.1 | 133.6 | 122.4 | 132.1 | 144.0 | 120.9 |
| 1994 | 118.8 | 112.6 | 123.2 | 114.5 | 121.0 | 137.3 | 113.6 |
| 1995 | 116.5 | 104.1 | 117.1 | 117.5 | 118.8 | 107.0 | 111.4 |
| 1996 | 112.5 | 105.3 | 113.5 | 112.1 | 115.7 | 99.5 | 107.6 |
| 1997 | 113.5 | 105.5 | 113.0 | 115.0 | 114.8 | 99.7 | 108.5 |
| 1998 | 113.2 | 104.0 | 112.7 | 114.7 | 113.0 | 110.2 | 108.2 |
| 1999 | 113.3 | 110.4 | 115.7 | 110.6 | 115.4 | 118.2 | 108.3 |
| 2000 | 113.4 | 101.7 | 111.9 | 116.3 | 112.5 | 106.7 | 108.4 |
| 2001 | 112.8 | 102.2 | 111.0 | 114.9 | 111.2 | 109.5 | 110.2 |
| 2002 | 113.3 | 109.8 | 112.5 | 114.1 | 113.9 | 103.9 | 113.9 |
| 2003 | 115.2 | 104.5 | 121.4 | 111.3 | 124.3 | 101.6 | 116.6 |
| 2004 | 115.1 | 105.4 | 117.2 | 113.9 | 118.6 | 105.7 | 116.2 |
| 2005 | 113.0 | 105.6 | 113.0 | 113.3 | 113.8 | 105.6 | 114.3 |
| 2006 | 115.0 | 95.7 | 116.6 | 114.7 | 117.9 | 104.4 | 113.2 |
| 2007 | 115.5 | 102.8 | 114.2 | 116.9 | 115.5 | 100.6 | 109.7 |
| 2008 | 112.6 | 95.2 | 111.1 | 114.3 | 112.0 | 102.6 | 106.5 |
| 2009 | 111.7 | 104.0 | 109.6 | 113.3 | 109.5 | 111.6 | 105.2 |
| 2010 | 113.0 | 103.1 | 113.0 | 113.2 | 112.5 | 119.0 | 105.8 |
| 2011 | 111.4 | 103.0 | 111.9 | 111.2 | 111.8 | 114.1 | 104.6 |
| 2012 | 110.4 | 103.3 | 108.4 | 111.8 | 109.0 | 102.8 | 104.6 |
| 2013 | 111.5 | 102.9 | 111.2 | 111.9 | 111.9 | 102.3 | 106.7 |
| 2014 | 108.5 | 101.8 | 107.4 | 109.3 | 107.8 | 102.4 | 104.4 |
| 2015 | 108.3 | 102.4 | 106.8 | 109.3 | 107.0 | 104.8 | 104.0 |
| 2016 | 107.6 | 100.6 | 105.6 | 108.8 | 106.2 | 104.0 | 102.7 |
| 2017 | 106.7 | 102.2 | 104.6 | 107.9 | 105.2 | 99.2 | 102.0 |
| 2018 | 106.0 | 106.0 | 105.4 | 106.4 | 105.5 | 104.1 | 102.5 |
| 2019 | 106.9 | 104.2 | 105.4 | 107.7 | 104.7 | 113.2 | 104.4 |
| 2020 | 102.7 | 109.8 | 103.3 | 102.3 | 102.6 | 109.5 | 100.6 |

注：1.本表数据按可比价格计算。
2.2019年，根据第四次全国经济普查结果，对2008—2018年度地区生产总值数据进行了修订。
3.2020年，根据第七次全国人口普查结果，对2011—2019年度人均地区生产总值数据进行了修订。

Note: I.The data in this table are calculated at comparable prices.
II. The GDP data of 2008-2018 were revised in 2019,according to the data of the Fourth National Economic Census.
III.The Per Capita GDP of 2011-2019 were revised in 2020, according to the data of the Seventh National Population Census.

# 1-13 主要年份地区生产总值构成

## Composition of Gross Domestic Product in Main Years

单位：%　　(%)

| 年 份<br>Year | 地区生产总值<br>Gross Domestic Product | 第一产业<br>Primary Industry | 第二产业<br>Secondary Industry | 第三产业<br>Tertiary Industry | 地区生产总值中：In Gross Domestic Product<br>工 业<br>Industry |
|---|---|---|---|---|---|
| 1978 | 100.00 | 11.67 | 58.59 | 29.74 | 56.52 |
| 1980 | 100.00 | 10.85 | 54.51 | 34.64 | 51.32 |
| 1985 | 100.00 | 9.69 | 52.92 | 37.39 | 46.40 |
| 1986 | 100.00 | 9.46 | 50.24 | 40.30 | 43.61 |
| 1987 | 100.00 | 9.05 | 45.85 | 45.10 | 40.01 |
| 1988 | 100.00 | 9.49 | 47.55 | 42.96 | 40.49 |
| 1989 | 100.00 | 8.45 | 45.03 | 46.52 | 38.00 |
| 1990 | 100.00 | 8.05 | 42.65 | 49.30 | 36.95 |
| 1991 | 100.00 | 7.29 | 46.53 | 46.18 | 40.94 |
| 1992 | 100.00 | 6.98 | 47.25 | 45.77 | 41.51 |
| 1993 | 100.00 | 6.39 | 47.19 | 46.42 | 40.98 |
| 1994 | 100.00 | 6.15 | 46.24 | 47.61 | 39.28 |
| 1995 | 100.00 | 5.83 | 45.92 | 48.25 | 39.21 |
| 1996 | 100.00 | 5.52 | 45.81 | 48.67 | 39.38 |
| 1997 | 100.00 | 5.09 | 45.42 | 49.49 | 39.43 |
| 1998 | 100.00 | 4.68 | 43.39 | 51.93 | 37.43 |
| 1999 | 100.00 | 4.32 | 43.62 | 52.06 | 37.43 |
| 2000 | 100.00 | 3.77 | 41.11 | 55.12 | 35.37 |
| 2001 | 100.00 | 3.40 | 39.29 | 57.31 | 33.79 |
| 2002 | 100.00 | 3.20 | 37.98 | 58.82 | 32.99 |
| 2003 | 100.00 | 2.91 | 39.68 | 57.41 | 35.13 |
| 2004 | 100.00 | 2.62 | 40.32 | 57.06 | 35.98 |
| 2005 | 100.00 | 2.51 | 39.84 | 57.65 | 35.95 |
| 2006 | 100.00 | 2.10 | 40.31 | 57.59 | 36.80 |
| 2007 | 100.00 | 2.08 | 39.80 | 58.12 | 36.69 |
| 2008 | 100.00 | 1.85 | 39.15 | 59.00 | 36.15 |
| 2009 | 100.00 | 1.70 | 37.83 | 60.47 | 34.74 |
| 2010 | 100.00 | 1.58 | 38.09 | 60.33 | 34.79 |
| 2011 | 100.00 | 1.48 | 37.97 | 60.55 | 34.50 |
| 2012 | 100.00 | 1.41 | 36.17 | 62.42 | 32.88 |
| 2013 | 100.00 | 1.30 | 35.34 | 63.36 | 32.03 |
| 2014 | 100.00 | 1.24 | 35.00 | 63.76 | 31.74 |
| 2015 | 100.00 | 1.19 | 33.30 | 65.51 | 30.17 |
| 2016 | 100.00 | 1.16 | 31.32 | 67.52 | 28.40 |
| 2017 | 100.00 | 1.11 | 29.69 | 69.20 | 26.88 |
| 2018 | 100.00 | 1.09 | 29.09 | 69.82 | 26.13 |
| 2019 | 100.00 | 1.04 | 27.30 | 71.66 | 23.96 |
| 2020 | 100.00 | 1.15 | 26.34 | 72.51 | 22.87 |

注：本表数据按当年价格计算。
Note: The data in this table are calculated at current prices.

# 1-14 地区生产总值

## Gross Domestic Product

单位：万元 (10000 yuan)

| 项　　目 | Item | 2019 | 2020 | 2020年比2019年增长(%) Growth Rate in 2020 over 2019 (%) |
|---|---|---|---|---|
| 地区生产总值 | Gross Domestic Product | 238446940 | 250191096 | 2.7 |
| 按产业分 | Grouped By Industry | | | |
| 第一产业 | Primary Industry | 2471259 | 2880787 | 9.8 |
| 第二产业 | Secondary Industry | 65094019 | 65903908 | 3.3 |
| 第三产业 | Tertiary Industry | 170881662 | 181406401 | 2.3 |
| 按行业分 | Grouped By Sector | | | |
| 农、林、牧、渔业 | Agriculture, Forestry, Animal Husbandry and Fishery | 2720794 | 3156552 | 9.7 |
| 工　业 | Industry | 57142388 | 57225172 | 2.6 |
| 建筑业 | Construction | 8380344 | 9109842 | 9.5 |
| 批发和零售业 | Wholesale and Retail Trade | 31750322 | 33468934 | 3.9 |
| 交通运输、仓储和邮政业 | Transport, Storage and Post | 15210376 | 13036463 | -5.8 |
| 住宿和餐饮业 | Hotels and Catering Services | 4458510 | 3923208 | -22.1 |
| 金融业 | Financial Intermediation | 19918956 | 22340624 | 8.3 |
| 房地产业 | Real Estate | 26165156 | 29530449 | 4.0 |
| 其他服务业 | Other Services | 72700095 | 78399852 | 2.6 |
| 信息传输、软件和信息技术服务业 | Information Transmission, Software and Information Technology | 13951628 | | |
| 租赁和商务服务业 | Leasing and Business Services | 12052465 | | |
| 科学研究和技术服务业 | Scientific Research and Technical Services | 7659902 | | |
| 水利、环境和公共设施管理业 | Management of Water Conservancy, Environment and Public Facilities | 1300141 | | |
| 居民服务、修理和其他服务业 | Service to Households, Repair and Other Services | 4587801 | | |
| 教　育 | Education | 12810353 | | |
| 卫生和社会工作 | Health and Social Work | 6979181 | | |
| 文化、体育和娱乐业 | Culture, Sports and Entertainment | 3124034 | | |
| 公共管理、社会保障和社会组织 | Public Management, Social Security and Social Organizations | 10234589 | | |

注：1. 本表数据绝对值按当年价格计算，增长速度按可比价格计算；
　　2. 2020年为年快报数据，其他服务业数据无法细分。

Note: I. The level data in this table are calculated at current prices while the growth rates at comparable prices.
　　II.The data of 2020 are the annual express data, and other service industry data can not be subdivided.

# 1-15 各时期地区生产总值和平均每年增长速度

# Gross Domestic Product and Annual Average Growth Speed in Different Periods

| 时 期 | Period | 地区生产总值 Gross Domestic Product | 第一产业 Primary Industry | 第二产业 Secondary Industry | 第三产业 Tertiary Industry | 地区生产总值中: In Gross Domestic Product | |
|---|---|---|---|---|---|---|---|
| | | | | | | 工 业 Industry | 建筑业 Construction |
| 绝对值 (万元) | Absolute Figure (10000 yuan) | | | | | | |
| "六五"时期 | 6th Five-year Plan Period | 4373327 | 459872 | 2395362 | 1518093 | 2137482 | 257880 |
| "七五"时期 | 7th Five-year Plan Period | 11603019 | 1017120 | 5296091 | 5289808 | 4548434 | 747657 |
| "八五"时期 | 8th Five-year Plan Period | 38873402 | 2454921 | 18068655 | 18349826 | 15564487 | 2504168 |
| "九五"时期 | 9th Five-year Plan Period | 97087750 | 4429788 | 42300853 | 50357109 | 36446074 | 5854779 |
| "十五"时期 | 10th Five-year Plan Period | 195278862 | 5576218 | 77198711 | 112503933 | 68339758 | 8858953 |
| "十一五"时期 | 11th Five-year Plan Period | 414805909 | 7573731 | 161240208 | 245991970 | 148000866 | 13454408 |
| "十二五"时期 | 12th Five-year Plan Period | 739281075 | 9689560 | 261493342 | 468098173 | 237230299 | 25156943 |
| 1950-1978 | 1950-1978 | 5578418 | 753734 | 3146791 | 1677893 | 2999275 | 147516 |
| 1979-2020 | 1979-2020 | 2585342821 | 43323858 | 877814696 | 1664204267 | 788173126 | 92717755 |
| 1991-2020 | 1991-2020 | 2568303463 | 41732867 | 869539785 | 1657030811 | 780932728 | 91683242 |
| 1996-2020 | 1996-2020 | 2529430061 | 39277946 | 851471130 | 1638680985 | 765368241 | 89179074 |
| 2001-2020 | 2001-2020 | 2432342311 | 34848158 | 809170277 | 1588323876 | 728922167 | 83324295 |
| 2003-2020 | 2003-2020 | 2371519877 | 32844631 | 785696570 | 1552978676 | 708625925 | 80146830 |
| 平均每年增长(%) | Annual Average Growth Speed(%) | | | | | | |
| "六五"时期 | 6th Five-year Plan Period | 12.7 | 7.6 | 13.6 | 12.5 | 12.5 | 27.6 |
| "七五"时期 | 7th Five-year Plan Period | 10.8 | 1.7 | 8.4 | 15.9 | 8.8 | 5.3 |
| "八五"时期 | 8th Five-year Plan Period | 20.2 | 9.5 | 25.7 | 16.1 | 25.8 | 25.3 |
| "九五"时期 | 9th Five-year Plan Period | 13.2 | 5.4 | 13.4 | 13.7 | 14.3 | 6.6 |
| "十五"时期 | 10th Five-year Plan Period | 13.9 | 5.4 | 15.0 | 13.5 | 16.3 | 5.2 |
| "十一五"时期 | 11th Five-year Plan Period | 13.6 | 0.1 | 12.9 | 14.5 | 13.4 | 7.4 |
| "十二五"时期 | 12th Five-year Plan Period | 10.0 | 2.7 | 9.1 | 10.7 | 9.5 | 5.2 |
| 1950-1978 | 1950-1978 | 9.2 | 3.8 | 12.7 | 9.5 | 12.7 | 13.1 |
| 1979-2020 | 1979-2020 | 12.6 | 4.7 | 12.7 | 13.3 | 12.9 | 12.1 |
| 1991-2020 | 1991-2020 | 12.7 | 4.5 | 13.3 | 12.5 | 13.8 | 9.1 |
| 1996-2020 | 1996-2020 | 11.3 | 3.6 | 11.0 | 11.8 | 11.6 | 6.1 |
| 2001-2020 | 2001-2020 | 10.8 | 3.2 | 10.4 | 11.3 | 10.9 | 5.9 |
| 2003-2020 | 2003-2020 | 10.6 | 2.9 | 10.2 | 10.9 | 10.7 | 5.9 |

注：1.本表数据绝对值按当年价格计算，增长速度按可比价格计算；

2.2019年，根据第四次全国经济普查结果，对2008—2018年度地区生产总值数据进行了修订，因此对应的数据也进行了调整。

Note: I. The level data in this table are calculated at current prices while the growth rates at comparable prices.

II. The GDP data of 2008-2018 are revised in 2019, according to the data of the fourth national economic census. Therefore, the corresponding data have also been adjusted.

## 1-16 地区生产总值使用表
## Utilization Balance Sheet of Gross Domestic Product

单位:万元 (10000 yuan)

| 项　目 | Item | 2018 | 2019 | 2019年比2018年增长(%) Growth Rate in 2019 over 2018 (%) |
|---|---|---|---|---|
| **支出法地区生产总值** | **Gross Domestic Product by Expenditure Approach** | **210024435** | **238446940** | **6.9** |
| 最终消费支出 | Final Consumption Expenditure | 102639493 | 115973603 | 9.3 |
| 居民消费支出 | Household Consumption Expenditure | 74299639 | 84748086 | 10.9 |
| 农村居民 | Rural Households | 66667180 | 76554871 | 11.6 |
| 城镇居民 | Urban Households | 7632459 | 8193215 | 4.5 |
| 政府消费支出 | Government Consumption Expenditure | 28339854 | 31225517 | 1.8 |
| 资本形成总额 | Gross Capital Formation | 75566493 | 87760491 | 7.8 |
| 固定资本形成总额 | Gross Fixed Capital Formation | 69829086 | 81906736 | 8.4 |
| 存货增加 | Changes in Inventories | 5737407 | 5853755 | 0.5 |
| 货物和服务净流出 | Net Exports of Goods and Services | 31818449 | 34712846 | 1.1 |

## 1-17 居民消费水平
## Household Consumption

单位:元/人 (yuan/person)

| 项　目 | Item | 2018 | 2019 | 2019年比2018年增长(%) Growth Rate in 2019 over 2018 (%) |
|---|---|---|---|---|
| 全市居民 | Total Households | 41925 | 46702 | 8.3 |
| 农村居民 | Rural Households | 27934 | 29983 | 4.5 |
| 城镇居民 | Urban Households | 44475 | 49665 | 8.5 |
| 农村居民与城镇居民对比（农村居民为1） | Ratio of Consumption of Urban Households to Rural Households (rural households=1) | 1:1.59 | 1:1.66 | |

注:本表数据绝对值按当年价格计算，增长速度按可比价格计算。
Note: The level data in this table are calculated at current prices while the growth rates at comparable prices.

## 1-18 三次产业对地区生产总值增长的贡献率（1990-2020年）

## Share of the Contributions of the Three Strata of Industry to the Growth of GDP (1990-2020)

单位：% (%)

| 年 份 Year | 地区生产总值 Gross Domestic Product | 第一产业 Primary Industry | 第二产业 Secondary Industry | 第三产业 Tertiary Industry | 地区生产总值中：In Gross Domestic Product 工业 Industry |
|---|---|---|---|---|---|
| 1990 | 100.0 | 1.7 | 37.1 | 61.2 | 41.0 |
| 1991 | 100.0 | 4.2 | 71.3 | 24.5 | 64.9 |
| 1992 | 100.0 | 6.2 | 56.3 | 37.5 | 50.4 |
| 1993 | 100.0 | 0.5 | 61.6 | 37.9 | 51.8 |
| 1994 | 100.0 | 3.7 | 63.0 | 33.3 | 49.8 |
| 1995 | 100.0 | 1.3 | 54.7 | 44.0 | 51.5 |
| 1996 | 100.0 | 2.0 | 57.4 | 40.6 | 57.7 |
| 1997 | 100.0 | 1.8 | 51.8 | 46.4 | 51.9 |
| 1998 | 100.0 | 1.2 | 51.5 | 47.3 | 47.3 |
| 1999 | 100.0 | 2.9 | 62.8 | 34.3 | 55.5 |
| 2000 | 100.0 | 0.5 | 48.4 | 51.1 | 45.7 |
| 2001 | 100.0 | 0.7 | 35.3 | 64.0 | 31.1 |
| 2002 | 100.0 | 2.5 | 38.1 | 59.4 | 36.4 |
| 2003 | 100.0 | 1.0 | 56.7 | 42.3 | 56.1 |
| 2004 | 100.0 | 1.1 | 48.4 | 50.5 | 46.7 |
| 2005 | 100.0 | 1.2 | 43.4 | 55.4 | 41.6 |
| 2006 | 100.0 | -0.7 | 44.1 | 56.6 | 42.9 |
| 2007 | 100.0 | 0.4 | 37.0 | 62.6 | 36.9 |
| 2008 | 100.0 | -0.7 | 35.1 | 65.6 | 35.0 |
| 2009 | 100.0 | 0.5 | 32.4 | 67.1 | 29.8 |
| 2010 | 100.0 | 0.4 | 38.6 | 61.0 | 34.6 |
| 2011 | 100.0 | 0.4 | 39.9 | 59.7 | 36.1 |
| 2012 | 100.0 | 0.4 | 31.1 | 68.5 | 30.4 |
| 2013 | 100.0 | 0.3 | 36.5 | 63.2 | 35.6 |
| 2014 | 100.0 | 0.3 | 32.7 | 67.0 | 31.7 |
| 2015 | 100.0 | 0.3 | 30.5 | 69.2 | 28.9 |
| 2016 | 100.0 | 0.1 | 24.6 | 75.3 | 24.4 |
| 2017 | 100.0 | 0.4 | 22.3 | 77.3 | 23.0 |
| 2018 | 100.0 | 1.1 | 28.5 | 70.4 | 26.7 |
| 2019 | 100.0 | 0.6 | 24.8 | 74.6 | 19.7 |
| 2020 | 100.0 | 3.8 | 38.7 | 57.5 | 27.8 |

注：1. 本表数据按可比价格计算。
2. 三次产业贡献率指各产业增加值增量与GDP增量之比。

Note: I. The data of this table are calculated at comparable prices.
II. Share of the contributions of the three strata of industry to the growth of GDP refers to the proportion of the increment of the Value-added of each Industry to the increment of GDP.

# 1-19 三次产业对地区生产总值增长的拉动（1990-2020年）

# Contribution of the Three Strata of Industry to the Growth of GDP (1990-2020)

单位：百分点 (percentage points)

| 年 份<br>Year | 地区生产总值<br>Gross Domestic Product | 第一产业<br>Primary Industry | 第二产业<br>Secondary Industry | 第三产业<br>Tertiary Industry | 地区生产总值中：In Gross Domestic Product<br>工 业<br>Industry |
|---|---|---|---|---|---|
| 1990 | 11.3 | 0.2 | 4.2 | 6.9 | 4.6 |
| 1991 | 16.3 | 0.7 | 11.6 | 4.0 | 10.6 |
| 1992 | 23.3 | 1.4 | 13.1 | 8.8 | 11.7 |
| 1993 | 26.4 | 0.1 | 16.3 | 10.0 | 13.7 |
| 1994 | 18.8 | 0.7 | 11.8 | 6.3 | 9.4 |
| 1995 | 16.5 | 0.2 | 9.0 | 7.3 | 8.5 |
| 1996 | 12.5 | 0.2 | 7.2 | 5.1 | 7.2 |
| 1997 | 13.5 | 0.2 | 7.0 | 6.3 | 7.0 |
| 1998 | 13.2 | 0.2 | 6.8 | 6.2 | 6.2 |
| 1999 | 13.3 | 0.4 | 8.3 | 4.6 | 7.4 |
| 2000 | 13.4 | 0.1 | 6.5 | 6.8 | 6.1 |
| 2001 | 12.8 | 0.1 | 4.5 | 8.2 | 4.0 |
| 2002 | 13.3 | 0.3 | 5.1 | 7.9 | 4.8 |
| 2003 | 15.2 | 0.2 | 8.6 | 6.4 | 8.5 |
| 2004 | 15.1 | 0.2 | 7.3 | 7.6 | 7.0 |
| 2005 | 13.0 | 0.2 | 5.6 | 7.2 | 5.4 |
| 2006 | 15.0 | -0.1 | 6.6 | 8.5 | 6.4 |
| 2007 | 15.5 | 0.1 | 5.7 | 9.7 | 5.7 |
| 2008 | 12.6 | -0.1 | 4.4 | 8.3 | 4.4 |
| 2009 | 11.7 | 0.1 | 3.8 | 7.8 | 3.5 |
| 2010 | 13.0 | 0.1 | 5.0 | 7.9 | 4.5 |
| 2011 | 11.4 | 0.1 | 4.5 | 6.8 | 4.1 |
| 2012 | 10.4 | 0.1 | 3.2 | 7.1 | 3.2 |
| 2013 | 11.5 |  | 4.2 | 7.3 | 4.1 |
| 2014 | 8.5 |  | 2.8 | 5.7 | 2.7 |
| 2015 | 8.3 |  | 2.6 | 5.7 | 2.4 |
| 2016 | 7.6 |  | 1.9 | 5.7 | 1.9 |
| 2017 | 6.7 |  | 1.5 | 5.2 | 1.5 |
| 2018 | 6.0 | 0.1 | 1.7 | 4.2 | 1.6 |
| 2019 | 6.9 |  | 1.7 | 5.2 | 1.4 |
| 2020 | 2.7 | 0.1 | 1.0 | 1.6 | 0.8 |

注：1．本表数据按可比价格计算。
　2．三次产业拉动指GDP增长速度与各产业贡献率之乘积。

Note: I. The data of this table are calculated at comparable prices.
　II. The contribution of the three strata of industry to the growth of GDP refers to the growth rate of GDP multiplied by the contribution share of ea industry.

# 1-20　各行业增加值（2018年）

单位:万元

| 项　　目 | Item |
| --- | --- |
| **地区生产总值** | **Gross Domestic Product** |
| **按产业分** | **Grouped By Industry** |
| 第一产业 | Primary Industry |
| 第二产业 | Secondary Industry |
| 第三产业 | Tertiary Industry |
| **按行业分** | **Grouped By Sector** |
| 农、林、牧、渔业 | Agriculture, Forestry, Animal Husbandry and Fishery |
| 工　业 | Industry |
| 建筑业 | Construction |
| 批发和零售业 | Wholesale and Retail Trade |
| 交通运输、仓储和邮政业 | Transport, Storage and Post |
| 住宿和餐饮业 | Hotels and Catering Services |
| 信息传输、软件和信息技术服务业 | Information Transmission, Software and Information Technology |
| 金融业 | Financial Intermediation |
| 房地产业 | Real Estate |
| 租赁和商务服务业 | Leasing and Business Services |
| 科学研究和技术服务业 | Scientific Research and Technical Services |
| 水利、环境和公共设施管理业 | Management of Water Conservancy, Environment and Public Facilities |
| 居民服务、修理和其他服务业 | Service to Households, Repair and Other Services |
| 教　育 | Education |
| 卫生和社会工作 | Health and Social Work |
| 文化、体育和娱乐业 | Culture, Sports and Entertainment |
| 公共管理、社会保障和社会组织 | Public Management, Social Security and Social Organizations |

# Added Value by Sector (2018)

(10000 yuan)

| 合 计<br>Total | 劳动者报酬<br>Compensation of Employees | 固定资产折旧<br>Depreciation of Fixed Assets | 生产税净额<br>Net Taxes on Production | 营业盈余<br>Operating Surplus |
|---|---|---|---|---|
| **210024435** | **109429463** | **29130329** | **28565850** | **42898793** |
| | | | | |
| 2291770 | 2262744 | 29026 | | |
| 61099495 | 26987428 | 8400520 | 12715677 | 12995870 |
| 146633170 | 80179291 | 20700783 | 15850173 | 29902923 |
| | | | | |
| 2537526 | 2508153 | 29373 | | |
| 54874446 | 22422189 | 8160019 | 12061060 | 12231178 |
| 6620846 | 4866470 | 287820 | 705093 | 761463 |
| 29136669 | 15340425 | 1353205 | 5499544 | 6943495 |
| 12633314 | 7459485 | 3503699 | 634165 | 1035965 |
| 4031834 | 3080086 | 236084 | 195916 | 519748 |
| 11607458 | 6609384 | 1088423 | 935386 | 2974265 |
| 17575099 | 3892236 | 539058 | 2068442 | 11075363 |
| 21022963 | 4973820 | 6484806 | 4375323 | 5189014 |
| 10489356 | 7083473 | 1175531 | 994606 | 1235746 |
| 6733426 | 4725824 | 931883 | 559889 | 515830 |
| 1031183 | 557335 | 256246 | 94840 | 122762 |
| 3967915 | 3426969 | 191557 | 127679 | 221710 |
| 10292874 | 8972943 | 1124805 | 72574 | 122552 |
| 5943456 | 5507800 | 403066 | 19730 | 12860 |
| 2591692 | 2234876 | 296752 | 207423 | -147359 |
| 8934378 | 5767995 | 3068002 | 14180 | 84201 |

# 1-21 各行业增加值构成（2018年）

单位:%

| 项　　目 | Item |
|---|---|
| **地区生产总值** | **Gross Domestic Product** |
| **按产业分** | **Grouped By Industry** |
| 第一产业 | Primary Industry |
| 第二产业 | Secondary Industry |
| 第三产业 | Tertiary Industry |
| **按行业分** | **Grouped By Sector** |
| 农、林、牧、渔业 | Agriculture, Forestry, Animal Husbandry and Fishery |
| 工　业 | Industry |
| 建筑业 | Construction |
| 批发和零售业 | Wholesale and Retail Trade |
| 交通运输、仓储和邮政业 | Transport, Storage and Post |
| 住宿和餐饮业 | Hotels and Catering Services |
| 信息传输、软件和信息技术服务业 | Information Transmission, Software and Information Technology |
| 金融业 | Financial Intermediation |
| 房地产业 | Real Estate |
| 租赁和商务服务业 | Leasing and Business Services |
| 科学研究和技术服务业 | Scientific Research and Technical Services |
| 水利、环境和公共设施管理业 | Management of Water Conservancy, Environment and Public Facilities |
| 居民服务、修理和其他服务业 | Service to Households, Repair and Other Services |
| 教　育 | Education |
| 卫生和社会工作 | Health and Social Work |
| 文化、体育和娱乐业 | Culture, Sports and Entertainment |
| 公共管理、社会保障和社会组织 | Public Management, Social Security and Social Organizations |

# Composition of Added Value by Sector (2018)

(%)

| 合 计<br>Total | 劳动者报酬<br>Compensation of Employees | 固定资产折旧<br>Depreciation of Fixed Assets | 生产税净额<br>Net Taxes on Production | 营业盈余<br>Operating Surplus |
|---|---|---|---|---|
| **100.00** | **52.10** | **13.87** | **13.60** | **20.43** |
| | | | | |
| 100.00 | 98.73 | 1.27 | | |
| 100.00 | 44.17 | 13.75 | 20.81 | 21.27 |
| 100.00 | 54.68 | 14.12 | 10.81 | 20.39 |
| | | | | |
| 100.00 | 98.84 | 1.16 | | |
| 100.00 | 40.86 | 14.87 | 21.98 | 22.29 |
| 100.00 | 73.50 | 4.35 | 10.65 | 11.50 |
| 100.00 | 52.65 | 4.64 | 18.87 | 23.84 |
| 100.00 | 59.05 | 27.73 | 5.02 | 8.20 |
| 100.00 | 76.39 | 5.86 | 4.86 | 12.89 |
| 100.00 | 56.94 | 9.38 | 8.06 | 25.62 |
| 100.00 | 22.15 | 3.07 | 11.77 | 63.01 |
| 100.00 | 23.66 | 30.85 | 20.81 | 24.68 |
| 100.00 | 67.53 | 11.21 | 9.48 | 11.78 |
| 100.00 | 70.18 | 13.84 | 8.32 | 7.66 |
| 100.00 | 54.05 | 24.85 | 9.20 | 11.90 |
| 100.00 | 86.37 | 4.83 | 3.22 | 5.58 |
| 100.00 | 87.18 | 10.93 | 0.71 | 1.18 |
| 100.00 | 92.67 | 6.78 | 0.33 | 0.22 |
| 100.00 | 86.23 | 11.45 | 8.00 | -5.68 |
| 100.00 | 64.56 | 34.34 | 0.16 | 0.94 |

# 1-22 各行业增加值（2019年）

单位:万元

| 项　　目 | Item |
|---|---|
| **地区生产总值** | **Gross Domestic Product** |
| **按产业分** | **Grouped By Industry** |
| 第一产业 | Primary Industry |
| 第二产业 | Secondary Industry |
| 第三产业 | Tertiary Industry |
| **按行业分** | **Grouped By Sector** |
| 农、林、牧、渔业 | Agriculture, Forestry, Animal Husbandry and Fishery |
| 工　业 | Industry |
| 建筑业 | Construction |
| 批发和零售业 | Wholesale and Retail Trade |
| 交通运输、仓储和邮政业 | Transport, Storage and Post |
| 住宿和餐饮业 | Hotels and Catering Services |
| 信息传输、软件和信息技术服务业 | Information Transmission, Software and Information Technology |
| 金融业 | Financial Intermediation |
| 房地产业 | Real Estate |
| 租赁和商务服务业 | Leasing and Business Services |
| 科学研究和技术服务业 | Scientific Research and Technical Services |
| 水利、环境和公共设施管理业 | Management of Water Conservancy, Environment and Public Facilities |
| 居民服务、修理和其他服务业 | Service to Households, Repair and Other Services |
| 教　育 | Education |
| 卫生和社会工作 | Health and Social Work |
| 文化、体育和娱乐业 | Culture, Sports and Entertainment |
| 公共管理、社会保障和社会组织 | Public Management, Social Security and Social Organizations |

## Added Value by Sector (2019)

(10000 yuan)

| 合 计<br>Total | 劳动者报酬<br>Compensation of Employees | 固定资产折旧<br>Depreciation of Fixed Assets | 生产税净额<br>Net Taxes on Production | 营业盈余<br>Operating Surplus |
|---|---|---|---|---|
| **238446940** | **125497094** | **32942021** | **31748116** | **48259709** |
| | | | | |
| 2471259 | 2440194 | 31065 | | |
| 65094019 | 28697054 | 8373464 | 13661772 | 14361729 |
| 170881662 | 94359846 | 24537492 | 18086344 | 33897980 |
| | | | | |
| 2720794 | 2689377 | 31417 | | |
| 57142388 | 22844211 | 8068019 | 12810437 | 13419721 |
| 8380344 | 6143173 | 369284 | 893497 | 974390 |
| 31750322 | 17843380 | 1596745 | 5437825 | 6872372 |
| 15210376 | 8541971 | 4520815 | 875181 | 1272409 |
| 4458510 | 3481276 | 272429 | 215326 | 489479 |
| 13951628 | 7990611 | 1236505 | 1042381 | 3682131 |
| 19918956 | 4403958 | 616282 | 2349829 | 12548887 |
| 26165156 | 5986858 | 7673725 | 5793933 | 6710640 |
| 12052465 | 8464869 | 1287863 | 1083206 | 1216527 |
| 7659902 | 5686325 | 909885 | 633566 | 430126 |
| 1300141 | 703776 | 322031 | 120084 | 154250 |
| 4587801 | 3982423 | 221844 | 134938 | 248596 |
| 12810353 | 11167588 | 1399915 | 90324 | 152526 |
| 6979181 | 6467599 | 473174 | 23151 | 15257 |
| 3124034 | 2492296 | 427602 | 228194 | -24058 |
| 10234589 | 6607403 | 3514486 | 16244 | 96456 |

# 1-23 各行业增加值构成（2019年）

单位:%

| 项　　目 | Item |
| --- | --- |
| **地区生产总值** | **Gross Domestic Product** |
| **按产业分** | **Grouped By Industry** |
| 第一产业 | Primary Industry |
| 第二产业 | Secondary Industry |
| 第三产业 | Tertiary Industry |
| **按行业分** | **Grouped By Sector** |
| 农、林、牧、渔业 | Agriculture, Forestry, Animal Husbandry and Fishery |
| 工　业 | Industry |
| 建筑业 | Construction |
| 批发和零售业 | Wholesale and Retail Trade |
| 交通运输、仓储和邮政业 | Transport, Storage and Post |
| 住宿和餐饮业 | Hotels and Catering Services |
| 信息传输、软件和信息技术服务业 | Information Transmission, Software and Information Technology |
| 金融业 | Financial Intermediation |
| 房地产业 | Real Estate |
| 租赁和商务服务业 | Leasing and Business Services |
| 科学研究和技术服务业 | Scientific Research and Technical Services |
| 水利、环境和公共设施管理业 | Management of Water Conservancy, Environment and Public Facilities |
| 居民服务、修理和其他服务业 | Service to Households, Repair and Other Services |
| 教　育 | Education |
| 卫生和社会工作 | Health and Social Work |
| 文化、体育和娱乐业 | Culture, Sports and Entertainment |
| 公共管理、社会保障和社会组织 | Public Management, Social Security and Social Organizations |

# Composition of Added Value by Sector (2019)

(%)

| 合 计<br>Total | 劳动者报酬<br>Compensation of Employees | 固定资产折旧<br>Depreciation of Fixed Assets | 生产税净额<br>Net Taxes on Production | 营业盈余<br>Operating Surplus |
|---|---|---|---|---|
| **100.00** | **52.63** | **13.82** | **13.31** | **20.24** |
| | | | | |
| 100.00 | 98.74 | 1.26 | | |
| 100.00 | 44.09 | 12.86 | 20.99 | 22.06 |
| 100.00 | 55.22 | 14.36 | 10.58 | 19.84 |
| | | | | |
| 100.00 | 98.85 | 1.15 | | |
| 100.00 | 39.98 | 14.12 | 22.42 | 23.48 |
| 100.00 | 73.30 | 4.41 | 10.66 | 11.63 |
| 100.00 | 56.20 | 5.03 | 17.13 | 21.64 |
| 100.00 | 56.16 | 29.72 | 5.75 | 8.37 |
| 100.00 | 78.08 | 6.11 | 4.83 | 10.98 |
| 100.00 | 57.27 | 8.86 | 7.47 | 26.40 |
| 100.00 | 22.11 | 3.09 | 11.80 | 63.00 |
| 100.00 | 22.88 | 29.33 | 22.14 | 25.65 |
| 100.00 | 70.23 | 10.69 | 8.99 | 10.09 |
| 100.00 | 74.23 | 11.88 | 8.27 | 5.62 |
| 100.00 | 54.13 | 24.77 | 9.24 | 11.86 |
| 100.00 | 86.80 | 4.84 | 2.94 | 5.42 |
| 100.00 | 87.18 | 10.93 | 0.71 | 1.18 |
| 100.00 | 92.67 | 6.78 | 0.33 | 0.22 |
| 100.00 | 79.78 | 13.69 | 7.30 | -0.77 |
| 100.00 | 64.56 | 34.34 | 0.16 | 0.94 |

# 1-24 各区国民经济主要指标（2020）

| 项　　目 | | Item | |
|---|---|---|---|
| 土地面积 | （平方公里） | Total Land Area | (sq.km) |
| 年末户籍人口 | （人） | Year-end Population by household registered | (person) |
| 街道办事处 | （个） | Street Communities | (unit) |
| 镇 | （个） | Towns | (unit) |
| 社区居委会 | （个） | Community Committees | (unit) |
| 村民委员会 | （个） | Village Committees | (unit) |
| 地区生产总值 | （万元） | Gross Domestic Product | (10000 yuan) |
| 第一产业 | （万元） | Primary Industry | (10000 yuan) |
| 第二产业 | （万元） | Secondary Industry | (10000 yuan) |
| 第三产业 | （万元） | Tertiary Industry | (10000 yuan) |
| 地区生产总值中：工业 | （万元） | Industry In Gross Domestic Product | (10000 yuan) |
| 年末全社会从业人员 | （人） | Total Number of Employed Persons at Year-end | (person) |
| 固定资产投资额(按项目所在地分) | （万元） | Investment in Fixed Assets (by project location) | (10000 yuan) |
| # 建筑和安装工程 | （万元） | Construction and Erection Engineering | (10000 yuan) |
| 新增固定资产(按项目所在地分) | （万元） | Newly-increased Investment in Fixed Assets ( by Tegion of Item) | (10000 yuan) |
| 一般公共预算收入 | （万元） | General Budgetary Revenue | (10000 yuan) |
| 一般公共预算支出 | （万元） | General Budgetary Expenditure | (10000 yuan) |
| 农林牧渔业总产值 | （万元） | Gross Output Value of Agriculture | (10000 yuan) |
| 社会消费品零售总额 | （万元） | Total Retail Sales of Consumer Goods | (10000 yuan) |
| 实际使用外商直接投资金额 | （万美元） | Foreign Direct Capital Actually Utilized | (USD 10000) |
| 普通中学学校数 | （所） | Number of Regular Secondary Schools | (unit) |
| 普通中学在校学生数 | （人） | Number of Students Enrolled in Regular Secondary Schools | (person) |
| 小学学校数 | （所） | Number of Primary Schools | (unit) |
| 小学在校学生数 | （人） | Number of Students Enrolled in Primary Schools | (person) |
| 幼儿园数 | （所） | Number of Kindergartens | (unit) |
| 幼儿园在园人数 | （人） | Number of Children Enrolled | (person) |
| 各类卫生机构数 | （个） | Number of Health Institutions | (unit) |
| # 医　院 | | Hospitals | |
| 各类卫生机构床位数 | （张） | Number of Beds | (unit) |
| # 医　院 | | Hospitals | |
| 卫生技术人员 | （人） | Medical Technical Personnel | (person) |
| # 执业(助理)医师 | | Licensed (Assistant) Doctors | |

# Main Indicators of National Economic by District (2020)

| 荔湾区 Liwan | 越秀区 Yuexiu | 海珠区 Haizhu | 天河区 Tianhe | 白云区 Baiyun | 黄埔区 Huangpu | 番禺区 Panyu | 花都区 Huadu | 南沙区 Nansha | 从化区 Conghua | 增城区 Zengcheng |
|---|---|---|---|---|---|---|---|---|---|---|
| 59.10 | 33.80 | 90.40 | 96.33 | 795.79 | 484.17 | 529.94 | 970.04 | 783.86 | 1974.50 | 1616.47 |
| 768988 | 1173302 | 1083437 | 1010522 | 1127226 | 600294 | 1086895 | 839451 | 491783 | 649768 | 1019476 |
| 22 | 18 | 18 | 21 | 18 | 16 | 11 | 4 | 3 | 3 | 6 |
|  |  |  |  | 4 | 1 | 5 | 6 | 6 | 5 | 7 |
| 191 | 222 | 265 | 220 | 281 | 112 | 98 | 64 | 33 | 53 | 57 |
|  |  |  |  | 118 | 28 | 177 | 188 | 128 | 221 | 284 |
| 10860716 | 33700472 | 20869335 | 53127886 | 22451101 | 36626680 | 22782836 | 16821511 | 18461052 | 3863100 | 10626407 |
| 50726 |  | 19337 | 27791 | 380959 | 31401 | 369568 | 430570 | 636772 | 301652 | 632011 |
| 2952622 | 1309967 | 3429460 | 3940951 | 5027523 | 21478565 | 7654365 | 7181759 | 7589299 | 1213135 | 4126262 |
| 7857368 | 32390505 | 17420538 | 49159144 | 17042619 | 15116714 | 14758903 | 9209182 | 10234981 | 2348313 | 5868134 |
| 2628418 | 290980 | 1893603 | 2973666 | 3795331 | 20944664 | 6414782 | 7105733 | 6694471 | 1062318 | 3421206 |
| 467133 | 1059381 | 1048070 | 2246600 | 1737044 | 1077337 | 1308388 | 792089 | 666884 | 381250 | 795894 |
| 4300283 | 927039 | 3687341 | 5351273 | 10230713 | 16529649 | 7887835 | 5301223 | 9221541 | 2141077 | 10532985 |
| 1565856 | 529124 | 1854113 | 2323479 | 4569253 | 7127614 | 4188856 | 2666924 | 5407905 | 1158690 | 5172662 |
| 17752268 | 1529568 | 229702 | 348723 | 2091065 | 1245957 | 5002897 | 1308825 | 732239 | 2805349 | 659261 |
| 510219 | 585925 | 515478 | 762292 | 647517 | 1895588 | 1031569 | 849236 | 903186 | 288785 | 1081076 |
| 1030487 | 1357326 | 1328952 | 1478833 | 1892203 | 3494543 | 1840775 | 1688648 | 2537367 | 863729 | 2005305 |
| 75702 |  | 26715 | 84977 | 683034 | 79944 | 607296 | 791056 | 1116971 | 566009 | 1108582 |
| 5634507 | 11591507 | 9901370 | 17814341 | 10290440 | 11016570 | 11463979 | 6448025 | 2072375 | 1888329 | 4065162 |
| 1784 | 24526 | 55542 | 66962 | 1218 | 254678 | 37121 | 3891 | 162394 | 1928 | 96906 |
| 40 | 35 | 38 | 51 | 71 | 37 | 73 | 80 | 29 | 25 | 60 |
| 42143 | 61356 | 45286 | 52101 | 63312 | 34545 | 76356 | 57317 | 25730 | 32191 | 52863 |
| 52 | 49 | 82 | 76 | 178 | 64 | 140 | 106 | 61 | 67 | 117 |
| 66633 | 70025 | 89947 | 117402 | 166994 | 77365 | 158175 | 145180 | 54340 | 61920 | 117122 |
| 113 | 122 | 166 | 217 | 379 | 130 | 349 | 144 | 124 | 103 | 221 |
| 29920 | 33228 | 44339 | 53567 | 99939 | 41929 | 93797 | 44013 | 33905 | 30334 | 69560 |
| 245 | 396 | 352 | 867 | 849 | 424 | 559 | 585 | 262 | 374 | 637 |
| 30 | 34 | 17 | 53 | 56 | 24 | 24 | 14 | 14 | 8 | 15 |
| 7120 | 25214 | 11064 | 13563 | 21517 | 4161 | 6359 | 4303 | 1524 | 2793 | 4022 |
| 6917 | 23429 | 10410 | 13139 | 20429 | 3740 | 5609 | 3216 | 1366 | 2007 | 2742 |
| 11081 | 47492 | 18607 | 28319 | 25700 | 7630 | 13273 | 9572 | 3136 | 4321 | 8704 |
| 4164 | 15078 | 6201 | 10407 | 8686 | 2708 | 5206 | 3700 | 1276 | 1557 | 3346 |

# 1-25 广州开发区国民经济主要指标
## Main Indicators of National Economy of Guangzhou Development Zone

| 项　目 | Item | 2019 | 2020 |
|---|---|---|---|
| 年末社会从业人员 （规模以上） | Year-end Employed Persons (person) | 560512 | 588016 |
| # 工业从业人员 | Employed Persons in Industry | 325153 | 312162 |
| 地区生产总值 （万元） | Gross Domestic Product (10000 yuan) | 29788922 | 31014284 |
| 第一产业 | Primary Industry | 51050 | 26691 |
| 第二产业 | Secondary Industry | 18978796 | 17653308 |
| 第三产业 | Tertiary Industry | 10759076 | 13334285 |
| 地区生产总值中： | In Gross Domestic Product | | |
| 工　业 | Industry | 17791438 | 17195750 |
| 建筑业 | Construction | 215847 | 519077 |
| 固定资产投资额 （万元） | Investment in Fixed Assets (10000 yuan) | 12743236 | 14132351 |
| # 基础(公共)设施 | Infrastructure | 3244837 | 3880609 |
| 工业项目 | Industry | 3448987 | 3760152 |
| 利润总额 （万元） | Total Profits (10000 yuan) | 10164101 | 10449291 |
| # 工业利润 （规模以上） | Industrial Profit | 6024695 | 6324106 |
| 地方可支配财力 （万元） | Local Disposable Financial Resources (10000 yuan) | 5474698 | 6511545 |
| 地方财政支出 （万元） | Local Government Financial Expenditure (10000 yuan) | 4857454 | 5780517 |
| 工业总产值 （万元） | Gross Industrial Output Value (10000 yuan) | 59344162 | 59918519 |
| # 港澳台企业产值 | Enterprises with Funds from Hong Kong, Macao and Taiwan | 11351879 | 8908332 |
| 工业销售产值 （万元） | Output Value of Industrial Products Sold (10000 yuan) | 58721176 | 59587345 |
| 商品销售总额 （万元） | Total Sales of Industrial Products (10000 yuan) | 84828536 | 91536382 |
| 外贸出口总值 （万美元） | Total Exports (USD 10000) | 1642555 | 1982342 |
| 外贸进口总值 （万美元） | Total Imports (USD 10000) | 2127827 | 2053232 |
| 利用外资项目(合同)数 （个） | Number of Projects (Contracts) for Utilization of Foreign Capital (unit) | 166 | 189 |
| 合同利用外资金额 （万美元） | Contracted Value of Foreign Capital to be Utilized (USD 10000) | 200884 | 444276 |
| 外商直接投资实际使用外资金额（万美元） | Total Amount of Foreign Capital Actually Used (USD 10000) | 228097 | 254678 |

注：1.广州开发区包括广州经济技术开发区、广州保税区、广州高新技术产业开发区和广州出口加工区；
2.2018年区内税收、地方可支配财力和地方财政支出等指标为黄埔区口径数据。

Note: I. The indicators include Guangzhou economic and technological development zone, Guangzhou bonded zone,Guangzhou hi-tech development zone and Guangzhou exportance manufacturing district.

II. The tax,local disposable financial resources and government financial expenditure indicators in 2018 are the caliber data of Huangpu District.

## 1-26 广州保税区国民经济主要指标
## Main Indicators of National Economy of Guangzhou Bonded Zone

| 项　　目 | Item | 2019 | 2020 |
|---|---|---|---|
| 工业增加值 （万元） | Value-added of Industry (10000 yuan) | 133140 | 133184 |
| 工业总产值 （万元） | Gross Industrial Output Value (10000 yuan) | 595033 | 577014 |
| 固定资产投资额 （万元） | Investment in Fixed Assets (10000 yuan) | 49576 | 108181 |
| 进出区货物总值 （万美元） | Total Value of Imports and Exports (USD 10000) | 1318203 | 1424252 |
| 利润总额 （万元） | Total Profits (10000 yuan) | 127808 | 144756 |

## 1-27 广州高新技术产业开发区国民经济主要指标
## Main Indicators of National Economy of Guangzhou Hi-tech Development Zone

| 项　　目 | Item | 2019 | 2020 |
|---|---|---|---|
| 营业总收入 （万元） | Revenue (10000 yuan) | 117245693 | 128312182 |
| 工业总产值 （万元） | Gross Industrial Output Value (10000 yuan) | 74082459 | 76917797 |
| 高新区企业数 （个） | Number of Enterprises in Development Zone (unit) | 107433 | 154952 |
| 认定高新技术企业数（个） | Number of Enterprises Certified (unit) | 3599 | 3544 |
| 港澳台企业数 （个） | Number of Enterprises with Funds from Hong Kong, Macao and Taiwan (unit) | 72 | 104 |
| 职工人数 （人） | Number of Staff and Workers (person) | 845249 | 882279 |
| 利润总额 （万元） | Total Profits (10000 yuan) | 10108142 | 12094085 |
| 合同利用外资 （万美元） | Foreign Capital to be Utilized in the Signed Agreements and Contracts (USD 10000) | 200884 | 444276 |
| 外商直接投资实际使用外资金额 （万美元） | Foreign Capital Actually Utilized (USD 10000) | 228097 | 254678 |

# 1-28 私营企业基本情况（2020年末，按行业分）

| 项　　目 | Item |
|---|---|
| **总　　计** | **Total** |
| 农林牧渔业 | Agriculture, Forestry, Animal Husbandry and Fishing |
| 采矿业 | Mining |
| 制造业 | Manufacturing |
| 电力、热力、燃气及水生产和供应业 | Production and Supply of Electricity, Heat,Gas and Water |
| 建筑业 | Construction |
| 批发和零售业 | Wholesale and Retail Trade |
| 交通运输、仓储和邮政业 | Transport, Storage and Post |
| 住宿和餐饮业 | Hotels and Catering Services |
| 信息传输、软件和信息技术服务业 | Information Transmission, Software and Information Technology |
| 金融业 | Financial Intermediation |
| 房地产业 | Real Estate |
| 租赁和商务服务业 | Leasing and Business Services |
| 科学研究和技术服务业 | Scientific Research and Technical Services |
| 水利、环境和公共设施管理业 | Management of Water Conservancy, Environment and Public Facilities |
| 居民服务、修理和其他服务业 | Service to Households, Repair and Other Services |
| 教育 | Education |
| 卫生和社会工作 | Health and Social Service |
| 文化、体育和娱乐业 | Culture, Sports and Entertainment |
| 其他 | Others |

注：本表数据由广州市市场监督管理局提供。

## Basic Statistics on Private Enterprises (Year-end of 2020, by Sector)

| 全 市 Total | | # 城 镇 Urban Areas | |
|---|---|---|---|
| 户 数 (户) Number of Enterprises (unit) | 年末投资者人数 (人) Number of Investors at Year-end (person) | 户 数 (户) Number of Enterprises (unit) | 年末投资者人数 (人) Number of Investors at Year-end (person) |
| **1445864** | **2494442** | **1422838** | **2441233** |
| 5116 | 9378 | 4995 | 9078 |
| 71 | 138 | 71 | 138 |
| 90152 | 146666 | 85920 | 135335 |
| 749 | 1590 | 745 | 1576 |
| 55559 | 94115 | 54466 | 92039 |
| 616755 | 976994 | 608428 | 959193 |
| 30202 | 49724 | 29520 | 48349 |
| 19124 | 29369 | 18747 | 27348 |
| 123524 | 219721 | 123122 | 218780 |
| 3342 | 13415 | 3306 | 13330 |
| 28657 | 49936 | 27812 | 48391 |
| 197420 | 397105 | 194501 | 390780 |
| 188289 | 349861 | 185162 | 343383 |
| 1753 | 3364 | 1714 | 3288 |
| 15504 | 24179 | 15083 | 22831 |
| 2698 | 4651 | 2666 | 4572 |
| 25951 | 49689 | 25920 | 49512 |
| 40997 | 74545 | 40659 | 73308 |
| 1 | 2 | 1 | 2 |

Note: Data in this table are provided by Guangzhou Municipal Market Regulatory Administration.

# 1-29 私营企业基本情况（2020年末，按地区分）

## Basic Statistics on Private Enterprises (Year-end of 2020, by Region)

| 地　区 | District | 年末户数（户）Number of Enterprises at Year-end (unit) | 年末投资者人数（人）Number of Investors at Year-end (person) |
|---|---|---|---|
| **合　计** | **Total** | **1445864** | **2494442** |
| #荔湾区局 | Liwan District Bureau | 48404 | 82096 |
| 越秀区局 | Yuexiu District Bureau | 100386 | 171679 |
| 海珠区局 | Haizhu District Bureau | 82055 | 142550 |
| 天河区局 | Tianhe District Bureau | 372389 | 649590 |
| 白云区局 | Baiyun District Bureau | 252961 | 416492 |
| 黄埔区局 | Huangpu District Bureau | 143011 | 239046 |
| 番禺区局 | Panyu District Bureau | 127789 | 218112 |
| 花都区局 | Huadu District Bureau | 58576 | 94038 |
| 南沙区局 | Nansha District Bureau | 145489 | 249064 |
| 从化区局 | Conghua District Bureau | 12825 | 21640 |
| 增城区局 | Zengcheng District Bureau | 68846 | 115758 |

注：本表数据按注册地区分，由广州市市场监督管理局提供。

Note: Data in this table are provided by Guangzhou Municipal Market Regulatory Administration according to the registered area.

# 1-30 个体工商户情况

## Basic Statistics on Individual Business

| 年 份<br>Year | 期末户数<br>(户)<br>Number of Year-end Enterprises<br>(unit) | 从业人数<br>(人)<br>Number of Employees<br>(person) |
|---|---|---|
| 2000 | 226016 | 380941 |
| 2001 | 250672 | 427923 |
| 2002 | 245505 | 415817 |
| 2003 | 230229 | 360809 |
| 2004 | 244756 | 375349 |
| 2005 | 285557 | 446874 |
| 2006 | 308655 | 492191 |
| 2007 | 417392 | 633234 |
| 2008 | 469128 | 710642 |
| 2009 | 552031 | 858694 |
| 2010 | 596854 | 953510 |
| 2011 | 661026 | 1031588 |
| 2012 | 675449 | 1055281 |
| 2013 | 716711 | 1127338 |
| 2014 | 739923 | 1169148 |
| 2015 | 799583 | 1256776 |
| 2016 | 862631 | 1357477 |
| 2017 | 933528 | 1480664 |
| 2018 | 1006472 | 1597471 |
| 2019 | 1050639 | 1668684 |
| 2020 | 1110745 | 1761629 |

注：本表数据由广州市市场监督管理局提供。
Note: Data in this table are provided by Guangzhou Municipal Market Regulatory Administration.

# 1-31 个体工商户情况(2020年末，按行业分)

| 项　目 | Item |
|---|---|
| **总　计** | **Total** |
| # 农林牧渔业 | Agriculture, Forestry, Animal Husbandry and Fishing |
| 采矿业 | Mining |
| 制造业 | Manufacturing |
| 电力、热力、燃气及水生产和供应业 | Production and Supply of Electricity, Heat,Gas and Water |
| 建筑业 | Construction |
| 批发和零售业 | Wholesale and Retail Trade |
| 交通运输、仓储和邮政业 | Transport, Storage and Post |
| 住宿和餐饮业 | Hotels and Catering Services |
| 信息传输、软件和信息技术服务业 | Information Transmission, Software and Information Technology |
| 金融业 | Financial Intermediation |
| 房地产业 | Real Estate |
| 租赁和商务服务业 | Leasing and Business Services |
| 科学研究和技术服务业 | Scientific Research and Technical Services |
| 水利、环境和公共设施管理业 | Management of Water Conservancy, Environment and Public Facilities |
| 居民服务、修理和其他服务业 | Service to Households, Repair and Other Services |
| 教育 | Education |
| 卫生和社会工作 | Health and Social Service |
| 文化、体育和娱乐业 | Culture, Sports and Entertainment |

注：本表数据由广州市市场监督管理局提供。

## Basic Statistics on Individual Business
## (Year-end of 2020, by Sector)

| 户 数 (户) Number of Enterprises (unit) | # 城 镇 Urban Areas | 从业人员 (人) Number of Employed Persons (person) | # 城 镇 Urban Areas |
|---|---|---|---|
| **1110745** | **815088** | **1761629** | **1284876** |
| 6130 | 4376 | 14709 | 10210 |
| 1 | 1 | 1 | 1 |
| 73343 | 60484 | 229297 | 190888 |
| 92 | 31 | 197 | 76 |
| 6750 | 4569 | 12320 | 8575 |
| 715457 | 537785 | 930787 | 688551 |
| 12497 | 8954 | 20199 | 14080 |
| 178144 | 117326 | 347250 | 230854 |
| 1651 | 959 | 2267 | 1319 |
| 41 | 25 | 63 | 41 |
| 1684 | 1082 | 2814 | 1856 |
| 21388 | 13232 | 35318 | 22392 |
| 6078 | 4271 | 10172 | 7204 |
| 62 | 41 | 184 | 67 |
| 77772 | 55308 | 137441 | 95586 |
| 1243 | 1051 | 2658 | 2262 |
| 1582 | 1068 | 4365 | 3099 |
| 6830 | 4525 | 11587 | 7815 |

Note: Data in this table are provided by Guangzhou Municipal Market Regulatory Administration.

# 1-32 内资企业基本情况（2020年末）

| 项 目 | Item |
| --- | --- |
| **总 计** | **Total** |
| **按行业分** | **Grouped by Sector** |
| 农林牧渔业 | Agriculture, Forestry, Animal Husbandry and Fishing |
| 采矿业 | Mining |
| 制造业 | Manufacturing |
| 电力、热力、燃气及水生产和供应业 | Production and Supply of Electricity, Heat,Gas and Water |
| 建筑业 | Construction |
| 批发和零售业 | Wholesale and Retail Trade |
| 交通运输、仓储和邮政业 | Transport, Storage and Post |
| 住宿和餐饮业 | Hotels and Catering Services |
| 信息传输、软件和信息技术服务业 | Information Transmission, Software and Information Technology |
| 金融业 | Financial Intermediation |
| 房地产业 | Real Estate |
| 租赁和商务服务业 | Leasing and Business Services |
| 科学研究和技术服务业 | Scientific Research and Technical Services |
| 水利、环境和公共设施管理业 | Management of Water Conservancy, Environment and Public Facilities |
| 居民服务、修理和其他服务业 | Service to Households, Repair and Other Services |
| 教育 | Education |
| 卫生和社会工作 | Health and Social Service |
| 文化、体育和娱乐业 | Culture, Sports and Entertainment |
| 其他 | Others |

注：1.本表数据由广州市市场监督管理局提供。
　　2.本表不包括私营企业。

# Basic Statistics on Domestic-Funded Enterprises (Year-end of 2020)

| 企业数 (户) Numbers of Enterprises (unit) | # 国有企业 Stated-owned Enterprises | # 集体企业 Collective-owned Enterprises | # 公司 Corporations | # 其他企业 Other Enterprises |
|---|---|---|---|---|
| **104922** | **1621** | **3720** | **96637** | **2944** |
| 679 | 29 | 83 | 561 | 6 |
| 28 | | 1 | 27 | |
| 4622 | 178 | 586 | 3231 | 627 |
| 484 | 12 | 41 | 429 | 2 |
| 3847 | 114 | 158 | 3504 | 71 |
| 20524 | 495 | 1619 | 17140 | 1270 |
| 3256 | 51 | 127 | 3008 | 70 |
| 2709 | 103 | 70 | 2265 | 271 |
| 8198 | 3 | 8 | 8177 | 10 |
| 5083 | 13 | | 5067 | 3 |
| 8479 | 111 | 534 | 7780 | 54 |
| 24040 | 309 | 284 | 23307 | 140 |
| 15904 | 129 | 85 | 15592 | 98 |
| 353 | 16 | 17 | 316 | 4 |
| 1300 | 24 | 73 | 957 | 246 |
| 751 | 4 | 11 | 723 | 13 |
| 1400 | | 4 | 1393 | 3 |
| 3262 | 30 | 19 | 3157 | 56 |
| 3 | | | 3 | |

Note: I. Data in this table are provided by Guangzhou Municipal Market Regulatory Administration.
II. This table excludes private enterprises.

## 1-33 全市国有土地使用权出让、划拨情况

## Total City Lease and Administrative Allocation of the Right to the Use of the State-owned Land

| 项　　目 | | Item | | 2019 | 2020 |
|---|---|---|---|---|---|
| **国有土地使用权出让** | | **Lease of the Right to the Use of the State-owned Land** | | | |
| 出让小计 | | Lease Sub-total | | | |
| 出让地块 | (宗) | Number of Plots | (piece) | 438 | 334 |
| 出让面积 | (公顷) | Areas | (hectare) | 2406 | 1659 |
| 成交价款 | (万元) | Value of Transactions | (10000 yuan) | 16142769 | 25690714 |
| # 公开出让 | | Lease by Public | | | |
| 出让地块 | (宗) | Number of Plots | (piece) | 234 | 284 |
| 出让面积 | (公顷) | Areas | (hectare) | 1448.82 | 1526.98 |
| 成交价款 | (万元) | Value of Transactions | (10000 yuan) | 16133632 | 25152971 |
| **国有土地使用权划拨** | | **Allocation of the Right to the Use of the State-owned Land** | | | |
| 划拨地块 | (宗) | Number of Plots | (piece) | 204 | 252 |
| 划拨面积 | (公顷) | Areas | (hectare) | 957.53 | 1363.84 |

注：1. 本表数据由广州市规划和自然资源局提供。
2. 本表数据已剔除被解除合同数据。
3. 本表统计范围为全市口径。

Note: I. The data in this table are provided by Guangzhou Municipal Planning and Natural Resources Bureau.
II. The data in this table have excluded the part of terminated contracts.
III.The statistical scale of this table is the total city scale.

## 1-34 全市房地产市场交易情况

## Transactions in Total Real Estate Market

| 项　　目 | | Item | | 2019 | 2020 |
|---|---|---|---|---|---|
| **新建商品房现售** | | **Newly-constructed Commercial Buildings Sold out** | | | |
| 成交面积 | (万平方米) | Transacted Floor Space | (10000 sq.m) | 451.60 | 424.43 |
| # 住　宅 | | Residential Buildings | | 222.16 | 227.26 |
| 成交金额 | (万元) | Transacted Value | (10000 yuan) | 8535974 | 9075255 |
| # 住　宅 | | Residential Buildings | | 4998899 | 5768274 |
| 住宅成交套数 | (套) | Number of Transacted Flats | (flat) | 19436 | 18291 |
| **新建商品房预售** | | **Newly-constructed Commercial Buildings Sold in Advance** | | | |
| 成交面积 | (万平方米) | Transacted Floor Space | (10000 sq.m) | 934.91 | 1086.86 |
| # 住　宅 | | Residential Buildings | | 738.78 | 963.64 |
| 成交金额 | (万元) | Transacted Value | (10000 yuan) | 23343240 | 28720416 |
| # 住　宅 | | Residential Buildings | | 19314416 | 25846625 |
| 住宅成交套数 | (套) | Number of Transacted Flats | (flat) | 70636 | 93177 |
| **存量房买卖** | | **Sales of Buildings in Stock** | | | |
| 成交面积 | (万平方米) | Transacted Floor Space | (10000 sq.m) | 1002.15 | 1167.24 |
| # 住　宅 | | Residential Buildings | | 790.70 | 992.51 |
| 成交金额 | (万元) | Transacted Value | (10000 yuan) | 19793400 | 24952807 |
| # 住　宅 | | Residential Buildings | | 17550669 | 23119460 |
| 住宅成交套数 | (套) | Number of Transacted Flats | (flat) | 92222 | 109909 |

注:1.本表数据由广州市住房和城乡建设局提供。
2.新建商品房现售和新建商品房预售为网签数据，存量房买卖为交易登记数据。
3.本表统计口径为全市口径。

Note: I. The data in this table are provided by Guangzhou Housing and Urban-Rural Construction Committee.
II.The Data of Newly-constructed Commercial Buildings Sold out and Newly-constructed Commercial Buildings Sold in Advance are Net Registered Data.The Data of Buildings in Stock are Transaction Registered Data.
III.The statistical scale of this table is the total city scale.

# 1-35 技术市场交易情况

## Statistics on Transactions in Technological Market

| 项 目 | Item | 2019 合同数(项) Numbers of Contracts (unit) | 2019 金额(万元) Value (10000 yuan) | 2020 合同数(项) Numbers of Contracts (unit) | 2020 金额(万元) Value (10000 yuan) |
|---|---|---|---|---|---|
| **买方市场** | **Buyers' Market** | **21074** | **12733644** | **22849** | **22565292** |
| 机关法人 | Official Organ as Juridical Person | 3927 | 1924584 | 4079 | 2525069 |
| 事业法人 | Institution as Juridical Person | 1837 | 697307 | 2697 | 1769069 |
| 社团法人 | Mass Organization as Juridical Person | 72 | 4892 | 91 | 4421 |
| 企业法人 | Corporate as Juridical Person | 14663 | 9607637 | 15556 | 18210283 |
| 自然人 | Natural Person | 290 | 460511 | 159 | 22009 |
| 其他组织 | Others | 285 | 38712 | 267 | 34440 |
| **卖方市场** | **Sellers' Market** | **21074** | **12733644** | **22849** | **22565292** |
| 机关法人 | Official Organ as Juridical Person | 13 | 2054 | 1 | 540 |
| 事业法人 | Institution as Juridical Person | 4266 | 762178 | 8422 | 1914763 |
| 社团法人 | Mass Organization as Juridical Person | 154 | 4384 | 220 | 86479 |
| 企业法人 | Corporate as Juridical Person | 16536 | 11948826 | 14182 | 20559304 |
| 自然人 | Natural Person | 87 | 12141 | 20 | 3752 |
| 其他组织 | Others | 18 | 4061 | 4 | 454 |

注：本表数据由广州市科学技术局提供。

Note: The data in this table are provided by Guangzhou Municipal Science and Technology Bureau.

# 主要统计指标解释

**【地区生产总值(GDP)】**指一个地区所有常住单位在一定时期内生产活动的最终成果。国内生产总值有三种表现形态，即价值形态、收入形态和产品形态。从价值形态看，它是所有常住单位在一定时期内生产的全部货物和服务价值与同期投入的全部非固定资产货物和服务价值的差额，即所有常住单位的增加值之和；从收入形态看，它是所有常住单位在一定时期内创造的各项收入之和，包括劳动者报酬、生产税净额、固定资产折旧和营业盈余；从产品形态看，它是所有常住单位在一定时期内最终使用的货物和服务价值与货物和服务净出口价值之和。在实际核算中，国内生产总值有三种计算方法，即生产法、收入法和支出法。三种方法分别从不同的方面反映国内生产总值及其构成。

**【三次产业】**三产业的划分是世界上较为常用的产业结构分类，但各国的划分不尽一致。根据《国民经济行业分类》(GB/T 4754-2017)，我国的三次产业划分是：

第一产业是指农、林、牧、渔业（不含农、林、牧、渔服务业）。

第二产业是指采矿业（不含开采辅助活动），制造业（不含金属制品、机械和设备修理业），电力、热力、燃气及水生产和供应业，建筑业。

第三产业即服务业，是指除第一产业、第二产业以外的其他行业。

**【劳动者报酬】**指劳动者从事生产活动应获得的全部报酬，既包括货币形式的报酬，也包括实物形式的报酬。主要包括工资、奖金、津贴和补贴，单位为其员工交纳的社会保险费、补充社会保险费和住房公积金、行政事业单位职工的离退休金、单位为其员工提供的其他各种形式的福利和报酬等。

**【生产税净额】**指生产税减生产补贴后的差额。其中，生产税指政府对生产单位从事生产、销售和经营活动，以及因从事生产活动使用某些生产要素（如固定资产和土地等）所征收的各种税收、附加费和其他规费。生产税分为产品税和其他生产税，产品税主要有：增值税、消费税、进口关税、出口税等；其他生产税主要有：房产税、车船使用税、城镇土地使用税等。生产补贴则相反，它是政府为影响生产单位的生产、销售及定价等生产活动而对其提供的无偿支付，包括农业生产补贴、政策亏损补贴、进口补贴等。生产补贴作为负生产税处理。

**【固定资产折旧】**指由于自然退化、正常淘汰或损耗而导致的固定资产价值下降，用以代表固定资产通过生产过程被转移到其产出中的价值。原则上，固定资产折旧应按照固定资产的重置价值计算。

**【营业盈余】**指常住单位创造的增加值扣除劳动者报酬、生产税净额和固定资产折旧后的余额。

**【支出法国内生产总值】**是从最终使用的角度反映一个国家(或地区)一定时期内生产活动最终成果的一种方法，包括最终消费支出、资本形成总额及货物和服务净出口三部分。计算公式为：

支出法国内生产总值=最终消费支出+资本形成总额+货物和服务净出口

**【最终消费支出】**指常住单位为满足物质、文化和精神生活的需要，从本国经济领土和国外购买的货物和服务的支出。它不包括非常住单位在本国经济领土内的消费支出。最终消费支出分为居民消费支出和政府消费支出。

**【居民消费支出】**指常住住户在一定时期内对于货物和服务的全部最终消费支出。居民消费支出除了直接以货币形式购买的货物和服务的消费支出外，还包括以其他方式获得的货物和服务的消费支出，即所谓的虚拟消费支出。居民虚拟消费支出包括如下几种类型：单位以实物报酬及实物转移的形式提供给劳动者的货物和服务；住户生产并由本住户消费了的货物和服务，其中的服务仅指住户的自有住房服务；金融机构提供的金融媒介服务。

**【政府消费支出】**指政府部门为全社会提供的公共服务的消费支出和免费或以较低的价格向居民住户提供的货物和服务的净支出，前者等于政府服务的产出价值减去政府单位所获得的经营收入的价值，后者等于政府部门免费或以较低价格向居民住户提供的货物和服务的市场价值减去向住户收取的价值。

**【资本形成总额】**指常住单位在一定时期内获得减去处置的固定资产和存货的净额，包括固定资本形成总额和存货变动两部分。

**【固定资本形成总额】**指常住单位在一定时期内获得的固定资产减处置的固定资产的价值总额。固定资产是通过生产活动生产出来的，且其使用年限在一年以上、单位价值在规定标准以上的资产，不包括自然资产、耐用消费品、小型工器具。固定资本形成总额包括住宅、其他建筑和构筑物、机器和设备、培育性生物资源、知识产权产品（研发支出、矿藏的勘探、计算机软件）的价值获得减处置。

**【存货变动】**指常住单位在一定时期内存货实物量变动的市场价值，即期末价值减期初价值的差额，再扣除当期由于价格变动而产生的持有收益。存货变动可以是正值，也可以是负值，正值表示存货上升，负值表示存货下降。存货包括生产单位购进的原材料、燃料和储备物资等存货，以及生产单位生产的产成品、在制品和半成品等存货。

**【可比价格】**指在不同时期的价值指标对比时，扣除了价格变动的因素，以确切反映物量的变化。按可比价格计算有两种方法：一种是直接用产品产量乘某一年的不变价格计算；另一种是用价格指数换算。

**【平均增长速度】**表明社会经济现象在一个较长的时期内逐期平均增长变化的程度，它不能根据各个环比增长速度直接求得，但与平均发展速度之间存在着一定的数量关系：平均增长速度＝平均发展速度－1。平均发展速度是一种根据环比发展速度计算的序时平均数，由于各时期对比的基础不同，所以计算平均发展速度不能采用一般的序时平均数的计算方法，计算方法分为水平法和累计法。水平法，又称几何平均法，即将环比发展速度按连乘法用几何平均数公式计算。累计法，也称方程法，根据一段时期内各年发展水平总和与基期水平的关系，列出方程式计算平均发展速度。水平法着重考虑最后一年所达到的发展水平；累计法着重考虑整个时期累计发展水平的总量。

本《年鉴》内所列的平均增长速度，除固定资产投资用“累计法”计算外，其余均用“水平法”计算。从某年到某年平均增长速度的年份，均不包括基期年在内。如 1979 年平均增长速度是以 1978 年为基期计算的，余类推。

**【国有企业】**指企业全部资产归国家所有，并按《中华人民共和国企业法人登记管理条例》规定登记注册的非公司制的经济组织。不包括有限责任公司中的国有独资公司。

**【集体企业】**指企业资产归集体所有，并按《中华人民共和国企业法人登记管理条例》规定登记注册的经济组织。

**【股份合作企业】**指以合作制为基础，由企业职工共同出资入股，吸收一定比例的社会资产投资组建，实行自主经营，自负盈亏，共同劳动，民主管理，按劳动分配与按股分红相结合的一种集体经济组织。

**【联营企业】**指两个及两个以上相同或不同所有制性质的企业法人或事业单位法人，按自愿、平等、互利的原则，共同投资组成的经济组织。联营企业包括国有联营企业、集体联营企业、国有与集体联营企业和其他联营企业。

**【有限责任公司】**指根据《中华人民共和国公司登记管理条例》规定登记注册，由 2 个以上，50 个以下的股东共同出资，每个股东以其所认缴的出资额对公司承担有限责任，公司以其全部资产对其债务承担责任的经济组织。有限责任公司包括国有独资公司以及其他有限责任公司。

**【股份有限公司】**指根据《中华人民共和国公司登记管理条例》规定登记注册，其全部注册资本由等额股份构成并通过发行股票筹集资本，股东以其认购的股份对公司承担有限责任，公司以其全部资产对其债务承担责任的经济组织。

**【私营企业】**指由自然人投资设立或由自然人控股，以雇佣劳动为基础的营利性经济组织。包括按照《公司法》、《合伙企业法》、《私营企业暂行条列》以及《个人独资企业法》规定登记注册的私营有限责任公司、私营股份有限公司、私营合伙企业、私营独资企业和个人独资企业。

**【其他企业】**指国有企业、集体企业、股份合作企业、联营企业、有限责任公司、股份有限公司和私营企业之外的其他内资经济组织。

**【合资经营企业（港或澳、台资）】**指港澳台地区投资者与内地企业依照《中华人民共和国中外合资经营企业法》及有关法律的规定，依照合作合同的约定进行投资或提供条件设立、分配利润、分担风险和亏损的企业。

**【合作经营企业（港或澳、台资）】**指港澳台地区投资者与内地企业依照《中华人民共和国中外合作经营企业法》及有关法律的规定，依照合作合同的约定进行投资或提供条件设立、分配利润和分担风险的企业。

**【港澳台商独资经营企业】**指依照《中华人民共和国外资企业法》及有关法律的规定，在内地由港澳台地区投资者全额投资设立的企业。

**【港澳台商投资股份有限公司】**指根据国家有关规定，经商务部（原外经贸部）依法批准设立，其中港、澳、台商的股本占公司注册资本的比例达25%以上的股份有限公司。凡其中港、澳、台商的股本占公司注册资本的比例小于25%的，属于内资企业中的股份有限公司。

**【其他港澳台商投资企业】**指在中国境内参照《外国企业或个人在中国境内设立合伙企业管理办法》和《外商投资合伙企业登记管理规定》，依法设立的港、澳、台商投资合伙企业。

**【中外合资经营企业】**指外国企业或外国人与中国内地企业依照《中华人民共和国中外合资经营企业法》及有关法律的规定，按合同规定的比例投资设立、分享利润和分担风险的企业。

**【中外合作经营企业】**指外国企业或外国人与中国内地企业依照《中华人民共和国中外合作经营企业法》及有关法律的规定，依照合作合同的约定进行投资或提供条件设立、分享利润和分担风险的企业。

**【外资企业】**指依照《中华人民共和国外资企业法》及有关法律的规定，在中国内地由外国投资者全额投资设立的企业。

**【外商投资股份有限公司】**指根据国家有关规定，经商务部（原外经贸部）依法批准设立，其中外资的股本占公司注册资本的比例达25%以上的股份有限公司。凡其中外资股本占公司注册资本的比例小于25%的，属于内资企业中的股份有限公司。

**【其他外商投资企业】**指在中国境内依照《外国企业或个人在中国境内设立合伙企业管理办法》和《外商投资合伙企业登记管理规定》，依法设立的外商投资合伙企业。

**【法人单位】**指同时具备以下条件的单位：（1）依法成立、有自己的名称、组织机构和场所、能够独立承担民事责任；（2）独立拥有和使用（或授权使用）资产或者经费、承担负债、有权与其它单位签订合同；（3）具有包括资产负债表在内的账户，或者能够根据需要编制账户。法人单位包括企业法人、事业单位法人、机关法人、社会团体法人、民办非企业法人和其他法人。

**【单产业法人】**指只在一个地点，主要从事一种生产经营活动的法人单位。

**【多产业法人】**指坐落于两个及两个以上地点或主要从事两种及两种以上生产经营活动的，按照单位划分规定可以划分为两个或两个以上的产业活动单位的法人单位。

**【产业活动单位】**是法人单位的组成部分。产业活动单位应同时具备下列条件：（1）在一个场所从事一种或主要从事一种社会经济活动；（2）相对独立组织生产活动或经营活动；（3）能够提供收入和支出等相关资料。

## Explanatory Notes on Main Statistical Indicators

**【Gross Domestic Product (GDP)】** refers to the final products produced by all resident units in a country during a certain period of time. Gross domestic product is expressed in three different perspectives, namely value, income, and products respectively. GDP in its value perspective refers to the balance of total value of all goods and services produced by all resident units during a certain period of time, minus the total value of input of goods and services of the nature of non-fixed assets; in other words, it is the sum of the value-added of all resident units. GDP from the perspective of income refers to the sum of all kinds of revenue, including Compensation of Employees, Net Taxes on Production, Depreciation of Fixed Assets, and Operating Surplus. GDP from the perspective of products refers to the value of all goods and services for final demand by all resident units plus the net exports of goods and services during a given period of time. In the practice of national accounting, gross domestic product is calculated from three approaches, namely production approach, income approach and expenditure approach, which reflect gross domestic product and its composition from different angles.

**【Three Strata of Industry】** Classification of economic activities into three strata of industry is a common practice in the world, although the grouping varies to some extent from country to country. In China, according to Industrial classification for National Economic Activities (GB/T 4754-2017) and Dividing Basis of Three Industries, economic activities are categorized into the following three strata of industry:

Primary industry refers to agriculture, forestry, animal husbandry and fishery industries (not including services in support of agriculture, forestry, animal husbandry and fishery industries).

Secondary industry refers to mining and quarrying(not including support activities for mining), manufacturing(not including repair service of metal products, machinery and equipment), production and supply of electricity, heat, gas and water, and construction.

Tertiary industry refers to all other economic activities not included in the primary or secondary industries.

**【Compensation of Employees】** refers to the total payment of various forms to employees for the productive activities they are engaged in. It includes the employees earn in cash or in kind. It mainly include: wages, bonuses and allowances, subsidies, social insurance paid by company or unit for its staff, supplementary social insurance, housing fund, the pension for the employees of the administrative institution, other forms of welfare and remuneration provide by the units for its employees.

**【Net Taxes on Production】** refers to taxes on production less subsidies on production. The taxes on production refers to the various taxes, extra charges and fees levied on the production units on their production, sale and business activities as well as on the use of some factors of production, such as fixed assets, land etc. in the production activities they are engaged in. Taxes on production are divided into product tax and other kinds of taxes on production, product tax mainly includes: value-added tax, consumption tax, import duty, export duty; other taxes on production mainly include: House Property Tax, Tax on Vehicles and Boat Operation, Urban Land Use Tax, etc. In contrast to taxes on production, subsidies on production refer to the payment by the government for free to the production units to influence production activities of production units such as production, sales and pricing, which include agricultural production subsidies, subsidies for policy losses, import subsidies, etc. Subsidies on production are therefore regarded as negative taxes on production.

**【Depreciation of Fixed Assets】** refers to the decline of the value of fixed assets due to natural deterioration, normal elimination or loss, it reflects the value of transfer of the fixed assets in the production of the current period. In principle, the depreciation of fixed assets should be calculated on the basis of the re-purchased value of the fixed assets.

**【Operating Surplus】**refers to the balance of the value added created by the resident units after deducting the labourers remuneration, net taxes on production and the depreciation of fixed assets.

**【GDP by Expenditure Approach】**refers to the method of measuring the final results of production activities of a country (region) during a given period from the perspective of final uses. It includes final consumption expenditure, gross capital formation and net export of goods and services. The formula for computation is:

GDP by expenditure approach = final consumption expenditure + gross capital formation + net export of goods and services.

**【Final Consumption Expenditure】** refers to the total expenditure of resident units for purchases of goods and services from both the domestic economic territory and abroad to meet the needs of material, cultural and spiritual life. It does not include the expenditure of non-resident units on consumption in the economic territory of the country. The final consumption expenditure is broken down into household consumption expenditure and government consumption expenditure.

**【Household Consumption Expenditure】** refers to the total expenditure of resident households on the final consumption of goods and services. In addition to the consumption of goods and services bought by the households directly with money, the household consumption expenditure also includes expenditure on goods and services obtained by the households in other ways, i.e. the latter so-called imputed consumption expenditure, which mainly includes: (a) the goods and services provided to households by employers in the form of payment in kind and transfer in kind; (b) goods and services produced and consumed by the households themselves (such as self produced agricultural products); (c) financial intermediate services provided by banking and insurance institutions.

**【Government Consumption Expenditure】** refers to the consumption expenditure spent for the provision of public services provided by the government to the whole country and the net expenditure on the goods and services provided by the government to households free of charge or at reduced prices. The former equals to the output value of the government services minus the value of operating income obtained by the government departments. The latter equals to the market value of the goods and services provided by the government free of charge or at reduced prices to the households minus the value received by the government from the households.

**【Gross Capital Formation】** refers to the fixed assets acquired less disposals and the net value of inventory, thus including gross fixed capital formation and changes in inventories.

**【Gross Fixed Capital Formation】** refers to the value of acquisitions less those disposals of fixed assets during a given period. Fixed assets are the assets produced through production activities with unit value above a specified amount and which could be used for over one year. Natural assets, consumer durables, small instruments are not included. Gross Fixed Capital Formation includes the value of housing, other buildings and structure, equipment and machinery, breeding biological resources, intellectual property right product (expenditure for R&D, the prospecting of minerals and the acquisition of computer software) minus the disposal of them.

**【Changes in Inventories】** refers to the market value of the change in the physical volume of inventory of resident units during a given period, i.e. the difference between the values at the beginning and at the end of the period minus the gains due to the change in prices. The changes in inventories can have a positive or a negative value. A positive value indicates an increase in inventory while a negative value indicates a decrease in inventory. The inventory includes raw materials, fuels and reserve materials purchased by the production units as well as the inventory of finished products, semi-finished products and work-in-progress.

**【Comparable price】** refers to when the value index is compared in different periods, the factors of price change are deducted to reflect the change of material quantity. There are two methods to calculate the comparable price: one is to calculate the product output directly by the constant price of a certain year, and the other is to convert by the price index.

**【Average Annual Growth Rate】** shows the average growth rate of social and economic development during a longer period. It can not be directly calculated by chain based growth rate. The relation is:

Average Annual Growth Rate = Average Speed of Development - 1

Average speed of development is the time series average of speed which calculated by chain based. Because the reference bases during the different periods are not same, average speed of development can not be calculated by the general method. Level approach and accumulative approach for calculating average speed of development rate are applied. The "level approach", or the method of calculating the geometric average, is derived by the formula of geometric average of the chain-based speeds of development, or comparing the level of the last year of the interval with that of the beginning year; the other is called the "accumulative approach" or the "algebraic average", "equation" method, which is derived by the summation of the actual figure of each year in the interval divided by the figure in the base year. The level approach focuses on the level of the last year, while the accumulative approach emphasizes the aggregate development in the duration.

The average annual growth rates listed in the Yearbook are calculated by the level approach except for the growth rate of investment in fixed assets. The base year is not listed in the duration for which average annual growth rates are computed. For example, the average growth rate in 1979 is calculated on the basis of 1978, and so on.

**【The state-owned enterprises】** are economic organizations whose assets are solely owned by the state and whose registrations are made according to "Regulations of the People's Republic of China for Controlling the Registration of Enterprises as legal Persons." Excluding the state-owned solely enterprises of liability limited companies.

**【The collective-owned enterprises】** are economic organizations whose assets are owned by the collective and whose registration are made according to"Regulations of the People's Republic of China for Controlling the Registration of Enterprises as Legal Persons."

**【Joint stock cooperative enterprises】** are a kind of collective economic organizations based on a cooperative system. In addition to the shares bought by their workers and staff, the enterprises also absorb a certain percentage of social capital. They enjoy staff, the autonomy in operation and take care of their own losses and profits. The shareholding work together, conduct democratic management, and combine distribution according to one's performance with sharing out profits according to shares.

**【Joint operation enterprises】** refer to economic organizations set up with joint investment from legal persons of two or more enterprises of different ownerships or institutions according to principle of voluntary participation, equality and mutual benefit. They include state-owned joint operation enterprises, collective joint operation enterprises, state-collective joint operation enterprises and other types of joint operation enterprises.

**【Company with limited liability】** is a company registered in accordance with the "Regulations of the People's Republic of China on Administration of Company Registration."Its investment comes from more than 2 and less than 50 shareholders. Each shareholder assumes limited liability for the company according to his subscription to capital stock. The company assumes liabilities for its debts according to all its assets. Such economic organizations include solely state invested companies and other types of companies with limited liability.

**【The joint stock company limited】** refers to economic organizations registered in accordance with the"Regulations of the People's Republic of China on Administration of Company Registration."All its registered capital is composed of shares of equal value and its capital is collected through share issuing. The shareholders bear limited liability for the company according to the amount of shares they have bought from the company and the company assumes liabilities for its debts according to all its assets.

**【Private enterprise】** refers to profit making economic organizations set up with investment from natural persons or with controlling interest in the hands of natural persons who employ laborers for operation. Such enterprises include private companies with limited liability, private joint stock companies limited, private partnership enterprises and solely individual invested enterprises, which are registered according to the "Company Law","Partnership Enterprises Law","Temporary Regulations of Private Enterprises" and "Individual Proprietorship Enterprise Law".

**【Other companies】** refers to other economic organizations exclude the state-owned enterprises, the collective-owned enterprises, joint stock cooperative enterprises, joint operation enterprises, company with limited liability, the joint stock company limited, private enterprise.

**【Joint Venture Enterprises(Funds are from Hong Kong, Macao or Taiwan.)】** are enterprises established by investors from Hong Kong, Macao and Taiwan with enterprises in the mainland of China in accordance with the Law of the People’s Republic of China on Sino-foreign Equity Joint Ventures and other relevant laws, where the establishment of the investment and the sharing of profits and risks are stipulated under joint venture contracts.

**【Cooperative Enterprises(Funds are from Hong Kong, Macao or Taiwan.)】**established by investors from Hong Kong, Macao and Taiwan with enterprises in the mainland of China in accordance with the Law of the People’s Republic of China on Sino-foreign Contractual Joint Venture and other relevant laws, where the investment or provision of facilities and the sharing of profits and risks are stipulated under cooperative contracts.

**【Solely invested Hong Kong, Macao and Taiwan enterprises】** refer to enterprises set up on the mainland according to the "Law of the People's Republic of China on Foreign Capital Enterprises and solely invested by investors from Hong Kong, Macao and Taiwan."

**【The joint stock company limited funded by investors from Hong Kong, Macao and Taiwan】** refers to any joint stock company limited that is set up according relevant state regulations and is approved by the Ministry of Commerce of PRC (former Ministry of Foreign Economic Relations and Trade). The investment from Hong Kong, Macao and Taiwan investors must account more than 25 percent of the company's total capital. If such investment is less than 25 percent, it shall be classified as a joint stock company limited invested by domestic investors.

**【Other Enterprises with Funds From Hong Kong, Macao and Taiwan】** refer to partnership enterprises with investments from Hong Kong, Macao and Taiwan established within the territory of China in accordance with Administrative Measures on the Establishment of Partnership Enterprises in China by Foreign Enterprises or Foreign Individuals and Regulations for the Administration of the Registration of Foreign-invested Partnership Enterprises.

**【The Sino foreign joint ventures】** refers to any enterprise that is jointly set up by foreign enterprises or foreigners with Chinese enterprises in accordance with the "Law of the People's Republic of China on Joint Ventures with Chinese and Foreign Investment." The investors shall put in investment, share profits and risks according to the contract on the joint venture.

**【The foreign capital enterprise】** refers to any enterprise that is set up on the Chinese mainland according to the "Law of the People's Republic of China on Foreign Capital Enterprises" and with all its investment coming from foreign investors.

**【The foreign-invested joint stock company limited】** refers to any joint stock company limited that is set up according to relevant state regulations and is approved by the Ministry of Foreign Economic Relations and Trade. The foreign investment must account more than 25 percent of the company's total capital .If such investment is less than 25 percent, it shall be classified as a joint stock company limited invested by Chinese investors.

**【Other foreign capital enterprises】** refer to the foreign capital enterprises set up on the mainland according to the Ministry of Commerce of PRC (former Ministry of Foreign Economic Relations and Trade) on Foreign enterprises or individuals to establish a partnership enterprises"and "Foreign-invested Partnership Enterprise Registration Regulations".

**【Legal entities】** refers to a unit meet the following conditions at the same time: Established by law, it has its own name, organization and location, ability to independently bear civil liability; Independently owned and use (or authorize the use of) assets or funds, assume liabilities, and entitled to sign contracts with other units; Having accounts including balance sheet, including, or can prepare accounts according to needs. Legal entities including corporate, legal institutions, corporate bodies, corporate social groups, private non-enterprise legal persons and other legal entities.

**【Single-industry Legal entities】** refers to the legal entities at only one location and mainly one production and business activities .

**【Multi-industry Legal entities】** refers to the legal entities located in two or more locations or mainly engaged in two kinds and two or more production and business activities, in accordance with the provisions of the unit can be divided into two or more of the industrial units of legal entities.

**【Industrial units】** is part of Legal entities. Industrial units should also meet the following conditions: engaged in a place or primarily in a social economic activities; a relatively independent production activities or operating activities; the ability to provide income and expenditure and other related information.

第二篇 CHAPTER 2

# 人 口

# POPULATION

# 第二篇　人　口

**简要说明**

一、本篇资料由广州市统计局人口和社会科技统计处整理提供。

二、本篇资料 2-4 表中 2011—2014 年和 2-5 表中 2015—2019 年常住人口数以及 2-10 表中 2010—2019 年常住人口城镇人口比重根据 2020 年第七次全国人口普查结果进行了修正。2-6 表中的婴儿死亡率和 2-8 表数据由广州市卫生健康委员会提供，其他资料均由广州市公安局提供。

三、本篇资料中的农业与非农业人口统计，2003 年以前按户口性质分类。2003—2014 年，非农业人口的统计口径根据省公安厅《转发公安部办公厅关于修改人口统计年报表等有关问题的通知》（广公（办）字[2003]146 号）调整为：设区市的区和不设区市的市区所辖街道办事处区域内的常住人口和市辖镇、县辖镇所辖居民委员会或镇政府驻地村委会区域内的常住人口按非农业人口统计。表 2-2 中 2003—2014 年的农业人口和非农业人口均按此口径列出。从 2015 年开始，按户籍人口所在区域城乡属性分为城镇人口和乡村人口。

# 2 Population

**Brief　Introduction**

I. The data in this chapter are prepared by the Division of Population, Social, Science and Technology Statistics of Guangzhou Statistics Bureau.

II. The permanent population for 2011-2014 of the table 2-4 and 2015-2019 of the table 2-5 and the proportion of urban population in the permanent population for 2010-2019 of table 2-10 has been revised, according to the Seventh National Population Census in 2020. The death rate of infants in table 2-6 and table 2-8 is provided by Guangzhou Municipal Health Commission, the other data on household population are provided by the Public Security Bureau of Guangzhou Municipality.

Ⅲ. The agricultural population and nonagricultural population in this chapter were cataloged by residence registration before 2003. From 2003 to 2014 the statistical coverage of nonagricultural population has been adjusted in accordance with The Notice about Some Items on Changing the Annual Reporting Tables of Population Statistics Transmitted from the Ministry of Public Security stipulated by Guangdong Provincial Bureau of Public Security. The permanent population living in the region of sub-district offices under the jurisdiction of districts, neighborhood committees under the jurisdiction of towns and village committees where town governments seat are cataloged to non-agricultural population. The agricultural population and nonagricultural population from 2003 to 2014 in table 2-2 are cataloged on this coverage. Since 2015, urban population and rural population are divided by the registered region of registered population.

# 2-1　主要年份全市年末户籍总户数、总人口数

## Total Registered Households and Population at Year-end in Main Years

| 年 份<br>Year | 总户数<br>(户)<br>Total Households<br>(household) | 总人口<br>(人)<br>Total Population<br>(person) | 男<br>Male | 女<br>Female | 性别比<br>(女=100)<br>Sex Ratio<br>(Female=100) |
|---|---|---|---|---|---|
| 1978 | 1145925 | 4828961 | 2454010 | 2374951 | 103.33 |
| 1980 | 1162717 | 5018638 | 2549801 | 2468837 | 103.28 |
| 1985 | 1369661 | 5449820 | 2786389 | 2663431 | 104.62 |
| 1986 | 1414794 | 5554073 | 2844443 | 2709630 | 104.98 |
| 1987 | 1462530 | 5650761 | 2898250 | 2752511 | 105.29 |
| 1988 | 1514705 | 5769101 | 2964697 | 2804404 | 105.72 |
| 1989 | 1565517 | 5854265 | 3009581 | 2844684 | 105.80 |
| 1990 | 1641840 | 5942534 | 3055107 | 2887427 | 105.81 |
| 1991 | 1675951 | 6022186 | 3096991 | 2925195 | 105.87 |
| 1992 | 1722833 | 6122016 | 3151204 | 2970812 | 106.07 |
| 1993 | 1825541 | 6236647 | 3210324 | 3026323 | 106.08 |
| 1994 | 1832571 | 6370241 | 3284477 | 3085764 | 106.44 |
| 1995 | 1871894 | 6467115 | 3334356 | 3132759 | 106.44 |
| 1996 | 1905998 | 6560508 | 3380751 | 3179757 | 106.32 |
| 1997 | 1945905 | 6664862 | 3432921 | 3231941 | 106.22 |
| 1998 | 2007082 | 6741400 | 3469164 | 3272236 | 106.02 |
| 1999 | 2044756 | 6850024 | 3522913 | 3327111 | 105.89 |
| 2000 | 2100434 | 7006896 | 3605481 | 3401415 | 106.00 |
| 2001 | 2135837 | 7125979 | 3670177 | 3455802 | 106.20 |
| 2002 | 2162532 | 7206229 | 3705036 | 3501193 | 105.82 |
| 2003 | 2202851 | 7251888 | 3722168 | 3529720 | 105.45 |
| 2004 | 2259730 | 7376720 | 3779757 | 3596963 | 105.08 |
| 2005 | 2302890 | 7505322 | 3839680 | 3665642 | 104.75 |
| 2006 | 2346536 | 7607220 | 3883760 | 3723460 | 104.31 |
| 2007 | 2382491 | 7734787 | 3942645 | 3792142 | 103.97 |
| 2008 | 2425582 | 7841695 | 3990328 | 3851367 | 103.61 |
| 2009 | 2474396 | 7946154 | 4036898 | 3909256 | 103.27 |
| 2010 | 2526804 | 8061370 | 4089885 | 3971485 | 102.98 |
| 2011 | 2595686 | 8145797 | 4125784 | 4020013 | 102.63 |
| 2012 | 2646091 | 8222969 | 4158292 | 4064677 | 102.30 |
| 2013 | 2706068 | 8323096 | 4201393 | 4121703 | 101.93 |
| 2014 | 2765020 | 8424169 | 4244403 | 4179766 | 101.55 |
| 2015 | 2802675 | 8541913 | 4293289 | 4248624 | 101.05 |
| 2016 | 2871024 | 8704901 | 4366737 | 4338164 | 100.66 |
| 2017 | 2950211 | 8978717 | 4493885 | 4484832 | 100.20 |
| 2018 | 3059851 | 9276914 | 4628811 | 4648103 | 99.58 |
| 2019 | 3138455 | 9537157 | 4749376 | 4787781 | 99.20 |
| 2020 | 3221068 | 9851142 | 4892561 | 4958581 | 98.67 |

## 2-2 主要年份全市年末户籍常住户口户数、常住户口人口数

## Permanent Registered Households and Population at Year-end in Main Years

| 年 份<br>Year | 总户数<br>(户)<br>Total Households<br>(household) | 人口数<br>(人)<br>Total Population<br>(person) | 农业人口(乡村人口)<br>Agricultural Population | 非农业人口(城镇人口)<br>Non-agricultural Population |
|---|---|---|---|---|
| 1978 | 1145925 | 4815417 | 2500559 | 2314858 |
| 1980 | 1162717 | 5000658 | 2444826 | 2555832 |
| 1985 | 1369170 | 5431487 | 2475329 | 2956158 |
| 1986 | 1414007 | 5532926 | 2485169 | 3047757 |
| 1987 | 1461719 | 5632622 | 2492576 | 3140046 |
| 1988 | 1513715 | 5750293 | 2484339 | 3265954 |
| 1989 | 1564202 | 5837019 | 2475068 | 3361951 |
| 1990 | 1641063 | 5918462 | 2504602 | 3413860 |
| 1991 | 1674843 | 5997893 | 2514973 | 3482920 |
| 1992 | 1721098 | 6095547 | 2537164 | 3558383 |
| 1993 | 1784571 | 6204135 | 2450263 | 3753872 |
| 1994 | 1831663 | 6338332 | 2465936 | 3872396 |
| 1995 | 1871173 | 6433241 | 2480482 | 3952759 |
| 1996 | 1905305 | 6532967 | 2500263 | 4032704 |
| 1997 | 1945526 | 6629339 | 2520700 | 4108639 |
| 1998 | 2006279 | 6704699 | 2531875 | 4172824 |
| 1999 | 2042447 | 6807635 | 2551340 | 4256295 |
| 2000 | 2090384 | 6939568 | 2578513 | 4361055 |
| 2001 | 2127840 | 7058885 | 2548091 | 4510794 |
| 2002 | 2162199 | 7171300 | 2297622 | 4873678 |
| 2003 | 2202124 | 7226882 | 990540 | 6236342 |
| 2004 | 2251393 | 7348972 | 828510 | 6520462 |
| 2005 | 2294825 | 7466206 | 784226 | 6681980 |
| 2006 | 2330293 | 7573939 | 782154 | 6791785 |
| 2007 | 2361299 | 7701900 | 787611 | 6914289 |
| 2008 | 2402885 | 7802474 | 760735 | 7041739 |
| 2009 | 2450739 | 7917646 | 806140 | 7111506 |
| 2010 | 2510473 | 8042445 | 820905 | 7221540 |
| 2011 | 2580335 | 8129427 | 806652 | 7322775 |
| 2012 | 2646091 | 8222969 | 782640 | 7440329 |
| 2013 | 2706068 | 8323096 | 792254 | 7530842 |
| 2014 | 2765020 | 8424169 | 761300 | 7662869 |
| 2015 | 2802675 | 8541913 | 1731646 | 6810267 |
| 2016 | 2871024 | 8704901 | 1762341 | 6942560 |
| 2017 | 2950211 | 8978717 | 1823858 | 7154859 |
| 2018 | 3059851 | 9276914 | 1875737 | 7401177 |
| 2019 | 3138455 | 9537157 | 1916742 | 7620415 |
| 2020 | 3221068 | 9851142 | 1921567 | 7929575 |

注：2003—2014年，农业人口、非农业人口资料口径与以前口径不同，详细情况见第二篇简要说明。2015年开始，户籍人口按所在区域城乡属性分为城镇人口和乡村人口。

Note: 2003-2014 agricultural population and non-agricultural population has been calculated on different coverage. Since 2015, urban population and rural population are divided by the registered region of registered population.

# 2-3 主要年份全市户籍总人口自然变动情况

## Statistics on Natural Changes of Total Registered Population in Main Years

单位:人、‰ (person, ‰)

| 年份 Year | 年平均人数 Annual Average Population | 出生 Birth | | 死亡 Death | | 自然增长率 Natural Growth Rate |
|---|---|---|---|---|---|---|
| | | 人数 Population | 出生率 Birth Rate | 人数 Population | 死亡率 Death Rate | |
| 1978 | 4753314 | 73470 | 15.46 | 25283 | 5.32 | 10.14 |
| 1980 | 4959822 | 80604 | 16.25 | 27643 | 5.57 | 10.68 |
| 1985 | 5402904 | 89630 | 16.59 | 28968 | 5.36 | 11.23 |
| 1986 | 5501946 | 91522 | 16.63 | 27839 | 5.06 | 11.57 |
| 1987 | 5602417 | 89106 | 15.90 | 28794 | 5.14 | 10.76 |
| 1988 | 5709931 | 86032 | 15.07 | 30265 | 5.30 | 9.77 |
| 1989 | 5811683 | 91402 | 15.73 | 30910 | 5.32 | 10.41 |
| 1990 | 5898400 | 88289 | 14.97 | 32388 | 5.49 | 9.48 |
| 1991 | 5982360 | 78680 | 13.15 | 30476 | 5.09 | 8.06 |
| 1992 | 6072101 | 79592 | 13.11 | 33588 | 5.53 | 7.58 |
| 1993 | 6179332 | 82515 | 13.35 | 34619 | 5.60 | 7.75 |
| 1994 | 6303444 | 78614 | 12.47 | 33349 | 5.29 | 7.18 |
| 1995 | 6418678 | 75867 | 11.82 | 35735 | 5.57 | 6.25 |
| 1996 | 6513812 | 78339 | 12.03 | 37216 | 5.71 | 6.32 |
| 1997 | 6612685 | 75184 | 11.37 | 35696 | 5.40 | 5.97 |
| 1998 | 6703131 | 67695 | 10.10 | 40981 | 6.11 | 3.99 |
| 1999 | 6795712 | 81485 | 11.99 | 39176 | 5.76 | 6.23 |
| 2000 | 6928460 | 71248 | 10.28 | 39987 | 5.77 | 4.51 |
| 2001 | 7066438 | 67542 | 9.56 | 37641 | 5.33 | 4.23 |
| 2002 | 7166104 | 61929 | 8.64 | 39673 | 5.54 | 3.10 |
| 2003 | 7229059 | 57277 | 7.92 | 41082 | 5.68 | 2.24 |
| 2004 | 7314304 | 69928 | 9.56 | 41961 | 5.74 | 3.82 |
| 2005 | 7441021 | 65840 | 8.85 | 41949 | 5.64 | 3.21 |
| 2006 | 7556271 | 67662 | 8.95 | 40936 | 5.42 | 3.53 |
| 2007 | 7671004 | 71332 | 9.30 | 42548 | 5.55 | 3.75 |
| 2008 | 7788241 | 79130 | 10.16 | 44420 | 5.70 | 4.46 |
| 2009 | 7893925 | 76482 | 9.69 | 42746 | 5.42 | 4.27 |
| 2010 | 8003762 | 99779 | 12.47 | 45571 | 5.69 | 6.78 |
| 2011 | 8103584 | 87024 | 10.74 | 44130 | 5.45 | 5.29 |
| 2012 | 8184383 | 101782 | 12.44 | 50538 | 6.17 | 6.27 |
| 2013 | 8273033 | 115813 | 14.00 | 44966 | 5.44 | 8.56 |
| 2014 | 8373633 | 113926 | 13.61 | 46767 | 5.59 | 8.02 |
| 2015 | 8483041 | 150403 | 17.73 | 49158 | 5.79 | 11.94 |
| 2016 | 8623407 | 137275 | 15.92 | 47145 | 5.47 | 10.45 |
| 2017 | 8841809 | 200958 | 22.73 | 60947 | 6.89 | 15.84 |
| 2018 | 9127816 | 170997 | 18.73 | 52293 | 5.73 | 13.00 |
| 2019 | 9407036 | 139773 | 14.86 | 48317 | 5.14 | 9.72 |
| 2020 | 9694150 | 148572 | 15.33 | 61868 | 6.38 | 8.95 |

# 2-4 各区、县级市年末人口数(2005-2014年)

# Population at Year-end by District and County-level City (2005-2014)

单位:万人 (10000 person)

| 地 区 | District | 2005 | 2006 | 2007 | 2008 | 2009 | 2010 | 2011 | 2012 | 2013 | 2014 |
|---|---|---|---|---|---|---|---|---|---|---|---|
| **户籍人口** | **Registered Population** | | | | | | | | | | |
| **全 市** | **Total** | **750.53** | **760.72** | **773.48** | **784.17** | **794.62** | **806.14** | **814.58** | **822.30** | **832.31** | **842.42** |
| 荔湾区 | Liwan | 70.47 | 70.53 | 70.48 | 70.61 | 70.65 | 70.93 | 71.04 | 71.20 | 71.56 | 71.96 |
| 越秀区 | Yuexiu | 115.06 | 115.15 | 115.84 | 116.33 | 116.69 | 116.97 | 117.17 | 117.21 | 117.52 | 117.55 |
| 海珠区 | Haizhu | 87.70 | 89.05 | 90.79 | 92.31 | 93.73 | 95.28 | 96.75 | 97.74 | 98.89 | 99.81 |
| 天河区 | Tianhe | 61.97 | 64.54 | 69.00 | 71.66 | 74.53 | 77.06 | 78.51 | 79.63 | 80.95 | 82.43 |
| 白云区 | Baiyun | 76.07 | 76.77 | 77.65 | 78.99 | 80.65 | 83.19 | 84.66 | 86.31 | 88.15 | 89.83 |
| 黄埔区 | Huangpu | 19.27 | 19.36 | 19.55 | 19.71 | 19.85 | 19.97 | 20.15 | 20.42 | 20.64 | 20.93 |
| 番禺区 | Panyu | 93.08 | 94.76 | 97.51 | 98.92 | 99.92 | 100.39 | 100.86 | 80.81 | 82.06 | 83.57 |
| 花都区 | Huadu | 63.03 | 63.67 | 63.93 | 64.62 | 65.16 | 66.19 | 66.93 | 67.71 | 68.73 | 69.56 |
| 南沙区 | Nansha | 14.26 | 14.76 | 14.86 | 15.05 | 15.23 | 15.41 | 15.68 | 36.74 | 37.23 | 37.74 |
| 萝岗区 | Luogang | 16.37 | 16.73 | 17.16 | 17.63 | 18.27 | 18.90 | 19.57 | 20.20 | 20.91 | 21.58 |
| 增城市 | Zengcheng | 79.43 | 81.06 | 81.80 | 82.66 | 83.36 | 83.98 | 84.58 | 84.77 | 85.44 | 86.46 |
| 从化市 | Conghua | 53.82 | 54.34 | 54.91 | 55.68 | 56.58 | 57.87 | 58.68 | 59.56 | 60.23 | 61.00 |
| **常住人口** | **Permanent Population** | | | | | | | | | | |
| **全 市** | **Total** | **949.68** | **996.66** | **1053.01** | **1115.34** | **1186.97** | **1270.96** | **1346.32** | **1415.53** | **1472.24** | **1529.02** |
| 荔湾区 | Liwan | 71.08 | 73.80 | 77.11 | 80.74 | 84.91 | 89.82 | 94.29 | 98.76 | 101.69 | 104.72 |
| 越秀区 | Yuexiu | 98.34 | 100.66 | 103.69 | 107.03 | 110.98 | 115.73 | 112.90 | 111.00 | 108.26 | 106.90 |
| 海珠区 | Haizhu | 122.07 | 127.01 | 132.99 | 139.56 | 147.09 | 155.92 | 157.81 | 160.93 | 164.35 | 168.94 |
| 天河区 | Tianhe | 104.56 | 110.34 | 117.19 | 124.74 | 133.34 | 143.37 | 152.26 | 160.65 | 170.81 | 178.41 |
| 白云区 | Baiyun | 155.45 | 165.46 | 177.24 | 190.27 | 205.16 | 222.48 | 246.39 | 266.30 | 281.43 | 295.04 |
| 黄埔区 | Huangpu | 27.52 | 30.19 | 33.34 | 36.89 | 41.00 | 45.83 | 48.42 | 50.64 | 52.48 | 54.39 |
| 番禺区 | Panyu | 142.36 | 147.26 | 153.31 | 159.95 | 167.61 | 176.65 | 194.51 | 173.00 | 183.78 | 194.52 |
| 花都区 | Huadu | 67.93 | 71.91 | 76.61 | 81.79 | 87.70 | 94.59 | 102.35 | 109.96 | 116.87 | 123.60 |
| 南沙区 | Nansha | 17.80 | 19.03 | 20.46 | 22.06 | 23.89 | 26.01 | 28.13 | 66.49 | 68.37 | 70.37 |
| 萝岗区 | Luogang | 19.60 | 22.10 | 25.08 | 28.51 | 32.57 | 37.41 | 39.52 | 41.33 | 42.84 | 44.40 |
| 增城市 | Zengcheng | 75.70 | 79.88 | 84.83 | 90.29 | 96.51 | 103.76 | 109.60 | 114.91 | 118.59 | 123.34 |
| 从化市 | Conghua | 47.27 | 49.02 | 51.16 | 53.51 | 56.21 | 59.39 | 60.14 | 61.56 | 62.77 | 64.39 |

注：2006—2009年常住人口数根据2010年第六次全国人口普查结果进行了修正。2011—2019年常住人口数据根据2020年第七次全国人口普查结果进行了修正。2015年行政区划调整，数据见表2-5。

Note: The permanent population from 2006 to 2009 are revised according to the Sixth National Population Census.The permanent population from 2011 to 2019 are revised according to the Seventh National Population Census.The district has been adjusted in 2015, data in Form 2-5.

# 2-5 主要年份各区年末人口数

## Population at Year-end by District in Main Years

单位：万人 (10000 person)

| 地 区 | District | 2015 | 2016 | 2017 | 2018 | 2019 | 2020 |
|---|---|---|---|---|---|---|---|
| **户籍人口** | **Registered Population** | | | | | | |
| **全 市** | **Total** | **854.19** | **870.49** | **897.87** | **927.69** | **953.72** | **985.11** |
| 荔湾区 | Liwan | 72.10 | 72.69 | 73.59 | 74.54 | 75.59 | 76.90 |
| 越秀区 | Yuexiu | 117.48 | 117.44 | 117.82 | 117.79 | 117.29 | 117.33 |
| 海珠区 | Haizhu | 101.05 | 102.26 | 104.03 | 105.59 | 106.73 | 108.34 |
| 天河区 | Tianhe | 84.46 | 86.77 | 90.28 | 93.92 | 96.57 | 101.05 |
| 白云区 | Baiyun | 91.78 | 94.36 | 98.92 | 103.34 | 108.02 | 112.72 |
| 黄埔区 | Huangpu | 43.95 | 45.75 | 48.94 | 52.76 | 56.22 | 60.03 |
| 番禺区 | Panyu | 85.57 | 88.65 | 93.45 | 98.94 | 103.35 | 108.69 |
| 花都区 | Huadu | 70.68 | 72.38 | 74.90 | 78.24 | 81.13 | 83.94 |
| 南沙区 | Nansha | 38.35 | 39.26 | 41.54 | 43.93 | 46.33 | 49.18 |
| 从化区 | Conghua | 61.52 | 61.85 | 62.63 | 63.49 | 64.17 | 64.98 |
| 增城区 | Zengcheng | 87.25 | 89.08 | 91.77 | 95.15 | 98.32 | 101.95 |
| **常住人口** | **Permanent Population** | | | | | | |
| **全 市** | **Total** | **1594.95** | **1678.38** | **1746.27** | **1798.13** | **1831.21** | **1874.03** |
| 荔湾区 | Liwan | 109.43 | 111.14 | 114.95 | 117.47 | 121.54 | 124.16 |
| 越秀区 | Yuexiu | 105.99 | 104.54 | 102.96 | 102.49 | 103.34 | 103.66 |
| 海珠区 | Haizhu | 172.22 | 176.60 | 178.99 | 179.86 | 180.47 | 181.98 |
| 天河区 | Tianhe | 185.42 | 198.42 | 208.49 | 215.17 | 219.07 | 225.10 |
| 白云区 | Baiyun | 312.65 | 321.85 | 342.01 | 362.00 | 366.95 | 375.91 |
| 黄埔区 | Huangpu | 100.73 | 121.39 | 121.70 | 122.76 | 123.97 | 126.92 |
| 番禺区 | Panyu | 208.05 | 225.68 | 240.30 | 251.15 | 257.96 | 267.26 |
| 花都区 | Huadu | 132.70 | 142.24 | 149.07 | 154.92 | 159.45 | 165.09 |
| 南沙区 | Nansha | 72.31 | 75.55 | 78.99 | 80.59 | 83.06 | 84.90 |
| 从化区 | Conghua | 65.54 | 67.22 | 68.58 | 69.77 | 70.69 | 71.98 |
| 增城区 | Zengcheng | 129.91 | 133.75 | 140.23 | 141.95 | 144.71 | 147.07 |

注：2015—2019年常住人口数根据2020年第七次全国人口普查结果进行了修正。
Note: The permanent population from 2015 to 2019 are revised according to the Seventh National Population Census.

# 2-6 各区户籍总人口自然变动状况（2020年）

# Statistics on Natural Changes of Total Registered Population by District (2020)

单位：人、‰ (person, ‰)

| 地区 | District | 年平均人数 Annual Average Population | 出生 Birth 人数 Population | 出生 Birth 出生率 Brith Rate | 死亡 Death 人数 Population | 死亡 Death 死亡率 Death Rate | #婴儿 Infant |
|---|---|---|---|---|---|---|---|
| **全　市** | **Total** | **9694150** | **148572** | **15.33** | **61868** | **6.38** | **1.95** |
| 荔湾区 | Liwan | 762420 | 7804 | **10.24** | 7130 | **9.35** | 2.75 |
| 越秀区 | Yuexiu | 1173114 | 10380 | **8.85** | 9498 | **8.10** | 0.74 |
| 海珠区 | Haizhu | 1075386 | 11033 | **10.26** | 8344 | **7.76** | 0.89 |
| 天河区 | Tianhe | 988108 | 14499 | **14.67** | 3847 | **3.89** | 1.47 |
| 白云区 | Baiyun | 1103710 | 18333 | **16.61** | 6242 | **5.66** | 2.57 |
| 黄埔区 | Huangpu | 581249 | 12748 | **21.93** | 2464 | **4.24** | 1.91 |
| 番禺区 | Panyu | 1060185 | 19272 | **18.18** | 4757 | **4.49** | 1.73 |
| 花都区 | Huadu | 825375 | 14801 | **17.93** | 6758 | **8.19** | 2.11 |
| 南沙区 | Nansha | 477529 | 9361 | **19.60** | 2826 | **5.92** | 2.25 |
| 从化区 | Conghua | 645753 | 10778 | **16.69** | 4114 | **6.37** | 2.65 |
| 增城区 | Zengcheng | 1001323 | 19563 | **19.54** | 5888 | **5.88** | 2.16 |

# 2-7 各区户籍人口迁移状况（2020年）
# Statistics on Migration of Registered Population by District (2020)

单位：人、‰ (person, ‰)

| 地区 | District | 迁入人数 Number of Immigration | 迁入率 Immigration Rate | 迁出人数 Number of Emigration | 迁出率 Emigration Rate | 净增人数 Number of Net Migration | 净增率 Net Migration Rate |
|---|---|---|---|---|---|---|---|
| 全　市 | Total | 266665 | 27.51 | 40579 | 4.19 | 226086 | 23.32 |
| 荔湾区 | Liwan | 10290 | 13.50 | 1510 | 1.98 | 8780 | 11.52 |
| 越秀区 | Yuexiu | 21715 | 18.51 | 4963 | 4.23 | 16752 | 14.28 |
| 海珠区 | Haizhu | 21126 | 19.64 | 4531 | 4.21 | 16595 | 15.43 |
| 天河区 | Tianhe | 54189 | 54.84 | 11098 | 11.23 | 43091 | 43.61 |
| 白云区 | Baiyun | 31974 | 28.97 | 3088 | 2.80 | 28886 | 26.17 |
| 黄埔区 | Huangpu | 23013 | 39.59 | 1783 | 3.07 | 21230 | 36.52 |
| 番禺区 | Panyu | 41259 | 38.92 | 6961 | 6.57 | 34298 | 32.35 |
| 花都区 | Huadu | 19054 | 23.08 | 1917 | 2.32 | 17137 | 20.76 |
| 南沙区 | Nansha | 15399 | 32.25 | 818 | 1.71 | 14581 | 30.54 |
| 从化区 | Conghua | 4498 | 6.97 | 1537 | 2.38 | 2961 | 4.59 |
| 增城区 | Zengcheng | 24148 | 24.12 | 2373 | 2.37 | 21775 | 21.75 |

# 2-8 各区户籍人口计划生育情况（2020年）
# Statistics on Family Planning of Registered Population by District (2020)

单位：人、% (person, %)

| 地 区 | District | 已婚育龄妇女人数 Married Women at Childbearing Age | 女性初婚人数 Number of Women First Married | 晚婚率 Late Married Rate | 政策生育率 Family Planning Rate | 一孩率 One-child Rate | 二孩率 Two-child Rate | 多孩率 More Than One-child Rate | 出生人口性别比 Sex Ratio of Birth Population |
|---|---|---|---|---|---|---|---|---|---|
| **全 市** | **Total** | **1811179** | **44091** | **91.90** | **92.86** | **44.36** | **46.48** | **9.16** | **112.97** |
| 荔湾区 | Liwan | 111167 | 2493 | 96.35 | 96.26 | 51.40 | 42.99 | 5.62 | 109.34 |
| 越秀区 | Yuexiu | 174259 | 4548 | 98.26 | 96.08 | 52.46 | 42.39 | 5.15 | 112.75 |
| 海珠区 | Haizhu | 170598 | 3552 | 96.51 | 95.95 | 51.48 | 42.53 | 6.00 | 109.87 |
| 天河区 | Tianhe | 191563 | 6301 | 97.95 | 94.54 | 48.42 | 44.21 | 7.37 | 112.98 |
| 白云区 | Baiyun | 224472 | 4667 | 91.17 | 91.31 | 41.98 | 47.77 | 10.25 | 114.17 |
| 黄埔区 | Huangpu | 130114 | 3255 | 91.21 | 93.40 | 43.02 | 47.95 | 9.03 | 113.28 |
| 番禺区 | Panyu | 223315 | 4773 | 93.88 | 95.83 | 45.17 | 49.32 | 5.51 | 114.43 |
| 花都区 | Huadu | 166095 | 3470 | 89.39 | 91.49 | 38.10 | 50.44 | 11.46 | 111.73 |
| 南沙区 | Nansha | 99470 | 2663 | 84.49 | 97.07 | 45.13 | 49.44 | 5.43 | 111.73 |
| 从化区 | Conghua | 121965 | 3250 | 80.37 | 83.61 | 38.34 | 42.78 | 18.88 | 115.24 |
| 增城区 | Zengcheng | 198161 | 5119 | 85.56 | 88.95 | 40.08 | 46.59 | 13.33 | 113.87 |

# 2-9 各区户籍人口年龄构成（2020年）

# The Registered Population Age Composition by District (2020)

| 地　区 | District | 人口数（人）Total Population (person) | | | 占总人口比重（%）The Proportion of the Total Population (%) | | |
|---|---|---|---|---|---|---|---|
| | | 18岁以下 Under 18 | 18-60岁 Between 18 and 60 | 60岁以上 Above 60 | 18岁以下 Under 18 | 18-60岁 Between 18 and 60 | 60岁以上 Above 60 |
| **总　计** | **Total** | **2126908** | **5924766** | **1799468** | **21.59** | **60.14** | **18.27** |
| 荔湾区 | Liwan | 117164 | 428770 | 223054 | 15.23 | 55.76 | 29.01 |
| 越秀区 | Yuexiu | 178479 | 680546 | 314277 | 15.21 | 58.00 | 26.79 |
| 海珠区 | Haizhu | 179080 | 619809 | 284548 | 16.53 | 57.21 | 26.26 |
| 天河区 | Tianhe | 218455 | 649667 | 142400 | 21.62 | 64.29 | 14.09 |
| 白云区 | Baiyun | 267832 | 674686 | 184708 | 23.76 | 59.85 | 16.39 |
| 黄埔区 | Huangpu | 160060 | 363826 | 76408 | 26.66 | 60.61 | 12.73 |
| 番禺区 | Panyu | 270988 | 669003 | 146904 | 24.93 | 61.55 | 13.52 |
| 花都区 | Huadu | 210812 | 505229 | 123410 | 25.11 | 60.19 | 14.70 |
| 南沙区 | Nansha | 113171 | 301904 | 76708 | 23.01 | 61.39 | 15.60 |
| 从化区 | Conghua | 157061 | 405799 | 86908 | 24.17 | 62.45 | 13.38 |
| 增城区 | Zengcheng | 253806 | 625527 | 140143 | 24.89 | 61.36 | 13.75 |

# 2-10 主要年份各区常住人口城镇人口比重（2010-2020年）

# The Proportion of Urban Population in the Permanent Population by District in Main Years (2010-2020)

单位:%　　　　(%)

| 地　区 | District | 2010 | 2011 | 2012 | 2013 | 2014 | 2015 | 2016 | 2017 | 2018 | 2019 | 2020 |
|---|---|---|---|---|---|---|---|---|---|---|---|---|
| **全　市** | **Total** | **83.79** | **83.83** | **83.85** | **83.88** | **83.97** | **84.22** | **84.35** | **84.41** | **84.75** | **85.13** | **86.19** |
| 荔湾区 | Liwan | 96.70 | 96.81 | 97.64 | 98.02 | 100.00 | 100.00 | 100.00 | 100.00 | 100.00 | 100.00 | 100.00 |
| 越秀区 | Yuexiu | 100.00 | 100.00 | 100.00 | 100.00 | 100.00 | 100.00 | 100.00 | 100.00 | 100.00 | 100.00 | 100.00 |
| 海珠区 | Haizhu | 100.00 | 100.00 | 100.00 | 100.00 | 100.00 | 100.00 | 100.00 | 100.00 | 100.00 | 100.00 | 100.00 |
| 天河区 | Tianhe | 99.61 | 99.72 | 100.00 | 100.00 | 100.00 | 100.00 | 100.00 | 100.00 | 100.00 | 100.00 | 100.00 |
| 白云区 | Baiyun | 78.18 | 78.52 | 78.85 | 78.88 | 78.91 | 78.92 | 79.04 | 79.10 | 79.49 | 80.07 | 81.37 |
| 黄埔区 | Huangpu | 90.37 | 90.57 | 90.77 | 90.80 | 90.85 | 91.34 | 91.52 | 91.60 | 91.88 | 92.05 | 92.22 |
| 番禺区 | Panyu | 80.09 | 80.37 | 81.80 | 81.84 | 81.86 | 82.33 | 82.45 | 82.60 | 83.68 | 84.81 | 89.58 |
| 花都区 | Huadu | 64.54 | 65.07 | 65.59 | 65.62 | 65.69 | 67.15 | 67.26 | 68.16 | 68.66 | 69.16 | 69.65 |
| 南沙区 | Nansha | 68.83 | 69.29 | 69.75 | 70.21 | 70.26 | 71.11 | 71.55 | 71.99 | 72.42 | 72.85 | 73.28 |
| 从化区 | Conghua | 38.61 | 39.31 | 40.02 | 40.73 | 41.14 | 42.16 | 42.89 | 43.61 | 44.34 | 45.07 | 45.80 |
| 增城区 | Zengcheng | 68.47 | 68.96 | 69.44 | 69.66 | 69.76 | 70.87 | 71.01 | 71.20 | 72.26 | 72.71 | 73.16 |

注：2010—2019年常住人口城镇人口比重根据2020年第七次全国人口普查结果进行了修正。

Note: The proportion of urban population in the permanent population from 2010 to 2019 are revised according to the Seventh National Population Census.

# 主要统计指标解释

**【常住人口】**常住人口是指实际经常居住在某地区一定时间（指半年以上）的人口。按人口普查和人口变动抽样调查规定，主要包括：1.除离开本地半年以上（不包括在国外工作或学习的人）的全部常住本地的户籍人口；2.户口在外地，但在本地居住半年以上者，或离开户口地半年以上而调查时在本地居住的人口；3.调查时居住在本地，但在任何地方都没有登记常住户口，如手持户口迁移证、出生证、退伍证、劳改劳教释放证等尚未办理常住户口的人。

**【户籍人口】**户籍人口是指公民依照《中华人民共和国户口登记条例》，已在其经常居住地的公安户籍管理机关登记了常住户口的人。这类人口不管其是否外出，也不管外出时间长短，只要在某地注册有常住户口，则为该地区的户籍人口。户籍人口数一般是通过公安部门的经常性统计月报或年报取得。

【晚婚率】指在一定时期内(通常为一年)的女性初婚人口中23岁以上人数占当年女性初婚人数的比例，一般用百分比表示。计算公式：

晚婚率=本年23岁以上女性初婚人数/本年女性初婚人数×100%

**【出生率(又称粗出生率)】**指在一定时期内(通常为一年)一定地区的出生人数与同期平均人数(或期中人数)之比，一般用千分率表示。计算公式：

$$出生率=\frac{年出生人数}{年平均人数}\times 1000‰$$

出生人数是指活产婴儿，即胎儿脱离母体时(不管怀孕月数)，有过呼吸或其他生命现象。年平均人数是年初、年底人口数的平均数，也可用年中人口数代替。

**【死亡率(又称粗死亡率)】**指在一定时期内(通常为一年)一定地区的死亡人数与同期平均人数(或期中人数)之比，一般用千分率表示。计算公式：

$$死亡率=\frac{年死亡人数}{年平均人数}\times 1000‰$$

**【人口自然增长率】**指在一定时期内(通常为一年)人口自然增加数(出生人数减死亡人数)与该时期内平均人数(或期中人数)之比,一般用千分率表示。计算公式：

$$人口自然增长率=\frac{本年出生人数-本年死亡人数}{年平均人数}\times 1000‰$$

人口自然增长率 = 人口出生率-人口死亡率

# Explanatory Notes on Main Statistical Indicators

**【The population of permanent residents】** The population of permanent residents refers to the population who actually and usually lives in a given area for a certain time (above half a year). According to the provisions of the population census and the sampling survey of population, the population of permanent residents mainly includes the following types: 1.All registered population who usually live in one certain place, excluding the person who leave away above half a year, including persons working or studying abroad. 2.The population who has lived in a certain place above half a year and whose household registration at other place, or living at a certain place at the survey moment, and leaving the household registered location for half a year. 3.The population who live at a certain place at the survey moment, but without registered permanent residence certificate everywhere, for example the person who has not gained registered permanent residence certificate, and with registration movement certificate, birth certificate,retirement certificate,or prisoners released certificate.

**【The registered population】** According to the household registration ordinance of the People's Republic of China, the registered population refers to the citizens who have registered in the household registration department where the citizens usually live. No matter going out or not, no matter how long dose he go out, as long as the person has gained the permanent residence registration, the person is the region's registered population. Registered population data is generally gained from the regular statistical monthly or annual report of republic security department.

**【Late Marriage Rate】** refers to the proportion of women who are over 23 years old in the number of first marriage women in a certain period (usually one year), which is generally expressed as a percentage. Calculation formula:

Late Marriage Rate = Number of first marriage of women over 23 years of age / number of first marriage of women in this year × 100%

**【Birth Rate (or Crude Birth Rate)】** means the ratio bet-ween the number of births in a certain period (usually a year)and the average population in the same period (or mid-year figure).It is usually calculated in terms of permillage and its calculating formula is:

$$\text{Birth Rate}=\frac{\text{Number of Births}}{\text{Average Number of Population}}\times 1000‰$$

Number of Births refers to live births,when babies have sho-wed any vital phenomena regardless of the length of pregnancy.

Average Number of Population is the average of the number of population at the beginning of the year and,at the end of the year and sometimes is substituted for with mid-year population.

**【Death Rate(or Crude Death Rate)】** refers to the ratio of number of deaths to the average population (or mid-year popula-tion)during a certain period of time (usually a year),which is often presented as perminvar.its calculating formula is:

$$\text{Death Rate}=\frac{\text{Number of Deaths}}{\text{Average Number of Population}}\times 1000‰$$

**【Natural Growth Rate of Population】** refers to the ratio of natural increase in population (number of births minus number of deaths) in a certain period of time (usually a year) to the average population (or mid-year population) of the same period,which is often presented as perminvar.The following formula are applied:

$$\text{Number of Growth of Population}=\frac{\text{Number of Births}-\text{Number of Deaths}}{\text{Average Number of Population}}\times 1000‰$$

Natural Growth Rate of Population = Birth Rate-Death Rate

第三篇 CHAPTER 3

# 从业人员和工资

# EMPLOYMENT AND WAGES

# 第三篇　从业人员和工资

**简要说明**

一、本篇资料反映广州市社会从业人员总量及构成、城镇单位就业与工资等基本情况。

二、本篇资料由广州市统计局人口和社会科技统计处整理提供。

三、本篇资料中的城镇非私营单位在岗职工及工资统计范围只包括城镇以上国有、集体及其他经济类型单位，不包括乡镇企业、私营单位和个体工商户。

四、本篇资料中的社会从业人员主要包括本市劳动力以及外来劳动力。

五、1998 年，劳动统计年报中对全部调查单位改按企业登记注册类型分组，使统计口径发生变化，即国有单位中不再包括国有联营和有限责任公司中的国有独资公司；城镇集体单位中不再包括集体联营和股份合作企业；其他单位则包括国有联营和有限责任公司中的国有独资公司，集体联营和股份合作企业。

# 3 Employment and Wages

**Brief　Introduction**

I. The data in this chapter show the basic conditions of social composition of employees, employment and wages in urban units of Guangzhou.

II. The data in this chapter are prepared and provided by the Division of Population, Social, Science and Tech1ology Statistics of Guangzhou Statistical Bureau.

Ⅲ.The statistical coverage of staff and worker urban units and wages in this chapter only includes the state-owned units, the collective -owned units and other economic ownership in urban areas, not including township enterprises, private institutions and individual businesses.

Ⅳ. The employed persons in this chapter mainly include the labor resources of Guangzhou origin and the migrant labors.

V. Since 1998,the statistical coverage of the annual reports of labor statistics has been adjusted, in which all the survey units are grouped by registration ownership of the enterprises, i.e. the state-owned units excludes the exclusively state-invested companies in state-owned joint ownership units and limited liability companies, the urban collective units excludes the collective-owned joint ownership units and share-holding cooperative operation and the other units include the exclusively state-invested companies in state-owned joint ownership units and limited liability companies, the collective-owned jointed owner-ship units and share-holding cooperative operation.

# 3-1 社会就业情况主要指标

## Main Indicators of Social Employment Situation

| 项　　目 | Item | 2020 | 2020年比2019年增长(%) Growth Rate in 2020 over 2019 (%) |
|---|---|---|---|
| 全社会从业人员　(人) | Total Number of Employed Persons at Year-end (person) | 11580070 | 2.9 |
| 第一产业 | Primary Industry | 583873 | -6.2 |
| 第二产业 | Secondary Industry | 2606645 | -2.2 |
| 第三产业 | Tertiary Industry | 8389552 | 5.3 |
| 城镇非私营单位从业人员　(人) | Number of Employed Persons in Urban Units at Year-end (person) | 4193638 | 4.8 |
| 国有单位 | State-owned Units | 926533 | 15.7 |
| 集体单位 | Urban Collective-owned Units | 58896 | -17.4 |
| 其他单位 | Units of Other Types of Ownership | 3208209 | 2.5 |
| # 外商及港澳台投资单位 | Enterprises with Funds from Foreign Countries, Hong Kong, Macao and Taiwan | 1070045 | 2.4 |
| 私营、个体和其他从业人员　(人) | Employed Persons in Private Enterprises and Self-employed Individuals at Year-end (person) | 7386432 | 1.8 |
| 城镇非私营单位从业人员工资总额(万元) | Total Wages of Employed Persons in Urban Units (10000 yuan) | 54201656 | 14.1 |
| 国有单位 | State-owned Units | 17423660 | 25.0 |
| 集体单位 | Urban Collective-owned Units | 484564 | 2.0 |
| 其他单位 | Units of Other Types of Ownership | 36293432 | 9.7 |
| # 外商及港澳台投资单位 | Enterprises with Funds from Foreign Countries, Hong Kong, Macao and Taiwan | 11135556 | 4.3 |
| 城镇非私营单位从业人员年平均工资(元) | Average Wage of Employed Persons in Urban Units (yuan) | 130110 | 8.9 |
| 国有单位 | State-owned Units | 189340 | 7.8 |
| 集体单位 | Urban Collective-owned Units | 81443 | 21.1 |
| 其他单位 | Units of Other Types of Ownership | 113912 | 7.1 |
| # 外商及港澳台投资单位 | Enterprises with Funds from Foreign Countries, Hong Kong, Macao and Taiwan | 103289 | 2.1 |
| 城镇非私营单位在岗职工年平均工资(元) | Average Wage of Fully Employed Staff and Workers in Urban Units (yuan) | 135138 | 9.4 |
| 国有单位 | State-owned Units | 192803 | 7.6 |
| 集体单位 | Urban Collective-owned Units | 84304 | 19.4 |
| 其他单位 | Units of Other Types of Ownership | 118406 | 7.7 |
| # 外商及港澳台投资单位 | Enterprises with Funds from Foreign Countries, Hong Kong, Macao and Taiwan | 113191 | 6.9 |
| 年末城镇登记失业人员　(人) | Number of Registered Unemployed Persons in Urban Areas (person) | 61156 | 73.0 |
| 城镇登记失业率　(%) | Registered Unemployment Rate in Urban Areas (%) | 3 | 0.38(个百分点) |

注：1. 私营、个体和其他从业人员指全社会从业人员中扣除城镇非私营单位从业人员外的部分。
　　2. 城镇登记失业人员及城镇登记失业率由广州市人力资源和社会保障局提供。

Note: I. Employed persons in private enterprises and self-employed individuals are refer to employed persons other than employed persons in urban units.

II. Data on number of registered unemployed persons in urban areas and registered unemployment rate in urban areas are provided by Guangzhou Municipal Bureau of Labor and Social Security.

# 3-2 主要年份全社会从业人员人数

# Number of Employed Persons in Main Years

单位：人 (person)

| 年 份<br>Year | 合 计<br>Total | 城镇非私营单位从业人员<br>Employed Persons in Urban Units | 私营、个体和其他从业人员<br>Employed Persons in Private Enterprises, Self-employed Individuals and others |
|---|---|---|---|
| 1978 | 2668989 | 1473615 | 1195374 |
| 1980 | 2750467 | 1565533 | 1184934 |
| 1985 | 3134739 | 1756497 | 1378242 |
| 1990 | 3411513 | 1893944 | 1517569 |
| 1995 | 4077775 | 2082361 | 1995414 |
| 2000 | 4962579 | 1755512 | 3207067 |
| 2001 | 5029338 | 1686900 | 3342438 |
| 2002 | 5070216 | 1755779 | 3314437 |
| 2003 | 5210706 | 1880184 | 3330522 |
| 2004 | 5407087 | 1943955 | 3463132 |
| 2005 | 5744550 | 1997579 | 3746971 |
| 2006 | 5994973 | 2071574 | 3923399 |
| 2007 | 6236312 | 2236902 | 3999410 |
| 2008 | 6529045 | 2255380 | 4273665 |
| 2009 | 6791495 | 2351538 | 4439957 |
| 2010 | 7110695 | 2463713 | 4646982 |
| 2011 | 7644827 | 3102356 | 4542471 |
| 2012 | 7945771 | 3268488 | 4677283 |
| 2013 | 8251070 | 3245858 | 5005212 |
| 2014 | 8749630 | 3263983 | 5485647 |
| 2015 | 9279096 | 3203134 | 6075962 |
| 2016 | 9800359 | 3252340 | 6548019 |
| 2017 | 10371691 | 3291696 | 7079995 |
| 2018 | 11023598 | 3486454 | 7537144 |
| 2019 | 11258940 | 4002180 | 7256760 |
| 2020 | 11580070 | 4193638 | 7386432 |

注：1. 2000年以前，城镇非私营单位从业人员统计口径为城镇单位职工口径。
2. 2006—2010年数据根据第六次全国人口普查结果作了相应调整。
3. 2011—2018年数据根据第四次全国经济普查结果作了相应调整。

Note: I.The statistical scale of employed persons in urban units is the statistical scale of staff and workers before 2000.
II. The data from year 2006 to 2010 are revised according to the Sixth National Population Census.
III. The data from year 2011 to 2018 are revised according to the Fourth National Economic Census.

# 3-3 主要年份三次产业从业人员及构成

# Employed Persons and Composition by Three strata of Industry in Main Years

| 年 份 Year | 从业人员（人）Employed Persons (person) | | | | 构成（%）Composition (%) | | |
|---|---|---|---|---|---|---|---|
| | | 第一产业 Primary Industry | 第二产业 Secondary Industry | 第三产业 Tertiary Industry | 第一产业 Primary Industry | 第二产业 Secondary Industry | 第三产业 Tertiary Industry |
| 1978 | 2668989 | 1165987 | 857527 | 645475 | 43.69 | 32.13 | 24.18 |
| 1980 | 2750467 | 1106432 | 922756 | 721279 | 40.23 | 33.55 | 26.22 |
| 1985 | 3134739 | 979869 | 1180526 | 974344 | 31.26 | 37.66 | 31.08 |
| 1990 | 3411513 | 963548 | 1241813 | 1206152 | 28.24 | 36.40 | 35.36 |
| 1995 | 4077775 | 924969 | 1583686 | 1569120 | 22.68 | 38.84 | 38.48 |
| 2000 | 4962579 | 956596 | 1982905 | 2023078 | 19.27 | 39.96 | 40.77 |
| 2001 | 5029338 | 969793 | 1960309 | 2099236 | 19.28 | 38.98 | 41.74 |
| 2002 | 5070216 | 949624 | 1953095 | 2167497 | 18.73 | 38.52 | 42.75 |
| 2003 | 5210706 | 958819 | 2001677 | 2250210 | 18.40 | 38.42 | 43.18 |
| 2004 | 5407087 | 901318 | 2046552 | 2459217 | 16.67 | 37.85 | 45.48 |
| 2005 | 5744550 | 869141 | 2222177 | 2653232 | 15.13 | 38.68 | 46.19 |
| 2006 | 5994973 | 831303 | 2335315 | 2828355 | 13.87 | 38.95 | 47.18 |
| 2007 | 6236312 | 774596 | 2477232 | 2984484 | 12.42 | 39.72 | 47.86 |
| 2008 | 6529045 | 730174 | 2625645 | 3173226 | 11.18 | 40.22 | 48.60 |
| 2009 | 6791495 | 733557 | 2733281 | 3324657 | 10.80 | 40.25 | 48.95 |
| 2010 | 7110695 | 590223 | 2736424 | 3784048 | 8.30 | 38.48 | 53.22 |
| 2011 | 7644827 | 629012 | 2916585 | 4099230 | 8.23 | 38.15 | 53.62 |
| 2012 | 7945771 | 646030 | 3008191 | 4291550 | 8.13 | 37.86 | 54.01 |
| 2013 | 8251070 | 646758 | 2839653 | 4764659 | 7.84 | 34.42 | 57.74 |
| 2014 | 8749630 | 627996 | 3033806 | 5087828 | 7.18 | 34.67 | 58.15 |
| 2015 | 9279096 | 629254 | 3066200 | 5583642 | 6.78 | 33.04 | 60.18 |
| 2016 | 9800359 | 621426 | 3066503 | 6112430 | 6.34 | 31.29 | 62.37 |
| 2017 | 10371691 | 620657 | 2966789 | 6784245 | 5.98 | 28.60 | 65.42 |
| 2018 | 11023598 | 603377 | 2751831 | 7668390 | 5.47 | 24.96 | 69.57 |
| 2019 | 11258940 | 622398 | 2665507 | 7971035 | 5.53 | 23.67 | 70.80 |
| 2020 | 11580070 | 583873 | 2606645 | 8389552 | 5.04 | 22.51 | 72.45 |

注：1.2006—2010年数据根据第六次全国人口普查结果作了相应调整。

2.2011—2018年数根据第四次全国经济普查结果作了相应调整。

Note: I.The data from year 2006 to 2010 are revised according to the sixth National Population Census.

II. The data from year 2011 to 2018 are revised according to the fourth National Economic Census.

# 3-4 三次产业全社会从业人员及构成（2020年末）

# Employed Persons and Composition by Three Strata of Industry (Year-end of 2020)

| 项　　目 | Item | 从业人员 (人) Employed Persons (person) | 构 成 (%) Composition (%) |
|---|---|---|---|
| **合　计** | **Total** | **11580070** | **100.00** |
| **按产业分** | **Grouped By Industry** | | |
| 第一产业 | Primary Industry | 583873 | 5.04 |
| 第二产业 | Secondary Industry | 2606645 | 22.51 |
| 第三产业 | Tertiary Industry | 8389552 | 72.45 |
| **按行业分** | **Grouped By Sector** | | |
| 农、林、牧、渔业 | Agriculture, Forestry, Animal Husbandry and Fishery | 610242 | 5.27 |
| 工业 | Industry | 1861832 | 16.08 |
| 建筑业 | Construction | 757029 | 6.54 |
| 批发和零售业 | Wholesale and Retail Trade | 1917595 | 16.56 |
| 交通运输、仓储和邮政业 | Transport, Storage and Post | 592643 | 5.12 |
| 住宿和餐饮业 | Hotels and Catering Services | 541176 | 4.67 |
| 信息传输、软件和信息技术服务业 | Information Transmission, Software and Information Technology | 632861 | 5.47 |
| 金融业 | Financial Intermediation | 972058 | 8.39 |
| 房地产业 | Real Estate | 532050 | 4.59 |
| 租赁和商务服务业 | Leasing and Business Services | 1121769 | 9.69 |
| 科学研究和技术服务业 | Scientific Research and Technical Services | 598526 | 5.17 |
| 水利、环境和公共设施管理业 | Management of Water Conservancy, Environment and Public Facilities | 79505 | 0.69 |
| 居民服务、修理和其他服务业 | Service to Households, Repair and Other Services | 284734 | 2.46 |
| 教育 | Education | 401421 | 3.47 |
| 卫生和社会工作 | Health and Social Work | 248008 | 2.14 |
| 文化、体育和娱乐业 | Culture, Sports and Entertainment | 125358 | 1.08 |
| 公共管理、社会保障和社会组织 | Public Management, Social Security and Social Organizations | 303263 | 2.62 |

# 3-5 全市全社会从业人员（2020年末）

# Number of Employed Persons (Year-end of 2020)

单位：人 (person)

| 项目 | Item | 合计 Total | 城镇非私营单位从业人员 Number of Employed Persons in Urban Units | 私营、个体和其他从业人员 Employed Persons in Private Enterprises, Self-employed Individuals and Others |
|---|---|---|---|---|
| **总计** | **Total** | **11580070** | **4193638** | **7386432** |
| **按国民经济行业分** | **Grouped by Economic Sector** | | | |
| 农、林、牧、渔业 | Agriculture, Forestry, Animal Husbandry and Fishery | 610242 | 2153 | 608089 |
| 采矿业 | Mining | 310 | 31 | 279 |
| 制造业 | Manufacturing | 1820440 | 722251 | 1098189 |
| 电力、热力、燃气及水生产和供应业 | Production and Supply of Electricity, Heat, Gas and Water | 41082 | 29641 | 11441 |
| 建筑业 | Construction | 757029 | 208505 | 548524 |
| 批发和零售业 | Wholesale and Retail Trade | 1917595 | 305585 | 1612010 |
| 交通运输、仓储和邮政业 | Transport, Storage and Post | 592643 | 340820 | 251823 |
| 住宿和餐饮业 | Hotels and Catering Services | 541176 | 143562 | 397614 |
| 信息传输、软件和信息技术服务业 | Information Transmission, Software and Information Technology | 632861 | 248574 | 384287 |
| 金融业 | Financial Intermediation | 972058 | 222672 | 749386 |
| 房地产业 | Real Estate | 532050 | 300073 | 231977 |
| 租赁和商务服务业 | Leasing and Business Services | 1121769 | 537546 | 584223 |
| 科学研究和技术服务业 | Scientific Research and Technical Services | 598526 | 187397 | 411129 |
| 水利、环境和公共设施管理业 | Management of Water Conservancy, Environment and Public Facilities | 79505 | 63021 | 16484 |
| 居民服务、修理和其他服务业 | Service to Households, Repair and Other Services | 284734 | 27522 | 257212 |
| 教育 | Education | 401421 | 324909 | 76512 |
| 卫生和社会工作 | Health and Social Service | 248008 | 217770 | 30238 |
| 文化、体育和娱乐业 | Culture, Sports and Entertainment | 125358 | 38900 | 86458 |
| 公共管理、社会保障和社会组织 | Public Management, Social Security and Social Organizations | 303263 | 272706 | 30557 |

# 3-6 主要年份城镇非私营单位从业人员数及工资

## Number and Wages of Employed Persons in Urban Units in Main Years

| 年 份<br>Year | 城镇非私营单位从业人员年末人数（人）<br>Number of Employed Persons in Urban Units at Year-end (person) | 城镇非私营单位从业人员工资总额（万元）<br>Total Wages of Employed Persons in Urban Units (10000 yuan) | 城镇非私营单位从业人员年平均工资（元）<br>Average Wage of Employed Persons in Urban Units (yuan) |
|---|---|---|---|
| 1995 | 2104432 | 2176743 | 10349 |
| 2000 | 1755512 | 3489371 | 19714 |
| 2005 | 1997579 | 6772629 | 34171 |
| 2006 | 2071574 | 7532573 | 36566 |
| 2007 | 2236902 | 8961040 | 40280 |
| 2008 | 2255380 | 10251127 | 45368 |
| 2009 | 2351538 | 11439796 | 49054 |
| 2010 | 2463713 | 13354746 | 54091 |
| 2011 | 3102356 | 17486373 | 56618 |
| 2012 | 3268488 | 20305943 | 62598 |
| 2013 | 3245858 | 21724541 | 68594 |
| 2014 | 3263983 | 23881767 | 73131 |
| 2015 | 3203134 | 25674928 | 79534 |
| 2016 | 3252340 | 28537980 | 88136 |
| 2017 | 3291696 | 31983933 | 97522 |
| 2018 | 3486454 | 38035167 | 109879 |
| 2019 | 4002180 | 47497456 | 119453 |
| 2020 | 4193638 | 54201656 | 130110 |

注：本表数据2011年以前为城镇单位从业人员数及工资，2011年起为城镇非私营单位从业人员数及工资。

Note: The data in this table refer to the number of employed persons and wages in urban units before 2011, and the number of employed persons and wages in urban non-private units since 2011.

## 3-7 主要年份城镇非私营单位在岗职工工资总额及指数

## Total Wages of Fully Employed Staff and Workers in Urban Units and Related Indices in Main Years

| 年 份 Year | 在岗职工工资总额（万元） Total Wages of Fully Employed Staff and Workers in Urban Units (10000 yuan) | 国有单位 State-owned Units | 集体单位 Urban Collective-owned Units | 其他单位 Units of Other Types of Ownership | #外商及港澳台投资单位 Enterprises with Funds from Foreign Countries,Hong Kong,Macao and Taiwan | 在岗职工年平均工资（元） Average Wage of Fully Employed Staff and Workers in Urban Units (yuan) |
|---|---|---|---|---|---|---|
| 1978 | 101809 | 76913 | 24896 | | | 714 |
| 1980 | 142243 | 108015 | 34228 | | | 941 |
| 1985 | 278892 | 208829 | 65660 | 4403 | 3127 | 1621 |
| 1990 | 656434 | 487524 | 121441 | 47469 | 41198 | 3504 |
| 1991 | 783043 | 565974 | 148783 | 68286 | 61119 | 4022 |
| 1992 | 971335 | 690135 | 183771 | 97429 | 89978 | 4792 |
| 1993 | 1316773 | 941475 | 226929 | 148369 | 106957 | 6342 |
| 1994 | 1815428 | 1277944 | 308933 | 228551 | 183030 | 8623 |
| 1995 | 2146245 | 1481375 | 344494 | 320376 | 263343 | 10317 |
| 1996 | 2395597 | 1672483 | 348629 | 374485 | 313623 | 11813 |
| 1997 | 2615842 | 1798987 | 338388 | 478467 | 404483 | 13118 |
| 1998(原口径) 1998 (Original Standards) | 2831440 | 1900631 | 344677 | 586132 | 454061 | 14318 |
| 1998(新口径) 1998 (New Standards) | 2831440 | 1758088 | 322399 | 750953 | 454061 | 14318 |
| 1999 | 3085768 | 1917375 | 296558 | 871835 | 507875 | 16202 |
| 2000 | 3480880 | 2188085 | 289750 | 1003045 | 586413 | 19091 |
| 2001 | 3878065 | 2401471 | 216967 | 1259627 | 691639 | 22141 |
| 2002 | 4534911 | 2817578 | 229015 | 1488318 | 838420 | 25583 |
| 2003 | 5335484 | 3185006 | 243455 | 1907023 | 1097924 | 28237 |
| 2004 | 5983255 | 3529828 | 240966 | 2212461 | 1251256 | 31025 |
| 2005 | 6653196 | 3837476 | 233643 | 2582077 | 1464470 | 33853 |
| 2006 | 7389676 | 3967484 | 238729 | 3183463 | 1718714 | 36321 |
| 2007 | 8770687 | 4448123 | 254851 | 4067713 | 2228358 | 40187 |
| 2008 | 10053742 | 4970189 | 261939 | 4821614 | 2655221 | 45365 |
| 2009 | 11180296 | 5345813 | 276463 | 5558020 | 2889870 | 49215 |
| 2010 | 13044801 | 6053212 | 284742 | 6706846 | 3565786 | 54495 |
| 2011 | 17008733 | 7040246 | 274165 | 9694322 | 5332522 | 57473 |
| 2012 | 19695115 | 7944452 | 356403 | 11394260 | 5950277 | 63752 |
| 2013 | 21107782 | 5536325 | 408310 | 15163147 | 6568426 | 69692 |
| 2014 | 23049712 | 6233018 | 414591 | 16402103 | 6773266 | 74245 |
| 2015 | 24874876 | 6690706 | 361441 | 17822729 | 7250138 | 81171 |
| 2016 | 27703134 | 7457706 | 357722 | 19887706 | 7595025 | 89096 |
| 2017 | 31032760 | 8704188 | 327055 | 22001517 | 7945622 | 98612 |
| 2018 | 37005944 | 10292371 | 320460 | 26393113 | 8741982 | 111839 |
| 2019 | 45864824 | 13706998 | 453982 | 31703845 | 10337458 | 123498 |
| 2020 | 52083780 | 17202177 | 467576 | 34414027 | 11135556 | 135138 |

注：1．本表数据2011年以前为城镇单位职工工资总额，2011年起为城镇非私营单位在岗职工工资总额。
2．城镇非私营单位职工含劳务派遣人员。

Note: I. The data in this table refer to the total wages of employed staff and workers in urban units before 2011, and the total wages of fully employed staff and workers in urban non-private units since 2011.

II. Fully employed staff and workers in urban units contain labor dispatching personnel .

## 3-7 续表 continued

指数(上年=100) Indices (preceding year=100)

| 年 份 Year | 在岗职工工资总额(上年=100) Total Wages of Fully Employed Staff and Workers in Urban Units (preceding year=100) | 国有单位 State-owned Units | 集体单位 Urban Collective-owned Units | 其他单位 Units of Other Types of Ownership | # 外商及港澳台投资单位 Enterprises with Funds from Foreign Countries,Hong Kong,Macao and Taiwan | 在岗职工年平均工资(上年=100) Average Wage of Fully Employed Staff and Workers in Urban Units (preceding year=100) |
|---|---|---|---|---|---|---|
| 1978 | 116.2 | 121.3 | 102.8 | | | 105.0 |
| 1980 | 139.7 | 140.4 | 137.5 | | | 114.8 |
| 1985 | 123.2 | 122.0 | 124.3 | 190.7 | 236.4 | 121.2 |
| 1990 | 107.7 | 106.1 | 105.4 | 137.1 | 152.4 | 107.1 |
| 1991 | 119.3 | 116.1 | 122.5 | 143.9 | 148.4 | 114.8 |
| 1992 | 124.1 | 121.9 | 123.5 | 142.7 | 147.2 | 119.1 |
| 1993 | 135.6 | 136.4 | 123.5 | 152.3 | 118.9 | 132.4 |
| 1994 | 137.9 | 135.7 | 136.1 | 154.0 | 171.1 | 136.0 |
| 1995 | 118.2 | 115.9 | 111.5 | 140.2 | 143.9 | 119.7 |
| 1996 | 111.6 | 112.9 | 101.2 | 116.9 | 119.1 | 114.5 |
| 1997 | 109.2 | 107.6 | 97.1 | 127.8 | 129.0 | 111.1 |
| 1998 | 108.2 | 105.7 | 101.9 | 122.5 | 112.3 | 109.2 |
| 1999 | 109.0 | 109.1 | 92.0 | 116.1 | 111.9 | 113.2 |
| 2000 | 112.8 | 114.1 | 97.7 | 115.1 | 115.5 | 117.8 |
| 2001 | 111.4 | 109.8 | 74.9 | 125.6 | 117.9 | 116.0 |
| 2002 | 116.9 | 117.3 | 105.6 | 118.2 | 121.2 | 115.6 |
| 2003 | 117.7 | 113.0 | 106.3 | 128.1 | 131.0 | 110.4 |
| 2004 | 112.1 | 110.8 | 99.0 | 116.0 | 114.0 | 109.9 |
| 2005 | 111.2 | 108.7 | 97.0 | 116.7 | 117.0 | 109.1 |
| 2006 | 111.1 | 103.4 | 102.2 | 123.3 | 117.4 | 107.3 |
| 2007 | 118.7 | 112.1 | 106.8 | 127.8 | 129.7 | 110.6 |
| 2008 | 114.6 | 111.7 | 102.8 | 118.5 | 119.2 | 112.9 |
| 2009 | 111.2 | 107.6 | 105.5 | 115.3 | 108.8 | 108.5 |
| 2010 | 116.7 | 113.2 | 103.0 | 120.7 | 123.4 | 110.7 |
| 2011 | 130.4 | 116.3 | 96.3 | 144.5 | 149.6 | 111.6 |
| 2012 | 115.8 | 112.8 | 130.0 | 117.5 | 111.6 | 110.9 |
| 2013 | 107.2 | 69.7 | 114.6 | 133.1 | 110.4 | 109.3 |
| 2014 | 109.2 | 112.6 | 101.5 | 108.2 | 103.1 | 106.5 |
| 2015 | 107.9 | 107.3 | 87.2 | 108.7 | 107.0 | 109.3 |
| 2016 | 111.4 | 111.5 | 99.0 | 111.6 | 104.8 | 109.8 |
| 2017 | 112.0 | 116.7 | 91.4 | 110.6 | 104.6 | 110.7 |
| 2018 | 119.2 | 118.2 | 98.0 | 120.0 | 110.0 | 113.4 |
| 2019 | 123.9 | 133.2 | 141.7 | 120.1 | 118.3 | 110.4 |
| 2020 | 113.6 | 125.5 | 103.0 | 108.5 | 107.7 | 109.4 |

注：2011年城镇非私营单位在岗职工年平均工资指数按可比口径计算。
Note: The data of 2011 are calculated at comparable coverage.

# 3-8 城镇非私营单位从业人数与工资（2020年）

# Number and Wages of Employed Persons in Urban Units (2020)

| 项　目 | Item | 2019 | 2020 |
|---|---|---|---|
| **城镇非私营单位从业人员年末人数（人）** | **Number of Employed Persons in Urban Units at Year-end (person)** | **4002180** | **4193638** |
| 国有单位 | State-owned Units | 801129 | 926533 |
| 集体单位 | Urban Collective Owned Units | 71312 | 58896 |
| 其他单位 | Units of Other Types of Ownership | 3129739 | 3208209 |
| # 外商及港澳台投资单位 | Enterprises with Funds from Foreign Countries, Hong Kong, Macao and Taiwan | 1045137 | 1070045 |
| **城镇非私营单位从业人员平均人数（人）** | **Average Number of Employed Persons in Urban Units (person)** | **3976238** | **4165835** |
| 国有单位 | State-owned Units | 793572 | 920233 |
| 集体单位 | Urban Collective Owned Units | 70639 | 59497 |
| 其他单位 | Units of Other Types of Ownership | 3112027 | 3186105 |
| # 外商及港澳台投资单位 | Enterprises with Funds from Foreign Countries, Hong Kong, Macao and Taiwan | 1055466 | 1078092 |
| **城镇非私营单位从业人员工资总额（万元）** | **Total Wages of Employed Persons in Urban Units (10000 yuan)** | **47497456** | **54201656** |
| 国有单位 | State-owned Units | 13933964 | 17423660 |
| 集体单位 | Urban Collective Owned Units | 475010 | 484564 |
| 其他单位 | Units of Other Types of Ownership | 33088482 | 36293432 |
| # 外商及港澳台投资单位 | Enterprises with Funds from Foreign Countries, Hong Kong, Macao and Taiwan | 10678695 | 11135556 |
| **城镇非私营单位从业人员年平均工资（元）** | **Average Wage of Employed Persons in Urban Units (yuan)** | **119453** | **130110** |
| 国有单位 | State-owned Units | 175585 | 189340 |
| 集体单位 | Urban Collective Owned Units | 67245 | 81443 |
| 其他单位 | Units of Other Types of Ownership | 106325 | 113912 |
| # 外商及港澳台投资单位 | Enterprises with Funds from Foreign Countries, Hong Kong, Macao and Taiwan | 101175 | 103289 |

## 3-9 全市城镇非私营单位在岗职工人数与工资（2020年）

| 项　　目 | Item |
| --- | --- |
| **合　计** | **Total** |
| **按执行会计制度类别分** | **Grouped by Accounting Regulation Implemented** |
| 企业 | Enterprises |
| 政府 | Government |
| 民间非营利组织 | Civil Nonprofit Organizations |
| 其他 | Others |
| **按国民经济行业分** | **Grouped by Economic Sector** |
| 农、林、牧、渔业 | Agriculture, Forestry, Animal Husbandry and Fishery |
| 采矿业 | Mining |
| 制造业 | Manufacturing |
| 电力、热力、燃气及水生产和供应业 | Production and Supply of Electricity, Heat,Gas and Water |
| 建筑业 | Construction |
| 批发和零售业 | Wholesale and Retail Trade |
| 交通运输、仓储和邮政业 | Transport, Storage and Post |
| 住宿和餐饮业 | Hotels and Catering Services |
| 信息传输、软件和信息技术服务业 | Information Transmission, Software and Information Technology |
| 金融业 | Financial Intermediation |
| 房地产业 | Real Estate |
| 租赁和商务服务业 | Leasing and Business Services |
| 科学研究和技术服务业 | Scientific Research and Technical Services |
| 水利、环境和公共设施管理业 | Management of Water Conservancy, Environment and Public Facilities |
| 居民服务、修理和其他服务业 | Service to Households, Repair and Other Services |
| 教育 | Education |
| 卫生和社会工作 | Health and Social Work |
| 文化、体育和娱乐业 | Culture, Sports and Entertainment |
| 公共管理、社会保障和社会组织 | Public Management, Social Security and Social Organizations |

# Number and Wages of Fully Employed Staff and Workers in Urban Units (2020)

| 单位数<br>(个)<br>Number of Units<br>(unit) | 在岗职工年末人数<br>(人)<br>Number of Fully Employed Staff and Workers in Urban Units at Year-end<br>(person) | 在岗职工年平均人数<br>(人)<br>Average Number of Fully Employed Staff and Workers in Urban Units<br>(person) | 在岗职工工资总额<br>(万元)<br>Total Wages of Fully Employed Staff and Workers in Urban Units<br>(10000 yuan) | 在岗职工年平均工资<br>(元)<br>Average Wages of Fully Employed Staff and Workers in Urban Units<br>(yuan) |
|---|---|---|---|---|
| **43758** | **3897769** | **3854110** | **52083780** | **135138** |
| | | | | |
| 35920 | 3024290 | 2985435 | 35970569 | 120487 |
| 5312 | 800341 | 796769 | 15536393 | 194992 |
| 2315 | 68300 | 67001 | 518124 | 77331 |
| 211 | 4838 | 4905 | 58694 | 119659 |
| | | | | |
| 104 | 2128 | 2087 | 19781 | 94778 |
| 3 | 31 | 29 | 315 | 109056 |
| 5376 | 713923 | 713983 | 7496925 | 105002 |
| 159 | 52656 | 51582 | 913511 | 177097 |
| 1115 | 191984 | 185161 | 2194056 | 118494 |
| 7795 | 294383 | 297801 | 3136811 | 105332 |
| 1384 | 333844 | 331761 | 4189533 | 126282 |
| 1281 | 122645 | 120199 | 661751 | 55055 |
| 3120 | 243266 | 235516 | 4299151 | 182542 |
| 850 | 106069 | 106783 | 3094204 | 289767 |
| 3727 | 292916 | 293614 | 2774245 | 94486 |
| 5548 | 443252 | 416957 | 4065970 | 97515 |
| 3682 | 181916 | 178606 | 3149295 | 176326 |
| 515 | 60540 | 63302 | 501970 | 79298 |
| 845 | 26587 | 25983 | 179736 | 69175 |
| 3833 | 311197 | 311044 | 5585161 | 179562 |
| 1076 | 212490 | 208465 | 4009052 | 192312 |
| 1105 | 36998 | 36932 | 597921 | 161896 |
| 2240 | 270944 | 274305 | 5214392 | 190094 |

# 3-10　城镇国有单位在岗职工人数与工资（2020年）

| 项　　目 | Item |
| --- | --- |
| **总　计** | **Total** |
| **按执行会计制度类别分** | **Grouped by Accounting Regulation Implemented** |
| 企业 | Enterprises |
| 政府 | Government |
| 民间非营利组织 | Civil Nonprofit Organizations |
| 其他 | Others |
| **按国民经济行业分组** | **Grouped by Economic Sector** |
| 农、林、牧、渔业 | Agriculture, Forestry, Animal Husbandry and Fishery |
| 采矿业 | Mining |
| 制造业 | Manufacturing |
| 电力、热力、燃气及水生产和供应业 | Production and Supply of Electricity, Heat,Gas and Water |
| 建筑业 | Construction |
| 批发和零售业 | Wholesale and Retail Trade |
| 交通运输、仓储和邮政业 | Transport, Storage and Post |
| 住宿和餐饮业 | Hotels and Catering Services |
| 信息传输、软件和信息技术服务业 | Information Transmission, Software and Information Technology |
| 金融业 | Financial Intermediation |
| 房地产业 | Real Estate |
| 租赁和商务服务业 | Leasing and Business Services |
| 科学研究和技术服务业 | Scientific Research and Technical Services |
| 水利、环境和公共设施管理业 | Management of Water Conservancy, Environment and Public Facilities |
| 居民服务、修理和其他服务业 | Service to Households, Repair and Other Services |
| 教育 | Education |
| 卫生和社会工作 | Health and Social Service |
| 文化、体育和娱乐业 | Culture, Sports and Entertainment |
| 公共管理、社会保障和社会组织 | Public Management, Social Security and Social Organizations |

# Number and Wages of Fully Employed Staff and Workers in Urban State-owned Units (2020)

| 单位数<br>（个）<br>Number of Units<br>(unit) | 在岗职工年末人数<br>（人）<br>Number of Fully Employed Staff and Workers in Urban Units at Year-end<br>(person) | 在岗职工年平均人数<br>（人）<br>Average Number of Fully Employed Staff and Workers in Urban Units<br>(person) | 在岗职工工资总额<br>（万元）<br>Total Wages of Fully Employed Staff and Workers in Urban Units<br>(10000 yuan) | 在岗职工年平均工资<br>（元）<br>Average Wages of Fully Employed Staff and Workers in Urban Units<br>(yuan) |
|---|---|---|---|---|
| **6100** | **897489** | **892216** | **17202177** | **192803** |
| 1106 | 117402 | 115792 | 1982563 | 171217 |
| 4895 | 776829 | 773163 | 15157159 | 196041 |
| 94 | 2388 | 2388 | 36528 | 152965 |
| 5 | 870 | 873 | 25927 | 296893 |
| 14 | 933 | 913 | 11357 | 124351 |
| 83 | 9092 | 9175 | 106777 | 116374 |
| 13 | 7431 | 7189 | 104490 | 145344 |
| 49 | 17180 | 16553 | 203266 | 122797 |
| 141 | 5439 | 5533 | 84606 | 152911 |
| 62 | 32170 | 32301 | 410504 | 127088 |
| 82 | 9549 | 9264 | 68433 | 73867 |
| 44 | 1972 | 1965 | 34148 | 173740 |
| 48 | 18421 | 18259 | 486256 | 266308 |
| 123 | 12782 | 10417 | 105722 | 101489 |
| 311 | 33648 | 32780 | 346593 | 105733 |
| 524 | 50669 | 49980 | 1175914 | 235275 |
| 294 | 32406 | 32237 | 327646 | 101638 |
| 84 | 4521 | 4480 | 46953 | 104802 |
| 1507 | 197929 | 197754 | 4538019 | 229478 |
| 500 | 179342 | 175954 | 3645902 | 207208 |
| 263 | 17573 | 17727 | 342486 | 193204 |
| 1958 | 266432 | 269735 | 5163105 | 191415 |

# 3-11 城镇集体单位在岗职工人数与工资（2020年）

| 项　　目 | Item |
|---|---|
| **总　计** | **Total** |
| **按执行会计制度类别分** | **Grouped by Accounting Regulation Implemented** |
| 企业 | Enterprises |
| 政府 | Government |
| 民间非营利组织 | Civil Nonprofit Organizations |
| 其他 | Others |
| **按国民经济行业分组** | **Grouped by Economic Sector** |
| 农、林、牧、渔业 | Agriculture, Forestry, Animal Husbandry and Fishery |
| 采矿业 | Mining |
| 制造业 | Manufacturing |
| 电力、热力、燃气及水生产和供应业 | Production and Supply of Electricity, Heat,Gas and Water |
| 建筑业 | Construction |
| 批发和零售业 | Wholesale and Retail Trade |
| 交通运输、仓储和邮政业 | Transport, Storage and Post |
| 住宿和餐饮业 | Hotels and Catering Services |
| 信息传输、软件和信息技术服务业 | Information Transmission, Software and Information Technology |
| 金融业 | Financial Intermediation |
| 房地产业 | Real Estate |
| 租赁和商务服务业 | Leasing and Business Services |
| 科学研究和技术服务业 | Scientific Research and Technical Services |
| 水利、环境和公共设施管理业 | Management of Water Conservancy, Environment and Public Facilities |
| 居民服务、修理和其他服务业 | Service to Households, Repair and Other Services |
| 教育 | Education |
| 卫生和社会工作 | Health and Social Service |
| 文化、体育和娱乐业 | Culture, Sports and Entertainment |
| 公共管理、社会保障和社会组织 | Public Management, Social Security and Social Organizations |

# Number and Wages of Fully Employed Staff and Workers in Urban Collective-owned Units (2020)

| 单位数 (个) Number of Units (unit) | 在岗职工年末人数 (人) Number of Fully Employed Staff and Workers in Urban Units at Year-end (person) | 在岗职工年平均人数 (人) Average Number of Fully Employed Staff and Workers in Urban Units (person) | 在岗职工工资总额 (万元) Total Wages of Fully Employed Staff and Workers in Urban Units (10000 yuan) | 在岗职工年平均工资 (元) Average Wages of Fully Employed Staff and Workers in Urban Units (yuan) |
|---|---|---|---|---|
| **1630** | **54592** | **55463** | **467576** | **84304** |
| | | | | |
| 1300 | 42294 | 42947 | 314665 | 73268 |
| 143 | 7770 | 7971 | 122191 | 153295 |
| 114 | 3559 | 3549 | 24333 | 68564 |
| 73 | 969 | 996 | 6387 | 64128 |
| | | | | |
| 6 | 193 | 191 | 892 | 46684 |
| | | | | |
| 140 | 7928 | 8855 | 65729 | 74227 |
| 29 | 505 | 506 | 4394 | 86830 |
| 45 | 2755 | 2527 | 28573 | 113063 |
| 42 | 861 | 883 | 9443 | 106895 |
| 20 | 266 | 297 | 2173 | 73191 |
| 27 | 817 | 822 | 4249 | 51714 |
| 2 | 62 | 63 | 720 | 114952 |
| | | | | |
| 325 | 9584 | 9724 | 63991 | 65808 |
| 599 | 15062 | 15159 | 101264 | 66802 |
| 39 | 379 | 395 | 4261 | 107946 |
| 19 | 1534 | 1512 | 11750 | 77719 |
| 51 | 390 | 392 | 2370 | 60399 |
| 211 | 8920 | 8803 | 85951 | 97640 |
| 53 | 4909 | 4864 | 78487 | 161355 |
| 14 | 62 | 63 | 455 | 71873 |
| 8 | 365 | 407 | 2874 | 70670 |

# 3-12 城镇非私营其他单位在岗职工人数与工资（2020年）

| 项　　目 | Item |
|---|---|
| **总　计** | **Total** |
| **按登记注册类型分** | **Grouped by Registration Status** |
| （一）内资 | Enterprises |
| 股份合作 | Cooperative Enterprises |
| 联营 | Joint Ownership Enterprises |
| 有限责任公司 | Limited Liability Corporations |
| 股份有限公司 | Share Holding Enterprises |
| 其他内资 | Other Enterprises |
| （二）港、澳、台商投资 | Enterprises with Funds from Hong Kong, Macao and Taiwan |
| （三）外商投资 | Foreign Funded Enterprises |
| **按国民经济行业分** | **Grouped by Economic Sector** |
| 农、林、牧、渔业 | Agriculture, Forestry, Animal Husbandry and Fishery |
| 采矿业 | Mining |
| 制造业 | Manufacturing |
| 电力、热力、燃气及水生产和供应业 | Production and Supply of Electricity, Heat,Gas and Water |
| 建筑业 | Construction |
| 批发和零售业 | Wholesale and Retail Trade |
| 交通运输、仓储和邮政业 | Transport, Storage and Post |
| 住宿和餐饮业 | Hotels and Catering Services |
| 信息传输、软件和信息技术服务业 | Information Transmission, Software and Information Technology |
| 金融业 | Financial Intermediation |
| 房地产业 | Real Estate |
| 租赁和商务服务业 | Leasing and Business Services |
| 科学研究和技术服务业 | Scientific Research and Technical Services |
| 水利、环境和公共设施管理业 | Management of Water Conservancy, Environment and Public Facilities |
| 居民服务、修理和其他服务业 | Service to Households, Repair and Other Services |
| 教育 | Education |
| 卫生和社会工作 | Health and Social Service |
| 文化、体育和娱乐业 | Culture, Sports and Entertainment |
| 公共管理、社会保障和社会组织 | Public Management, Social Security and Social Organizations |

注：城镇非私营其他单位指城镇非私营单位中扣除国有单位和集体单位外的其他各种类型单位。

# Number and Wages of Fully Employed Staff and Workers in Urban Other Types of Ownership (2020)

| 单位数 (个) Number of Units (unit) | 在岗职工年末人数 (人) Number of Fully Employed Staff and Workers in Urban Units at Year-end (person) | 在岗职工年平均人数 (人) Average Number of Fully Employed Staff and Workers in Urban Units (person) | 在岗职工工资总额 (万元) Total Wages of Fully Employed Staff and Workers in Urban Units (10000 yuan) | 在岗职工年平均工资 (元) Average Wages of Fully Employed Staff and Workers in Urban Units (yuan) |
|---:|---:|---:|---:|---:|
| **36028** | **2945688** | **2906432** | **34414027** | **118406** |
| | | | | |
| 25377 | 1961572 | 1922645 | 23278471 | 121075 |
| 1156 | 14376 | 14352 | 132073 | 92024 |
| 159 | 4002 | 3932 | 54165 | 137771 |
| 16782 | 1379398 | 1345447 | 15192138 | 112915 |
| 2987 | 424864 | 422826 | 6578138 | 155576 |
| 4293 | 138932 | 136088 | 1321957 | 97140 |
| 6470 | 459108 | 463510 | 4888015 | 105457 |
| 4181 | 525008 | 520277 | 6247541 | 120081 |
| | | | | |
| 83 | 1002 | 983 | 7532 | 76641 |
| 3 | 31 | 29 | 315 | 109056 |
| 5153 | 696901 | 695954 | 7324420 | 105243 |
| 118 | 44720 | 43887 | 804626 | 183340 |
| 1022 | 172048 | 166081 | 1962217 | 118148 |
| 7613 | 288084 | 291385 | 3042762 | 104424 |
| 1302 | 301409 | 299163 | 3776857 | 126247 |
| 1173 | 112279 | 110113 | 589069 | 53497 |
| 3074 | 241232 | 233488 | 4264282 | 182634 |
| 802 | 87648 | 88523 | 2607948 | 294605 |
| 3280 | 270550 | 273473 | 2604532 | 95239 |
| 4637 | 394543 | 369018 | 3618112 | 98047 |
| 3119 | 130868 | 128231 | 1969120 | 153560 |
| 201 | 26600 | 29553 | 162574 | 55010 |
| 710 | 21676 | 21110 | 130412 | 61777 |
| 2114 | 104349 | 104487 | 961191 | 91991 |
| 523 | 28240 | 27647 | 284662 | 102962 |
| 828 | 19363 | 19142 | 254980 | 133202 |
| 273 | 4145 | 4165 | 48416 | 116237 |

Note: Other types of units in urban are refer to units other than state-owned units and collective-owned units.

# 3-13 城镇非私营单位从业人员女性年末人数（2020年）

| 行　　业 | Sector |
| --- | --- |
| **合　计** | **Total** |
| 农、林、牧、渔业 | Agriculture, Forestry, Animal Husbandry and Fishery |
| 采矿业 | Mining |
| 制造业 | Manufacturing |
| 电力、热力、燃气及水生产和供应业 | Production and Supply of Electricity, Heat,Gas and Water |
| 建筑业 | Construction |
| 批发和零售业 | Wholesale and Retail Trade |
| 交通运输、仓储和邮政业 | Transport, Storage and Post |
| 住宿和餐饮业 | Hotels and Catering Services |
| 信息传输、软件和信息技术服务业 | Information Transmission, Software and Information Technology |
| 金融业 | Financial Intermediation |
| 房地产业 | Real Estate |
| 租赁和商务服务业 | Leasing and Business Services |
| 科学研究和技术服务业 | Scientific Research and Technical Services |
| 水利、环境和公共设施管理业 | Management of Water Conservancy, Environment and Public Facilities |
| 居民服务、修理和其他服务业 | Service to Households, Repair and Other Services |
| 教育 | Education |
| 卫生和社会工作 | Health and Social Service |
| 文化、体育和娱乐业 | Culture, Sports and Entertainment |
| 公共管理、社会保障和社会组织 | Public Management, Social Security and Social Organizations |

## Number of Female Staff and Workers at Year-end in Urban Units (2020)

| 年末人数（人）Number of Staff and Workers at Year-end (person) | #国有 State-owned Units | #集体 Urban Collective-owned Units | 女性从业人员比重（%）Proportion of Female Staff and Workers (%) 合计 Total | #国有 State-owned Units | #集体 Urban Collective-owned Units |
|---|---|---|---|---|---|
| **1812503** | **441236** | **29776** | **43.22** | **47.62** | **50.56** |
| 640 | 192 | 18 | 29.73 | 20.49 | 9.33 |
| 3 | | | 9.68 | | |
| 275670 | 2576 | 5649 | 38.17 | 27.48 | 71.32 |
| 10497 | 2190 | 152 | 19.97 | 29.40 | 30.10 |
| 36843 | 2348 | 461 | 17.67 | 12.96 | 16.34 |
| 158931 | 2368 | 494 | 52.01 | 42.71 | 55.44 |
| 95411 | 8513 | 101 | 27.99 | 26.01 | 37.00 |
| 77165 | 4847 | 429 | 53.75 | 47.96 | 53.03 |
| 95196 | 738 | 23 | 38.30 | 36.59 | 40.35 |
| 131912 | 10418 | | 59.24 | 48.54 | |
| 124005 | 4471 | 3319 | 41.32 | 34.95 | 29.57 |
| 212476 | 8110 | 7303 | 41.29 | 21.08 | 41.91 |
| 64403 | 18649 | 144 | 34.37 | 35.35 | 36.55 |
| 27478 | 12740 | 601 | 43.60 | 36.80 | 37.80 |
| 14236 | 1824 | 104 | 51.73 | 38.97 | 27.01 |
| 213941 | 124787 | 7441 | 65.85 | 60.46 | 82.29 |
| 153127 | 128579 | 3366 | 70.32 | 70.20 | 68.35 |
| 18469 | 8371 | 32 | 47.48 | 46.52 | 45.07 |
| 102100 | 99515 | 139 | 37.44 | 37.14 | 37.57 |

## 主要统计指标解释

**【从业人员】**指在各类法人单位工作中，由单位支付劳动报酬的人员，包括在岗职工、劳务派遣人员和其他就业人员。这一指标反映了一定时期内全部劳动力资源的实际利用情况，是研究我国基本国情国力的重要指标。

**【在岗职工】**指在本单位工作且与本单位签订劳动合同，并由单位支付各项工资和社会保险、住房公积金的人员，以及上述人员中由于学习、病伤、产假等原因暂未工作仍由单位支付工资的人员。

**【劳务派遣人员】**根据《中华人民共和国劳动合同法》规定，指与劳务派遣单位签订劳动合同；并被劳务派遣单位派遣到实际用工单位工作；且劳务派遣单位与实际用工单位签订《劳务派遣协议》的人员。无论用工单位是否直接支付劳动报酬，劳务派遣人员均由实际用工单位填报，而劳务派遣单位（派出单位）不填报这些人员。

**【工资总额】**根据《关于工资总额组成的规定》，工资总额是指本单位在报告期内（季度或年度）直接支付给本单位人员的劳动报酬总额。包括计时工资、计件工资、奖金、津贴和补贴、加班加点工资、特殊情况下支付的工资。

工资总额是税前工资，包括单位从个人工资中直接为其代扣或代缴的房费、个人所得税、水费、电费、住房公积金和社会保险基金个人缴纳部分等。

工资总额不论是计入成本的还是不计入成本的，不论是以货币形式支付的还是以实物形式支付的，均应列入工资总额的计算范围。

工资总额由基本工资、绩效工资、工资性津贴和补贴、其他工资四部分组成。工资总额不包括病假、事假等情况的扣款。

**【在岗职工平均工资】**指企业、事业、机关单位的在岗职工在一定时期内平均每人所得的工资额。它表明一定时期在岗职工工资收入的高低程度，是反映在岗职工工资水平的主要指标。计算公式为：

在岗职工平均工资=报告期实际支付的全部在岗职工工资总额/报告期全部在岗职工平均人数。

## Explanatory Notes on Main Statistical Indicators

**【Practitioners】** refers to employees in various legal person units, paid by the unit labor remuneration, including on-the-job, labor dispatch personnel and other employees. This indicator reflects all the actual utilization of labor resources at a certain period of time, is an important index to study the basic situation of our country national strength.

**【Staff and workers】** refers to the staff work in the unit and the unit signed labor contracts, and by the unit to pay the wages and social insurance, housing provident fund staff, and the staff in learning, because of injuries and other reasons not to work on maternity leave, still receive wages from their working units.

**【Dispatch Personnel】** refers to personnel signed labor contracts with the labor dispatch unit,and by the labor dispatch unit sent to the actual labor units, and the labor dispatch unit and the actual labor units signed "labor dispatch agreement" ,according to the "Labor contract law provisions of the people's Republic of China". No matter whether the direct labor units to pay labor remuneration, labor dispatch personnel are filled by the actual labor units.

**【Total Wages】** according to the "Regulations on the payroll" the composition of total wages, payroll is refers to the unit paid directly to the total remuneration of the staff during the reporting period (quarterly or annual). Including hourly wages, piece-rate wages, bonuses, allowances and subsidies, overtime pay overtime wages, special circumstances wages.

Total wages is pre-tax wages, including the unit from individual pay directly for its withholding or paying rent, personal income tax, water, electricity, housing provident fund and the social insurance fund individual pay part etc.

Wages regardless of whether it is included in the cost was not included in the cost, whether in monetary form of payment or payment in kind, should be included in the scope of calculation of total wages.

Four parts of Total wages including the basic salary, performance salary, wages and allowances and subsidies, and other wages. Total wages not including deduction of sick leave and personal leave.

**【Average Wage of Fully Employed Staff and Workers】**refer to the average amount of wages per employee of enterprises, institutions and government organs in a given period, which reflects the general level of wage income of fully employed staff and workers during a certain period of time and is calculated as follows:

Average Wage of Fully Employed Staff and Workers =Total Wages of Fully Employed Staff and Workers at the Report Period/Average Number of Fully Employed Staff and Workers at the Report Period.

# 固定资产投资
# INVESTMENT IN FIXED ASSETS

# 第四篇　固定资产投资

**简要说明**

一、本篇资料反映广州市固定资产投资的基本情况。

二、本篇资料由广州市统计局固定资产投资统计处整理提供。

三、固定资产投资统计的资料来源主要为全面统计报表。按照现行的固定资产投资统计报表制度，从2011年起固定资产投资项目统计起报点由计划总投资50万元及以上提高到500万元及以上，固定资产投资不再称全社会固定资产投资。固定资产投资按经济类型分为：国有经济、集体经济、联营经济、股份制经济、私营经济、港澳台投资经济、外商投资经济、其他经济和个体经济。

从2012年起民间投资包含内容有所调整，民间投资是指工商登记注册类型为：集体、股份合作、私营独资、私营合伙、私营有限责任公司、个体户、个人合伙等纯民间主体的固定资产投资及混合经济成分中由集体、私营、个体控股的投资主体单位的全部固定资产投资。

# 4 Investment in Fixed Assets

**Brief Introduction**

I. The data in this chapter show the basic conditions of the total investment in fixed assets of Guangzhou .

II. The data in this chapter are prepared and provided by the Division of Investment and Construction Statistics of Guangzhou Municipal Bureau of Statistics.

Ⅲ.The data sources for the statistics of investment in fixed assets mainly come from the complete statistical report forms. According to the present regulations in the reporting scheme on the statistics of the investment in fixed assets, the statistics report point of the fixed assets investment projects has been increased from a planned total investment of 500,000 yuan and above to 5,000,000 yuan and above since 2011. The investment in fixed assets is no longer called the whole society investment in fixed assets. The investment in fixed assets is classified by the following types of ownership: state-owned economy, collective-owned economy, joint-owned economy, share-holding economy, private economy, economy funded by the enterprises from Hong Kong, Macao and Taiwan, foreign funded economy, individual investment and the economy of other types of ownership.

The content of non-state-owned investment has been adjusted since 2012, and non-state-owned investment refers to the industrial and commercial registration type: collective, cooperative, private, private partnership, private limited liability company, the self-employed, private partnership of pure folk subject of investment in fixed assets and mixed by the collective, private, individual holdings investment main body unit of economic composition the total investment in fixed assets.

# 4-1 固定资产投资主要经济指标

## Main Indicators of Total Investment in Fixed Assets

单位：万元 (10000 yuan)

| 项　　目 | Item | 2020 | 2020年比2019年增长(%) Growth Rate in 2020 over 2019 (%) |
|---|---|---|---|
| **固定资产投资额** | **Total Investment in Fixed Assets** | **76110959** | **10.0** |
| 按投资类别分 | Grouped by Type of Investment | | |
| #房地产开发 | Real Estate Development | 32939465 | 6.2 |
| 按登记注册类型分 | Grouped by Registration Status | | |
| 内资企业 | Domestic Funded Enterprises | 67618839 | 12.5 |
| 国有企业 | State-owned Enterprises | 15788212 | 19.3 |
| 集体企业 | Collective-owned Enterprises | 1145986 | 135.7 |
| 股份合作企业 | Cooperative Enterprises | 650 | -91.9 |
| 联营企业 | Joint Ownership Enterprises | 1300 | -50.0 |
| 国有联营企业 | State Joint Ownership Enterprises | | |
| 集体联营企业 | Collective Joint Ownership Enterprises | | |
| 国有与集体联营企业 | Joint State-collective Enterprises | 1300 | -13.3 |
| 其他联营企业 | Other Joint Ownership Enterprises | | |
| 有限责任公司 | Limited Liability Corporations | 34256352 | 7.8 |
| 国有独资公司 | State Sole Funded Corporations | 8652024 | 11.1 |
| 其他有限责任公司 | Other Limited Liability Corporations | 25604328 | 6.7 |
| 股份有限公司 | Share-holding Corporations Ltd. | 3251329 | -18.2 |
| 私营企业 | Private Enterprises | 12878820 | 26.7 |
| 其他企业 | Other Enterprises | 296190 | -31.8 |
| 港、澳、台商投资企业 | Enterprises with Funds from Hong Kong, Macao and Taiwan | 3422565 | 9.5 |
| #与港、澳、台商合资经营企业 | Joint-venture Enterprises | 812001 | -14.9 |
| 与港、澳、台商合作经营企业 | Cooperative Enterprises | 625102 | 7.4 |
| 港、澳、台商独资经营企业 | Enterprises with Sole Funds | 1964110 | 24.0 |
| 港、澳、台商投资股份有限公司 | Share-holding Corporations Ltd. | 20642 | 468.3 |

注：1．机关、事业、社会团体及其他依法成立的单位固定资产投资登记注册类型参照企业登记注册类型划分。
2．从2011年起，固定资产投资项目统计起报点由计划总投资50万元及以上提高到500万元及以上，增速按可比口径计算。
3．从2012年起，"国家预算内资金"改称为"国家预算资金"，"国家预算资金"和"自筹资金"有所调整。故与上年不可比(下同)。
4．2017年固定资产投资增速按可比口径计算。(下同)

Note: I. The registration status of agencies, institutions, social organizations and other units established according to law is divided referring to the registration status of enterprises.
II. Since 2011, the cut-off point of investment in fixed assets is changed from a minimum of 50000 yuan to a minimum of 5000000 yuan. The growth rates in this table are calculated at comparable prices.
III. Since 2012，the coverage of state budget and self-raising funds have been changed. So the data in 2012 is not comparable with the pervious year(the same as below).
IV. Fixed asset investment growth rate in 2017 is calculated by comparable caliber. (the same as below)

## 4-1 续表 continued

单位：万元 (10000 yuan)

| 项　　目 | Item | 2020 | 2020年比2019年增长(%) Growth Rate in 2020 over 2019 (%) |
|---|---|---|---|
| 外商投资企业 | Foreign Funded Enterprises | 5058891 | -15.4 |
| # 中外合资经营企业 | Joint-venture Enterprises | 2951606 | -37.2 |
| 中外合作经营企业 | Cooperative Enterprises | 1116624 | 859.9 |
| 外资企业 | Enterprises with Sole Foreign Funds | 881094 | -19.4 |
| 外商投资股份有限公司 | Share-holding Corporations Ltd. | 35134 | 359.6 |
| 个体经营 | Self-employed Individual | 10664 | 91.1 |
| 按构成分 | Grouped by Use of Funds | | |
| 建安工程 | Construction and installation project | 36564476 | 14.2 |
| 设备工器具购置 | Purchases of Equipment and Instruments | 7559789 | -16.5 |
| 其他费用 | Others | 31986694 | 13.7 |
| **房屋建筑面积　（平方米）** | **Floor Space of Buildings (sq.m)** | | |
| 施工面积 | Floor Space under Construction | 118782889 | -0.9 |
| # 住　宅 | Residential Buildings | 69243195 | -3.3 |
| 竣工面积 | Floor Space Completed | 13897937 | -52.1 |
| # 住　宅 | Residential Buildings | 9239107 | -43.9 |
| **本年新增固定资产** | **New fixed assets in this year** | **17752268** | **-35.6** |
| **本年实际到位资金合计** | **Total Actually Funds Provided This Year** | **126313928** | **8.3** |
| 上年末结余资金 | Surplus Fund from Year-end of Preceding Year | 34876746 | 5.4 |
| 本年实际到位资金小计 | Subtotal Actually Funds Provided This Year | 91437182 | 9.4 |
| # 国家预算资金 | State Budget | 10707832 | 59.1 |
| 国内贷款 | Domestic Loans | 18591243 | -7.0 |
| 债　券 | Bonds | 420258 | 180.3 |
| 利用外资 | Foreign Investment | 251137 | 41.8 |
| 自筹资金 | Self-raising Funds | 35426395 | 19.3 |
| 其他资金 | Others | 3016602 | -48.1 |

注：1.2019年起新增固定资产、本年实际到位资金合计统计口径为5000万元及以上固定资产投资项目和房地产开发项目；
2.制度调整，2020年房屋施工面积和房屋竣工面积只包含房地产开发投资项目。

Note: I.From 2019 the statistical caliber of newly added fixed assets and actually funds provided in this year is 50 million yuan and above in fixed asset investment projects and real estate development projects.

II.Due to the adjustment of the institution, the construction area and completed area of houses in 2020 only include real estate development and investment projects.

# 4-2 主要年份按经济类型分固定资产投资额

## Total Investment in Fixed Assets in Main Years by Type of Ownership

单位：万元 (10000 yuan)

| 年份 Year | 合计 Total | 国有经济 State-owned Units | 集体经济 Collective-owned Units | 联营经济 Joint Ownership Economic Units | 股份经济 Share Holding Economic Units | 私营经济 Private Economic Units | 外商及港澳台经济 Economic Units with Funds from Foreign Regions,Hong Kong, Macao and Taiwan Investors | 其他经济 Others | 个体经济 Individual Investment |
|---|---|---|---|---|---|---|---|---|---|
| 1978 | 72641 | 68584 | 1755 | | | | | | 2302 |
| 1980 | 99565 | 89823 | 2934 | | | | | | 6808 |
| 1985 | 436197 | 346000 | 44788 | | | | | | 45409 |
| 1986 | 524813 | 434240 | 42264 | | | | | | 48309 |
| 1987 | 584140 | 468967 | 64131 | | | | | | 51042 |
| 1988 | 902161 | 703117 | 105514 | | | | | | 93530 |
| 1989 | 933326 | 780946 | 84009 | | | | | | 68371 |
| 1990 | 905937 | 761738 | 73172 | | | | | | 71027 |
| 1991 | 1037424 | 850310 | 99147 | | | | | | 87967 |
| 1992 | 1881379 | 1520508 | 230316 | | | | | | 130555 |
| 1993 | 3733976 | 1885582 | 676520 | 15912 | 72334 | | 842469 | 5870 | 235289 |
| 1994 | 5257053 | 2701653 | 835384 | 20679 | 132421 | | 1234395 | | 332521 |
| 1995 | 6182515 | 3324871 | 724898 | 62755 | 280004 | 2157 | 1464489 | | 323341 |
| 1996 | 6389360 | 3172138 | 662454 | 69611 | 213638 | 5617 | 1947862 | | 318040 |
| 1997 | 6565767 | 3543369 | 556536 | 30949 | 369066 | 66960 | 1720070 | | 278817 |
| 1998 | 7588283 | 3803451 | 685243 | 35596 | 444474 | 123884 | 2210943 | | 284692 |
| 1999 | 8782586 | 4514598 | 784507 | 23172 | 764251 | 286732 | 2129471 | 2959 | 276896 |
| 2000 | 9236676 | 4830889 | 619778 | 2579 | 1326102 | 534456 | 1514900 | 45197 | 362775 |
| 2001 | 9782093 | 4475639 | 368690 | 5930 | 1330108 | 1007708 | 2311811 | 10684 | 271523 |
| 2002 | 10092421 | 3529709 | 492329 | 6974 | 1986469 | 1304823 | 2502251 | 27560 | 242306 |
| 2003 | 11751668 | 4469885 | 452236 | 21451 | 2353980 | 1391787 | 2814567 | 24940 | 222822 |
| 2004 | 13489283 | 5371055 | 308617 | 37673 | 2298098 | 2135297 | 3183159 | 19930 | 135454 |
| 2005 | 15191582 | 5612243 | 295243 | 46941 | 3326313 | 1872079 | 3881748 | 26366 | 130649 |
| 2006 | 16963824 | 6070411 | 309514 | 17087 | 3876752 | 1904587 | 4646403 | 63002 | 76068 |
| 2007 | 18633437 | 6802190 | 440692 | 41760 | 4168899 | 2385743 | 4655795 | 20552 | 117806 |
| 2008 | 21055373 | 7972112 | 566318 | 56254 | 3881865 | 3260658 | 5225525 | 11599 | 81042 |
| 2009 | 26598516 | 12724805 | 698449 | 80059 | 4517995 | 3444249 | 5018306 | 9301 | 105352 |
| 2010 | 32635731 | 15528450 | 711201 | 54940 | 6832917 | 3253895 | 6055481 | 4042 | 194805 |
| 2011 | 34122005 | 12858860 | 807709 | 29504 | 9432487 | 4461680 | 6475334 | 18585 | 37846 |
| 2012 | 37583868 | 12330573 | 1941043 | 1836 | 10077974 | 4749672 | 8272350 | 156227 | 54193 |
| 2013 | 44545508 | 11979522 | 3333867 | 80244 | 13579487 | 6547526 | 8862572 | 9755 | 152535 |
| 2014 | 48895026 | 13918358 | 3453080 | 16779 | 15251803 | 7345376 | 8854921 | 53056 | 1653 |
| 2015 | 54059522 | 13013007 | 2793087 | 33652 | 19220207 | 9502398 | 9419157 | 62785 | 15229 |
| 2016 | 57035860 | 13109710 | 1433043 | | 22249191 | 8457260 | 11141497 | 642515 | 2644 |
| 2017 | 59198316 | 13559790 | 831905 | 636 | 25209923 | 8625918 | 10154609 | 812757 | 2778 |
| 2018 | 59384003 | 15439768 | 466026 | 147 | 24091060 | 7823441 | 11285343 | 276688 | 1530 |
| 2019 | 69202087 | 21020325 | 494284 | 2598 | 27975130 | 10162745 | 9107321 | 434103 | 5581 |
| 2020 | 76110959 | 24440236 | 1146636 | 1300 | 28855657 | 12878820 | 8481456 | 296190 | 10664 |

# 4-3 主要年份按经济类型分固定资产投资额指数（上年=100）

# Indices of Total Investment in Fixed Assets in Main Years by Type of Ownership (preceding year =100)

| 年 份<br>Year | 合 计<br>Total | 国有经济<br>State-owned Units | 集体经济<br>Collective-owned Units | 联营经济<br>Joint Ownership Economic Units | 股份经济<br>Share Holding Economic Units | 私营经济<br>Private Economic Units | 外商及港澳台经济<br>Economic Units with Funds from Foreign Regions,Hong Kong, Macao and Taiwan Investors | 其他经济<br>Others | 个体经济<br>Individual Investment |
|---|---|---|---|---|---|---|---|---|---|
| 1978 | 99.2 | 95.9 | 103.1 | | | | | | |
| 1980 | 134.0 | 130.4 | 182.4 | | | | | | 179.5 |
| 1985 | 145.8 | 141.0 | 231.5 | | | | | | 131.4 |
| 1986 | 120.3 | 125.5 | 94.4 | | | | | | 106.4 |
| 1987 | 111.3 | 108.0 | 151.7 | | | | | | 105.7 |
| 1988 | 154.4 | 149.9 | 164.5 | | | | | | 183.2 |
| 1989 | 103.5 | 111.1 | 79.6 | | | | | | 73.1 |
| 1990 | 97.1 | 97.5 | 87.1 | | | | | | 103.9 |
| 1991 | 114.5 | 111.6 | 135.5 | | | | | | 123.9 |
| 1992 | 181.4 | 178.8 | 232.3 | | | | | | 148.4 |
| 1993 | 198.5 | 124.0 | 203.4 | | | | | | 180.2 |
| 1994 | 140.8 | 143.3 | 140.2 | 130.0 | 183.1 | | 146.5 | | 141.3 |
| 1995 | 117.6 | 123.1 | 78.1 | 303.5 | 211.5 | | 118.6 | | 97.2 |
| 1996 | 103.4 | 95.4 | 88.2 | 110.9 | 76.3 | 260.4 | 133.0 | | 98.4 |
| 1997 | 102.8 | 111.7 | 84.0 | 44.5 | 172.8 | 1192.1 | 88.3 | | 87.7 |
| 1998 | 115.6 | 107.3 | 123.1 | 115.0 | 120.4 | 185.0 | 128.5 | | 102.1 |
| 1999 | 115.7 | 118.7 | 114.5 | 65.1 | 172.0 | 231.5 | 96.3 | | 97.3 |
| 2000 | 105.2 | 107.0 | 79.0 | 11.1 | 173.5 | 186.4 | 71.1 | 1527.4 | 131.0 |
| 2001 | 105.9 | 92.7 | 59.5 | 229.9 | 100.3 | 188.6 | 152.6 | 23.6 | 74.9 |
| 2002 | 103.2 | 78.9 | 133.5 | 117.6 | 149.4 | 129.5 | 108.2 | 258.0 | 89.2 |
| 2003 | 116.4 | 126.6 | 91.9 | 307.6 | 118.5 | 106.7 | 112.5 | 90.5 | 92.0 |
| 2004 | 114.8 | 120.2 | 68.2 | 175.6 | 97.6 | 153.4 | 113.1 | 79.9 | 60.8 |
| 2005 | 112.6 | 104.5 | 95.7 | 124.6 | 144.7 | 87.7 | 122.0 | 132.3 | 96.5 |
| 2006 | 111.7 | 108.2 | 104.8 | 36.4 | 116.6 | 101.7 | 119.7 | 239.0 | 58.2 |
| 2007 | 109.8 | 112.1 | 142.4 | 244.4 | 107.5 | 125.3 | 100.2 | 32.6 | 154.9 |
| 2008 | 113.0 | 117.2 | 128.5 | 134.7 | 93.1 | 136.7 | 112.2 | 56.4 | 68.8 |
| 2009 | 122.3 | 150.4 | 123.3 | 142.3 | 113.6 | 105.6 | 96.0 | 80.2 | 130.0 |
| 2010 | 122.7 | 122.0 | 101.8 | 68.6 | 151.2 | 94.5 | 120.7 | 43.5 | 184.9 |
| 2011 | 110.0 | 89.4 | 161.1 | 53.7 | 138.5 | 139.1 | 107.6 | 690.6 | 84.3 |
| 2012 | 110.2 | 95.9 | 240.3 | 6.2 | 106.8 | 106.5 | 127.8 | 840.6 | 143.2 |
| 2013 | 118.5 | 97.2 | 171.8 | 4370.6 | 134.7 | 137.9 | 107.1 | 6.2 | 281.5 |
| 2014 | 114.5 | 123.7 | 109.9 | 22.3 | 115.7 | 117.5 | 102.2 | 579.3 | 1.2 |
| 2015 | 110.6 | 93.5 | 80.9 | 200.6 | 126.0 | 129.4 | 106.4 | 118.3 | 921.3 |
| 2016 | 108.0 | 100.7 | 51.3 | | 115.8 | 89.0 | 118.3 | 1023.4 | 17.4 |
| 2017 | 105.7 | 103.4 | 58.1 | | 113.3 | 102.0 | 91.1 | 126.5 | 105.1 |
| 2018 | 108.2 | 129.5 | 58.7 | 23.1 | 98.2 | 93.5 | 133.7 | 34.1 | 55.1 |
| 2019 | 116.5 | 136.1 | 106.1 | 1767.3 | 116.1 | 129.9 | 80.7 | 156.9 | 364.8 |
| 2020 | 110.0 | 116.3 | 232.0 | 50.0 | 103.1 | 126.7 | 93.1 | 68.2 | 191.1 |

# 4-4 主要年份按投资类别分固定资产投资额

# Total Investment in Fixed Assets in Main Years by Type of Investment

单位：万元 (10000 yuan)

| 年 份<br>Year | 合 计<br>Total | 建设改造投资<br>Construction and Innovation | 房地产开发<br>Real Estate Development |
|---|---|---|---|
| 1978 | 72641 | 72641 | |
| 1980 | 99565 | 99565 | |
| 1985 | 436197 | 389725 | 46472 |
| 1986 | 524813 | 472248 | 52565 |
| 1987 | 584140 | 514109 | 70031 |
| 1988 | 902161 | 762070 | 140091 |
| 1989 | 933326 | 780967 | 152359 |
| 1990 | 905937 | 788518 | 117419 |
| 1991 | 1037424 | 881075 | 156349 |
| 1992 | 1881379 | 1483959 | 397420 |
| 1993 | 3733976 | 2481589 | 1252387 |
| 1994 | 5257053 | 3362533 | 1894520 |
| 1995 | 6182515 | 4091379 | 2091136 |
| 1996 | 6389360 | 4097720 | 2291640 |
| 1997 | 6565767 | 4191544 | 2374223 |
| 1998 | 7588283 | 4894594 | 2693689 |
| 1999 | 8782586 | 5823559 | 2959027 |
| 2000 | 9236676 | 5680860 | 3555816 |
| 2001 | 9782093 | 5911886 | 3870207 |
| 2002 | 10092421 | 5828523 | 4263898 |
| 2003 | 11751668 | 7556862 | 4194806 |
| 2004 | 13489283 | 8718968 | 4770315 |
| 2005 | 15191582 | 10110736 | 5080846 |
| 2006 | 16963824 | 11395931 | 5567893 |
| 2007 | 18633437 | 11595406 | 7038031 |
| 2008 | 21055373 | 13421349 | 7634024 |
| 2009 | 26598516 | 18425067 | 8173449 |
| 2010 | 32635731 | 22799149 | 9836582 |
| 2011 | 34122005 | 21068400 | 13053605 |
| 2012 | 37583868 | 23879357 | 13704511 |
| 2013 | 44545508 | 28821219 | 15724289 |
| 2014 | 48895026 | 30733497 | 18161529 |
| 2015 | 54059522 | 32683631 | 21375891 |
| 2016 | 57035860 | 31627311 | 25408549 |
| 2017 | 59198316 | 32169381 | 27028935 |
| 2018 | 59384003 | 32364680 | 27019323 |
| 2019 | 69202087 | 38179514 | 31022573 |
| 2020 | 76110959 | 43171494 | 32939465 |

# 4-5 主要年份按投资类别分固定资产投资额指数(上年=100)

# Indices of Total Investment in Fixed Assets in Main Years by Type of Investment (preceding year =100)

| 年 份<br>Year | 合 计<br>Total | 建设改造投资<br>Construction and Innovation | 房地产开发<br>Real Estate Development |
|---|---|---|---|
| 1978 | 99.2 | 99.2 | |
| 1980 | 134.0 | 134.0 | |
| 1985 | 145.8 | 152.0 | 108.3 |
| 1986 | 120.3 | 121.2 | 113.1 |
| 1987 | 111.3 | 108.9 | 133.2 |
| 1988 | 154.4 | 148.2 | 200.0 |
| 1989 | 103.5 | 102.5 | 108.8 |
| 1990 | 97.1 | 101.0 | 77.1 |
| 1991 | 114.5 | 111.7 | 133.2 |
| 1992 | 181.4 | 168.4 | 254.2 |
| 1993 | 198.5 | 167.2 | 315.1 |
| 1994 | 140.8 | 135.5 | 151.3 |
| 1995 | 117.6 | 121.7 | 110.4 |
| 1996 | 103.4 | 100.2 | 109.6 |
| 1997 | 102.8 | 102.3 | 103.6 |
| 1998 | 115.6 | 116.8 | 113.5 |
| 1999 | 115.7 | 119.0 | 109.9 |
| 2000 | 105.2 | 97.5 | 120.2 |
| 2001 | 105.9 | 104.1 | 108.8 |
| 2002 | 103.2 | 98.6 | 110.2 |
| 2003 | 116.4 | 129.7 | 98.4 |
| 2004 | 114.8 | 115.4 | 113.7 |
| 2005 | 112.6 | 116.0 | 106.5 |
| 2006 | 111.7 | 112.7 | 109.6 |
| 2007 | 109.8 | 101.8 | 126.4 |
| 2008 | 113.0 | 115.7 | 108.5 |
| 2009 | 122.3 | 137.3 | 107.1 |
| 2010 | 122.7 | 123.7 | 120.4 |
| 2011 | 110.0 | 99.4 | 132.7 |
| 2012 | 110.2 | 113.3 | 105.0 |
| 2013 | 118.5 | 120.7 | 114.7 |
| 2014 | 114.5 | 113.9 | 115.5 |
| 2015 | 110.6 | 106.3 | 117.7 |
| 2016 | 108.0 | 96.8 | 118.9 |
| 2017 | 105.7 | 105.1 | 106.4 |
| 2018 | 108.2 | 116.2 | 持平 |
| 2019 | 116.5 | 118.0 | 114.8 |
| 2020 | 110.0 | 113.1 | 106.2 |

# 4-6 各时期按投资类别分固定资产投资额

# Total Investment in Fixed Assets in Different Periods by Type of Investment

单位：万元 (10000 yuan)

| 时 期 | Period | 合 计 Total | 建设改造投资 Construction and Innovation | 房地产开发 Real Estate Development |
|---|---|---|---|---|
| “六五”时期 | 6th Five-year Plan Period | 1310742 | 1221368 | 89374 |
| “七五”时期 | 7th Five-year Plan Period | 3850377 | 3317912 | 532465 |
| “八五”时期 | 8th Five-year Plan Period | 18092347 | 12300535 | 5791812 |
| “九五”时期 | 9th Five-year Plan Period | 38562672 | 24688277 | 13874395 |
| “十五”时期 | 10th Five-year Plan Period | 60307047 | 38126975 | 22180072 |
| “十一五”时期 | 11th Five-year Plan Period | 115886881 | 77636902 | 38249979 |
| “十二五”时期 | 12th Five-year Plan Period | 219205929 | 137186104 | 82019825 |
| “十三五”时期 | 13th Five-year Plan Period | 320931225 | 177512380 | 143418845 |
| 1950-2020 | 1950-2020 | 779023088 | 472866321 | 306156767 |
| 1979-2020 | 1979-2020 | 778321073 | 472164306 | 306156767 |
| 1991-2020 | 1991-2020 | 772986101 | 467451173 | 305534928 |
| 2001-2020 | 2001-2020 | 716331082 | 430462361 | 285868721 |

# 4-7 各时期按投资类别分固定资产投资额平均每年增长速度

# Average Growth Rate of Investment in Fixed Assets in Different Periods by Type of Investment

单位：%　　　　(%)

| 时　期 | Period | 合　计 Total | 建设改造投资 Construction and Innovation | 房地产开发 Real Estate Development |
|---|---|---|---|---|
| "六五"时期 | 6th Five-year Plan Period | 34.2 | 31.6 | |
| "七五"时期 | 7th Five-year Plan Period | 19.6 | 18.3 | 29.1 |
| "八五"时期 | 8th Five-year Plan Period | 50.4 | 40.7 | 89.2 |
| "九五"时期 | 9th Five-year Plan Period | 7.5 | 6.3 | 9.6 |
| "十五"时期 | 10th Five-year Plan Period | 9.0 | 10.0 | 7.5 |
| "十一五"时期 | 11th Five-year Plan Period | 14.4 | 14.7 | 14.0 |
| "十二五"时期 | 12th Five-year Plan Period | 12.7 | 10.5 | 16.8 |
| "十三五"时期 | 13th Five-year Plan Period | 9.6 | 9.5 | 9.1 |
| 1951-2020 | 1951-2020 | 17.3 | 16.6 | |
| 1979-2020 | 1979-2020 | 18.5 | 17.3 | |
| 1991-2020 | 1991-2020 | 16.6 | 15.5 | 20.7 |
| 2001-2020 | 2001-2020 | 12.1 | 12.4 | 11.8 |

# 4-8 主要年份按三次产业分固定资产投资额

# Total Investment in Fixed Assets and its Composition in Main Years by the Three Strata of Industries

| 年 份 Year | 合 计 (万元) Total (10000 yuan) | 第一产业 Primary Industry | 第二产业 Secondary Industry | 第三产业 Tertiary Industry | 比 重 (%) Composition (%) | 第一产业 Primary Industry | 第二产业 Secondary Industry | 第三产业 Tertiary Industry |
|---|---|---|---|---|---|---|---|---|
| 1978 | 72641 | 4317 | 32100 | 36224 | 100.00 | 5.94 | 44.19 | 49.87 |
| 1980 | 99565 | 4953 | 39722 | 54890 | 100.00 | 4.97 | 39.90 | 55.13 |
| 1985 | 436197 | 13672 | 143702 | 278823 | 100.00 | 3.13 | 32.94 | 63.93 |
| 1990 | 905937 | 14268 | 346872 | 544797 | 100.00 | 1.57 | 38.29 | 60.14 |
| 1995 | 6182515 | 42433 | 1698901 | 4441181 | 100.00 | 0.69 | 27.48 | 71.83 |
| 2000 | 9236676 | 66584 | 1411261 | 7758831 | 100.00 | 0.72 | 15.28 | 84.00 |
| 2001 | 9782093 | 17789 | 1419209 | 8345095 | 100.00 | 0.18 | 14.51 | 85.31 |
| 2002 | 10092421 | 24625 | 1913745 | 8154051 | 100.00 | 0.24 | 18.96 | 80.80 |
| 2003 | 11751668 | 14657 | 2265387 | 9471624 | 100.00 | 0.12 | 19.28 | 80.60 |
| 2004 | 13489283 | 30084 | 2863780 | 10595419 | 100.00 | 0.22 | 21.23 | 78.55 |
| 2005 | 15191582 | 9816 | 4379347 | 10802419 | 100.00 | 0.06 | 28.83 | 71.11 |
| 2006 | 16963824 | 17999 | 4632303 | 12313522 | 100.00 | 0.11 | 27.30 | 72.59 |
| 2007 | 18633437 | 11541 | 4015821 | 14606075 | 100.00 | 0.06 | 21.55 | 78.39 |
| 2008 | 21055373 | 16269 | 4510845 | 16528259 | 100.00 | 0.08 | 21.42 | 78.50 |
| 2009 | 26598516 | 34894 | 5454577 | 21109045 | 100.00 | 0.13 | 20.51 | 79.36 |
| 2010 | 32635731 | 34280 | 6262773 | 26338678 | 100.00 | 0.10 | 19.19 | 80.71 |
| 2011 | 34122005 | 39223 | 5529978 | 28552804 | 100.00 | 0.11 | 16.21 | 83.68 |
| 2012 | 37583868 | 71881 | 5998727 | 31513260 | 100.00 | 0.19 | 15.96 | 83.85 |
| 2013 | 44545508 | 107320 | 7169083 | 37269105 | 100.00 | 0.24 | 16.09 | 83.67 |
| 2014 | 48895026 | 151898 | 7174196 | 41568932 | 100.00 | 0.31 | 14.67 | 85.02 |
| 2015 | 54059522 | 337727 | 7795480 | 45926315 | 100.00 | 0.62 | 14.42 | 84.96 |
| 2016 | 57035860 | 211577 | 7320025 | 49504258 | 100.00 | 0.37 | 12.83 | 86.80 |
| 2017 | 59198316 | 105089 | 7515079 | 51578148 | 100.00 | 0.18 | 12.69 | 87.13 |
| 2018 | 59384003 | 7998 | 9615139 | 49760866 | 100.00 | 0.01 | 16.19 | 83.80 |
| 2019 | 69202087 | 31996 | 10450955 | 58719136 | 100.00 | 0.05 | 15.10 | 84.85 |
| 2020 | 76110959 | 139897 | 10341208 | 65629854 | 100.00 | 0.18 | 13.59 | 86.23 |

# 4-9 主要年份按构成分固定资产投资额

## Total Investment in Fixed Assets in Main Years by Use of Funds

单位：万元 (10000 yuan)

| 年份 Year | 合计 Total | 建安工程 Construction and installation project | 建筑工程 Construction Project | 安装工程 Installation Project | 设备工器具购置 Purchases of Equipment and Instruments | 其他费用 Others |
|---|---|---|---|---|---|---|
| 1995 | 6182515 | 3380428 | 3066640 | 313788 | 1474613 | 1327474 |
| 1996 | 6389360 | 3645509 | 3225327 | 420182 | 1501358 | 1242493 |
| 1997 | 6565767 | 3761130 | 3230953 | 530177 | 1475112 | 1329525 |
| 1998 | 7588283 | 4238753 | 3805530 | 433223 | 1465162 | 1884368 |
| 1999 | 8782586 | 4983134 | 4443801 | 539333 | 1520186 | 2279266 |
| 2000 | 9236676 | 5351968 | 4862795 | 489173 | 1284866 | 2599842 |
| 2001 | 9782093 | 5744072 | 4943427 | 800645 | 1792544 | 2245477 |
| 2002 | 10092421 | 6045582 | 5043136 | 1002446 | 1735461 | 2311378 |
| 2003 | 11751668 | 6596074 | 5926676 | 669398 | 1907214 | 3248380 |
| 2004 | 13489283 | 7996258 | 7167180 | 829078 | 2328974 | 3164051 |
| 2005 | 15191582 | 9087325 | 7899596 | 1187729 | 2749875 | 3354382 |
| 2006 | 16963824 | 9724062 | 8375238 | 1348824 | 3657839 | 3581923 |
| 2007 | 18633437 | 10891409 | 9571281 | 1320128 | 3299746 | 4442282 |
| 2008 | 21055373 | 12807649 | 11296603 | 1511046 | 3227977 | 5019747 |
| 2009 | 26598516 | 16750826 | 15003807 | 1747019 | 3798896 | 6048794 |
| 2010 | 32635731 | 21513034 | 18964747 | 2548287 | 4866404 | 6256293 |
| 2011 | 34122005 | 20887886 | 18138348 | 2749538 | 6193268 | 7040851 |
| 2012 | 37583868 | 24731081 | 21468095 | 3262986 | 6003316 | 6849471 |
| 2013 | 44545508 | 29692453 | 25879973 | 3812480 | 6995873 | 7857182 |
| 2014 | 48895026 | 31495401 | 27760295 | 3735106 | 7380551 | 10019074 |
| 2015 | 54059522 | 34965551 | 30635972 | 4329579 | 8300480 | 10793491 |
| 2016 | 57035860 | 32761129 | 28524666 | 4236463 | 9297170 | 14977561 |
| 2017 | 59198316 | 31970283 | 28275166 | 3695117 | 8947522 | 18280511 |
| 2018 | 59384003 | 27259894 | | | 9088439 | 23035670 |
| 2019 | 69202087 | 32024085 | | | 9049938 | 28128064 |
| 2020 | 76110959 | 36564476 | | | 7559789 | 31986694 |

注：2018年起，500—5000万固定资产投资项目情况表取消建筑工程和安装工程分组，合并为建安工程。

Note: Since 2018, 5-50 million fixed assets investment project table canceled the construction and installation project group, merged into construction and installation project.

# 4-10 主要年份房屋建设情况

## Total Investment in Fixed Assets and Building Construction in Main Years

| 年份、时期<br>Year and Period | 房屋施工面积（万平方米）<br>Floor Space under Construction (10000 sq.m) | #住宅<br>Residential Buildings | 房屋竣工面积（万平方米）<br>Floor Space Completed (10000 sq.m) | #住宅<br>Residential Buildings |
|---|---|---|---|---|
| 1978 | 429.55 | 173.09 | 184.97 | 84.82 |
| 1980 | 610.94 | 334.12 | 269.07 | 163.33 |
| 1985 | 1448.87 | 820.45 | 796.96 | 531.33 |
| 1990 | 1681.89 | 970.81 | 879.68 | 537.36 |
| 1995 | 4958.58 | 2840.92 | 1847.86 | 1212.84 |
| 2000 | 6152.47 | 3789.88 | 2404.81 | 1539.43 |
| 2001 | 6612.84 | 3916.82 | 2138.40 | 1304.28 |
| 2002 | 6376.80 | 3809.32 | 2129.56 | 1392.66 |
| 2003 | 6540.20 | 3643.26 | 2243.10 | 1317.25 |
| 2004 | 7263.32 | 3817.60 | 2308.23 | 1045.58 |
| 2005 | 7165.93 | 3836.53 | 2405.30 | 1091.48 |
| 2006 | 6895.68 | 3751.36 | 1677.24 | 918.05 |
| 2007 | 8113.99 | 4049.79 | 2243.77 | 1001.43 |
| 2008 | 8272.29 | 3986.32 | 1849.70 | 865.15 |
| 2009 | 8690.90 | 3740.54 | 2208.57 | 965.85 |
| 2010 | 10114.91 | 4279.53 | 2388.95 | 950.10 |
| 2011 | 11555.51 | 5083.07 | 2804.28 | 938.38 |
| 2012 | 12381.69 | 5152.06 | 2957.66 | 940.44 |
| 2013 | 13959.31 | 5753.99 | 3683.50 | 897.97 |
| 2014 | 13995.56 | 6410.68 | 3699.66 | 1266.35 |
| 2015 | 13129.83 | 6461.25 | 2712.01 | 1031.79 |
| 2016 | 11563.90 | 6228.81 | 1642.25 | 832.98 |
| 2017 | 12044.84 | 6427.97 | 1496.38 | 832.80 |
| 2018 | 14841.71 | 7166.30 | 1601.19 | 871.70 |
| 2019 | 16594.23 | 7381.27 | 3089.81 | 1649.46 |
| 2020 | 11878.29 | 6924.32 | 1389.79 | 923.91 |
| "六五"时期<br>6th Five-year Plan Period | | | 3328.10 | 2352.34 |
| "七五"时期<br>7th Five-year Plan Period | | | 4454.23 | 2772.75 |
| "八五"时期<br>8th Five-year Plan Period | | | 7045.41 | 4339.71 |
| "九五"时期<br>9th Five-year Plan Period | | | 10112.06 | 6673.86 |
| "十五"时期<br>10th Five-year Plan Period | | | 11224.59 | 6151.25 |
| "十一五"时期<br>11th Five-year Plan Period | | | 10368.23 | 4700.58 |
| "十二五"时期<br>12th Five-year Plan Period | | | 15857.11 | 5074.93 |
| "十三五"时期<br>13th Five-year Plan Period | | | 9219.42 | 5110.85 |
| 1950-2020 | | | 74158.31 | 38185.26 |
| 1979-2020 | | | 72071.01 | 37438.33 |
| 1991-2020 | | | 63826.82 | 32051.18 |
| 2001-2020 | | | 46669.35 | 21037.61 |

注：制度调整，2020年房屋施工面积和房屋竣工面积只包含房地产开发投资项目。

Note: Due to the adjustment of the institution, the construction area and completed area of houses in 2020 only include real estate development and investment projects.

# 4-11 固定资产投资额(2020年)
# Total Investment in Fixed Assets (2020)

单位：万元 (10000 yuan)

| 项 目 | Item | 合 计 Total | #建设改造 Construction and Transformation |
|---|---|---|---|
| **总 计** | **total** | **76110959** | **43171494** |
| **按登记注册类型分** | **Grouped by Registration Status** | | |
| 内资企业 | Domestic Funded Enterprises | 67618839 | 38526714 |
| 国有企业 | State-owned Enterprises | 15788212 | 14939275 |
| 集体企业 | Collective-owned Enterprises | 1145986 | 1090051 |
| 股份合作企业 | Cooperative Enterprises | 650 | 650 |
| 联营企业 | Joint Ownership Enterprises | 1300 | 1300 |
| 国有联营企业 | State Joint Ownership Enterprises | | |
| 集体联营企业 | Collective Joint Ownership Enterprises | | |
| 国有与集体联营企业 | Joint State-collective Enterprises | 1300 | 1300 |
| 其他联营企业 | Other Joint Ownership Enterprises | | |
| 有限责任公司 | Limited Liability Corporations | 34256352 | 15258419 |
| 国有独资公司 | State Sole Funded Corporations | 8652024 | 6842710 |
| 其他有限责任公司 | Other Limited Liability Corporations | 25604328 | 8415709 |
| 股份有限公司 | Share-holding Corporations Ltd. | 3251329 | 3120774 |
| 私营企业 | Private Enterprises | 12878820 | 3822469 |
| 其他企业 | Other Enterprises | 296190 | 293776 |
| 港、澳、台商投资企业 | Enterprises with Funds from Hong Kong, Macao and Taiwan | 3422565 | 1598225 |
| #与港、澳、台商合资经营企业 | Joint-venture Enterprises | 812001 | 322504 |
| 与港、澳、台商合作经营企业 | Cooperative Enterprises | 625102 | 164935 |
| 港、澳、台商独资经营企业 | Enterprises with Sole Funds | 1964110 | 1089434 |
| 港、澳、台商投资股份有限公司 | Share-holding Corporations Ltd. | 20642 | 20642 |
| 外商投资企业 | Foreign Funded Enterprises | 5058891 | 3035891 |
| #中外合资经营企业 | Joint-venture Enterprises | 2951606 | 2298901 |
| 中外合作经营企业 | Cooperative Enterprises | 1116624 | 49988 |
| 外资企业 | Enterprises with Sole Foreign Funds | 881094 | 599734 |
| 外商投资股份有限公司 | Share-holding Corporations Ltd. | 35134 | 35134 |
| 个体经营 | Self-employed Individual | 10664 | 10664 |
| **按隶属关系分** | **According to affiliation** | | |
| 中央 | Center | 6365052 | 4842567 |
| 地方 | Local | 26783818 | 22036430 |
| 其他 | Other | 42962089 | 16292497 |

## 4-11 续表 continued

单位：万元 (10000 yuan)

| 项目 | Item | 合计 Total | #建设改造 Construction and Transformation |
|---|---|---|---|
| **按建设性质分** | **Grouped by Type of Construction** | | |
| #新建 | New Construction | 65061960 | 32122495 |
| 扩建 | Expansion | 3195941 | 3195941 |
| 改建和技术改造 | Renovation and Technical Transformation | 5655099 | 5655099 |
| 单纯购置 | Simple Purchase | 2071196 | 2071196 |
| **按构成分** | **Grouped by Composition** | | |
| 建安工程 | Construction and Installation Project | 36564476 | 24724383 |
| 设备工器具购置 | Equipment and Appliance Purchase | 7559789 | 7416642 |
| 其他费用 | Other Expenses | 31986694 | 11030469 |
| **按行业分** | **Grouped by Sector** | | |
| 农、林、牧、渔业 | Agriculture, Forestry, Animal Husbandry and Fishery Industry | 151657 | 151657 |
| 采矿业 | Mining | 2818 | 2818 |
| 制造业 | Manufacturing | 7238273 | 7238273 |
| 电力、热力、燃气及水生产和供应业 | Production and Supply of Electricity, Heat,Gas and Water | 3057672 | 3057672 |
| 建筑业 | Construction | 86488 | 86488 |
| 批发和零售业 | Wholesale and Retail Trade | 357158 | 357158 |
| 交通运输、仓储和邮政业 | Transport, Storage and Post | 10152792 | 10152792 |
| 住宿和餐饮业 | Hotels and Catering Services | 492128 | 492128 |
| 信息传输、软件和信息技术服务业 | Information Transmission, Software and Information Technology | 1522035 | 1522035 |
| 金融业 | Financial Intermediation | 308379 | 308379 |
| 房地产业 | Real Estate | 36589937 | 3650472 |
| 租赁和商务服务业 | Leasing and Business Services | 2020288 | 2020288 |
| 科学研究和技术服务业 | Scientific Research and Technical Services | 722784 | 722784 |
| 水利、环境和公共设施管理业 | Management of Water Conservancy, Environment and Public Facilities | 9010994 | 9010994 |
| 居民服务、修理和其他服务业 | Service to Households, Repair and Other Services | 64866 | 64866 |
| 教育 | Education | 2141475 | 2141475 |
| 卫生和社会工作 | Health and Social Service | 1441819 | 1441819 |
| 文化、体育和娱乐业 | Culture, Sports and Entertainment | 539213 | 539213 |
| 公共管理、社会保障和社会组织 | Public Management, Social Security and Social Organizations | 210183 | 210183 |
| 国际组织 | Internationale Organizations | | |

# 4-12 各区固定资产投资主要指标
## （2020年，按项目所在地分）

| 项目 | Item | 全市 Total | 荔湾区 Liwan | 越秀区 Yuexiu |
|---|---|---|---|---|
| **固定资产投资额（万元）** | **Total Investment in Fixed Assets (10000 yuan)** | **76110959** | **4300283** | **927039** |
| **按登记注册类型分** | **Grouped by Registration Status** | | | |
| #国有经济投资 | State-owned Investment | 24440236 | 1042642 | 737039 |
| 民间投资 | Investment by Non-state-owned Units | 30682572 | 2595705 | 60841 |
| 港澳台商经济投资 | Investment from Hong Kong, Macao and Taiwan | 3422565 | 124234 | 78905 |
| 外商经济投资 | Foreign Investment | 5058891 | 81541 | |
| **按构成分** | **Grouped by Use of Funds** | | | |
| #建筑安装工程合计 | Construction and Installation Project | 36564476 | 1565856 | 529124 |
| 新增固定资产（万元） | Newly Increased Fixed Assets (10000 yuan) | 17752268 | 1529568 | 229702 |
| 房屋施工面积（平方米） | Floor Space under Construction (sq.m) | 118782889 | 7221240 | 1007068 |
| 房屋竣工面积（平方米） | Floor Space Completed (sq.m) | 13897937 | 1826230 | 69 |

注：1.国有经济投资包括国有企业、国有联营企业、国有独资公司的投资额。民间投资是指工商登记注册类型为：集体、股份合作、私营独资、私营合伙、私营有限责任公司、个体户、个人合伙等纯民间主体的固定资产投资及混合经济成分中由集体、私营、个体控股的投资主体单位的全部固定资产投资(下同)。

2.由于制度调整，2020年房屋施工面积、房屋竣工面积只包含房地产开发投资项目。

## Main Indicators of Investment in Fixed Assets

## (2020, by Tegion of Item)

| 海珠区 Haizhu | 天河区 Tianhe | 白云区 Baiyun | 黄埔区 Huangpu | 番禺区 Panyu | 花都区 Huadu | 南沙区 Nansha | 从化区 Conghua | 增城区 Zengcheng |
|---|---|---|---|---|---|---|---|---|
| **3687341** | **5351273** | **10230713** | **16529649** | **7887835** | **5301223** | **9221541** | **2141077** | **10532985** |
| 1274400 | 1132535 | 3938091 | 5124261 | 1835035 | 2141408 | 4200433 | 291193 | 2723199 |
| 1667729 | 1581278 | 3576912 | 6393249 | 4146525 | 1994471 | 2295489 | 1271314 | 5099059 |
| 135236 | 271275 | 130937 | 611299 | 259073 | 178149 | 920570 | 187329 | 525558 |
| 70852 | 216888 | 70698 | 2610513 | 385786 | 175851 | 852516 | 22948 | 571298 |
| 1854113 | 2323479 | 4569253 | 7127614 | 4188856 | 2666924 | 5407905 | 1158690 | 5172662 |
| 348723 | 2091065 | 1245957 | 5002897 | 1308825 | 732239 | 2805349 | 659261 | 1798682 |
| 5784036 | 8297224 | 6922403 | 21600320 | 14755241 | 10497822 | 16226291 | 5129264 | 21341980 |
| 183026 | 891914 | 193287 | 2633955 | 1157989 | 804446 | 3067953 | 1175414 | 1963654 |

Note: I. The state-owned investment refers to the investment from state-ownered enterprises, state joint ownership enterprises and sole state-funded corporations. The investment by non-state-owned units refers to the total investment excluding the investment from state-owned enterprises, state joint ownership enterprises, sole state-funded corporations, enterprises with funds from foreign regions,Hong Kong, Macao and Taiwan. The investment by private enterprises refers to private holding investment and individual investment of the investment from collective-owned enterprises, other cooperative enterprises, other limited liability corporations,private enterprises, other domestic funded enterprises and share holding corporations. The same as in the following tables.

II.Due to the adjustment of the institution, the construction area and completed area of houses in 2020 only include real estate development and investment projects.investment projects.

# 4-13 各区分行业固定资产投资
## （2020年，按项目所在地分）

单位：万元

| 项　目 | Item | 全　市 Total | 荔湾区 Liwan |
|---|---|---|---|
| **固定资产投资额** | **Total Investment in Fixed Assets** | **76110959** | **4300283** |
| **按行业分** | **Grouped By Sector** | | |
| 农、林、牧、渔业 | Agriculture, Forestry, Animal Husbandry and Fishery | 151657 | |
| 采矿业 | Mining | 2818 | |
| 制造业 | Manufacturing | 7238273 | 46117 |
| 电力、热力、燃气及水生产和供应业 | Production and Supply of Electricity, Heat,Gas and Water | 3057672 | 144337 |
| 建筑业 | Construction | 86488 | 3891 |
| 批发和零售业 | Wholesale and Retail Trade | 357158 | 32844 |
| 交通运输、仓储和邮政业 | Transport, Storage and Post | 10152792 | 303369 |
| 住宿和餐饮业 | Hotels and Catering Services | 492128 | 560 |
| 信息传输、软件和信息技术服务业 | Information Transmission, Software and Information Technology | 1522035 | 22691 |
| 金融业 | Financial Intermediation | 308379 | |
| 房地产业 | Real Estate | 36589937 | 2848738 |
| 租赁和商务服务业 | Leasing and Business Services | 2020288 | 204743 |
| 科学研究和技术服务业 | Scientific Research and Technical Services | 722784 | 98117 |
| 水利、环境和公共设施管理业 | Management of Water Conservancy, Environment and Public Facilities | 9010994 | 165789 |
| 居民服务、修理和其他服务业 | Service to Households, Repair and Other Services | 64866 | |
| 教　育 | Education | 2141475 | 19720 |
| 卫生和社会工作 | Health and Social Service | 1441819 | 132913 |
| 文化、体育和娱乐业 | Culture, Sports and Entertainment | 539213 | 274170 |
| 公共管理、社会保障和社会组织 | Public Management, Social Security and Social Organizations | 210183 | 2284 |

# Fixed assets investment grouped by Sector
## (2020, by Tegion of Item)

(10000yuan)

| 越秀区 Yuexiu | 海珠区 Haizhu | 天河区 Tianhe | 白云区 Baiyun | 黄埔区 Huangpu | 番禺区 Panyu | 花都区 Huadu | 南沙区 Nansha | 从化区 Conghua | 增城区 Zengcheng |
|---|---|---|---|---|---|---|---|---|---|
| **927039** | **3687341** | **5351273** | **10230713** | **16529649** | **7887835** | **5301223** | **9221541** | **2141077** | **10532985** |
| | | | | | | | | | |
| | | | 1365 | | | 17643 | 20588 | 47882 | 64179 |
| | | | | | | | | 2818 | |
| | 58238 | 7204 | 201970 | 3333554 | 655528 | 503726 | 1287164 | 227983 | 916789 |
| 18263 | 143754 | 371674 | 547550 | 519616 | 329471 | 300685 | 248995 | 151081 | 282246 |
| | 63739 | | 6032 | 1618 | 9100 | 2108 | | | |
| 1684 | 43125 | 29415 | 51545 | 26140 | 76201 | 6735 | 21465 | 2386 | 65618 |
| 212934 | 621945 | 581600 | 3012648 | 1055864 | 1079411 | 563792 | 1489007 | 451374 | 780848 |
| | | 1437 | 18000 | 86015 | 209591 | 41552 | 376 | 27015 | 107582 |
| 117851 | 153240 | 818234 | 1362 | 318876 | 39026 | 3482 | 46716 | 557 | |
| 2083 | | 282879 | | 20933 | | | 2484 | | |
| 141916 | 1587270 | 2607586 | 4438814 | 7043120 | 4202304 | 3105620 | 3387521 | 1055672 | 6171376 |
| | 345895 | 116248 | 126208 | 802896 | 115996 | 8800 | 176968 | 2197 | 120337 |
| | 40433 | 4426 | 53218 | 358511 | 12696 | 3227 | 31612 | 3791 | 116753 |
| 84045 | 287788 | 366841 | 1377412 | 2123128 | 696872 | 449642 | 2072536 | 94420 | 1292521 |
| | | | | | | | | | |
| | | | 46367 | 3092 | | 4521 | | 10886 | |
| 18641 | 215269 | 115081 | 253574 | 355834 | 253153 | 254821 | 198469 | 26761 | 430152 |
| 237574 | 61647 | 39723 | 53696 | 448791 | 61746 | 11288 | 221072 | 17103 | 156266 |
| 15770 | 47488 | 8925 | 9414 | 26251 | 126237 | 1318 | 4358 | 9726 | 15556 |
| 76278 | 17510 | | 31538 | 5410 | 20503 | 22263 | 12210 | 9425 | 12762 |

# 4-14 各区分行业固定资产投资比重
## (2020年，按项目所在地分)

单位：%

| 项　　目 | Item | 全　市 Total | 荔湾区 Liwan |
|---|---|---|---|
| **固定资产投资额** | **Total Investment in Fixed Assets** | **100.00** | **100.00** |
| **按行业分** | **Grouped By Sector** | | |
| 农、林、牧、渔业 | Agriculture, Forestry, Animal Husbandry and Fishery | 0.20 | |
| 采矿业 | Mining | … | |
| 制造业 | Manufacturing | 9.51 | 1.07 |
| 电力、热力、燃气及水生产和供应业 | Production and Supply of Electricity, Heat,Gas and Water | 4.02 | 3.36 |
| 建筑业 | Construction | 0.11 | 0.09 |
| 批发和零售业 | Wholesale and Retail Trade | 0.47 | 0.76 |
| 交通运输、仓储和邮政业 | Transport, Storage and Post | 13.34 | 7.05 |
| 住宿和餐饮业 | Hotels and Catering Services | 0.65 | 0.01 |
| 信息传输、软件和信息技术服务业 | Information Transmission, Software and Information Technology | 2.00 | 0.53 |
| 金融业 | Financial Intermediation | 0.41 | |
| 房地产业 | Real Estate | 48.07 | 66.25 |
| 租赁和商务服务业 | Leasing and Business Services | 2.65 | 4.76 |
| 科学研究和技术服务业 | Scientific Research and Technical Services | 0.95 | 2.28 |
| 水利、环境和公共设施管理业 | Management of Water Conservancy, Environment and Public Facilities | 11.84 | 3.86 |
| 居民服务、修理和其他服务业 | Service to Households, Repair and Other Services | 0.09 | |
| 教　育 | Education | 2.81 | 0.46 |
| 卫生和社会工作 | Health and Social Service | 1.89 | 3.09 |
| 文化、体育和娱乐业 | Culture, Sports and Entertainment | 0.71 | 6.38 |
| 公共管理、社会保障和社会组织 | Public Management, Social Security and Social Organizations | 0.28 | 0.05 |

## Proportion of fixed assets investment group by sector
## (2020, by Tegion of Item)

(%)

| 越秀区 Yuexiu | 海珠区 Haizhu | 天河区 Tianhe | 白云区 Baiyun | 黄埔区 Huangpu | 番禺区 Panyu | 花都区 Huadu | 南沙区 Nansha | 从化区 Conghua | 增城区 Zengcheng |
|---|---|---|---|---|---|---|---|---|---|
| **100.00** | **100.00** | **100.00** | **100.00** | **100.00** | **100.00** | **100.00** | **100.00** | **100.00** | **100.00** |
| | | | | | | | | | |
| | | | 0.01 | | | 0.33 | 0.22 | 2.24 | 0.61 |
| | | | | | | | | 0.13 | |
| | 1.58 | 0.13 | 1.97 | 20.17 | 8.31 | 9.50 | 13.96 | 10.65 | 8.70 |
| 1.97 | 3.90 | 6.95 | 5.35 | 3.14 | 4.18 | 5.67 | 2.70 | 7.06 | 2.68 |
| | 1.73 | | 0.06 | 0.01 | 0.12 | 0.04 | | | |
| 0.18 | 1.17 | 0.55 | 0.50 | 0.16 | 0.97 | 0.13 | 0.23 | 0.11 | 0.62 |
| 22.97 | 16.87 | 10.87 | 29.47 | 6.39 | 13.68 | 10.64 | 16.15 | 21.08 | 7.41 |
| | | 0.03 | 0.18 | 0.52 | 2.66 | 0.78 | | 1.26 | 1.02 |
| 12.71 | 4.16 | 15.29 | 0.01 | 1.93 | 0.49 | 0.07 | 0.51 | 0.03 | |
| 0.22 | | 5.29 | | 0.13 | | | 0.03 | | |
| 15.31 | 43.04 | 48.72 | 43.39 | 42.60 | 53.28 | 58.58 | 36.74 | 49.30 | 58.61 |
| | 9.38 | 2.17 | 1.23 | 4.86 | 1.47 | 0.17 | 1.92 | 0.10 | 1.14 |
| | 1.10 | 0.08 | 0.52 | 2.17 | 0.16 | 0.06 | 0.34 | 0.18 | 1.11 |
| 9.07 | 7.80 | 6.86 | 13.46 | 12.84 | 8.83 | 8.48 | 22.47 | 4.41 | 12.27 |
| | | | | | | | | | |
| | | | 0.45 | 0.02 | | 0.09 | | 0.51 | |
| 2.01 | 5.84 | 2.15 | 2.48 | 2.15 | 3.21 | 4.81 | 2.15 | 1.25 | 4.08 |
| 25.63 | 1.67 | 0.74 | 0.52 | 2.72 | 0.78 | 0.21 | 2.40 | 0.80 | 1.48 |
| 1.70 | 1.29 | 0.17 | 0.09 | 0.16 | 1.60 | 0.02 | 0.05 | 0.45 | 0.15 |
| 8.23 | 0.47 | | 0.31 | 0.03 | 0.26 | 0.42 | 0.13 | 0.44 | 0.12 |

# 4-15 民间固定资产投资情况(2020年)

# Investment in Fixed Assets by Private Units (2020)

单位：万元 (10000 yuan)

| 指标名称 | Item | 2020年 | 2020年比2019年增长(%) Growth Rate in 2020 over 2019 (%) |
|---|---|---|---|
| **合计** | **Total** | **30682572** | **9.4** |
| **按投资类别分** | **Grouped by Type of Investment** | | |
| 建设改造 | Construction and Transformation | 8626871 | 37.4 |
| 房地产开发 | Real Estate Development | 22055701 | 1.3 |
| **按主要领域分** | **Grouped by Main Sector** | | |
| 其中：基础设施 | Infrastructure investment | 518442 | -9.3 |
| 工业投资 | Industrial investment | 2702346 | 18.5 |
| 其中：工业技术改造 | Industry technical renovation | 925183 | 37.5 |
| **按构成分** | **Grouped by Use of Funds** | | |
| 建安工程 | Construction and Installation Project | 11492173 | 11.3 |
| 设备工器具购置 | Purchases of Equipment and Instruments | 1318677 | 10.5 |
| 其他费用 | Others | 17871722 | 8.0 |
| **按三次产业分** | **Grouped By Industry** | | |
| 第一产业 | Primary Industry | 104851 | 357.1 |
| 第二产业 | Secondary Industry | 2707190 | 18.7 |
| 第三产业 | Tertiary Industry | 27870531 | 8.2 |
| **按国民经济行业分** | **Grouped by Sector** | | |
| 农、林、牧、渔业 | Agriculture, Forestry, Animal Husbandry and Fishery Industry | 104851 | 357.1 |
| 采矿业 | Mining | 2818 | |
| 制造业 | Manufacturing | 2588278 | 23.7 |
| 电力、热力、燃气及水生产和供应业 | Production and Supply of Electricity, Heat,Gas and Water | 111250 | -41.0 |
| 建筑业 | Construction | 10718 | 208.4 |
| 批发和零售业 | Wholesale and Retail Trade | 310892 | 6.7 |
| 交通运输、仓储和邮政业 | Transport, Storage and Post | 410100 | -35.7 |
| 住宿餐饮业 | Hotels and Catering Services | 368812 | 22.1 |
| 信息传输、软件和信息技术服务业 | Information Transmission, Software and Information Technology | 425369 | 23.0 |
| 金融业 | Financial Intermediation | 79193 | 35.8 |
| 房地产业 | Real Estate | 23951554 | 6.4 |
| 租赁和商务服务业 | Leasing and Business Services | 1143583 | 47.4 |
| 科学研究和技术服务业 | Scientific Research and Technical Services | 301207 | 262.9 |
| 水利、环境和公共设施管理业 | Management of Water Conservancy, Environment and Public Facilities | 79691 | -24.5 |
| 居民服务、修理和其他服务业 | Service to Households, Repair and Other Services | 12550 | 10.7 |
| 教育 | Education | 356608 | 62.0 |
| 卫生和社会工作 | Health and Social Service | 274944 | 6.6 |
| 文化、体育和娱乐业 | Culture, Sports and Entertainment | 138716 | -4.5 |
| 公共管理、社会保障和社会组织 | Public Management, Social Security and Social Organizations | 11438 | 60.7 |
| 国际组织 | International Organizations | | |

# 4-16 工业及工业技术改造固定资产投资情况(2020年)

# Investment in Fixed Assets in Industrial and Technological Renovation(2020)

单位：万元 (10000 yuan)

| 项　　目 | Item | 工业投资 Industrial Investment | #工业技术改造 Industrial Technological Transformation |
|---|---|---|---|
| **合计** | **Total** | **10298763** | **4156934** |
| 其中：汽车制造业 | Automobile Manufacturing | 1881796 | 1215548 |
| 其中：汽车零配件 | Auto Parts Manufacturing | 980696 | 369447 |
| 电子产品制造业 | Electronic Appliance Manufacturing | 2251204 | 292910 |
| 石油化工制造业 | Petrochemical Manufacturing | 320751 | 150488 |
| 其中：高技术制造业 | High-tech Manufacturing Industry | 3031988 | 526652 |
| 医药制造业 | Pharmaceutical Manufacturing Industry | 679710 | 146848 |
| 航空航天及设备制造业 | Aerospace and Equipment Manufacturing Industry | 52645 | 4976 |
| 电子及通信设备制造 | Manufacturing Industry of Electronic and Communication Equipment | 1815306 | 224353 |
| 计算机及办公设备制造业 | Computer and Office Equipment Manufacturing Industry | 285752 | 40961 |
| 医疗设备及仪器仪表制造业 | Manufacturing Industry of Medical Equipment and Instruments | 183809 | 109514 |
| 信息化学品制造 | Information Chemicals Manufacturing Industry | 14766 | |
| **按工业行业分** | **By industry** | | |
| 农副食品加工业 | Processing of Food from Agricultural Products | 52434 | 38371 |
| 食品制造业 | Manufacture of Foods | 96324 | 54421 |
| 酒、饮料和精制茶制造业 | Manufacture of Wine, Beverages and Refined Tea | 77760 | 15823 |
| 烟草制品业 | Manufacture of Tobacco | 99 | 99 |
| 纺织业 | Manufacture of Textile | 76324 | 54080 |
| 纺织服装、服饰业 | Manufacture of Textile Wearing Apparel, Clothing | 45795 | 12054 |
| 皮革、毛皮、羽毛及其制品和制鞋业 | Manufacture of Leather, Fur, Feather and Related Products, Footwear | 35754 | 21754 |
| 木材加工和木、竹、藤、棕、草制品业 | Processing of Timber, Manufacture of Wood, Bamboo, Rattan, Palm and Straw Products | 8283 | 928 |
| 家具制造业 | Manufacture of Furniture | 130089 | 20639 |
| 造纸和纸制品业 | Manufacture of Paper and Paper Products | 52293 | 22530 |
| 印刷和记录媒介复制业 | Printing, Reproduction of Recording Media | 117045 | 29046 |
| 文教、工美、体育和娱乐用品制造业 | Manufacture of Culture and Education, Arts and Crafts, Sports and Entertainment Supplies | 9742 | 7438 |
| 石油煤炭及其他燃料加工业 | Processing of Petroleum, Coking, Processing of Nuclear Fuel | 68120 | 51887 |
| 化学原料和化学制品制造业 | Manufacture of Raw Chemical Materials and Chemical Products | 267397 | 98601 |
| 医药制造业 | Manufacture of Medicines | 679710 | 146848 |
| 化学纤维制造业 | Manufacture of Chemical Fibers | | |
| 橡胶和塑料制品业 | Manufacture of Rubber | 150242 | 121509 |
| 非金属矿物制品业 | Manufacture of Non-metallic Mineral Products | 204049 | 51619 |
| 非金属矿采选业 | Mining and Processingof Nonmetal Ores | 2818 | 2818 |
| 黑色金属冶炼和压延加工业 | Smelting and Pressing of Ferrous Metals | 19874 | 19874 |
| 有色金属冶炼和压延加工业 | Smelting and Pressing of Non-Ferrous Metals | 44506 | 15534 |
| 金属制品业 | Manufacture of Metal Products | 58461 | 36828 |
| 通用设备制造业 | Manufacture of General Purpose Machinery | 306208 | 100132 |
| 专用设备制造业 | Manufacture of Special Purpose Machinery | 287683 | 135671 |
| 汽车制造业 | Manufacture of Automobile | 1881796 | 1215548 |
| 铁路、船舶、航空航天和其他运输设备制造业 | Manufacture of Railway, Ship, Aerospace and Other Transportation Equipment | 33369 | 16807 |
| 电气机械和器材制造业 | Manufacture of Electrical Machinery and Equipment | 321820 | 117274 |
| 计算机、通信和其他电子设备制造业 | Manufacture of Computers, Communication Equipment and Other Electronic Equipment | 1976605 | 218159 |
| 仪器仪表制造业 | Manufacture of Instrments and Meters | 110591 | 88161 |
| 其他制造业 | Other Manufactures | 80783 | 5294 |
| 废弃资源综合利用业 | Comprehensive Utilization of Waste | 1074 | 1074 |
| 金属制品、机械和设备修理业 | Manufacture of Metal Products, Machinery and Equipment Maintenance | 44043 | 2767 |
| 电力、热力生产和供应业 | Production and Supply of Electric Power and Heat Power | 1714355 | 749067 |
| 燃气生产和供应业 | Production and Supply of Gas | 103643 | 51307 |
| 水的生产和供应业 | Production and Supply of Water | 1239674 | 632972 |

# 4-17 住宅投资建设情况（2020年）
# Housing Investment and Construction (2020)

| 项　　目 | Item | 固定资产投资额（万元）Investment in Fixed Assets (10000 yuan) | 房屋施工面积（平方米）Floor Space under Construction (sq.m) | 房屋竣工面积（平方米）Floor Space Completed (sq.m) |
|---|---|---|---|---|
| **总　计** | **Total** | **22631730** | **69243195** | **9239107** |
| **按登记注册类型分** | **Grouped by Registration Status** | | | |
| 内资企业 | Domestic Funded Enterprises | 20129252 | 59443610 | 6984433 |
| 国有企业 | State-owned Enterprises | 668881 | 843285 | |
| 集体企业 | Collective-owned Enterprises | 75152 | 119315 | 12231 |
| 股份合作企业 | Cooperative Enterprises | | | |
| 联营企业 | Joint Ownership Enterprises | | | |
| 有限责任公司 | Limited Liability Corporations | 13071454 | 36300430 | 4288880 |
| 股份有限公司 | Share-holding Corporations Ltd. | 102153 | 599128 | |
| 私营企业 | Private Enterprises | 6196366 | 459857 | 2453308 |
| 其他企业 | Other Enterprises | 15246 | 54157 | |
| 港、澳、台商投资企业 | Enterprises with Funds from Hong Kong, Macao and Taiwan | 1174663 | 6703539 | 1640821 |
| 外商投资企业 | Foreign Funded Enterprises | 1327815 | 3096046 | 613853 |
| 个体经营 | Self-employed Individual | | | |
| **按投资类别分** | **By investment category** | | | |
| # 房地产开发 | Real estate development | 21552055 | 69243195 | 9239107 |

注：制度调整，2020年房屋施工面积和房屋竣工面积只包含房地产开发投资项目。

Note: Due to the adjustment of the institution, the construction area and completed area of houses in 2020 only include real estate development and investment projects.

# 4-18 主要年份基础设施投资额

## Total Investment of Infrastructure in Main Years

单位：万元　　(10000 yuan)

| 年 份<br>Year | 基础设施投资额合计<br>Total Investment in Infrastructure | 电力、热力、燃气及水生产和供应业<br>Production and Supply of Electricity, Heat, Gas and Water | 交通运输、仓储和邮政业<br>Transport, Storage and Post | 信息传输、软件和信息技术服务业<br>Information Transmission, Software and Information Technology | 水利、环境和公共设施管理业<br>Management of Water Conservancy, Environment and Public Facilities |
|---|---|---|---|---|---|
| 2006 | 5486487 | 1027261 | 2584536 | 323481 | 1551209 |
| 2007 | 5396237 | 823335 | 2395913 | 231485 | 1945504 |
| 2008 | 6058585 | 721278 | 2993037 | 310452 | 2033818 |
| 2009 | 10205364 | 1921535 | 3755212 | 1018626 | 3509991 |
| 2010 | 13322053 | 2300961 | 4498051 | 898385 | 5624656 |
| 2011 | 9977291 | 891065 | 4274037 | 1864116 | 2948073 |
| 2012 | 10650125 | 1241487 | 4568369 | 1229343 | 3610926 |
| 2013 | 11371899 | 1016015 | 5935429 | 1037231 | 3383224 |
| 2014 | 12466576 | 1227907 | 6707111 | 1251867 | 3279691 |
| 2015 | 13390770 | 1105701 | 6316844 | 1816401 | 4151824 |
| 2016 | 15164507 | 1603562 | 7922729 | 1110701 | 4527515 |
| 2017 | 16842963 | 1573871 | 8832349 | 1060190 | 5376553 |
| 2018 | 17619987 | 1665621 | 9140573 | 1002888 | 5810905 |
| 2019 | 21934686 | 2936260 | 10609024 | 1218183 | 7171219 |
| 2020 | 22975636 | 3057672 | 9768938 | 1138032 | 9010994 |

注：基础设施投资是指为社会生产和生活提供基础性、大众性服务的工程和设施。因此表中的交通运输、仓储和邮政业不包括通用仓储、低温仓储、危险品仓储和谷物、棉花等农产品仓储业；信息传输、软件和信息技术服务业不包括软件和信息技术服务业。与其他表的国民经济行业分类略有不同。

Note: Infrastructure investment refers to projects and facilities that provide basic and popular services for social production and life.Therefore the transportation, storage and postal services in the tables do not include general storage, low temperature storage, dangerous goods storage and storage of agricultural products such as grain and cotton; information transmission,software and information technology services do not include software and information technology services. The industry classification of national economy is slightly different from other tables.

# 4-19 基础设施固定资产投资情况(2020年)

# Infrastructure Fixed Assets Investment (2020)

单位：万元 (10000 yuan)

| 项　　目 | Item | 2020年 | 2020年比2019年增长(%) Growth Rate in 2020 over 2019 (%) |
|---|---|---|---|
| **合　计** | **Total** | **22975636** | **4.7** |
| **按行业分** | **By Sector** | | |
| 电力、热力生产和供应业 | Production and Supply of Electric Power and Heat Power | 1714355 | 29.4 |
| 燃气生产和供应业 | Production and Supply of Gas | 103643 | 96.9 |
| 水的生产和供应业 | Production and Supply of Water | 1239674 | -20.5 |
| 铁路运输业 | Railway Transportation Industry | 1859040 | -28.1 |
| 道路运输业 | Road Transportation Industry | 5978970 | 11.9 |
| 水上运输业 | Water Transportation Industry | 619839 | 49.0 |
| 航空运输业 | Aviation Transportation Industry | 1223739 | -44.3 |
| 管道运输业 | Pipeline Transportation Industry | 10179 | 1785.0 |
| 多式联运和运输代理业 | Multimodal Transport and Transport Agent Industry | 75713 | 13.0 |
| 装卸搬运 | Handling and handling | | |
| 邮政业 | Post Industry | 1458 | 101.1 |
| 电信、广播电视和卫星传输服务 | Telecommunications, Radio and Television, Satellite Transmission Services | 1025066 | -10.6 |
| 互联网和相关服务 | Internet and Related Services | 112966 | 58.6 |
| 水利管理业 | Management of Water Conservancy | 706048 | 48.4 |
| 生态保护和环境治理业 | Ecology Protection and Environment Control | 437763 | -49.7 |
| 公共设施管理业 | Management of Public Facilities | 7867183 | 35.1 |

# 4-20 新增固定资产（2020年）

# Total Newly Increased Fixed Assets (2020)

单位：万元 (10000 yuan)

| 项目 | Item | 合计 Total | #建设改造 Construction and Transformation |
|---|---|---|---|
| **总计** | **Total** | **17752268** | **7308763** |
| **按登记注册类型分** | **Grouped by Registration Status** | | |
| 内资企业 | Domestic Funded Enterprises | 15035278 | 6410606 |
| 国有企业 | State-owned Enterprises | 1435173 | 1429468 |
| 集体企业 | Collective-owned Enterprises | 104540 | 103052 |
| 股份合作企业 | Cooperative Enterprises | | |
| 联营企业 | Joint Ownership Enterprises | | |
| 国有联营企业 | State Joint Ownership Enterprises | | |
| 集体联营企业 | Collective Joint Ownership Enterprises | | |
| 国有与集体联营企业 | Joint State-collective Enterprises | | |
| 其他联营企业 | Other Joint Ownership Enterprise | | |
| 有限责任公司 | Limited Liability Corporations | 8689558 | 3213376 |
| 国有独资公司 | State Sole Funded Corporations | 1746334 | 1551486 |
| 其他有限责任公司 | Other Limited Liability Corporations | 6943224 | 1661890 |
| 股份有限公司 | Share Holding Corporations Ltd. | 968761 | 968761 |
| 私营企业 | Private Enterprises | 3791475 | 650178 |
| 其他企业 | Other Enterprises | 45771 | 45771 |
| 港、澳、台商投资企业 | Enterprises with Funds from Hong Kong, Macao and Taiwan | 1519896 | 373916 |
| #与港、澳、台商合资经营企业 | Joint-venture Enterprises | 235080 | 19371 |
| 与港、澳、台商合作经营企业 | Cooperative Enterprises | 470431 | 5176 |
| 港、澳、台商独资经营企业 | Enterprises with Sole Funds | 814385 | 349369 |
| 港、澳、台商投资股份有限公司 | Share-holding Corporations Ltd. | | |
| 外商投资企业 | Foreign Funded Enterprises | 1197094 | 524241 |
| #中外合资经营企业 | Joint-venture Enterprises | 739308 | 316575 |
| 中外合作经营企业 | Cooperative Enterprises | 84779 | 41134 |
| 外资企业 | Enterprises with Sole Foreign Funds | 314564 | 144908 |
| 外商投资股份有限公司 | Share-holding Corporations Ltd. | | |
| 个体经营 | Self-employed Individual | | |
| **按隶属关系分** | **Grouped by Jurisdiction of Management** | | |
| 中央 | Central Investment | 2120485 | 2075527 |
| 地方 | Local Investment | 4535113 | 2861100 |
| 其他 | Others | 11096670 | 2372136 |

## 4-20 续表 continued

单位：万元 (10000 yuan)

| 项目 | Item | 合计 Total | #建设改造 Construction and Transformation |
|---|---|---|---|
| **按建设性质分** | **Grouped by Type of Construction** | | |
| #新 建 | New Construction | 12308405 | 4999642 |
| 扩 建 | Expansion | 369571 | 369571 |
| 改建和技术改造 | Reconstruction | 1185077 | 1185077 |
| 单纯购置 | Purchase | 678878 | 678878 |
| **按行业分** | **Grouped by Economic Sector** | | |
| 农、林、牧、渔业 | Agriculture, Forestry, Animal Husbandry and Fishery | 22778 | 22778 |
| 采矿业 | Mining | | |
| 制造业 | Manufacturing | 1502117 | 1502117 |
| 电力、热力、燃气及水生产和供应业 | Production and Supply of Electricity, Heat,Gas and Water | 1452428 | 1452428 |
| 建筑业 | Construction | 7817 | 7817 |
| 批发和零售业 | Wholesale and Retail Trade | 12595 | 12595 |
| 交通运输、仓储和邮政业 | Transport, Storage and Post | 1149473 | 1149473 |
| 住宿和餐饮业 | Hotels and Catering Services | 17548 | 17548 |
| 信息传输、软件和信息技术服务业 | Information Transmission, Software and Information Technology | 948129 | 948129 |
| 金融业 | Financial Intermediation | 22970 | 22970 |
| 房地产业 | Real Estate | 10806044 | 362539 |
| 租赁和商务服务业 | Leasing and Business Services | 414925 | 414925 |
| 科学研究和技术服务业 | Scientific Research and Technical Services | 92106 | 92106 |
| 水利、环境和公共设施管理业 | Management of Water Conservancy, Environment and Public Facilities | 549830 | 549830 |
| 居民服务、修理和其他服务业 | Service to Households, Repair and Other Services | | |
| 教 育 | Education | 283634 | 283634 |
| 卫生和社会工作 | Health and Social Service | 281794 | 281794 |
| 文化、体育和娱乐业 | Culture, Sports and Entertainment | 81283 | 81283 |
| 公共管理、社会保障和社会组织 | Public Management, Social Security and Social Organizations | 106797 | 106797 |
| 国际组织 | International Organization | | |

# 4-21 固定资产投资资金来源（2020年）

# The Funds Sources of Fixed Assets Investment (2020)

单位：万元 (10000 yuan)

| 项　　目 | Item | 合　计 Total | # 建设改造 Construction and Transformation |
|---|---|---|---|
| 本年实际到位资金合计 | Total Actually Funds Provided This Year | 126313928 | 41284430 |
| 上年末结余资金 | Surplus Fund from Year-end of Preceding Year | 34876746 | 3218501 |
| 本年实际到位资金小计 | Subtotal Actually Funds Provided This Year | 91437182 | 38065929 |
| # 国家预算资金 | State Budget | 10707832 | 10707832 |
| 国内贷款 | Domestic Loans | 18591243 | 8068695 |
| 债　　券 | Bonds | 420258 | 420258 |
| 利用外资 | Foreign Investment | 251137 | 251137 |
| 自筹资金 | Self-raising Funds | 35426395 | 16385723 |
| 其他资金 | Others | 3016602 | 2232284 |
| 本年各项应付款合计 | Total Payment This Year | 13796434 | 4796120 |
| # 工程款 | Payment Against Projects | 4565917 | 1259899 |

注：国家制度修订，统计口径为5000万元及以上固定资产投资项目和房地产开发项目。

Note: The statistical caliber adjusts 50 million yuan and above in fixed assets investment projects and real estate development projects according to the national statistical system.

# 4-22 房地产开发与经营(2020年，按法人单位办公所在地分)

| 项目 | Item | 全市 Total | 荔湾区 Liwan | 越秀区 Yuexiu |
|---|---|---|---|---|
| 企业个数 (个) | Number of Enterprises (unit) | 1357 | 52 | 69 |
| 年末从业人数 (人) | Employed Persons at Year-end (person) | 45614 | 1415 | 1810 |
| 本年完成投资 (万元) | Total Investment Completed This Year (10000 yuan) | 32939465 | 2330996 | 509214 |
| #住 宅 | Residential Buildings | 21552055 | 1512737 | 313987 |
| 办公楼 | Office Buildings | 4058820 | 142284 | 98261 |
| 商业营业用房 | Houses for Business Use | 2354177 | 243662 | 65480 |
| 房屋施工面积 (平方米) | Floor Space of Buildings under Construction (sq.m) | 118782889 | 6263855 | 2825488 |
| #住 宅 | Residential Buildings | 69243195 | 3656643 | 1428567 |
| 办公楼 | Office Buildings | 13741934 | 114267 | 273593 |
| 商业营业用房 | Houses for Business Use | 11477603 | 1008354 | 301646 |
| #新开工面积 | Floor Space of Newly Started Buildings | 26206081 | 869918 | 30870 |
| #住 宅 | Residential Buildings | 14056714 | 569512 | 18873 |
| 办公楼 | Office Buildings | 4305151 | 57329 | |
| 商业营业用房 | Houses for Business Use | 1858466 | 66476 | 603 |
| 房屋竣工面积 (平方米) | Floor Space of Buildings Completed (sq.m) | 13897937 | 1826230 | 2249 |
| #住 宅 | Residential Buildings | 9239107 | 1480161 | |
| 办公楼 | Office Buildings | 717859 | | |
| 商业营业用房 | Houses for Business Use | 1074864 | 61435 | |
| 商品房销售面积 (平方米) | Floor Space of Buildings Actually Sold This Year (sq.m) | 15394026 | 530985 | 139908 |
| 现房销售面积 | Floor Space of Existing Buildings with Contracts Signed | 3587512 | 179496 | 100084 |
| #住 宅 | Residential Buildings | 2041124 | 152701 | 85708 |
| 办公楼 | Office Buildings | 445750 | | 5999 |
| 商业营业用房 | Houses for Business Use | 419041 | 15279 | 596 |
| 期房销售面积 | Floor Space of Buildings Presold This Year | 11806514 | 351489 | 39824 |
| #住 宅 | Residential Buildings | 10190935 | 293378 | 39566 |
| 办公楼 | Office Buildings | 751565 | 6955 | |
| 商业营业用房 | Houses for Business Use | 681360 | 49651 | 258 |
| 商品房销售合同金额(万元) | Contracted Value of Buildings Actually Sold This Year(10000 yuan) | 38570794 | 2527176 | 819353 |
| 现房销售合同金额 | Contracted Value of Existing Buildings with Contracts Signed | 8081329 | 797368 | 498887 |
| #住 宅 | Residential Buildings | 5767058 | 731790 | 474804 |
| 办公楼 | Office Buildings | 773144 | | 5999 |
| 商业营业用房 | Houses for Business Use | 808908 | 43270 | 1708 |
| 期房销售合同金额 | Contracted Value of Buildings Presold | 30489465 | 1729808 | 320466 |
| #住 宅 | Residential Buildings | 27396214 | 1501118 | 318394 |
| 办公楼 | Office Buildings | 1597534 | 27065 | |
| 商业营业用房 | Houses for Business Use | 1351204 | 196752 | 2072 |

# Real Estate Development and Management
# (2020, by the Locations of the Offices of Corporate Units)

| 海珠区<br>Haizhu | 天河区<br>Haizhu | 白云区<br>Baiyun | 黄埔区<br>Huangpu | 番禺区<br>Panyu | 花都区<br>Huadu | 南沙区<br>Nansha | 从化区<br>Conghua | 增城区<br>Zengcheng |
|---|---|---|---|---|---|---|---|---|
| 135 | 190 | 88 | 130 | 168 | 124 | 132 | 76 | 193 |
| 3396 | 9889 | 1999 | 5713 | 6064 | 3437 | 3575 | 1627 | 6689 |
| 1633334 | 2836005 | 3714070 | 5215737 | 3523571 | 2079210 | 3359606 | 1103556 | 6634166 |
| 742137 | 1252142 | 2603867 | 3118121 | 2258552 | 1455854 | 2218377 | 940033 | 5136248 |
| 509247 | 804849 | 261515 | 957362 | 662017 | 78744 | 368623 | 5912 | 170006 |
| 236672 | 293193 | 64192 | 324639 | 200870 | 91896 | 411989 | 55733 | 365851 |
| 6163262 | 9646000 | 7226364 | 20810375 | 13631796 | 9518214 | 16226291 | 5129264 | 21341980 |
| 2352776 | 4432282 | 4570180 | 12581764 | 7229721 | 5473022 | 9410472 | 3894318 | 14213450 |
| 1677671 | 1986443 | 674554 | 3377666 | 1814291 | 541102 | 1983196 | 185170 | 1113981 |
| 1140987 | 1043961 | 402930 | 1641892 | 1514999 | 1214032 | 1447564 | 387869 | 1373369 |
| 1049906 | 2213899 | 2167541 | 5194672 | 2410775 | 1894117 | 3908205 | 698060 | 5768118 |
| 225808 | 785445 | 1427441 | 2140572 | 1322250 | 1148396 | 2034679 | 486385 | 3897353 |
| 439887 | 654022 | 269885 | 1415366 | 690291 | 119718 | 290468 |  | 368185 |
| 153265 | 183223 | 96617 | 445456 | 64132 | 69873 | 486525 | 74097 | 218199 |
| 183026 | 891983 | 193287 | 2633955 | 1155740 | 804446 | 3067953 | 1175414 | 1963654 |
| 70609 | 517987 | 88660 | 1499065 | 217634 | 538270 | 2226903 | 1044017 | 1555801 |
| 48004 | 65161 |  | 162965 | 273972 |  | 145593 | 3370 | 18794 |
| 29673 | 65947 | 66414 | 410780 | 188168 | 8671 | 118297 | 63608 | 61871 |
| 568031 | 740779 | 815962 | 2370074 | 2228815 | 1484679 | 2563661 | 548815 | 3402317 |
| 306304 | 333266 | 169500 | 351659 | 508344 | 673224 | 282989 | 103481 | 579165 |
| 52807 | 172995 | 147591 | 201384 | 190742 | 502317 | 156302 | 95677 | 282900 |
|  | 22382 | 676 | 76738 | 194385 | 73036 | 71247 |  | 1287 |
| 176880 | 40560 | 525 | 17147 | 58815 | 23208 | 26492 | 3384 | 56155 |
| 261727 | 407513 | 646462 | 2018415 | 1720471 | 811455 | 2280672 | 445334 | 2823152 |
| 151126 | 299426 | 596318 | 1770856 | 1375454 | 711039 | 1843950 | 414099 | 2695723 |
| 109519 | 69864 | 44886 | 131452 | 242663 | 25706 | 104144 |  | 16376 |
| 536 | 33525 | 1470 | 64342 | 60849 | 69035 | 317501 | 26602 | 57591 |
| 2244291 | 2581100 | 2958428 | 5941454 | 5885183 | 2885447 | 6360005 | 809678 | 5558679 |
| 887866 | 963445 | 760839 | 575658 | 1293158 | 1147718 | 562634 | 141771 | 451985 |
| 319728 | 650230 | 721131 | 385692 | 684162 | 954631 | 372611 | 135111 | 337168 |
|  | 46792 | 871 | 117417 | 381422 | 103438 | 116289 |  | 916 |
| 348157 | 108782 | 885 | 28523 | 161640 | 25851 | 50609 | 2726 | 36757 |
| 1356425 | 1617655 | 2197589 | 5365796 | 4592025 | 1737729 | 5797371 | 667907 | 5106694 |
| 1079885 | 1233851 | 2073716 | 4882954 | 4013600 | 1563613 | 5112186 | 634052 | 4982845 |
| 273334 | 243204 | 107723 | 308496 | 364588 | 48352 | 192839 |  | 31933 |
| 1930 | 126576 | 7392 | 128034 | 180930 | 121453 | 485872 | 28846 | 71347 |

# 4-23 房地产开发与经营（2020年，按项目所在地分）

| 项目 | Item | 全市 Total | 荔湾区 Liwan | 越秀区 Yuexiu |
|---|---|---|---|---|
| 本年完成投资 （万元） | Total Investment Completed This Year (10000 yuan) | 32939465 | 2450294 | 344695 |
| #住 宅 | Residential Buildings | 21552055 | 1607939 | 170244 |
| 办公楼 | Office Buildings | 4058820 | 142284 | 99768 |
| 商业营业用房 | Houses for Business Use | 2354177 | 248838 | 60283 |
| 房屋施工面积 （平方米） | Floor Space of Buildings under Construction (sq.m) | 118782889 | 7221240 | 1007068 |
| #住 宅 | Residential Buildings | 69243195 | 4232677 | 275514 |
| 办公楼 | Office Buildings | 13741934 | 158451 | 307804 |
| 商业营业用房 | Houses for Business Use | 11477603 | 1065093 | 265198 |
| #新开工面积 | Floor Space of Newly Started Buildings | 26206081 | 869918 | |
| #住 宅 | Residential Buildings | 14056714 | 569512 | |
| 办公楼 | Office Buildings | 4305151 | 57329 | |
| 商业营业用房 | Houses for Business Use | 1858466 | 66476 | |
| 房屋竣工面积 （平方米） | Floor Space of Buildings Completed (sq.m) | 13897937 | 1826230 | 69 |
| #住 宅 | Residential Buildings | 9239107 | 1480161 | |
| 办公楼 | Office Buildings | 717859 | | |
| 商业营业用房 | Houses for Business Use | 1074864 | 61435 | |
| 商品房销售面积 （平方米） | Floor Space of Buildings Actually Sold This Year (sq.m) | 15394026 | 618818 | 97696 |
| 现房销售面积 | Floor Space of Existing Buildings with Contracts Signed | 3587512 | 227390 | 57872 |
| #住 宅 | Residential Buildings | 2041124 | 172453 | 49693 |
| 办公楼 | Office Buildings | 445750 | | 5999 |
| 商业营业用房 | Houses for Business Use | 419041 | 39835 | 300 |
| 期房销售面积 | Floor Space of Buildings Presold This Year | 11806514 | 391428 | 39824 |
| #住 宅 | Residential Buildings | 10190935 | 333317 | 39566 |
| 办公楼 | Office Buildings | 751565 | 6955 | |
| 商业营业用房 | Houses for Business Use | 681360 | 49651 | 258 |
| 商品房销售合同金额(万元) | Contracted Value of Buildings Actually Sold This Year(10000 yuan) | 38570794 | 2834485 | 675515 |
| 现房销售合同金额 | Contracted Value of Existing Buildings with Contracts Signed | 8081329 | 912537 | 355049 |
| #住 宅 | Residential Buildings | 5767058 | 812485 | 344489 |
| 办公楼 | Office Buildings | 773144 | | 5999 |
| 商业营业用房 | Houses for Business Use | 808908 | 70201 | 968 |
| 期房销售合同金额 | Contracted Value of Buildings Presold | 30489465 | 1921948 | 320466 |
| #住 宅 | Residential Buildings | 27396214 | 1693258 | 318394 |
| 办公楼 | Office Buildings | 1597534 | 27065 | |
| 商业营业用房 | Houses for Business Use | 1351204 | 196752 | 2072 |

# Real Estate Development and Management (2020, by Region of Item)

| 海珠区 Haizhu | 天河区 Tianhe | 白云区 Baiyun | 黄埔区 Huangpu | 番禺区 Panyu | 花都区 Huadu | 南沙区 Nansha | 从化区 Conghua | 增城区 Zengcheng |
|---|---|---|---|---|---|---|---|---|
| 1610876 | 2688132 | 3796484 | 5273058 | 3577056 | 2101542 | 3359606 | 1103556 | 6634166 |
| 728870 | 1130020 | 2661036 | 3173207 | 2310245 | 1475836 | 2218377 | 940033 | 5136248 |
| 509247 | 810307 | 254728 | 957362 | 662017 | 78566 | 368623 | 5912 | 170006 |
| 231756 | 293607 | 65754 | 326869 | 201604 | 91893 | 411989 | 55733 | 365851 |
| 5784036 | 8297224 | 6922403 | 21600320 | 14755241 | 10497822 | 16226291 | 5129264 | 21341980 |
| 2068856 | 3281544 | 4329643 | 13371709 | 7875441 | 6289571 | 9410472 | 3894318 | 14213450 |
| 1686311 | 2005876 | 574586 | 3377666 | 1814291 | 534602 | 1983196 | 185170 | 1113981 |
| 1082541 | 1083656 | 373580 | 1641892 | 1542308 | 1214533 | 1447564 | 387869 | 1373369 |
| 1128820 | 1645508 | 2687888 | 5194672 | 2410775 | 1894117 | 3908205 | 698060 | 5768118 |
| 278355 | 366711 | 1812501 | 2140572 | 1322250 | 1148396 | 2034679 | 486385 | 3897353 |
| 445376 | 648533 | 269885 | 1415366 | 690291 | 119718 | 290468 | | 368185 |
| 160171 | 170768 | 102769 | 445456 | 64132 | 69873 | 486525 | 74097 | 218199 |
| 183026 | 891914 | 193287 | 2633955 | 1157989 | 804446 | 3067953 | 1175414 | 1963654 |
| 70609 | 517987 | 88660 | 1499065 | 217634 | 538270 | 2226903 | 1044017 | 1555801 |
| 48004 | 65161 | | 162965 | 273972 | | 145593 | 3370 | 18794 |
| 29673 | 65947 | 66414 | 410780 | 188168 | 8671 | 118297 | 63608 | 61871 |
| 545725 | 548964 | 839049 | 2403915 | 2300929 | 1524137 | 2563661 | 548815 | 3402317 |
| 289944 | 177389 | 201687 | 385500 | 580458 | 701637 | 282989 | 103481 | 579165 |
| 56235 | 83526 | 173632 | 213245 | 238500 | 518961 | 156302 | 95677 | 282900 |
| | 22214 | 676 | 76738 | 194385 | 73204 | 71247 | | 1287 |
| 156413 | 36471 | 821 | 17147 | 58815 | 23208 | 26492 | 3384 | 56155 |
| 255781 | 371575 | 637362 | 2018415 | 1720471 | 822500 | 2280672 | 445334 | 2823152 |
| 145180 | 263488 | 587740 | 1770856 | 1375454 | 721562 | 1843950 | 414099 | 2695723 |
| 109519 | 69864 | 44886 | 131452 | 242663 | 25706 | 104144 | | 16376 |
| 536 | 33525 | 1470 | 64342 | 60849 | 69035 | 317501 | 26602 | 57591 |
| 2243956 | 2078573 | 3065511 | 6002724 | 6017271 | 2924397 | 6360005 | 809678 | 5558679 |
| 893730 | 654401 | 874015 | 636928 | 1425246 | 1173033 | 562634 | 141771 | 451985 |
| 344216 | 436592 | 822061 | 418525 | 770277 | 973523 | 372611 | 135111 | 337168 |
| | 46703 | 871 | 117417 | 381422 | 103527 | 116289 | | 916 |
| 327614 | 102394 | 1625 | 28523 | 161640 | 25851 | 50609 | 2726 | 36757 |
| 1350226 | 1424172 | 2191496 | 5365796 | 4592025 | 1751364 | 5797371 | 667907 | 5106694 |
| 1073686 | 1040368 | 2067935 | 4882954 | 4013600 | 1576936 | 5112186 | 634052 | 4982845 |
| 273334 | 243204 | 107723 | 308496 | 364588 | 48352 | 192839 | | 31933 |
| 1930 | 126576 | 7392 | 128034 | 180930 | 121453 | 485872 | 28846 | 71347 |

# 4-24 房地产开发投资额和新增固定资产（2020年）

单位：万元

| 项目 | Item | 企业数（个）Number of Enterprises (unit) |
|---|---|---|
| **全市** | **Total** | **1357** |
| **按企业登记注册类型分** | **Grouped by Registration Status** | |
| 内资企业 | Domestic Funded Enterprises | 1107 |
| 国有企业 | State-owned Enterprises | 24 |
| 集体企业 | Collective-owned Enterprises | 13 |
| 股份合作企业 | Cooperative Enterprises | 1 |
| 联营企业 | Joint Ownership Enterprises | 2 |
| # 国有联营企业 | State Joint Ownership Enterprises | |
| 集体联营企业 | Collective Joint Ownership Enterprises | |
| 国有与集体联营企业 | Joint State-collective Enterprises | |
| 有限责任公司 | Limited Liability Corporations | 642 |
| # 国有独资公司 | State Sole Funded Corporations | 49 |
| 股份有限公司 | Share-holding Corporations Ltd. | 13 |
| 私营企业 | Private Enterprises | 411 |
| 其他企业 | Other Enterprises | 1 |
| 港、澳、台商投资企业 | Enterprises with Funds from Hong Kong, Macao and Taiwan | 177 |
| # 与港、澳、台商合资经营企业 | Joint-venture Enterprises | 28 |
| 与港、澳、台商合作经营企业 | Cooperative Enterprises | 57 |
| 港、澳、台商独资经营企业 | Enterprises with Sole Funds | 92 |
| 港、澳、台商投资股份有限公司 | Share-holding Corporations Ltd. | |
| 外商投资企业 | Foreign Funded Enterprises | 73 |
| # 中外合资经营企业 | Joint-venture Enterprises | 28 |
| 中外合作经营企业 | Cooperative Enterprises | 14 |
| 外资企业 | Enterprises with Sole Foreign Funds | 28 |
| 外商投资股份有限公司 | Share-holding Corporations Ltd. | |
| **按资质分** | **Grouped by Grade** | |
| 一级资质 | Grade One | 14 |
| 二级资质 | Grade Two | 68 |
| 三级资质 | Grade Three | 379 |
| 四级以下(含四级) | Grade Four and below | 896 |
| **按隶属关系分** | **Grouped by Jurisdiction of Management** | |
| 中央 | Central Investment | 31 |
| 地方 | Local Investment | 212 |
| 其他 | Other Investment | 1114 |

# Investment and Newly Increased Fixed Assets in Real Estate Development (2020)

(10000 yuan)

| 投资额合计 Total Investment | 住宅 Residential Buildings | 办公楼 Office Buildings | 商业营业用房 Houses for Business Use | 其他用房 Other Buildings | 新增固定资产 Newly Increased Fixed Assets |
|---|---|---|---|---|---|
| **32939465** | **21552055** | **4058820** | **2354177** | **4974413** | **10443505** |
| 29092125 | 19082616 | 3620412 | 1998069 | 4391028 | 8624672 |
| 848937 | 303424 | 245672 | 143875 | 155966 | 5705 |
| 55935 | 42254 | 311 | 2914 | 10456 | 1488 |
| 18997933 | 12523203 | 2279149 | 1196701 | 2998880 | 5476182 |
| 1809314 | 1133498 | 172342 | 58721 | 444753 | 194848 |
| 130555 | 102116 | 25283 | 2990 | 166 | |
| 9056351 | 6109304 | 1069997 | 651537 | 1225513 | 3141297 |
| 2414 | 2315 | | 52 | 47 | |
| 1824340 | 1150111 | 206838 | 256400 | 210991 | 1145980 |
| 489497 | 200838 | 56120 | 188616 | 43923 | 215709 |
| 460167 | 322866 | 49960 | 28915 | 58426 | 465255 |
| 874676 | 626407 | 100758 | 38869 | 108642 | 465016 |
| 2023000 | 1319328 | 231570 | 99708 | 372394 | 672853 |
| 652705 | 120160 | 218062 | 64755 | 249728 | 422733 |
| 1066636 | 1046126 | 519 | 3169 | 16822 | 43645 |
| 281360 | 150354 | 29 | 31784 | 99193 | 169656 |
| 360413 | 170270 | 63362 | 13499 | 113282 | 66214 |
| 1047245 | 816579 | 13582 | 90228 | 126856 | 1037738 |
| 2180869 | 1447111 | 185353 | 151191 | 397214 | 2739836 |
| 29350938 | 19118095 | 3796523 | 2099259 | 4337061 | 6599717 |
| 1522485 | 1182375 | 115193 | 41411 | 183506 | 44958 |
| 4747388 | 2630855 | 1056258 | 295124 | 765151 | 1674013 |
| 26669592 | 17738825 | 2887369 | 2017642 | 4025756 | 8724534 |

# 4-25 房地产开发房屋面积（2020年）

单位:平方米

| 项　　目 | Item |
|---|---|
| **全　市** | **Total** |
| **按企业登记注册类型分** | **Grouped by Registration Status** |
| 内资企业 | Domestic Funded Enterprises |
| 国有企业 | State-owned Enterprises |
| 集体企业 | Collective-owned Enterprises |
| 股份合作企业 | Cooperative Enterprises |
| 联营企业 | Joint Ownership Enterprises |
| # 国有联营企业 | State Joint Ownership Enterprises |
| 集体联营企业 | Collective Joint Ownership Enterprises |
| 国有与集体联营企业 | Joint State-collective Enterprises |
| 有限责任公司 | Limited Liability Corporations |
| # 国有独资公司 | State Sole Funded Corporations |
| 股份有限公司 | Share-holding Corporations Ltd. |
| 私营企业 | Private Enterprises |
| 其他企业 | Other Enterprises |
| 港、澳、台商投资企业 | Enterprises with Funds from Hong Kong, Macao and Taiwan |
| # 与港、澳、台商合资经营企业 | Joint-venture Enterprises |
| 与港、澳、台商合作经营企业 | Cooperative Enterprises |
| 港、澳、台商独资经营企业 | Enterprises with Sole Funds |
| 港、澳、台商投资股份有限公司 | Share-holding Corporations Ltd. |
| 外商投资企业 | Foreign Funded Enterprises |
| # 中外合资经营企业 | Joint-venture Enterprises |
| 中外合作经营企业 | Cooperative Enterprises |
| 外资企业 | Enterprises with Sole Foreign Funds |
| 外商投资股份有限公司 | Share-holding Corporations Ltd. |
| **按资质分** | **Grouped by Grade** |
| 一级资质 | Grade One |
| 二级资质 | Grade Two |
| 三级资质 | Grade Three |
| 四级以下(含四级) | Grade Four and below |
| **按隶属关系分** | **Grouped by Jurisdiction of Management** |
| 中央 | Central Investment |
| 地方 | Local Investment |
| 其他 | Other Investment |

# Floor Space of Buildings in Real Estate Development (2020)

(sq.m)

| 施工面积 Floor Space of Buildings under Construction | # 住 宅 Residential Buildings | 竣工面积 Floor Space of Buildings Completed | # 住 宅 Residential Buildings | 商品房销售面积 Floor Space of Buildings Actually Sold | # 住 宅 Residential Buildings |
|---|---|---|---|---|---|
| **118782889** | **69243195** | **13897937** | **9239107** | **15394026** | **12232059** |
| 99947538 | 59443610 | 10302674 | 6984433 | 12892630 | 10396979 |
| 1906620 | 843285 | | | 299330 | 226276 |
| 191812 | 119315 | 12231 | 12231 | 40358 | 31811 |
| 3600 | | | | | |
| 69746654 | 40663206 | 6665606 | 4518894 | 9431829 | 7398829 |
| 7172558 | 4362776 | 324032 | 230014 | 1167426 | 979334 |
| 1138011 | 599128 | | | 109180 | 92570 |
| 26880108 | 17164519 | 3624837 | 2453308 | 3004665 | 2640225 |
| 80733 | 54157 | | | 7268 | 7268 |
| 12880027 | 6703539 | 2437903 | 1640821 | 1556933 | 1332355 |
| 2958533 | 1421165 | 343713 | 226382 | 338767 | 270217 |
| 3968567 | 2496349 | 1226799 | 914571 | 275840 | 233183 |
| 5952927 | 2786025 | 867391 | 499868 | 942326 | 828955 |
| 5955324 | 3096046 | 1157360 | 613853 | 944463 | 502725 |
| 2561486 | 950216 | 673580 | 280876 | 300737 | 184325 |
| 955252 | 848609 | 48753 | 33047 | 110077 | 97697 |
| 2099635 | 1214089 | 362839 | 299930 | 348570 | 212027 |
| 1735974 | 1083763 | 265190 | 204331 | 268022 | 91333 |
| 9019782 | 5690599 | 756151 | 477893 | 1176635 | 853591 |
| 19840589 | 11560618 | 4312754 | 2830632 | 2293568 | 1720383 |
| 88186544 | 50908215 | 8563842 | 5726251 | 11655801 | 9566752 |
| 4203593 | 3064077 | 106283 | 106283 | 442280 | 386461 |
| 18295518 | 9351763 | 1519661 | 942134 | 2549951 | 2033760 |
| 96283778 | 56827355 | 12271993 | 8190690 | 12401795 | 9811838 |

# 4-26　房地产开发资金来源（2020年）

单位：万元

| 项　　目 | Item |
|---|---|
| **全　市** | **Total** |
| **按企业登记注册类型分** | **Grouped by Registration Status** |
| 内资企业 | Domestic Funded Enterprises |
| 国有企业 | State-owned Enterprises |
| 集体企业 | Collective-owned Enterprises |
| 股份合作企业 | Cooperative Enterprises |
| 联营企业 | Joint Ownership Enterprises |
| # 国有联营企业 | State Joint Ownership Enterprises |
| 集体联营企业 | Collective Joint Ownership Enterprises |
| 国有与集体联营企业 | Joint State-collective Enterprises |
| 有限责任公司 | Limited Liability Corporations |
| # 国有独资公司 | State Sole Funded Corporations |
| 股份有限公司 | Share-holding Corporations Ltd. |
| 私营企业 | Private Enterprises |
| 其他企业 | Other Enterprises |
| 港、澳、台商投资企业 | Enterprises with Funds from Hong Kong, Macao and Taiwan |
| # 与港、澳、台商合资经营企业 | Joint-venture Enterprises |
| 与港、澳、台商合作经营企业 | Cooperative Enterprises |
| 港、澳、台商独资经营企业 | Enterprises with Sole Funds |
| 港、澳、台商投资股份有限公司 | Share-holding Corporations Ltd. |
| 外商投资企业 | Foreign Funded Enterprises |
| # 中外合资经营企业 | Joint-venture Enterprises |
| 中外合作经营企业 | Cooperative Enterprises |
| 外资企业 | Enterprises with Sole Foreign Funds |
| 外商投资股份有限公司 | Share-holding Corporations Ltd. |
| **按资质分** | **Grouped by Grade** |
| 一级资质 | Grade One |
| 二级资质 | Grade Two |
| 三级资质 | Grade Three |
| 四级以下(含四级) | Grade Four and below |
| **按隶属关系分** | **Grouped by Jurisdiction of Management** |
| 中央 | Central Investment |
| 地方 | Local Investment |
| 其他 | Other Investment |

注：本表资金来源为本年发生额。

# Real Estate Development by Source of Funds (2020)

(10000 yuan)

| 合　计<br>Total | 国内贷款<br>Domestic Loans | 利用外资<br>Foreign Investment | 自筹资金<br>Self-raising Funds | 定金及预收款<br>Deposit and Advance Payment | 个人按揭贷款<br>Personal Mortgage Loan | 其他资金<br>Others |
|---|---|---|---|---|---|---|
| **53371253** | **10522548** | | **19040672** | **16622217** | **6405525** | **780291** |
| 47264010 | 10004049 | | 17228453 | 13523865 | 5770233 | 737410 |
| 1694482 | 20000 | | 1583419 | 37277 | 2563 | 51223 |
| 81237 | | | 72167 | 8057 | 1013 | |
| 100 | | | 100 | | | |
| 32655187 | 7368134 | | 9056325 | 10758581 | 4850340 | 621807 |
| 2408869 | 611309 | | 954428 | 430041 | 380226 | 32865 |
| 711564 | 245000 | | 74977 | 206862 | 184725 | |
| 12111628 | 2370915 | | 6440612 | 2509150 | 726571 | 64380 |
| 9812 | | | 853 | 3938 | 5021 | |
| 4475843 | 332007 | | 1534444 | 2251687 | 343685 | 14020 |
| 936710 | 39756 | | 376063 | 413561 | 93372 | 13958 |
| 1203932 | 202256 | | 156822 | 786172 | 58682 | |
| 2335201 | 89995 | | 1001559 | 1051954 | 191631 | 62 |
| 1631400 | 186492 | | 277775 | 846665 | 291607 | 28861 |
| 670953 | 66190 | | 60149 | 409032 | 133756 | 1826 |
| 113369 | 29391 | | 16166 | 60863 | 6949 | |
| 751866 | 70690 | | 201460 | 301779 | 150902 | 27035 |
| 1070796 | 480000 | | 457405 | 125002 | 8389 | |
| 3047128 | 519547 | | 258120 | 1418526 | 850790 | 145 |
| 5278634 | 936482 | | 1090856 | 2617225 | 538993 | 95078 |
| 43974695 | 8586519 | | 17234291 | 12461464 | 5007353 | 685068 |
| 2966334 | 783758 | | 1157891 | 553658 | 468261 | 2766 |
| 7453994 | 1276321 | | 1950604 | 2970661 | 1218039 | 38369 |
| 42950925 | 8462469 | | 15932177 | 13097898 | 4719225 | 739156 |

Note: The source of funds in this table refers to the amount in current year.

# 4-27 房地产开发主要财务指标（2020年）

单位：万元

| 项　　目 | Item | 资产总计 Total Assets |
|---|---|---|
| **全　市** | **Total** | **482899149** |
| **按企业登记注册类型分** | **Grouped by Registration Status** | |
| 内资企业 | Domestic Funded Enterprises | 356369471 |
| 国有企业 | State-owned Enterprises | 6474078 |
| 集体企业 | Collective-owned Enterprises | 438244 |
| 股份合作企业 | Cooperative Enterprises | 36011 |
| 联营企业 | Joint Ownership Enterprises | 2220 |
| # 国有联营企业 | State Joint Ownership Enterprises | |
| 集体联营企业 | Collective Joint Ownership Enterprises | |
| 国有与集体联营企业 | Joint State-collective Enterprises | |
| 有限责任公司 | Limited Liability Corporations | 225649155 |
| # 国有独资公司 | State Sole Funded Corporations | 22796810 |
| 股份有限公司 | Share-holding Corporations Ltd. | 53935740 |
| 私营企业 | Private Enterprises | 68953129 |
| 其他企业 | Other Enterprises | 880894 |
| 港、澳、台商投资企业 | Enterprises with Funds from Hong Kong, Macao and Taiwan | 87223785 |
| # 与港、澳、台商合资经营企业 | Joint-venture Enterprises | 6742142 |
| 与港、澳、台商合作经营企业 | Cooperative Enterprises | 11308108 |
| 港、澳、台商独资经营企业 | Enterprises with Sole Funds | 69173535 |
| 港、澳、台商投资股份有限公司 | Share-holding Corporations Ltd. | |
| 外商投资企业 | Foreign Funded Enterprises | 39305893 |
| # 中外合资经营企业 | Joint-venture Enterprises | 23279326 |
| 中外合作经营企业 | Cooperative Enterprises | 2544114 |
| 外资企业 | Enterprises with Sole Foreign Funds | 11452783 |
| 外商投资股份有限公司 | Share-holding Corporations Ltd. | |
| **按资质分** | **Grouped by Grade** | |
| 一级资质 | Grade One | 143837351 |
| 二级资质 | Grade Two | 26773463 |
| 三级资质 | Grade Three | 53401403 |
| 四级以下(含四级) | Grade Four and below | 258886932 |
| **按隶属关系分** | **Grouped by Jurisdiction of Management** | |
| 中央 | Central Investment | 45680698 |
| 地方 | Local Investment | 102123382 |
| 其他 | Other Investment | 335095069 |

# Main Financial Indicators of Real Estate Development (2020)

(10000 yuan)

| 所有者权益<br>Owners′<br>Equity | 营业收入<br>Business<br>Revenue | 营业成本<br>Cost of<br>Business | 利润总额<br>Total<br>Profits |
|---|---|---|---|
| **93045505** | **29578290** | **17712710** | **10525353** |
| | | | |
| 71368178 | 22890661 | 14269456 | 8197727 |
| 1797892 | 293797 | 173160 | 212948 |
| 93285 | 11603 | 6634 | -9881 |
| 2722 | 420 | 61 | -101 |
| -2356 | 145 | 53 | -82 |
| | | | |
| 52273129 | 16905827 | 10812299 | 6047011 |
| 9003528 | 1267202 | 903674 | 255671 |
| 7522776 | 364934 | 95258 | 1169347 |
| 9388123 | 5313654 | 3181991 | 779410 |
| 292607 | 281 | | -925 |
| 13661740 | 3733076 | 1650802 | 1226434 |
| 3105786 | 911783 | 431832 | 335375 |
| 2792556 | 618101 | 172749 | 304705 |
| 7763398 | 2203192 | 1046221 | 586354 |
| | | | |
| 8015587 | 2954553 | 1792452 | 1101192 |
| 4682438 | 1418849 | 929564 | 14711 |
| 873227 | 111966 | 53781 | -46 |
| 1977713 | 1267832 | 730042 | 1121340 |
| | | | |
| 23949500 | 1792789 | 632154 | 5002819 |
| 6294912 | 2647226 | 1484682 | 788857 |
| 16806891 | 5544233 | 2678075 | 1234289 |
| 45994202 | 19594042 | 12917799 | 3499388 |
| | | | |
| 7233957 | 503878 | 168170 | 1488440 |
| 30188764 | 5120339 | 2800748 | 4135049 |
| 55622784 | 23954073 | 14743792 | 4901864 |

## 主要统计指标解释

**【固定资产投资额】**以货币形式表现的在一定时期内建造和购置固定资产的工作量以及与此有关的费用的总称。该指标是反映固定资产投资规模、结构和发展速度的综合性指标，又是观察工程进度和考核投资效果的重要依据。

**【房地产开发投资】**各种登记注册类型的房地产开发公司、商品房建设公司及其他房地产开发单位统一开发的包括统代建、拆迁还建的住宅、厂房、仓库、饭店、宾馆、度假村、写字楼、办公楼等房屋建筑物和配套的服务设施、土地开发工程，如道路、给水、排水、供电、供热、通讯、平整场地等基础设施工程的投资。包括实际从事房地产开发或经营活动的附营房地产开发单位。不包括单纯的土地交易活动。

**【房屋施工面积】**指报告期内施工的全部房屋建筑面积。包括本期新开工的面积和上期开工跨入本期继续施工的房屋面积，以及上期已停建在本期复工的房屋面积。本期竣工和本期施工后又停缓建的房屋，其建筑面积仍计入本期房屋施工面积中。

**【房屋竣工面积】**指在报告期内房屋建筑按照设计要求已全部完工，达到住人和使用条件，经验收鉴定合格（或达到竣工验收标准），可正式移交使用的各栋房屋建筑面积的总和。

## Explanatory Notes on Main Statistical Indicators

**【Total Investment in Fixed Assets】** refers to the volume of activities in construction and purchases of fixed assets and related fees, expressed in monetary terms. It is a comprehensive indicator which shows the size, structure and growth of the investment in fixed assets, providing basis for observing the progress of construction projects and evaluating results of investment.

**【Investment in Real Estate Development】** It includes the investment by the real estate development companies, commercial buildings construction companies and other real estate development units of various types of ownership in the construction of house buildings, such as residential buildings, factory buildings, warehouses, hotels, guesthouses, holiday villages, office buildings, and the complementary service facilities and land development projects, such as roads, water supply, water drainage, power supply, heating, telecommunications, land leveling and other projects of infrastructure. It covers the activities of the non-real estate companies in real estate development or management, but excludes the activities in simple land transactions.

**【Floor Space under Construction】** refers to total floor space of all buildings under construction during the reference period, including floor space of newly started buildings during the reference period, floor space of construction extended from the previous period to the current period, and floor space of construction suspended during the previous period but resumed in the current period. Floor space of construction completed in the current period and floor space of construction started and then suspended in the current period are still included in floor space under construction.

**【Floor Space of Buildings Completed】** refers to the floor space of housing construction in accordance with the design requirements have been completed In the reporting period, to live and the conditions of use, have been checked or reach the completion acceptance criteria, of housing construction put to use.

# 能源和环境

# ENERGY AND ENVIRONMENT

# 第五篇 能源和环境

**简要说明**

一、本篇资料反映广州市能源和环境综合情况。

（一）能源部分主要包括：能源生产、消费基本情况，能源消费弹性系数，规模以上工业企业能源加工转换效率和工业企业分行业主要能源消费量，全市和各区用电量等。

1. 能源统计资料取自广州市能源与生产、销售与库存、工业企业能源购进、消费与库存，及能源加工转换与回收利用表等。

2. 统计口径与计算说明：

⑴ 5-1 表至 5-4 表及 5-7 表至 5-9 表的统计口径均为全社会口径；5-5 表和 5-6 表的统计口径均为年主营业务收入 2000 万元及以上工业企业法人单位。

⑵ 计算能源消费指标涉及的地区生产总值、工业增加值均采用可比口径。

⑶ 5-2 表和 5-3 表的能源消费总量及分行业能源消费量中的电力按等价值计算；5-5 表能源加工转换效率表中的电力按当量值计算，即每千瓦时折 0.1229 千克标准煤。

3. 本篇的 5-2 表、5-7 表至 5-9 表电力数据来自广东电网有限责任公司广州供电局。

(二) 环境部分主要包括水环境、大气环境、固体废物、生态环境、自然灾害、城市环境、农村环境等。环境资料由市生态环境局、水务局、规划和自然资源局、住房城乡建设局、应急管理局、农业农村局、林业和园林局等单位提供。

二、本篇资料由广州市统计局能源统计处整理提供。

# 5 Energy and Environment

**Brief Introduction**

I. This paper reflects the comprehensive situation of energy and environment in Guangzhou.

1.The energy part mainly includes: the energy production, the consumption basic situation, elasticity ratio of energy consumption the scale above industrial enterprise energy processing conversion efficiency and the industrial enterprise by profession main energy consumption, the whole city electricity consumption and so on.

1.1 Energy statistics from Guangzhou energy production, sales and inventory, industrial enterprises energy purchase, consumption and inventory, and energy processing conversion and recycling tables.

1.2 Statistical caliber and calculation description:

1.2.1 The statistical caliber of table 5-1 to table 5-4 and table 5-7 to table 5-9 are all the whole social caliber, and the statistical caliber of table 5-5 to table 5-6 are all 20 million yuan of annual main business income and corporate unit of industrial enterprise above.

1.2.2 Calculation of energy consumption indicators related to the regional gross domestic product, industrial value added using comparable caliber.

1.2.3 The total energy consumption in table 5-2 and table 5-3 and the energy consumption in each industry are calculated by equal value, and the power in the table of conversion efficiency of energy processing in table 5-5 is calculated at an equal value, that is, 0.1229 kg of standard coal per kilowatt-hour.

1.3 The table 5-2, table 5-7 to table 5-9 are from Guangzhou Power Supply Bureau of Guangdong Power Grid Co., Ltd.

2. The environmental part mainly includes water environment, atmosphere environment, solid waste, ecological environment, natural disaster, urban environment, rural environment and so on.

The environmental information is provided by Guangzhou Municipal Ecological Environmental Bureau, Water Authority, Planning and Natural Resources Bureau, Emergency Management Bureau, Agriculture and Rural Affairs Bureau, Forestry and Landscaping Bureau and so on.

II. The data in this chapter is collected and provided by Guangzhou Bureau of Statistics Energy Statistics Department.

# 5-1 能源生产量

# Energy Production

| 项　　目 | | Item | | 2019 | 2020 |
|---|---|---|---|---|---|
| 原油加工量 | (万吨) | Crude Oil Processing | (10000 tons) | 1186.01 | 1212.98 |
| 汽　油 | (万吨) | Gasoline | (10000 tons) | 313.46 | 309.22 |
| 煤　油 | (万吨) | Kerosine | (10000 tons) | 205.23 | 145.78 |
| 柴　油 | (万吨) | Diesel Oil | (10000 tons) | 346.00 | 370.32 |
| 燃料油 | (万吨) | Fuel Oil | (10000 tons) | 0.14 | 23.99 |
| 液化石油气 | (万吨) | Liquefied Petroleum | (10000 tons) | 50.28 | 50.54 |
| 发电量 | (万千瓦·时) | Electricity Production | (10000 kWh) | 3481000 | 3610433 |
| # 火力发电量 | | Thermal Power Generation | | 3093285 | 3264301 |
| # 燃煤发电量 | | Fossil Fired Power Generation | | 2352278 | 2037473 |
| 余热余压发电量 | | Waste Heat and Pressure Power Generation | | 3178 | 7105 |
| 燃气发电量 | | Gas Power Generation | | 535745 | 970041 |
| 垃圾焚烧发电量 | | Waste Incineration Power Generation | | 187935 | 234246 |
| 生物质发电量 | | Biomass Power Generation | | 14149 | 15436 |
| 水力发电量 | | Hydroelectric Generation | | 313500 | 250099 |
| # 抽水蓄能发电量 | | Pumped Storage Power Generation | | 254800 | 220708 |
| 太阳能发电量 | | Solar Power Generation | | 74215 | 96033 |
| 热力 | (百万千焦) | Heating Power | (MkJ) | 29322760 | 31569067 |
| # 生物质能供热 | | Biomass Heating | | 1948433 | 2338658 |
| 化石燃料供热 | | Fossil Fuel Heating | | 27374327 | 29230409 |

注：1.本表能源生产量为全社会口径。
　　2.水力发电量包括抽水蓄能发电量

Note: I.The energy production data in this table is of full coverage.
　　II.Hydroelectric generation includes pumped storage power generation.

# 5-2 主要年份能源消耗基本情况
## Energy Consumption in Main Years

| 年份 Year | 能源消费总量（万吨标准煤） Total Energy Consumption (10000 tons SCE) | 万元地区生产总值能耗下降率(%) Desent rate of Energy Consumption per Unit of GDP (%) | 万元地区生产总值电耗下降率(%) Desent rate of Electricity Consumption per Unit of GDP (%) | 工业增加值能耗下降率(%) Desent rate of Energy Consumption of Industrial Value-added (%) | 工业增加值电耗下降率(%) Desent rate of Electricity Consumption of Industrial Value-added (%) |
|---|---|---|---|---|---|
| 2006 | 4122.58 | 4.62 | 4.05 | 9.68 | 4.11 |
| 2007 | 4395.38 | 4.44 | 2.29 | 5.46 | 6.28 |
| 2008 | 4577.54 | 4.56 | 7.98 | 8.34 | 9.70 |
| 2009 | 4673.27 | 4.01 | 6.96 | 8.81 | 8.73 |
| 2010 | 4775.60 | 4.60 | 2.53 | 11.09 | -0.28 |
| 2011 | 5013.40 | 4.91 | 4.74 | 9.98 | 7.48 |
| 2012 | 5163.45 | 4.94 | 4.59 | 12.13 | 7.12 |
| 2013 | 5333.57 | 5.14 | 8.21 | 13.24 | 8.74 |
| 2014 | 5496.46 | 3.52 | 0.77 | 8.46 | 2.15 |
| 2015 | 5688.89 | 4.52 | 6.13 | 3.53 | 4.66 |
| 2016 | 5852.60 | 4.96 | 2.36 | 6.56 | 0.42 |
| 2017 | 5961.97 | 4.81 | 1.32 | 5.78 | 0.34 |
| 2018 | 6129.55 | 3.24 | 2.27 | 5.62 | 5.10 |
| 2019 | 6294.20 | 3.86 | -0.50 | 4.49 | 0.88 |
| 2020 | 6191.49 | 4.23 | 3.49 | 1.43 | 7.27 |

# 5-3 能源消费总量
## Total Consumption of Energy

单位：万吨标准煤 (10000 tons of SCE)

| 项　目 | Item | 2019 | | 2020 | |
|---|---|---|---|---|---|
| | | 数　量 Consumption Volume | 构　成(%) Composition (%) | 数　量 Consumption Volume | 构　成(%) Composition (%) |
| **合　计** | **Total** | **6294.20** | **100.00** | **6191.49** | **100.00** |
| 生产消费 | Production Consumption | 5258.33 | 83.54 | 5103.58 | 82.43 |
| 第一产业 | Primary Industry | 37.46 | 0.60 | 38.03 | 0.62 |
| 第二产业 | Secondary Industry | 2497.78 | 39.68 | 2534.99 | 40.94 |
| 第三产业 | Tertiary Industry | 2723.09 | 43.26 | 2530.56 | 40.87 |
| 生产消费中： | In Production Consumption: | | | | |
| 工　业 | Industry | 2352.29 | 37.37 | 2379.90 | 38.44 |
| 生活消费 | Residential Consumption | 1035.87 | 16.46 | 1087.91 | 17.57 |
| 城　镇 | Urban Areas | 749.92 | 11.92 | 788.05 | 12.73 |
| 乡　村 | Rural Areas | 285.95 | 4.54 | 299.86 | 4.84 |

## 5-4 能源消费弹性系数

## Elasticity Ratio of Energy Consumption

| 年份 Year | 能源消费比上年增长(%) Energy Consumption increase over last year (%) | 电力消费比上年增长(%) Power Consumption increase over last year (%) | 地区生产总值比上年增长(%) Gross Domestic Product increase over last year (%) | 能源消费弹性系数 Elasticity Ratio of Energy Consumption | 电力消费弹性系数 Elasticity Ratio of Power Consumption |
|---|---|---|---|---|---|
| 2015 | 3.5 | 1.8 | 8.3 | 0.42 | 0.22 |
| 2016 | 2.9 | 5.7 | 7.6 | 0.38 | 0.75 |
| 2017 | 1.9 | 5.6 | 6.7 | 0.28 | 0.84 |
| 2018 | 2.8 | 3.8 | 6.0 | 0.47 | 0.63 |
| 2019 | 2.7 | 7.3 | 6.9 | 0.39 | 1.06 |
| 2020 | -1.6 | -0.9 | 2.7 | — | — |

## 5-5 规模以上工业企业能源加工转换效率

## Efficiency of Energy Conversion by Industrial Enterprises above the Designated Size

| 项目 | Item | 火力发电 Thermal Power Generation | | 供热 Heating | | 炼油 Petroleum Refining | |
|---|---|---|---|---|---|---|---|
| | | 2019 | 2020 | 2019 | 2020 | 2019 | 2020 |
| 投入量合计 (万吨标准煤) | Total Input (10000 tons of SCE) | 943.93 | 978.69 | 129.53 | 124.48 | 1866.64 | 1880.89 |
| 产出量合计 (万吨标准煤) | Total Output (10000 tons of SCE) | 373.70 | 400.51 | 110.86 | 107.51 | 1848.40 | 1846.23 |
| 加工转换损失量(万吨标准煤) | Losses in Energy Conversion (10000 tons of SCE) | 570.23 | 578.18 | 18.67 | 16.97 | 18.24 | 34.66 |
| 加工转换效率 (%) | Efficiency of Energy Conversion (%) | 39.59 | 40.92 | 85.59 | 86.37 | 99.02 | 98.16 |

# 5-6 规模以上工业企业分行业主要能源消费量（2020年）

| 行　业 | Sector |
|---|---|
| **工　业** | **Industry** |
| **按轻重工业分** | **Grouped by Light & Heavy Industries** |
| 轻工业 | Light Industry |
| 重工业 | Heavy Industry |
| **按工业行业分** | **Grouped by Sector** |
| 采矿业 | Mining |
| 制造业 | Manufacturing |
| 农副食品加工业 | Processing of Food from Agricultural Products |
| 食品制造业 | Manufacture of Foods |
| 酒、饮料和精制茶制造业 | Manufacture of wine,Beverages and Refined Tea |
| 烟草制品业 | Manufacture of Tobacco |
| 纺织业 | Manufacture of Textile |
| 纺织服装、服饰业 | Manufacture of Textile Wearing Apparel,Clothing |
| 皮革、毛皮、羽毛及其制品和制鞋业 | Manufacture of Leather,Fur,Feather and Related Products and Footwear |
| 木材加工和木、竹、藤、棕、草制品业 | Processing of Timber,Manufacture of Wood, Bamboo, Rattan, Plam and Straw Products |
| 家具制造业 | Manufacture of Furniture |
| 造纸和纸制品业 | Manufacture of Paper and Paper Products |
| 印刷和记录媒介复制业 | Printing, Reproduction of Recording Media |
| 文教、工美、体育和娱乐用品制造业 | Manufacture of Culture and Education, Arts and Crafts, Sports and Entertainment Supplies |
| 石油、煤炭及其他燃料加工业 | Petroleum, Coal and Other Fuel Proccessing |
| 化学原料和化学制品制造业 | Manufacture of Raw Chemical Materials and Chemical Products |

## Consumption of Main Energy by Industrial Sector above the Designated Size (2020)

| 煤 炭<br>（吨）<br>Coal<br>(ton) | 燃料油<br>（吨）<br>Fuel Oil<br>(ton) | 汽 油<br>（吨）<br>Gasoline<br>(ton) | 柴 油<br>（吨）<br>Diesel Oil<br>(ton) | 热 力<br>（百万千焦）<br>Heating<br>(million kJ) | 电 力<br>（万千瓦·时）<br>Electricity<br>(10000 kWh) |
|---:|---:|---:|---:|---:|---:|
| **11007687** | **8158** | **23283** | **88395** | **20770971** | **4077222** |
| | | | | | |
| 298950 | 2725 | 8256 | 16737 | 13647029 | 834294 |
| 10708737 | 5433 | 15027 | 71658 | 7123942 | 3242928 |
| | | | | | |
| | | | 1 | | 93 |
| 1238755 | 8158 | 22600 | 81803 | 20758525 | 2394155 |
| 8882 | 9 | 193 | 1312 | 2630716 | 41184 |
| | | 666 | 2273 | 1469350 | 62115 |
| | | 27 | 38 | 1343607 | 38756 |
| | | | | | 6628 |
| 274127 | 449 | 369 | 424 | 4799652 | 65053 |
| 9 | | 695 | 421 | 25712 | 17069 |
| | | 543 | 736 | | 17662 |
| | | 50 | 317 | | 8442 |
| | | 1188 | 1065 | 5805 | 18033 |
| | 29 | 256 | 1674 | 2314865 | 65345 |
| | | 130 | 219 | | 23022 |
| | 309 | 218 | 324 | 90449 | 23775 |
| 341990 | 717 | 53 | 117 | 52050 | 147161 |
| 73330 | 400 | 1914 | 9166 | 5498241 | 173946 |

5-6 续表

| 行　　业 | Sector |
|---|---|
| 医药制造业 | Manufacture of Medicines |
| 化学纤维制造业 | Manufacture of Chemical Fibers |
| 橡胶和塑料制品业 | Manufacture of Rubber |
| 非金属矿物制品业 | Manufacture of Non-metallic Mineral Products |
| 黑色金属冶炼和压延加工业 | Smelting and Pressing of Ferrous Metals |
| 有色金属冶炼和压延加工业 | Smelting and Pressing of Non-Ferrous Metals |
| 金属制品业 | Manufacture of Metal Products |
| 通用设备制造业 | Manufacture of General Purpose Machinery |
| 专用设备制造业 | Manufacture of Special Purpose Machinery |
| 汽车制造业 | Manufacture of Automobile |
| 铁路、船舶、航空航天和其他运输设备制造业 | Manufacture of Railway, Ship, Aerospace and Other Transportation Equipment |
| 电气机械和器材制造业 | Manufacture of Electrical Machinery and Equipment |
| 计算机、通信和其他电子设备制造业 | Manufacture of Computers, Communications and Other Electronic Equipment |
| 仪器仪表制造业 | Manufacture of Instrument |
| 其他制造业 | Other Manufacturing |
| 废弃资源综合利用业 | Comprehensive Utilization of Waste Resources |
| 金属制品、机械和设备修理业 | Metal Products, Machinery and Equipment Repair |
| 电力、热力、燃气及水生产和供应业 | Production and Supply of Electricity,Heat,Gas and Water |
| 电力、热力生产和供应业 | Production and Supply of Electric Power and Heat Power |
| 燃气生产和供应业 | Production and Supply of Gas |
| 水的生产和供应业 | Production and Supply of Water |

注：本表电力消费量包含法人单位自产自用电量。

continued

| 煤 炭<br>(吨)<br>Coal<br>(ton) | 燃料油<br>(吨)<br>Fuel Oil<br>(ton) | 汽 油<br>(吨)<br>Gasoline<br>(ton) | 柴 油<br>(吨)<br>Diesel Oil<br>(ton) | 热 力<br>(百万千焦)<br>Heating<br>(million kJ) | 电 力<br>(万千瓦·时)<br>Electricity<br>(10000 kWh) |
|---|---|---|---|---|---|
| | 163 | 523 | 754 | 448759 | 42449 |
| | | 2 | 16 | 24828 | 4587 |
| | 1434 | 1491 | 2316 | 572063 | 187779 |
| 540407 | 2579 | 586 | 37934 | 311123 | 123859 |
| | 20 | 71 | 226 | 329509 | 160628 |
| | 192 | 54 | 799 | | 27222 |
| | 30 | 912 | 2204 | 61815 | 74943 |
| 10 | | 1572 | 3945 | 16411 | 51630 |
| | | 915 | 669 | 129903 | 40436 |
| | | 2038 | 2011 | 507884 | 311927 |
| | 1815 | 665 | 5029 | | 25889 |
| | | 2958 | 3153 | 36902 | 103846 |
| | | 4155 | 852 | 88881 | 496668 |
| | | 118 | 14 | | 15175 |
| | | 35 | 21 | | 3647 |
| | | 3 | 583 | | 4935 |
| | 12 | 200 | 3191 | | 10344 |
| 9768932 | | 683 | 6591 | 12446 | 1682974 |
| 9768932 | | 80 | 6300 | 12446 | 1526019 |
| | | 182 | 251 | | 1533 |
| | | 421 | 40 | | 155422 |

Note: The electricity consumption in the table includes electricity generated and used by enterprise itself.

# 5-7 主要年份全市用电量

# Total Electricity Supply in Main Years

单位：万千瓦·时 (10000 kWh)

| 年 份 Year | 用电总量 Consumption | 各行业用电 Total Electricity Consumption of Industry | #工 业 Industry | 生活用电 Power Consumed by Urbanites |
|---|---|---|---|---|
| 1978 | 229680 | | 183814 | |
| 1979 | 273124 | | 217438 | |
| 1980 | 302175 | | 228544 | |
| 1981 | 314537 | | 229280 | |
| 1982 | 335533 | | 237124 | |
| 1983 | 376334 | | 261924 | |
| 1984 | 375693 | | 247131 | |
| 1985 | 403864 | | 251572 | |
| 1986 | 425740 | | 266993 | |
| 1987 | 528671 | 468372 | 353019 | 60299 |
| 1988 | 570888 | 497403 | 367882 | 73485 |
| 1989 | 588073 | 510252 | 381924 | 77821 |
| 1990 | 651907 | 551870 | 402427 | 100037 |
| 1991 | 850413 | 729858 | 557693 | 120555 |
| 1992 | 988361 | 844301 | 641685 | 144060 |
| 1993 | 1194668 | 1013769 | 765423 | 180899 |
| 1994 | 1340090 | 1123076 | 824998 | 217014 |
| 1995 | 1491687 | 1239195 | 900550 | 252492 |
| 1996 | 1607619 | 1321780 | 948271 | 285839 |
| 1997 | 1700635 | 1399021 | 987404 | 301614 |
| 1998 | 1893271 | 1546097 | 1066325 | 347174 |
| 1999 | 2056799 | 1684648 | 1155344 | 372151 |
| 2000 | 2363174 | 1945091 | 1351669 | 418083 |

## 5-7 续表 continued

单位：万千瓦·时 (10000 kWh)

| 年 份<br>Year | 用电总量<br>Consumption | 各行业用电<br>Total Electricity Consumption of Industry | #工 业<br>Industry | 生活用电<br>Power Consumed by Urbanites |
|---|---|---|---|---|
| 2001 | 2540201 | 2072950 | 1428461 | 467251 |
| 2002 | 2849015 | 2373574 | 1607851 | 475441 |
| 2003 | 3349712 | 2804357 | 1943780 | 545355 |
| 2004 | 3846375 | 3228990 | 2239481 | 617385 |
| 2005 | 4256677 | 3537004 | 2531916 | 719673 |
| 2006 | 4694234 | 3898916 | 2740256 | 795318 |
| 2007 | 5271258 | 4372014 | 3063610 | 899244 |
| 2008 | 5459185 | 4472140 | 3098761 | 987045 |
| 2009 | 5670810 | 4559439 | 3098871 | 1111371 |
| 2010 | 6258983 | 5075414 | 3497243 | 1183569 |
| 2011 | 6635544 | 5349058 | 3614532 | 1286486 |
| 2012 | 6941253 | 5519444 | 3589545 | 1421809 |
| 2013 | 7106910 | 5692959 | 3656433 | 1413951 |
| 2014 | 7658542 | 6052408 | 3860372 | 1606134 |
| 2015 | 7793233 | 6179721 | 3937448 | 1613512 |
| 2016 | 8235701 | 6533151 | 4164565 | 1702550 |
| 2017 | 9024753 | 7137209 | 4344911 | 1887544 |
| 2018 | 9369013 | 7407839 | 4368114 | 1961174 |
| 2019 | 10055838 | 7987146 | 4537710 | 2068692 |
| 2020 | 9967249 | 7763662 | 4318717 | 2203587 |

注：1．本表数据由广东电网有限责任公司广州供电局提供，用电量包括法人单位自发自用电量。
2．1987年起行业用电分类调整，之前无各行业用电和生活用电分类。
3．2018年开始广东电网有限责任公司广州供电局统计全市用电量包含抽水蓄能用电量。 2017年同口径调整， 原口径用电总量为8695865万千瓦·时。

Note: I. The data in this table is provided by Guangzhou Power Supply Bureau of Guangdong Power Grid Co., Ltd and the data includes Spontaneous electricity consumption of legal entity.

II. Since 1987, the classification of electricity consumption in different industries has been adjusted. Before that, there was no classification of electricity consumption in different industries and in daily life.

III. Total Electricity Consumption includes the electricity consumption of pumped storage since 2018. The data of 2017 has been adjusted according to this new coverage. The original data is 8695865(10000kWh).

# 5-8 全市分行业用电量

# Electricity Consumption by Industrial Sector

单位:万千瓦·时 (10000 kWh)

| 项　　目 | Item | 2019 | 2020 |
|---|---|---|---|
| **用电总量** | **Total Consumption of Electricity** | **10055838** | **9967249** |
| **各行业用电** | **Total Electricity Consumption of Industry** | **7987146** | **7763662** |
| **按产业分** | **Grouped By Industry** | | |
| 第一产业 | Primary Industry | 56335 | 57534 |
| 第二产业 | Secondary Industry | 4589542 | 4410738 |
| 第三产业 | Tertiary Industry | 3341269 | 3295390 |
| **按行业分** | **Grouped By Sector** | | |
| 农、林、牧、渔业 | Agriculture, Forestry, Animal Husbandry and Fishery | 69472 | 69729 |
| 工　业 | Industry | 4537710 | 4318717 |
| 按工业行业分 | By Sector | | |
| 采矿业 | Mining | 7211 | 7862 |
| 制造业 | Manufacturing | 3385761 | 3350108 |
| 农副食品加工业 | Processing of Food from Agricultural Products | 41639 | 42727 |
| 食品制造业 | Manufacture of Foods | 72742 | 73721 |
| 酒、饮料和精制茶制造业 | Manufacture of wine,Beverages and Refined Tea | 47693 | 44227 |
| 烟草制品业 | Manufacture of Tobacco | 8264 | 8560 |
| 纺织业 | Manufacture of Textile | 113249 | 108953 |
| 纺织服装、服饰业 | Manufacture of Textile Wearing Apparel,Clothing | 79829 | 76108 |
| 皮革、毛皮、羽毛及其制品和制鞋业 | Manufacture of Leather,Fur,Feather and Related Products and Footwear | 165960 | 146511 |
| 木材加工和木、竹、藤、棕、草制品业 | Processing of Timber,Manufacture of Wood, Bamboo, Rattan, Plam and Straw Products | 56509 | 50509 |

## 5-8 续表1 continued

单位:万千瓦·时 (10000 kWh)

| 项目 | Item | 2019 | 2020 |
|---|---|---|---|
| 家具制造业 | Manufacture of Furniture | 13611 | 13829 |
| 造纸和纸制品业 | Manufacture of Paper and Paper Products | 88721 | 84321 |
| 印刷和记录媒介复制业 | Printing, Reproduction of Recording Media | 26434 | 24886 |
| 文教、工美、体育和娱乐用品制造业 | Manufacture of Culture and Education ,Arts and Crafts, Sports and Entertainment Supplies | 140000 | 130055 |
| 石油、煤炭及其他燃料加工业 | Petroleum ,Coal and Other Fuel Proccesing | 154016 | 150698 |
| 化学原料和化学制品制造业 | Manufacture of Raw Chemical Materials and Chemical Products | 140000 | 187460 |
| 医药制造业 | Manufacture of Medicines | 53753 | 65605 |
| 化学纤维制造业 | Manufacture of Chemical Fibers | 20187 | 12167 |
| 橡胶和塑料制品业 | Manufacture of Rubber | 187232 | 183390 |
| 非金属矿物制品业 | Manufacture of Non-metallic Mineral Products | 111723 | 110922 |
| 黑色金属冶炼和压延加工业 | Smelting and Pressing of Ferrous Metals | 155780 | 155722 |
| 有色金属冶炼和压延加工业 | Smelting and Pressing of Non-Ferrous Metals | 55869 | 18003 |
| 金属制品业 | Manufacture of Metal Products | 196011 | 191856 |
| 通用设备制造业 | Manufacture of General Purpose Machinery | 213451 | 190122 |
| 专用设备制造业 | Manufacture of Special Purpose Machinery | 18541 | 19182 |
| 汽车制造业 | Manufacture of Automobile | 279693 | 286819 |
| 铁路、船舶、航空航天和其他运输设备制造业 | Manufacture of Railway, Ship, Aerospace and Other Transportation Equipment | 85236 | 65381 |
| 电气机械和器材制造业 | Manufacture of Electrical Machinery and Equipment | 70125 | 83356 |
| 计算机、通信和其他电子设备制造业 | Manufacture of Computers, Communications and Other Electronic Equipment | 469169 | 519973 |

## 5-8 续表2 continued

单位:万千瓦·时 (10000 kWh)

| 项　　目 | Item | 2019 | 2020 |
|---|---|---|---|
| 仪器仪表制造业 | Manufacture of Instrument | 2111 | 2037 |
| 其他制造业 | Other Manufacturing | 244650 | 232281 |
| 废弃资源综合利用业 | Comprehensive Utilization of Waste Resources | 6227 | 8790 |
| 金属制品、机械和设备修理业 | Metal Products, Machinery and Equipment Repair | 67336 | 61937 |
| 电力、热力、燃气及水生产和供应业 | Production and Supply of Electricity,Heat,Gas and Water | 1144738 | 960747 |
| 电力、热力生产和供应业 | Production and Supply of Electric Power and Heat Power | 993394 | 855485 |
| 燃气生产和供应业 | Production and Supply of Gas | 51841 | 5774 |
| 水的生产和供应业 | Production and Supply of Water | 99503 | 99488 |
| 建筑业 | Construction | 119168 | 153959 |
| 批发和零售业 | Wholesale and Retail Trade | 404612 | 431768 |
| 交通运输、仓储和邮政业 | Transport, Storage and Post | 428857 | 414503 |
| 住宿和餐饮业 | Hotels and Catering Services | 187203 | 169692 |
| 信息传输、软件和信息技术服务业 | Information Transmission, Software and Information Technology | 219604 | 252401 |
| 金融业 | Financial Intermediation | 39743 | 36567 |
| 房地产业 | Real Estate | 173831 | 174594 |
| 租赁和商务服务业 | Leasing and Business Services | 987906 | 945792 |
| 公共服务及管理组织 | Public Service and Management Organization | 819040 | 795940 |
| **生活用电** | **Electricity Consumption by Urban and Rural Households** | **2068692** | **2203587** |
| 城镇居民 | Urban Residents | 1262698 | 1371706 |
| 乡村居民 | Rural Residents | 805994 | 831881 |

# 5-9 各区用电量

## Electricity Consumption by District

单位:万千瓦·时　　(10000 kWh)

| 区 | District | 2015 | 2016 | 2017 | 2018 | 2019 | 2020 |
|---|---|---|---|---|---|---|---|
| **全市合计** | **Total** | **7793233** | **8235701** | **9024753** | **9369013** | **10055838** | **9967249** |
| 荔湾区 | Liwan | 350260 | 358539 | 364363 | 358078 | 388623 | 382558 |
| 越秀区 | Yuexiu | 497694 | 509103 | 509859 | 507371 | 524171 | 493423 |
| 海珠区 | Haizhu | 619901 | 646893 | 675832 | 706620 | 750418 | 737018 |
| 天河区 | Tianhe | 784675 | 836602 | 872335 | 903317 | 969725 | 942819 |
| 白云区 | Baiyun | 1106442 | 1160380 | 1239028 | 1318579 | 1431163 | 1380687 |
| 黄埔区 | Huangpu | 1250345 | 1343732 | 1465099 | 1553893 | 1717457 | 1773969 |
| 番禺区 | Panyu | 896855 | 958989 | 1023332 | 1074566 | 1149548 | 1149448 |
| 花都区 | Huadu | 727365 | 752943 | 799846 | 819630 | 866778 | 855252 |
| 南沙区 | Nansha | 661311 | 693620 | 731167 | 769713 | 817212 | 847463 |
| 从化区 | Conghua | 201468 | 224644 | 235423 | 250110 | 261590 | 272975 |
| 增城区 | Zengcheng | 620243 | 664212 | 694485 | 674347 | 729256 | 791896 |

注：分区用电量不包含抽水蓄能用电量，同时由于市区两级线损量统计方法差异，全市合计数不等于分区数相加。

Note：The electricity consumption by distric excludes the electricity consumed by pumped storage ,and the sum of all districts is not equal to the total due to the different statistical method.

## 5-10 主要年份环境保护基本情况

| 项　　目 | | Item | | 1995 |
|---|---|---|---|---|
| **市区二氧化硫年日平均值** | **（毫克/立方米）** | **Daily Mean Value of $SO_2$ in Urban Area** | **($mg/m^3$)** | **0.059** |
| 市区二氧化氮年日平均值 | （毫克/立方米） | Daily Mean Value of $NO_2$ in Urban Area | ($mg/m^3$) | |
| 市区可吸入颗粒平均浓度 | （毫克/立方米） | Annual Concentration of Breathable Particular Matter | ($mg/m^3$) | |
| 市区PM2.5平均浓度 | （毫克/立方米） | PM2.5 Average Concentrations in Urban Area | ($mg/m^3$) | |
| 降水PH值 | | The PH Value of the Precipitation | | 3.65 |
| 酸雨频率 | (%) | Frequency of Acid Rain | (%) | 73.40 |
| 环境空气质量优良天数 | （天） | The Number of Days of Good Air Quality | (day) | |
| 环境空气质量优良率 | (%) | The Rate of Good Air Quality | (%) | |
| **废水排放总量** | **（万吨）** | **Volume of Waste Water Discharged** | **(10000 tons)** | **91267** |
| 工业废水排放量 | | Volume of Industrial Waste Water Discharged | | 30930 |
| 生活污水排放量 | | Volume of Living Waste Water Discharged | | 60337 |
| 工业废水排放达标量 | （万吨） | Volume of Industrial Waste Water up to the Discharge Standards | (10000 tons) | 19685 |
| 工业废水排放达标率 | (%) | Percentage of Industrial Waste Water up to the Discharge Standards | (%) | 63.64 |
| **工业废气排放总量** | **（亿立方米）** | **Volume of Industrial Waste Gas Emission** | **(100 million cu.m)** | **1871.61** |
| 二氧化硫排放量 | （万吨） | Volume of Sulphur Dioxide Emission | (10000 tons) | 14.09 |
| 工　业 | | Industry | | 14.09 |
| 生　活 | | Living | | |
| 工业烟粉尘排放量 | （万吨） | Volume of Industrial Soot and Dust Emission | (10000 tons) | 3.09 |
| **建成烟尘控制区数** | **（个）** | **Number of Soot Control Zones Established** | **(unit)** | |
| 建成烟尘控制区面积 | （平方公里） | Area of Soot Control Zones Established | (sq.km) | |
| **一般工业固体废物产生量** | **（万吨）** | **Volume of General Industrial Solid Wastes Produced** | **(10000 tons)** | **313.00** |
| 一般工业固体废物综合利用量 | | Volume of Comprehensive Utilization of General Industrial Solid Wastes | | 224.00 |
| 一般工业固体废物综合利用率 | (%) | Comprehensive Utilization Rate of General Industrial Solid Wastes | (%) | 71.30 |
| **危险废物产生量** | **（万吨）** | **Volume of Hazardous Wastes Produced** | **(10000 tons)** | |
| **道路交通噪声昼间平均等效声级** | **（分贝）** | **Day-time Average Equivalent Sound Level of Road Traffic Noise** | **(decibel)** | **72.60** |

注：1. 从2012年起市环保局不再统计工业废水排放达标量、工业废水排放达标率、建成烟尘控制区数、建成烟尘控制区面积4个指标。
2. 从2013年起广州市全面实施新的环境空气质量标准(GB3095—2012)，环境空气质量优良天数和环境空气质量优良率依据二氧化硫、二氧化氮、可吸入颗粒物、细颗粒物、一氧化碳和臭氧等6项指标进行评价。
3. 废水排放总量从2013年起统计口径调整为包含工业废水排放量、城镇生活污水排放量和集中式治理设施废水排放量(不包括污水处理厂)。
4. 二氧化硫排放量从2013年起统计口径调整为包含工业二氧化硫排放量、生活二氧化硫排放量和集中式治理设施二氧化硫排放量。
5. 根据《环境噪声监测技术规范 城市声环境常规监测》(HJ 640—2012)关于道路交通噪声评价要求，从2014年起将“交通干线噪声平均值”指标修改为“道路交通噪声昼间平均等效声级”，指标内容不变。
6. 根据《环境空气质量标准》(GB3095—2012)等有关环境空气质量评价要求，增加指标“市区PM2.5平均浓度”。
7. 2010年(含)之前，“工业烟粉尘排放量”为“烟尘排放量”。
8. 2015年“一般工业固体废物综合利用量”包括了综合利用往年贮存量0.46万吨。

# Fundamental State of Environment Protection in Main Year

| 2000 | 2005 | 2006 | 2007 | 2008 | 2009 | 2010 | 2011 | 2012 | 2013 | 2014 | 2015 |
|---|---|---|---|---|---|---|---|---|---|---|---|
| **0.045** | **0.053** | **0.054** | **0.051** | **0.046** | **0.039** | **0.030** | **0.028** | **0.022** | **0.020** | **0.017** | **0.013** |
| 0.061 | 0.068 | 0.067 | 0.065 | 0.056 | 0.056 | 0.050 | 0.049 | 0.049 | 0.052 | 0.048 | 0.047 |
| | 0.088 | 0.076 | 0.077 | 0.071 | 0.070 | 0.070 | 0.069 | 0.069 | 0.072 | 0.067 | 0.059 |
| | | | | | | | | | 0.053 | 0.049 | 0.039 |
| 4.71 | 4.34 | 4.41 | 4.42 | 4.47 | 4.74 | 5.06 | 5.20 | 5.24 | 5.34 | 5.21 | 5.24 |
| 62.30 | 81.40 | 75.40 | 82.60 | 77.80 | 60.50 | 50.70 | 42.00 | 40.60 | 23.70 | 40.50 | 38.40 |
| | 332 | 334 | 333 | 345 | 347 | 357 | 360 | 360 | 260 | 282 | 312 |
| 98.57 | 91.00 | 91.51 | 91.20 | 94.50 | 95.07 | 97.81 | 98.63 | 98.36 | 71.23 | 77.50 | 85.50 |
| **95434** | **125837** | **128302** | **111491** | **126156** | **119317** | **125662** | **141521** | **152747** | **157843** | **161484** | **161905** |
| 24123 | 20249 | 20445 | 21103 | 34475 | 26023 | 23604 | 24580 | 22716 | 22558 | 19181 | 18608 |
| 71311 | 105588 | 107858 | 90388 | 91681 | 93294 | 102059 | 116941 | 130031 | 135179 | 142149 | 143112 |
| 21732 | 19449 | 19629 | 20102 | 33045 | 25116 | 22828 | 23916 | | | | |
| 90.09 | 96.05 | 96.01 | 95.25 | 95.85 | 96.51 | 96.72 | 97.30 | | | | |
| **1959.16** | **2342.16** | **2126.49** | **1994.63** | **2435.84** | **2539.47** | **3155.59** | **4120.19** | **3646.58** | **3753.74** | **3737.21** | **3550.92** |
| 19.58 | 14.94 | 12.92 | 10.53 | 9.99 | 9.05 | 7.85 | 6.83 | 6.66 | 6.57 | 5.89 | 5.02 |
| 19.21 | 14.50 | 12.48 | 10.09 | 9.55 | 8.61 | 7.41 | 6.59 | 6.42 | 6.33 | 5.65 | 4.78 |
| 0.37 | 0.44 | 0.44 | 0.44 | 0.44 | 0.44 | 0.44 | 0.24 | 0.24 | 0.24 | 0.24 | 0.24 |
| 4.69 | 1.79 | 1.80 | 1.79 | 1.86 | 1.38 | 1.13 | 1.53 | 1.26 | 1.10 | 1.00 | 0.92 |
| | **14** | **14** | **13** | **13** | **15** | **15** | **15** | | | | |
| 284.60 | 441.61 | 470.82 | 779.86 | 908.62 | 895.00 | 927.10 | 952.03 | | | | |
| **346.80** | **540.36** | **632.30** | **609.03** | **661.56** | **641.84** | **691.79** | **659.34** | **614.85** | **555.56** | **495.88** | **463.38** |
| 285.30 | 520.25 | 605.46 | 592.13 | 605.65 | 597.95 | 621.91 | 625.53 | 588.98 | 528.89 | 468.47 | 441.35 |
| 83.48 | 91.23 | 91.13 | 100.00 | 91.24 | 92.35 | 89.75 | 94.87 | 95.70 | 95.17 | 94.47 | 95.15 |
| **18.30** | **22.48** | **18.43** | **20.39** | **16.38** | **22.59** | **24.54** | **30.30** | **29.78** | **38.55** | **46.50** | **50.52** |
| **69.10** | **69.30** | **69.40** | **69.20** | **69.10** | **69.20** | **69.10** | **68.90** | **68.90** | **68.80** | **68.90** | **69.00** |

Note: Ⅰ. Since 2012,Guangzhou Municipal Bureau of Environmental Protection has canceled the following items:Volume of Industrial Waste Water Discharged, Percentage of Industrial Waste Water up to the Discharge Standards, Number of Soot Control Zones Established and Area of Soot Control Zones Established.

Ⅱ. Since 2013, new environment air quality standard (GB3095-2012) has been implemented in Guangzhou. The Number of Days of Good Air Quality and The Rate of Good Air Quality are tested on the basis of the following items : Sulfur dioxide, Nitrogen dioxide, TSP, PM, carbon monoxide,ozone.

Ⅲ. Since 2013,Volume of Waste Water Discharged statistic scope has been adjusted.The scope includes Volume of Industrial Waste Water Discharged, Volume of Living Waste Water Discharged and Volume of Waste Water Discharged of centralized facilities.

Ⅳ. Since 2013, Volume of Sulphur Dioxide Emission statistic scope has been adjusted. The scope includes Volume of Industry Sulphur Dioxide Emission, Volume of Living Sulphur Dioxide Emission and Volume of Sulphur Dioxide Emission of centralized facilities.

Ⅴ. Since 2014,the index "Average of Main Road Noise" has been renamed as "Day-time Average Equivalent Sound Level of Road Traffic Noise" according to "Technical Specifications for Environmental Noise Monitoring Routine Monitoring for Urban Environmental Noise"(HJ 640-2012).

Ⅵ. There adds an index of " PM2.5 Average Concentrations in Urban area" according to "Ambient Air Quality Standards "(GB3095-2012).

Ⅶ. The statistical coverage of data of "Volume of Industrial Soot and Dust Emission" of year 2010 and before is "Soot and Dust Emission".

Ⅷ. The data of "Volume of Comprehensive Utilization of General Industrial Solid Wastes" of year 2015 includes utilizing the stocks of industrial solid wastes of the previous year .

# 5-11 环境保护基本情况

# Fundamental State of Environment Protection

| 项　　目 | Item | 2016 | 2017 | 2018 | 2019 | 2020 |
|---|---|---|---|---|---|---|
| **水环境** | **Water Environment** | | | | | |
| 降水量 (毫米) | Precipitation (mm) | 2448.6 | 1846.9 | 1820.7 | 2306.20 | 1812.71 |
| 水资源总量 (亿立方米) | Total Amount of Water Resource (100 million cu.m) | 105.35 | 77.32 | 74.76 | 99.30 | 73.64 |
| 人均水资源量 (立方米/人) | Per Capita Water Resources (cu.m/person) | 627.71 | 442.78 | 415.74 | 542.25 | 393.01 |
| 用水总量 (亿立方米) | Water Use (100 million cu.m) | 64.53 | 65.39 | 64.39 | 62.25 | 59.95 |
| # 农业用水 | Agriculture | 10.55 | 11.06 | 10.95 | 10.69 | 11.74 |
| 工业用水 | Industry | 36.46 | 36.49 | 34.79 | 32.78 | 27.53 |
| 生活用水 | Consumption | 16.62 | 16.89 | 17.70 | 17.80 | 19.59 |
| 生态环境补水 | Ecological Protection | 0.90 | 0.95 | 0.95 | 0.98 | 1.08 |
| 废水排放总量 (万吨) | Total Waste Water Discharged (10000 tons) | 161111 | 172658 | 155630 | 163593 | 100596 |
| #工业废水排放量 | Industrial Waste Water Discharged | 19326 | 20605 | 14031 | 14019 | 11731 |
| 城镇生活污水排放量 | Urban Living Waste Discharged | 141562 | 151795 | 141414 | 149426 | 88761 |
| **大气环境** | **Atomospheric Environment** | | | | | |
| 二氧化硫平均浓度 (微克/立方米) | Average Concentration of Sulfur Dioxide (micrograms/$m^3$) | 12 | 12 | 10 | 7 | 7 |
| 二氧化氮平均浓度 (微克/立方米) | Average Concentration of Nitrogen Dioxide (micrograms/$m^3$) | 46 | 52 | 50 | 45 | 36 |
| 可吸入颗粒物平均浓度 (微克/立方米) | Average Concentration of Inhalable Particles (micrograms/$m^3$) | 56 | 56 | 54 | 53 | 43 |
| PM2.5平均浓度 (微克/立方米) | Mean Concentration of PM2.5 (micrograms/$m^3$) | 36 | 35 | 35 | 30 | 23 |
| 降水PH值 | The PH Value of the Precipitation | 5.42 | 5.96 | 5.84 | 5.79 | 5.76 |
| 酸雨频率 (%) | Frequency of Acid Rain (%) | 29.4 | 12.7 | 9.1 | 15.4 | 10.3 |
| 环境空气质量达标天数 (天) | Up to Standard Days of the Environment Air Quality(day) | 310 | 294 | 294 | 293 | 331 |
| 环境空气质量达标率 (%) | Up to Standard Rate of Air Environmental Quality (%) | 84.7 | 80.5 | 80.5 | 80.3 | 90.40 |
| 工业废气排放总量 (亿立方米) | Volume of Industrial Waste Gas Emission (100 million cu.m) | 4075.23 | 4131.49 | 4132.17 | 4710.44 | 5609.98 |
| 二氧化硫排放量 (万吨) | Volume of Sulphur Dioxide Emission (10000 tons) | 2.08 | 1.54 | 0.52 | 0.40 | 0.40 |
| # 工业二氧化硫排放量 | Industry | 2.07 | 1.53 | 0.51 | 0.39 | 0.20 |
| 氮氧化物排放量 (万吨) | Volume of Nitrogen Dioxide Emission (10000 tons) | 7.23 | 1.92 | 1.72 | 1.67 | 7.10 |
| # 工业氮氧化物排放量 | Industry | 2.09 | 1.89 | 1.66 | 1.60 | 1.06 |
| 烟(粉)尘排放量 (万吨) | Volume of Soot and Dust Emission (10000 tons) | 1.29 | 0.87 | 0.81 | 1.07 | 1.26 |
| # 工业烟粉尘排放量 | Volume of Industrial Soot and Dust Emission | 0.90 | 0.86 | 0.81 | 1.06 | 0.61 |
| **固体废物** | **Solid Wastes** | | | | | |
| 一般工业固体废物产生量 (万吨) | Volume of General Industrial Solid Wastes Produced (10000 tons) | 509.92 | 535.21 | 598.26 | 625.69 | 566.95 |
| 一般工业固体废物综合利用量 (万吨) | Volume of Comprehensive Utilization of General Industrial Solid Wastes (10000 tons) | 492.06 | 511.28 | 485.54 | 598.17 | 549.85 |
| 一般工业固体废物综合利用率 (%) | Comprehensive Utilization Rate of General Industrial Solid Wastes (%) | 96.48 | 95.10 | 81.10 | 95.32 | 96.59 |
| 危险废物产生量 (万吨) | Volume of Hazardous Wastes Produced (10000 tons) | 57.22 | 55.89 | 59.79 | 60.56 | 60.78 |

## 5-11 续表 continued

| 项 目 | Item | 2016 | 2017 | 2018 | 2019 | 2020 |
|---|---|---|---|---|---|---|
| **生态环境** | **Ecological Environment** | | | | | |
| 人均耕地面积 (亩/人) | Per Capita Area of Cultivated land (mu) | 0.07 | 0.06 | 0.07 | / | / |
| 累计水土流失治理面积(千公顷) | Accumulated Area of Soil Erosion Control (1000 hectares) | 5.5 | 11.3 | 18.1 | 17.55 | 21.83 |
| 自然保护区数 (个) | Number of Natural Reserves (unit) | 5 | 5 | 6 | 6 | 6 |
| 自然保护区面积 (万公顷) | Area of Natural Reserves (1000 hectares) | 0.96 | 0.96 | 0.97 | 0.97 | 0.97 |
| **自然灾害** | **Natural Disasters** | | | | | |
| 地质灾害次数 (次) | Geological Disasters (unit) | 21 | 58 | 37 | 46 | 147 |
| 地质灾害直接经济损失 (万元) | Direct Economic Losses (unit) | 97 | 574 | 206 | 133 | 349 |
| 森林火灾次数 (次) | Forest Fires (unit) | 7 | 17 | 67 | 32 | 31 |
| **城市环境** | **City Environment** | | | | | |
| 城区面积 (平方公里) | Urban Area (sq.km) | 2099.20 | 2099.20 | 2099.20 | 2202.03 | 2256.42 |
| 城市建设用地面积 (平方公里) | Urban Construction Area (sq.km) | 728.54 | 733.00 | 741.08 | / | / |
| 城市供水总量 (亿立方米) | Urban Water Supply (10000 cu.m) | 22.89 | 23.81 | 24.81 | 25.46 | 25.39 |
| #生活用水量 | Consumption | 15.46 | 16.04 | 16.65 | 17.20 | 17.10 |
| 污水处理厂集中处理率 (%) | Centralized Treatment Rate of Sewage Treatment Plant (%) | 94.2 | 95.0 | 95.5 | 97.0 | 97.9 |
| 道路交通噪声昼间平均等效声级 (分贝) | Average Diurnal Equivalent Sound Level of Road Traffic Noise (decibels) | 69.0 | 69.0 | 68.9 | 69.3 | 69.3 |
| **农村环境** | **Rural Environment** | | | | | |
| 农村自来水普及率 (%) | Rural Water Supply Popularizing Rate (%) | 100.00 | 100.00 | 100.00 | 100.00 | 100.00 |
| 农村卫生户厕普及率 (%) | Rural Sanitary Latrine per Unit Popularizing Rate (%) | 99.52 | 99.76 | 99.80 | 100.00 | 100.00 |

注：1. 从2016年起根据《环境空气质量标准》(GB3095—2012)等有关环境空气质量评价要求：

1) 市区二氧化硫年日平均值、市区二氧化氮年日平均值、市区可吸入颗粒平均浓度、市区PM2.5平均浓度4个指标分别修改为二氧化硫平均浓度、二氧化氮平均浓度、可吸入颗粒物平均浓度、PM2.5平均浓度；且单位毫克/立方米均修改为微克/立方米。

2) 环境空气质量优良天数修改为环境空气质量达标天数。

3) 环境空气质量优良率修改为环境空气质量达标率。

2. 从2018年起危险废物产生量为工业源数据。

3. 2020年环境保护中废水、废气、固体废物等指标为快报数；其中工业废气排放总量指标由于2020年统计制度变化较大，与其他年份不可比。

4. 森林火灾次数指标从2018年起统计范围为发生森林火灾的情况均统计。

5. 2019—2020年国家统一部署的国土变更调查未完成，人均耕地面积和城市建设用地面积数据暂缺。

6. 固体废物和累计水土流失治理面积：2019年数据有调整。

7. 2016—2019年人均水资源量、人均耕地面积根据广州市第七次全国人口普查后人口数据的修订进行了调整。

Note: I. According to the Environmental Air quality Standards (GB3095-2012) and other relevant environmental air quality evaluation requirements:

I) The annual daily average of sulfur dioxide in urban area,the annual daily average of nitrogen dioxide in urban area,the average concentration of inhalable particles in urban area and the average concentration of PM2.5 in urban area were revised to mean concentration of sulfur dioxide and nitrogen dioxide, respectively. The mean concentration of inhalable particulate matter and PM2.5; And unit milligram/cubic meter is revised to microgram /cubic meter.

II) The number of good days of ambient air quality has been revised to the number of days when the quality of ambient air has reached the standard.

III) The ambient air quality rate is modified to the ambient air quality standard rate.

II. The data of Forest Fires in 2018 includes all the forest fires.

III. The data of Waste Water , Waste Gas and Solid Wastes in 2020 is from quick statistics data. And the data of industrial waste water is uncomparable with the previous years.

IV. The statistical coverage of Forest Fires has included all kinds of forest fires since 2018.

V. The per capita arable land area and urban construction land area are temporarily missing because the 2019-2020 National Land Changes Survey has not been fully completed.

VI.The data of solid wastes and the accumulated area of soil erosion control in year 2019 has been adjusted.

VII.The per capita water resources and per capita cultivated land area in 2016-2019 were adjusted according to the revised population data after the seventh National Census of Guangzhou.

# 主要统计指标解释

**【能源消费总量】**是指一定地域内，全国（地区）国民经济各行业和居民家庭在一定时间消费的各种能源的总和。包括：原煤、原油、天然气、水能、核能、风能、太阳能、地热能、生物质能等一次能源；一次能源通过加工转换产生的洗煤、焦炭、煤气、电力、热力、成品油等二次能源和同时产生的其它产品；其他化石能源、可再生能源和新能源。其中水能、风能、太阳能、地热能、生物质能等可再生能源，是指人们通过一定技术手段获得的，并作为商品能源使用的部分。在核算过程中，一次能源、二次能源消费不能重复计算。能源消费总量分为终端能源消费量、能源加工转换损失量和能源损失量三部分。

（1）终端能源消费量：指一定时期内，全国（地区）生产和生活消费的各种能源在扣除了用于加工转换二次能源消费量和损失量以后的数量。

（2）能源加工转换损失量：指一定时期内，全国（地区）投入加工转换的各种能源数量之和与产出各种能源产品之和的差额。该指标是观察能源在加工转换过程中损失量变化的指标。

（3）能源损失量：指在一定时期内，能源在输送、分配、储存过程中发生的损失和由客观原因造成的各种损失量，不包括各种气体能源放空、放散量。

**【能源消费弹性系数】**是反映能源消费增长速度与国民经济增长速度之间比例关系的指标。计算公式：

$$\text{能源消费弹性系数}=\frac{\text{能源消费量增长速度}}{\text{国民经济增长速度}}$$

**【电力消费弹性系数】**是反映电力消费增长速度与国民经济增长速度之间比例关系的指标。计算公式：

$$\text{电力消费弹性系数}=\frac{\text{电力消费量增长速度}}{\text{国民经济增长速度}}$$

**【能源加工转换效率】**指一定时期内能源经过加工、转换后，产出的各种能源产品的数量与同期内投入加工转换的各种能源数量的比率。它是观察能源加工转换装置和生产工艺先进与落后、管理水平高低等的重要指标。计算公式：

$$\text{能源加工转换效率}=\frac{\text{能源加工、转换产出量}}{\text{能源加工、转换投入量}}\times 100\%$$

**【废水排放总量】**为工业废水排放量、城镇生活污水排放量和集中式治理设施污水排放量之和。

**【工业废水排放量】**指报告期内经过企业厂区所有排放口排到企业外部的工业废水量。包括生产废水、外排的直接冷却水、超标排放的矿井地下水和与工业废水混排的厂区生活污水，不包括外排的间接冷却水（清污不分流的间接冷却水应计算在废水排放量内）。

**【一般工业固体废物产生量】**指未被列入《国家危险废物名录》或者根据国家规定的危险废物鉴别标准（GB5085）、固体废物浸出毒性浸出方法（GB5086)及固体废物浸出毒性测定方法（GB/T 15555）鉴定方法判定不具有危险特性的工业固体废物。

**【一般工业固体废物综合利用量】**报告期内企业通过回收、加工、循环、交换等方式，从固体废物中提取或者使其转化为可以利用的资源、能源和其他原材料的固体废物量（包括当年利用的往年工业固体废物累计贮存量）。如用作农业肥料、生产建筑材料、筑路等。

# Explanatory Notes on Main Statistical Indicators

**【Total Energy Consumption】** refers to the total consumption of energy of various kinds by the production sectors of the economy and the households in a given period of time. It includes the primary kinds of energy such as coal, crude oil, natural gas, hydro-power, nuclear power, wind power, solar power, geothermal power and bio-energy; the secondary kinds of energy and their products which are transformed from the primary energy such as washed coal, coke, coal gas, electricity, heating, and petroleum products; and other kinds of fossil energy, renewable energy and new energy. The renewable energy, including hydro-power, wind power, solar power,geothermal power and bio-energy, refers to the part attained with some given technical means and used for commercial purposes. Total energy consumption can be divided into three parts: end-use energy consumption; loss during the process of energy conversion; and energy loss.

(1) End-use Energy Consumption: It refers to the total energy consumption by the production sectors and the households in the country (region) in a given period of time. It does not include the consumption during the conversion of primary energy into secondary energy and the loss in the process of energy conversion.

(2) Loss During the Process of Energy Conversion: It refers to the total input of various kinds of energy for conversion, minus the total output of various kinds of energy in the country in a given period of time. It is an indicator to show the loss that occurs during the process of energy conversion.

(3) Energy Loss: It refers to the total of the loss of energy during the course of energy transport, distribution and storage and the loss caused by any objective reason in a given period of time. The loss of various kinds of gas due to gas discharges and stocktaking is not included.

**【Elasticity Ratio of Energy Consumption】** an indicator of the relationship between the growth rate of energy consumption and the growth rate of the national economy. The formula is:

$$\text{Elasticity Ratio of Energy Consumpion} = \frac{\text{Growth Rate of Energy Consumption}}{\text{Growth Rate of National Economy}}$$

**【Elasticity Ratio of Electricity Consumption】** an indicator of the relationship between the growth rate of electricity consumption and the growth rate of the national economy. The formula is:

$$\text{Elasticity Ratio of Electnicity Consumpion} = \frac{\text{Growth Rate of Electnicity Consumption}}{\text{Growth Rate of National Economy}}$$

**【Efficiency of Energy Processing and Conversion】** refers to the ratio of the total output of energy products of various kinds after processing and conversion to the total input of energy of various kinds for processing and conversion in the same reference period. It is an important indicator of the current conditions of energy processing and conversion equipment，production technique and management. The formula is:

$$\text{Efficiency of Energy Processing \& Conversion} = \frac{\text{Output of Energy after Processing \& Conversion}}{\text{Input of Energy for Processing \& Conversion}} \times 100\%$$

**【Total Volume of Waste Water Discharged】** includes the total volume of industrial wastewater emissions, urban sewage and centralized sewage treatment facilities emissions.

**【Volume of Industrial Waste Water Discharged】** refers to the volume of industrial waste water discharged ,through all outlets to the outside of industrial enterprises in the reference period, including waste water produced, direct cooling water, underground water from mines that does not meet the standard of discharge, and the domestic sewage mixed up with industrial waste water when discharged, but excluding discharged indirect cooling water. (the indirect cooling water that clear water and turbid water is not divided should be included in total volume of waste water discharged)

**【Volume of General Industrial Solid Wastes Produced】** refers not included in the "National List of Hazardous Waste"or in accordance with state hazardous waste identification standard(GB5085),solid waste leaching toxicity method(GB5086)and solid waste leaching toxicity determination method(GB/T 15555) identification of characteristics is determined not to be hazardous industrial solid waste.

**【Volume of General Industrial Solid Wastes Utilized in a Comprehensive Way】** refers to the volume of solid wastes from which useful materials can be extracted or which can be converted into usable resources, energy or other materials by means of reclamation, processing, recycling and exchange(including utilizing in the year the stocks of industrial solid wastes of the previous year). Examples of such utilizations include fertilizers, building materials and road materials.

# 财政和金融

# GOVERNMENT FINANCE AND BANKING

# 第六篇　财政和金融

**简要说明**

一、本篇资料的主要内容

本篇反映广州市财政、金融方面的基本情况。包括以下五个部分：1.财政收支情况；2.金融机构的存贷款情况；3.资本市场的业务情况；4.保险业务情况；5.外资金融机构及代表处一览表等。

二、本篇各部分的资料来源

1．财政收支资料根据广州市财政局财政总决算报表等统计报表的有关项目加工整理；

2．金融机构存贷款资料由中国人民银行广州分行营业管理部提供；

3．保险业务、外资保险公司及外资银行代表处资料由中国银行保险监督管理委员会广东监管局提供；

4．资本市场资料由中国证券业监督管理委员会广东监管局提供；

三、本篇资料由广州市统计局国民经济核算处负责整理。

# 6 Government Finance and Banking

**Brief Introduction**

I.The main contents of this chapter reflect the basic financial and financial situation of Guangzhou. Including the following five parts: Financial revenue and expenditure; The deposit and loan situation of financial institutions; Capital market operations; Insurance business List of foreign financial institutions and representative offices.

Ⅱ. Data sources of each part of this chapter

1. The data of financial revenue and expenditure is processed according to the statistical statements of Guangzhou Municipal Bureau of Finance General accounts of Finance and other statistical statements;

2. The data on deposits and loans of financial institutions is provided by the Business Administration Department of the Guangzhou Branch of the Bank of China;

3. The information of insurance business, foreign insurance companies and representative offices of foreign banks is provided by the China Banking and Insurance Regulatory Commission;

4. The capital market information is provided by Guangdong Supervision Bureau of China Securities Regulatory Commission.

Ⅲ.The data of this chapter are collated by the Department of National accounts of Guangzhou Bureau of Statistics.

# 6-1 财政和金融业主要经济指标

## Main Indicators of Government Finance and Financial Intermediation

| 项　　目 | Item | 2019 | 2020 | 2020年比2019年增长(%) Growth Rate in 2020 over 2019 (%) |
|---|---|---|---|---|
| 地方财政收入　(万元) | Revenue of Local Government　(10000 yuan) | 33678876 | 42374332 | 25.8 |
| 一般公共预算收入 | General Budgetary Revenue | 16990383 | 17227892 | 1.4 |
| # 增值税 | Value-added Tax | 4299666 | 4054969 | -5.7 |
| 企业所得税 | Corporate Income Tax | 2126665 | 2131800 | 0.2 |
| 个人所得税 | Individual Income Tax | 742215 | 793333 | 6.9 |
| 政府性基金收入 | Governmental Funds Revenue | 16688493 | 25146440 | 50.7 |
| 地方财政支出　(万元) | Expenditure of Local Government　(10000 yuan) | 44564819 | 50586927 | 13.5 |
| 一般公共预算支出 | General Budgetary Expenditure | 28653263 | 29526468 | 3.0 |
| # 一般公共服务支出 | General Public Expenditure | 2874620 | 3175983 | 10.5 |
| 教育支出 | Operating Expenses for Education | 5239743 | 5585916 | 6.6 |
| 科学技术支出 | Operating Expenses for Science and Technology | 2439456 | 2241321 | -8.1 |
| 卫生健康支出 | Operating Expenses for Medical and Health | 2461764 | 3008312 | 22.2 |
| 政府性基金支出 | Governmental Fund Expenditure | 15911556 | 21060459 | 32.4 |
| 金融机构本外币各项存款余额　(亿元) | Balance of Savings Deposit in Standard and Foreign Currencies in Financial Institutions　(100 million yuan) | 59131.20 | 67798.81 | 14.7 |
| # 人民币 | RMB | 56701.75 | 65615.47 | 15.7 |
| # 住户存款余额 | Deposits of Households | 17980.56 | 20774.13 | 15.5 |
| 金融机构本外币各项贷款余额　(亿元) | Balance of Loan in Standard and Foreign Currencies in Financial Institutions　(100 million yuan) | 47103.31 | 54387.64 | 15.5 |
| # 人民币 | RMB | 46155.78 | 53535.39 | 16.0 |
| 国内财产保险公司业务 | Domestic Property Insurance Companies | | | |
| 保险金额　(亿元) | Amount Insured　(100 million yuan) | 9774110 | 7214504 | -26.2 |
| 原保险保费收入　(万元) | Premium of Primary Insurance　(10000 yuan) | 3847323 | 3942627 | 2.5 |
| 赔款支出　(万元) | Indemnity Expenditure　(10000 yuan) | 1883838 | 2507763 | 33.1 |
| 国内人身保险公司业务 | Domestic Life Insurance Companies | | | |
| 原保险保费收入　(万元) | Premium of Primary Insurance　(10000 yuan) | 10401014 | 11013537 | 5.9 |
| 期满给付　(万元) | Mature Payment　(10000 yuan) | 913722 | 1176836 | 28.8 |
| 死伤医疗给付　(万元) | Payment for Death, Injury and Medical Treatment　(10000 yuan) | 241909 | 288856 | 19.4 |

# 6-2 主要年份地方财政收支

# Local Government Revenue and Expenditure in Main Years

单位:亿元 (100 million yuan)

| 年 份<br>year | 地方财政收入<br>Revenue of Local Government | #一般公共预算收入<br>General Budgetary Revenue | 地方财政支出<br>Expenditure of Local Government | #一般公共预算支出<br>General Budgetary Expenditure |
|---|---|---|---|---|
| 1978 | 14.01 | 13.65 | 4.40 | 3.87 |
| 1979 | 13.64 | 13.12 | 4.47 | 4.16 |
| 1980 | 16.29 | 15.43 | 4.98 | 4.35 |
| 1985 | 30.18 | 28.85 | 11.82 | 10.75 |
| 1986 | 32.44 | 31.15 | 16.27 | 15.23 |
| 1987 | 35.24 | 34.18 | 16.45 | 15.13 |
| 1988 | 41.37 | 39.71 | 21.52 | 19.95 |
| 1989 | 47.23 | 46.51 | 25.41 | 24.66 |
| 1990 | 37.82 | 36.94 | 25.12 | 24.31 |
| 1991 | 49.62 | 48.49 | 32.16 | 30.71 |
| 1992 | 52.92 | 51.35 | 33.79 | 32.25 |
| 1993 | 79.27 | 77.37 | 55.19 | 53.82 |
| 1994 | 64.87 | 62.87 | 75.77 | 73.74 |
| 1995 | 99.75 | 97.08 | 112.78 | 111.24 |
| 1996 | 88.11 | 85.24 | 125.12 | 121.91 |
| 1997 | 106.07 | 97.72 | 146.92 | 138.99 |
| 1998 | 137.32 | 132.19 | 179.61 | 175.11 |
| 1999 | 188.14 | 176.15 | 231.09 | 222.37 |
| 2000 | 219.91 | 200.55 | 258.60 | 240.72 |
| 2001 | 271.91 | 246.19 | 314.98 | 292.63 |
| 2002 | 269.10 | 245.87 | 350.19 | 326.67 |
| 2003 | 300.55 | 274.77 | 395.52 | 370.09 |
| 2004 | 338.45 | 302.87 | 447.06 | 408.34 |
| 2005 | 408.85 | 371.26 | 476.28 | 438.41 |
| 2006 | 476.72 | 427.08 | 559.42 | 506.79 |
| 2007 | 838.99 | 523.79 | 850.01 | 623.69 |
| 2008 | 843.14 | 621.84 | 997.94 | 713.35 |
| 2009 | 1107.66 | 702.65 | 1059.50 | 789.92 |
| 2010 | 1399.16 | 872.65 | 1487.16 | 977.32 |
| 2011 | 1535.14 | 979.48 | 1793.35 | 1181.25 |
| 2012 | 1579.68 | 1102.40 | 1796.91 | 1343.65 |
| 2013 | 2088.14 | 1141.80 | 2283.51 | 1386.13 |
| 2014 | 2318.84 | 1243.10 | 2525.38 | 1436.22 |
| 2015 | 2391.33 | 1349.47 | 2641.02 | 1727.72 |
| 2016 | 2218.48 | 1393.64 | 2845.66 | 1943.75 |
| 2017 | 2844.83 | 1536.74 | 3484.70 | 2186.01 |
| 2018 | 3173.75 | 1634.22 | 3948.86 | 2506.18 |
| 2019 | 3367.89 | 1699.04 | 4456.48 | 2865.33 |
| 2020 | 4237.43 | 1722.79 | 5058.69 | 2952.65 |

# 6-3 地方财政收入
# Revenue of Local Government

单位:万元 (10000 yuan)

| 项　　目 | Item | 2019 | 2020 |
| --- | --- | --- | --- |
| 地方财政收入合计 | Total Revenue of Local Government | 33678876 | 42374332 |
| 一般公共预算收入 | General Budgetary Revenue | 16990383 | 17227892 |
| # 增值税 | Value-added Tax | 4299666 | 4054969 |
| 企业所得税 | Corporate Income Tax | 2126665 | 2131800 |
| 个人所得税 | Individual Income Tax | 742215 | 793333 |
| 城市维护建设税 | City Maintenance and Construction Tax | 1382988 | 1351928 |
| 房产税 | House Property Tax | 1145324 | 954091 |
| 印花税 | Stamp Tax | 420593 | 442835 |
| 城镇土地使用税 | Urban Land Use Tax | 143936 | 118627 |
| 车船税 | Tax on Vehicles and Boat Operation | 149301 | 161280 |
| 契　税 | Deed Tax | 1500769 | 1762371 |
| 国有资本经营收入 | Operation Income of State-owned Assets |  | 12112 |
| 行政事业性收费收入 | Charge of Administrative and Institutional Units | 301669 | 272587 |
| 罚没收入 | Penalty Receipts | 405374 | 387146 |
| 专项收入 | Special Revenue | 1399324 | 1805412 |
| 其他收入 | Others | 904292 | 864442 |
| 政府性基金收入 | Revenue from Government-controlled Funds | 16688493 | 25146440 |
| 附:上级补助收入 | Subsidies from Higher Levels Taxed Tax Return | 5245636 | 5702186 |
| # 消费税和增值税税收返还收入 | Consumption Tax and Value-added | 406982 | 406982 |
| 所得税基数返还收入 | Tax Base Return | 406258 | 410697 |

# 6-4 地方财政支出

# Expenditure of Local Government

单位:万元 (10000 yuan)

| 项　　目 | Item | 2019 | 2020 |
|---|---|---|---|
| 地方财政支出合计 | Total Expenditure of Local Government | 44564819 | 50586927 |
| 一般公共预算支出 | General Budgetary Expenditure | 28653263 | 29526468 |
| # 一般公共服务支出 | Expenditure for General Public Services | 2874620 | 3175983 |
| 国防支出 | Expenditure for National Defense | 11293 | 22638 |
| 公共安全支出 | Expenditure for Public Security | 2404690 | 2349550 |
| 教育支出 | Expenditure for Education | 5239743 | 5585916 |
| 科学技术支出 | Expenditure for Science and Technology | 2439456 | 2241321 |
| 文化旅游体育与传媒支出 | Expenditure for Culture, Tourism, Sports and Media | 526666 | 493317 |
| 社会保障和就业支出 | Expenditure for Social Safety Net and Employment Effort | 2959326 | 3476251 |
| 卫生健康支出 | Expenditure for Medical and Health | 2461764 | 3008312 |
| 城乡社区支出 | Expenditure for Urban and Rural Community Affairs | 4552926 | 3338362 |
| 农林水支出 | Expenditure for Agriculture, Forestry and Water Conservancy | 940700 | 1120709 |
| 交通运输支出 | Expenditure for Transportation | 393201 | 519415 |
| 资源勘探信息等支出 | Expenditure for Affairs of Exploration, Power and Information | 459833 | 789533 |
| 商业服务业等支出 | Expenditure for Affairs of Commerce and Services | 157418 | 191610 |
| 金融支出 | Expenditure for Affairs of Financial Supervision | 99846 | 214770 |
| 援助其他地区支出 | Expenditure for Post-earthquake Recovery and Reconstruction | 140384 | 166946 |
| 住房保障支出 | Expenditure for Affairs of Housing Security | 1313858 | 1465795 |
| 其他支出 | Other Expenditures | 80689 | 46643 |
| 政府性基金支出 | Expenditure for Government-controlled Funds | 15911556 | 21060459 |
| 附:上解上级支出 | Expenditure for Cental and Provincial Governments | 1235903 | 1441629 |

# 6-5 主要年份金融机构(含外资)存贷款余额

## Deposits and Loans in All Financial Institutions (Foreign Currencies )in Main Years

单位：亿元 (100 million yuan)

| 年 份<br>year | 金融机构本外币存款余额<br>Deposits in Renminbi and Foreign Currencies in All Financial Institutions | #人民币存款余额<br>Deposits in Renminbi Currencies in Financial Institutions | 金融机构本外币贷款余额<br>Loans Institutions in Renminbi and Foreign Currencies in Financial Institutions | #人民币贷款余额<br>Loans in Renminbi Currencies in Financial Institutions |
|---|---|---|---|---|
| 1978 | | 25.56 | | 26.04 |
| 1979 | | 31.02 | | 26.97 |
| 1980 | | 43.73 | | 40.25 |
| 1981 | | 49.19 | | 47.04 |
| 1982 | | 56.22 | | 53.50 |
| 1983 | | 64.31 | | 59.11 |
| 1984 | | 87.91 | | 93.60 |
| 1985 | | 100.72 | | 105.19 |
| 1986 | | 141.49 | | 142.95 |
| 1987 | | 203.74 | | 211.58 |
| 1988 | | 260.54 | | 265.08 |
| 1989 | | 325.47 | | 359.28 |
| 1990 | | 440.47 | | 420.38 |
| 1991 | | 601.91 | | 491.13 |
| 1992 | | 871.44 | | 651.21 |
| 1993 | | 1085.96 | | 835.60 |
| 1994 | | 1439.01 | | 984.48 |
| 1995 | | 2001.96 | | 1312.15 |
| 1996 | | 2712.98 | | 1605.22 |
| 1997 | | 3497.65 | | 2166.01 |
| 1998 | | 4103.45 | | 2502.12 |
| 1999 | | 4823.87 | | 3435.71 |
| 2000 | | 5545.19 | | 3895.49 |
| 2001 | | 6228.04 | | 4336.50 |
| 2002 | | 7498.35 | | 5257.21 |
| 2003 | | 8676.72 | | 6127.27 |
| 2004 | | 9613.57 | | 6535.39 |
| 2005 | | 11085.30 | | 6908.03 |
| 2006 | | 12731.23 | | 7931.78 |
| 2007 | 14783.46 | 14309.71 | 9661.38 | 8737.05 |
| 2008 | 16929.47 | 16421.05 | 11079.55 | 10304.73 |
| 2009 | 20944.19 | 20401.72 | 13851.83 | 12598.16 |
| 2010 | 23953.96 | 23384.50 | 16284.31 | 14987.73 |
| 2011 | 26460.80 | 25791.70 | 17732.88 | 16333.43 |
| 2012 | 30186.57 | 29006.99 | 19936.52 | 18023.02 |
| 2013 | 33838.20 | 32850.57 | 22016.18 | 20172.97 |
| 2014 | 35469.29 | 34170.66 | 24231.71 | 22688.33 |
| 2015 | 42843.67 | 41574.49 | 27296.16 | 26136.95 |
| 2016 | 47530.20 | 45937.34 | 29669.82 | 28885.54 |
| 2017 | 51369.03 | 49332.53 | 34137.05 | 33312.73 |
| 2018 | 54788.09 | 52647.47 | 40749.32 | 39764.44 |
| 2019 | 59131.20 | 56701.75 | 47103.31 | 46155.78 |
| 2020 | 67798.81 | 65615.47 | 54387.64 | 53535.39 |

# 6-6 中外资金融机构本外币存贷款年末余额

# Deposits and Loans in Renminbi and Foreign Currencies of All Financial Institutions at Year-end

单位:亿元 (100 million yuan)

| 项　目 | Item | 2019 | 2020 |
|---|---|---|---|
| **各项存款余额** | **Total Deposits** | **59131.20** | **67798.81** |
| 一、境内存款 | Domestic Deposits | 57050.34 | 65856.60 |
| （一）住户存款 | Deposits of Households | 18383.44 | 21177.97 |
| （二）非金融企业存款 | Deposits of Non-financial Enterprises | 20258.63 | 23889.25 |
| （三）机关团体存款 | Deposits of Government Departments & Organizations | 9643.85 | 9290.63 |
| （四）财政性存款 | Fiscal Deposits | 805.72 | 848.07 |
| （五）非银行业金融机构存款 | Deposits of Non-banking Financial Institutions | 7958.70 | 10650.68 |
| 二、境外存款 | Overseas Deposits | 2080.86 | 1942.21 |
| **各项贷款余额** | **Total Loans** | **47103.31** | **54387.64** |
| 一、境内贷款 | Domestic Loans | 46372.77 | 53725.93 |
| （一）住户贷款 | Loans to Households | 19107.25 | 20649.14 |
| （二）企(事)业单位贷款 | Loans to Non-financial Enterprises and Government Departments & Organizations | 27008.73 | 32820.00 |
| 1. 短期贷款 | Short-term loans | 6132.64 | 7451.94 |
| 2. 中长期贷款 | Medium & Long-term Loans | 18748.26 | 22906.46 |
| 3. 票据融资 | Paper Financing | 1943.00 | 2256.14 |
| 4. 融资租赁 | Financial Leasing | 176.00 | 200.06 |
| 5. 各项垫款 | Total Advances | 8.83 | 5.40 |
| （三）非银行业金融机构贷款 | Loans to Non-banking Financial Institutions | 256.79 | 256.79 |
| 二、境外贷款 | Overseas Loans | 730.54 | 661.71 |

注：2020年起，各项贷款余额中指标“非金融企业及机关团体贷款”改为“企(事)业单位贷款”。

Note: Starting from 2020, the indicator of the balance of loans "non-financial enterprises and institutions loans" will be replaced by the indicator of "enterprise (public) business unit loans".

# 6-7 中外资金融机构外币存贷款年末余额
# Deposits and Loans in Foreign Currencies of All Financial Institutions at Year-end

单位:亿美元 (100 million USD)

| 项　　目 | Item | 2019 | 2020 |
|---|---|---|---|
| **各项存款余额** | **Total Deposits** | **348.25** | **334.62** |
| 一、境内存款 | Domestic Deposits | 132.31 | 141.45 |
| （一）住户存款 | Deposits of Households | 57.75 | 61.89 |
| （二）非金融企业存款 | Deposits of Non-financial Enterprises | 64.01 | 74.22 |
| （四）机关团体存款 | Deposits of Government Departments & Organizations | 1.47 | 1.07 |
| （四）财政性存款 | Fiscal Deposits | | |
| （五）非银行业金融机构存款 | Deposits of Non-banking Financial Institutions | 9.07 | 4.27 |
| 二、境外存款 | Overseas Deposits | 215.94 | 193.17 |
| **各项贷款余额** | **Total Loans** | **135.82** | **130.62** |
| 一、境内贷款 | Domestic Loans | 59.14 | 61.06 |
| （一）住户贷款 | Loans to Households | 0.60 | 0.32 |
| （二）企(事)业单位贷款 | Loans to Non-financial Enterprises and Government Departments & Organizations | 58.53 | 60.74 |
| 1. 短期贷款 | Short-term loans | 28.79 | 27.38 |
| 2. 中长期贷款 | Medium & Long-term Loans | 29.74 | 33.36 |
| 3. 票据融资 | Paper Financing | … | … |
| 4. 融资租赁 | Financial Leasing | | |
| 5. 各项垫款 | Total Advances | … | … |
| （三）非银行业金融机构贷款 | Loans to Non-banking Financial Institutions | | |
| 二、境外贷款 | Overseas Loans | 76.69 | 69.56 |

注：2020年起，各项贷款余额中指标“非金融企业及机关团体贷款”改为“企(事)业单位贷款”。
Note: Starting from 2020, the indicator of the balance of loans "non-financial enterprises and institutions loans" will be replaced by the indicator of "enterprise (public) business unit loans".

# 6-8 中外资金融机构存贷款年末余额(折人民币，2008-2020年)

## Deposits and Loans of All Financial Institutions at Year-end (converted into RMB, at the end of year from 2008 to 2020)

单位：亿元 (100 million yuan)

| 项　目 | Item | 2008 | 2009 | 2010 | 2011 | 2012 | 2013 |
|---|---|---|---|---|---|---|---|
| 存款余额（折人民币） | Saving Deposits Balance (as RMB) | 16929.47 | 20944.19 | 23953.96 | 26460.80 | 30186.57 | 33838.20 |
| 中资金融机构 | Chinese Financial Institutions | | | | | | |
| 人民币 | RMB | 16219.23 | 20081.46 | 22775.50 | 25048.61 | 28270.68 | 31884.74 |
| 外汇（亿美元） | Foreign Exchange (USD 100 million) | 63.11 | 63.67 | 68.09 | 86.82 | 166.36 | 143.82 |
| 外资金融机构 | Foreign-funded Financial Institutions | | | | | | |
| 人民币 | RMB | 201.82 | 320.26 | 609.00 | 743.08 | 736.31 | 965.83 |
| 外汇（亿美元） | Foreign Exchange (USD 100 million) | 11.27 | 15.77 | 17.90 | 19.38 | 21.31 | 18.17 |
| 贷款余额（折人民币） | Loans Balance (as RMB) | 11079.55 | 13851.83 | 16284.31 | 17732.88 | 19936.52 | 22016.18 |
| 中资金融机构 | Chinese Financial Institutions | | | | | | |
| 人民币 | RMB | 10042.19 | 12316.01 | 14597.74 | 15904.65 | 17554.90 | 19652.37 |
| 外汇（亿美元） | Foreign Exchange (USD 100 million) | 88.10 | 153.88 | 160.92 | 187.33 | 271.91 | 260.66 |
| 外资金融机构 | Foreign-funded Financial Institutions | | | | | | |
| 人民币 | RMB | 262.54 | 282.15 | 389.99 | 428.79 | 468.12 | 520.60 |
| 外汇（亿美元） | Foreign Exchange (USD 100 million) | 26.15 | 29.72 | 34.86 | 34.78 | 32.52 | 41.66 |

6-8 续表 continued

单位:亿元 (100 million yuan)

| 项　目 | Item | 2014 | 2015 | 2016 | 2017 | 2018 | 2019 | 2020 |
|---|---|---|---|---|---|---|---|---|
| 存款余额（折人民币） | Saving Deposits Balance (as RMB) | 35469.29 | 42843.67 | 47530.20 | 51369.03 | 54788.09 | 59131.20 | 67798.81 |
| 中资金融机构 | Chinese Financial Institutions | | | | | | | |
| 人民币 | RMB | 33215.35 | 40732.02 | 44978.42 | 48290.54 | 51336.03 | 55275.71 | 64152.56 |
| 外汇（亿美元） | Foreign Exchange (USD 100 million) | 193.55 | 175.25 | 206.65 | 285.24 | 286.24 | 318.92 | 301.62 |
| 外资金融机构 | Foreign-funded Financial Institutions | | | | | | | |
| 人民币 | RMB | 955.31 | 844.97 | 963.91 | 1044.08 | 1319.81 | 1442.32 | 1479.66 |
| 外汇（亿美元） | Foreign Exchange (USD 100 million) | 18.68 | 20.20 | 22.97 | 26.43 | 25.66 | 29.33 | 33.00 |
| 贷款余额（折人民币） | Loans Balance (as RMB) | 24231.71 | 27296.16 | 29669.82 | 34137.05 | 40749.32 | 47103.31 | 54387.64 |
| 中资金融机构 | Chinese Financial Institutions | | | | | | | |
| 人民币 | RMB | 22154.37 | 25540.40 | 28283.46 | 32571.07 | 38871.63 | 45122.08 | 52429.68 |
| 外汇（亿美元） | Foreign Exchange (USD 100 million) | 214.50 | 156.47 | 96.85 | 104.99 | 120.66 | 111.37 | 107.10 |
| 外资金融机构 | Foreign-funded Financial Institutions | | | | | | | |
| 人民币 | RMB | 533.95 | 622.85 | 651.60 | 787.53 | 959.68 | 1085.73 | 1164.77 |
| 外汇（亿美元） | Foreign Exchange (USD 100 million) | 37.73 | 22.75 | 16.26 | 21.27 | 22.98 | 24.79 | 24.01 |

# 6-9 中外资金融机构人民币信贷资金平衡表
## Credit Funds Balance Sheet of Financial Institutions

单位:亿元 (100 million yuan)

| 项　　目 | Item | 2019 | 2020 |
|---|---|---|---|
| **资金来源项目** | **Sources of Funds** | | |
| 合　计 | Total | 63904.09 | 72796.91 |
| 一、各项存款 | Total Deposits | 56701.75 | 65615.47 |
| (一) 境内存款 | Domestic Deposits | 56127.35 | 64933.64 |
| 1. 住户存款 | Deposits of Households | 17980.56 | 20774.13 |
| 2. 非金融企业存款 | Deposits of Non-financial Enterprises | 19812.10 | 23405.00 |
| 3. 机关团体存款 | Deposits of Government Departments & Organizations | 9633.58 | 9283.68 |
| 4. 财政性存款 | Fiscal Deposits | 805.72 | 848.07 |
| 5. 非银行业金融机构存款 | Deposits of Non-banking Financial Institutions | 7895.40 | 10622.76 |
| (二) 境外存款 | Overseas Deposits | 574.40 | 681.83 |
| 二、金融债券 | Financial Bonds | 764.58 | 922.47 |
| 三、卖出回购资产 | Repo | 61.62 | 62.78 |
| 四、借款及非银行业金融机构拆入 | Borrowings & Placements from Non-depository Financial Institutions | 116.12 | 160.81 |
| 五、联行往来(净) | Inter-bank Transaction | | |
| 六、应付及暂收款 | Payable and Suspense Credit | 1377.65 | 1484.09 |
| 七、各项准备 | All Reserves | 1169.69 | 1284.26 |
| 八、所有者权益 | Creditors' Equity | 4084.12 | 4058.87 |
| 九、其　他 | Others | -371.44 | -791.84 |
| **资金运用项目** | **Uses of Funds** | | |
| 合　计 | Total | 63904.09 | 72796.91 |
| 一、各项贷款 | Total Loans | 46155.78 | 53535.39 |
| (一) 境内贷款 | Domestic Loans | 45960.22 | 53327.49 |
| 1. 住户贷款 | Loans to Households | 19103.03 | 20647.06 |
| 2. 企(事)业单位贷款 | Loans to Non-financial Enterprises and Government Departments & Organizations | 26600.39 | 32423.64 |
| 3. 非银行业金融机构贷款 | Loans to Non-banking Financial Institutions | 256.79 | 256.79 |
| (二) 境外贷款 | Overseas Loans | 195.56 | 207.90 |
| 二、债券投资 | Portfolio Investments | 7182.59 | 8575.25 |
| 三、股权及其他投资 | Shares and Other Investments | 3811.74 | 4183.85 |
| 四、买入返售资产 | Reverse Repo | 554.16 | 1024.08 |
| 五、存放非银行业金融机构款项 | Due From Non-depository Financial Institutions | 49.88 | 69.69 |
| 六、联行往来(净) | Inter-bank Transaction | 5040.74 | 4205.04 |
| 七、金银占款 | Purchase of Gold & Silver | | |
| 八、中央银行外汇占款 | Foreign Exchange | | |
| 九、应收及预付款 | Receivables and Prepayments | 767.12 | 852.96 |
| 十、投资性房地产 | Investment Real Estate | 20.25 | 15.26 |
| 十一、固定资产 | Fixed Asset | 321.82 | 335.39 |

注：2020年起，各项贷款余额中指标“非金融企业及机关团体贷款”改为“企(事)业单位贷款”。

Note: Starting from 2020, the indicator of the balance of loans "non-financial enterprises and institutions loans" will be replaced by the indicator of "enterprise (public) business unit loans".

## 6-10 中资金融机构人民币各项存贷款年末余额

## Deposits and Loans in Renminbi of Chinese Financial Institutions at Year-end

单位:亿元 (100 million yuan)

| 项　　目 | Item | 2019 | 2020 |
|---|---|---|---|
| **各项存款余额** | **Total Deposits** | **55275.71** | **64152.56** |
| 一、境内存款 | Domestic Deposits | 54740.89 | 63514.05 |
| (一) 住户存款 | Deposits of Households | 17903.24 | 20703.72 |
| (二) 非金融企业存款 | Deposits of Non-financial Enterprises | 18695.90 | 22288.36 |
| (三) 机关团体存款 | Deposits of Government Departments & Organizations | 9549.82 | 9191.50 |
| (四) 财政性存款 | Fiscal Deposits | 805.72 | 848.05 |
| (五) 非银行业金融机构存款 | Deposits of Non-banking Financial Institutions | 7786.20 | 10482.42 |
| 二、境外存款 | Overseas Deposits | 534.83 | 638.51 |
| **各项贷款余额** | **Total Loans** | **45122.08** | **52429.68** |
| 一、境内贷款 | Domestic Loans | 44929.82 | 52226.37 |
| (一) 住户贷款 | Loans to Households | 19002.76 | 20516.04 |
| (二) 企(事)业单位贷款 | Loans to Non-financial Enterprises and Government Departments & Organizations | 25670.27 | 31453.54 |
| 1. 短期贷款 | Short-term loans | 5478.47 | 6879.68 |
| 2. 中长期贷款 | Medium & Long-term Loans | 18105.84 | 22202.78 |
| 3. 票据融资 | Paper Financing | 1901.32 | 2165.76 |
| 4. 融资租赁 | Financial Leases | 176.00 | 200.06 |
| 5. 各项垫款 | Total Advances | 8.64 | 5.26 |
| (三) 非银行业金融机构贷款 | Loans to Non-banking Financial Institutions | 256.79 | 256.79 |
| 二、境外贷款 | Overseas Loans | 192.26 | 203.31 |

注：2020年起，各项贷款余额中指标"非金融企业及机关团体贷款"改为"企(事)业单位贷款"。

Note: Starting from 2020, the indicator of the balance of loans "non-financial enterprises and institutions loans" will be replaced by the indicator of "enterprise (public) business unit loans".

## 6-11 上市公司及新三板概况（2011-2020年）

## Listed Companies and NEEQ-listed Companies (2011-2020)

单位:家 (unit)

| 年　份 Year | 境内上市公司数量 Numbers of Domestic Listed Companies | 主板上市公司 Main Board-Listed Companies | 中小企业板上市公司 SME-Listed Companies | 创业板上市公司 GEM-Listed Companies | 科创板上市公司 TIB-Listed Companies | 新三板公司 NEEQ-listed Companies |
|---|---|---|---|---|---|---|
| 2011 | 53 | 26 | 20 | 7 | | |
| 2012 | 61 | 27 | 24 | 10 | | |
| 2013 | 60 | 26 | 24 | 10 | | |
| 2014 | 62 | 26 | 26 | 10 | | 35 |
| 2015 | 68 | 27 | 26 | 15 | | 138 |
| 2016 | 78 | 31 | 28 | 19 | | 347 |
| 2017 | 97 | 39 | 34 | 24 | | 429 |
| 2018 | 98 | 39 | 33 | 26 | | 393 |
| 2019 | 107 | 41 | 34 | 30 | 2 | 322 |
| 2020 | 117 | 42 | 38 | 31 | 6 | 298 |

注：2019年起，境内上市公司新增科创板上市公司。

Note: From 2019, the domestic listed companies add new companies listed on the science and technology innovation board.

# 6-12 证券市场股票筹资概况(2011-2020年)
# Equity Financing of Securities Market (2011-2020)

单位:亿元 (100 million yuan)

| 年 份 Year | 股票筹资额 Equity Financing | IPO筹资 IPO financing | 股票再筹资 Equity Re-financing |
|---|---|---|---|
| 2011 | 213.59 | 40.18 | 173.41 |
| 2012 | 244.55 | 50.58 | 193.97 |
| 2013 | 57.30 | … | 57.30 |
| 2014 | 42.92 | 6.93 | 35.99 |
| 2015 | 616.40 | 24.48 | 591.92 |
| 2016 | 676.72 | 43.01 | 633.71 |
| 2017 | 508.72 | 137.45 | 371.27 |
| 2018 | 182.43 | 2.96 | 179.47 |
| 2019 | 70.15 | 67.43 | 2.72 |
| 2020 | 256.78 | 62.99 | 193.79 |

# 6-13 证券市场交易额概况(2011-2020年)
# Turnover of Securities Market (2011-2020)

单位：亿元 (100 million yuan)

| 年 份 Year | 证券市场交易额 Turnover of Securities Market | # 股票交易 Turnover of Stock Trading |
|---|---|---|
| 2011 | 38170.94 | 31393.64 |
| 2012 | 31558.13 | 21898.72 |
| 2013 | 48320.55 | 30858.05 |
| 2014 | 74196.95 | 49514.63 |
| 2015 | 217238.20 | 171139.46 |
| 2016 | 141833.54 | 81611.10 |
| 2017 | 153625.46 | 71038.98 |
| 2018 | 131665.66 | 53231.50 |
| 2019 | 150687.72 | 76241.97 |
| 2020 | 206219.62 | 118238.58 |

# 6-14 主要年份原保险保费收入和赔款及给付支出

# Premium of Primary Insurance and Payment in Main Years

| 年 份<br>Year | 原保险保费收入<br>(万元)<br>Premium of Primary Insurance<br>(10000 yuan) | 赔款及给付支出<br>(万元)<br>Claim and Payment<br>(10000 yuan) | 赔款率<br>(%)<br>Indemnity and Payment Ratio<br>(%) |
|---|---|---|---|
| 1980 | 197 | | |
| 1985 | 5043 | 1153 | 22.86 |
| 1986 | 8654 | 3117 | 36.02 |
| 1987 | 14855 | 3784 | 25.47 |
| 1988 | 17985 | 4052 | 22.53 |
| 1989 | 28017 | 7742 | 27.63 |
| 1990 | 46963 | 45207 | 96.26 |
| 1991 | 58771 | 19762 | 33.63 |
| 1992 | 94839 | 32846 | 34.63 |
| 1993 | 204267 | 89930 | 44.03 |
| 1994 | 244017 | 96299 | 39.46 |
| 1995 | 313528 | 113052 | 36.06 |
| 1996 | 411021 | 168637 | 41.03 |
| 1997 | 579787 | 200828 | 34.64 |
| 1998 | 559618 | 195177 | 34.88 |
| 1999 | 555424 | 201673 | 36.31 |
| 2000 | 574506 | 133011 | 23.15 |
| 2001 | 810415 | 180525 | 22.28 |
| 2002 | 998741 | 230440 | 23.07 |
| 2003 | 1172755 | 242972 | 20.72 |
| 2004 | 1329411 | 278910 | 20.98 |
| 2005 | 1586302 | 312074 | 19.67 |
| 2006 | 1754637 | 399586 | 22.77 |
| 2007 | 2275036 | 542852 | 23.86 |
| 2008 | 3106047 | 675962 | 21.76 |
| 2009 | 3273766 | 785375 | 23.98 |
| 2010 | 4204166 | 880790 | 20.95 |
| 2011 | 3972972 | 1083773 | 27.28 |
| 2012 | 4208014 | 1258986 | 29.92 |
| 2013 | 4748884 | 1482555 | 31.22 |
| 2014 | 6018083 | 1710441 | 28.42 |
| 2015 | 7100726 | 2259963 | 31.83 |
| 2016 | 11661901 | 2458547 | 21.08 |
| 2017 | 11272520 | 2697222 | 23.93 |
| 2018 | 11628614 | 3219983 | 27.69 |
| 2019 | 14248337 | 3624694 | 25.44 |
| 2020 | 14956164 | 4548648 | 30.41 |

注：1. 本表数据2008年起来源于中国保险监督管理委员会广东监管局，2008年前来源于广东省保险行业协会；
2. 自2011年起，保险行业数据按照执行“企业会计准则解释第2号”的新口径统计(下同)。

Note: I. Since 2008 the data in this table are provided by Guangdong Bureau of China Insurance Regulatory Commission, while the data before 2008 were provided by the Guangdong Association of Insurance Industry.

II. Since 2011 figures of insurance industry are calculated according to new standards (The same as in the following tables).

# 6-15 保险公司主要业务指标（2020年）

# Major Business Indicators of Insurance Companies (2020)

单位：万元 (10000 yuan)

| 指标 | Indicators | 保险金额（亿元）Amount Insured (100 million yuan) | 原保险保费收入 Premium of Primary Insurance | 赔款及给付支出 Claim and Payment |
|---|---|---|---|---|
| **总计** | **Total** | **7842771** | **14956164** | **4548648** |
| 财产保险公司 | Property Insurance Companies | 7214504 | 3942627 | 2507763 |
| 人身保险公司 | Personal Insurance Companies | 628267 | 11013537 | 2040885 |

# 6-16 财产保险公司主要指标

# Main Indicators of Property Insurance Companies

单位:万元 (10000 yuan)

| 项目 | Item | 2019 | | 2020 | |
|---|---|---|---|---|---|
| | | 原保险保费收入 Premium of Primary Insurance | 赔款支出 Claim and Payment | 原保险保费收入 Premium of Primary Insurance | 赔款支出 Claim and Payment |
| **合计** | **Total** | **3847323** | **1883838** | **3942627** | **2507763** |
| 企业财产保险 | Enterprise Property Insurance | 216056 | 105249 | 254212 | 129662 |
| 家庭财产保险 | Family Property Insurance | 19486 | 4155 | 25276 | 4427 |
| # 投资型家财险 | Investment Family Property Insurance | 151 | 21 | 147 | 23 |
| 机动车辆保险 | Motor Vehicle Insurance | 1851853 | 1000561 | 1791457 | 1109694 |
| 工程保险 | Enginerring Insurance | 107590 | 61306 | 81128 | 53154 |
| 责任保险 | Liability Insurance | 282153 | 125042 | 439357 | 165969 |
| 信用保险 | Export Credit Insurance | 206902 | 107959 | 195004 | 176748 |
| 保证保险 | Guarantee Insurance | 504043 | 161547 | 318163 | 433672 |
| # 机动车辆消费贷款保证保险 | Vehicle Loan Guarantee Insurance | 131 | 1944 | 65 | 189 |
| 个人贷款抵押房屋保证保险 | Personal Loan Mortgage Housing Guarantee Insurance | -105 | 60 | -100 | 3 |
| 船舶保险 | Ship Insurance | 27810 | 16211 | 33868 | 17916 |
| 货物运输保险 | Freight Transport Insurance | 53263 | 38831 | 53309 | 22323 |
| 特殊风险保险 | Special Risk Insurance | 66780 | 35233 | 65768 | 36005 |
| 农业保险 | Agricultural Insurance | 13133 | 12114 | 20053 | 11426 |
| 健康险 | Health Insurance | 209127 | 108914 | 362566 | 204882 |
| 意外伤害保险 | Accident Injury Insurance | 199510 | 49851 | 193789 | 62651 |
| 其他险 | Other Insurance | 89616 | 56865 | 108677 | 79234 |

# 6-17 人身保险公司主要指标

## Main Indicators of Personal Insurance Companies

单位：万元 (10000 yuan)

| 项 目 | Item | 2019 | 2020 |
|---|---|---|---|
| **原保险保费收入** | **Premium of Primary Insurance** | **10401014** | **11013537** |
| 按险种分 | Classify by Insurance Code | | |
| 寿 险 | Life Insurance | 8141646 | 8507672 |
| 个人业务 | Individual Insurance | 8105805 | 8476197 |
| 新单保费 | Initial Premiums | 3854219 | 3508960 |
| 续期保费 | Renewable Premiums | 4251585 | 4967237 |
| 团体业务 | Group Isurance | 35841 | 31475 |
| 新单保费 | Initial Premiums | 25633 | 22019 |
| 续期保费 | Renewable Premiums | 10208 | 9456 |
| 意外伤害险 | Personal Accidental Death and Injury Insurance | 274909 | 259212 |
| 一年期以内业务 | Within One-year Product | 41742 | 37880 |
| 一年期业务 | One-year Product | 115597 | 113561 |
| 一年以上业务 | Over One-year Product | 117571 | 107771 |
| 健康险 | Health Insurance | 1984459 | 2246653 |
| 一年期以内及一年期业务 | Winthin One Year and One-Year Product | 373263 | 428020 |
| 个人业务 | Individual Insurance | 194370 | 228426 |
| 团体业务 | Group Isurance | 178893 | 199594 |
| 一年期以上业务 | Over One-year Period Product | 1611196 | 1818632 |
| 个人业务 | Individual Insurance | 1545764 | 1761499 |
| 团体业务 | Group Isurance | 65431 | 57133 |
| 按新型产品分 | Classify by New Insurance Products | | |
| 寿险保费收入合计 | Total Life Insurance Premiums | 8141646 | 8507672 |
| 普通寿险 | Ordinary Life Insurance | 4130760 | 4838798 |
| 新单保费 | Initial Premiums | 1755880 | 1635419 |
| 续期保费 | Renewable Premiums | 2374880 | 3203379 |
| 分红寿险 | Participating Insurance | 3986292 | 3644117 |
| 新单保费 | Initial Premiums | 2121396 | 1891717 |
| 续期保费 | Renewable Premiums | 1864896 | 1752400 |
| 投资连结保险 | Unit-linked Insurance | 5964 | 6027 |
| 万能寿险 | Universal Life Insurance | 18630 | 18730 |

## 6-17 续表 continued

单位:万元 (10000 yuan)

| 项目 | Item | 2019 | 2020 |
|---|---|---|---|
| **赔付支出** | **Claims Paid** | **1740856** | **2040885** |
| **赔款支出** | **Compensation Expenses** | **250336** | **259991** |
| 意外伤害险 | Personal Accidental And Injury Insurance | 33446 | 35436 |
| 一年期以内业务 | Within One-year Product | 6508 | 7784 |
| 一年期业务 | One-year | 26938 | 27652 |
| 一年期以内及一年期健康险 | Winthin One Year and One-Year Health Insurance | 216890 | 224555 |
| 个人业务 | Individual Insurance | 68090 | 75351 |
| 团体业务 | Group Insurance | 148801 | 149204 |
| **死伤医疗给付合计** | **Total Casualty Medical Payments** | **241909** | **288856** |
| 寿　险 | Life Insurance | 66683 | 75886 |
| 个人业务 | Individual Insurance | 55285 | 62838 |
| 团体业务 | Group Insurance | 11397 | 13048 |
| 一年期以上健康险 | Over One-year Period Health Insurance | 175226 | 212970 |
| 个人业务 | Individual Insurance | 170507 | 207842 |
| 团体业务 | Group Insurance | 4719 | 5128 |
| **满期给付合计** | **Total Mature Payment** | **913722** | **1176836** |
| 寿　险 | Life Insurance | 912180 | 804054 |
| 个人业务 | Individual Insurance | 896153 | 788693 |
| 团体业务 | Group Insurance | 16027 | 15361 |
| 一年期以上健康险 | Over One-year Period Health Insurance | 1542 | 372782 |
| 个人业务 | Individual Insurance | 1542 | 372782 |
| 团体业务 | Group Insurance | | |
| **年金给付合计** | **Total Pension Payments** | **334889** | **315202** |
| 个人业务 | Individual Insurance | 319069 | 296809 |
| 团体业务 | Group Insurance | 15820 | 18393 |
| **退保金** | **Cash Surrender Value** | **2067067** | **978849** |
| 寿　险 | Life Insurance | 1853260 | 893746 |
| 个人业务 | Individual Insurance | 1842299 | 892242 |
| 团体业务 | Group Insurance | 10961 | 1504 |
| 一年期以上健康险 | Over One-year Period Health Insurance | 213807 | 85103 |

# 6-18 主要外资金融机构及代表处一览表

## List of Main Foreign Financial Institutions and Representative Offices

| 机构(代表处)名称及所属国家(地区) | Name of Institutions (Representative Offices) | 批准日期<br>Date of Approval |
|---|---|---|
| 法国兴业银行(中国)有限公司广州分行(法国) | Societe Generale,(China)Ltd., Guangzhou Branch (France) | 1992.08 |
| 东亚银行(中国)有限公司广州分行(中国香港) | The Bank of East Asia (China)Ltd., Guangzhou Branch (Hong Kong, China) | 1992.10 |
| 南洋商业银行(中国)有限公司广州分行(中国香港) | Nanyang Commercial Bank (China), Ltd., Guangzhou Branch (Hong Kong, China) | 1992.11 |
| 三井住友银行(中国)有限公司广州分行(日本) | Sumitomo Mitsui Banking Corporation (China), Ltd, Guangzhou Branch (Japan) | 1992.12 |
| 美国银行广州分行(美国) | Bank of Amercia N.A., Guangzhou Branch (USA) | 1993.01 |
| 大华银行(中国)有限公司广州分行(新加坡) | United Overseas Bank Ltd., Guangzhou Branch (Singapore) | 1993.12 |
| 德意志银行(中国)有限公司广州分行(德国) | Deutsche Bank (China)Ltd.AG, Guangzhou Branch (Germany) | 1994.11 |
| 加拿大丰业银行广州分行(加拿大) | The Bank of Nova Scotia, Guangzhou Branch (Canada) | 1994.11 |
| 东方汇理银行(中国)有限公司广州分行(法国) | Credit Agricole Corparate And Investment Bank (China)Ltd. Guangzhou Branch (France) | 1994.11 |
| 蒙特利尔银行(中国)有限公司广州分行(加拿大) | Bank of Montreal (China), Co, Ltd, Guangzhou Branch (Canada) | 1995.01 |
| 法国巴黎银行(中国)有限公司广州分行(法国) | BNP Paribas(China)Ltd., Guangzhou Branch (France) | 1995.06 |
| 恒生银行(中国)有限公司广州分行(中国香港) | Hang Seng Bank Ltd., Guangzhou Branch (Hong Kong, China) | 1995.12 |
| 花旗银行(中国)有限公司广州分行(美国) | Citibank, N.A.(China)Ltd., Guangzhou Branch (USA) | 1997.12 |
| 汇丰银行(中国)有限公司广州分行(中国香港) | The Hong Kong and Shanghai Banking Corporation Ltd., Guangzhou Branch (Hong Kong, China) | 1999.08 |
| 星展银行(中国)有限公司广州分行(新加坡) | DBS Bank Ltd., Guangzhou Branch (Singapore) | 2004.04 |
| 韩国产业银行广州分行(韩国) | The Korea Development Bank Ltd., Guangzhou Branch (Republic of Korea) | 2005.05 |
| 渣打银行(中国)有限公司广州分行(中国香港) | Standard Charted Bank Ltd. Guangzhou Branch (Hong Kong, China) | 2005.06 |
| 华侨永亨银行(中国)有限公司广州分行(中国香港) | OCBC Wing Hang Bank Ltd., Guangzhou Branch (Hong Kong, China) | 2006.09 |
| 国民银行(中国)有限公司广州分行(韩国) | Kookmin Bank Ltd., Guangzhou Branch (Republic of Korea) | 2007.06 |

注：本表资料由中国银保监会广东监管局提供。

Note: The data in this table are provided by China Banking Regulatory Commission Guangdong Office.

## 6-18 续表 continued

| 机构(代表处)名称及所属国家(地区) | Name of Institutions (Representative Offices) | 批准日期 Date of Approval |
|---|---|---|
| 三菱日联银行(中国)有限公司广州分行(日本) | MUFG Bank(China), Ltd. Guangzhou Branch (Japan) | 2008.02 |
| 瑞穗银行(中国)有限公司广州分行(日本) | Mizuho Bank (China), Ltd. Guangzhou Branch (Japan) | 2008.08 |
| 华商银行广州分行(中国香港) | Chinese Mercantile Bank Guangzhou Branch (Hong Kong, China) | 2008.11 |
| 摩根大通银行(中国)有限公司广州分行(美国) | JPMorgan Chase Bank (China) Company Limited Guangzhou Branch (USA) | 2009.03 |
| 澳大利亚和新西兰银行(中国)有限公司广州分行(澳大利亚) | Australia and New Zealand Banking (China) Ltd. Guangzhou Branch (Australia) | 2009.05 |
| 大新银行(中国)有限公司广州分行(中国香港) | DahSing Bank (China) Limited Guangzhou Branch (Hong Kong, China) | 2011.04 |
| 韩亚银行(中国)有限公司广州分行(韩国) | Hana Bank (China) Company Limited ,Guangzhou Branch (Republic of Korea) | 2012.07 |
| 中国信托商业银行股份有限公司广州分行(中国台湾) | CTBC Bank Co. Ltd., Guangzhou Branch (Taiwan, China) | 2015.07 |
| 台湾银行股份有限公司广州分行(中国台湾) | Bank of Taiwan Co., Ltd. Guangzhou Branch (Taiwan, China) | 2015.08 |
| 招商永隆银行有限公司广州分行(中国香港) | CMB Wing Lung Bank Ltd., Guangzhou Branch (Hong Kong, China) | 2015.09 |
| 创兴银行有限公司广州分行(中国香港) | Chong Hing Bank Limited Guangzhou Branch (Hong Kong, China) | 2016.05 |
| 澳门国际银行股份有限公司广州分行(中国澳门) | Luso International Banking Limited Guangzhou Branch (Macao, China) | 2017.03 |
| 永丰银行(中国)有限公司广州分行(中国台湾) | Bank SinoPac(China)Ltd.,Guangzhou Branch(Taiwan, China) | 2017.07 |
| 玉山银行(中国)有限公司广州分行(中国台湾) | E.SUN Bank (China) Company，Ltd. Guangzhou Branch (Taiwan, China) | 2018.09 |
| 富邦华一银行有限公司广州分行(中国台湾) | Fubon Bank (China) Co. , Ltd. Guangzhou Branch(Taiwan, China) | 2019.04 |
| 美国华美银行股份有限公司广州代表处(美国) | East West Bbank Guangzhou Representative Office (USA) | 1996.01 |
| 葡萄牙商业银行股份有限公司广州代表处(葡萄牙) | Banco Commercial Portugues, Guangzhou Representative Office (Portugal) | 1997.03 |
| 瑞士信贷银行有限公司广州代表处(瑞士) | Credit Suisse Guangzhou Representative Office (Swiss) | 2005.04 |
| 埃及银行广州代表处(埃及) | Banque Misr Guangzhou Representative Office(Egypt) | 2016.07 |
| 孟加拉东方银行广州代表处(孟加拉) | Eastern Bank Limited Guangzhou Representative Office(Bangladesh) | 2018.09 |
| 澳门华人银行股份有限公司广州代表处(中国澳门) | The Macau Chinese Bank Limited Guangzhou Representative Office (Macao, China) | 2019.06 |

注：本表资料由中国银保监会广东监管局提供。
Note: The data in this table are provided by China Banking Regulatory Commission Guangdong Office.

# 6-19 外资保险公司及代表处一览表

# List of Foreign Insurance Companies and Representative Offices

| 机构(代表处)名称及所属国家(地区) | Name of Institutions (Representative Offices) | 批准日期 Date of Approval |
|---|---|---|
| 美亚财产保险有限公司广东分公司(美国) | AIG Insurance Company China Limited Guangdong Branch (USA) | 1995.10 |
| 友邦保险有限公司广东分公司(中国香港) | AIA Company Limited Guangdong Provincial Branch(Hong Kong, China) | 1995.10 |
| 中意人寿保险有限公司广东省分公司(意大利) | Generali China Life Insurance Co., Ltd., Guangdong Branch (Italy) | 2002.01 |
| 中宏人寿保险有限公司广东分公司(加拿大) | Manulife-Sinochem Life Insurance CO.,LTD.Guangdong Branch(Canada) | 2003.01 |
| 京东安联财产保险(中国)有限公司(德国) | Allianz Jingdong General Insurance Company (Germany) | 2003.01 |
| 工银安盛人寿保险有限公司广东分公司(法国) | ICBC-AXA Assurance Co., Ltd., Guangdong Branch (France) | 2003.04 |
| 中德安联人寿保险公司广东分公司(德国) | Allianz China Life Insurance Company Limited Guangdong Branch (Germany) | 2004.12 |
| 中英人寿保险公司广东分公司(英国) | Aviva-Cofco Life Insurance Co., Ltd., Guangdong Branch (UK) | 2005.11 |
| 中美联泰大都会人寿保险有限公司广东分公司(美国) | Sino-US United MetLife Insurance Co., Ltd., Guangdong Branch (USA) | 2006.02 |
| 安盛天平财产保险股份有限公司广东分公司(法国) | Tian Ping Auto Insurance Co., Ltd., Guangdong Branch (France) | 2006.08 |
| 平安健康保险股份有限公司广东分公司(南非) | Ping An Health Insurance Company Of China,Ltd. Guangdong Branch (South Africa) | 2007.09 |
| 瑞泰人寿保险有限公司广东分公司(南非) | Oldmutual-guodian life insurance company limited guangdong branch (South Africa) | 2008.01 |
| 同方全球人寿保险有限公司广东分公司(荷兰) | AEGON THTF Life Insurance Co.,Ltd. Guangdong Branch(Holland) | 2008.02 |
| 中信保诚人寿保险有限公司广东省分公司(英国) | CITIC-Prudential Life Insurance Company Limited GuangDong Branch (UK) | 2008.06 |
| 三井住友海上火灾保险(中国)有限公司广东分公司(日本) | Mitsui Sumitomo Insurance (China) Company, Ltd, Guangdong Branch (Japan) | 2008.08 |
| 陆家嘴国泰人寿保险有限责任公司广东分公司(中国台湾) | Cathay Lujiazui Life Insurance Co., Ltd, Guangdong Branch (Taiwan, China) | 2008.09 |
| 日本财产保险(中国)有限公司广东分公司(日本) | Sompo Japan Insurance (China) Company, Ltd, Guangdong Branch(Japan) | 2009.02 |
| 恒安标准人寿保险有限公司广东分公司(英国) | Heng An Standard Life Insurance Co., Ltd., Guangdong Branch (UK) | 2009.05 |
| 东京海上日动火灾保险(中国)有限公司广东分公司(日本) | The Tokio Marine & Nichido Fire Insurance Company (China) Limited Guangdong Branch (Japan) | 2010.06 |
| 国泰财产保险有限责任公司广东分公司(中国台湾) | Cathay Insurance Co., Ltd., Guangdong Branch (Taiwan,China) | 2010.10 |
| 招商信诺人寿保险有限公司广东分公司(美国) | CIGNA & CMC Life Insurance Co., Ltd., Guangdong Branch (USA) | 2010.12 |
| 华泰人寿保险股份有限公司广东分公司(美国) | Huatai Life Insurance Co.,Ltd..Guangdong Branch (USA) | 2011.05 |
| 利宝保险有限公司广东分公司(美国) | Liberty Insurance Company Limited Guangdong Branch (USA) | 2011.11 |
| 中意财产保险有限公司广东分公司(意大利) | Generali China Insurance Co., Ltd., Guangdong Branch (Italy) | 2012.07 |
| 中银三星人寿保险有限公司广东分公司(韩国) | BOC SAMSUNG Life Insurance Company Limited Guangdong Branch (Korea) | 2013.06 |
| 交银康联人寿保险有限公司广东省分公司(澳大利亚) | BoCommLife Insurance Company Limited Guangdong Branch (Australia) | 2014.05 |
| 凯本财产保险(中国)有限公司(韩国) | KBFG insurance company Ltd,Guangdong Branch (Korea) | 2014.05 |
| 京东安联财产保险有限公司广东分公司(德国) | Allianz China General Insurance Company Ltd. Guangdong Branch(Germany) | 2015.10 |
| 汇丰人寿保险有限公司广东分公司(中国香港) | HSBC Life Insurance Company Limited Guangdong Branch (Hong Kong, China) | 2015.10 |
| 史带财产保险股份有限公司广东分公司(美国) | Starr Property & Casualty Insurance (China) Company Limited, Guangdong branch(USA) | 2016.01 |
| 安达保险有限公司广东分公司(美国) | Chubb Insurance Company Limited Guangdong Branch(USA) | 2016.07 |
| 恒大人寿保险有限公司广东分公司(新加坡) | Evergrande Life Assurance Co.,Ltd., Guangdong Branch (Singapore) | 2016.09 |
| 北大方正人寿保险有限公司广东分公司(日本) | Founder Life Insurance Co., Ltd. Guangdong Branch(Japan) | 2016.12 |
| 苏黎世财产保险(中国)有限公司广东分公司(瑞士) | Zurich General Insurance Company(China)Ltd Guangdong Branch(Switzerland) | 2016.12 |
| 澳大利亚昆士兰保险集团股份有限公司广州代表处(澳大利亚) | QBE Insurance Group Limited, Guangzhou Representative Office (Australia) | 1997.11 |
| 日本爱和谊日生同和保险公司广州代表处(日本) | Aioi Nissay Dowa Insurance Co.,Ltd. Guangzhou Representative Office(Japan) | 2004.06 |

注：本表资料由中国银保监会广东监管局提供。

Note: The data in this table are provided by China Insurance Regulatory Commission Guangdong Office.

# 6-20 金融机构人民币法定存款利率

# Official Interest Rates of Deposits of Financial Institutions

单位:年利率 % (% p.a.)

| 调整时间<br>Adjustment time | 活期存款<br>Demand Deposit | 定期存款<br>Time Deposit | | | | | |
|---|---|---|---|---|---|---|---|
| | | 三个月<br>3 Months | 半年<br>6 Months | 一年<br>1 Year | 二年<br>2 Years | 三年<br>3 Years | 五年<br>5 Years |
| 1996. 05. 01 | 2.97 | 4.86 | 7.20 | 9.18 | 9.90 | 10.80 | 12.06 |
| 1996. 08. 23 | 1.98 | 3.33 | 5.40 | 7.47 | 7.92 | 8.28 | 9.00 |
| 1997. 10. 23 | 1.71 | 2.88 | 4.14 | 5.67 | 5.94 | 6.21 | 6.66 |
| 1998. 03. 25 | 1.71 | 2.88 | 4.14 | 5.22 | 5.58 | 6.21 | 6.66 |
| 1998. 07. 01 | 1.44 | 2.79 | 3.96 | 4.77 | 4.86 | 4.95 | 5.22 |
| 1998. 12. 07 | 1.44 | 2.79 | 3.33 | 3.78 | 3.96 | 4.14 | 4.50 |
| 1999. 06. 10 | 0.99 | 1.98 | 2.16 | 2.25 | 2.43 | 2.70 | 2.88 |
| 2002. 02. 21 | 0.72 | 1.71 | 1.89 | 1.98 | 2.25 | 2.52 | 2.79 |
| 2004. 10. 29 | 0.72 | 1.71 | 2.07 | 2.25 | 2.70 | 3.24 | 3.60 |
| 2006. 08. 19 | 0.72 | 1.80 | 2.25 | 2.52 | 3.06 | 3.69 | 4.14 |
| 2007. 03. 18 | 0.72 | 1.98 | 2.43 | 2.79 | 3.33 | 3.96 | 4.41 |
| 2007. 05. 19 | 0.72 | 2.07 | 2.61 | 3.06 | 3.69 | 4.41 | 4.95 |
| 2007. 07. 21 | 0.81 | 2.34 | 2.88 | 3.33 | 3.96 | 4.68 | 5.22 |
| 2007. 08. 22 | 0.81 | 2.61 | 3.15 | 3.60 | 4.23 | 4.95 | 5.49 |
| 2007. 09. 15 | 0.81 | 2.88 | 3.42 | 3.87 | 4.50 | 5.22 | 5.76 |
| 2007. 12. 21 | 0.72 | 3.33 | 3.78 | 4.14 | 4.68 | 5.40 | 5.85 |
| 2008. 10. 09 | 0.72 | 3.15 | 3.51 | 3.87 | 4.41 | 5.13 | 5.58 |
| 2008. 10. 30 | 0.72 | 2.88 | 3.24 | 3.60 | 4.14 | 4.77 | 5.13 |
| 2008. 11. 27 | 0.36 | 1.98 | 2.25 | 2.52 | 3.06 | 3.60 | 3.87 |
| 2008. 12. 23 | 0.36 | 1.71 | 1.98 | 2.25 | 2.79 | 3.33 | 3.60 |
| 2010. 10. 20 | 0.36 | 1.91 | 2.20 | 2.50 | 3.25 | 3.85 | 4.20 |
| 2010. 12. 26 | 0.36 | 2.25 | 2.50 | 2.75 | 3.55 | 4.15 | 4.55 |
| 2011. 02. 09 | 0.40 | 2.60 | 2.80 | 3.00 | 3.90 | 4.50 | 5.00 |
| 2011. 04. 06 | 0.50 | 2.85 | 3.05 | 3.25 | 4.15 | 4.75 | 5.25 |
| 2011. 07. 07 | 0.50 | 3.10 | 3.30 | 3.50 | 4.40 | 5.00 | 5.50 |
| 2012. 06. 08 | 0.40 | 2.85 | 3.05 | 3.25 | 4.10 | 4.65 | 5.10 |
| 2012. 07. 06 | 0.35 | 2.60 | 2.80 | 3.00 | 3.75 | 4.25 | 4.75 |
| 2014. 11. 22 | 0.35 | 2.35 | 2.55 | 2.75 | 3.35 | 4.00 | -- |
| 2015. 03. 01 | 0.35 | 2.10 | 2.30 | 2.50 | 3.10 | 3.75 | -- |
| 2015. 05. 11 | 0.35 | 1.85 | 2.05 | 2.25 | 2.85 | 3.50 | -- |
| 2015. 06. 28 | 0.35 | 1.60 | 1.80 | 2.00 | 2.60 | 3.25 | -- |
| 2015. 08. 26 | 0.35 | 1.35 | 1.55 | 1.75 | 2.35 | 3.00 | -- |
| 2015. 10. 24 | 0.35 | 1.10 | 1.30 | 1.50 | 2.10 | 2.75 | -- |

注：自2014年11月22日起，人民银行不再公布金融机构人民币五年期定期存款基准利率。

Note: Since November 22,2014,the central bank will not announce the official interest rate of time deposits for 5 years of financial institutions.

# 6-21 金融机构人民币法定贷款利率

## Official Interest Rates of Loans of Financial Institutions

单位:年利率 % (% p.a.)

| 调整时间<br>Adjustment time | 6个月以内<br>(含六个月)<br>within 6 months<br>(include 6 months) | 六个月至一年<br>(含一年)<br>6 months–1 year<br>(include 1 year) | 一至三年<br>(含三年)<br>1–3years<br>(include 3 years) | 三至五年<br>(含五年)<br>3–5years<br>(include 5 years) | 五年以上<br>above 5 years |
|---|---|---|---|---|---|
| 1996.05.01 | 9.72 | 10.98 | 13.14 | 14.94 | 15.12 |
| 1996.08.23 | 9.18 | 10.08 | 10.98 | 11.70 | 12.42 |
| 1997.10.23 | 7.65 | 8.64 | 9.36 | 9.90 | 10.53 |
| 1998.03.25 | 7.02 | 7.92 | 9.00 | 9.72 | 10.35 |
| 1998.07.01 | 6.57 | 6.93 | 7.11 | 7.65 | 8.01 |
| 1998.12.07 | 6.12 | 6.39 | 6.66 | 7.20 | 7.56 |
| 1999.06.10 | 5.58 | 5.85 | 5.94 | 6.03 | 6.21 |
| 2002.02.21 | 5.04 | 5.31 | 5.49 | 5.58 | 5.76 |
| 2004.10.29 | 5.22 | 5.58 | 5.76 | 5.85 | 6.12 |
| 2006.04.28 | 5.40 | 5.85 | 6.03 | 6.12 | 6.39 |
| 2006.08.19 | 5.58 | 6.12 | 6.30 | 6.48 | 6.84 |
| 2007.03.18 | 5.67 | 6.39 | 6.57 | 6.75 | 7.11 |
| 2007.05.19 | 5.85 | 6.57 | 6.75 | 6.93 | 7.20 |
| 2007.07.21 | 6.03 | 6.84 | 7.02 | 7.20 | 7.38 |
| 2007.08.22 | 6.21 | 7.02 | 7.20 | 7.38 | 7.56 |
| 2007.09.15 | 6.48 | 7.29 | 7.47 | 7.65 | 7.83 |
| 2007.12.21 | 6.57 | 7.47 | 7.56 | 7.74 | 7.83 |
| 2008.09.16 | 6.21 | 7.20 | 7.29 | 7.56 | 7.74 |
| 2008.10.09 | 6.12 | 6.93 | 7.02 | 7.29 | 7.47 |
| 2008.10.30 | 6.03 | 6.66 | 6.75 | 7.02 | 7.20 |
| 2008.11.27 | 5.04 | 5.58 | 5.67 | 5.94 | 6.12 |
| 2008.12.23 | 4.86 | 5.31 | 5.40 | 5.76 | 5.94 |
| 2010.10.20 | 5.10 | 5.56 | 5.60 | 5.96 | 6.14 |
| 2010.12.26 | 5.35 | 5.81 | 5.85 | 6.22 | 6.40 |
| 2011.02.09 | 5.60 | 6.06 | 6.10 | 6.45 | 6.60 |
| 2011.04.06 | 5.85 | 6.31 | 6.40 | 6.65 | 6.80 |
| 2011.07.07 | 6.10 | 6.56 | 6.65 | 6.90 | 7.05 |
| 2012.06.08 | 5.85 | 6.31 | 6.40 | 6.65 | 6.80 |
| 2012.07.06 | 5.60 | 6.00 | 6.15 | 6.40 | 6.55 |
| 2014.11.22 | | 5.60 | | 6.00 | 6.15 |
| 2015.03.01 | | 5.35 | | 5.75 | 5.90 |
| 2015.05.11 | | 5.10 | | 5.50 | 5.65 |
| 2015.06.28 | | 4.85 | | 5.25 | 5.40 |
| 2015.08.26 | | 4.60 | | 5.00 | 5.15 |
| 2015.10.24 | | 4.35 | | 4.75 | 4.90 |

注：自2014年11月22日起，金融机构人民币贷款基准利率期限档次简并为一年以内(含一年)、一至五年(含五年)和五年以上三个档次。

Note: Since Novemeber 22, 2014, the brackets of official interest rates of loans of financial institutions have changed into three brackets: one year (include one year), one to five years(include five years) and five years above.

## 主要统计指标解释

**【一般公共预算收入】**指国家财政参与社会产品分配所取得的收入，是实现国家职能的财力保证。主要包括：（1）各项税收：包括国内增值税、国内消费税、进口货物增值税及消费税、出口货物退增值税和消费税、营业税、企业所得税、个人所得税、资源税、城市维护建设税、房产税、印花税、城镇土地使用税、土地增值税、车船税、船舶吨税、车辆购置税、关税、耕地占用税、契税、烟叶税等。（2）非税收入：包括专项收入、行政事业性收费、罚没收入和其他收入。财政收入按现行分税制财政体制划分为中央本级收入和地方本级收入。

**【一般公共预算支出】**指国家财政将筹集起来的资金进行分配使用，以满足经济建设和各项事业的需要。主要包括：一般公共服务、外交、国防、公共安全、教育、科学技术、文化体育与传媒、社会保障和就业、医疗卫生与计划生育、节能环保、城乡社区、农林水、交通运输、资源勘探信息等、商业服务业等、金融、援助其他地区、国土海洋气象等、住房保障、粮油物资储备、政府债务付息等方面的支出。财政支出根据政府在经济和社会活动中的不同职权，划分为中央财政支出和地方财政支出。

**【存款】**指企业、机关、团体或居民根据资金必须收回的原则，把货币资金存入银行或其他信贷机构保管并取得一定利息的一种信用活动形式。根据存款对象或性质的不同可划分为住户存款、非金融企业存款、政府存款、非银行业金融机构存款等科目。它是银行信贷资金的主要来源。

**【贷款】**指银行或其他信贷机构根据资金必须归还的原则，按一定利率，为企业、个人等提供资金的一种信用活动形式。我国银行贷款分为短期贷款、中长期贷款、融资租赁、票据融资、各项贷款、境外贷款等。

**【保险公司】**在中国境内的、经过保险监督管理部门批准设立，并依法登记注册的各类商业保险公司。

**【保险金额】**指保险人承担赔偿或者给付保险金责任的最高限额。

**【保费】**指投保人为取得保险人在约定范围内所承担赔偿责任而支付给保险人的费用。

**【赔款】**指保险人根据保险合同的规定，向被保险人支付的赔偿保险责任损失的金额。

**【给付】**包括死伤医疗给付和期满给付。死伤医疗给付是指保险人根据人寿保险及长期健康保险合同的规定，因被保险人在保险期内发生保险责任范围内的保险事故支付给被保险人（或受益人）的金额。期满给付是指被保险人生存期满，保险人按人寿保险合同规定支付给被保险人的期满保险金额。

## Explanatory Notes on Main Statistical Indicators

**【General Public Budget Revenue】** refers to income for the government finance through participating in the distribution of social products. It is the financial guarantee to ensure government functioning. The government revenue includes the following main items: (1) Various tax revenues including domestic value added tax (VAT), domestic consumption tax, VAT and consumption tax from imports, VAT and consumption tax rebate for exports, corporate income tax, individual income tax, resource tax, city maintenance and construction tax, house property tax, stamp tax, urban land use tax, land appreciation tax, tax on vehicles and boat operation, ship tonnage tax, vehicle purchase tax, tariffs, farm land occupation tax, deed tax, and tobacco tax, etc. (2) Non-tax revenue, including special program receipts, charge of administrative and institutional units, penalty receipts and others non-tax receipts. Fiscal revenues are divided into central revenues and local revenues according to the current tax-sharing fiscal system.

**【General Public Budget Expenditure】** refers to the distribution and use of the funds which the government finance has raised, so as to meet the needs of economic construction and various undertakings. It includes the following main items: expenditure for general public services, expenditure for foreign affairs, expenditure for national defence expenditure for public security, expenditure for education, expenditure for science and technology, expenditure for culture, sport and media, expenditure for social safety net and employment effort, expenditure for medical and health care and family planning, expenditure for energy conservation and environment protection, expenditure for urban and rural community affairs, expenditure for agriculture, forestry and water conservancy, expenditure for transportation, expenditure for resource exploration and information, expenditure for affairs of commerce and services, expenditure for finance, aid to other regions, expenditure for land, ocean and weather, expenditure for housing security, expenditure for grain & oil reserves, interest payment for public debts. General public budget expenditure is divided into general public budget expenditure of central government and general public budget expenditure of local government according to the different functions of the governments played in economic and social activities,

【**Deposit**】 is a form of credit by which enterprises, institutions, organizations or households can put money into banks and other credit institutions for safekeeping and interest earning and can withdraw anytime or at appointed time.l. According to different depositors, deposits are divided into household deposits, non financial enterprise deposits, government deposits, non banking financial institutions deposits. Deposits are major sources of the credit funds of banks.

【**Loan**】is a form of credit by which banks and other credit institutions provide funds at certain interest rate to enterprises and individuals in the light of the principle of unconditional repayment. Loans from Chinese banks include short-term loan, medium-term and long-term loans, financial lease, bill financing, various money advanced, foreign loans.

【**Insurance Companies**】 refer to commercial insurance companies of various forms registered by law and established in China with the approval of insurance regulatory agencies.

【**Amount Insured**】 refers to the maximum that the insurant will get for the claim of the case insured.

【**Premium**】 is the fee paid by the insurant to the insurer to obtain the obligation of compensation from the insurance within the agreed terms.

【**Settled Claim**】 is the compensation paid by the insurer to the insurant in accordance with the insurance contract.

【**Payment**】 includes payment for death, injury or medical treatment and payment at maturity. Payment for death, injury or medical treatment refers to the money paid to the insurant (or the beneficiary) in accordance with the life or health insurance contract when the insurant encounters accidents within the insured period covered in the contract. Payment at maturity refers to the payment to the insurant in accordance with the life insurance contract at the end of the insured period.

第七篇 CHAPTER 7

# 价格指数
# PRICE INDICES

# 第七篇　价格指数

**简要说明**

一、本篇资料反映生产、消费等环节的价格变动情况。

二、本篇资料由国家统计局广州调查队提供。

三、居民消费价格指数采用抽样调查方法编制，按照大中小兼顾以及地区分布合理的原则，采用划类选择法抽选价格调查点以及消费量较大，价格变动有代表性的商品和服务项目作为样本，对市场价格进行经常性调查，以样本推断总体。

四、工业生产者出厂价格指数和工业生产者购进价格指数均采用重点调查与典型调查相结合的调查方法，采用主观选择和随机抽样的方法选择调查企业。

五、固定资产投资价格指数采用重点调查与典型调查相结合的方法，数据采集使用企业报表与调查员实地采价相结合的方式。

六、新建商品住宅销售价格统计的采集渠道为部门统计，数据取自市住房和城乡建设局的房地产交易管理平台网签成交情况；二手住宅销售价格调查为非全面调查，采用重点调查与典型调查相结合的方法，数据来源于房地产经纪机构。

# 7 Price Indices

**Brief　Introduction**

I. The data on the price indices in this chapter show the changing trend and the changing rates in production and consumption.

II. The data in this chapter are prepared and provided by Guangzhou Survey Team of National Bureau of Statistics.

Ⅲ. The data for the calculation of the consumer price indices of resident are collected with the stratified sampling method. Areas distributed in different economic regions in the districts and counties of Guangzhou are selected as the sample areas and the commodities with more consumption and the representative commodities and service item are selected as the samples. Regular surveys are conducted to collect the data on the market prices. The data on the population are estimated on the basis of the sample.

IV. The data for the calculation of the industrial producer price indices and industrial producers purchasing price indices are collected by key unit's survey and typical unit's survey under subjective choice and random sample.

V. The data for the calculation of price indices of fixed assets investment and price indices of real estate are collected by key unit's survey and typical unit's survey through enterprises reporting forms and investigators collecting prices on the spot.

Ⅵ. The data for sales prices of newly built residential buildings are department statistics, which are collected from the internet signed transaction situation on the Real Estate Transaction Management Platform of the Guangzhou Municipal Housing and Urban-Rural Development Bureau.The data for sales prices of second-hand residential buildings are collected from non-all round investigation by key unit's survey and typical unit's survey through real estate brokerage agencies.

# 7-1 主要年份城市居民消费价格指数
## Urban Residents Consumer Price Indices in Main Years

| 年 份<br>Year | 以上年价格为100<br>(preceding year=100) | 以1978年价格为100<br>(1978=100) | 以1952年价格为100<br>(1952=100) |
|---|---|---|---|
| 1978 | 100.3 | | 134.1 |
| 1979 | 104.0 | 104.0 | 172.7 |
| 1980 | 107.2 | 112.9 | 240.5 |
| 1985 | 121.5 | 168.1 | 370.8 |
| 1986 | 103.9 | 177.4 | 398.1 |
| 1987 | 113.7 | 212.2 | 465.6 |
| 1988 | 127.7 | 274.0 | 599.8 |
| 1989 | 121.6 | 339.6 | 729.3 |
| 1990 | 97.3 | 322.2 | 709.6 |
| 1991 | 103.0 | 329.2 | 711.9 |
| 1992 | 111.7 | 374.6 | 795.2 |
| 1993 | 125.0 | 472.4 | 1020.5 |
| 1994 | 120.0 | 575.4 | 1224.6 |
| 1995 | 113.5 | 653.1 | 1389.9 |
| 1996 | 108.2 | 706.7 | 1503.9 |
| 1997 | 102.2 | 722.2 | 1537.0 |
| 1998 | 97.7 | 705.6 | 1501.6 |
| 1999 | 98.5 | 695.0 | 1479.1 |
| 2000 | 102.8 | 714.5 | 1520.5 |
| 2001 | 98.9 | 706.6 | 1503.8 |
| 2002 | 97.6 | 689.6 | 1467.7 |
| 2003 | 100.1 | 690.3 | 1469.2 |
| 2004 | 101.7 | 702.0 | 1494.2 |
| 2005 | 101.5 | 712.5 | 1516.6 |
| 2006 | 102.3 | 728.9 | 1551.5 |
| 2007 | 103.4 | 753.7 | 1604.2 |
| 2008 | 105.9 | 798.2 | 1698.8 |
| 2009 | 97.5 | 778.2 | 1656.3 |
| 2010 | 103.2 | 803.1 | 1709.3 |
| 2011 | 105.5 | 847.3 | 1803.3 |
| 2012 | 103.0 | 872.7 | 1857.4 |
| 2013 | 102.6 | 895.4 | 1905.7 |
| 2014 | 102.3 | 916.0 | 1949.5 |
| 2015 | 101.7 | 931.6 | 1982.6 |
| 2016 | 102.7 | 956.8 | 2036.1 |
| 2017 | 102.3 | 978.8 | 2082.9 |
| 2018 | 102.4 | 1002.3 | 2132.9 |
| 2019 | 103.0 | 1032.4 | 2196.9 |
| 2020 | 102.6 | 1059.2 | 2254.0 |

# 7-2 城市居民消费价格分类指数(上年=100)

# Urban Residents Consumer Price Indices by Category (Preceding Year=100)

| 项　　目 | Item | 2019 | 2020 |
|---|---|---|---|
| **居民消费价格总指数** | **Consumer Price Index** | **103.0** | **102.6** |
| 消费品价格指数 | Consumer Goods Price Index | 103.4 | 104.4 |
| 服务价格指数 | Service Price Index | 102.6 | 99.8 |
| 一、食品烟酒 | I. Food，Tobacoo and Liquor | 107.5 | 109.9 |
| #食　品 | Food | 108.8 | 113.2 |
| #粮　食 | Grain | 99.9 | 101.8 |
| 食用油 | Cooking Oil | 98.4 | 101.4 |
| 菜 | Vegetables | 103.9 | 103.2 |
| #鲜　菜 | Fresh Vegetables | 104.5 | 103.5 |
| 畜肉类 | Meat Products | 125.8 | 147.0 |
| 禽肉类 | Poultry Products | 108.2 | 108.9 |
| 水产品 | Aquatic Products | 102.8 | 102.6 |
| 蛋　类 | Eggs | 105.8 | 98.0 |
| 烟　酒 | Tobacoo and Liquors | 102.6 | 104.6 |
| 二、衣　着 | II. Clothing | 101.1 | 97.9 |
| 三、居　住 | III.Residence | 100.4 | 99.4 |
| 四、生活用品及服务 | IV. Household Articles and Services | 100.5 | 99.1 |
| #家用器具 | Household Appliances | 94.9 | 95.2 |
| 五、交通和通信 | V. Transportation and Communication | 98.4 | 95.4 |
| 六、教育文化和娱乐 | VI.Education, Culture and Recreation | 102.5 | 100.9 |
| 七、医疗保健 | VII. Health Care | 103.8 | 100.9 |
| #医疗服务 | Health Care Services | 106.1 | 100.0 |
| 八、其他用品和服务 | VIII.Other Articles and Services | 104.6 | 102.6 |

# 7-3 主要年份城市商品零售价格指数
# Urban Retail Price Indices in Main Years

| 年 份<br>Year | 以上年价格为100<br>(preceding year=100) | 以1978年价格为100<br>(1978=100) | 以1952年价格为100<br>(1952=100) |
|---|---|---|---|
| 1978 | 100.3 | | |
| 1979 | 104.5 | 104.5 | 184.6 |
| 1980 | 107.6 | 113.8 | 252.8 |
| 1985 | 122.5 | 171.4 | 400.4 |
| 1986 | 103.3 | 179.8 | 426.0 |
| 1987 | 114.3 | 218.0 | 507.6 |
| 1988 | 129.6 | 284.9 | 656.5 |
| 1989 | 121.6 | 351.7 | 798.2 |
| 1990 | 96.3 | 331.4 | 768.7 |
| 1991 | 102.0 | 338.2 | 784.1 |
| 1992 | 108.9 | 379.3 | 853.9 |
| 1993 | 125.1 | 480.0 | 1068.2 |
| 1994 | 116.6 | 559.7 | 1245.5 |
| 1995 | 109.7 | 614.0 | 1366.3 |
| 1996 | 104.3 | 640.4 | 1425.1 |
| 1997 | 99.4 | 636.6 | 1416.5 |
| 1998 | 96.3 | 613.0 | 1364.1 |
| 1999 | 96.8 | 593.4 | 1320.4 |
| 2000 | 99.4 | 589.8 | 1312.5 |
| 2001 | 97.4 | 574.5 | 1278.4 |
| 2002 | 97.4 | 559.6 | 1245.2 |
| 2003 | 99.1 | 554.5 | 1234.0 |
| 2004 | 102.1 | 566.1 | 1259.9 |
| 2005 | 101.6 | 575.2 | 1280.1 |
| 2006 | 101.2 | 582.1 | 1295.5 |
| 2007 | 102.9 | 599.0 | 1333.0 |
| 2008 | 105.7 | 633.1 | 1409.0 |
| 2009 | 96.8 | 612.8 | 1363.9 |
| 2010 | 103.2 | 632.4 | 1407.5 |
| 2011 | 105.1 | 664.7 | 1479.3 |
| 2012 | 101.9 | 677.3 | 1507.4 |
| 2013 | 100.5 | 680.7 | 1514.9 |
| 2014 | 101.5 | 690.9 | 1537.6 |
| 2015 | 99.1 | 684.7 | 1523.8 |
| 2016 | 101.2 | 692.9 | 1542.1 |
| 2017 | 102.0 | 706.8 | 1572.9 |
| 2018 | 102.2 | 722.3 | 1607.5 |
| 2019 | 100.6 | 726.6 | 1617.1 |
| 2020 | 100.6 | 731.0 | 1626.8 |

# 7-4 城市商品零售价格指数（上年=100）

## Urban Retail Price Indices by Category (Preceding Year=100)

| 项　目 | Item | 2019 | 2020 |
|---|---|---|---|
| **商品零售价格指数** | **Retail Price Index** | **100.6** | **100.6** |
| 食　品 | Food | 107.4 | 109.5 |
| 饮料、烟酒 | Beverages, Tobacco and Liquor | 102.0 | 103.1 |
| 服装、鞋帽 | Garments, Shoes and Hats | 101.0 | 97.5 |
| 纺织品 | Textiles | 98.5 | 97.6 |
| 家用电器及音像器材 | Household Appliances, Music and Video Equipment | 94.3 | 94.3 |
| 文化办公用品 | Cultural and Office Appliances | 94.8 | 95.6 |
| 日用品 | Articles for Daily Use | 99.7 | 100.4 |
| 体育娱乐用品 | Sports and Recreation Articles | 97.9 | 96.1 |
| 交通、通信用品 | Transportation and Communication Appliances | 98.0 | 97.6 |
| 家　具 | Furniture | 99.1 | 94.4 |
| 化妆品 | Cosmetics | 101.1 | 99.3 |
| 金银饰品 | Gold, Silver and Jewelry | 109.8 | 116.4 |
| 中西药品及医疗保健用品 | Traditional Chinese and Western Medicines & Health Care Articles | 101.2 | 102.7 |
| 书报杂志及电子出版物 | Books, Newspapers, Magazines and Electronic Publications | 101.8 | 98.7 |
| 燃　料 | Fuels | 94.8 | 92.2 |
| 建筑材料及五金电料 | Building Materials and Hardware | 100.4 | 98.6 |

# 7-5 主要食品平均价格
## Average Price of Major Food

单位:元/千克 (yuan/kg)

| 商品名称 | Item | 规格描述 | Standard and Rate | 2019 | 2020 |
|---|---|---|---|---|---|
| 粳　米 | Rice | 散装一级 | Northeast Rice | 5.25 | 5.23 |
| 籼　米 | High Quality Rice | 散装一级 | Glutinous Rice | 6.97 | 7.28 |
| 黄　豆 | Soybean | 一级 | First Rate | 8.20 | 8.58 |
| 绿　豆 | Mung Bean | 一级 | First Rate | 15.14 | 14.06 |
| 花生油 | Peanut Oil | 瓶装纯净 | Pure First Rate | 26.59 | 28.06 |
| 大白菜 | Cabbage | 一级绍菜 | First Rate nappa cabbage | 5.22 | 5.71 |
| 西兰花 | Broccoli | 一级 | First Rate | 11.71 | 13.04 |
| 青　瓜 | Green Cucumber | 一级 | First Rate | 8.11 | 7.57 |
| 冬　瓜 | Wax gourd | 一级青皮冬瓜 | First Rate | 4.52 | 4.36 |
| 西红柿 | Tomato | 一级番茄 | First Rate | 9.36 | 9.87 |
| 萝　卜 | Radish | 一级白萝卜 | First Rate | 3.91 | 4.04 |
| 空心菜 | Water spinach | 一级 | First Rate | 8.49 | 8.08 |
| 菜　心 | Chinese flowering cabbage | 一级 | First Rate | 10.08 | 10.68 |
| 豇　豆 | Cowpea | 一级白豆角 | First Rate asparagus bean | 12.84 | 12.24 |
| 生　菜 | Lettuce | 一级 | First Rate | 7.46 | 7.91 |
| 节　瓜 | Zucchini | 一级 | First Rate | 7.77 | 8.37 |
| 西洋菜 | Watercress | 一级 | First Rate | 8.67 | 9.09 |
| 猪　肉 | Pork | 后腿肉 | Fresh High Quality Pork | 39.24 | 65.77 |
| 牛　肉 | Beef | 牛腿肉 | Net Beef | 89.92 | 115.94 |
| 鸡 | Chicken | 白条鸡(杂交开刀) | Pulled Chicken | 38.49 | 40.22 |
| 鸡　蛋 | Eggs | 新鲜红壳 | Fresh Brown Eggs | 11.67 | 10.29 |
| 带　鱼 | Hairtail | 冰鲜中等原条 | Middling Iced Whole Hairtail | 58.26 | 61.57 |
| 大头鱼 | Variegated Carp | 一级 | First Rate | 20.76 | 21.23 |
| 活鲫鱼 | Crucian | 一级 | First Rate | 24.46 | 24.78 |
| 活草鱼 | Grass Carp | 一级 | First Rate | 27.53 | 20.42 |
| 苹　果 | Apple | 红富士一级 | First Rate of Red Fuji | 15.18 | 12.34 |
| 雪　梨 | Pear | 一级 | First Rate | 11.01 | 9.53 |
| 香　蕉 | Banana | 黄熟一级 | Ripe First Rate | 6.66 | 5.57 |
| 葡　萄 | Grape | 加州红提 | American Red Grape | 27.56 | 24.32 |
| 西　瓜 | Watermelon | 黑美人一级 | Ordinary First Rate | 5.84 | 4.18 |

# 7-6 主要年份工业生产者价格指数(上年=100)

# Price Indices for Industrial Products in Main Years (Preceding Year=100)

| 年 份<br>Year | 工业生产者出厂价格指数<br>Producer Price Index for Industrial Products | 工业生产者购进价格指数<br>Purchasing Price Index for Industrial Products |
|---|---|---|
| 1994 | 126.0 | 121.1 |
| 1995 | 112.3 | 118.7 |
| 1996 | 101.4 | 104.5 |
| 1997 | 100.2 | 96.9 |
| 1998 | 95.2 | 91.1 |
| 1999 | 98.3 | 99.7 |
| 2000 | 103.2 | 113.6 |
| 2001 | 98.6 | 99.5 |
| 2002 | 96.8 | 96.5 |
| 2003 | 99.6 | 105.7 |
| 2004 | 102.1 | 111.7 |
| 2005 | 101.7 | 107.9 |
| 2006 | 101.2 | 104.9 |
| 2007 | 101.4 | 104.7 |
| 2008 | 103.7 | 109.4 |
| 2009 | 96.5 | 91.8 |
| 2010 | 102.4 | 110.9 |
| 2011 | 103.1 | 109.1 |
| 2012 | 99.7 | 98.4 |
| 2013 | 98.0 | 98.2 |
| 2014 | 98.2 | 98.0 |
| 2015 | 96.8 | 93.7 |
| 2016 | 98.8 | 98.5 |
| 2017 | 102.3 | 108.8 |
| 2018 | 101.0 | 104.6 |
| 2019 | 99.0 | 98.6 |
| 2020 | 99.4 | 95.2 |

# 7-7 工业生产者出厂价格指数（上年＝100）

# Producer Price Index for Industrial Products (Preceding Year=100)

| 项　　目 | Item | 2019 | 2020 |
|---|---|---|---|
| **工业生产者出厂价格指数** | **Producer Price Index for Industrial Products** | **99.0** | **99.4** |
| 轻工业 | Light Industry | 99.1 | 99.9 |
| 以农产品为原材料 | Using Farm Produce as Raw Materials | 101.1 | 101.3 |
| 以非农产品为原材料 | Using Nonfarm Produce as Raw Materials | 97.5 | 98.7 |
| 重工业 | Heavy Industry | 99.0 | 99.2 |
| 采掘工业 | Mining and Quarrying Industry | | |
| 原料工业 | Raw Materials Industry | 97.4 | 93.5 |
| 加工工业 | Manufacturing Industry | 99.6 | 101.2 |
| 生产资料 | Means of Production | 98.9 | 97.7 |
| 采掘工业 | Mining and Quarrying Industry | | |
| 原料工业 | Raw Materials Industry | 97.5 | 93.4 |
| 加工工业 | Processing Industry | 99.5 | 99.6 |
| 生活资料 | Consumer Goods | 99.2 | 101.6 |
| 食品类 | Food | 103.7 | 103.5 |
| 衣着类 | Clothing | 97.3 | 97.1 |
| 一般日用品类 | Articles for Daily Use | 97.9 | 98.2 |
| 耐用消费品类 | Durable Consumer Goods | 98.5 | 103.2 |

# 7-8 按工业行业分工业生产者出厂价格指数

# Producer Price Indices for Industrial Products by Sector

（上年=100） (preceding year=100)

| 行　业 | Sector | 2019 | 2020 |
|---|---|---|---|
| 总指数 | Producer Price Indices for Industrial Products | 99.0 | 99.4 |
| 农副食品加工业 | Processing of Food from Agricultural Products | 98.3 | 107.4 |
| 食品制造业 | Manufacture of Foods | 101.3 | 100.1 |
| 酒、饮料及精制茶制造业 | Manufacture of Liquor,Beverages and Refined Tea | 109.4 | 104.1 |
| 烟草制品业 | Manufacture of Tobacco | 103.4 | 107.2 |
| 纺织业 | Manufacture of Textile | 104.6 | 101.5 |
| 纺织服装、服饰业 | Manufacture of Textile,Wearing Apparel and Accessories | 97.4 | 97.9 |
| 皮革、毛皮、羽毛及其制品和制鞋业 | Manufacture of Leather,Fur,Feather and Related Products and Footware | 97.0 | 95.2 |
| 木材加工和木、竹、藤、棕、草制品业 | Processing of Timber,Manufacture of Wood,Bamboo,Rattan,Palm and Straw Products | 100.1 | 100.2 |
| 家具制造业 | Manufacture of Furniture | 108.6 | 99.9 |
| 造纸和纸制品业 | Manufacture of Paper and Paper Products | 90.7 | 90.6 |
| 印刷和记录媒介复制业 | Printing and Reproduction of Recording Media | 101.7 | 98.1 |
| 文教、工美、体育和娱乐用品制造业 | Manufacture of Articles for Culture,Education,Arts and Crafts,Sport and Entertainment Activities | 100.1 | 101.2 |
| 石油、煤炭及其他燃料加工业 | Processing of Petroleum,Coking and Processing of Nuclear Fuel | 96.0 | 83.9 |
| 化学原料和化学制品制造业 | Manufacture of Raw Chemical Materials and Chemical Products | 95.1 | 95.9 |
| 医药制造业 | Manufacture of Medicines | 103.4 | 100.9 |
| 化学纤维制造业 | Manufacture of Chemical Fibres | 98.4 | 92.5 |
| 橡胶和塑料制品业 | Manufacture of Rubber and Plastics Products | 98.9 | 99.0 |
| 非金属矿物制品业 | Manufacture of Non-metallic Mineral Products | 103.8 | 100.6 |
| 黑色金属冶炼和压延加工业 | Smelting and Pressing of Ferrous Metals | 97.1 | 100.8 |
| 有色金属冶炼和压延加工业 | Smelting and Pressing of Non-ferrous Metals | 95.5 | 99.5 |
| 金属制品业 | Manufacture of Metal Products | 100.0 | 101.0 |
| 通用设备制造业 | Manufacture of General Purpose Machinery | 101.6 | 100.6 |
| 专用设备制造业 | Manufacture of Special Purpose Machinery | 101.1 | 101.2 |
| 汽车制造业 | Manufacture of Automobiles | 99.5 | 103.5 |
| 铁路、船舶、航空航天和其他运输设备制造业 | Manufacture of Railway,Ship,Aerospace and Other Transport Equipments | 101.8 | 100.9 |
| 电气机械和器材制造业 | Manufacture of Electrical Machinery and Apparatus | 100.7 | 100.1 |
| 计算机、通信和其他电子设备制造业 | Manufacture of Computers,Communication and Other Electronic Equipments | 97.3 | 97.1 |
| 仪器仪表制造业 | Manufacture of Measuring Instruments and Machinery | 102.8 | 97.6 |
| 其他制造业 | Other Manufacture | 102.1 | 99.4 |
| 废弃资源综合利用业 | Utilization of Waste Resources | 119.5 | 105.0 |
| 金属制品、机械和设备修理业 | Repair Service of Metal Products,Machinery and Equipment | 100.0 | 155.4 |
| 电力、热力生产和供应业 | Production and Supply of Electric Power and Heat Power | 100.1 | 97.7 |
| 燃气生产和供应业 | Production and Supply of Gas | 96.7 | 93.2 |
| 水的生产和供应业 | Production and Supply of Water | 100.0 | 101.1 |

# 7-9 工业生产者购进价格指数(上年=100)

# Purchasing Price Index for Industrial Producers (Preceding Year=100)

| 项　　目 | Item | 2019 | 2020 |
|---|---|---|---|
| **工业生产者购进价格指数** | **Purchasing Price Index for Industrial Producers** | **98.6** | **95.2** |
| 燃料、动力类 | Fuels and Power | 96.9 | 89.7 |
| 黑色金属材料类 | Ferrous Metals | 98.5 | 98.4 |
| #钢　材 | Steel | 98.1 | 97.9 |
| 其　他 | Others | 100.1 | 100.0 |
| 有色金属材料和电线类 | Nonferrous Metals and Wires | 95.1 | 97.9 |
| 化工原料类 | Raw Chemical Materials | 99.1 | 95.2 |
| 木材及纸浆类 | Timber and Paper Pulp | 95.0 | 98.2 |
| 建筑材料及非金属类 | Building Materials and Nonmetal Minerals | 105.9 | 102.7 |
| 其他工业原料及半成品类 | Raw Materials and Semi-finished Products of Other Industries | 100.2 | 100.8 |
| 农副产品类 | Agricultural Products | 97.7 | 97.9 |
| 纺织原料类 | Textile Raw Materials | 100.4 | 93.0 |

# 7-10 各月住宅销售价格指数（2020年，上年同期=100）

# Sales Prices Indices of Residence Buildings (2020, Preceding Year=100)

| 项　目 | Item | 1月 | 2月 | 3月 | 4月 | 5月 | 6月 |
|---|---|---|---|---|---|---|---|
| **新建住宅销售价格指数** | **Newly Built Residential Buildings** | | | | | | |
| 新建商品住宅 | Newly Built Commodity Residential Buildings | 104.2 | 103.0 | 101.7 | 100.7 | 100.2 | 100.5 |
| 90平方米及以下 | 90 square meters and below | 106.2 | 105.1 | 103.5 | 102.5 | 102.2 | 102.2 |
| 90-144平方米 | 90 - 144 square meters | 103.7 | 103.4 | 102.0 | 100.4 | 99.8 | 100.1 |
| 144平方米以上 | 144 square meters and above | 103.8 | 101.4 | 100.5 | 100.3 | 99.7 | 100.1 |
| **二手住宅销售价格指数** | **Second-hand Residential Buildings** | **98.7** | **98.8** | **99.1** | **99.5** | **100.1** | **101.0** |
| 90平方米及以下 | 90 square meters and below | 98.0 | 97.8 | 98.1 | 98.5 | 99.3 | 100.4 |
| 90-144平方米 | 90 - 144 square meters | 100.1 | 100.5 | 100.6 | 100.8 | 101.2 | 101.9 |
| 144平方米以上 | 144 square meters and above | 97.3 | 97.5 | 98.5 | 99.0 | 99.8 | 100.3 |

注：2018年后国家统计局无公布新建住宅销售价格指数。

Note: After 2018, the National Bureau of Statistics did not publish the sales price index of newly built residential buildings.

7-10 续表 continued

| 项 目 | Item | 7月 | 8月 | 9月 | 10月 | 11月 | 12月 |
|---|---|---|---|---|---|---|---|
| **新建住宅销售价格指数** | **Newly Built Residential Buildings** | | | | | | |
| 新建商品住宅 | Newly Built Commodity Residential Buildings | 101.0 | 101.6 | 102.1 | 102.7 | 104.1 | 105.2 |
| 90平方米及以下 | 90 square meters and below | 102.5 | 103.3 | 103.3 | 104.5 | 106.6 | 106.9 |
| 90-144平方米 | 90 - 144 square meters | 100.3 | 100.9 | 102.2 | 103.1 | 104.1 | 105.5 |
| 144平方米以上 | 144 square meters and above | 101.2 | 101.7 | 101.4 | 101.4 | 103.1 | 103.9 |
| **二手住宅销售价格指数** | **Second-hand Residential Buildings** | **102.2** | **103.9** | **104.9** | **105.7** | **106.7** | **107.5** |
| 90平方米及以下 | 90 square meters and below | 102.0 | 103.6 | 104.3 | 105.0 | 106.0 | 106.9 |
| 90-144平方米 | 90 - 144 square meters | 102.8 | 104.5 | 106.0 | 106.9 | 108.0 | 108.5 |
| 144平方米以上 | 144 square meters and above | 101.0 | 103.0 | 103.9 | 104.6 | 105.6 | 106.9 |

注：2018年后国家统计局无公布新建住宅销售价格指数。

Note: After 2018, the National Bureau of Statistics did not publish the sales price index of newly built residential buildings.

# 7-11 2020年全国36大中城市居民消费价格指数(上年同期=100)

| 地 区 | Region | 居民消费价格总指数 CPI | 一、食品烟酒 I.Food Alcohol and Tobacco | 粮 食 Grain | 鲜 菜 Fresh Vegetables | 畜 肉 Livestock Meat | 水产品 Aquatic Products | 蛋 Egg |
|---|---|---|---|---|---|---|---|---|
| 平均指数 | Average | 102.1 | 107.3 | 101.4 | 107.1 | 136.0 | 102.5 | 91.5 |
| 北京市 | Beijing | 101.7 | 105.7 | 101.8 | 107.5 | 127.4 | 101.3 | 89.9 |
| 天津市 | Tianjing | 102.0 | 106.5 | 101.7 | 109.8 | 131.1 | 102.7 | 87.5 |
| 石家庄市 | Shijiazhuang | 102.3 | 107.0 | 102.3 | 106.6 | 131.8 | 105.6 | 86.9 |
| 太原市 | Taiyuan | 102.6 | 107.6 | 100.9 | 107.7 | 138.7 | 101.9 | 81.4 |
| 呼和浩特市 | Hohhot | 102.0 | 104.0 | 100.6 | 108.1 | 117.9 | 100.8 | 88.5 |
| 沈阳市 | Shenyang | 102.3 | 107.9 | 103.7 | 108.9 | 133.3 | 100.4 | 91.0 |
| 大连市 | Dalian | 102.1 | 106.7 | 100.7 | 112.5 | 134.2 | 104.5 | 86.8 |
| 长春市 | Changchun | 101.9 | 107.0 | 101.3 | 106.5 | 131.5 | 106.2 | 90.1 |
| 哈尔滨市 | Harbin | 101.4 | 108.1 | 103.5 | 105.4 | 134.6 | 102.9 | 88.3 |
| 上海市 | Shanghai | 101.7 | 105.3 | 101.5 | 106.3 | 131.0 | 100.6 | 96.7 |
| 南京市 | Nanjing | 102.4 | 109.4 | 99.3 | 113.8 | 135.6 | 106.3 | 94.1 |
| 杭州市 | Hangzhou | 102.1 | 106.9 | 101.7 | 102.0 | 136.7 | 102.6 | 97.4 |
| 宁波市 | Ningbo | 101.9 | 106.2 | 101.7 | 103.8 | 137.6 | 100.3 | 97.4 |
| 合肥市 | Hefei | 102.3 | 108.0 | 103.0 | 111.2 | 137.3 | 105.1 | 86.0 |
| 福州市 | Fuzhou | 102.4 | 106.8 | 99.5 | 106.7 | 140.3 | 101.9 | 90.2 |
| 厦门市 | Xiamen | 102.5 | 107.5 | 100.0 | 101.5 | 138.6 | 105.2 | 95.5 |
| 南昌市 | Nanchang | 102.5 | 107.5 | 102.6 | 107.6 | 139.9 | 108.7 | 89.4 |
| 济南市 | Jinan | 102.4 | 109.9 | 101.7 | 105.9 | 142.0 | 105.0 | 95.7 |
| 青岛市 | Qindao | 102.4 | 108.0 | 101.5 | 108.9 | 138.3 | 102.9 | 89.9 |
| 郑州市 | Zhengzhou | 102.3 | 107.3 | 101.3 | 104.6 | 136.3 | 100.7 | 85.6 |
| 武汉市 | Wuhan | 102.4 | 108.7 | 100.4 | 108.2 | 145.6 | 106.9 | 95.2 |
| 长沙市 | Changsha | 101.8 | 106.9 | 101.4 | 103.3 | 138.7 | 99.6 | 90.8 |
| 广州市 | Guangzhou | 102.6 | 109.9 | 101.8 | 103.5 | 147.0 | 102.6 | 98.0 |
| 深圳市 | Shenzhen | 102.3 | 107.9 | 100.7 | 103.7 | 139.1 | 102.9 | 93.4 |
| 南宁市 | Nanning | 102.3 | 109.1 | 100.4 | 103.7 | 143.6 | 106.4 | 93.7 |
| 海口市 | Haikou | 101.6 | 106.8 | 101.5 | 95.4 | 136.0 | 100.5 | 97.1 |
| 重庆市 | Chongqing | 102.3 | 107.9 | 97.4 | 110.2 | 139.9 | 102.5 | 86.9 |
| 成都市 | Chengdu | 102.5 | 110.2 | 103.2 | 110.9 | 136.6 | 100.6 | 94.8 |
| 贵阳市 | Guiyang | 102.4 | 110.0 | 99.6 | 107.2 | 140.5 | 107.3 | 93.7 |
| 昆明市 | Kunming | 103.1 | 110.1 | 99.9 | 109.4 | 150.0 | 99.3 | 94.7 |
| 拉萨市 | Lhasa | 102.0 | 104.6 | 102.3 | 104.6 | 114.5 | 102.1 | 101.6 |
| 西安市 | Xian | 102.1 | 106.1 | 100.9 | 114.0 | 133.1 | 104.8 | 82.2 |
| 兰州市 | Lanzhou | 102.0 | 105.8 | 102.8 | 113.3 | 125.2 | 101.3 | 91.4 |
| 西宁市 | Xining | 102.7 | 106.9 | 101.8 | 109.0 | 128.6 | 101.2 | 84.3 |
| 银川市 | Yinchuan | 101.8 | 105.3 | 104.5 | 116.9 | 119.5 | 101.1 | 87.8 |
| 乌鲁木齐市 | Urumchi | 100.9 | 103.3 | 103.3 | 100.1 | 118.1 | 101.6 | 87.6 |

# Consumer Price Index of 36 Large and Medium-sized Cities in 2020
(same period of last year =100)

| 鲜 果<br>Fresh Fruits | 二、衣着<br>II.Clothing | 三、居住<br>III.Residence | 四、生活用品及服务<br>IV.Daily Necessities and Services | 五、交通和通信<br>V.Transportation and Communication | 六、教育文化和娱乐<br>VI.Education, Culture and Entertainment | 七、医疗保健<br>VII.Medical Care | 八、其他用品和服务<br>VIII.Other Supplies and Services |
|---|---|---|---|---|---|---|---|
| 89.7 | 99.7 | 99.7 | 100.2 | 96.2 | 101.8 | 101.6 | 104.7 |
| 86.7 | 99.8 | 99.1 | 100.0 | 95.8 | 102.5 | 104.9 | 108.3 |
| 90.7 | 98.5 | 100.7 | 100.2 | 97.1 | 102.6 | 99.9 | 107.9 |
| 85.4 | 99.7 | 100.8 | 99.7 | 97.1 | 101.6 | 102.8 | 101.9 |
| 88.9 | 101.1 | 99.6 | 100.5 | 95.8 | 102.1 | 107.4 | 100.5 |
| 87.5 | 98.5 | 99.9 | 99.5 | 96.2 | 102.8 | 113.6 | 102.2 |
| 97.5 | 98.8 | 100.3 | 97.9 | 96.8 | 100.5 | 103.2 | 102.9 |
| 93.0 | 100.0 | 100.5 | 100.8 | 95.8 | 100.6 | 102.3 | 105.0 |
| 89.3 | 97.8 | 99.4 | 101.2 | 96.9 | 102.8 | 99.4 | 104.9 |
| 93.3 | 98.7 | 93.7 | 98.9 | 95.9 | 103.6 | 101.6 | 106.0 |
| 92.9 | 100.9 | 100.8 | 99.8 | 96.6 | 101.1 | 101.2 | 102.9 |
| 97.1 | 97.6 | 100.2 | 100.3 | 95.9 | 101.3 | 99.7 | 108.0 |
| 88.9 | 100.1 | 99.7 | 103.1 | 96.6 | 101.7 | 103.1 | 103.8 |
| 89.7 | 99.9 | 100.9 | 101.5 | 94.6 | 103.1 | 98.9 | 105.3 |
| 83.6 | 99.7 | 99.9 | 99.8 | 97.1 | 101.6 | 100.8 | 103.4 |
| 86.7 | 99.6 | 100.6 | 100.3 | 96.7 | 104.0 | 100.0 | 104.4 |
| 86.1 | 100.5 | 101.2 | 102.3 | 97.1 | 100.9 | 98.8 | 102.5 |
| 82.4 | 100.9 | 99.9 | 100.2 | 96.9 | 102.2 | 99.7 | 105.9 |
| 91.0 | 99.9 | 98.5 | 99.4 | 95.7 | 99.6 | 100.0 | 108.6 |
| 86.7 | 99.9 | 100.5 | 99.4 | 94.5 | 102.1 | 102.0 | 102.7 |
| 87.8 | 99.1 | 99.0 | 100.5 | 93.7 | 102.5 | 105.4 | 108.0 |
| 85.3 | 101.5 | 98.5 | 99.7 | 97.2 | 99.9 | 101.2 | 105.3 |
| 88.3 | 100.4 | 100.2 | 99.8 | 96.9 | 99.0 | 101.0 | 105.5 |
| 86.3 | 97.9 | 99.4 | 99.1 | 95.4 | 100.9 | 100.9 | 102.6 |
| 93.1 | 101.2 | 99.0 | 100.7 | 96.0 | 102.6 | 99.8 | 104.5 |
| 87.4 | 98.9 | 98.7 | 99.8 | 95.2 | 100.0 | 104.4 | 102.5 |
| 92.7 | 103.0 | 96.7 | 100.4 | 95.1 | 101.9 | 100.1 | 104.4 |
| 82.1 | 98.3 | 99.5 | 100.0 | 97.3 | 101.8 | 101.9 | 102.7 |
| 91.7 | 99.8 | 97.6 | 101.4 | 95.5 | 101.9 | 100.5 | 101.7 |
| 91.2 | 97.4 | 97.9 | 99.2 | 95.4 | 102.1 | 101.7 | 104.3 |
| 85.4 | 100.8 | 99.3 | 98.9 | 96.5 | 104.7 | 100.7 | 104.1 |
| 95.9 | 101.1 | 99.4 | 100.6 | 97.8 | 103.5 | 103.1 | 107.3 |
| 84.0 | 100.4 | 99.6 | 100.6 | 98.3 | 102.5 | 99.8 | 105.7 |
| 83.0 | 99.7 | 99.9 | 100.8 | 97.7 | 102.2 | 100.3 | 104.6 |
| 91.9 | 100.7 | 100.4 | 99.8 | 97.6 | 100.3 | 104.1 | 107.4 |
| 89.6 | 100.4 | 101.9 | 99.6 | 96.8 | 100.7 | 100.4 | 101.5 |
| 88.0 | 99.8 | 100.5 | 99.6 | 96.9 | 101.6 | 100.1 | 101.2 |

# 7-12 2020年广东省21地市居民消费价格指数(上年同期=100)

| 地 区 | Region | 居民消费价格总指数 CPI | 一、食品烟酒 I.Food Alcohol and Tobacco | 粮 食 Grain | 鲜 菜 Fresh Vegetables | 畜 肉 Livestock Meat | 水产品 Aquatic Products | 蛋 Egg |
|---|---|---|---|---|---|---|---|---|
| 广东省 | Guangdong | 102.6 | 109.1 | 101.9 | 102.3 | 142.9 | 101.4 | 94.1 |
| 广州市 | Guangzhou | 102.6 | 109.9 | 101.8 | 103.5 | 147.0 | 102.6 | 98.0 |
| 韶关市 | Shaoguan | 102.2 | 109.7 | 100.1 | 104.6 | 149.6 | 98.6 | 89.4 |
| 深圳市 | Shenzhen | 102.3 | 107.9 | 100.7 | 103.7 | 139.1 | 102.9 | 93.4 |
| 珠海市 | Zhuhai | 102.3 | 109.3 | 101.2 | 102.1 | 145.3 | 99.1 | 94.6 |
| 汕头市 | Shantou | 102.6 | 108.8 | 101.1 | 105.4 | 138.6 | 102.8 | 95.2 |
| 佛山市 | Foshan , | 102.7 | 109.9 | 100.4 | 105.1 | 147.0 | 102.6 | 93.9 |
| 江门市 | Jiangmen | 103.1 | 110.3 | 100.8 | 104.5 | 153.6 | 101.5 | 92.7 |
| 湛江市 | Zhanjiang | 102.1 | 108.3 | 101.1 | 104.6 | 144.1 | 102.7 | 95.9 |
| 茂名市 | Maoming | 102.0 | 107.7 | 102.8 | 95.0 | 147.4 | 99.3 | 92.7 |
| 肇庆市 | Zhaoqing | 102.7 | 109.2 | 102.8 | 100.5 | 143.5 | 104.6 | 100.0 |
| 惠州市 | Huizhou | 102.7 | 109.2 | 102.2 | 103.6 | 136.9 | 99.7 | 97.0 |
| 梅州市 | Meizhou | 102.1 | 108.4 | 104.3 | 101.9 | 139.8 | 99.5 | 94.1 |
| 汕尾市 | Shanwei | 102.4 | 108.3 | 101.9 | 102.4 | 135.1 | 101.2 | 102.1 |
| 河源市 | Heyuan , | 102.6 | 109.4 | 102.0 | 93.8 | 141.9 | 106.7 | 106.1 |
| 阳江市 | Yangjiang | 102.3 | 107.8 | 101.3 | 102.1 | 139.6 | 98.2 | 92.5 |
| 清远市 | Qingyuan | 102.0 | 108.1 | 99.0 | 95.5 | 144.9 | 99.8 | 88.5 |
| 东莞市 | Dongguan , | 102.9 | 108.4 | 105.1 | 103.2 | 143.5 | 103.3 | 94.0 |
| 中山市 | Zhongshan , | 102.6 | 109.3 | 105.0 | 104.1 | 145.4 | 99.2 | 92.8 |
| 潮州市 | Chaozhou | 102.3 | 107.7 | 100.0 | 103.7 | 138.3 | 101.3 | 100.1 |
| 揭阳市 | Jieyang | 102.0 | 107.2 | 104.1 | 101.4 | 137.8 | 103.0 | 88.7 |
| 云浮市 | Yunfu | 103.3 | 111.6 | 100.6 | 105.0 | 145.4 | 98.6 | 94.4 |

Consumer Price Index of 21 Cities in Guangdong Province in 2020
(same period of last year =100)

| 鲜 果 Fresh Fruits | 二、衣着 II.Clothing | 三、居住 III.Residence | 四、生活用品及服务 IV.Daily Necessities and Services | 五、交通和通信 V.Transportation and Communication | 六、教育文化和娱乐 VI.Education, Culture and Entertainment | 七、医疗保健 VII.Medical Care | 八、其他用品和服务 VIII.Other Supplies and Services |
|---|---|---|---|---|---|---|---|
| 86.4 | 99.5 | 98.9 | 99.7 | 96.2 | 100.9 | 100.8 | 104.0 |
| 86.3 | 97.9 | 99.4 | 99.1 | 95.4 | 100.9 | 100.9 | 102.6 |
| 84.8 | 100.8 | 98.2 | 97.8 | 95.8 | 99.1 | 97.5 | 103.6 |
| 93.1 | 101.2 | 99.0 | 100.7 | 96.0 | 102.6 | 99.8 | 104.5 |
| 92.0 | 98.4 | 99.7 | 99.0 | 95.8 | 97.3 | 101.3 | 102.6 |
| 92.5 | 100.4 | 98.8 | 100.0 | 96.4 | 99.0 | 99.8 | 105.8 |
| 84.0 | 100.3 | 98.5 | 99.3 | 96.4 | 100.0 | 101.5 | 105.1 |
| 85.3 | 101.0 | 98.8 | 99.6 | 96.5 | 100.4 | 100.8 | 106.1 |
| 84.2 | 98.2 | 97.1 | 99.4 | 96.1 | 102.5 | 102.1 | 103.8 |
| 84.9 | 93.4 | 99.3 | 99.5 | 97.6 | 100.1 | 100.6 | 104.9 |
| 79.4 | 100.6 | 98.7 | 100.2 | 94.9 | 99.5 | 104.1 | 104.1 |
| 89.6 | 101.2 | 99.4 | 98.9 | 96.6 | 100.0 | 100.5 | 106.1 |
| 87.8 | 99.8 | 96.4 | 99.0 | 97.3 | 100.3 | 102.5 | 101.6 |
| 84.3 | 100.3 | 98.3 | 99.5 | 96.7 | 99.4 | 100.6 | 104.6 |
| 91.6 | 100.8 | 96.3 | 99.7 | 95.8 | 102.1 | 101.5 | 103.9 |
| 86.9 | 99.6 | 97.8 | 100.1 | 97.3 | 99.6 | 101.2 | 103.0 |
| 83.3 | 101.5 | 98.2 | 97.1 | 95.5 | 100.9 | 99.4 | 103.3 |
| 87.1 | 98.7 | 99.1 | 99.9 | 97.2 | 104.5 | 102.0 | 103.4 |
| 86.5 | 97.7 | 98.5 | 100.1 | 96.5 | 100.1 | 105.4 | 103.3 |
| 86.6 | 99.5 | 100.2 | 99.5 | 96.0 | 99.0 | 99.9 | 106.0 |
| 85.3 | 98.1 | 99.4 | 99.8 | 96.1 | 99.9 | 101.3 | 103.4 |
| 85.1 | 99.7 | 97.5 | 98.7 | 96.8 | 99.8 | 100.3 | 104.1 |

# 主要统计指标解释

**【商品零售价格指数】**商品零售价格是商品在流通过程中最后一个环节的价格，主要包括：工业、商业、餐饮业和其他零售企业向城乡居民、机关团体出售生活消费品和办公用品的价格。商品零售价格调查任务是系统地调查、搜集和整理市场商品零售价格资料，编制商品零售价格指数，以反映市场商品零售价格的变动趋势和变动程度，为国家宏观调控和国民经济核算提供参考依据。

**【城市居民消费价格指数】**是度量消费商品及服务项目价格水平随着时间而变动的相对数，它反映城市居民家庭购买的生活消费品及服务价格水平的变动情况，是宏观经济调控、价格总水平监测以及国民经济核算的重要指标，其变动率在一定程度上反映了通货膨胀(或紧缩)的程度。

**【工业生产者购进价格指数】**反映工业企业作为中间投入产品的购进价格的变化趋势和变动幅度。

**【工业生产者出厂价格指数】**反映工业企业产品第一次出售时的出厂价格的变化趋势和变动幅度。

**【住宅销售价格指数】**住宅销售价格指数分为新建住宅销售价格指数和二手住宅销售价格指数两部分。其中，新建住宅销售价格指数的统计范围是所有进入房地产市场第一次进行产权交易及网上签约的住宅交易价格。二手住宅销售价格指数的统计范围是进入房屋市场进行交易，第二次及以上进行产权登记的住宅。

# Explanatory Notes on Main Statistical Indicators

**【Retail Price Index】** measures the relative trend and degree of changes in retail prices of commodities, reflecting the trend of changes in prices in the last link of circulation, i.e. prices of consumer goods and office appliances sold to households or organizations by enterprises of industry, commerce, catering services and other retail trades. It reflects the changing trend and degree of retail prices of commodities. It provides a reference for macroeconomic adjustment and control as well as national economic accounting.

**【Urban Consumer Price Index】** reflects the trend and degree of changes in prices of consumer goods and services purchased by urban residents. It is an important indicator for macroecono-mic analysis decision-making, regularization and control, supervi-sion of general price level and national economic accounting. The rates of change are generally considered as an indicator of inflation or deflation.

**【Purchasing Price Index for Industrial Producers】** reflects the changing trend and range of purchasing price of industrial enterprises as intermediate input products.

**【Producer Price Index for Manufactured Goods】** reflects the changing trend and range of the ex-factory price when the products of industrial enterprises are sold for the first time.

**【Sales Prices Indices of Residence Buildings】** Sales Prices Indices of Residence Buildings consists of Sales Prices Indices of Newly Built Residential Buildings and Sales Prices Indices of Second-hand Residential Buildings. The statistical range of Sales Prices Indices of Newly Built Residential Buildings covers the first-time transaction of real estates in the market and the internet signed price. The statistical range of Sales Prices Indices of Second-hand Residential Buildings covers the registration of residential buildings for the second time and above in the real estate market.

第八篇 CHAPTER 8

# 人民生活

# PEOPLE'S LIVELIHOOD

# 第八篇 人民生活

**简要说明**

一、本篇资料反映广州城乡居民生活状况，包括家庭基本情况、居民收支、消费水平、住房及主要消费品消费量和拥有量等基本情况。

二、本篇资料由广州市统计局和国家统计局广州调查队共同提供。

三、根据国家统计局广东调查总队要求，2014 年起，城乡一体化住户调查收支数据绝对值以新口径公布使用。新口径是指不论户口性质和户口登记地、不论以家庭形式居住还是集体形式居住、不论居住在城市、农村还是城乡结合部，只要是常住地为广州的住户均纳入调查范围；旧口径是指以城市区域有固定居所的常住户籍居民家庭为调查范围。

四、由于新旧调查方案在调查范围和对象、城乡划分标准、样本抽选方法、计算和汇总方式、指标名称和口径等方面变化较大，新旧口径指标数据不可以直接对比使用。其中，新口径“消费支出”比旧口径“消费性支出”增加了自有住房虚拟租金折算，8-2 表删除了部分指标，8-8 表部分指标删除常住二字。

五、8-4 表中“净收入”是指在相关获得收入中扣除投入成本、折旧和税费后得到净收入，因此部分指标为负。

# 8 People's Livelihood

**Brief Introduction**

I. The data in this chapter show the basic conditions of the people's livelihood in the urban and rural areas of Guangzhou Municipality, including basic conditions of families, income and expenditure of the residents, level of consumption, housing condition, consumption possession of the major Consumer goods, etc.

II. The data in this chapter are prepared and provided by Guangzhou Municipal Bureau of Statistics and Guangzhou Survey Team of National Bureau of Statistics.

III. According to the requirement of Guangdong Survey Team of National Bureau of Statistics, the value of income and expenditures of urban and rural integrated households are published with new statistical standard. No matter what kind of the household register is or register place is, whether living as a family or collective form in urban, rural or rural-urban continuum, as long as it is for local residents in Guangzhou, is classified into the new statistical standard. The old statistical standard covers the families which have permanent household register and resident in urban areas.

IV. The investigation field and respondent, the standard of classifying urban and rural, the sample selection rule, the calculating and summarizing method, the name of index and the statistical standard are different between the new survey method and the old one. As a result, the data of old and new statistical standard are incomparable. the "Consumption Expenditures" in new standard includes the virtue rent of private housing.

V. In table 8-4, "Net Income" refers to the related revenue deducts the input costs, depreciation and tax fees. As a result, some parts of "Net Income" can be negative.

# 8-1 城乡居民人均全年可支配收入和消费支出情况
# Per Capita Annual Disposable Income and Expenditure for Consumption of Urban and Rural Residents

单位：元 (yuan)

| 项　目 | Item | 城镇居民 Urban Residents | |
|---|---|---|---|
| | | 2019 | 2020 |
| 可支配收入 | Disposable Income | 65052 | 68304 |
| 消费支出 | Total Living Expenditures for Consumption | 45049 | 44283 |
| 食品烟酒 | Food,Tobacco and Liquor | 14443 | 14343 |
| 衣着 | Clothing | 2314 | 1984 |
| 居住 | Residence | 10026 | 10907 |
| 生活用品及服务 | Articles for Daily Use and Services | 2843 | 2839 |
| 交通通信 | Transportation and Communication | 5701 | 6164 |
| 教育文化娱乐 | Education, Cultural and Recreation | 6108 | 4716 |
| 医疗保健 | Health Care and Medical Services | 2146 | 2010 |
| 其他用品和服务 | Miscellaneous Articles for Use and Services | 1468 | 1320 |

8-1　续表　continued

单位：元 (yuan)

| 项　目 | Item | 农村居民 Rural Residents | |
|---|---|---|---|
| | | 2019 | 2020 |
| 可支配收入 | Disposable Income | 28868 | 31266 |
| 消费支出 | Total Living Expenditures for Consumption | 22522 | 22990 |
| 食品烟酒 | Food,Tobacco and Liquor | 8607 | 8943 |
| 衣着 | Clothing | 852 | 798 |
| 居住 | Residence | 4781 | 5252 |
| 生活用品及服务 | Articles for Daily Use and Services | 1297 | 1328 |
| 交通通信 | Transportation and Communication | 3222 | 3311 |
| 教育文化娱乐 | Education, Cultural and Recreation | 2258 | 1833 |
| 医疗保健 | Health Care and Medical Services | 1121 | 1166 |
| 其他用品和服务 | Miscellaneous Articles for Use and Services | 384 | 359 |

注：本表“消费支出”数据为新口径，新口径在原有消费支出中增加了“自有住房折算租金”。
Note: This table "consumer spending" data for the new caliber, the new caliber in the original consumer spending increases the free housing discount rent".

## 8-2 城乡居民家庭平均每百户年末耐用消费品拥有量
## Ownership of Major Durable Consumer Goods per 100 Urban and Rural Households at Year-end

| 项　　目 | | Item | | 城镇居民 Urban Households | | 农村居民 Rural Households | |
|---|---|---|---|---|---|---|---|
| | | | | 2019 | 2020 | 2019 | 2020 |
| 家用汽车 | (辆) | Automobile | (unit) | 50 | 52 | 49 | 50 |
| 摩托车 | (辆) | Motorcycle | (unit) | 19 | 18 | 97 | 97 |
| 助力车 | (辆) | Moped | (unit) | 24 | 26 | 57 | 56 |
| 洗衣机 | (台) | Washing Machine | (set) | 103 | 104 | 107 | 107 |
| 电冰箱(柜) | (台) | Refrigerator | (set) | 104 | 106 | 110 | 109 |
| 微波炉 | (台) | Microwave Oven | (set) | 59 | 58 | 38 | 39 |
| 彩色电视机 | (台) | Color TV Set | (set) | 128 | 124 | 146 | 145 |
| 空调 | (台) | Air Conditioner | (set) | 244 | 247 | 237 | 239 |
| 热水器 | (台) | Water Heater | (unit) | 108 | 126 | 116 | 116 |
| 洗碗机 | (台) | Dish-washing Machine | (unit) | 4 | 9 | 6 | 6 |
| 排油烟机 | (台) | Vacuum Cleaner | (unit) | 93 | 84 | 84 | 85 |
| 固定电话 | (部) | Telephone | (set) | 50 | 36 | 27 | 25 |
| 移动电话 | (台) | Mobile Telephone | (set) | 269 | 256 | 319 | 319 |
| # 接入互联网 | (台) | Connected to the Internet | (set) | 213 | 241 | 268 | 295 |
| 计算机 | (台) | Computer | (set) | 123 | 142 | 88 | 85 |
| # 接入互联网 | (台) | Connected to the Internet | (set) | 118 | 126 | 78 | 79 |
| 照相机 | (架) | Camera | (set) | 58 | 46 | 22 | 21 |
| 中高档乐器 | (台) | Medium and High Grade Musical Instruments | (set) | 16 | 18 | 7 | 6 |
| 健身器材 | (台) | Health Equipment | (set) | 21 | 22 | 12 | 12 |

# 8-3 城镇居民家庭基本情况（2020年）
# Basic Conditions of Urban Households (2020)

单位：人 (person)

| 项　　目 | Item | 合　计<br>Total | 低收入户<br>Low Income Households | 中等偏下收入户<br>Lower Middle Income Households |
|---|---|---|---|---|
| 一、调查户数(户) | Number of Households Surveyed (household) | 1200 | 240 | 240 |
| 二、家庭人口数 | Number of Family Members | 3711 | 877 | 769 |
| 平均每户人口数 | Average Household Size | 3.09 | 3.65 | 3.20 |
| 1. 就业者人数 | Number of Employed Persons | 2125 | 465 | 461 |
| 平均每户就业人数 | Average Number of Employed Persons per Household | 1.77 | 1.94 | 1.92 |
| 平均每一就业者负担人数 | Number of Dependents per Employee | 1.75 | 1.89 | 1.67 |
| 2. 离退休人数 | Number of Retired Veterans and Persons | 611 | 82 | 116 |

8-3　续表　continued

单位：人 (person)

| 项　　目 | Item | 中等收入户<br>Middle Income Households | 中等偏上收入户<br>Upper Middle Income Households | 高收入户<br>High Income Households |
|---|---|---|---|---|
| 一、调查户数(户) | Number of Households Surveyed (household) | 240 | 240 | 240 |
| 二、家庭人口数 | Number of Family Members | 754 | 663 | 648 |
| 平均每户人口数 | Average Household Size | 3.14 | 2.76 | 2.70 |
| 1. 就业者人数 | Number of Employed Persons | 419 | 390 | 390 |
| 平均每户就业人数 | Average Number of Employed Persons per Household | 1.75 | 1.63 | 1.63 |
| 平均每一就业者负担人数 | Number of Dependents per Employee | 1.80 | 1.70 | 1.66 |
| 2. 离退休人数 | Number of Retired Veterans and Persons | 146 | 144 | 123 |

# 8-4 按收入五等份分组的城镇居民人均收支及构成（2020年）

单位：元

| 项　　目 | | Item | | 总平均 Average |
|---|---|---|---|---|
| **人均可支配收入** | | **Disposable Income** | | **68304.10** |
| 工资性收入 | | Income from Wages and Salaries | | 44800.66 |
| 经营净收入 | | Net Business Income | | 3579.13 |
| 财产净收入 | | Net Income from Property | | 13278.32 |
| 转移净收入 | | Net Income from Transfers | | 6645.99 |
| **可支配收入构成** | (%) | **Composition of Disposable Income** | **(%)** | **100.00** |
| 工资性收入 | | Income of Wages and Salaries | | 65.59 |
| 经营净收入 | | Net Business Income | | 5.24 |
| 财产净收入 | | Net Income from Properties | | 19.44 |
| 转移净收入 | | Net Income from Transfers | | 9.73 |
| **人均消费支出** | | **Total Consumption Expenditures** | | **44283.44** |
| 食品烟酒 | | Food,Tobacco and Liquor | | 14343.41 |
| 衣着 | | Clothing | | 1983.89 |
| 居住 | | Residence | | 10907.01 |
| 生活用品及服务 | | Articles for Daily Use and Services | | 2838.57 |
| 交通通信 | | Transport and Communications | | 6164.25 |
| 教育文化娱乐 | | Education, Cultural and Recreation | | 4716.19 |
| 医疗保健 | | Health Care and Medical Services | | 2010.47 |
| 其他用品和服务 | | Miscellaneous Articles for Use | | 1319.65 |
| **消费支出构成** | (%) | **Composition of Consumption Expenditure** | **(%)** | **100.00** |
| 食品烟酒 | | Food,Tobacco and Liquor | | 32.39 |
| 衣着 | | Clothing | | 4.48 |
| 居住 | | Living | | 24.63 |
| 生活用品及服务 | | Daily Necessities and Services | | 6.41 |
| 交通通信 | | Transportation and Telecommunication | | 13.92 |
| 教育文化娱乐 | | Education,Culture and Entertainment | | 10.65 |
| 医疗保健 | | Health Service | | 4.54 |
| 其他用品和服务 | | Other Necessities and Services | | 2.98 |

## Per Capita Income and Expenditure of Urban Residents Grouped by Five Income Parts and Their Composition (2020)

(yuan)

| 低收入户<br>Low Income<br>Households | 中等偏下收入户<br>Lower Middle<br>Income Households | 中等收入户<br>Middle Income<br>Households | 中等偏上收入户<br>Upper Middle<br>Income Households | 高收入户<br>High Income<br>Households |
|---|---|---|---|---|
| **36040.49** | **52754.27** | **69870.14** | **85483.35** | **117161.91** |
| 26234.67 | 34833.63 | 46880.76 | 54947.64 | 71779.21 |
| 1356.22 | 2827.51 | 1405.47 | 3403.48 | 10210.22 |
| 6001.21 | 10040.35 | 15704.40 | 16921.57 | 22685.19 |
| 2448.39 | 5052.78 | 5879.51 | 10210.66 | 12487.29 |
| **100.00** | **100.00** | **100.00** | **100.00** | **100.00** |
| 72.79 | 66.03 | 67.10 | 64.28 | 61.26 |
| 3.76 | 5.36 | 2.01 | 3.98 | 8.71 |
| 16.65 | 19.03 | 22.48 | 19.80 | 19.36 |
| 6.80 | 9.58 | 8.41 | 11.94 | 10.67 |
| **27983.22** | **35765.06** | **44859.99** | **52502.30** | **67751.12** |
| 10699.94 | 13438.34 | 14695.24 | 15914.43 | 17890.68 |
| 1158.20 | 1392.95 | 2172.02 | 2411.60 | 3162.53 |
| 6524.21 | 8306.23 | 10612.46 | 13244.53 | 17563.05 |
| 1764.55 | 2060.88 | 2885.00 | 3534.13 | 5152.80 |
| 3327.66 | 4715.97 | 6171.19 | 7776.91 | 10568.22 |
| 2815.64 | 3240.35 | 5339.30 | 5575.77 | 6884.88 |
| 1141.06 | 1539.09 | 1909.13 | 2384.98 | 4002.76 |
| 551.96 | 1071.25 | 1075.65 | 1659.96 | 2526.20 |
| **100.00** | **100.00** | **100.00** | **100.00** | **100.00** |
| 38.24 | 37.57 | 32.76 | 30.31 | 26.41 |
| 4.14 | 3.89 | 4.84 | 4.60 | 4.67 |
| 23.31 | 23.22 | 23.66 | 25.23 | 25.92 |
| 6.31 | 5.76 | 6.43 | 6.73 | 7.61 |
| 11.89 | 13.19 | 13.76 | 14.81 | 15.60 |
| 10.06 | 9.06 | 11.89 | 10.62 | 10.16 |
| 4.08 | 4.30 | 4.26 | 4.54 | 5.90 |
| 1.97 | 3.01 | 2.40 | 3.16 | 3.73 |

# 8-5 城镇居民人均可支配收入、恩格尔系数及人均住房建筑面积

# Per Capita Annual Disposable Income, Engel's Coefficient and Per Capita Housing Construction Area of Urban Households

| 年 份<br>Year | 人均可支配收入<br>Disposable Income | | 恩格尔系数<br>(%) | 人均住房建筑面积<br>(平方米) |
|---|---|---|---|---|
| | 绝对数（元）<br>Value (yuan) | 指 数（上年=100）<br>Index (preceding year=100) | Engel's Coefficient of Urban Households (%) | Per Capita housing construction area (sq.m) |
| 1980 | 606.12 | | 70.4 | 4.0 |
| 1985 | 1099.77 | 125.2 | 62.5 | 6.6 |
| 1986 | 1299.64 | 118.2 | 61.3 | 6.9 |
| 1987 | 1500.99 | 115.5 | 60.7 | 7.1 |
| 1988 | 1857.30 | 123.7 | 61.8 | 7.3 |
| 1989 | 2492.63 | 134.2 | 60.4 | 7.6 |
| 1990 | 2748.95 | 110.3 | 60.6 | 8.0 |
| 1991 | 3124.07 | 113.6 | 58.9 | 8.2 |
| 1992 | 3966.76 | 127.0 | 56.1 | 8.5 |
| 1993 | 5260.00 | 132.6 | 51.5 | 8.9 |
| 1994 | 7571.00 | 143.9 | 50.1 | 9.3 |
| 1995 | 9038.16 | 119.4 | 50.2 | 9.6 |
| 1996 | 9905.31 | 109.6 | 50.4 | 10.1 |
| 1997 | 10444.60 | 105.4 | 49.1 | 10.8 |
| 1998 | 11255.70 | 107.8 | 44.7 | 11.6 |
| 1999 | 12018.52 | 106.8 | 44.0 | 12.4 |
| 2000 | 13966.53 | 116.2 | 42.6 | 13.1 |
| 2001 | 14694.00 | 105.2 | 40.0 | 13.9 |
| 2002 | 13380.47 | 104.9 | 41.0 | 15.7 |
| 2003 | 15002.59 | 112.1 | 38.9 | 17.2 |
| 2004 | 16884.16 | 112.5 | 38.3 | 18.2 |
| 2005 | 18287.24 | 108.3 | 37.3 | 18.9 |
| 2006 | 19850.66 | 108.5 | 37.0 | 19.5 |
| 2007 | 22469.22 | 113.2 | 32.8 | 20.0 |
| 2008 | 25316.72 | 112.7 | 33.7 | 20.5 |
| 2009 | 27609.59 | 109.1 | 33.2 | 21.0 |
| 2010 | 30658.49 | 111.0 | 33.3 | 21.4 |
| 2011 | 34438.08 | 112.3 | 34.0 | 21.9 |
| 2012 | 38053.52 | 111.4 | 34.0 | 22.5 |
| 2013 | 42049.14 | 110.5 | 33.9 | 22.7 |
| 2014（旧口径）(Old Standard) | 45791.51 | 108.9 | 33.6 | 33.5 |
| 2014（新口径）(New Standard) | 42954.60 | 108.9 | 32.9 | |
| 2015 | 46734.60 | 108.8 | 32.8 | 32.17 |
| 2016 | 50940.70 | 109.0 | 32.8 | 33.98 |
| 2017 | 55400.49 | 108.8 | 32.1 | 33.07 |
| 2018 | 59982.10 | 108.3 | 32.1 | 34.22 |
| 2019 | 65052.10 | 108.5 | 32.0 | 34.37 |
| 2020 | 68304.10 | 105.0 | 32.4 | 34.61 |

# 8-6 城镇居民家庭年末居住情况（2020年）

# Housing Conditions of Urban Households at Year-end (2020)

| 项　　目 | Item | 调查户<br>(户)<br>Households Surveyed<br>(household) |
|---|---|---|
| **按居住空间样式分** | **Grouped by Design of Residential Buildings** | **1200** |
| 单栋楼房 | Separate Residential Buildings | 265 |
| 单栋平房 | Separate Residential Terraces | 26 |
| 四居室及以上单元房 | Four-room and Above Apartments | 87 |
| 三居室单元房 | Three-room Apartments | 360 |
| 二居室单元房 | Two-room Apartments | 392 |
| 一居室单元房 | One-room Apartments | 70 |
| 筒子楼或连片平房 | Tube-shaped Apartments or Bungalows | |
| 其他 | Others | |
| **按主要建筑材料分** | **Grouped by Main Building Materials** | **1200** |
| 钢筋混凝土 | Reinforced Concrete | 1153 |
| 砖混材料 | Brick and Reinforced Concrete | 47 |
| 砖瓦砖木 | Brick-tile and Brick-wood | |
| 竹草土坯 | Bamboo Grass and Adobe | |
| 其他 | Others | |
| **按房房屋来源分** | **Grouped by Source of Buildings** | **1200** |
| 租赁公房 | Public Apartments for Lease | 35 |
| 租赁私房 | Private Apartments for Lease | 94 |
| 自建住房 | Self-built | 368 |
| 购买商品房 | Purchase Commercial Residential Apartment | 455 |
| 购买房改住房 | Purchase Housing-reformation Apartment | 158 |
| 购买保障性住房 | Purchase Indemnificatory Apartment | 26 |
| 拆迁安置房 | Settlement Apartment for House Removal | 42 |
| 继承或获赠住房 | Inherited or Gifted | 9 |
| 免费借用房 | Borrow for Free | 13 |
| 雇主提供免费住房 | Employer-provided for Free | |
| 其他来源 | Others | |
| **按主要炊用能源状况分** | **Grouped by Fuel for Cooking** | **1200** |
| 柴草 | Firewood | |
| 煤炭 | Coal | |
| 罐装液化石油气 | Tanked LPG | 479 |
| 管道液化石油气 | Pipeline LPG Gas | |
| 管道煤气 | Pipeline Gas | 32 |
| 管道天然气 | Pipeline Natural Gas | 636 |
| 电 | Electricity | 53 |
| 燃料用油 | Oil for Fuel | |
| 沼气 | Methane | |
| 其他 | Others | |
| 无炊用行为 | Without Cooking Behavior | |

# 8-7　各区城镇居民人均可支配收入情况

# The Per Capita Annual Disposable Income of Urban Residents by District

单位：元　　　　(yuan)

| 可支配收入 | Disposable Income | 2016 | 2017 | 2018 | 2019 | 2020 |
|---|---|---|---|---|---|---|
| **全市** | **Total** | **50941** | **55400** | **59982** | **65052** | **68304** |
| # 荔湾 | Liwan | 54116 | 58532 | 63273 | 68468 | 71344 |
| 越秀 | Yuexiu | 56479 | 61415 | 66205 | 71786 | 75663 |
| 海珠 | Haizhu | 52284 | 57065 | 61744 | 67128 | 69948 |
| 天河 | Tianhe | 57248 | 62766 | 68666 | 74859 | 79435 |
| 白云 | Baiyun | 51623 | 56191 | 61136 | 66302 | 69087 |
| 黄埔 | Huangpu | 51379 | 55606 | 60610 | 66253 | 70494 |
| 番禺 | Panyu | 48674 | 52933 | 57380 | 61987 | 65025 |
| 花都 | Huadu | 43847 | 47812 | 51924 | 56224 | 59147 |
| 南沙 | Nansha | 42072 | 46045 | 49591 | 54173 | 57911 |
| 从化 | Conghua | 34595 | 37341 | 39943 | 43070 | 45224 |
| 增城 | Zengcheng | 39900 | 43229 | 46861 | 50708 | 53497 |

# 8-8 主要年份农村居民人均可支配收入、恩格尔系数及人均住房建筑面积

# Per Capita Annual Disposable Income, Engel's Coefficient and Per Capita Housing Construction Area of Rural Households in Main Years

单位：元 (yuan)

| 年 份<br>Year | 人均可支配收入 | | 恩格尔系数<br>(%)<br>Engel's Coefficient of Urban Households (%) | 人均住房建筑面积<br>(平方米)<br>Per Capita housing construction area (sq.m) |
|---|---|---|---|---|
| | 绝对数（元）<br>Value (yuan) | 指　数（上年=100)<br>Index (preceding year=100) | | |
| 1978 | 249.80 | | 67.13 | 6.84 |
| 1979 | 250.95 | 100.46 | 65.13 | 7.26 |
| 1980 | 322.66 | 128.58 | 54.68 | 10.43 |
| 1985 | 732.70 | 106.53 | 55.49 | 20.29 |
| 1986 | 857.17 | 116.99 | 51.76 | 21.32 |
| 1987 | 1074.92 | 125.40 | 52.70 | 23.51 |
| 1988 | 1324.48 | 123.22 | 50.06 | 24.24 |
| 1989 | 1524.80 | 115.12 | 50.06 | 24.07 |
| 1990 | 1538.93 | 100.93 | 49.05 | 24.36 |
| 1991 | 1735.57 | 112.78 | 51.59 | 25.59 |
| 1992 | 2152.28 | 124.01 | 54.94 | 25.87 |
| 1993 | 2661.34 | 123.65 | 48.72 | 26.54 |
| 1994 | 3670.24 | 137.91 | 49.55 | 27.67 |
| 1995 | 4482.51 | 122.13 | 46.33 | 29.35 |
| 1996 | 5164.67 | 115.22 | 44.96 | 31.63 |
| 1997 | 5545.91 | 107.38 | 47.37 | 32.21 |
| 1998 | 5628.95 | 101.50 | 42.62 | 35.73 |
| 1999 | 5833.92 | 103.64 | 48.54 | 36.66 |
| 2000 | 6085.97 | 104.32 | 38.21 | 30.60 |
| 2001 | 6445.72 | 105.91 | 43.77 | 30.43 |
| 2002(旧口径) | 6856.62 | 106.37 | 43.27 | 31.42 |
| 2002(新口径) | 5831.34 | | | |
| 2003 | 6129.95 | 105.12 | 43.88 | 36.01 |
| 2004 | 6625.16 | 108.08 | 43.75 | 36.59 |
| 2005 | 7080.19 | 106.87 | 43.22 | 35.66 |
| 2006 | 7788.27 | 110.00 | 42.60 | 36.44 |
| 2007 | 8612.84 | 110.59 | 42.82 | 38.54 |
| 2008 | 9828.12 | 114.11 | 42.33 | 38.73 |
| 2009 | 11066.69 | 112.60 | 43.95 | 40.59 |
| 2010 | 12675.55 | 114.54 | 45.91 | 43.67 |
| 2011 | 14817.72 | 116.90 | 44.71 | 44.70 |
| 2012 | 16788.48 | 113.30 | 44.50 | 45.27 |
| 2013 | 18887.04 | 112.50 | 44.21 | 45.32 |
| 2014 | 17662.80 | 110.30 | 42.89 | 49.87 |
| 2015 | 19323.10 | 109.40 | 39.42 | 49.58 |
| 2016 | 21448.60 | 111.00 | 39.50 | 49.74 |
| 2017 | 23483.88 | 109.50 | 38.80 | 49.86 |
| 2018 | 26020.10 | 110.80 | 38.30 | 50.33 |
| 2019 | 28867.90 | 110.94 | 38.22 | 50.41 |
| 2020 | 31266.30 | 108.31 | 38.90 | 50.43 |

注：1.自2014年起广州实施城乡一体化分市县住户调查制度，农村家庭居民收入数据以新口径公布，“人均可支配收入”指标代替“人均纯收入”指标，不再公布“人均纯收入”数据。本表收入指标2014年以前数据为“人均纯收入”数据，2014年指数按可支配收入同口径计算。

2.2015年起“消费支出”和“恩格尔系数”为新口径数据，本表2014年以前该两项指标数据为旧口径。

Note: I.Guangzhou started an integrated household income and expenditure survey in 2014 and the income of rural households is published with new statistical standard.The "Per Capita Net Income" is no longer used and the "Per Capita Disposable Income" takes the place of it. In this table, the "Per Capita Net Income" is preserved before 2014. The index in 2014 is calculated in the same standard of disposable income.

II.Since 2015, "Consumer expenditure" and "Engel's coefficient" for the new caliber data, this table in 2014 before the two indicators of data for the old caliber.

# 8-9 农村居民家庭基本情况（2020年）
# Basic Conditions of Rural Households (2020)

| 项　目 | Item | 总平均 Average | 低收入户 Low Income Households | 中等偏下收入户 Lower Middle Income Households |
|---|---|---|---|---|
| 调查户数 （户） | Number of Households Surveyed (household) | 450 | 90 | 90 |
| 各组比重 (%) | Proportion (%) | 100 | 20 | 20 |
| 调查户人口 （人） | Number of Residents in Households Surveyed (person) | 1805 | 410 | 387 |
| 平均每户人口 （人） | Average Number of Residents per Household (person) | 4.01 | 4.56 | 4.30 |
| # 整半劳动力 （人） | Average Number of Full/Semi Labor Force per Household (person) | 2.99 | 3.16 | 3.04 |
| 从业人员数 （人） | Number of Employees (person) | 2.57 | 2.46 | 2.77 |
| 平均每个从业人员 | Average Number of Residents per Employee (person) | 1.56 | 1.85 | 1.55 |
| 负担人口数 （人） | | | | |

8-9 续表 continued

| 项 目 | Item | 中等收入户 Middle Income Households | 中等偏上收入户 Upper Middle Income Households | 高收入户 High Income Households |
|---|---|---|---|---|
| 调查户数 (户) | Number of Households Surveyed (household) | 90 | 90 | 90 |
| 各组比重 (%) | Proportion (%) | 20 | 20 | 20 |
| 调查户人口 (人) | Number of Residents in Households Surveyed (person) | 355 | 346 | 307 |
| 平均每户人口 (人) | Average Number of Residents per Household (person) | 3.94 | 3.84 | 3.41 |
| # 整半劳动力 (人) | Average Number of Full/Semi Labor Force per Household (person) | 2.97 | 3.08 | 2.81 |
| 从业人员数 (人) | Number of Employees (person) | 2.63 | 2.78 | 2.28 |
| 平均每个从业人员 | Average Number of Residents per Employee (person) | 1.50 | 1.38 | 1.50 |
| 负担人口数 (人) | | | | |

# 8-10 按收入五等份分组的农村居民人均收支及构成（2020年）

单位：元

| 项　　目 | Item | 总平均 Average |
|---|---|---|
| **人均可支配收入** | **Disposable Income** | **31266.30** |
| 工资性收入 | Income from Wages and Salaries | 22957.42 |
| 经营净收入 | Net Business Income | 3344.37 |
| 财产净收入 | Net Income from Property | 3136.79 |
| 转移净收入 | Net Income from Transfers | 1827.72 |
| **可支配收入构成　(%)** | **Composition of Disposable Income　(%)** | **100.00** |
| 工资性收入 | Income of Wages and Salaries | 73.43 |
| 经营净收入 | Net Business Income | 10.70 |
| 财产净收入 | Net Income from Properties | 10.03 |
| 转移净收入 | Net Income from Transfers | 5.84 |
| **人均消费支出** | **Total Consumption Expenditures** | **22990.06** |
| 食品烟酒 | Food,Tobacco and Liquor | 8943.38 |
| 衣着 | Clothing | 797.78 |
| 居住 | Residence | 5251.53 |
| 生活用品及服务 | Articles for Daily Use and Services | 1328.49 |
| 交通通信 | Transport and Communications | 3311.42 |
| 教育文化娱乐 | Education, Cultural and Recreation | 1832.76 |
| 医疗保健 | Health Care and Medical Services | 1165.66 |
| 其他用品和服务 | Miscellaneous Articles for Use | 359.04 |
| **消费支出构成　(%)** | **Composition of Consumption Expenditure　(%)** | **100.00** |
| 食品烟酒 | Food,Tobacco and Liquor | 38.90 |
| 衣着 | Clothing | 3.47 |
| 居住 | Living | 22.84 |
| 生活用品及服务 | Daily Necessities and Services | 5.78 |
| 交通通信 | Transportation and Telecommunication | 14.40 |
| 教育文化娱乐 | Education,Culture and Entertainment | 7.97 |
| 医疗保健 | Health Service | 5.08 |
| 其他用品和服务 | Other Necessities and Services | 1.56 |

## Per Capita Income and Expenditure of Rural Residents Grouped by Five Income Parts and Their Composition (2020)

(yuan)

| 低收入户 Low Income Households | 中等偏下收入户 Lower Middle Income Households | 中等收入户 Middle Income Households | 中等偏上收入户 Upper Middle Income Households | 高收入户 High Income Households |
|---|---|---|---|---|
| **17720.68** | **24977.48** | **31020.58** | **39273.34** | **55266.26** |
| 15376.13 | 20473.86 | 24104.36 | 28794.27 | 36304.19 |
| 1160.95 | 2059.16 | 3115.87 | 5448.79 | 5853.79 |
| 487.02 | 1963.11 | 2368.54 | 3680.31 | 9406.07 |
| 696.58 | 481.35 | 1431.81 | 1349.97 | 3702.21 |
| **100.00** | **100.00** | **100.00** | **100.00** | **100.00** |
| 86.77 | 81.97 | 77.70 | 73.32 | 65.69 |
| 6.55 | 8.24 | 10.04 | 13.87 | 10.59 |
| 2.75 | 7.86 | 7.64 | 9.37 | 17.02 |
| 3.93 | 1.93 | 4.62 | 3.44 | 6.70 |
| **15816.84** | **19667.62** | **22339.58** | **26389.17** | **34466.51** |
| 6309.40 | 7873.39 | 8536.26 | 10355.75 | 12191.30 |
| 478.78 | 649.54 | 726.93 | 999.31 | 1299.55 |
| 3500.60 | 4526.88 | 5165.52 | 5607.56 | 8093.19 |
| 946.97 | 1007.82 | 1301.15 | 1402.57 | 2239.69 |
| 1839.43 | 2549.26 | 3377.64 | 4450.24 | 5204.07 |
| 1623.89 | 1628.51 | 1759.84 | 2046.63 | 2783.27 |
| 915.57 | 1093.22 | 1184.30 | 1112.25 | 1818.21 |
| 202.20 | 339.00 | 287.94 | 414.86 | 837.23 |
| **100.00** | **100.00** | **100.00** | **100.00** | **100.00** |
| 39.89 | 40.03 | 38.21 | 39.24 | 35.37 |
| 3.03 | 3.30 | 3.25 | 3.79 | 3.77 |
| 22.13 | 23.02 | 23.12 | 21.25 | 23.48 |
| 5.98 | 5.12 | 5.82 | 5.32 | 6.49 |
| 11.63 | 12.96 | 15.12 | 16.86 | 15.10 |
| 10.27 | 8.28 | 7.88 | 7.76 | 8.08 |
| 5.79 | 5.56 | 5.31 | 4.21 | 5.28 |
| 1.28 | 1.73 | 1.29 | 1.57 | 2.43 |

# 8-11 各区农村居民人均可支配收入情况
## The Per Capita Annual Disposable Income of Rural Residents by District

单位：元 (yuan)

| 可支配收入 | Disposable Income | 2016 | 2017 | 2018 | 2019 | 2020 |
|---|---|---|---|---|---|---|
| **全市** | **Total** | **21449** | **23484** | **26020** | **28868** | **31266** |
| # 荔湾 | Liwan | | | | | |
| 越秀 | Yuexiu | | | | | |
| 海珠 | Haizhu | | | | | |
| 天河 | Tianhe | | | | | |
| 白云 | Baiyun | 21669 | 23727 | 26242 | 29116 | 31474 |
| 黄埔 | Huangpu | 28956 | 31823 | 35419 | 39120 | 42054 |
| 番禺 | Panyu | 30143 | 32856 | 35846 | 39412 | 42526 |
| 花都 | Huadu | 21014 | 22968 | 25150 | 27753 | 30057 |
| 南沙 | Nansha | 25450 | 27944 | 30934 | 34197 | 36933 |
| 从化 | Conghua | 16320 | 17805 | 19746 | 21967 | 23857 |
| 增城 | Zengcheng | 19485 | 21356 | 23726 | 26372 | 28613 |

注：荔湾、越秀、海珠、天河因城镇化率达100%，无相关数据。

Note: Liwan, Yuexiu, Haizhu and Tianhe have no relevant data due to the urbanization rate of 100%.

# 主要统计指标解释

【可支配收入】指住户在调查期内获得的、可用于最终消费支出和储蓄的总和，即调查户可以用来自由支配的收入。按照收入的来源，可支配收入包含四项，分别为：工资性收入、经营净收入、财产净收入和转移净收入。

【工资性收入】指就业人员通过各种途径得到的全部劳动报酬和各种福利，包括受雇于单位或个人、从事各种自由职业、兼职和零星劳动得到的全部劳动报酬和福利。

【经营净收入】指住户或住户成员从事生产经营活动所获得的净收入，是全部经营收入中扣除经营费用、生产性固定资产折旧和生产税之后得到的净收入。计算公式具体为：

经营净收入=经营收入-经营费用-生产性固定资产折旧-生产税

【财产净收入】指住户或住户成员将其所拥有的金融资产、住房等非金融资产和自然资源交由其他机构单位、住户或个人支配而获得的回报并扣除相关的费用之后得到的净收入。财产净收入包括利息净收入、红利收入、储蓄性保险净收益、转让承包土地经营权租金净收入、出租房屋净收入、出租其他资产净收入和自有住房折算租金等。财产净收入不包括转让资产所有权的溢价所得，这应该计入"非收入所得"。计算公式具体为：

财产净收入=财产性收入-财产性支出

【转移净收入】指国家、单位、社会团体对住户的各种经常性转移支付和住户之间的经常性收入转移扣除调查户对国家、单位、住户或个人的经常性或义务性转移支付之后得到的净收入。包括国家、单位、社会团体对住户转移的养老金或退休金、社会救济和补助、政策性生活补贴、救灾款、经常性捐赠和赔偿、政策性生产补贴以及报销医疗费等，住户之间的赡养收入、住户非常住成员寄回带回的收入等，在扣除缴纳的税款、各项社会保障支出、赡养支出、经常性捐赠和赔偿支出以及其他经常转移支出等的净收入。计算公式具体为：

转移净收入=转移性收入-转移性支出

【消费支出】指住户用于满足家庭日常生活消费需要的全部支出，包括用于消费品的支出和用于服务性消费的支出。根据用途不同，消费支出可划分为食品烟酒、衣着、居住、生活用品及服务、交通通信、教育文化娱乐、医疗保健、其他用品及服务八大类。根据来源不同，消费支出可划分为现金消费支出、实物消费支出（含自产自用、来自单位和个人、来自政府和其他社会组织）。

# Explanatory Notes on Main Statistical Indicators

**【Disposable Income】** refers to the sum of the household income gained during the period of investigation that can be used as final consumption expenditure and deposit. It means the discretionary income of the households. According to the source of income, disposable income contains four parts: income from wages and salaries, net business income, net income from property and net income from transfers.

**【Income from Wages and Salaries】** refers to the labor remuneration and benefits obtained by the employments through various means, including all the labor remuneration and benefits in the employ of enterprises or individual, self-employed and part-time jobs.

**【Net Business Income】** refers to the net income of residents or resident members obtained in the production and business operation activities. It means the operating income deducts operating costs, productive fixed assets depreciation and production taxes. Calculation:

Net business income = operating income – operating costs – productive fixed assets depreciation – production taxes

**【Net Income from Property】** means that the residents or resident members give the financial assets,Non-financial assets(such as housing)and natural resources they owned to other enterprises, residents or individual to manage, then they receive the net income after deducting the related expenses of the return. Net income from property includes net income from interest, income from bonus, net income from savings insurance, net income from the rent of transferring the right of management of contracted land, income from rental, income from renting other assets and virtual rent. Net income from property does not include the premium income of transferring the ownership of assets, and this premium income should be accounted into gain. Calculation:

Net income from property = Income from property – Expenditure of property

**【Net Income from Transfers】** refers the transfer income from country, institutions and social organizations to the residents minus the transfer expenditures from investigated residents to country, institutions ,residents or personal. Income from transfers includes pension or retirement pay, social relief and assistance, policy allowance, relief, regular donations, policy production subsidies and medical reimbursement that country, institutions, social organizations transfer to residents. It also includes alimony, the revenue sent back by the non-permanent residents. Net income means that all the income mentioned above should deduct the payment of taxes, the social security expenditure, alimony expenditure, regular donations, compensation expenditure and other regular expenditure on transfers. Calculation:

Net income from transfers = Income from transfers – Expenditure on transfers

**【Expenditure for Consumption】** refers to all the expenditures paid by urban households for consumption in daily life, including expenditure for customer goods and services. According to the different purposes, expenditure for consumption can be divided into eight categories: Food, tobacco and liquor, Clothing, Residence, Household facilities, articles and services, Transportation and communication services, Education, cultural and recreation services, Health care and medical services, Miscellaneous commodities and services. According to the different sources, expenditure for consumption divided into monetary expenditure for consumption and material expenditure for consumption (including self-produced and self-used, from institutions and person, from government and other social organizations).

# 城市建设
# CITY CONSTRUCTION

# 第九篇　城市建设

**简要说明**

一、本篇资料反映广州市城市建设和公用事业的规模、速度、效益及综合水平等基本情况。

二、本篇资料由广州市统计局固定资产投资统计处根据广州市住房和城乡建设局等提供资料整理提供。

三、本篇资料依据国家住房和城乡建设部制定的《城市（县城）建设统计报表制度》编制。统计数据由广州市住房和城乡建设局、广州市交通运输局、广州市水务局、广州市城市管理和综合执法局以及广州市林业和园林局等单位提供。

# 9 City Construction

**Brief　Introduction**

I.The data in this chapter show the basic conditions of scale, speed, mileage and comprehensive level of the city construction and utilities in Guangzhou.

II. The data in this chapter are compiled by the Division of Investment and Construction Statistics of Guangzhou Municipal Bureau of Statistics according to the data provided by Guangzhou Municipal Housing and Urban-Rural Development Bureau.

III. The data in this chapter are collected and tabulated in accordance with the statistical survey scheme of Construction of cities and Counties stipulated by Ministry of Housing and Urban-Rural Development of the People's Republic of China, all of which are provided by Guangzhou Municipal Housing and Urban-Rural Development Bureau, Guangzhou Municipal Transportation Bureau, Guangzhou Water Authority, Guangzhou Municipal City Administration and Law Enforcement Bureau, Guangzhou Municipal Forestry and Landscaping Bureau.

# 9-1 城市市政设施
## Public Facilities in Urban Districts

| 项　　目 | Item | 2019 | 2020 |
|---|---|---|---|
| 道路长度 （公里） | Length of Roads (1000 m) | 14083.44 | 14162.84 |
| # 快速路 | Expressways | 196.48 | 196.48 |
| 主干路 | Main Roads | 1245.77 | 1244.97 |
| 道路面积 （万平方米） | Area of Roads (10000 sq.m) | 18792.69 | 19147.09 |
| # 人行道 | Pavement | 2438.43 | 2402.43 |
| 人均城市道路面积 （平方米） | Per Capita Area of Roads (sq.m) | 12.46 | 12.51 |
| 桥梁座数 （座） | Number of Bridges (unit) | 1356 | 1357 |
| # 立交桥 | Crossroads | 248 | 245 |
| 道路照明灯盏数 （千盏） | Number of Street Lights (1000 units) | 585.11 | 746.53 |
| 排水管道长度 （公里） | Length of Sewer Pipelines (1000 m) | 28793 | 39000 |
| 污水排放量 （万立方米） | Sewage Discharge Quantity (10000 cubic metres) | 203641 | 215425 |
| 污水处理厂 （座） | Sewage Treatment Plant (unit) | 53 | 59 |
| 污水处理厂处理能力 （万立方米/日） | Sewage Treatment Capacity (10000 cubic metres/day) | 572 | 755 |
| 污水处理厂处理量 （万立方米） | Quantity of Sewage Treatment (10000 cubic metres) | 197533 | 210900 |
| 污水处理率 (%) | Sewage Treatment Rate (%) | 97.0 | 97.9 |
| # 污水处理厂集中处理率 (%) | Concentrated Sewage Treatment Rate (%) | 97.0 | 97.9 |

注：1. 本表数据为全市(11区)口径；

2. 2019年道路长度、道路面积等指标数据包括高速公路和国省道路、市政道路和县乡村道路；

3. 本表数据由广州市住房和城乡建设局汇总相关单位数据后提供，并经广州市交通运输局、广州市水务局复核补充，具体数据由相关单位负责解释。

Note: I. The coverage in this table includes 11 districts.

II. The index data of road length and road area include expressways, national and provincial roads, municipal roads and county and rural roads in 2019.

III. The data in this table are provided by Guangzhou Municipal Housing and Urban-Rural Development Bureau after collecting the data of relevant units, and are reviewed and supplemented by Guangzhou Municipal Transport Bureau and Guangzhou Water Authority. The responsibility to interpret the data shall be remained with the related sectors.

# 9-2 城市供水
# Water Supply in Urban Districts

| 项　目 | Item | 2019 | 2020 |
|---|---|---|---|
| 综合生产能力（万立方米/日） | Overall Production Capacity (10000 cu.m/day) | 845.35 | 844.67 |
| 供水管道长度（公里） | Length of Water Supply Pipelines (1000 m) | 35293.20 | 37232.74 |
| 供水总量（万立方米） | Total Volume of Water Supply (10000 cu.m) | 254589.23 | 253881.08 |
| # 售水量 | Sales Volume of Tap Water | 207190.14 | 206480.19 |
| 生产运营用水 | For Production Use | 35219.33 | 35475.05 |
| 公共服务用水 | For Public Services | 49656.40 | 45424.38 |
| 居民家庭用水 | For Household Use | 117104.61 | 114542.63 |
| 其他用水 | Others | 5209.81 | 11038.02 |
| 用水户数（户） | Number of Households with Access to Tap Water (unit) | 3118277 | 3365019 |
| # 家庭用户 | Number of Families with Access to Tap Water | 2852512 | 3049818 |
| 用水人口（万人） | Number of Residents with Access to Tap Water (10000 persons) | 1785.65 | 1771.86 |
| 人均日生活用水量（升） | Per Capita Daily Consumption of Tap Water for Residential Use (liter) | 263.86 | 263.69 |
| 用水普及率（%） | Coverage Rate of Urban Population with Access to Tap Water (%) | 100.00 | 100.00 |

注：1.本表数据为全市(11区)口径；
2.本表资料不包企业自建设施供水；
3.本表数据由广州市住房和城乡建设局根据平台数据提供，并经广州市水务局复核补充。
4.2020年用水人口为全市用水人口数扣除山区用水人口数。

Note: I. The coverage in this table includes 11 districts.
II. The data in this table exclude the water supply by self-built facilities of corporations.
III. The data in this table are provided by Guangzhou Municipal Housing and Urban-Rural Development Bureau according to the data on the platform, and are reviewed and supplemented by Guangzhou Water Authority.
IV. The water consumption population in 2020 shall be the water consumption population of the whole city minus the water consumption population in mountainous areas.

## 9-3 城市燃气供应
## Gas Supply in Urban Districts

| 项目 | Item | 2019 | 2020 |
|---|---|---|---|
| **液化石油气** | **Liquefied Petroleum Gas** | | |
| 储气能力 (吨) | Storage Capacity (ton) | 6824.10 | 6576.32 |
| 供气管道长度（公里） | Length of Gas Supply Pipelines (1000 m) | 10.05 | 6.44 |
| 供气总量 (吨) | Total Supply of Gas (ton) | 758758.86 | 633981.38 |
| 销售气量 | Sales Volume of Gas | 758653.54 | 633862.49 |
| #居民家庭 | Households | 312878.56 | 291940.64 |
| 用气户数 (户) | Number of Households (unit) | 2297965 | 2149705 |
| #家庭用户 | Families | 2177772 | 2032035 |
| 用气人口 (万人) | Number of Residents with Access to Gas (10000 persons) | 563.10 | 539.71 |
| **天然气** | **Natural Gas** | | |
| 储气能力（万立方米） | Storage Capacity (10000 cu.m) | 594.34 | 626.80 |
| 供气管道长度（公里） | Length of Gas Supply Pipelines (1000 m) | 9439.47 | 10135.73 |
| 供气总量（万立方米） | Total Supply of Gas (10000 cu.m) | 235420.91 | 270113.03 |
| #销售气量 | Sales Volume of Gas | 219498.78 | 268983.33 |
| #居民家庭 | Households | 39553.64 | 41957.80 |
| 用气户数 (户) | Number of Households (unit) | 2602984 | 2750589 |
| #家庭用户 | Families | 2586183 | 2731985 |
| 用气人口 (万人) | Number of Residents with Access to Gas (10000 persons) | 778.44 | 836.46 |
| 燃气普及率 (%) | Coverage Rate of Urban Population with Access to Gas (%) | 99.20 | 99.30 |

注：1.本表数据为全市(11区)口径；
2.本表数据由广州市住房和城乡建设局根据平台数据提供，并由广州市城市管理和综合执法局复核补充。

Note: I. The coverage in this table includes 11 districts.
II. The data in this table are provided by Guangzhou Municipal Housing and Urban-Rural Development Bureau according to the platform data, and are reviewed and supplemented by Guangzhou Urban Management and Comprehensive Law Enforcement Bureau.

## 9-4 城市市政公用设施建设固定资产投资额
## Investment in Fixed Assets in Public Facilities in Urban Districts

单位:万元 (10000 yuan)

| 项目 | Item | 2019 | 2020 |
|---|---|---|---|
| 本年完成投资 | Investment Completed in Current Year | 7164081 | 8194898 |
| 供水 | Water Supply | 206368 | 247842 |
| 燃气 | Gas Supply | 64656 | 100342 |
| 轨道交通 | Rail Traffic | 3186254 | 3952984 |
| 道路桥梁 | Roads and Bridges | 1533994 | 1596819 |
| 排水 | Drainage | 1483236 | 1102381 |
| 园林绿化 | Parks and Green Areas | 49086 | 58037 |
| 市容环境卫生 | Environmental sanitation | 190056 | 467002 |
| 其他 | Others | 450431 | 669491 |

注：1.本表数据为全市(11区)口径；
2.本表数据由广州市住房和城乡建设局汇总相关单位数据后提供，并由广州市水务局、广州市交通运输局、广州市林业和园林局、广州市城市管理和综合执法局复核补充，具体数据由相关单位负责解释。
3.“其他”一项主要指地下综合管廊。

Note: I. The coverage in this table includes 11 districts.
II.The data in this table are provided by Guangzhou Municipal Housing and Urban-Rural Development Bureau after collecting the data of relevant units, and are reviewed and upplemented by Guangzhou Water Authority, Guangzhou Municipal Transportion Bureau, Guangzhou Municipal Forestry and Landscaping Bureau, and Guangzhou Municipal City Administration and Law Enforcement Bureau. The responsibility to interpret the data shall be remained with the related sectors.
III. The "other" refers mainly to the underground utility corridor.

# 9-5 城市园林绿化

## Parks, Gardens and Green Areas in Urban Districts

| 项目 | Item | 2019 | 2020 |
|---|---|---|---|
| 绿化覆盖面积 (公顷) | Coverage Area of Afforestation (hectare) | 156831 | 157120 |
| # 建成区 | Developed Areas | 60250 | 61465 |
| 建成区绿化覆盖率 (%) | Green Coverage Rate in Developed Areas (%) | 45.50 | 45.52 |
| 绿地面积 (公顷) | Area of Green Areas (hectare) | 147720 | 147800 |
| # 建成区 | Developed Areas | 52848 | 53962 |
| 建成区绿地率 (%) | Rate of Green Areas in Developed Areas (%) | 39.91 | 39.96 |
| 公园绿地面积 (公顷) | Area of Gardens (hectare) | 32081 | 32358 |
| 人均公园绿地面积 (平方米) | Per Capita Garden (sq.m) | 17.96 | 17.33 |
| 公园个数 (个) | Number of Parks (unit) | 247 | 247 |
| 公园面积 (公顷) | Area of Parks (hectare) | 5198 | 5198 |
| 建成区面积 (平方公里) | Developed Areas (sq.km) | 1324.17 | 1350.41 |

注：1.本表数据为全市(11区)口径；
2.本表数据由广州市住房和城乡建设局根据平台数据提供，并由广州市林业和园林局复核补充。

Note: I. The coverage in this table includes 11 districts.
II. The data in this table are provided by Guangzhou Municipal Housing and Urban-Rural Development Bureau according to the platform data, and are reviewed and supplemented by Guangzhou Municipal Forestry and Landscaping Bureau.

# 9-6 城市市容环境卫生

## City Appearance and Environmental Sanitation

| 项目 | Item | 2019 | 2020 |
|---|---|---|---|
| 道路清扫保洁面积 (万平方米) | Area of Roads under Cleaning Program (10000 sq.m) | 23223 | 24458 |
| # 机械化 | By Mechanization | 10217 | 15208 |
| 城镇生活垃圾清运量 (万吨) | Volume of Living Garbage Disposal (10000 tons) | 668.04 | 613.15 |
| 城镇生活垃圾处理量 (万吨) | Garbage Treatment (10000 tons) | 668.04 | 613.15 |
| 城镇生活垃圾无害化处理厂(场)数 (座) | Number of Garbage Harmless Disposal Factories (unit) | 15 | 16 |
| 城镇生活垃圾无害化处理量 (万吨) | Volume of Garbage Harmless Disposal (10000 tons) | 668.04 | 613.15 |
| 城镇生活垃圾无害化处理率 (%) | Rate of Garbage Harmless Disposal (%) | 100.00 | 100.00 |
| 公共厕所 (座) | Number of Public Lavatories (unit) | 1622 | 1649 |
| 市容环卫专用车辆设备总数 (辆) | Number of Special Vehicles for Environmental Sanitation (unit) | 5558 | 5719 |

注：1.本表数据为全市(11区)口径；
2.本表数据由广州市住房和城乡建设局根据平台数据提供，并由广州市城市管理和综合执法局复核补充。

Note: I. The coverage in this table includes 11 districts.
II. The data in this table are provided by Guangzhou Municipal Housing and Urban-Rural Development Bureau according to the platform data, and are reviewed and supplemented by Guangzhou Urban Management and Comprehensive Law Enforcement Bureau.

# 主要统计指标解释

**【道路长度】**指道路长度和与道路相通的桥梁、隧道的长度，按车行道中心线计算。

**【快速路】**城市道路中设有中央分隔带，具有四条以上的车道，全部或部分采用立体交叉与控制出入，供车辆以较高的速度行驶的道路。

**【主干路】**在城市道路网中起骨架作用的道路。

**【供水总量】**指报告期供水企业（单位）供出的全部水量，包括有效供水量和漏损水量。有效供水量指水厂将水供出厂外后，各类用户实际使用到的水量，包括售水量和免费供水量。漏损水量指在供水过程中由于管道及附属设施破损而造成的漏水量、失窃水量以及水表失灵少计算的水量。

**【售水量】**指报告期供水企业(单位)收费供应的水量，只包括本地售水量，不包括销往本区域外的售水量。

**【生产运营用水】**指在城市范围内生产、运营的农、林、牧、渔业、工业、建筑业、交通运输业等单位在生产、运营过程中的用水。

**【公共服务用水】**指为城市社会公共生活服务的用水。包括行政事业单位、部队营区和公共设施服务、社会服务业、批发零售贸易业、旅馆饮食业以及社会服务业等单位的用水。

【居民家庭用水】指城市范围内所有居民家庭的日常生活用水。包括城市居民、农民家庭、公共供水站用水。

**【污水处理厂】**指在城市或工业区的城市污水通过排水管道集中于一个或几个处所，并利用由各种处理单元组成的污水处理系统进行净化处理，最终使处理后的污水和污泥达到规定要求后排放水体或再利用的生产场所。不包括渗水井、化粪池（含改良化粪池）和污水处理装置。

**【污水处理能力】**指污水处理厂（或处理装置）每昼夜处理污水量的设计能力。

**【污水处理量】**指污水处理厂（或污水处理装置）实际处理的污水量。包括物理处理量、生物处理量和化学处理量。

**【生活垃圾清运量】**指报告期内收集和运送到各垃圾处理场（厂）的垃圾的数量。

**【生活垃圾无害化处理量】**指报告期内简易处理场和各种垃圾无害化处理场（厂）处理垃圾的总量。垃圾简易处理量指垃圾简易填埋场所处理的垃圾总量。垃圾无害化处理量指垃圾无害化处理场（厂）所处理的垃圾总量。

**【绿地面积】**指报告期末用作园林和绿化的各种绿地面积。包括公园绿地、生产绿地、防护绿地、附属绿地和其他绿地的面积。

**【公园绿地面积】**指城市中向公众开放的、以游憩为主要功能，有一定的游憩设施和服务设施，同时兼有健全生态、美化景观、防灾灭灾等综合作用的绿化用地。它是城市建设用地、城市绿地系统和城市市政公用设施的重要组成部分。

# Explanatory Notes on Main Statistical Indicators

**【Length of Roads】** refers to the length of roads and of the bridges and tunnels connected to the roads, calculated by the center line of the roads.

**【Annual Volume of Water Supply】** refers to the total volume of water supplied by water-works(units) during the reference period, including both the effective water supply and loss during the water supply.

**【Expressway】** refers to the road which there is a central separation zone in, with more than four lanes, all or part of which adopts three-dimensional intersection and control access for vehicles to drive at high speed.

**【Main Road】** refers to the road that acts as a leading part in urban road network.

**【Volume of Sold Water】** refers to the total volume of paid water supplied by water-works(units) during the reference period, only including the volume of paid water sold to local region, not including the volume of paid water sold to other regions.

**【Volume of Water for Production】** refers to water consumption for urban production of enterprises of farming, forestry, animal husbandry and fishery, industry, construction, transport, and so on.

**【Water Consumption of Public Service】** refers to water consumption for urban public services, including the consumption of government agencies and public institutions. Military barracks, public facilities, wholesale and retail outlets, restaurants, hotels, and other units providing public services.

**【Household Water Consumption】** refers to consumption of water for daily life of all households within the boundary of cities, including water consumption of urban residents and farmers, and public water supply stations.

**【Wastewater Treatment Plant】** refers to place where wastewater in urban or industrial areas is concentrated in one or several spaces through drainage pipes, and purified by wastewater treatment system composed of various treatment units, and finally the treated wastewater and sludge are discharged after meeting the specified requirements. Seepage wells, septic tanks (including improved septic tanks) and sewage treatment plants are not included.

**【Wastewater Treated Capability】** refers to design capacity of wastewater treatment plant (or treatment system) to dispose wastewater day and night.

**【Wastewater Treatment Volume】** refers to the amount of wastewater actually disposed by wastewater treatment sites (or wastewater treatment plants), including physical processing volume, biological processing volume and chemical processing capacity.

**【Consumption Wastes Disposed Volume】** refers to the volume of consumption wastes collected and transported to disposal factories or sites during the reference period.

**【Consumption Wastes Harmlessly Disposed Volume】** refers to the total amount of garbage handled by simply disposed sites and innocuously disposed sites (or plants). The amount of garbage simply disposed refers to the total amount of garbage disposed in a simple landfill. The amount of garbage innocuous disposed refers to the total amount of garbage handled by the garbage innocuous treatment sites (or plants).

**【Area of Urban Greenbelt】** refers to the total area occupied for green projects at the end of the reference period, including park green land, production green land, protection green land, green land attached to institutions, and other greenbelt.

**【Park Green Areas】** refers to green areas open to the public for amusement and rest with the facilities of amusement, rest and services, Its function includes perfecting ecology, beautifying landscape, and preventing and reducing disaster. It is an important component of urban construction sites, urban green area system and public facilities in urban districts.

第十篇 CHAPTER 10

# 农 业

# AGRICULTURE

# 第十篇　农业

**简要说明**

一、本篇资料反映广州市农业生产和农村社会经济的基本情况。

二、本篇资料由广州市统计局农村统计处和国家统计局广州调查队农业农村调查处整理提供。

三、本篇资料主要来源于广州市农村统计报表制度。农村统计报表制度的统计范围包括各区、镇街（涉农）、村居（涉农）基本情况以及各种经济类型的全部农林牧渔生产单位和农户进行的农业生产经营情况。

# 10 Agriculture

**Brief Introduction**

I. The data in this chapter show the basic conditions of agricultural production and rural economy in Guangzhou.

II. The data in this chapter are prepared and provided by the Division of Rural Statistics of Guangzhou Municipal Bureau of Statistics and National Bureau of Statistics Guangzhou Investigation Team Agricultural investigation Office.

III. The data in this chapter mainly come from the statistical reporting summary on rural area of Guangzhou. The statistical coverage of the statistical reporting summary includes the basic information of all districts, towns and streets (agriculture), villages (agriculture), and the agricultural production and operation of all agricultural, forestry, animal husbandry and fishery production units and farmers of various economic types.

# 10-1 农业主要指标
# Major Indicators of Agriculture

| 项目 | Item | 2019 | 2020 |
|---|---|---|---|
| 乡镇户数 (户) | Number of Rural Households (household) | 2016260 | 2165270 |
| 乡镇人口 (人) | Rural Population (person) | 6461028 | 6919283 |
| 乡镇从业人员 (人) | Number of Rural Employed Persons (person) | 3908707 | 4236426 |
| 农、林、牧、渔业从业人员 (人) | Number of Rural Employed Persons in Agriculture, Forestry, Animal Husbandry and Fishery (person) | 653999 | 638933 |
| 森林覆盖率 (%) | Forest Coverage (%) | 42.31 | 41.6 |
| 常用耕地面积 (公顷) | Area of Cultivated Land (hectare) | 90696 | 87831 |
| 有效灌溉面积 (公顷) | Irrigated Area (hectare) | 75294 | 73753 |
| 耕地水利化程度 (%) | Irrigation Degree of Cultivated Land (%) | 81.49 | 82.43 |
| 农业机械总动力 (万瓦) | Total Power of Agricultural Machinery (10000 w) | 122812 | 125651 |
| 农、林、牧、渔业劳动机械化程度 (%) | Labor Mechanization Degree of Agriculture, Forestry, Animal Husbandry and Fishery (%) | 6.93 | 7.09 |
| 化肥施用量(折纯) (吨) | Consumption of Chemical Fertilizers (100 percent effective content equivalent) (ton) | 102875 | 99779 |
| 农药使用量 (吨) | Consumption of Pesticides (ton) | 2863 | 2730 |
| 农村用电量 (万千瓦·时) | Electricity Consumed in Rural Area (10000 kwh) | 1478089 | 1405990 |
| 农、林、牧、渔业总产值 (万元) | Gross Output Value of Agriculture, Forestry, Animal Husbandry and Fishery (10000 yuan) | 4462804 | 5140286 |
| 农、林、牧、渔业增加值 (万元) | Value-added of Agriculture, Forestry, Animal Husbandry and Fishery (10000 yuan) | 2718021 | 3136472 |
| 农、林、牧、渔业商品产值率(%) | Rate of Commodity Output Value of Agriculture, Forestry, Animal Husbandry and Fishery (%) | 98.8 | 98.7 |
| 主要农产品产量 | Output of Major Agricultural Products | | |
| 粮　食 (吨) | Grain (ton) | 131988 | 142248 |
| 花　生 (吨) | Peanuts (ton) | 14542 | 12829 |
| 蔬　菜 (吨) | Vegetables (ton) | 3853154 | 4038203 |
| 园林水果 (吨) | Fruits (ton) | 642578 | 792494 |
| 肉　类 (吨) | Meat (ton) | 114935 | 112080 |
| 水产品 (吨) | Aquatic Products (ton) | 465236 | 506702 |
| 都市农业从业人员 (万人) | Employed Persons in Urban Agriculture (10000 person) | 151 | 155 |
| 都市农业总收入 (万元) | Total Income of Urban Agriculture (10000 yuan) | 23838601 | 26125981 |
| 农村居民人均可支配收入 (元) | Per Capita Disposable Income of Rural Residents (yuan) | 28868 | 31266 |

注：1.自2014年起广州实施城乡一体化分市县住户调查制度，农村家庭居民收入数据以新口径公布，"人均可支配收入"指标代替"人均纯收入"指标，不再公布"人均纯收入"数据。
2.本表森林覆盖率数据由广州市林业和园林局提供，农、林、渔业劳动机械化程度、化肥施用量和农药使用量数据由广州市农村和农业局提供并计算得出。
3.农林牧渔业增加值数据为快报数。

Note: I. Guangzhou started an integrated household income and expenditure survey in 2014 and the income of rural households is published with new statistical standard. The "Per Capita Net Income" is no longer used and the "Per Capita Disposable Income" takes the place of it.
II. The data of forest coverage rate in this table is provided by Guangzhou Municipal Bureau of forestry and landscape architecture,and the data of labor mechanization degree, fertilizer application amount and pesticide use amount of agriculture, forestry, animal husbandry and fishery are provided and calculated by Guangzhou agricultural and rural Bureau.
III. Data of added value of agriculture, forestry, animal husbandry and fishery are express numbers.

# 10-2 主要年份年末耕地面积

## Area of Cultivated Land at Year-end in Main Years

单位：公顷 (hectare)

| 年 份<br>Year | 常用耕地面积<br>Area of Cultivated Land | 水(旱)田<br>Paddy Fields | 旱 地<br>Dry Fields | 平均每个农业人口拥有耕地<br>Cultivated Area Per Rural Person | 平均每个农业从业人员拥有耕地<br>Cultivated Area Per Rural Employee |
|---|---|---|---|---|---|
| 1978 | 249479 | 221451 | 28028 | 0.09 | 0.21 |
| 1980 | 248260 | 220258 | 28002 | 0.11 | 0.23 |
| 1985 | 234171 | 207431 | 26740 | 0.09 | 0.24 |
| 1990 | 221138 | 196266 | 24872 | 0.09 | 0.24 |
| 1995 | 177892 | 158849 | 19043 | 0.07 | 0.20 |
| 1996 | 172179 | 153332 | 18847 | 0.07 | 0.19 |
| 1997 | 169700 | 151631 | 18069 | 0.07 | 0.19 |
| 1998 | 168491 | 150843 | 17648 | 0.07 | 0.19 |
| 1999 | 164816 | 147455 | 17361 | 0.07 | 0.19 |
| 2000 | 159115 | 142220 | 16895 | 0.05 | 0.17 |
| 2001 | 154941 | 137628 | 17313 | 0.05 | 0.17 |
| 2002 | 146311 | 128888 | 17423 | 0.05 | 0.16 |
| 2003 | 134934 | 115565 | 19369 | 0.06 | 0.15 |
| 2004 | 131954 | 116943 | 15011 | 0.06 | 0.16 |
| 2005 | 130094 | 111700 | 18394 | 0.06 | 0.15 |
| 2006 | 106579 | 88971 | 17608 | 0.05 | 0.13 |
| 2007 | 104500 | 84747 | 19753 | 0.05 | 0.13 |
| 2008 | 102155 | 85064 | 17091 | 0.04 | 0.13 |
| 2009 | 100784 | 84992 | 15792 | 0.03 | 0.13 |
| 2010 | 100647 | 87516 | 13131 | 0.03 | 0.13 |
| 2011 | 99552 | 85267 | 14285 | 0.03 | 0.15 |
| 2012 | 99086 | 85522 | 13564 | 0.03 | 0.15 |
| 2013 | 98148 | 84495 | 13653 | 0.03 | 0.14 |
| 2014 | 96398 | 82719 | 13679 | 0.03 | 0.15 |
| 2015 | 95411 | 81742 | 13669 | 0.03 | 0.15 |
| 2016 | 95188 | 80820 | 14368 | 0.03 | 0.15 |
| 2017 | 92108 | 77907 | 14201 | 0.03 | 0.14 |
| 2018 | 90486 | 76492 | 13994 | 0.03 | 0.14 |
| 2019 | 90696 | 72617 | 18079 | 0.03 | 0.14 |
| 2020 | 87831 | 69981 | 17850 | 0.02 | 0.14 |

注：2002年及以前年份的常用耕地面积数按国家新口径进行了换算。
Note: The data of the area of cultivated land in 2002 and before have been converted to the new statistical standard.

# 10-3 耕地面积及变动情况（2020年）

# Statistics on Area of Cultivated Land and Its Changes (2020)

单位:公顷 (hectare)

| 项　目 | Item | 全市 Total | 荔湾区 Liwan | 海珠区 Haizhu | 天河区 Tianhe | 白云区 Baiyun | 黄埔区 Huangpu |
|---|---|---|---|---|---|---|---|
| 年初耕地总资源 | Total Resources of Cultivated Land at Year-beginning | 92396 | 612 | 96 | 194 | 9252 | 2351 |
| 年末耕地总资源 | Total Resources of Cultivated Land at Year-end | 89469 | 611 | 91 | 181 | 7694 | 2232 |
| # 常用耕地面积 | Area of Cultivated Land | 87831 | 611 | 91 | 181 | 7409 | 2058 |
| # 水　田 | Paddy Fields | 69981 | 48 | | 94 | 6622 | 1368 |
| 当年增加耕地面积 | Area of Increased Cultivated Land in Current Year | 783 | | | 1 | 35 | 79 |
| # 园地改为耕地 | Area of Cultivated Land Adapted from Garden Land | 164 | | | 1 | | |
| 当年减少耕地面积 | Area of Decreased Cultivated Land in Current Year | 3710 | 1 | 5 | 14 | 1593 | 198 |
| # 国家基建占用 | Occupied by Capital Construction | 1441 | | 5 | 2 | 184 | 151 |
| 其他基建占用 | Occupied by Other Construction | 1498 | | | 14 | 1104 | 46 |
| 粮食占用耕地面积 | Area of Cultivated Land Occupied by Grain | 14079 | | | | 275 | 280 |
| 蔬菜占用耕地面积 | Area of Cultivated Land Occupied by Vegetables | 29006 | 45 | 98 | 95 | 5847 | 693 |

10-3 续表 continued

单位：公顷 (hectare)

| 项　目 | Item | 番禺区 Panyu | 花都区 Huadu | 南沙区 Nansha | 从化区 Conghua | 增城区 Zengcheng |
|---|---|---|---|---|---|---|
| 年初耕地总资源 | Total Resources of Cultivated Land at Year-beginning | 6308 | 10278 | 16636 | 20488 | 26181 |
| 年末耕地总资源 | Total Resources of Cultivated Land at Year-end | 6338 | 9644 | 15915 | 20478 | 26285 |
| # 常用耕地面积 | Area of Cultivated Land | 6271 | 9459 | 15538 | 20036 | 26177 |
| # 水　田 | Paddy Fields | 4291 | 8399 | 11508 | 16814 | 20837 |
| 当年增加耕地面积 | Area of Increased Cultivated Land in Current Year | 165 | 162 | 54 | | 287 |
| # 园地改为耕地 | Area of Cultivated Land Adapted from Garden Land | | 158 | 5 | | |
| 当年减少耕地面积 | Area of Decreased Cultivated Land in Current Year | 135 | 796 | 775 | 10 | 183 |
| # 国家基建占用 | Occupied by Capital Construction | 30 | 630 | 313 | 8 | 118 |
| 其他基建占用 | Occupied by Other Construction | 56 | 97 | 114 | 3 | 64 |
| 粮食占用耕地面积 | Area of Cultivated Land Occupied by Grain | 75 | 1117 | 679 | 6830 | 4823 |
| 蔬菜占用耕地面积 | Area of Cultivated Land Occupied by Vegetables | 1491 | 4056 | 3528 | 2263 | 10890 |

# 10-4 农村基层基本情况（2020年）

| 项目 | | Item | | 全市 Total |
|---|---|---|---|---|
| 农村基层组织 | （个） | Rural Grassroots Units | (unit) | |
| 镇政府 | | Number of Town Governments | | 35 |
| 村(居)民委员会 | | Number of Villagers' Committees | | 1261 |
| 农村人口状况 | | Statistics on Rural Population | | |
| 乡镇户数 | （户） | Number of Rural Households | (household) | 2165270 |
| 乡镇人口 | （人） | Rural Population | (person) | 6919283 |
| 农村社会基础设施 | （个） | Number of Rural Infrastructure | (unit) | |
| 自来水受益村 | | Number of Villages Benefiting from Tap Water | | 1260 |
| 通有线电视村 | | Number of Villages Available for Cable Television | | 1266 |
| 通宽带村 | | Number of Villages Available for Broadband Internet | | 1266 |
| 农村劳动力资源总数 | （人） | Total Number of Rural Labor Force | (person) | 4735521 |
| #本地劳动力 | | Local Labor Force | | 2215492 |
| #劳动年龄内的人口数 | | Number of Population within Labor Age | | 4631989 |
| 农村从业人员合计 | （人） | Total Number of Rural Employed Persons | (person) | 4236426 |
| #劳动年龄内 | | Within Labor Age | | 4096478 |
| 农、林、牧、渔业从业人员 | | Number of Rural Employed Persons in Agriculture, Forestry, Animal Husbandry and Fishery | | 610242 |
| 农业 | | Agriculture | | 510053 |
| 林业 | | Forestry | | 6991 |
| 畜牧业 | | Animal Husbandry | | 24648 |
| 渔业 | | Fishery | | 42181 |
| 农、林、牧、渔服务业 | | Service Industry for Agriculture | | 26369 |
| 工　业 | | Industry | | 1863773 |
| 建筑业 | | Construction | | 275786 |
| 批发和零售业 | | Wholesale and Retail Trade | | 376268 |
| 交通运输、仓储和邮电业 | | Transport, Storage and Post | | 231402 |
| 住宿和餐饮业 | | Hotels and Catering Services | | 303593 |
| 信息传输、软件和信息技术服务业 | | Information Transmission, Software and Information Technology Services | | 155454 |
| 其他行业 | | Others | | 419908 |

## Basic Statistics on Rural Grassroots Units (2020)

| 白云区<br>Baiyun | 黄埔区<br>Huangpu | 番禺区<br>Panyu | 花都区<br>Huadu | 南沙区<br>Nansha | 从化区<br>Conghua | 增城区<br>Zengcheng |
|---|---|---|---|---|---|---|
| | | | | | | |
| 4 | 1 | 6 | 6 | 6 | 5 | 7 |
| 139 | 29 | 197 | 202 | 141 | 236 | 317 |
| | | | | | | |
| 301811 | 25078 | 645787 | 349060 | 298390 | 143664 | 401480 |
| 1119529 | 114547 | 1946361 | 1179018 | 745543 | 565041 | 1249244 |
| | | | | | | |
| 139 | 29 | 198 | 202 | 145 | 230 | 317 |
| 139 | 29 | 198 | 202 | 145 | 236 | 317 |
| 139 | 29 | 198 | 202 | 145 | 236 | 317 |
| 753875 | 71227 | 1440293 | 763311 | 537897 | 367105 | 801813 |
| 319571 | 59272 | 415828 | 335074 | 253530 | 331932 | 500285 |
| 739515 | 69336 | 1415080 | 752437 | 528804 | 344610 | 782207 |
| 663839 | 67262 | 1268928 | 711168 | 496416 | 324842 | 703971 |
| 644877 | 64549 | 1236815 | 697709 | 483572 | 295588 | 673368 |
| 61158 | 18607 | 56981 | 95770 | 82049 | 135815 | 159862 |
| | | | | | | |
| 55715 | 14549 | 42867 | 84344 | 68751 | 115158 | 128669 |
| 14 | 1133 | 284 | 834 | 182 | 2377 | 2167 |
| 305 | 155 | 2296 | 1849 | 473 | 10606 | 8964 |
| 3604 | 1280 | 9733 | 6839 | 9025 | 3018 | 8682 |
| 1520 | 1490 | 1801 | 1904 | 3618 | 4656 | 11380 |
| 299960 | 13911 | 553700 | 394574 | 232230 | 86653 | 282745 |
| 34433 | 7644 | 90195 | 36055 | 38040 | 21944 | 47475 |
| 71134 | 5360 | 153764 | 51289 | 32833 | 20485 | 41403 |
| 58296 | 3629 | 70259 | 37150 | 26544 | 9514 | 26010 |
| 52207 | 4987 | 124924 | 36592 | 25021 | 23130 | 36732 |
| 24446 | 1983 | 79277 | 18277 | 12976 | 6105 | 12390 |
| 62205 | 11141 | 139828 | 41461 | 46723 | 21196 | 97354 |

# 10-5 农林牧渔业生产经营户及从业人员情况(2020年)

| 项 目 | Item |
|---|---|
| 从事农、林、牧、渔业生产经营户(户) | Number of Households Engaging in Agriculture, Forestry, Animal Husbandry and Fishery (household) |
| 农、林、牧、渔业从业人员数 (人) | Number of Rural Employed Persons in Agriculture, Forestry, Animal Husbandry and Fishery (person) |
| 农业 | Agriculture |
| 林业 | Forestry |
| 畜牧业 | Animal Husbandry |
| 渔业 | Fishery |
| 农、林、牧、渔服务业 | Service Industry for Agriculture |

10-5 续表

| 项 目 | Item |
|---|---|
| 从事农、林、牧、渔业生产经营户(户) | Number of Households Engaging in Agriculture, Forestry, Animal Husbandry and Fishery (household) |
| 农、林、牧、渔业从业人员数 (人) | Number of Rural Employed Persons in Agriculture, Forestry, Animal Husbandry and Fishery (person) |
| 农业 | Agriculture |
| 林业 | Forestry |
| 畜牧业 | Animal Husbandry |
| 渔业 | Fishery |
| 农、林、牧、渔服务业 | Service Industry for Agriculture |

## Number of Households and Laborers Engaging in Agriculture, Forestry, Animal Husbandry and Fishery (2020)

| 全　市 Total | 荔湾区 Liwan | 海珠区 Haizhu | 天河区 Tianhe | 白云区 Baiyun | 黄埔区 Huangpu |
|---|---|---|---|---|---|
| 390541 | 2805 | 449 | 397 | 35688 | 19604 |
| 638933 | 6864 | 939 | 819 | 64724 | 31063 |
| 536440 | 6604 | 939 | 781 | 59117 | 26396 |
| 7033 | | | | 14 | 1167 |
| 24843 | | | | 305 | 170 |
| 43576 | 244 | | 8 | 3607 | 1810 |
| 27041 | 16 | | 30 | 1681 | 1520 |

continued

| 番禺区 Panyu | 花都区 Huadu | 南沙区 Nansha | 从化区 Conghua | 增城区 Zengcheng |
|---|---|---|---|---|
| 22341 | 65524 | 37884 | 103319 | 102530 |
| 56981 | 95770 | 85821 | 136090 | 159862 |
| 42867 | 84344 | 71315 | 115408 | 128669 |
| 284 | 834 | 182 | 2385 | 2167 |
| 2296 | 1849 | 653 | 10606 | 8964 |
| 9733 | 6839 | 9628 | 3025 | 8682 |
| 1801 | 1904 | 4043 | 4666 | 11380 |

# 10-6 主要年份农林牧渔业总产值

# Gross Output Value of Agriculture, Forestry, Animal Husbandry and Fishery in Main Years

单位：万元 (10000 yuan)

| 年 份<br>Year | 合 计<br>Total | 农业<br>Agriculture | 林业<br>Forestry | 畜牧业<br>Animal Husbandry | 渔业<br>Fishery |
|---|---|---|---|---|---|
| 1978 | 79940 | 62212 | 1367 | 11018 | 3551 |
| 1980 | 89465 | 69534 | 2316 | 11730 | 3650 |
| 1985 | 180163 | 117429 | 2312 | 43583 | 9530 |
| 1986 | 207553 | 133272 | 2921 | 48420 | 12630 |
| 1987 | 259437 | 171381 | 3534 | 58134 | 15286 |
| 1988 | 374875 | 235199 | 4210 | 100127 | 22571 |
| 1989 | 410575 | 258918 | 5325 | 105375 | 25131 |
| 1990 | 439322 | 280156 | 5011 | 110313 | 28142 |
| 1991 | 489080 | 311918 | 4809 | 124979 | 32183 |
| 1992 | 590289 | 359850 | 8004 | 165373 | 42635 |
| 1993 | 773560 | 415462 | 9442 | 220827 | 108282 |
| 1994 | 1034215 | 562429 | 8198 | 315842 | 125140 |
| 1995 | 1268076 | 673678 | 10672 | 369589 | 185396 |
| 1996 | 1429078 | 701636 | 11152 | 429758 | 247883 |
| 1997 | 1508110 | 748281 | 12706 | 449656 | 254502 |
| 1998 | 1540244 | 770438 | 12643 | 439267 | 265520 |
| 1999 | 1600738 | 818349 | 12683 | 433928 | 280155 |
| 2000 | 1630468 | 823477 | 13224 | 430589 | 296503 |
| 2001 | 1670518 | 878086 | 13344 | 406407 | 304442 |
| 2002 | 1750598 | 942935 | 11577 | 404566 | 321379 |
| 2003 | 1806678 | 978410 | 12823 | 388590 | 332774 |
| 2004 | 2014423 | 1055554 | 36602 | 401247 | 358246 |
| 2005 | 2208105 | 1126688 | 38424 | 477025 | 376560 |
| 2006 | 2178394 | 1140576 | 18192 | 421336 | 406265 |
| 2007 | 2544675 | 1349965 | 18284 | 519306 | 432804 |
| 2008 | 2913008 | 1445324 | 19898 | 639605 | 526876 |
| 2009 | 2956200 | 1500816 | 21683 | 612002 | 536132 |
| 2010 | 3221258 | 1662415 | 26613 | 641581 | 583252 |
| 2011 | 3506065 | 1783512 | 34286 | 721893 | 627707 |
| 2012 | 3667902 | 1872361 | 32169 | 766839 | 637314 |
| 2013 | 3899763 | 2027062 | 39615 | 758607 | 677539 |
| 2014 | 3983015 | 2141475 | 40369 | 648663 | 732958 |
| 2015 | 4134562 | 2260493 | 42178 | 618008 | 751349 |
| 2016 | 4366530 | 2407531 | 38691 | 657981 | 767014 |
| 2017 | 4329167 | 2401771 | 36563 | 565886 | 794899 |
| 2018 | 4166916 | 2316909 | 25355 | 419744 | 819757 |
| 2019 | 4462804 | 2504592 | 24176 | 440968 | 888886 |
| 2020 | 5140286 | 2785512 | 42758 | 461002 | 1181564 |

# 10-7 主要年份农林牧渔业总产值指数

# Indices of Gross Output Value of Agriculture, Forestry, Animal Husbandry and Fishery in Main Years

上年=100 (preceding year=100)

| 年份 Year | 合计 Total | 农业 Agriculture | 林业 Forestry | 畜牧业 Animal Husbandry | 渔业 Fishery |
|---|---|---|---|---|---|
| 1978 | 103.2 | 101.5 | 124.9 | 113.4 | 102.4 |
| 1980 | 108.2 | 107.1 | 230.1 | 98.1 | 127.9 |
| 1985 | 108.1 | 103.8 | 110.8 | 125.1 | 112.9 |
| 1986 | 105.2 | 101.9 | 113.1 | 110.4 | 113.0 |
| 1987 | 104.4 | 104.8 | 120.6 | 103.0 | 103.2 |
| 1988 | 105.7 | 101.0 | 86.2 | 120.1 | 114.6 |
| 1989 | 101.4 | 100.5 | 138.3 | 98.7 | 101.2 |
| 1990 | 106.3 | 106.1 | 62.3 | 109.3 | 109.5 |
| 1991 | 111.1 | 111.8 | 98.5 | 113.0 | 106.3 |
| 1992 | 114.0 | 109.4 | 182.1 | 123.3 | 121.7 |
| 1993 | 99.1 | 81.2 | 75.2 | 119.3 | 160.8 |
| 1994 | 117.4 | 118.6 | 83.9 | 114.8 | 122.3 |
| 1995 | 109.3 | 106.0 | 106.1 | 104.5 | 126.9 |
| 1996 | 106.6 | 97.1 | 107.2 | 106.9 | 128.0 |
| 1997 | 106.6 | 107.4 | 97.5 | 105.3 | 106.3 |
| 1998 | 104.6 | 100.1 | 97.2 | 103.7 | 112.1 |
| 1999 | 109.5 | 118.0 | 110.5 | 99.9 | 106.3 |
| 2000 | 102.0 | 98.9 | 108.4 | 101.8 | 104.8 |
| 2001 | 101.6 | 103.6 | 92.9 | 95.2 | 107.1 |
| 2002 | 109.1 | 123.5 | 96.1 | 97.4 | 101.7 |
| 2003 | 100.7 | 94.5 | 75.4 | 98.5 | 108.5 |
| 2004 | 105.1 | 112.6 | 120.5 | 97.5 | 101.9 |
| 2005 | 104.1 | 102.3 | 103.7 | 108.4 | 101.2 |
| 2006 | 98.1 | 100.7 | 47.1 | 87.9 | 107.3 |
| 2007 | 103.1 | 102.2 | 90.2 | 103.1 | 101.3 |
| 2008 | 103.4 | 97.3 | 104.0 | 110.0 | 109.1 |
| 2009 | 103.9 | 103.0 | 109.0 | 104.9 | 105.2 |
| 2010 | 103.1 | 103.3 | 96.6 | 102.1 | 102.9 |
| 2011 | 102.6 | 103.6 | 122.0 | 98.3 | 102.5 |
| 2012 | 102.8 | 103.5 | 93.1 | 100.3 | 104.4 |
| 2013 | 102.9 | 102.4 | 120.7 | 98.2 | 106.5 |
| 2014 | 100.1 | 104.7 | 98.0 | 84.0 | 102.4 |
| 2015 | 102.2 | 103.8 | 104.2 | 91.8 | 103.1 |
| 2016 | 100.7 | 101.1 | 100.4 | 96.1 | 101.1 |
| 2017 | 100.7 | 102.6 | 94.3 | 91.1 | 99.9 |
| 2018 | 103.9 | 102.8 | 70.6 | 103.5 | 106.6 |
| 2019 | 103.2 | 105.0 | 95.3 | 91.0 | 106.7 |
| 2020 | 111.3 | 110.4 | 179.8 | 100.8 | 119.7 |

注：农林牧渔业总产值指数按可比价计算。

Note: The indices of gross output value of farming, forestry, animal husbandry and fishery are calculated by comparable price.

# 10-8 农林牧渔业总产值、增加值和商品产值（2020年）

单位:万元

| 项目 | Item | 全市 Total |
|---|---|---|
| **农、林、牧、渔业总产值(当年价格)** | **Gross Output Value of Agriculture, Forestry, Animal Husbandry and Fishery (at current prices)** | **5140286** |
| 农业 | Agriculture | 2785512 |
| 林业 | Forestry | 42758 |
| 畜牧业 | Animal Husbandry | 461002 |
| 渔业 | Fishery | 1181564 |
| 农、林、牧、渔服务业 | Service Industry for Agriculture | 669450 |
| **农、林、牧、渔业总产值构成 (%)** | **Composition of Gross Output Value of Agriculture, Forestry, Animal Husbandry and Fishery (%)** | **100.00** |
| 农业 | Agriculture | 54.19 |
| 林业 | Forestry | 0.83 |
| 畜牧业 | Animal Husbandry | 8.97 |
| 渔业 | Fishery | 22.99 |
| 农、林、牧、渔服务业 | Service Industry for Agriculture | 13.02 |
| **农、林、牧、渔业增加值** | **Value-added of Agriculture, Forestry, Animal Husbandry and Fishery** | **3136472** |
| 农业 | Agriculture | 1941502 |
| 林业 | Forestry | 30913 |
| 畜牧业 | Animal Husbandry | 188089 |
| 渔业 | Fishery | 699485 |
| 农、林、牧、渔服务业 | Service Industry for Agriculture | 276483 |
| **农、林、牧、渔业增加值构成 (%)** | **Composition of Value-added of Agriculture, Forestry, Animal Husbandry and Fishery (%)** | **100.00** |
| 农业 | Agriculture | 61.9 |
| 林业 | Forestry | 0.99 |
| 畜牧业 | Animal Husbandry | 6 |
| 渔业 | Fishery | 22.29 |
| 农、林、牧、渔服务业 | Service Industry for Agriculture | 8.82 |
| **农、林、牧、渔业商品产值** | **Commodity Output Value of Agriculture, Forestry, Animal Husbandry and Fishery** | **5075560** |
| 农业 | Agriculture | 2777482 |
| 林业 | Forestry | 42607 |
| 畜牧业 | Animal Husbandry | 427338 |
| 渔业 | Fishery | 1158683 |
| 农、林、牧、渔服务业 | Service Industry for Agriculture | 669450 |
| **农、林、牧、渔业商品率 (%)** | **Rate of Commodity Output Value of Agriculture, Forestry, Animal Husbandry and Fishery (%)** | **98.74** |
| 农业 | Agriculture | 99.71 |
| 林业 | Forestry | 99.65 |
| 畜牧业 | Animal Husbandry | 92.70 |
| 渔业 | Fishery | 98.06 |
| 农、林、牧、渔服务业 | Service Industry for Agriculture | 100.00 |

注：农林牧渔业增加值数据为快报数。

## Gross Output Value, Value-added and Commodity Output Value of Agriculture, Forestry, Animal Husbandry and Fishery (2020)

(10000 yuan)

| 荔湾区 Liwan | 海珠区 Haizhu | 天河区 Tianhe | 白云区 Baiyun | 黄埔区 Huangpu | 番禺区 Panyu | 花都区 Huadu | 南沙区 Nansha | 从化区 Conghua | 增城区 Zengcheng |
|---|---|---|---|---|---|---|---|---|---|
| **75702** | **26715** | **84977** | **683034** | **79944** | **607296** | **791056** | **1116971** | **566009** | **1108582** |
| | | | | | | | | | |
| 64624 | 9064 | 3101 | 405379 | 47061 | 170103 | 502491 | 498896 | 347877 | 736916 |
| | | 38 | 2383 | 2284 | 148 | 2857 | 2 | 14870 | 20176 |
| | | | 112548 | 570 | 33199 | 44430 | 40490 | 117962 | 111803 |
| 6168 | 17361 | 30751 | 33842 | 8137 | 362061 | 149179 | 500385 | 12825 | 60855 |
| 4910 | 290 | 51087 | 128882 | 21892 | 41785 | 92099 | 77198 | 72475 | 178832 |
| **100.00** | **100.00** | **100.00** | **100.00** | **100.00** | **100.00** | **100.00** | **100.00** | **100.00** | **100.00** |
| | | | | | | | | | |
| 85.37 | 33.93 | 3.65 | 59.35 | 58.87 | 28.01 | 63.52 | 44.67 | 61.46 | 66.47 |
| | | 0.04 | 0.35 | 2.86 | 0.02 | 0.36 | | 2.63 | 1.82 |
| | | | 16.48 | 0.71 | 5.47 | 5.62 | 3.62 | 20.84 | 10.09 |
| 8.15 | 64.99 | 36.19 | 4.95 | 10.18 | 59.62 | 18.86 | 44.80 | 2.27 | 5.49 |
| 6.48 | 1.08 | 60.12 | 18.87 | 27.38 | 6.88 | 11.64 | 6.91 | 12.80 | 16.13 |
| **50722** | **16716** | **41492** | **403454** | **48544** | **363811** | **496780** | **692363** | **338873** | **683717** |
| 45043 | 6318 | 2161 | 282549 | 32802 | 118562 | 350236 | 347731 | 242470 | 513630 |
| | | 27 | 1723 | 1651 | 107 | 2066 | 1 | 10751 | 14587 |
| | | | 45920 | 233 | 13545 | 18127 | 16520 | 48128 | 45616 |
| 3651 | 10278 | 18205 | 20034 | 4817 | 214340 | 88314 | 296228 | 7592 | 36026 |
| 2028 | 120 | 21099 | 53228 | 9041 | 17257 | 38037 | 31883 | 29932 | 73858 |
| **100.00** | **100.00** | **100.00** | **100.00** | **100.00** | **100.00** | **100.00** | **100.00** | **100.00** | **100.00** |
| | | | | | | | | | |
| 88.8 | 37.8 | 5.21 | 70.03 | 67.57 | 32.59 | 70.5 | 50.22 | 71.55 | 75.12 |
| | | 0.07 | 0.43 | 3.4 | 0.03 | 0.42 | | 3.17 | 2.13 |
| | | | 11.38 | 0.48 | 3.72 | 3.65 | 2.39 | 14.2 | 6.67 |
| 7.2 | 61.48 | 43.87 | 4.97 | 9.93 | 58.92 | 17.77 | 42.79 | 2.25 | 5.28 |
| 4.00 | 0.72 | 50.85 | 13.19 | 18.62 | 4.74 | 7.66 | 4.60 | 8.83 | 10.80 |
| **75702** | **25243** | **84603** | **682488** | **78161** | **604381** | **789869** | **1096307** | **545633** | **1093173** |
| 64624 | 8999 | 3099 | 405338 | 45833 | 168011 | 502302 | 496601 | 345859 | 736816 |
| | | | 2383 | 2284 | 148 | 2746 | | 14870 | 20176 |
| | | | 112436 | 510 | 33109 | 44155 | 39586 | 100419 | 97123 |
| 6168 | 15954 | 30417 | 33449 | 7642 | 361328 | 148567 | 482922 | 12010 | 60226 |
| 4910 | 290 | 51087 | 128882 | 21892 | 41785 | 92099 | 77198 | 72475 | 178832 |
| **100.00** | **94.49** | **99.56** | **99.92** | **97.77** | **99.52** | **99.85** | **98.15** | **96.40** | **98.61** |
| | | | | | | | | | |
| 100.00 | 99.28 | 99.94 | 99.99 | 97.39 | 98.77 | 99.96 | 99.54 | 99.42 | 99.99 |
| | | | 100.00 | 100.00 | 100.00 | 96.11 | | 100.00 | 100.00 |
| | | | 99.90 | 89.47 | 99.73 | 99.38 | 97.77 | 85.13 | 86.87 |
| 100.00 | 91.90 | 98.91 | 98.84 | 93.92 | 99.80 | 99.59 | 96.51 | 93.65 | 98.97 |
| 100.00 | 100.00 | 100.00 | 100.00 | 100.00 | 100.00 | 100.00 | 100.00 | 100.00 | 100.00 |

Note: Data of added value of agriculture, forestry, animal husbandry and fishery are express numbers.

# 10-9 按历史时期分农林牧渔业总产值

# Gross Output Value of Agriculture, Forestry, Animal Husbandry and Fishery by History Period

| 时　　期 | Period | 合　计<br>Total | 农业<br>Agriculture | 林业<br>Forestry | 畜牧业<br>Animal Husbandry | 渔业<br>Fishery |
|---|---|---|---|---|---|---|
| **按现行价格计算（万元）** | **Current Price (10000 yuan)** | | | | | |
| “六五” 时期 | 6th Five-year Plan Period | 658543 | 455112 | 8949 | 135454 | 34854 |
| “七五” 时期 | 7th Five-year Plan Period | 1691762 | 1078926 | 21001 | 422369 | 103760 |
| “八五” 时期 | 8th Five-year Plan Period | 4155220 | 2323337 | 41125 | 1196610 | 493636 |
| “九五” 时期 | 9th Five-year Plan Period | 7708638 | 3862181 | 62408 | 2183198 | 1344563 |
| “十五” 时期 | 10th Five-year Plan Period | 9450322 | 4981673 | 112770 | 2077835 | 1693401 |
| “十一五” 时期 | 11th Five-year Plan Period | 13813535 | 7099096 | 104670 | 2833830 | 2485329 |
| “十二五” 时期 | 12th Five-year Plan Period | 19191307 | 10084903 | 188617 | 3514011 | 3426867 |
| “十三五” 时期 | 13th Five-year Plan Period | 22465703 | 12416315 | 167543 | 2545581 | 4452120 |
| 1979-2020 | 1979-2020 | 79306248 | 42435259 | 710400 | 14932424 | 14041036 |
| 1991-2020 | 1991-2020 | 76784725 | 40767504 | 677133 | 14351065 | 13895917 |
| 2001-2020 | 2001-2020 | 64920867 | 34581986 | 573600 | 10971257 | 12057718 |
| **平均增长速度 (%)** | **Average Speed of Growth (%)** | | | | | |
| “六五” 时期 | 6th Five-year Plan Period | 6.2 | 3.3 | -5.8 | 17.9 | 15.5 |
| “七五” 时期 | 7th Five-year Plan Period | 4.6 | 2.8 | 0.3 | 8.1 | 8.2 |
| “八五” 时期 | 8th Five-year Plan Period | 10.0 | 4.6 | 3.7 | 14.8 | 26.4 |
| “九五” 时期 | 9th Five-year Plan Period | 5.9 | 4.0 | 4.0 | 3.5 | 11.2 |
| “十五” 时期 | 10th Five-year Plan Period | 5.8 | 7.8 | -3.2 | 1.2 | 4.8 |
| “十一五” 时期 | 11th Five-year Plan Period | 2.3 | 1.3 | -14.2 | 1.3 | 5.1 |
| “十二五” 时期 | 12th Five-year Plan Period | 2.1 | 3.6 | 6.9 | -5.7 | 3.8 |
| “十三五” 时期 | 13th Five-year Plan Period | 3.9 | 4.3 | 2.7 | -3.6 | 6.6 |
| 1979-2020 | 1979-2020 | 4.9 | 3.9 | 0.3 | 4.0 | 9.4 |
| 1991-2020 | 1991-2020 | 4.7 | 4.1 | -0.3 | 1.4 | 9.3 |
| 2001-2020 | 2001-2020 | 3.1 | 4.0 | -2.3 | -2.2 | 4.9 |

# 10-10 渔业生产情况（2020年）

## Statistics on Fishery Production (2020)

| 项　目 | Item | 全　市 Total | 荔湾区 Liwan | 海珠区 Haizhu | 天河区 Tianhe | 白云区 Baiyun | 黄埔区 Huangpu |
|---|---|---|---|---|---|---|---|
| **水产品养殖总面积（公顷）** | **Total Cultured Area of Aquatic Products (hectare)** | **21845** | **19** | | | **1473** | **300** |
| # 淡水养殖 | Freshwater Artificially Cultured | 17405 | 19 | | | 1473 | 300 |
| # 鱼　塘 | Fish Pond | 16821 | 18 | | | 1473 | 300 |
| **水产品总产量（吨）** | **Total Aquatic Products (ton)** | **506702** | **29** | **5228** | **10981** | **27525** | **6249** |
| 按作业分 | Grouped by Production | | | | | | |
| 海洋捕捞 | Marine Fishing | 28047 | | 5228 | 10981 | | 83 |
| 海水养殖 | Mariculture | 96108 | | | | | |
| 淡水捕捞 | Freshwater Fishing | 31041 | | | | 133 | 55 |
| 淡水养殖 | Freshwater Aquaculture | 351506 | 29 | | | 27392 | 6111 |
| 按种类分 | Grouped by Species | | | | | | |
| 鱼　类 | Fish | 462280 | | 5181 | 8389 | 26458 | 6170 |
| 甲壳类 | Shrimps, Prawns and Crabs | 30254 | | 30 | | 234 | 75 |
| 贝　类 | Shell-fish | 9723 | | | | 2 | 4 |
| 其他水产类 | Other Aquatic Products | 4445 | 29 | 17 | 2592 | 831 | |

10-10 续表 continued

| 项　目 | Item | 番禺区 Panyu | 花都区 Huadu | 南沙区 Nansha | 从化区 Conghua | 增城区 Zengcheng |
|---|---|---|---|---|---|---|
| **水产品养殖总面积（公顷）** | **Total Cultured Area of Aquatic Products (hectare)** | **3691** | **4717** | **6953** | **1491** | **3201** |
| # 淡水养殖 | Freshwater Artificially Cultured | 2193 | 4717 | 4011 | 1491 | 3201 |
| # 鱼　塘 | Fish Pond | 2193 | 4717 | 4011 | 908 | 3201 |
| **水产品总产量(吨)** | **Total Aquatic Products (ton)** | **158673** | **79050** | **153656** | **8329** | **56982** |
| 按作业分 | Grouped by Production | | | | | |
| 海洋捕捞 | Marine Fishing | 10970 | | 766 | | 19 |
| 海水养殖 | Mariculture | 39224 | | 56884 | | |
| 淡水捕捞 | Freshwater Fishing | 27220 | 75 | 3406 | | 152 |
| 淡水养殖 | Freshwater Aquaculture | 81259 | 78975 | 92600 | 8329 | 56811 |
| 按种类分 | Grouped by Species | | | | | |
| 鱼　类 | Fish | 136187 | 78787 | 136469 | 8326 | 56313 |
| 甲壳类 | Shrimps, Prawns and Crabs | 12768 | 93 | 17046 | | 8 |
| 贝　类 | Shell-fish | 9598 | | 119 | | |
| 其他水产类 | Other Aquatic Products | 120 | 170 | 22 | 3 | 661 |

# 10-11 畜牧业生产情况（2020年）

| 项目 | | Item | | 全市 Total |
|---|---|---|---|---|
| 年末牛存栏量 | （头） | Number of Farm Cattle on Hand at Year-end | (head) | 12380 |
| 役用牛 | | Draft Cattle | | 221 |
| 肉用牛 | | Beef Cattle | | 3621 |
| 奶 牛 | | Cow | | 8538 |
| 牛奶产量 | （吨） | Output of Milk | (ton) | 30887 |
| 牛出栏量 | （头） | Number of Slaughtered Cattle | (head) | 3905 |
| 牛肉产量 | （吨） | Output of Beef | (ton) | 516 |
| 生猪饲养量 | （头） | Total Number of Hogs Raised | (head) | 629365 |
| 年末生猪存栏量 | （头） | Number of Hogs on Hand at Year-end | (head) | 207209 |
| #能繁殖的母猪 | | Female Hogs | | 33939 |
| 生猪出栏量 | （头） | Number of Slaughtered Fattened Hogs | (head) | 422156 |
| 猪肉产量 | （吨） | Output of Pork | (ton) | 30995 |
| 年末羊存栏量 | （头） | Number of Sheep and Goats on Hand at Year-end | (head) | 3203 |
| 羊出栏量 | （头） | Number of Slaughtered Sheep and Goats | (head) | 3936 |
| 羊肉产量 | （吨） | Output of Mutton | (ton) | 71 |
| 年末兔存栏量 | （只） | Number of Rabbits on Hand at Year-end | (unit) | |
| 兔出栏量 | （只） | Number of Slaughtered Rabbits | (unit) | 300 |
| 兔肉产量 | （吨） | Output of Rabbit Meat | (ton) | 1 |
| 年末家禽存栏量 | （万只） | Number of Poultry on Hand at Year-end | (10000 units) | 1398 |
| #三 鸟 | | Chickens, Ducks and Gooses | | 800 |
| #鸡 | | Chickens | | 576 |
| 家禽出栏量 | （万只） | Number of Slaughtered Poultry | (10000 units) | 6713 |
| #三 鸟 | | Chickens, Ducks and Gooses | | 3750 |
| #鸡 | | Chickens | | 3053 |
| 禽肉产量 | （吨） | Output of Poultry Meat | (ton) | 80190 |
| 禽蛋产量 | （吨） | Output of Poultry Eggs | (ton) | 20605 |
| 肉类总产量 | （吨） | Output of Meat | (ton) | 112081 |
| 蜂蜜产量 | （吨） | Output of Honey | (ton) | 3697 |

## Statistics on Animal Husbandry Production (2020)

| 白云区 Baiyun | 黄埔区 Huangpu | 番禺区 Panyu | 花都区 Huadu | 南沙区 Nansha | 从化区 Conghua | 增城区 Zengcheng |
|---|---|---|---|---|---|---|
| 1024 | | 111 | 179 | 43 | 5531 | 5492 |
| | | | | 22 | 199 | |
| | | 111 | 59 | 10 | 152 | 3289 |
| 1024 | | | 120 | 11 | 5180 | 2203 |
| 3754 | | | 362 | 20 | 18559 | 8192 |
| 135 | 24 | 623 | 64 | 23 | 1193 | 1843 |
| 16 | 3 | 84 | 9 | 3 | 158 | 243 |
| 37745 | | | 89130 | 129746 | 239700 | 133044 |
| 9733 | | | 43083 | 52788 | 54951 | 46654 |
| 550 | | | 10301 | 5450 | 12149 | 5489 |
| 28012 | | | 46047 | 76958 | 184749 | 86390 |
| 2221 | | | 3450 | 5714 | 13059 | 6551 |
| | | 190 | 372 | 32 | 507 | 2102 |
| | 20 | 188 | 732 | 82 | 448 | 2466 |
| | 1 | 3 | 13 | 1 | 8 | 45 |
| | | | | | | |
| | | 300 | | | | |
| | | 1 | | | | |
| 278 | | 165 | 113 | 46 | 250 | 546 |
| 163 | | 157 | 72 | 45 | 206 | 157 |
| 163 | | 24 | 61 | 19 | 188 | 121 |
| 2164 | 12 | 425 | 755 | 255 | 675 | 2427 |
| 1600 | 12 | 405 | 448 | 252 | 391 | 642 |
| 1600 | 11 | 45 | 390 | 112 | 353 | 542 |
| 28248 | 149 | 11324 | 8791 | 5488 | 7154 | 19036 |
| 124 | 137 | 2230 | 427 | 61 | 14629 | 2997 |
| 30485 | 153 | 11412 | 12303 | 11211 | 20534 | 25983 |
| 110 | 5 | 11 | 500 | | 1271 | 1800 |

# 10-12 农林牧渔专业及辅助性活动生产情况(2020年)

单位：万元

| 项目 | Item | 全市 Total |
|---|---|---|
| **总计** | **Total** | **669450** |
| **农业专业及辅助性活动产值** | **Agricultural Specialty and Auxiliary Activity Output Value** | **351610** |
| 农业机械服务 | Agricultural Machinery Service | 25661 |
| 灌溉服务 | Irrigation Service | 21759 |
| 出售农业种子种苗收入 | Income from The Sale of Agricultural Seeds and Seedlings | 105347 |
| 农产品初加工收入 | Income from Primary Processing of Agricultural Products | 103438 |
| 其他农业专业及辅助性活动收入 | Other Agricultural Professional and Auxiliary Activities Income | 95405 |
| **林业专业及辅助性活动产值** | **Output Value of Forestry Specialty and Auxiliary Activities** | **25020** |
| 林业有害生物防治服务 | Forest Pest Control Services | 2674 |
| 森林防火服务 | Forest Fire Protection Service | 1724 |
| 出售林业种子种苗收入 | Revenue from The Sale of Forestry Seeds and Seedlings | 3931 |
| 林产品初加工收入 | Primary Processing of Forest Products | 7780 |
| 其他林业专业及辅助性活动收入 | Other Forestry Professional and Auxiliary Activities Income | 8911 |
| **畜牧专业及辅助性活动产值** | **Animal Husbandry Professional and Auxiliary Activity Output Value** | **157721** |
| 出售畜禽种苗收入 | Income from Selling Livestock and Poultry Seedlings | 110923 |
| #出售仔猪 | Including: Selling Piglets | 41660 |
| 出售鸡苗 | Selling Chicks | 31044 |
| 畜牧产品初加工收入 | Income from Primary Processing of Livestock Products | 12697 |
| 其他畜牧业专业及辅助性活动收入 | Income from Other Professional and Auxiliary Activities of Animal Husbandry | 34101 |
| **渔业专业及辅助性活动产值** | **Fishery Professional and Auxiliary Activities Output Value** | **135099** |
| 出售水产鱼苗收入 | Income from Selling Fish Fry | 68652 |
| 水产品初加工收入 | Income from Primary Processing of Aquatic Products | 25269 |
| 其他渔业专业及辅助性活动收入 | Other Fishery Professional and Auxiliary Activities Income | 41178 |

## Professional and Auxiliary Activities Production of Agricultural, Forestry, Animal Husbandry and Fishery（2020）

(10000yuan)

| 荔湾区 Liwan | 海珠区 Haizhu | 天河区 Tianhe | 白云区 Baiyun | 黄埔区 Huangpu | 番禺区 Panyu | 花都区 Huadu | 南沙区 Nansha | 从化区 Conghua | 增城区 Zengcheng |
|---|---|---|---|---|---|---|---|---|---|
| **4910** | **290** | **51087** | **128882** | **21892** | **41785** | **92099** | **77198** | **72475** | **178832** |
| **4910** | **290** | **40717** | **86041** | **13994** | **11056** | **13472** | **45181** | **44504** | **91445** |
| | | | 601 | 527 | 267 | 734 | 1525 | 8707 | 13300 |
| | | | 8617 | 14 | | 5356 | | 4430 | 3342 |
| 4390 | 290 | 18213 | 24758 | 8557 | 535 | 1050 | 23123 | 4202 | 20229 |
| 520 | | 22504 | 3471 | 723 | 7077 | 1764 | 686 | 22557 | 44136 |
| | | | 48594 | 4173 | 3177 | 4568 | 19847 | 4608 | 10438 |
| | | **742** | **1850** | **614** | **867** | **1176** | **183** | **2344** | **17244** |
| | | 20 | | 30 | | 11 | | 1009 | 1604 |
| | | 10 | | 60 | | 201 | | 197 | 1256 |
| | | 349 | 56 | 75 | | | | 103 | 3348 |
| | | | | 300 | | 651 | | 208 | 6621 |
| | | 363 | 1794 | 149 | 867 | 313 | 183 | 827 | 4415 |
| | | **9628** | **30041** | **3534** | **1166** | **42234** | **3262** | **19380** | **48476** |
| | | 9600 | 12471 | 1906 | 243 | 38105 | 1118 | 10268 | 37212 |
| | | | 320 | | | 36876 | | 4464 | |
| | | 9600 | 7411 | 1722 | | 1148 | 482 | 4230 | 6451 |
| | | | 688 | 1549 | 330 | 3 | | 2328 | 7799 |
| | | 28 | 16882 | 79 | 593 | 4126 | 2144 | 6784 | 3465 |
| | | | **10950** | **3750** | **28696** | **35217** | **28572** | **6247** | **21667** |
| | | | 2489 | 1250 | 27523 | 12239 | 7820 | 5430 | 11901 |
| | | | 547 | 360 | | 18008 | 430 | 296 | 5628 |
| | | | 7914 | 2140 | 1173 | 4970 | 20322 | 521 | 4138 |

# 10-13 农村电力、化肥用量和农田水利建设情况（2020年）

| 项　　目 | Item | 全　市<br>Total |
|---|---|---|
| **农村电气化** | **Rural Electrification** | |
| 农村用电量　（万千瓦·时） | Electricity Consumed in Rural Areas　(10000 kilowatt/hour) | 1405990 |
| 农村小水电站个数　（个） | Number of Small Hydropower Stations in Rural Areas　(unit) | 157 |
| 农村小水电站装机容量　（千瓦） | Installed Capacity of Small Hydropower Stations in Rural Areas　(kilowatt) | 143837 |
| 农村小水电站发电量(万千瓦·时) | Generated Energy of Small Hydropower Stations in Rural Areas (10000 kilowatts/hour) | 17907 |
| **农村化学化** | **Rural Chemicalizing** | |
| 化肥施用量　（实物量、吨） | Consumption of Chemical Fertilizers (gross weight)　(ton) | 252210 |
| 化肥施用量　（折纯量、吨） | Consumption of Chemical Fertilizers (effective weight)　(ton) | 99779 |
| 农用薄膜使用量　（吨） | Consumption of Plastic Film in Agriculture　(ton) | 2363 |
| 农药施用量　（吨） | Consumption of Agricultural Pesticide　(ton) | 2730 |
| 农用柴油使用量　（吨） | Consumption of Diesel Oil in Agriculture　(ton) | 38189 |
| **农田水利建设** | **Construction of Water Conservancy Works** | |
| 有效灌溉面积　（公顷） | Irrigated Area　(hectare) | 73753 |
| 有效灌溉面积占耕地比重　(%) | As Percentage of Total Cultivated Land　(%) | 83.97 |
| 旱涝保收面积　（公顷） | Drought and Flooded Area under Control and Ensuring Stable Yields　(hectare) | 63700 |
| 旱涝保收面积占耕地比重　(%) | As Percentage of Total Cultivated Land　(%) | 72.53 |
| 机电排灌面积　（公顷） | Area with Motorized Drainage and Irrigation Facilities　(hectare) | 47182 |
| 机电排灌面积占耕地比重　(%) | As Percentage of Total Cultivated Land　(%) | 53.72 |

## Statistics on Electricity, Chemical Fertilizer Consumption and Construction of Water Conservancy Works in Rural Areas (2020)

| 荔湾区 Liwan | 海珠区 Haizhu | 天河区 Tianhe | 白云区 Baiyun | 黄埔区 Huangpu | 番禺区 Panyu | 花都区 Huadu | 南沙区 Nansha | 从化区 Conghua | 增城区 Zengcheng |
|---|---|---|---|---|---|---|---|---|---|
| | | | | | | | | | |
| 29038 | 41355 | 95909 | 264025 | 57048 | 406884 | 73977 | 346826 | 25725 | 65203 |
| | | | | | | 17 | | 126 | 14 |
| | | | | | | 6510 | | 110182 | 27145 |
| | | | | | | | | 14634 | 3273 |
| | | | | | | | | | |
| 26 | | 41 | 34497 | 4426 | 11390 | 28844 | 39402 | 51906 | 81678 |
| 26 | 70 | | 14846 | 2144 | 4153 | 10210 | 17479 | 18141 | 32710 |
| 225 | 4 | 3 | 104 | 30 | 219 | 502 | 590 | 309 | 377 |
| 3 | 6 | 5 | 199 | 209 | 290 | 460 | 422 | 459 | 677 |
| | 1208 | 11 | 1024 | | 2014 | 5001 | 9552 | 14360 | 5019 |
| | | | | | | | | | |
| 245 | 81 | 181 | 7401 | 2024 | 4429 | 9459 | 15538 | 16847 | 17548 |
| 40.10 | 89.01 | 100 | 99.89 | 98.35 | 70.63 | 100 | 100 | 84.08 | 67.04 |
| 245 | 81 | 181 | 7409 | 2022 | 3458 | 9198 | 15538 | 11360 | 14208 |
| 40.10 | 89.01 | 100 | 100 | 98.25 | 55.14 | 97.24 | 100 | 56.7 | 54.28 |
| 185 | 81 | 101 | 5885 | 2022 | 3302 | 6475 | 14070 | 3188 | 11873 |
| 30.28 | 89.01 | 55.8 | 79.43 | 98.25 | 52.66 | 68.45 | 90.55 | 15.91 | 45.36 |

# 10-14 农业机械总动力和拥有量（2020年）

| 项　　目 | | Item | | 全市 Total |
|---|---|---|---|---|
| **农业机械总动力** | **（千瓦）** | **Total Power of Agricultural Machinery** | **(kilowatt)** | **1256511** |
| 其中：柴油发动机动力 | | Power of Diesel Engines | | 628549 |
| 汽油发动机动力 | | Power of Gasoline Engines | | 195238 |
| 电动机动力 | | Power of Electric Motors | | 432614 |
| **主要农业机械拥有量** | | **Possession of Major Agricultural Machinery** | | |
| 大中型拖拉机 | （台） | Number of Large and Medium Tractors | (unit) | 282 |
| 小型拖拉机 | （台） | Number of Mini-Tractors | (unit) | 2253 |
| 大中型拖拉机配套农具 | （台） | Number of Large and Medium Tractor Accessory Farm Machinery | (unit) | 650 |
| 小型拖拉机配套农具 | （台） | Number of Mini-Tractor Towing Farm Machinery | (unit) | 3130 |
| 农用排灌柴油机 | （台） | Diesel Engines for Agricultural Use | (unit) | 25513 |
| 农用排灌电动机 | （台） | Electric Motors for Agricultural Use | (unit) | 22375 |
| 农用水泵 | （台） | Water Pumps for Agricultural Use | (unit) | 44517 |
| 节水灌溉机械 | （套） | Irrigation Machinery of Saving Water | (set) | 24339 |
| 联合收割机 | （台） | Combine Harvesters | (unit) | 198 |
| 机动脱粒机 | （台） | Motorized Threshers | (unit) | 6562 |
| 渔用机动船 | （艘） | Motorized Fishing Boats | (unit) | 1355 |

# Total Power and Possession of Major Agricultural Machinery (2020)

| 荔湾区<br>Liwan | 海珠区<br>Haizhu | 天河区<br>Tianhe | 白云区<br>Baiyun | 黄埔区<br>Huangpu | 番禺区<br>Panyu | 花都区<br>Huadu | 南沙区<br>Nansha | 从化区<br>Conghua | 增城区<br>Zengcheng |
|---|---|---|---|---|---|---|---|---|---|
| **1200** | **2568** | **1569** | **56236** | **2685** | **172294** | **173438** | **414000** | **194180** | **238341** |
|  | 2529 | 1115 | 15310 | 1393 | 65700 | 85839 | 249000 | 129440 | 78223 |
|  | 14 |  | 22846 | 237 | 21458 | 24862 | 64000 | 16380 | 45441 |
| 1200 | 25 | 454 | 18080 | 1055 | 85136 | 62715 | 101000 | 48360 | 114589 |
|  |  |  |  |  |  |  |  |  |  |
|  |  |  | 16 | 3 | 9 | 44 | 60 | 107 | 43 |
|  |  |  | 22 | 1 | 124 | 256 | 222 | 1041 | 587 |
|  |  |  | 4 | 4 | 9 | 63 | 216 | 15 | 339 |
|  |  |  | 13 |  | 124 | 482 | 96 | 186 | 2229 |
|  |  |  | 30 |  | 1853 | 3007 | 18500 | 598 | 1525 |
|  |  | 7 | 2042 | 16 | 4627 | 5584 | 7500 | 324 | 2275 |
|  | 13 | 6 | 2072 | 300 | 6480 | 8591 | 23000 | 3612 | 443 |
|  |  |  | 1464 | 10 | 2731 | 444 | 16000 | 3612 | 78 |
|  |  |  |  | 2 |  | 20 | 41 | 85 | 50 |
|  |  |  |  |  | 35 | 627 |  | 5074 | 826 |
|  | 20 |  |  | 29 | 617 |  | 666 |  | 23 |

# 10-15 主要农作物及水果种植面积和产量（2020年）

| 项目 | | Item | | 全市 Total | 荔湾区 Liwan | 海珠区 Haizhu |
|---|---|---|---|---|---|---|
| **农作物总播种面积** | **（公顷）** | **Total Sown Area of Farm Crops** | **(hectare)** | **215089** | **2191** | **659** |
| 粮食作物 | | Grain Crops | | 28157 | | |
| #稻谷 | | Rice | | 22081 | | |
| 大豆 | | Soybeans | | 421 | | |
| 经济作物 | | Economic Crops | | 35257 | 1966 | |
| #甘蔗 | | Sugarcane | | 4515 | | |
| 花生 | | Peanuts | | 4475 | | |
| 木薯 | | Cassava | | 33 | | |
| 花卉 | | Flowers | | 24488 | 1966 | |
| 其他作物 | | Other Farm Crops | | 151675 | 225 | 659 |
| #蔬菜 | | Vegetables | | 150974 | 224 | 659 |
| 果用瓜 | | Melon-fruits | | 210 | | |
| **园林水果年末面积** | **（公顷）** | **Planting Area of Fruits at Year-end** | **(hectare)** | **70418** | | **338** |
| #柑桔橙 | | Citrus | | 4061 | | |
| 香(大)蕉 | | Bananas and Plantains | | 5898 | | 4 |
| 荔枝 | | Lychees | | 35688 | | 14 |
| 龙眼 | | Longans | | 8219 | | 105 |
| 番石榴 | | Guavas | | 2400 | | 14 |
| **主要农作物产量** | **（吨）** | **Yield of Major Farm Crops** | **(ton)** | | | |
| 粮食作物 | | Grain Crops | | 142248 | | |
| #稻谷 | | Rice | | 116003 | | |
| 大豆 | | Soybeans | | 1323 | | |
| 经济作物 | | Economic Crops | | | | |
| #甘蔗 | | Sugarcane | | 553054 | | |
| 花生 | | Peanuts | | 12829 | | |
| 木薯 | | Cassava | | 732 | | |
| 花卉 | （万元） | Flowers | (10000 yuan) | 573788 | 63129 | |
| 其他作物 | | Other Farm Crops | | | | |
| #蔬菜 | | Vegetables | | 4038203 | 3276 | 14256 |
| 果用瓜 | | Melon-fruits | | 4307 | | |
| **园林水果总产量** | **（吨）** | **Gross Output of Fruits** | **(ton)** | **792494** | | **4372** |
| #柑桔橙 | | Citrus | | 77342 | | |
| 香(大)蕉 | | Bananas and Plantains | | 284895 | | 248 |
| 荔枝 | | Lychees | | 101239 | | 147 |
| 龙眼 | | Longans | | 37048 | | 1212 |
| 番石榴 | | Guavas | | 123967 | | 245 |

# Sown Area and Output of Major Farm Crops and Fruits (2020)

| 天河区<br>Tianhe | 白云区<br>Baiyun | 黄埔区<br>Huangpu | 番禺区<br>Panyu | 花都区<br>Huadu | 南沙区<br>Nansha | 从化区<br>Conghua | 增城区<br>Zengcheng |
|---|---|---|---|---|---|---|---|
| **475** | **40916** | **4448** | **17191** | **30697** | **29814** | **32157** | **56541** |
| | 551 | 559 | 150 | 2234 | 1358 | 13659 | 9646 |
| | 174 | 328 | 33 | 585 | 634 | 12114 | 8213 |
| | 2 | | 1 | 132 | 79 | 159 | 48 |
| | 1436 | 461 | 8527 | 7374 | 7284 | 4781 | 3428 |
| | 4 | 10 | 4 | 81 | 4267 | 40 | 109 |
| | 172 | 72 | 8 | 393 | 11 | 2597 | 1222 |
| | | 1 | | | | 22 | 10 |
| | 1220 | 377 | 7715 | 6884 | 2961 | 2017 | 1348 |
| 475 | 38929 | 3428 | 8514 | 21089 | 21172 | 13717 | 43467 |
| 470 | 38904 | 3427 | 8480 | 20848 | 21167 | 13711 | 43084 |
| 5 | 25 | 1 | 34 | 103 | 5 | 6 | 31 |
| **68** | **1598** | **2491** | **386** | **3801** | **6484** | **31937** | **23315** |
| | 41 | 48 | | 15 | 33 | 2487 | 1437 |
| | 34 | 139 | 89 | 121 | 3790 | 330 | 1391 |
| 24 | 733 | 1351 | 15 | 1581 | 929 | 18788 | 12253 |
| 19 | 495 | 556 | 79 | 1662 | 181 | 2382 | 2740 |
| | 15 | 13 | 96 | 59 | 1342 | 76 | 785 |
| | | | | | | | |
| | 2946 | 2615 | 662 | 10487 | 6632 | 68539 | 50367 |
| | 1072 | 1714 | 173 | 3181 | 3650 | 62931 | 43282 |
| | 8 | | 4 | 435 | 302 | 453 | 121 |
| | | | | | | | |
| | 125 | 182 | 400 | 8134 | 535539 | 2349 | 6325 |
| | 378 | 189 | 55 | 1114 | 49 | 7283 | 3761 |
| | | 17 | | | | 408 | 307 |
| | 23220 | 8384 | 82506 | 249637 | 43942 | 87824 | 15146 |
| | | | | | | | |
| 6277 | 881985 | 60146 | 185422 | 526842 | 675613 | 316848 | 1367538 |
| 35 | 619 | 26 | 494 | 2420 | 60 | 55 | 598 |
| **344** | **5783** | **12326** | **10313** | **24384** | **268518** | **129352** | **337102** |
| | 211 | 1116 | | 41 | 1233 | 28676 | 46065 |
| 3 | 1145 | 1963 | 3071 | 4201 | 176087 | 5008 | 93169 |
| 138 | 1431 | 5502 | 160 | 6946 | 5165 | 40998 | 40752 |
| 96 | 1041 | 1983 | 1178 | 8589 | 982 | 7048 | 14919 |
| 2 | 85 | 246 | 2865 | 1773 | 78344 | 1880 | 38527 |

# 10-16 主要农产品产量与建国以来最高年份比较（2020年）

# Output of Major Farm Products in Comparison with that of Peak Year since 1949 (2020)

| 项　　目 | Item | 2020 | 建国以来最高年份（不含当年）Peak Year since 1949 (excluding current year) | | 2020年为建国以来最高年(%) 2020 as Percentage of Peak Year (%) |
|---|---|---|---|---|---|
| | | | 年　份 Year | 产　量 Output | |
| **农产品总产量　（吨）** | **Total Yield of Farm Products　(ton)** | | | | |
| 粮　食 | Grain | 142248 | 1984 | 1259928 | 11.29 |
| #稻　谷 | Rice | 116003 | 1984 | 1242982 | 9.33 |
| 花　生 | Peanuts | 12829 | 1982 | 56397 | 22.75 |
| 糖　蔗 | Sugarcane | | 1985 | 2395941 | |
| 蔬　菜 | Vegetables | 4038203 | 2017 | 3837712 | 105.22 |
| 水　果(含果用瓜) | Fruits　(Containing fruit melon) | 796801 | 2018 | 613045 | 129.97 |
| **单位播种面积产量（千克/公顷）** | **Yield per Unit Sowed Area (kilogram/hectare)** | | | | |
| 粮　食 | Grain | 5052 | 2000 | 5758 | 87.74 |
| #稻　谷 | Rice | 5254 | 2000 | 5952 | 88.27 |
| 花　生 | Peanuts | 2867 | 2017 | 2728 | 105.10 |
| 蔬　菜 | Vegetables | 26748 | 2016 | 25644 | 104.31 |
| 水　果 | Fruits | 11254 | 2018 | 9704 | 115.97 |
| **禽畜产品产量　（吨）** | **Total Output of Poultry and Animal Husbandry Products　(ton)** | | | | |
| 肉类总产量 | Output of Meat | 112080 | 2000 | 327702 | 34.20 |
| #猪　肉 | Pork | 30995 | 2010 | 174778 | 17.73 |
| 牛羊肉 | Beef and Mutton | 587 | 2003 | 1973 | 29.75 |
| 家禽肉 | Poultry Meat | 80190 | 2002 | 184134 | 43.55 |
| 牛　奶 | Milk | 30887 | 2010 | 61530 | 50.20 |
| 鲜　蛋 | Eggs | 20605 | 1994 | 37321 | 55.21 |
| **水产品总产量　（吨）** | **Total Output of Aquatic Products(ton)** | | | | |
| 海水产品 | Seawater Aquatic Products | 124155 | 2017 | 98559 | 125.97 |
| 淡水产品 | Freshwater Aquatic Products | 382547 | 2016 | 400639 | 95.48 |

# 10-17 农业生产水平

# Production Level of Agriculture, Animal Husbandry and Fishery

单位：千克 (kg)

| 项目 | Item | 2019 | 2020 |
|---|---|---|---|
| **平均每个农业户生产** | **Average Production per Household** | | |
| 粮 食 | Grain | 320 | 364 |
| #稻 谷 | Rice | 258 | 297 |
| 花 生 | Peanuts | 35 | 33 |
| 甘 蔗 | Sugarcane | 1593 | 1416 |
| 蔬 菜 | Vegetables | 9356 | 10340 |
| 水 果（含果用瓜） | Fruits (Containing fruit melon) | 1569 | 2040 |
| 花 卉 (元) | Flowers (yuan) | 12399 | 14692 |
| 生 猪 (头) | Hogs (unit) | 1 | 1 |
| 家 禽 (只) | Poultry (unit) | 166 | 172 |
| #鸡 | Chickens | 99 | 78 |
| 禽 蛋 | Eggs of Poultry | 56 | 53 |
| 水产品 | Aquatic Products | 1130 | 1297 |
| #鱼 类 | Fish | 1030 | 1184 |
| **平均每个农业从业人员生产** | **Average Production per Employed Person Engaging in Farming** | | |
| 粮 食 | Grain | 241 | 265 |
| #稻 谷 | Rice | 194 | 216 |
| 花 生 | Peanuts | 26 | 24 |
| 甘 蔗 | Sugarcane | 1196 | 1031 |
| 蔬 菜 | Vegetables | 7021 | 7528 |
| 水 果（含果用瓜） | Fruits (Containing fruit melon) | 1177 | 1485 |
| 花 卉 (元) | Flowers (yuan) | 9305 | 10696 |
| **平均每个畜牧业从业人员生产** | **Average Production per Employed Person Engaging in Animal Husbandry** | | |
| 肉类总产量 | Output of Meat | 4167 | 4512 |
| #猪 肉 | Pork | 1146 | 1248 |
| 牛羊肉 | Beef and Mutton | 26 | 24 |
| 禽 肉 | Meat of Poultry | 2971 | 3228 |
| 禽 蛋 | Eggs of Poultry | 834 | 829 |
| **平均每个渔业从业人员生产** | **Average Production per Employed Person Engaging in Fishery** | | |
| 水产品 | Aquatic Products | 11073 | 11628 |
| #鱼 类 | Fish | 10098 | 10609 |
| 农、林、牧、渔业劳动生产率(元/人) | Labor Productivity of Agriculture, Forestry, Animal Husbandry and Fishery (yuan/person) | 41560 | 49403 |
| 农业 | Agriculture | 31788 | 36567 |
| 林业 | Forestry | 22378 | 43953 |
| 畜牧业 | Animal Husbandry | 65175 | 75711 |
| 渔业 | Fishery | 125409 | 160521 |

## 10-18 建制镇社会经济发展基本情况（2020年）

| 乡镇名称 | Name of Towns | 乡镇行政区域面积（公顷）Area of Administrative Division (hectare) | 户籍户数（户）Registered Households (household) | 户籍人口（人）Registered Population (Person) | 一般公共预算收入（万元）Public Budget Revenue (10000 yuan) | 一般公共预算支出（万元）Public Budget Expenditure (10000 yuan) | 耕地面积（公顷）Area of Cultivated Land (hectare) |
|---|---|---|---|---|---|---|---|
| **白云区** | **Baiyun** | | | | | | |
| 人和镇 | Renhe Town | 7440 | 30744 | 106402 | 45551 | 45551 | 1801 |
| 太和镇 | Taihe Town | 16462 | 13236 | 58667 | 40623 | 41653 | 696 |
| 钟落潭镇 | Zhongluotan Town | 16900 | 40664 | 154758 | 65123 | 62877 | 2648 |
| 江高镇 | Jianggao Town | 10228 | 40843 | 137430 | 47994 | 42251 | 2120 |
| **黄埔区** | **Huangpu** | | | | | | |
| 新龙镇 | Xinlong Town | 7539 | 7171 | 41798 | 26799 | 26491 | 992 |
| **番禺区** | **Panyu** | | | | | | |
| 南村镇 | Nancun Town | 4689 | 40940 | 110374 | 83325 | 80460 | 452 |
| 新造镇 | Xinzao Town | 1400 | 8113 | 19781 | 16399 | 16399 | 142 |
| 化龙镇 | Hualong Town | 5373 | 14178 | 38585 | 36518 | 35050 | 1222 |
| 石楼镇 | Shilou Town | 12650 | 45178 | 110726 | 81096 | 80357 | 1899 |
| 沙湾镇 | Shawan Town | 3745 | 25056 | 66552 | 61058 | 61151 | 385 |
| 石基镇 | Shiji Town | 4703 | 22851 | 56156 | 66641 | 65592 | 1634 |
| **花都区** | **Huadu** | | | | | | |
| 梯面镇 | Timian Town | 9120 | 2932 | 10827 | 23848 | 19259 | 317 |
| 花山镇 | Huashan Town | 11687 | 28704 | 93126 | 11760 | 11766 | 1991 |
| 花东镇 | Huadong Town | 20844 | 39928 | 135094 | 22340 | 22340 | 1705 |
| 炭步镇 | Tanbu Town | 11350 | 19340 | 56524 | 44831 | 41060 | 2050 |
| 赤坭镇 | Chini Town | 16010 | 19594 | 59402 | 21173 | 24525 | 1866 |
| 狮岭镇 | Shiling Town | 13619 | 16866 | 67636 | 20104 | 20104 | 828 |
| **南沙区** | **Nansha** | | | | | | |
| 万顷沙镇 | Wanqingsha Town | 14285 | 11343 | 36590 | 31713 | 32351 | 2921 |
| 横沥镇 | Hengli Town | 5400 | 11675 | 33330 | 30129 | 24815 | 1490 |
| 黄阁镇 | Huangge Town | 7650 | 21501 | 59254 | 38659 | 40730 | 210 |
| 东涌镇 | Dongyong Town | 9153 | 35503 | 87490 | 108293 | 114519 | 4024 |
| 大岗镇 | Dagang Town | 9007 | 31512 | 85103 | 96781 | 97663 | 3223 |
| 榄核镇 | Lanhe Town | 7450 | 22128 | 60241 | 85804 | 79370 | 3121 |
| **从化区** | **Conghua** | | | | | | |
| 温泉镇 | Wenquan Town | 21090 | 14074 | 55001 | 9850 | 9850 | 2518 |
| 良口镇 | Liangkou Town | 52890 | 12202 | 49265 | 9590 | 9590 | 1144 |
| 吕田镇 | Liangtian Town | 38890 | 9157 | 32397 | 9667 | 9667 | 2186 |
| 太平镇 | Taiping Town | 20890 | 24937 | 101270 | 13735 | 13735 | 2770 |
| 鳌头镇 | Aotou Town | 34990 | 36798 | 152516 | 16141 | 16141 | 7200 |
| **增城区** | **Zengcheng** | | | | | | |
| 新塘镇 | Xintang Town | 8632 | 46018 | 175508 | 159081 | 175106 | 1070 |
| 石滩镇 | Shitan Town | 16197 | 45789 | 126864 | 28218 | 29940 | 5550 |
| 中新镇 | Zhongxin Town | 23237 | 35521 | 96498 | 21817 | 27979 | 3390 |
| 正果镇 | Zhengguo Town | 23941 | 21610 | 65998 | 15657 | 17717 | 2285 |
| 派潭镇 | Paitan Town | 28965 | 28055 | 90529 | 13280 | 14438 | 4131 |
| 小楼镇 | Xiaolou Town | 13667 | 19763 | 55509 | 10300 | 10316 | 2438 |
| 仙村镇 | Xiancun Town | 5665 | 16665 | 50026 | 16495 | 14647 | 1449 |

# Basic Statistics on Social and Economic Development of Towns(2020)

| 农业企业数(个) Number of Agricultural Enterprises (unit) | 规模以上工业企业数(个) Number of Industrial Enterprises above Designated Size(unit) | 商品交易市场个数(个) Number of Commodity Markets (unit) | 小学在校学生数(人) Number of Enolled Primary School Students (person) | 幼儿园托儿所数(个) Number of Kindergartens (unit) | 医疗卫生机构床位数(床) Hospital Beds (bed) | 城乡居民基本医疗保险参保人数(人) Number of Persons Participating in Basic Medical Care Insurance for Urban and Rural Residents(person) | 城乡居民基本养老保险参保人数(人) Number of Persons Participating in Basic Pension Insurance for Urban and Rural Residents(person) |
|---|---|---|---|---|---|---|---|
| 16 | 114 | 8 | 11246 | 28 | 430 | 51446 | 54089 |
| 2 | 37 | 4 | 7044 | 14 | 435 | 82828 | 1226 |
| 27 | 198 |  | 14329 | 36 | 460 | 79000 | 7735 |
| 13 | 172 | 5 | 11579 | 28 | 1308 | 56710 | 6851 |
| 68 | 15 | 2 | 3618 | 8 | 440 | 22320 | 9146 |
| 5 | 102 | 11 | 19712 | 43 | 1120 | 50630 | 18530 |
| 8 | 15 | 3 | 1587 | 5 | 81 | 8953 | 3619 |
| 2 | 76 | 9 | 4373 | 10 | 100 | 28218 | 11617 |
| 28 | 141 | 3 | 11558 | 25 | 615 | 53148 | 18256 |
| 7 | 105 | 6 | 10439 | 25 | 120 | 43600 | 2817 |
| 10 | 144 | 31 | 8559 | 23 | 300 | 36820 | 13861 |
| 8 | 3 |  | 880 | 2 | 36 | 6304 | 2728 |
| 15 | 109 | 1 | 7970 | 17 | 99 | 62366 | 34325 |
| 19 | 91 | 10 | 14838 | 22 | 238 | 83824 | 45490 |
| 2 | 83 | 1 | 9598 | 8 | 72 | 38320 | 22997 |
| 49 | 26 | 2 | 3208 | 3 | 62 | 37740 | 23983 |
| 5 | 195 | 16 | 23705 | 52 | 337 | 52788 | 20896 |
| 10 | 14 | 3 | 3057 | 8 | 135 | 25815 | 7149 |
|  | 22 | 5 | 2229 | 7 | 253 | 16383 | 18000 |
|  | 63 |  | 4504 | 11 | 132 | 28158 | 12132 |
| 9 | 198 | 6 | 10131 | 21 | 260 | 47185 | 10029 |
| 4 | 81 | 4 | 7604 | 30 | 359 | 40423 | 21715 |
| 5 | 114 | 2 | 7920 | 18 | 91 | 36327 | 15343 |
| 13 | 20 | 1 | 3822 | 7 | 316 | 34914 | 26516 |
| 11 | 1 | 1 | 3458 | 3 | 50 | 31965 | 5211 |
| 30 | 1 | 1 | 1687 | 4 | 34 | 18713 | 10054 |
| 31 | 94 | 1 | 11691 | 26 | 115 | 61736 | 39558 |
| 51 | 18 | 3 | 13018 | 17 | 270 | 105880 | 98790 |
| 1 | 421 | 10 | 29115 | 82 | 692 | 75932 | 41603 |
| 27 | 69 | 5 | 13581 | 21 | 962 | 84300 | 41600 |
| 121 | 41 | 4 | 9250 | 18 | 130 | 62000 | 35842 |
| 14 | 4 | 2 | 2021 | 2 | 75 | 44322 | 25161 |
| 31 | 3 | 1 | 4192 | 5 | 95 | 60678 | 22618 |
| 33 | 2 | 4 | 2163 | 4 | 108 | 38367 | 21737 |
| 3 | 62 | 1 | 3331 | 6 | 38 | 27592 | 14545 |

# 10-19 全市村委会社会经济基本情况(2020年)

| 项　　目 | | Item | | 全市 Total |
|---|---|---|---|---|
| 一、基本情况 | | Basic Information | | |
| 村委会数 | (个) | Number of Village Committees | (unit) | 1144 |
| 行政区域面积 | (公顷) | Area of Administrative Region | (hectare) | 560236 |
| 通公共交通村数 | (个) | Number of Villages Available for Public Transport | (unit) | 1104 |
| 有公共厕所数 | (个) | Number of public toilets available | (unit) | 1030 |
| 垃圾集中处理村数 | (个) | Number of Villages with Centralized Garbage Disposal | (unit) | 1134 |
| 污水集中处理村数 | (个) | Number of Villages with Centralized Sewage Treatment | (unit) | 910 |
| 有电子商务配送站点村数 | (个) | Number of Villages with E-Commerce Distribution Centre | (unit) | 792 |
| 二、人口情况 | | Population | | |
| 户籍户数 | (户) | Registered Households | (household) | 990779 |
| 户籍人口 | (人) | Registered Population | (person) | 3171366 |
| # 全家外出半年以上人口 | (人) | The Whole Family Has Been Away for More Than Half a Year | (person) | 239570 |
| 常住户数 | (户) | Permanent Households | (household) | 1868453 |
| 常住人口 | (人) | Permanent Population | (person) | 5674973 |
| 三、社会保障及社会服务情况 | | Social Insurance and Social Service | | |
| 农村特困救助供养人数 | (人) | Number of Rural Special Poverty Relief Providers | (Persons) | 4977 |
| 体育健身场所数 | (个) | Number of Gymnasia and Stadium | (unit) | 3178 |
| 图书室(馆)、文化站数 | (个) | Number of Liberaries and Cultural Stations | (unit) | 1004 |
| 卫生室数 | (个) | Number of Health Rooms | (unit) | 1034 |
| 执业(助理)医师数 | (个) | Number of Practicing (Assistant) Doctors | (person) | 1282 |
| 四、产业发展情况 | | Industrial Development | | |
| 种植规模户 | (户) | Planting Scale Households | (household) | 2020 |
| 畜禽养殖规模户 | (户) | Livestock and Poultry Breeding Scale Households | (household) | 391 |
| 家庭农场 | (个) | Family Farm | (unit) | 448 |
| 农民专业合作社 | (个) | Farmers' Professional Cooperatives | (unit) | 1089 |
| 农民专业合作社成员 | (户) | Members of Farmers' Professional Cooperatives | (household) | 21132 |
| 营业面积50平米以上的综合商店或超市 | (个) | Number of Comprehensive Stores or Supermarkets with Business Area over 50 Square Meters | (unit) | 5419 |
| 五、农田水利情况 | | Situation of farmland and water conservancy | | |
| 能正常使用的机电井 | (个) | Mechanical and Electrical Wells That Can be Used Normally | (unit) | 1200 |
| 能正常使用的排灌站 | (个) | Drainage and Irrigation Stations That Can be Used Normally | (unit) | 1543 |
| 本村能够使用的灌溉用水塘和水库 | (个) | Irrigation Ponds and Reservoirs That Can Be Used in the Village | (unit) | 1872 |
| 六、村务情况 | | Village Administrative Affairs | | |
| 全年村集体收入 | (万元) | Annual Income of Village Collectives | (10000 yuan) | 770510 |
| # 经营收入 | (万元) | Operating Income | (10000 yuan) | 455756 |
| 村级办公支出 | (万元) | Village Level Office Expenditure | (10000 yuan) | 84801 |
| 村干部人数 | (人) | Number of Village Cadres | (person) | 8149 |

注：本表村委会是指全市所有挂牌的村委会，不包括空壳村。村集体经济情况指标是指由村委会(村集体)支配的收入和支出情况。

## Social and Economic Information of Village Committees (2020)

| 白云区 Baiyun | 黄埔区 Huangpu | 番禺区 Panyu | 花都区 Huadu | 南沙区 Nansha | 从化区 Conghua | 增城区 Zengcheng |
|---|---|---|---|---|---|---|
| 118 | 28 | 177 | 188 | 128 | 221 | 284 |
| 47261 | 17138 | 40643 | 86686 | 42776 | 174631 | 151101 |
| 117 | 28 | 176 | 165 | 128 | 215 | 275 |
| 118 | 28 | 173 | 188 | 128 | 131 | 264 |
| 117 | 28 | 174 | 188 | 124 | 219 | 284 |
| 104 | 27 | 170 | 158 | 96 | 151 | 204 |
| 87 | 13 | 165 | 116 | 125 | 117 | 169 |
| | | | | | | |
| 135251 | 19105 | 183341 | 161225 | 121147 | 116727 | 253983 |
| 488020 | 95845 | 467990 | 544435 | 330181 | 496141 | 748754 |
| 17653 | 10697 | 22329 | 48691 | 10946 | 27353 | 101901 |
| 278971 | 19902 | 605657 | 314990 | 252060 | 111458 | 285415 |
| 926309 | 92420 | 1653552 | 1057583 | 617535 | 471558 | 856016 |
| | | | | | | |
| 83 | 88 | 283 | 1272 | 558 | 1032 | 1661 |
| 451 | 66 | 368 | 518 | 148 | 613 | 1014 |
| 120 | 46 | 124 | 237 | 128 | 121 | 228 |
| 107 | 24 | 124 | 191 | 103 | 210 | 275 |
| 145 | 25 | 177 | 237 | 145 | 243 | 310 |
| | | | | | | |
| 29 | 26 | 185 | 270 | 129 | 311 | 1070 |
| 17 | | 135 | 37 | 8 | 68 | 126 |
| 65 | 40 | 36 | 56 | 21 | 65 | 165 |
| 88 | 19 | 39 | 60 | 82 | 399 | 402 |
| 2558 | 167 | 707 | 1238 | 1181 | 10531 | 4750 |
| 666 | 61 | 1597 | 1123 | 491 | 274 | 1207 |
| | | | | | | |
| 337 | 6 | 187 | 184 | 9 | 121 | 356 |
| 169 | 2 | 72 | 103 | 911 | 58 | 228 |
| 79 | 41 | 222 | 577 | 209 | 315 | 429 |
| | | | | | | |
| 40176 | 16468 | 383944 | 109997 | 142842 | 5558 | 71525 |
| 23936 | 880 | 278739 | 68514 | 49506 | 2888 | 31293 |
| 23137 | 1275 | 21024 | 11288 | 9476 | 3691 | 14910 |
| 792 | 236 | 1191 | 1301 | 763 | 1689 | 2177 |

Note: The whole family has been away for more than half a year. the village committee in this table refers to all the village committees listed in the city, excluding empty shell villages. The indicators of village collective economy refer to the income and expenditure controlled by the village committee (village collective).

# 10-20 都市农业主要指标

## Main Economic Indicators of Urban Agriculture

| 指　　标 | | Item | | 2019 | 2020 |
|---|---|---|---|---|---|
| 都市农业总收入 | (万元) | Total Income of Urban Agriculture | (10000 yuan) | 23838601 | 26125981 |
| # 农林牧渔业收入 | (万元) | Income of Agriculture, Forestry, Animal Husbandry and Fishery | (10000 yuan) | 4519896 | 5140286 |
| 加工本地农产品总收入 | (万元) | Total Income of Processing of Local Agriculture Products | (10000 yuan) | 12236788 | 13601189 |
| 运输本地农产品总收入 | (万元) | Total Income of Transpot of Local Agriculture Products | (10000 yuan) | 1567872 | 1783165 |
| 批发零售本地农产品总收入 | (万元) | Total Income of Wholesale and Retail Trade of Local Agriculture Products | (10000 yuan) | 4539239 | 5162679 |
| 观光休闲旅游农业企业总收入 | (万元) | Total Income of Agricultural sightseeing Tourism Enterpises | (10000 yuan) | 974806 | 438662 |
| 都市农业增加值 | (万元) | Value-added of Urban Agriculture | (10000 yuan) | 9327360 | 10464600 |
| # 农林牧渔业增加值 | (万元) | Value-added of Agriculture, Forestry, Animal Husbandry and Fishery | (10000 yuan) | 2763118 | 3136472 |
| 加工本地农产品增加值 | (万元) | Value-added of Processing of Local Agriculture Products | (10000 yuan) | 2973658 | 3305089 |
| 运输本地农产品增加值 | (万元) | Value-added of Transpot of Local Agriculture Products | (10000 yuan) | 869535 | 988943 |
| 批发零售本地农产品增加值 | (万元) | Value-added of Wholesale and Retail Trade of Local Agriculture Products | (10000 yuan) | 2632745 | 2994354 |
| 观光休闲旅游农业增加值 | (万元) | Value-added of Agricultural Sightseeing Tourism | (10000 yuan) | 88304 | 39742 |
| 都市农业实现利润 | (万元) | Total Profit of Urban Agriculture | (10000 yuan) | 1552613 | 1703414 |
| 都市农业实现税金 | (万元) | Total Pre-tax Profit of Urban Agriculture | (10000 yuan) | 940726 | 1065940 |
| 种子、种苗销售额 | (万元) | Sales value of Seeds and Seedlings | (10000 yuan) | 222916 | 288853 |
| 接待观光休闲游客人次 | (万人次) | Total Number of Agricultural Sightseeing Tourist | (10000 Person-times) | 6679 | 2907 |
| 都市农业从业人员 | (万人) | Employed Persons in Urban Agriculture | (10000 Person) | 151 | 155 |
| 都市农业劳动生产率 | (元/人) | Urban Agriculture Labor Productivity | (yuan/person) | 61771 | 67514 |
| 农业产业化规模比重 | (%) | Proportion of Industrialization of Agriculture | (%) | 17.1 | 48.4 |
| 农业产业化企业(组织)幅射能力 | (%) | Radiation Ability of Industrialization of Agriculture Enterprises (Organizations) | (%) | 39.3 | 35.3 |
| 带动本地农户数 | (户) | Numbers of Local Farmers Drived by Industrialization of Agriculture Enterprises | (unit) | 152577 | 311201 |
| 绿色农产品个数 | (个) | Numbers of Green Agricultural Products | (unit) | 34 | 57 |
| 绿色农产品产值 | (万元) | Output Value of Green Agricultural Products | (10000 yuan) | 12841 | 15951 |
| 高新科技农产品个数 | (个) | Numbers of High-tech Agricultural Products | (unit) | - | - |
| 高新科技农产品产值 | (万元) | Output Value of High-tech Agricultural Products | (10000 yuan) | - | - |
| 农业产业化生产单位 | (个) | Industrialization of Agriculture Enterprises | (unit) | 2013 | 899 |
| # 农业龙头企业 | (个) | Agriculture Leading Enterprises | (unit) | 233 | 374 |
| # 国家级 | (个) | National | (unit) | 11 | 12 |
| 省　级 | (个) | Provincial | (unit) | 73 | 124 |
| 市　级 | (个) | Municipal | (unit) | 172 | 236 |
| 农业生产基地(示范区) | (个) | Agricultural Production Bases (Demonstration Area) | (unit) | 52 | 100 |
| 规模以上农业生产单位 | (个) | Agricultural Enterprises above the Designcoted Size | (unit) | 693 | 715 |
| 农产品交易市场 | (个) | Trade Markets of Agricultural Products | (unit) | 65 | 67 |

注：1. 从2019年起，“观光休闲旅游农业企业总收入”改为“农业观光休闲旅游总收入”，统计范围由农业龙头企业扩展为全社会涉农观光休闲单位。
2. “绿色农产品个数”不含“有机农产品个数”。
3. 从2019年起，“高新科技农产品个数”、“高新科技农产品产值”不再进行统计。

Note: I. Since 2019 , the "total income of agricultural enterprises in sightseeing and leisure tourism" will be changed to "total income of agricultural sightseeing and leisure tourism" , and the statistical scope will be expanded from leading agricultural enterprises to agriculture-related sightseeing and leisure units in the whole society.
II. The number of green agricultural products does not contain the number of organic agricultural products.
III. Since 2019, the "number of high-tech agricultural products" and "output value of high-tech agricultural products" will no longer be counted.

# 10-21 设施农业生产情况(2020年)

# Production of Protected Agriculture (2020)

| 项　　目 | Item | 面积（公顷）Area (Acre) | 产量（吨）Yield (Ton) |
|---|---|---|---|
| **蔬菜** | **Vegetables** | **2574** | **72401** |
| 芹菜 | Celery | 153 | 4217 |
| 油菜 | Rapeseed | | |
| 菠菜 | Spinach | 156 | 3212 |
| 黄瓜 | Cucumber | 142 | 4446 |
| 西红柿 | Tomatoes | 188 | 6482 |
| 生姜 | Ginger | 3 | 120 |
| 辣椒 | Chili | 63 | 1079 |
| 其他蔬菜 | Other Vegetables | 1869 | 52845 |
| **瓜果类** | **Melon and Fruits** | **30** | **436** |
| 草莓 | Strawberry | 30 | 436 |
| **花卉苗木** | **Flowers Nursery Stock** | **7296** | |
| **食用菌** | **Edible Fungus** | | **1534** |
| 干品 | Dry Cargo | | |
| 鲜品 | Fresh Cargo | | 1534 |
| #蘑菇 | #Mushrooms | | 6 |
| **其他作物** | **Other Crops** | **85** | |
| 设施数量(个) | Number of Facilities(unit) | | 13548 |
| 设施农业占地面积 | Facility Agriculture Covers Area | 2941 | |
| #设施实际使用面积 | #The Actual Usable Area of The Facility | 2758 | |

# 主要统计指标解释

**【建制镇】**本辖区内指经省、自治区、直辖市人民政府批准成立的镇一级行政区划。

**【行政村】**依据《中华人民共和国村民委员会组织法》设立的村民委员会进行村民自治的管理范围，是基层群众性自治单位。

**【自然村】**是指在农村地域内由居民自然聚居而形成的村落，自然村一般都应该有自己的名称。自然村的划分遵从当地的习惯划分。

**【常用耕地面积】**是指可以用来种植各种农作物,经常进行耕锄的田地，包括熟地、当年新开荒地、连续撂荒未满三年的耕地和当年的休闲地(轮歇地)，还包括以种植农作物为主，并附带种植桑、茶、果树和其他林木的土地，以及沿海、沿湖地区已围垦利用的“海涂”、“湖田”等面积。但不包括专业性的桑园、茶园、果园、果木苗圃、林地、芦苇地、天然或人工草地面积。

**【农作物播种面积】**是指一定生产季节结束时实际播种或移植有农作物的面积。播种面积的统计年度，凡是能在本日历年度内(自 1 月 1 日至 12 月 31 日)收获的农作物(包括上年秋冬播和本年春播、夏播在本年收获的全部作物)播种面积，都包括在内。

**【农业机械总动力】**是指主要用于农、林、牧、渔业的各种动力机械的动力总和。包括耕作机械、农用排灌机械、收获机械、植保机械、林业机械、畜牧机械、渔业机械、农产品加工机械、农用运输机械、其他农业机械。

**【镇村户数】**指长期(一年以上)居住在镇(不包括城关镇)行政管理区域内的住户，还包括居住在城关镇和街道农（林）场所辖行政村范围内的农村住户。户口不在本地而在本地居住一年及以上的住户也包括在本地农村住户内；有本地户口，但举家外出谋生一年以上的住户，无论是否保留承包耕地都不应包括在本地农村住户范围内。不包括乡村地区内的国有经济的机关、团体、学校、企业、事业单位的集体户。

**【镇村人口】**指农村地区常住居民户数中的常住人口数，即经常在家或在家居住 6 个月以上，而且经济和生活与本户连成一体的人口。外出从业人员在外居住时间虽然在 6 个月以上，但收入主要带回家中，经济与本户连为一体，仍视为家庭常住人口；在家居住，生活和本户连成一体的国家职工、退休人员也为家庭常住人口。但是现役军人、中专及以上(走读生除外)的在校学生、以及常年在外(不包括探亲、看病等)且已有稳定的职业与居住场所的外出从业人员，不应当作家庭常住人口。

**【农村劳动力资源总数】**指镇村人口中劳动年龄以上（16 周岁）能够参加生产经营活动的人员。

**【农村从业人员】**指镇村人口中 16 岁以上实际参加生产经营活动并取得实物或货币收入的人员，既包括劳动年龄内经常参加劳动的人员，也包括超过劳动年龄但经常参加劳动的人员。但不包括户口在家的在外学生、现役军人和丧失劳动能力的人，也不包括待业人员和家务劳动者。从业人员年龄为 16 岁以上。从业人员按从事主业时间最长（时间相同按收入）分为农林牧渔业、工业、建筑业、交运仓储及邮政、信息传输、计算机服务和软件业、批发与零售业、住宿和餐饮业、其他行业的从业人员。

**【农业企业】**指通过种植、养殖、采集和渔猎等生产经营而取得产品的盈利性经济组织，包括集体经营、私营、合作经营等各种类型的农业企业。不包括按国民经济行业分类划分为工业企业的农产品加工企业。

**【农林牧渔业总产值】**是以货币表现的农林牧渔业的全部产品总量和对农林牧渔业生产活动进行的各种支持性服务活动的价值。它反映一定时期内农林牧渔业生产总规模和总成果，是观察农林牧渔业生产水平和发展速度，研究农林牧渔业内部比例关系、农林牧渔业与工业、农林牧渔业与国家建设、人民生活比例关系的重要指标，同时也是计算农林牧渔业劳动生产率和农林牧渔业增加值的基础资料。农林牧渔业总产值的计算,一般采用“产品法”，即凡有产品产量的，都按单位产品价格乘产量的办法求得每种产品产量的产值，然后相加求得各业的产值，最后各业相加求出农林牧渔业总产值。

**【农林牧渔业增加值】**在报告期内农林牧渔业生产产品或提供活动而增加的价值，为农林牧渔业现价总产值扣除农林牧渔业现价中间投入后的余额。

**【农林牧渔业劳动生产率】**指农林牧渔业劳动者在一定时间内生产的产品数量与相应的劳动消耗量之比。其计算公式为：

农林牧渔业劳动生产率=农林牧渔业总产值或农林牧渔业增加值/农林牧渔业劳动力平均人数

**【村集体收入】**指村集体经济可以抵偿当年支出、纳入当年收益分配的收入，包括经营收入、发包及上交收入、补助收入和其他收入，是村集体经济组织进行各项生产、服务、投资等经营活动取得的所有收入之和。不包括不归村集体支配的村民小组收入。

**【都市农业】**指在城市化地区，利用田园景观、自然生态及环境资源，通过农林牧渔业生产、农业经营活动、农村文化及农家生活，为人们休闲旅游、体验农业、了解农村提供场所，集农业的生产、生活、生态等功能于一体包含农业全产业链的产业。包括农林牧渔业以及为农林牧渔业、依托农林牧渔业资源所衍生出来的二三产业，包括农林牧渔业生产、加工、制造、流通、服务等环节形成的全部经济活动。

**【绿色农业】**是指以获得国家认证的绿色农产品生产基地为场所，实施绿色农业工程，开发无污染、安全、优质的绿色农产品、有机农产品的综合高效产业。

**【都市农业总收入】**是指都市农业统计地理区域内各生产经营单位当年农业生产、加工本地农产品的价值量以及运输、批发零售本地农产品和观光休闲旅游农业的总收入。它是由农业生产产值、加工本地农产品产值、运输本地农产品总收入、批发零售本地农产品总收入和观光休闲旅游农业企业总收入组成。

**【都市农业增加值】**指都市农业统计地理区域内各生产经营单位当年新创造的价值。它是由都市农业生产、加工、制造、流通、服务等环节的劳动者报酬、生产税、固定资产当年折旧额、营业利润四个部分组成以及观光休闲农业企业的增加值加总构成。由相关行业总产值×增加值率计算得出。

**【农业产业化】**农业产业化是以国内外市场为导向，以经济效益为中心，通过自身的组织形式和运行机制，把分散的农户与某组织联成一体，众多的农户在该组织的带动下按同一标准进行统一生产，使一种或一类产品的生产在一个较大的区域内连成一片，形成较大规模，实现了农业由家庭分工向区域分工和社会分工的转变，形成了农户生产的专业化、农业布局的区域化、农产品生产的标准化和农业经营的规模化，将农业的产前、产中、产后诸环节有机地联为一体的经济运行方式。

**【农业龙头企业】**是指由区级或县级以上政府部门认定的，以农副产品生产、加工或流通企业为龙头，用合同契约关系或产权联结等多种形式，带动当地农户从事专业生产的经营组织。

**【农业生产基地】**是指镇级以上政府部门认定的，农产品生产区域相对集中、具有一定规模并为龙头企业或其它经济组织提供农产品的生产区域。

**【设施农业】**指在环境相对可控条件下，采用工程技术手段，进行动植物高效生产的一种现代农业方式。设施农业涵盖设施种植、设施养殖和设施食用菌等。

## Explanatory Notes on Main Statistical Indicators

**【Organized town】** refers to the towns-level administrative divisions established with the approval of the people's governments of provinces, autonomous regions and municipalities directly under the Central Government.

**【Administrative village】** The villagers' committees established in accordance with the Organic Law of Villagers' Committees of the People's Republic of China are mass self-governing units at the grass-roots level.

**【Natural village】** refers to a village formed by natural settlement of residents in a rural area. Generally, a natural village should have its own name. The division of natural village follows the local custom division.

**【Commonly used arable land area】** refers to the land that can be used to grow various crops and is often cultivated, including mature land, newly cleared land in the current year, arable land that has been abandoned continuously for less than three years, and recreational land (resting land) in the current year. It also includes land mainly for planting crops, with mulberry, tea, fruit trees and other trees. And coastal and lake areas have been reclaimed "tideland", "lake fields" and other areas. But it does not include professional mulberry garden, tea garden, orchard, fruit tree nursery, woodland, reed field, natural or artificial grassland area.

**【Sown area of crops】** refers to the area where crops are actually sown or transplanted at the end of a certain production season. For the statistical year of sown acreage, the sown acreage of all crops that can be harvested in the current calendar year (from January 1 to December 31) (including all crops that are sown in the autumn and winter of the previous year and in the spring and summer of this year) shall be included.

**【Total power of agricultural machinery】** refers to the total power of all kinds of power machinery mainly used for agriculture, forestry, animal husbandry and fishery. Including farming machinery, agricultural drainage and irrigation machinery, harvesting machinery, plant protection machinery, forestry machinery, animal husbandry machinery, fishery machinery, agricultural processing machinery, agricultural transport machinery, other agricultural machinery.

**【Number of households in towns and villages】** refers to the households living in the administrative areas of towns (excluding chengguan towns) for a long time (more than one year), and also includes the rural households living in the administrative villages under the jurisdiction of chengguan towns and sub-district agricultural (forest) sites. Non-local households who have resided in the local area for one year or more are also included in local rural households; Households with local household registration but living outside the home for more than a year should not be included in the scope of local rural households, regardless of whether they retain contracted farmland. It does not include collective households of state - owned economic organs, organizations, schools, enterprises and institutions in rural areas.

**【Township and village population】** refers to the number of permanent residents in the permanent resident households in rural areas, that is, the population who often stay at home or live at home for more than 6 months and whose economy and life are integrated with the household. Although they live outside the home for more than 6 months, their income is mainly brought back to the family, and their economy is integrated with the household, so they are still considered as permanent residents of the family. Live in the home, the national worker that life and this household become an organic whole, retiree also is family permanent resident population. However, active servicemen, students of technical secondary school or above (except for day students), and workers who are out of town all year round (excluding visiting relatives and seeing a doctor) and have stable occupation and living places shall not be considered as permanent family residents.

**【Total number of rural labor resources】** refers to the persons above the working age (16 years old) of the population in towns and villages who can participate in production and business activities.

**【Rural employees】** refers to the persons over the age of 16 in the population of a town or village who actually participate in production and business activities and receive income in kind or money, including those who often participate in labor within the working age and those who often participate in labor beyond the working age. However, it does not include students living outside the country whose hukou is home, active military personnel and the incapacitated, or the unemployed and domestic workers. The employee must be over 16 years old. According to the longest period of time in the main business (the same period according to the income), employees are divided into agriculture, forestry, animal husbandry and fishery, industry, construction, transportation, storage and postal service, information transmission, computer services and software, wholesale and retail, accommodation and catering industry, and other industries.

**【Agricultural enterprise】** refers to a profit-making economic organization that obtains products through production and operation such as planting, breeding, collecting, fishing and hunting, including various types of agricultural enterprises such as collective management, private management and cooperative management. Agricultural products processing enterprises classified as industrial enterprises according to the industry classification of the national economy are not included.

**【Gross output value of Agriculture】** is the total amount of all products of agriculture, forestry, animal husbandry and fishery and the value of various supporting services for production activities of agriculture, forestry, animal husbandry and fishery expressed in currency. It reflects a certain period ecological-economic to produce total dimensions and total achievement, is to observe animal husbandry fishery production level and development speed, the ecological-economic internal proportion relations, animal husbandry, fisheries, animal husbandry, fishery and industry and national construction, an important index of proportional relationship between the people's life, but also calculate the ecological-economic labor productivity and the basis of the added value of ecological-economic data.

The calculation of the total output value of agriculture, forestry, animal husbandry and fishery generally adopts the "product method ", that is, where there is product output, the output value of each product is calculated by multiplying the unit product price by the output value, and then the output value of each industry is calculated by adding it, and finally the total output value of agriculture, forestry, animal husbandry and fishery is calculated by adding it up.

**【Added value of Agriculture】** The value added by the production of products or activities provided by agriculture, forestry, animal husbandry and fishery during the reporting period is the balance of the total output value of agriculture, forestry, animal husbandry and fishery after deducting the intermediate input of the current price.

**【Labor productivity of Agriculture】** refers to the ratio of the quantity of products produced by agricultural, forestry, animal husbandry and fishery workers to the corresponding labor consumption in a certain period of time. The calculation formula is:Labor productivity of agriculture, forestry, animal husbandry and fishery = total output value of agriculture, forestry, animal husbandry and fishery or added value of agriculture, forestry, animal husbandry and fishery/average labor force of agriculture, forestry, animal husbandry and fishery

**【Village collective income】** refers to the income of the village collective economy that can offset the expenditures of the current year and be included in the income distribution of the current year, including operating income, contracting and delivery income, subsidy income and other income. It is the sum of all income obtained by the village collective economic organization from various operating activities such as production, service and investment. It does not include the income of the villagers' group which is not at the disposal of the village collective.

"Urban agriculture" refers to the urban areas, the use of rural landscape, natural ecology and environment and resources, through animal husbandry fishery production, agricultural activities, rural culture and peasant living, leisure travel for people, learn about agriculture, rural place, set of agricultural production, living and ecological functions in one contains the agricultural industry chain of the industry. It includes agriculture, forestry, animal husbandry and fishery as well as secondary and tertiary industries derived from agriculture, forestry, animal husbandry and fishery resources, including all economic activities formed in the links of production, processing, manufacturing, circulation and service of agriculture, forestry, animal husbandry and fishery.

**【Green agriculture】** refers to the implementation of green agricultural engineering, the development of pollution-free, safe, high-quality green agricultural products, organic agricultural products comprehensive and efficient industry based on the national certification of green agricultural products production base.

**【Total income of urban agriculture】** refers to the value of agricultural production and processing of local agricultural products, as well as the total income of transportation, wholesale and retail of local agricultural products and tourism and leisure agriculture of all production and operation units in the statistical geographical region of urban agriculture in the same year. It is composed of the output value of agricultural production, the output value of processing local agricultural products, the total revenue of transportation of local agricultural products, the total revenue of wholesale and retail of local agricultural products and the total revenue of sightseeing, leisure and tourism agricultural enterprises.

**【Added value of urban agriculture】** refers to the value newly created by the production and operation units in the statistical geographical area of urban agriculture in the current year. It is composed of four parts: labor remuneration, production tax, annual depreciation of fixed assets and operating profit of urban agricultural production, processing, manufacturing, circulation and service, and the added value of tourism and leisure agricultural enterprises. Calculated from the total output value of related industries × the rate of added value.

**【Agricultural Industrialization】** The industrialization of agriculture industrialization of agriculture in domestic and international market as the guidance taking economic benefits as the center, through its organization form and operation mechanism, the dispersed farmers got behind with the organization, many farmers in this group is led by a unified production, according to the same standard to make one or a class of products in a large area, a joint formation of large-scale, It has realized the transformation of agriculture from family division of labor to regional division of labor and social division of labor, formed the specialized production of peasant households, the regionalization of agricultural layout, the standardization of agricultural production and the scale of agricultural operation, and organically linked the pre-production, production and post-production of agriculture into one economic operation mode.

**【Agricultural leading enterprise】** refers to the management organization recognized by the government department at district level or above county level, with the production, processing or circulation enterprises of agricultural and side-products as the leading, and with various forms such as contract relationship or property right connection, to promote the local farmers to engage in professional production.

**【Agricultural production base】**refers to the production area designated by the government department at or above the town level, which has relatively concentrated agricultural production area, a certain scale and provides agricultural products for leading enterprises or other economic organizations.

**【Protected Agriculture】** refers to a modern agricultural method in which plants and animals are produced efficiently by means of engineering technology under relatively controllable environment. Facility agriculture includes facility planting, facility breeding and facility edible fungus.

第十一篇 CHAPTER 11

# 工 业

# INDUSTRY

# 第十一篇　工业

**简要说明**

一、本篇资料反映广州市工业基本情况。

二、规模以上工业指年主营业务收入 2000 万元以上的工业企业。

三、本篇资料中工业行业分类按 2017 年《国民经济行业分类》（GB/T4754-2017）标准划分；企业规模按国家统计局《统计上大中小微企业划分办法》（国统字〔2011〕75 号）标准执行。

四、本篇资料由广州市统计局工业处整理提供。

# 11 Industry

**Brief　Introduction**

I. The data in this chapter reflect the statistics on industrial enterprises of Guangzhou.

II. The industrial enterprises above designated size refer to the industrial enterprises with an annual sales income of 20 million yuan and above.

III.The industrial sectors in this chapter are grouped in accordance with the National Economic Sector Grouping Standard of 2017 (GB/T4754-2017) , the industrial scale is grouped In accordance with the Grouping Way of Large, Medium, Small size and Micro-enterprise Standards (State Statistics [2011] No. 75).

IV. The data in this chapter are prepared and provided by Industry Department of Guangzhou Municipal Statistics Bureau.

# 11-1 工业总产值

# Gross Output Value of Industry

| 项 目 | Item | 工业总产值（万元）Gross Output Value of Industry (10000 yuan) | | 工业总产值指数(%) Indices of Gross Output Value of Industry (%) |
|---|---|---|---|---|
| | | 2019 | 2020 | |
| **总 计** | **Total** | **213664922** | **224768922** | **104.9** |
| **规模以上工业企业** | **Industrial Enterprises above Designated Size** | **195549063** | **203101622** | **104.4** |
| 按登记注册类型分 | Grouped by Registration Status | | | |
| 内资企业 | Domestic Funded Enterprises | 90001941 | 96207058 | 107.5 |
| 国有企业 | State-owned Enterprises | 513053 | 1060390 | 207.8 |
| 集体企业 | Collective-owned Enterprises | 205060 | 229647 | 112.6 |
| 股份合作企业 | Cooperative Enterprises | 134448 | 129710 | 97.0 |
| 联营企业 | Joint Ownership Enterprises | | 38301 | |
| 国有联营企业 | State Joint Ownership Enterprises | | 38301 | |
| 集体联营企业 | Collective Joint Ownership Enterprises | | | |
| 国有与集体联营企业 | Joint State-collective Enterprises | | | |
| 其他联营企业 | Other Joint Ownership Enterprise | | | |
| 有限责任公司 | Limited Liability Corporations | 41383462 | 44202700 | 107.4 |
| 国有独资有限责任公司 | Sole State Funded Corporations | 21164556 | 22276312 | 105.8 |
| 其他有限责任公司 | Other Limited Liability Corporations | 20218906 | 21926388 | 109.1 |
| 股份有限公司 | Share-holding Corporations Ltd. | 17870577 | 16314243 | 91.8 |
| 私营企业 | Private Enterprises | 29895341 | 34232067 | 115.2 |
| 私营独资企业 | Private-funded Enterprises | 302867 | 671495 | 223.0 |
| 私营合伙企业 | Private Partnership Enterprises | 26932 | 54366 | 203.0 |
| 私营有限责任公司 | Private Limited Liability Corporations | 25707680 | 28594256 | 111.9 |
| 私营股份有限公司 | Private Share Holding Corporations | 3857862 | 4911949 | 128.0 |
| 其他企业 | Other Enterprises | | | |
| 港、澳、台商投资企业 | Enterprises with Funds from Hong Kong, Macao and Taiwan | 21829507 | 19910917 | 91.7 |
| 与港、澳、台商合资经营企业 | Joint-venture Enterprises | 6342256 | 4711761 | 74.7 |
| 与港、澳、台商合作经营企业 | Cooperative Enterprises | 531858 | 484717 | 91.6 |
| 港、澳、台商独资经营企业 | Enterprises with Sole Funds | 14589956 | 13842389 | 95.4 |
| 港、澳、台商投资股份有限公司 | Share-holding Corporations Ltd. | 334493 | 823863 | 247.7 |
| 其他港澳台投资 | Other Enterprises with Funds from Hong Kong, Macao and Taiwan | 30944 | 48187 | 156.6 |
| 外商投资企业 | Foreign Funded Enterprises | 83717615 | 86983647 | 104.5 |
| 中外合资经营企业 | Joint-venture Enterprises | 54406083 | 58487916 | 108.1 |
| 中外合作经营企业 | Cooperative Enterprises | 261984 | 220117 | 84.5 |
| 外资企业 | Enterprises with Sole Foreign Funds | 28233331 | 27511837 | 98.0 |
| 外商投资股份有限公司 | Share-holding Corporations Ltd. | 448112 | 354776 | 79.6 |
| 其他外商投资 | Other Foreign Funded Enterprises | 368105 | 409001 | 111.7 |
| 按隶属关系分 | Grouped by Administrative Relationship | | | |
| 中央企业 | Central Governments | 25920094 | 25473513 | 98.8 |
| 地方企业 | Local Governments | 169628969 | 177628109 | 105.3 |
| 按轻重工业分 | Grouped by Light & Heavy Industries | | | |
| 轻工业 | Light Industry | 52651644 | 48826556 | 96.7 |
| 重工业 | Heavy Industry | 142897419 | 154275066 | 106.4 |
| 按生产规模分 | Grouped by Size of Enterprises | | | |
| 大型企业 | Large Enterprises | 110245452 | 112486882 | 102.6 |
| 中型企业 | Medium Enterprises | 30602410 | 32186226 | 105.8 |
| 小微型企业 | Small and Micro Industrial Enterprises | 54701201 | 58428514 | 107.4 |

11-1 续表 continue

| 项　　目 | Item | 工业总产值（万元）Gross Output Value of Industry (10000 yuan) | | 工业总产值指数(%) Indices of Gross Output Value of Industry (%) |
|---|---|---|---|---|
| | | 2019 | 2020 | |
| 按工业行业分 | Grouped by Sector | | | |
| 煤炭开采和洗选业 | Mining and Washing of Coal | | | |
| 石油和天然气开采业 | Extraction of Petroleum and Natural Gas | | | |
| 黑色金属矿采选业 | Mining and Processing of Ferrous Metal Ores | | | |
| 有色金属矿采选业 | Mining and Processing of Non-Ferrous Metal Ores | | | |
| 非金属矿采选业 | Mining and Processing of Nonmetal Ores | 6820 | 4563 | 67.0 |
| 开采专业及辅助性活动 | Mining Professional and Auxiliary Activities | | | |
| 其他采矿业 | Mining of Other Ores | | | |
| 农副食品加工业 | Processing of Food from Agricultural Products | 3342748 | 3288337 | 91.6 |
| 食品制造业 | Manufacture of Foods | 6083145 | 5891880 | 96.8 |
| 酒、饮料和精制茶制造业 | Manufacture of Wine ,Beverages and Refined Tea | 2336258 | 2349249 | 96.6 |
| 烟草制品业 | Manufacture of Tobacco | 2185327 | 2226506 | 95.0 |
| 纺织业 | Manufacture of Textile | 1410943 | 1873177 | 130.9 |
| 纺织服装、服饰业 | Manufacture of Textile Wearing Apparel,Clothing | 2940788 | 2295247 | 79.7 |
| 皮革、毛皮、羽毛及其制品和制鞋业 | Manufacture of Leather, Fur, Feather and Related Products and Footwear | 1770497 | 1266376 | 75.1 |
| 木材加工和木、竹、藤、棕、草制品业 | Processing of Timber, Manufacture of Wood, Bamboo,Rattan, Palm and Straw Products | 361847 | 292866 | 80.8 |
| 家具制造业 | Manufacture of Furniture | 2973890 | 2899599 | 97.6 |
| 造纸和纸制品业 | Manufacture of Paper and Paper Products | 1566592 | 1584974 | 111.7 |
| 印刷业和记录媒介复制业 | Printing, Reproduction of Recording Media | 1119440 | 1084316 | 98.8 |
| 文教、工美、体育和娱乐用品制造业 | Manufacture of Culture and Education ,Arts and Crafts, Sports and Entertainment Supplies | 1716285 | 1474694 | 84.9 |
| 石油、煤炭及其他燃料加工业 | Petroleum, Coal and Other Fuel Processing Industries | 6464019 | 5151847 | 95.0 |
| 化学原料和化学制品制造业 | Manufacture of Raw Chemical Materials and Chemical Products | 11683351 | 12144278 | 108.4 |
| 医药制造业 | Manufacture of Medicines | 3482990 | 4143686 | 117.9 |
| 化学纤维制造业 | Manufacture of Chemical Fibers | 69956 | 58786 | 90.9 |
| 橡胶和塑料制品业 | Manufacture of Rubber | 5089041 | 5135011 | 101.9 |
| 非金属矿物制品业 | Manufacture of Non-metallic Mineral Products | 4637570 | 5547054 | 118.9 |
| 黑色金属冶炼和压延加工业 | Smelting and Pressing of Ferrous Metals | 3335723 | 3080669 | 91.6 |
| 有色金属冶炼和压延加工业 | Smelting and Pressing of Non-Ferrous Metals | 3834182 | 4913291 | 128.7 |
| 金属制品业 | Manufacture of Metal Products | 3481000 | 3428939 | 97.5 |
| 通用设备制造业 | Manufacture of General Purpose Machinery | 7676956 | 7542376 | 97.7 |
| 专用设备制造业 | Manufacture of Special Purpose Machinery | 3480572 | 4733290 | 134.4 |
| 汽车制造业 | Manufacture of Automobile | 54122696 | 58486955 | 104.4 |
| 铁路、船舶、航空航天和其他运输设备制造业 | Manufacture of Railway, Ship, Aerospace and Other Transportation Equipment | 3890914 | 4252740 | 108.3 |
| 电气机械及器材制造业 | Manufacture of Electrical Machinery and Equipment | 9430266 | 9973308 | 105.7 |
| 计算机、通信和其他电子设备制造业 | Manufacture of Computers, Communications and Other Electronic Equipment | 20916472 | 21229221 | 104.5 |
| 仪器仪表制造业 | Manufacture of Instrument | 2396275 | 2230334 | 95.4 |
| 其他制造业 | Other Manufacturing | 242387 | 245547 | 101.9 |
| 废弃资源综合利用业 | Comprehensive Utilization of Waste Resources | 215190 | 243820 | 108.0 |
| 金属制品、机械和设备修理业 | Metal Products, Machinery and Equipment Repair | 796471 | 861814 | 69.6 |
| 电力、热力生产和供应业 | Production and Supply of Electric Power and Heat Power | 15644648 | 16225350 | 106.2 |
| 燃气生产和供应业 | Production and Supply of Gas | 5929245 | 5888750 | 106.6 |
| 水的生产和供应业 | Production and Supply of Water | 914559 | 1052772 | 113.9 |

# 11-2 主要年份工业总产值及工业总产值指数

## Gross Output Value and Indices of Industry in Main Years

| 年份<br>Year | 工业总产值（万元）<br>Gross Output Value of Industry (10000 yuan) | 轻工业<br>Light Industry | 重工业<br>Heavy Industry | 工业总产值指数（%）<br>Indices of Gross Output Value of Industry (%) | 轻工业<br>Light Industry | 重工业<br>Heavy Industry |
|---|---|---|---|---|---|---|
| 1978 | 753873 | 476737 | 277136 | 104.4 | 102.9 | 106.8 |
| 1980 | 881242 | 574239 | 307003 | 111.7 | 118.0 | 103.0 |
| 1985 | 1779333 | 1163704 | 615629 | 122.1 | 122.9 | 120.9 |
| 1986 | 1921490 | 1206778 | 714712 | 104.3 | 106.1 | 101.3 |
| 1987 | 2421760 | 1551033 | 870727 | 120.7 | 122.7 | 117.2 |
| 1988 | 3413107 | 2251117 | 1161990 | 125.6 | 128.4 | 120.4 |
| 1989 | 4071472 | 2598755 | 1472717 | 106.2 | 103.4 | 111.7 |
| 1990 | 4424437 | 2830366 | 1594071 | 110.1 | 113.6 | 103.7 |
| 1991 | 5794842 | 3588318 | 2206524 | 123.6 | 122.7 | 125.4 |
| 1992 | 7905237 | 4753211 | 3152026 | 132.2 | 129.9 | 136.7 |
| 1993 | 11422184 | 6595134 | 4827050 | 132.5 | 129.8 | 137.5 |
| 1994 | 14921455 | 8784293 | 6137162 | 122.4 | 126.0 | 116.2 |
| 1995（原规定）<br>1995 (original stipulation) | 19353440 | 11263263 | 8090177 | 120.2 | 115.6 | 128.9 |
| 1995（新规定）<br>1995 (new stipulation) | 17224948 | 10263515 | 6961433 | 120.2 | 115.6 | 128.9 |
| 1996 | 20685796 | 12641264 | 8044532 | 119.1 | 126.1 | 106.8 |
| 1997 | 23753915 | 14395602 | 9358313 | 117.9 | 116.8 | 120.2 |
| 1998 | 25127025 | 15661603 | 9465422 | 114.0 | 112.8 | 116.3 |
| 1999 | 27793652 | 16797164 | 10996488 | 114.3 | 111.3 | 120.1 |
| 2000 | 31000188 | 17622183 | 13378005 | 113.6 | 107.9 | 123.9 |
| 2001 | 33931904 | 18855507 | 15076397 | 114.9 | 110.6 | 121.9 |
| 2002 | 37889079 | 20185702 | 17703377 | 115.0 | 109.6 | 122.8 |
| 2003 | 47059104 | 23752778 | 23306326 | 126.5 | 119.5 | 135.5 |
| 2004 | 57666925 | 25977971 | 31688954 | 120.0 | 108.9 | 130.1 |
| 2005 | 67679563 | 28714137 | 38965426 | 115.4 | 110.1 | 118.8 |
| 2006 | 81123964 | 31875454 | 49248510 | 116.9 | 111.0 | 120.2 |
| 2007 | 98757886 | 37208718 | 61549168 | 120.1 | 114.8 | 124.3 |
| 2008 | 114684010 | 43536797 | 71147213 | 112.0 | 114.2 | 111.0 |
| 2009 | 123554645 | 46730599 | 76824046 | 111.7 | 109.8 | 112.8 |
| 2010 | 144389877 | 51073851 | 93316026 | 118.5 | 115.2 | 120.4 |
| 2011 | 150817300 | 53145376 | 97671924 | 111.6 | 116.8 | 108.8 |
| 2012 | 158814499 | 55926385 | 102888114 | 111.2 | 114.5 | 109.7 |
| 2013 | 165578552 | 57522821 | 108055731 | 113.0 | 112.6 | 113.1 |
| 2014 | 174792999 | 58981934 | 115811065 | 107.5 | 105.4 | 108.7 |
| 2015 | 179351607 | 59696082 | 119655525 | 106.0 | 102.7 | 107.8 |
| 2016 | 187458032 | 59963215 | 127494817 | 105.8 | 100.2 | 109.0 |
| 2017 | 196199756 | 60041726 | 136158030 | 104.5 | 99.1 | 107.1 |
| 2018 | 203142256 | 60507017 | 142635239 | 103.7 | 100.1 | 105.3 |
| 2019 | 213664922 | 64793517 | 148871405 | 106.0 | 104.7 | 106.6 |
| 2020 | 224768922 | 63993666 | 160775256 | 104.9 | 99.7 | 106.5 |

# 11-3 按历史时期分工业总产值
# Gross Output Value of Industry by History Periods

| 时期<br>Period | 工业总产值（万元）<br>Gross Output Value of Industry (10000 yuan) | 轻工业<br>Light Industry | 重工业<br>Heavy Industry | 工业总产值年平均增长（%）<br>Annual Average Growth Speed of Gross Output Value of Industry (%) | 轻工业<br>Light Industry | 重工业<br>Heavy Industry |
|---|---|---|---|---|---|---|
| “六五”时期<br>6th Five-year Plan Period | 6447893 | 4209237 | 2238656 | 12.8 | 13.1 | 12.4 |
| “七五”时期<br>7th Five-year Plan Period | 16252266 | 10438049 | 5814217 | 13.1 | 14.5 | 10.6 |
| “八五”时期<br>8th Five-year Plan Period | 59397158 | 34984219 | 24412939 | 26.1 | 24.7 | 28.7 |
| “九五”时期<br>9th Five-year Plan Period | 128360576 | 77117816 | 51242760 | 15.7 | 14.8 | 17.3 |
| “十五”时期<br>10th Five-year Plan Period | 244226575 | 117486095 | 126740480 | 18.3 | 12.0 | 26.1 |
| “十一五”时期<br>11th Five-year Plan Period | 562510382 | 210425419 | 352084963 | 15.8 | 13.2 | 17.9 |
| “十二五”时期<br>12th Five-year Plan Period | 829354957 | 285272598 | 544082359 | 9.8 | 10.2 | 9.5 |
| “十三五”时期<br>13th Five-year Plan Period | 1025233888 | 309299141 | 715934747 | 5.0 | 0.7 | 6.9 |
| 1979-2020 | 2713029351 | 942537143 | 1770492208 | 14.2 | 12.7 | 15.6 |
| 1991-2020 | 2691930990 | 929062051 | 1762868939 | 14.9 | 12.4 | 17.5 |
| 2001-2020 | 2569524281 | 860241467 | 1709282814 | 12.1 | 8.9 | 14.9 |
| 2011-2020 | 1854588845 | 594571739 | 1260017106 | 7.4 | 5.4 | 8.2 |

# 11-4 规模以上工业企业单位数

## Number of Industrial Enterprises above the Designated Size

单位：个 (unit)

| 项　　目 | Item | 2019 | 2020 |
|---|---|---|---|
| **总　计** | **Total** | **5804** | **6208** |
| 按登记注册类型分 | Grouped by Registration Status | | |
| 内资企业 | Domestic Funded Enterprises | 4476 | 4912 |
| 国有企业 | State-owned Enterprises | 13 | 30 |
| 集体企业 | Collective-owned Enterprises | 17 | 20 |
| 股份合作企业 | Cooperative Enterprises | 13 | 13 |
| 联营企业 | Joint Ownership Enterprises | | 1 |
| 国有联营企业 | State Joint Ownership Enterprises | | 1 |
| 集体联营企业 | Collective Joint Ownership Enterprises | | |
| 国有与集体联营企业 | Joint State-collective Enterprises | | |
| 其他联营 | Other Joint Ownership Enterprise | | |
| 有限责任公司 | Limited Liability Corporations | 713 | 649 |
| 国有独资有限责任公司 | State Sole Funded Corporations | 63 | 54 |
| 其他有限责任公司 | Other Limited Liability Corporations | 650 | 595 |
| 股份有限公司 | Share-holding Corporations Ltd. | 177 | 156 |
| 私营企业 | Private Enterprises | 3543 | 4043 |
| 私营独资企业 | Private-funded Enterprises | 57 | 121 |
| 私营合伙企业 | Private Partnership Enterprises | 9 | 13 |
| 私营有限责任公司 | Private Limited Liability Corporations | 3373 | 3765 |
| 私营股份有限公司 | Private Share Holding Corporations | 104 | 144 |
| 其他企业 | Other Enterprises | | |

11-4 续表 continued

单位:个 (unit)

| 项目 | Item | 2019 | 2020 |
| --- | --- | --- | --- |
| 港、澳、台商投资企业 | Enterprises with Funds from Hong Kong, Macao and Taiwan | 679 | 652 |
| 与港、澳、台商合资经营企业 | Joint-venture Enterprises | 128 | 107 |
| 与港、澳、台商合作经营企业 | Cooperative Enterprises | 28 | 28 |
| 港、澳、台商独资经营企业 | Enterprises with Sole Funds | 509 | 487 |
| 港、澳、台商投资股份有限公司 | Share-holding Corporations Ltd. | 11 | 25 |
| 其他港澳台投资 | Other Enterprises with Funds from Hong Kong, Macao and Taiwan | 3 | 5 |
| 外商投资企业 | Foreign Funded Enterprises | 649 | 644 |
| 中外合资经营企业 | Joint-venture Enterprises | 191 | 183 |
| 中外合作经营企业 | Cooperative Enterprises | 10 | 7 |
| 外资企业 | Enterprises with Sole Foreign Funds | 426 | 439 |
| 外商投资股份有限公司 | Share-holding Corporations Ltd. | 12 | 8 |
| 其他外商投资 | Other Foreign Funded Enterprises | 10 | 7 |
| 按隶属关系分 | Grouped by Administrative Relationship | | |
| 中央企业 | Central Government | 46 | 55 |
| 地方企业 | Provincial Government | 5758 | 6153 |
| 按轻重工业分 | Grouped by Light & Heavy Industries | | |
| 轻工业 | Light Industry | 3032 | 3085 |
| 重工业 | Heavy Industry | 2772 | 3123 |
| 按生产规模分 | Grouped by Size of Enterprises | | |
| 大型企业 | Large Enterprises | 168 | 165 |
| 中型企业 | Medium Enterprises | 603 | 597 |
| 小微型企业 | Small and Micro Industrial Enterprises | 5033 | 5446 |

## 11-5 规模以上工业销售产值
## Sales Value of Industrial Enterprises above the Designated Size

单位：万元 (10000 yuan)

| 项　目 | Item | 2019 | 2020 |
|---|---|---|---|
| **总　计** | **Total** | **190765499** | **198483431** |
| **按登记注册类型分** | **Grouped by Registration Status** | | |
| 国有企业 | State-owned Industry | 551483 | 801695 |
| 集体企业 | Collective-owned Industry | 216493 | 169438 |
| 私营企业 | Private Entreprises | 26669029 | 30207132 |
| 港、澳、台商投资企业 | Enterprises with Funds from Hong Kong, Macao and Taiwan | 21396797 | 20608421 |
| 外商投资企业 | Foreign Funded Enterprises | 86805876 | 87467935 |
| 其他企业 | Other Enterprises | 55125821 | 59228810 |
| **按隶属关系分** | **Grouped by Administrative Relationship** | | |
| 中央企业 | Central Governments | 24587742 | 23340801 |
| 地方企业 | Local Governments | 166177757 | 175142630 |
| **按轻重工业分** | **Grouped by Light & Heavy Industries** | | |
| 轻工业 | Light Industry | 48363941 | 51474012 |
| 重工业 | Heavy Industry | 142401558 | 147009419 |
| **按生产规模分** | **Grouped by Size of Enterprises** | | |
| 大中型企业 | Large and Medium Industrial Enterprises | 140339526 | 142663876 |
| 小微型企业 | Small and Micro Industrial Enterprises | 50425973 | 55819555 |

## 11-6 主要年份规模以上工业企业出口交货值及比重
## Delivery Value of Exports and Proportion of Industrial Enterprises above the Designated Size in Main Years

单位：万元 (10000 yuan)

| 年 份<br>Year | 工业销售产值<br>Sale Output<br>Value of Industry | 出口交货值<br>Delivery<br>Value of Exports | 出口交货值比重(%)<br>Proportion of Exports<br>Delivery Value (%) |
|---|---|---|---|
| 2001 | 27171297 | 6502235 | 23.93 |
| 2002 | 31156870 | 7881230 | 25.30 |
| 2003 | 39241536 | 9599697 | 24.46 |
| 2004 | 50207200 | 12824023 | 25.54 |
| 2005 | 59120813 | 14945688 | 25.28 |
| 2006 | 71756225 | 17218091 | 24.00 |
| 2007 | 87657013 | 19543878 | 22.30 |
| 2008 | 103134403 | 22092456 | 21.42 |
| 2009 | 111566225 | 22173771 | 19.87 |
| 2010 | 133127027 | 27046367 | 20.32 |
| 2011 | 138247622 | 28060074 | 20.30 |
| 2012 | 146583202 | 26330137 | 17.96 |
| 2013 | 152817401 | 27672722 | 18.11 |
| 2014 | 158400387 | 28273891 | 17.85 |
| 2015 | 162062563 | 27444560 | 16.93 |
| 2016 | 168376153 | 26394955 | 15.68 |
| 2017 | 177607921 | 22999291 | 15.18 |
| 2018 | 185723217 | 27199454 | 14.65 |
| 2019 | 190765499 | 27696705 | 14.52 |
| 2020 | 198483431 | 26037853 | 13.12 |

# 11-7 规模以上工业企业出口交货值（2020年）

## Delivery Value of Exports of Industrial Enterprises above the Designated Size (2020)

单位：万元　　(10000 yuan)

| 项　目 | Item | 出口产品交货值 Delivery Value of Exports |
|---|---|---|
| **总　计** | **Total** | **26037853** |
| 按登记注册类型分 | Grouped by Registration Status | |
| 国有企业 | State-owned Industry | 98139 |
| 集体企业 | Collective-owned Industry | 100724 |
| 其他企业 | Others | 25838990 |
| 按隶属关系分 | Grouped by Administrative Relationship | |
| 中央企业 | Central Governments | 934245 |
| 地方企业 | Local Governments | 25103608 |
| 按轻重工业分 | Grouped by Light & Heavy Industries | |
| 轻工业 | Light Industry | 9687411 |
| 重工业 | Heavy Industry | 16350442 |
| 按生产规模分 | Grouped by Size of Enterprises | |
| 大中型企业 | Large and Medium Enterprises | 20623755 |
| 小微型企业 | Small and Micro Industrial Enterprises | 5414098 |
| 按工业行业分 | Grouped by Sector | |
| 煤炭开采和洗选业 | Mining and Washing of Coal | |
| 石油和天然气开采业 | Extraction of Petroleum and Natural Gas | |
| 黑色金属矿采选业 | Mining and Processing of Ferrous Metal Ores | |
| 有色金属矿采选业 | Mining and Processing of Non-Ferrous Metal Ores | |
| 非金属矿采选业 | Mining and Processing of Nonmetal Ores | |
| 开采专业及辅助性活动 | Mining Professional and Auxiliary Activities | |
| 其他采矿业 | Mining of Other Ores | |
| 农副食品加工业 | Processing of Food from Agricultural Products | 49832 |
| 食品制造业 | Manufacture of Foods | 251476 |
| 酒、饮料和精制茶制造业 | Manufacture of wine,Beverages and Refined Tea | 1592 |
| 烟草制品业 | Manufacture of Tobacco | 1759 |
| 纺织业 | Manufacture of Textile | 710825 |
| 纺织服装、服饰业 | Manufacture of Textile Wearing Apparel,Clothing | 474494 |
| 皮革、毛皮、羽毛及其制品和制鞋业 | Manufacture of Leather,Fur,Feather and Related Products and Footwear | 571550 |

## 11-7 续表 continued

单位：万元 (10000 yuan)

| 项　　目 | Item | 出口产品交货值 Delivery Value of Exports |
|---|---|---|
| 木材加工和木、竹、藤、棕、草制品业 | Processing of Timber,Manufacture of Wood, Bamboo, Rattan, Plam and Straw Products | 11207 |
| 家具制造业 | Manufacture of Furniture | 139225 |
| 造纸和纸制品业 | Manufacture of Paper and Paper Products | 65789 |
| 印刷业和记录媒介复制业 | Printing, Reproduction of Recording Media | 378901 |
| 文教、工美、体育和娱乐用品制造业 | Manufacture of Culture and Education ,Arts and Crafts, Sports and Entertainment Supplies | 472873 |
| 石油、煤炭及其他燃料加工业 | Petroleum, Coal and Other Fuel Processing Industries | 138267 |
| 化学原料和化学制品制造业 | Manufacture of Raw Chemical Materials and Chemical Products | 928704 |
| 医药制造业 | Manufacture of Medicines | 367618 |
| 化学纤维制造业 | Manufacture of Chemical Fibers | 5508 |
| 橡胶和塑料制品业 | Manufacture of Rubber | 1068573 |
| 非金属矿物制品业 | Manufacture of Non-metallic Mineral Products | 302170 |
| 黑色金属冶炼和压延加工业 | Smelting and Pressing of Ferrous Metals | 155841 |
| 有色金属冶炼和压延加工业 | Smelting and Pressing of Non-Ferrous Metals | 52842 |
| 金属制品业 | Manufacture of Metal Products | 685958 |
| 通用设备制造业 | Manufacture of General Purpose Machinery | 1086957 |
| 专用设备制造业 | Manufacture of Special Purpose Machinery | 748289 |
| 汽车制造业 | Manufacture of Automobile | 847327 |
| 铁路、船舶、航空航天和其他运输设备制造业 | Manufacture of Railway, Ship, Aerospace and Other Transportation Equipment | 770700 |
| 电气机械及器材制造业 | Manufacture of Electrical Machinery and Equipment | 2834757 |
| 计算机、通信和其他电子设备制造业 | Manufacture of Computers, Communications and Other Electronic Equipment | 11683269 |
| 仪器仪表制造业 | Manufacture of Instrument | 726455 |
| 其他制造业 | Other Manufacturing | 39945 |
| 废弃资源综合利用业 | Comprehensive Utilization of Waste Resources | |
| 金属制品、机械和设备修理业 | Metal Products, Machinery and Equipment Repair | 148429 |
| 电力、热力生产和供应业 | Production and Supply of Electric Power and Heat Power | 316721 |
| 燃气生产和供应业 | Production and Supply of Gas | |
| 水的生产和供应业 | Production and Supply of Water | |

## 11-8 工业三大支柱产业主要指标(2020年)

## Major Indicators of Three Pillar Industrial Industries (2020)

| 行　业 | Sector | 单位数 (个) Number of Units (unit) | 从业人员 (万人) Employed Persons (10000 persons) | 工业总产值 (亿元) Gross Output Value of Industry (100 million yuan) |
|---|---|---|---|---|
| **合　计** | **Total** | **1810** | **45.84** | **10278.48** |
| 汽车制造业 | Automobile Manufacturing | 339 | 15.75 | 5848.70 |
| #汽车零部件制造业 | Auto Parts Manufacturing | 312 | 9.77 | 1434.91 |
| 电子产品制造业 | Electronic Appliance Manufacturing | 848 | 22.24 | 2737.12 |
| 石油化工制造业 | Petrochemical Manufacturing | 623 | 7.85 | 1692.67 |
| 三大支柱产业占全市比重（%） | Three Pillar Industries Proportion of All Industrial Enterprises (%) | 29.16 | 37.54 | 50.61 |

注：本表统计范围为规模以上工业企业。

Note:The data in this table cover the industrial enterprises above designated size.

### 11-8 续表 continued

| 行　业 | Sector | 营业收入 (亿元) Business Revenue | 利润总额 (亿元) Total Profits (100 million yuan) | 税金总额 (亿元) Total Pre-tax Profits (100 million yuan) |
|---|---|---|---|---|
| **合　计** | **Total** | **10441.28** | **717.71** | **566.84** |
| 汽车制造业 | Automobile Manufacturing | 5968.42 | 430.98 | 334.96 |
| #汽车零部件制造业 | Auto Parts Manufacturing | 1487.92 | 131.63 | 41.45 |
| 电子产品制造业 | Electronic Appliance Manufacturing | 2724.40 | 173.63 | 39.61 |
| 石油化工制造业 | Petrochemical Manufacturing | 1748.46 | 113.11 | 192.27 |
| 三大支柱产业占全市比重(%) | Three Pillar Industries Proportion of All Industrial Enterprises (%) | 49.90 | 49.11 | 60.08 |

# 11-9 主要工业产品产量(2020年)
# Output of Major Industrial Products(2020)

| 产品名称 | | Name of Products | | 2019 | 2020 |
|---|---|---|---|---|---|
| 食用植物油 | (吨) | Edible Vegetable Oil | (ton) | 1861695 | 1539839 |
| 乳制品 | (吨) | Dairy Products | (ton) | 406475 | 384486 |
| 罐头 | (吨) | Canned Food | (ton) | 8278 | 11756 |
| 饮料酒(混合量) | (千升) | Alcoholic Beverages (mixed) | (1000 litre) | 972015 | 912763 |
| #啤酒 | (千升) | Beer | (1000 litre) | 972015 | 912763 |
| 饲料 | (吨) | Fodder | (ton) | 2538814 | 2583732 |
| 卷烟 | (万支) | Cigarettes | (10000 piece) | 5947600 | 5980000 |
| 纱 | (吨) | Yarn | (ton) | 1889 | 71 |
| 布 | (万米) | Cloth | (10000 meters) | 59089 | 45213 |
| 印染布 | (万米) | Dyeing cloth | (10000 meters) | 35780 | 37153 |
| 服装 | (万件) | Garments | (10000 units) | 35371 | 32919 |
| 皮革鞋靴 | (万双) | Leather Shoes | (10000 pairs) | 2606 | 3376 |
| 手提包(袋)、背包 | (万个) | Handbag, Backpack | (10000units) | 12732 | 10629 |
| 人造板 | (立方米) | Artificial Boards | (cu.m) | 831615 | 793161 |
| 家具 | (万件) | Furniture | (10000 units) | 1047 | 1071 |
| 机制纸及纸板 | (吨) | Machine-made Paper and Paperboards | (ton) | 604811 | 549532 |
| #新闻纸 | | Newsprint | | 329999 | 284161 |
| 纸制品 | (吨) | Paper Products | (ton) | 875866 | 738273 |
| 化学试剂 | (吨) | Chemical Reagent | (ton) | 197243 | 228974 |
| 涂料 | (吨) | Coating | (ton) | 915203 | 888445 |
| 初级形态的塑料 | (吨) | Plastics | (ton) | 1436677 | 1475570 |
| 橡胶轮胎外胎 | (条) | Tires | (unit) | 11655420 | 8508557 |
| 塑料制品 | (吨) | Plastic Products | (ton) | 1214280 | 1156388 |
| 合成洗涤剂 | (吨) | Synthetic Detergents | (ton) | 1970571 | 2333363 |
| 化学药品原药 | (吨) | Chemical Medicines | (ton) | 19336 | 21278 |
| 中成药 | (吨) | Traditional Chinese Medicine | (ton) | 87116 | 83547 |
| 原油加工量 | (吨) | Crude Oil Processing | (ton) | 11860095 | 12129801 |
| 汽油 | (吨) | Gasoline | (ton) | 3134578 | 3092244 |
| 煤油 | (吨) | Kerosene | (ton) | 2052341 | 1457758 |
| 柴油 | (吨) | Diesel Oil | (ton) | 3459992 | 3703236 |
| 燃料油 | (吨) | Fuel Oil | (ton) | 1434 | 239910 |
| 粗钢 | (吨) | Steel | (ton) | 1596310 | 1472679 |
| 钢材 | (吨) | Steel Products | (ton) | 6431144 | 6854239 |
| 交流电动机 | (千瓦) | AC Motors | (kw) | 224217 | 300394 |
| 发动机生产量 | (万千瓦) | Internal Combustion Engines | (10000 kw) | 22454 | 28278 |

## 11-9 续表 continued

| 产 品 名 称 | | Name of Products | | 2019 | 2020 |
|---|---|---|---|---|---|
| 自动柜员机(ATM机) | (台) | Automated Teller Machines | (set) | 30403 | 30530 |
| 工业机器人 | (套) | Industrial Robots | (set) | 4200 | 4242 |
| 工业自动调节仪表与控制系统 | (套) | Industrial Automatic Regulating Instrument and Control System | (set) | 1668037 | 1950677 |
| 电 梯 | (台) | Elevators & Escalators | (unit) | 128003 | 135977 |
| 医疗仪器设备及器械 | (台) | Medical Equipment and Instruments | (set) | 203514 | 232427 |
| 钟 | (只) | Clocks | (unit) | 901621 | 785452 |
| 自行车 | (辆) | Bicycles | (unit) | 1188715 | 1449496 |
| 摩托车整车 | (辆) | Motorcycles | (unit) | 2184125 | 2031480 |
| 汽 车 | (辆) | Motor Vehicles | (unit) | 2922609 | 2952050 |
| 其中：乘用车 | (辆) | Sedans | (unit) | 2898402 | 2884408 |
| 其中：运动型多用途乘用车(SUV) | (辆) | Sports Utility Vehicle | (unit) | 986172 | 1111136 |
| 新能源汽车 | (辆) | New Energy Vehicle | (unit) | 60606 | 79767 |
| 变压器 | (千伏安) | Transformers | (1000 volt-amperes) | 41107274 | 44300654 |
| 原电池及原电池组(非扣式) | (万只) | Batteries | (10000 units) | 9512 | 40125 |
| 家用电冰箱 | (台) | Household Refrigerators | (set) | 3094958 | 4314399 |
| 家用电风扇 | (台) | Electric Fans | (set) | 332983 | 364564 |
| 房间空气调节器 | (台) | Air Conditioners | (set) | 8132004 | 9161621 |
| 电饭锅 | (个) | Electric Rice Cooker | (unit) | 813858 | 833820 |
| 家用吸排油烟机 | (台) | Extractor Hoods | (set) | 45146 | 23865 |
| 家用燃气灶具 | (台) | Gas Appliances | (unit) | 2502958 | 2678663 |
| 电光源 | (万只) | Bulbs | (10000 units) | 9787 | 6767 |
| 电话单机 | (部) | Telephone Sets | (unit) | 1150095 | 1316479 |
| 移动通信手持机 | (台) | Mobile Telecommunication Handset | (unit) | 4033275 | 7255130 |
| 微型电子计算机 | (台) | Micro-computers | (unit) | 240417 | 286925 |
| 其中：平板电脑 | (台) | Tablet Personal Computer | (unit) | 203290 | 217274 |
| 彩色电视机 | (台) | Color TV Sets | (set) | 9673218 | 8623158 |
| 其中：智能电视 | (台) | Smart TV | (set) | 5367838 | 4127654 |
| 移动通信基站设备 | (射频模块) | Mobile Communication Base Station Equipmen | (Radio frequency module) | 5240 | 5111 |
| 光缆 | (芯千米) | Optical Cable | (km) | 7963 | 4747 |
| 锂离子电池 | (万只) | Li-ion Battery | (10000units) | 25633 | 37627 |
| 光电子器件 | (万只) | Optoelectronic Device | (10000units) | 798693 | 667531 |
| 其中：液晶显示屏 | (万片) | Liquid Crystal Display | (10000units) | 9599 | 8776 |
| 数字激光音、视盘机 | (台) | Digital Video Player | (set) | 50867 | 65865 |
| 显示器 | (台) | Displayer | (set) | 447452 | 639064 |
| 其中：平板显示器 | (台) | Flat-panel Displayer | (set) | 388172 | 495250 |

# 11-10 主要年份规模以上工业企业全员劳动生产率
# Overall Labor Productivity of Industrial Enterprises above the Designated Size in Main Years

单位：元/人 (yuan/person)

| 年 份 Year | 合 计 Total | 国有企业 State-owned Enterprises | 集体企业 Collective-owned Enterprises | “三资”企业 Foreign Funded Enterprises | 其他企业 Other Enterprises |
|---|---|---|---|---|---|
| 1998 | 53499 | 64347 | 27238 | 56952 | 46688 |
| 1999 | 60087 | 81519 | 30910 | 58846 | 47523 |
| 2000 | 60342 | 108088 | 32429 | 61748 | 48220 |
| 2001 | 69917 | 89566 | 40058 | 72400 | 67034 |
| 2002 | 76324 | 103186 | 40514 | 76773 | 79963 |
| 2003 | 89991 | 126215 | 36475 | 97733 | 83382 |
| 2004 | 96845 | 168409 | 30129 | 107890 | 70332 |
| 2005 | 115051 | 231185 | 31305 | 125912 | 86735 |
| 2006 | 132200 | 300403 | 31106 | 145278 | 97882 |
| 2007 | 156811 | 392930 | 32447 | 170755 | 116857 |
| 2008 | 175472 | 242679 | 25413 | 193910 | 153715 |
| 2009 | 181874 | 170356 | 31688 | 213960 | 142523 |
| 2010 | 189103 | 197233 | 38990 | 223761 | 145249 |
| 2011 | 213069 | 216681 | 45536 | 239725 | 179971 |
| 2012 | 229692 | 231914 | 40209 | 240817 | 191849 |
| 2013 | 234556 | 186829 | 75529 | 256619 | 212647 |
| 2014 | 255517 | 205164 | 74531 | 287356 | 231897 |
| 2015 | 270906 | 179132 | 101921 | 305602 | 262179 |
| 2016 | 292630 | 240810 | 110977 | 334070 | 279395 |
| 2017 | 322118 | 228782 | 62375 | 352981 | 293469 |
| 2018 | 339734 | 277878 | 84997 | 376995 | 308216 |
| 2019 | 346318 | 304116 | 90347 | 394729 | 305378 |
| 2020 | 372124 | 286788 | 113202 | 429179 | 326301 |

注：本表数据按工业增加值计算，以下劳动生产率表同。
Note: The data in this table are calculated on basis of the value-added of industry. The same as in the following tables.

# 11-11 规模以上工业企业全员劳动生产率(2020年，按行业分)

单位：元/人

| 行　　业 | Sector |
|---|---|
| **合　计** | **Total** |
| 煤炭开采和洗选业 | Mining and Washing of Coal |
| 石油和天然气开采业 | Extraction of Petroleum and Natural Gas |
| 黑色金属矿采选业 | Mining and Processing of Ferrous Metal Ores |
| 有色金属矿采选业 | Mining and Processing of Non-Ferrous Metal Ores |
| 非金属矿采选业 | Mining and Processing of Nonmetal Ores |
| 开采专业及辅助性活动 | Mining Professional and Auxiliary Activities |
| 其他采矿业 | Mining of Other Ores |
| 农副食品加工业 | Processing of Food from Agricultural Products |
| 食品制造业 | Manufacture of Foods |
| 酒、饮料和精制茶制造业 | Manufacture of Wine ,Beverages and Refined Tea |
| 烟草制品业 | Manufacture of Tobacco |
| 纺织业 | Manufacture of Textile |
| 纺织服装、服饰业 | Manufacture of Textile Wearing Apparel,Clothing |
| 皮革、毛皮、羽毛及其制品和制鞋业 | Manufacture of Leather, Fur, Feather and Related Products and Footwear |
| 木材加工和木、竹、藤、棕、草制品业 | Processing of Timber, Manufacture of Wood, Bamboo,Rattan,Palm and Straw Products |
| 家具制造业 | Manufacture of Furniture |
| 造纸和纸制品业 | Manufacture of Paper and Paper Products |
| 印刷业和记录媒介复制业 | Printing, Reproduction of Recording Media |
| 文教、工美、体育和娱乐用品制造业 | Manufacture of Culture and Education ,Arts and Crafts, Sports and Entertainment Supplies |
| 石油、煤炭及其他燃料加工业 | Petroleum, Coal and Other Fuel Processing Industries |
| 化学原料和化学制品制造业 | Manufacture of Raw Chemical Materials and Chemical Products |
| 医药制造业 | Manufacture of Medicines |
| 化学纤维制造业 | Manufacture of Chemical Fibers |
| 橡胶和塑料制品业 | Manufacture of Rubber |
| 非金属矿物制品业 | Manufacture of Non-metallic Mineral Products |
| 黑色金属冶炼和压延加工业 | Smelting and Pressing of Ferrous Metals |
| 有色金属冶炼和压延加工业 | Smelting and Pressing of Non-Ferrous Metals |
| 金属制品业 | Manufacture of Metal Products |
| 通用设备制造业 | Manufacture of General Purpose Machinery |
| 专用设备制造业 | Manufacture of Special Purpose Machinery |
| 汽车制造业 | Manufacture of Automobile |
| 铁路、船舶、航空航天和其他运输设备制造业 | Manufacture of Railway, Ship, Aerospace and Other Transportation Equipment |
| 电气机械及器材制造业 | Manufacture of Electrical Machinery and Equipment |
| 计算机、通信和其他电子设备制造业 | Manufacture of Computers, Communications and Other Electronic Equipment |
| 仪器仪表制造业 | Manufacture of Instrument |
| 其他制造业 | Other Manufacturing |
| 废弃资源综合利用业 | Comprehensive Utilization of Waste Resources |
| 金属制品、机械和设备修理业 | Metal Products, Machinery and Equipment Repair |
| 电力、热力生产和供应业 | Production and Supply of Electric Power and Heat Power |
| 燃气生产和供应业 | Production and Supply of Gas |
| 水的生产和供应业 | Production and Supply of Water |

## Overall Labor Productivity of Industrial Enterprises above the Designated Size(2020, by Sector)

(yuan/person)

| 全　市<br>Total | 国有企业<br>State-owned<br>Enterprises | 集体企业<br>Collective-owned<br>Enterprises | "三资"企业<br>Foreign Funded<br>Enterprises | 其他企业<br>Other<br>Enterprises |
|---|---|---|---|---|
| **372124** | **286788** | **113202** | **429179** | **326301** |
| | | | | |
| | | | | |
| | | | | |
| | | | | |
| 137123 | | | | 137123 |
| | | | | |
| | | | | |
| 357076 | 79167 | 400000 | 633684 | 312974 |
| 370577 | 143362 | | 440835 | 224831 |
| 540962 | | | 452419 | 715916 |
| 6743808 | | | | 6743808 |
| 234381 | | | 139513 | 350007 |
| 159762 | | 266765 | 121487 | 179720 |
| 81669 | | | 68470 | 90299 |
| 314605 | | | 324202 | 309770 |
| 212725 | | | 195652 | 218145 |
| 211353 | | 191972 | 329491 | 156618 |
| 166016 | 85224 | | 151505 | 188155 |
| 116288 | | | 108672 | 126552 |
| 3562171 | | | 1155382 | 3722458 |
| 412879 | 151314 | | 679860 | 228278 |
| 430266 | 156177 | | 406213 | 447144 |
| 274995 | | | 370083 | 218413 |
| 230503 | | | 225925 | 233696 |
| 300821 | | 292682 | 403715 | 255215 |
| 363097 | 25190 | | 388649 | 239724 |
| 467921 | | | 258557 | 614615 |
| 160247 | 107042 | | 172336 | 155142 |
| 210375 | 218483 | 76868 | 257901 | 174824 |
| 296647 | 304041 | 274291 | 290476 | 299237 |
| 781427 | 131024 | | 960876 | 237499 |
| 192599 | | | 249892 | 173150 |
| 173326 | 143427 | 6439 | 199153 | 155930 |
| 255557 | 266608 | 82043 | 277896 | 238084 |
| 256349 | | 328987 | 212938 | 301525 |
| 146164 | | | 93624 | 157151 |
| 245177 | | | 325201 | 174530 |
| 260030 | 243597 | | 244178 | 295288 |
| 884550 | 1751785 | | 1140930 | 871091 |
| 2163189 | | | 954615 | 2722420 |
| 380468 | 340671 | 375757 | 522015 | 398573 |

# 11-12 主要年份规模以上工业企业主要经济指标

单位：万元

| 项　　目 | Item | 2000 | 2006 | 2007 | 2008 | 2009 |
|---|---|---|---|---|---|---|
| 企业单位数　（个） | Number of Enterprises (unit) | 4531 | 5188 | 4988 | 7442 | 7023 |
| #亏损企业 | Number of Loss-making Enterprises | 954 | 1032 | 886 | 1725 | 1407 |
| 营业收入 | Business Revenue | | | | | |
| 主营业务收入 | Revenue from Principal Business | 25342544 | 72493321 | 88630531 | 104244867 | 112140930 |
| 营业成本 | Cost of Business | | | | | |
| 税金及附加 | Taxes and Other Charges | | | | | |
| 盈利企业的盈利总额 | Total Profits of Profitable Enterprises | 1577983 | 6008538 | 8044372 | 8003202 | 8584412 |
| 亏损企业的亏损总额 | Total Losses of Loss-making Enterprises | 393740 | 620087 | 513225 | 1072933 | 793247 |
| 利润总额 | Total Profits of All Enterprises | 1184243 | 5388451 | 7531147 | 6930269 | 7791165 |
| 所得税费用 | Income Tax Payable | 160118 | 676932 | 861833 | 983288 | 1138346 |
| 应交增值税 | Value-added Tax Payable | 919339 | 2643027 | 3199893 | 4520708 | 3843777 |
| 流动资产合计 | Total Working Capitals at the Year-end | 15082653 | 31365356 | 37716223 | 43871519 | 50733991 |
| #存　货 | Inventory | 4301980 | 8145761 | 9334080 | 11054940 | 11529881 |
| #产成品存货 | Inventory of Finished Goods | 1528452 | 2478717 | 2960730 | 3751238 | 3761104 |
| 固定资产原价 | Original Value of Fixed Assets at the Year-end | 17672981 | 33587396 | 37780990 | 45244307 | 47978199 |
| 资产总计 | Total Assets at the Year-end | 30861594 | 69036123 | 80412681 | 91648730 | 99655278 |
| 负债合计 | Total Liabilities at the Year-end | 18249287 | 33474848 | 40571015 | 49694345 | 55020064 |
| 年末所有者权益合计 | Total Owners' Equity at the Year-end | 12612307 | 35561275 | 39841666 | 41954385 | 44635214 |
| #实收资本 | Capital Hold | 8458358 | 20776240 | 22730283 | 26272164 | 27564197 |
| #国家资本 | State Capital | 1375635 | 6936604 | 7035569 | 7510952 | 4533428 |
| 外商资本 | Foreign Capital | 3578053 | 7759689 | 8286574 | 5586787 | 5940516 |
| 应付职工薪酬 | Wages Payable | 1623490 | 4184674 | 5216279 | 8089617 | 8159771 |
| 平均用工人数　（人） | Annual Average Number of Staff and Workers (person) | 1173960 | 1490877 | 1540930 | 1719873 | 1615692 |
| 工业总产值（当年价格） | Gross Industrial Output Value (at current prices) | 25685694 | 72820564 | 89104386 | 105149110 | 113767645 |
| 工业增加值（当年价格） | Value-added of Industry (at current prices) | 7083953 | 19709445 | 24163424 | 27875000 | 29385200 |

# Main Indicators of Industrial Enterprises above the Designated Size in Main Years

(10000 yuan)

| 2010 | 2011 | 2012 | 2013 | 2014 | 2015 | 2016 | 2017 | 2018 | 2019 | 2020 |
|---|---|---|---|---|---|---|---|---|---|---|
| 6969 | 4437 | 4373 | 4812 | 4774 | 4650 | 4662 | 4664 | 4809 | 5804 | 6208 |
| 1060 | 689 | 744 | 652 | 676 | 757 | 628 | 583 | 755 | 808 | 1104 |
| | 145086461 | 150822672 | 158167813 | 167023591 | 171224204 | 175237274 | 181888742 | 193203157 | 204661205 | 209239195 |
| 136246497 | 142702405 | 147964380 | 155067607 | 163773477 | 168050610 | 171355762 | 177824134 | 188940859 | 200789709 | 203435900 |
| | 121561470 | 125267159 | 130014079 | 137662449 | 141345831 | 145312089 | 149153580 | 159289442 | 168977900 | 170484184 |
| | 3225061 | 3342312 | 3456332 | 3528065 | 3830470 | 3683607 | 4042079 | 4996688 | 4862051 | 5048506 |
| 10910868 | 10629334 | 9666882 | 11721003 | 11707720 | 11919417 | 12885022 | 14183445 | 15140201 | 15255302 | 16638382 |
| 598124 | 1044071 | 1410834 | 667252 | 827867 | 933685 | 568663 | 694547 | 1080421 | 1924833 | 2024371 |
| 10312744 | 9585263 | 8256048 | 11053751 | 10879853 | 10985732 | 12316359 | 13488898 | 14059780 | 13330468 | 14614011 |
| 1440506 | 1616771 | 1473553 | 1902197 | 2005738 | 2190998 | 2232541 | 2387294 | 2351971 | 2162005 | 2366045 |
| 4696284 | 4545000 | 4354268 | 5125516 | 4882891 | 5386846 | 5177392 | 5228958 | 5091789 | 4149001 | 4386305 |
| 60871184 | 65179319 | 64593607 | 74129378 | 74764969 | 80408497 | 88188186 | 96779199 | 101717230 | 110643480 | 123664111 |
| 14111012 | 15232168 | 14522684 | 16005082 | 17037284 | 17158817 | 18033526 | 18627915 | 19570116 | 19723127 | 21078945 |
| 4694208 | 5213396 | 5427243 | 5540642 | 5958356 | 5632484 | 6056731 | 6892340 | 7314025 | 7498511 | 7949689 |
| 52094111 | 53921739 | 55980684 | 62689307 | 68562811 | 76523257 | 78525615 | 83420835 | 81127100 | 87101336 | 100045635 |
| 112655080 | 118306012 | 121573804 | 135540623 | 140934954 | 155333696 | 167377121 | 179076236 | 186667654 | 209952476 | 229442060 |
| 63320448 | 66428322 | 64458098 | 73585807 | 76229825 | 82261928 | 86779985 | 90880623 | 91685081 | 104542418 | 115468263 |
| 49334632 | 51877690 | 57115706 | 61954816 | 64705129 | 73071768 | 80597136 | 88195613 | 94982573 | 105410058 | 113973797 |
| 28796044 | 29125022 | 30434735 | 32278772 | 33859432 | 36002643 | 39035369 | 38744839 | 40175303 | 45186190 | 45210176 |
| 4529442 | 3763637 | 1692610 | 4011019 | 4419667 | 11612683 | 12734788 | 13956470 | 15644310 | 13219619 | 11740293 |
| 5915409 | 6476297 | 6874272 | 7019315 | 7711786 | 6920908 | 7226057 | 6725689 | 6828975 | 7592051 | 8137746 |
| 8634171 | 7650769 | 8148319 | 9441451 | 10920005 | 11495875 | 11694022 | 12648031 | 15371683 | 15656641 | 15521939 |
| 1662226 | 1547037 | 1499914 | 1534434 | 1462674 | 1418883 | 1355635 | 1276030 | 1239051 | 1255434 | 1221261 |
| 135312498 | 141702680 | 148577082 | 155323091 | 162829719 | 167268662 | 171911624 | 178585638 | 185951072 | 195549063 | 203101622 |
| 31433200 | 32962618 | 34451765 | 35991105 | 37373803 | 38438366 | 39669962 | 41103222 | 42094777 | 43477896 | 45445998 |

# 11-13 规模以上工业企业主要经济指标（2020年）

单位：万元

| 项 目 | Item |
|---|---|
| 企业单位数 （个） | Number of Enterprises (unit) |
| # 亏损企业 | Number of Loss-making Enterprises |
| 营业收入 | Business Revenue |
| 营业成本 | Cost of Business |
| 税金及附加 | Taxes and Other Charges |
| 盈利企业的盈利总额 | Total Profits of Profitable Enterprises |
| 亏损企业的亏损总额 | Total Losses of Loss-making Enterprises |
| 利润总额 | Total Profits of All Enterprises |
| 所得税费用 | Income Tax Payable |
| 应交增值税 | Value-added Tax Payable |
| 流动资产合计 | Total Working Capitals at the Year-end |
| # 应收账款 | Accounts Receivable |
| # 存 货 | Inventory |
| # 产成品存货 | Inventory of Finished Goods |
| 固定资产原价 | Original Value of Fixed Assets at the Year-end |
| 累计折旧 | Accumulated Depreciation |
| 固定资产净额 | Net Fixed Assets |
| 资产总计 | Total Assets at the Year-end |
| 负债合计 | Total Liabilities at the Year-end |
| 所有者权益合计 | Total Owners' Equity at the Year-end |
| # 实收资本 | Capital Hold |
| # 国家资本 | State Capital |
| 外商资本 | Foreign Capital |
| 应付职工薪酬 | Wages Payable |
| 平均用工人数 （人） | Annual Average Number of Staff and Workers (person) |
| 工业总产值 （当年价格） | Gross Industrial Output Value (at current prices) |
| 工业增加值 （当年价格） | Value-added of Industry (at current prices) |

## Main Indicators of Industrial Enterprises above the Designated Size (2020)

(10000 yuan)

| 全　市<br>Total | # 中央企业<br>Central Enterprises | # 地方企业<br>Local Enterprises |
|---|---|---|
| 6208 | 55 | 6153 |
| 1104 | 9 | 1095 |
| 209239195 | 25762591 | 183476604 |
| 170484184 | 21227338 | 149256846 |
| 5048506 | 2421562 | 2626944 |
| 16638382 | 1922437 | 14715945 |
| 2024371 | 130862 | 1893509 |
| 14614011 | 1791575 | 12822436 |
| 2366045 | 193328 | 2172717 |
| 4386305 | 568046 | 3818259 |
| 123664111 | 14664124 | 108999987 |
| 31351192 | 1781984 | 29569208 |
| 21078945 | 3010323 | 18068622 |
| 7949689 | 231073 | 7718616 |
| 100045635 | 18910957 | 81134678 |
| 51742082 | 10197171 | 41544911 |
| 46820031 | 8618489 | 38201542 |
| 229442060 | 50207325 | 179234735 |
| 115468263 | 16915102 | 98553161 |
| 113973797 | 33292223 | 80681574 |
| 45210176 | 9280235 | 35929941 |
| 11740293 | 6303750 | 5436543 |
| 8137746 | 51010 | 8086736 |
| 15521939 | 1041203 | 14480736 |
| 1221261 | 42522 | 1178739 |
| 203101622 | 25473513 | 177628109 |
| 45445998 | 6238763 | 39207235 |

# 11-14 规模以上工业企业主要经济指标(2020年，按轻重工业分)

单位：万元

| 项　　目 | | Item | |
|---|---|---|---|
| 企业单位数 | (个) | Number of Enterprises | (unit) |
| #亏损企业 | | Number of Loss-making Enterprises | |
| 营业收入 | | Business Revenue | |
| 营业成本 | | Cost of Business | |
| 税金及附加 | | Taxes and Other Charges | |
| 盈利企业的盈利总额 | | Total Profits of Profitable Enterprises | |
| 亏损企业的亏损总额 | | Total Losses of Loss-making Enterprises | |
| 利润总额 | | Total Profits of All Enterprises | |
| 所得税费用 | | Income Tax Payable | |
| 应交增值税 | | Value-added Tax Payable | |
| 流动资产合计 | | Total Working Capitals at the Year-end | |
| #应收账款 | | Accounts Receivable | |
| #存　货 | | Inventory | |
| #产成品存货 | | Inventory of Finished Goods | |
| 固定资产原价 | | Original Value of Fixed Assets at the Year-end | |
| 累计折旧 | | Accumulated Depreciation | |
| 固定资产净额 | | Net Fixed Assets | |
| 资产总计 | | Total Assets at the Year-end | |
| 负债合计 | | Total Liabilities at the Year-end | |
| 所有者权益合计 | | Total Owners' Equity at the Year-end | |
| #实收资本 | | Capital Hold | |
| #国家资本 | | State Capital | |
| 外商资本 | | Foreign Capital | |
| 应付职工薪酬 | | Wages Payable | |
| 平均用工人数 | (人) | Annual Average Number of Staff and Workers | (person) |
| 工业总产值 | (当年价格) | Gross Industrial Output Value | (at current prices) |
| 工业增加值 | (当年价格) | Value-added of Industry | (at current prices) |

# Main Indicators of Industrial Enterprises above the Designated Size
# (2020 by Light and Heavy Industry)

(10000 yuan)

| 全 市 Total | | # 中央企业 Central Enterprises | | # 地方企业 Local Enterprises | |
|---|---|---|---|---|---|
| 轻工业 Light Industry | 重工业 Heavy Industry | 轻工业 Light Industry | 重工业 Heavy Industry | 轻工业 Light Industry | 重工业 Heavy Industry |
| 3085 | 3123 | 5 | 50 | 3080 | 3073 |
| 613 | 491 | | 9 | 613 | 482 |
| 52433448 | 156805747 | 2518209 | 23244382 | 49915239 | 133561365 |
| 36028045 | 134456139 | 867920 | 20359418 | 35160125 | 114096721 |
| 1428927 | 3619579 | 1133313 | 1288249 | 295615 | 2331330 |
| 5648932 | 10989449 | 274400 | 1648037 | 5374532 | 9341412 |
| 865589 | 1158781 | | 130862 | 865589 | 1027919 |
| 4783343 | 9830668 | 274400 | 1517175 | 4508943 | 8313493 |
| 898345 | 1467700 | 67606 | 125722 | 830740 | 1341978 |
| 1596200 | 2790105 | 224775 | 343271 | 1371425 | 2446834 |
| 36770200 | 86893910 | 1875567 | 12788557 | 34894633 | 74105353 |
| 8024287 | 23326904 | 89331 | 1692653 | 7934956 | 21634251 |
| 7284862 | 13794083 | 1127090 | 1883233 | 6157773 | 11910850 |
| 2703433 | 5246256 | 31355 | 199718 | 2672079 | 5046538 |
| 15881097 | 84164538 | 795717 | 18115240 | 15085380 | 66049298 |
| 8671981 | 43070102 | 532522 | 9664649 | 8139458 | 33405453 |
| 6955622 | 39864410 | 261458 | 8357031 | 6694164 | 31507379 |
| 54323856 | 175118204 | 2630382 | 47576943 | 51693474 | 127541261 |
| 26317006 | 89151256 | 420867 | 16494235 | 25896139 | 72657021 |
| 28006850 | 85966948 | 2209514 | 31082709 | 25797335 | 54884239 |
| 10754228 | 34455948 | 858778 | 8421457 | 9895450 | 26034491 |
| 1669295 | 10070998 | 808726 | 5495024 | 860569 | 4575974 |
| 1799368 | 6338377 | | 51010 | 1799368 | 6287367 |
| 5661889 | 9860049 | 145334 | 895869 | 5516556 | 8964180 |
| 539004 | 682257 | 3744 | 38778 | 535260 | 643479 |
| 48826555 | 154275066 | 2396156 | 23077357 | 46430399 | 131197709 |
| 14957384 | 30488615 | 1899158 | 4339605 | 13058225 | 26149010 |

# 11-15 规模以上工业企业主要经济指标(2020年，按经济类型分)

单位:万元

| 项 目 | | Item | |
|---|---|---|---|
| 企业单位数 | (个) | Number of Enterprises | (unit) |
| # 亏损企业 | | Number of Loss-making Enterprises | |
| 营业收入 | | Business Revenue | |
| 营业成本 | | Cost of Business | |
| 税金及附加 | | Taxes and Other Charges | |
| 盈利企业的盈利总额 | | Total Profits of Profitable Enterprises | |
| 亏损企业的亏损总额 | | Total Losses of Loss-making Enterprises | |
| 利润总额 | | Total Profits of All Enterprises | |
| 所得税费用 | | Income Tax Payable | |
| 应交增值税 | | Value-added Tax Payable | |
| 流动资产合计 | | Total Working Capitals at the Year-end | |
| # 应收账款 | | Accounts Receivable | |
| # 存 货 | | Inventory | |
| # 产成品存货 | | Inventory of Finished Goods | |
| 固定资产原价 | | Original Value of Fixed Assets at the Year-end | |
| 累计折旧 | | Accumulated Depreciation | |
| 固定资产净额 | | Net Fixed Assets | |
| 资产总计 | | Total Assets at the Year-end | |
| 负债合计 | | Total Liabilities at the Year-end | |
| 所有者权益合计 | | Total Owners' Equity at the Year-end | |
| # 实收资本 | | Capital Hold | |
| # 国家资本 | | State Capital | |
| 外商资本 | | Foreign Capital | |
| 应付职工薪酬 | | Wages Payable | |
| 平均用工人数 | (人) | Annual Average Number of Staff and Workers | (person) |
| 工业总产值 | (当年价格) | Gross Industrial Output Value | (at current prices) |
| 工业增加值 | (当年价格) | Value-added of Industry | (at current prices) |

# Main Indicators of Industrial Enterprises above the Designated Size
## ( 2020, by Type of Ownership)

(10000 yuan)

| 全　市<br>Total | 国有企业<br>State-owned Enterprises | 集体企业<br>Collective-owned Enterprises | “三资”企业<br>Foreign Funded Enterprises | 其他企业<br>Other Enterprises | # 国有及国有控股工业企业<br>State-owned and State-holding Enterprises |
|---|---|---|---|---|---|
| 6208 | 30 | 20 | 1296 | 4862 | 312 |
| 1104 | 5 | 3 | 298 | 798 | 54 |
| 209239195 | 1047165 | 243995 | 111936967 | 96011067 | 79132454 |
| 170484184 | 801841 | 185829 | 90166821 | 79329694 | 67186931 |
| 5048506 | 7005 | 1057 | 2215830 | 2824615 | 3727510 |
| 16638382 | 100464 | 8905 | 9591595 | 6937419 | 6016339 |
| 2024371 | 3264 | 207 | 604201 | 1416699 | 1310338 |
| 14614011 | 97200 | 8698 | 8987394 | 5520719 | 4706001 |
| 2366045 | 17392 | 1662 | 1615360 | 731631 | 644283 |
| 4386305 | 26135 | 5321 | 2444299 | 1910549 | 1667339 |
| 123664111 | 1392317 | 181374 | 61581426 | 60508994 | 39031100 |
| 31351192 | 261069 | 47307 | 16221323 | 14821493 | 6535887 |
| 21078945 | 216817 | 47844 | 9364822 | 11449461 | 6573926 |
| 7949689 | 96361 | 10981 | 4060871 | 3781476 | 1727016 |
| 100045635 | 3848603 | 94536 | 43253512 | 52848984 | 53562366 |
| 51742082 | 1647737 | 79288 | 23376693 | 26638364 | 27729223 |
| 46820031 | 2200687 | 14555 | 18960505 | 25644284 | 25297087 |
| 229442060 | 4438895 | 231127 | 91320397 | 133451642 | 104369366 |
| 115468263 | 2539394 | 137259 | 52856189 | 59935421 | 46782508 |
| 113973797 | 1899501 | 93868 | 38464208 | 73516221 | 57586859 |
| 45210176 | 500722 | 24648 | 18409960 | 26274846 | 20327854 |
| 11740293 | 101180 |  | 1638563 | 10000550 | 10735960 |
| 8137746 |  |  | 8063539 | 74207 | 808587 |
| 15521939 | 219318 | 76092 | 8027359 | 7199170 | 4387668 |
| 1221261 | 12149 | 8515 | 566262 | 634335 | 207249 |
| 203101622 | 1060390 | 229647 | 106894564 | 94917021 | 76914271 |
| 45445998 | 348419 | 96392 | 24302751 | 20698437 | 16394670 |

# 11-16　规模以上工业企业主要经济指标(2020年，按企业规模分)

单位：万元

| 项　　目 | | Item | |
|---|---|---|---|
| 企业单位数 | (个) | Number of Enterprises | (unit) |
| #亏损企业 | | Number of Loss-making Enterprises | |
| 营业收入 | | Business Revenue | |
| 营业成本 | | Cost of Business | |
| 税金及附加 | | Taxes and Other Charges | |
| 盈利企业的盈利总额 | | Total Profits of Profitable Enterprises | |
| 亏损企业的亏损总额 | | Total Losses of Loss-making Enterprises | |
| 利润总额 | | Total Profits of All Enterprises | |
| 所得税费用 | | Income Tax Payable | |
| 应交增值税 | | Value-added Tax Payable | |
| 流动资产合计 | | Total Working Capitals at the Year-end | |
| #应收账款 | | Accounts Receivable | |
| #存　货 | | Inventory | |
| #产成品存货 | | Inventory of Finished Goods | |
| 固定资产原价 | | Original Value of Fixed Assets at the Year-end | |
| 累计折旧 | | Accumulated Depreciation | |
| 固定资产净额 | | Net Fixed Assets | |
| 资产总计 | | Total Assets at the Year-end | |
| 负债合计 | | Total Liabilities at the Year-end | |
| 所有者权益合计 | | Total Owners' Equity at the Year-end | |
| #实收资本 | | Capital Hold | |
| #国家资本 | | State Capital | |
| 外商资本 | | Foreign Capital | |
| 应付职工薪酬 | | Wages Payable | |
| 平均用工人数 | (人) | Annual Average Number of Staff and Workers | (person) |
| 工业总产值 | (当年价格) | Gross Industrial Output Value | (at current prices) |
| 工业增加值 | (当年价格) | Value-added of Industry | (at current prices) |

# Main Indicators of Industrial Enterprises above the Designated Size (2020, by Size of Enterprises)

(10000 yuan)

| 全 市 Total | | | # 国有及国有控股工业企业 State-owned and State-holding Enterprises | | |
|---|---|---|---|---|---|
| 大 型 Large Enterprises | 中 型 Medium Enterprises | 小微型 Small and Micro Enterprises | 大 型 Large Enterprises | 中 型 Medium Enterprises | 小微型 Small and Micro Enterprises |
| 165 | 597 | 5446 | 46 | 65 | 201 |
| 18 | 101 | 985 | 13 | 14 | 27 |
| 116492702 | 32704547 | 60041946 | 58937874 | 5382610 | 14811970 |
| 94416516 | 24794601 | 51273067 | 49119144 | 4161934 | 13905853 |
| 4605297 | 205045 | 238164 | 3634993 | 61258 | 31259 |
| 9321165 | 3704431 | 3612786 | 4679639 | 622697 | 714003 |
| 429576 | 460693 | 1134102 | 381306 | 211882 | 717150 |
| 8891589 | 3243739 | 2478684 | 4298333 | 410816 | -3148 |
| 1257813 | 605891 | 502341 | 484904 | 73807 | 85572 |
| 2606348 | 756832 | 1023125 | 1438000 | 125738 | 103601 |
| 61668407 | 25212725 | 36782979 | 27852754 | 5257215 | 5921131 |
| 12478232 | 7503706 | 11369254 | 3545207 | 1281782 | 1708898 |
| 9415641 | 4515531 | 7147772 | 4717350 | 869853 | 986723 |
| 3486141 | 1762249 | 2701299 | 1081547 | 258854 | 386615 |
| 65023492 | 14781218 | 20240925 | 41768436 | 4105306 | 7688624 |
| 33241339 | 7608140 | 10892604 | 21365456 | 1834580 | 4529187 |
| 30901201 | 7074915 | 8843915 | 20100733 | 2257273 | 2939081 |
| 136131536 | 38505400 | 54805125 | 82309808 | 9577387 | 12482171 |
| 65844490 | 19163702 | 30460071 | 34418220 | 5400919 | 6963369 |
| 70287046 | 19341698 | 24345053 | 47891588 | 4176468 | 5518803 |
| 23669262 | 8075677 | 13465237 | 14359627 | 2710337 | 3257890 |
| 8911961 | 1179086 | 1649247 | 8270244 | 1100673 | 1365043 |
| 4006655 | 2038403 | 2092688 | 438782 | 344554 | 25251 |
| 7669267 | 3699175 | 4153497 | 3379145 | 621689 | 386834 |
| 434334 | 325377 | 461550 | 149633 | 35182 | 22434 |
| 112486882 | 32186226 | 58428514 | 57941201 | 5248420 | 13724650 |
| 26173406 | 8481349 | 10791243 | 13243141 | 1315513 | 1836016 |

# 11-17 规模以上工业企业主要经济指标(2020年，按行业分)

单位:万元

| 行　　业 | Sector |
|---|---|
| **合　计** | **Total** |
| 煤炭开采和洗选业 | Mining and Washing of Coal |
| 石油和天然气开采业 | Extraction of Petroleum and Natural Gas |
| 黑色金属矿采选业 | Mining and Processing of Ferrous Metal Ores |
| 有色金属矿采选业 | Mining and Processing of Nonferrous Metal Ores |
| 非金属矿采选业 | Mining and Processing of Nonmetal Ores |
| 开采专业及辅助性活动 | Mining Professional and Auxiliary Activities |
| 其他矿采选业 | Mining of Other Ores |
| 农副食品加工业 | Processing of Food from Agricultural Products |
| 食品制造业 | Manufacturing of Foods |
| 酒、饮料和精制茶制造业 | Manufacture of Wine ,Beverages and Refined Tea |
| 烟草制品业 | Manufacturing of Tobacco |
| 纺织业 | Textile Industry |
| 纺织服装、服饰业 | Manufacture of Textile Wearing Apparel,Clothing |
| 皮革、毛皮、羽毛及其制品和制鞋业 | Manufacture of Leather, Fur, Feather and Related Products and Footwear |
| 木材加工及木、竹、藤、棕、草制品业 | Processing of Timber, Manufacture of Wood, Bamboo,Rattan,Palm and Straw Products |
| 家具制造业 | Manufacturing of Furniture |
| 造纸及纸制品业 | Manufacturing of Paper and Paper Products |
| 印刷和记录媒介复制业 | Printing and Record Media Duplication Industry |
| 文教、工美、体育和娱乐用品制造业 | Manufacture of Culture and Education ,Arts and Crafts, Sports and Entertainment Supplies |
| 石油、煤炭及其他燃料加工业 | Petroleum, Coal and Other Fuel Processing Industries |
| 化学原料及化学制品制造业 | Manufacturing of Raw Chemical Material and Chemical Products |
| 医药制造业 | Manufacturing of Medical and Pharmaceutical Products |
| 化学纤维制造业 | Manufacturing of Chemical Fiber |
| 橡胶和塑料制品业 | Manufacture of Rubber and Plastic |
| 非金属矿物制品业 | Manufacturing of Non-metallic Mineral Products |
| 黑色金属冶炼和压延加工业 | Smelting and Pressing of Ferrous Metals |
| 有色金属冶炼和压延加工业 | Smelting and Pressing of Non-ferrous Metals |
| 金属制品业 | Manufacturing of Metal Products |
| 通用设备制造业 | Manufacturing of General Purpose Equipment |
| 专用设备制造业 | Manufacturing of Special Purpose Equipment |
| 汽车制造业 | Manufacture of Automobile |
| 铁路、船舶、航空航天和其他运输设备制造业 | Manufacture of Railway, Ship, Aerospace and Other Transportation Equipment |
| 电气机械及器材制造业 | Manufacturing of Electric Machinery and Equipment |
| 计算机、通信和其他电子设备制造业 | Manufacture of Computers, Communications and Other Electronic Equipment |
| 仪器仪表制造业 | Manufacture of Instrument |
| 其他制造业 | Other Manufacturing |
| 废弃资源综合利用业 | Comprehensive Utilization of Waste Resources |
| 金属制品、机械和设备修理业 | Metal Products, Machinery and Equipment Repair |
| 电力、热力生产和供应业 | Production and Supply of Electric Power and Heat Power |
| 燃气生产和供应业 | Production and Supply of Gas |
| 水的生产和供应业 | Production and Supply of Water |

# Main Indicators of Industrial Enterprises above the Designated Size (2020, by Sector)

(10000 yuan)

| 单位数（个）Number of Enterprises (unit) | #亏损企业 Loss-making Enterprises | 工业总产值 Gross Output Value of Industry | 工业增加值 Value-added of Industry | 工业销售产值 Sales Value of Industry | 营业收入 Business Revenue | 营业成本 Cost of Business | 税金及附加 Taxes and Other Charges |
|---|---|---|---|---|---|---|---|
| **6208** | **1104** | **203101622** | **45445998** | **198483431** | **209239195** | **170484184** | **5048506** |
| 2 | 1 | 4563 | 1107 | 4564 | 5516 | 3134 | 325 |
| 124 | 29 | 3288337 | 427634 | 3369668 | 3607527 | 3191518 | 5328 |
| 164 | 33 | 5891880 | 2121703 | 6052983 | 7825718 | 4065003 | 58196 |
| 35 | 4 | 2349249 | 916660 | 2106352 | 2569422 | 1634183 | 40135 |
| 1 | | 2226506 | 1836339 | 2343615 | 2349648 | 752812 | 1132290 |
| 157 | 24 | 1873177 | 517186 | 1699527 | 1896474 | 1449257 | 9960 |
| 468 | 114 | 2295247 | 904445 | 2144408 | 2335785 | 1877771 | 11831 |
| 291 | 79 | 1266376 | 322787 | 1269032 | 1287281 | 1104702 | 6614 |
| 59 | 10 | 292866 | 158246 | 309703 | 336266 | 274900 | 4184 |
| 146 | 36 | 2899599 | 686037 | 2826289 | 2919114 | 2209775 | 15314 |
| 134 | 26 | 1584974 | 251151 | 1531258 | 1536181 | 1341073 | 4856 |
| 111 | 23 | 1084316 | 335552 | 1008044 | 1108420 | 920566 | 5322 |
| 145 | 48 | 1474694 | 453196 | 1422788 | 1534549 | 1199511 | 11334 |
| 13 | 1 | 5151847 | 1837012 | 4975696 | 4970702 | 3460448 | 1271461 |
| 613 | 77 | 12144278 | 3051835 | 12163271 | 12901835 | 8970348 | 70263 |
| 131 | 21 | 4143686 | 1634194 | 3853103 | 4161349 | 2114737 | 30913 |
| 8 | 1 | 58786 | 15922 | 60938 | 56036 | 44677 | 442 |
| 438 | 65 | 5135011 | 1285816 | 4976272 | 5624212 | 4437081 | 26638 |
| 271 | 26 | 5547054 | 841908 | 5368234 | 5572909 | 4687718 | 29865 |
| 28 | 7 | 3080669 | 179479 | 3121412 | 3322905 | 3158520 | 9280 |
| 61 | 8 | 4913291 | 262925 | 4882453 | 5463340 | 5359708 | 2999 |
| 344 | 59 | 3428939 | 658134 | 3169424 | 3773834 | 3214973 | 16147 |
| 391 | 60 | 7542376 | 1549222 | 7474682 | 7423163 | 5993325 | 30846 |
| 381 | 66 | 4733290 | 1347965 | 4138833 | 4569642 | 3298546 | 24006 |
| 339 | 59 | 58486955 | 12310762 | 59470284 | 59684157 | 50701222 | 2033471 |
| 86 | 28 | 4252740 | 533635 | 2319087 | 4425868 | 4071673 | 10858 |
| 451 | 65 | 9973308 | 1598654 | 9622321 | 9901422 | 8237060 | 37489 |
| 559 | 104 | 21229221 | 4431427 | 20383259 | 21235821 | 17904465 | 77336 |
| 84 | 10 | 2230334 | 443047 | 2145253 | 2220236 | 1820437 | 7450 |
| 27 | 3 | 245547 | 44536 | 186937 | 196294 | 156084 | 972 |
| 9 | 2 | 243820 | 41361 | 202653 | 231457 | 184410 | 1117 |
| 23 | 3 | 861814 | 340613 | 831919 | 852094 | 752552 | 5285 |
| 55 | 3 | 16225350 | 2595358 | 16233766 | 16463080 | 15341890 | 40475 |
| 26 | 4 | 5888750 | 988794 | 5861470 | 5858063 | 5702088 | 4593 |
| 33 | 5 | 1052772 | 521356 | 953933 | 1018875 | 848017 | 10911 |

11-17 续表 1

单位:万元

| 行　　业 | Sector |
| --- | --- |
| **合　计** | **Total** |
| 煤炭开采和洗选业 | Mining and Washing of Coal |
| 石油和天然气开采业 | Extraction of Petroleum and Natural Gas |
| 黑色金属矿采选业 | Mining and Processing of Ferrous Metal Ores |
| 有色金属矿采选业 | Mining and Processing of Nonferrous Metal Ores |
| 非金属矿采选业 | Mining and Processing of Nonmetal Ores |
| 开采专业及辅助性活动 | Mining Professional and Auxiliary Activities |
| 其他矿采选业 | Mining of Other Ores |
| 农副食品加工业 | Processing of Food from Agricultural Products |
| 食品制造业 | Manufacturing of Foods |
| 酒、饮料和精制茶制造业 | Manufacture of Wine ,Beverages and Refined Tea |
| 烟草制品业 | Manufacturing of Tobacco |
| 纺织业 | Textile Industry |
| 纺织服装、服饰业 | Manufacture of Textile Wearing Apparel,Clothing |
| 皮革、毛皮、羽毛及其制品和制鞋业 | Manufacture of Leather, Fur, Feather and Related Products and Footwear |
| 木材加工及木、竹、藤、棕、草制品业 | Processing of Timber, Manufacture of Wood, Bamboo,Rattan,Palm and Straw Products |
| 家具制造业 | Manufacturing of Furniture |
| 造纸和纸制品业 | Manufacture of Paper and Paper Products |
| 印刷和记录媒介复制业 | Printing and Record Media Duplication Industry |
| 文教、工美、体育和娱乐用品制造业 | Manufacture of Culture and Education ,Arts and Crafts, Sports and Entertainment Supplies |
| 石油、煤炭及其他燃料加工业 | Petroleum, Coal and Other Fuel Processing Industries |
| 化学原料及化学制品制造业 | Manufacturing of Raw Chemical Material and Chemical Products |
| 医药制造业 | Manufacturing of Medical and Pharmaceutical Products |
| 化学纤维制造业 | Manufacturing of Chemical Fiber |
| 橡胶和塑料制品业 | Manufacture of Rubber and Plastic |
| 非金属矿物制品业 | Manufacturing of Non-metallic Mineral Products |
| 黑色金属冶炼和压延加工业 | Smelting and Pressing of Ferrous Metals |
| 有色金属冶炼和压延加工业 | Smelting and Pressing of Non-ferrous Metals |
| 金属制品业 | Manufacturing of Metal Products |
| 通用设备制造业 | Manufacturing of General Purpose Equipment |
| 专用设备制造业 | Manufacturing of Special Purpose Equipment |
| 汽车制造业 | Manufacture of Automobile |
| 铁路、船舶、航空航天和其他运输设备制造业 | Manufacture of Railway, Ship, Aerospace and Other Transportation Equipment |
| 电气机械及器材制造业 | Manufacturing of Electric Machinery and Equipment |
| 计算机、通信和其他电子设备制造业 | Manufacture of Computers, Communications and Other Electronic Equipment |
| 仪器仪表制造业 | Manufacture of Instrument |
| 其他制造业 | Other Manufacturing |
| 废弃资源综合利用业 | Comprehensive Utilization of Waste Resources |
| 金属制品、机械和设备修理业 | Metal Products, Machinery and Equipment Repair |
| 电力、热力生产和供应业 | Production and Supply of Electric Power and Heat Power |
| 燃气生产和供应业 | Production and Supply of Gas |
| 水的生产和供应业 | Production and Supply of Water |

continued

(10000 yuan)

| 利润总额 Total Profits | 利税总额 Total Pre-tax Profits | 所得税费用 Income Tax Payable | 应交增值税 Value-added Tax Payable | 流动资产合计 Total Working Capitals at the Year-end | # 应收账款 Accounts Receivable | # 存货 Inventory | # 产成品存货 Inventory of Finished Goods |
|---|---|---|---|---|---|---|---|
| **14614011** | **24048822** | **2366045** | **4386305** | **123664111** | **31351192** | **21078945** | **7949689** |
| 1900 | 2685 | 547 | 453 | 5347 | | | |
| 239111 | 269986 | 31832 | 25547 | 1895524 | 332742 | 401093 | 130271 |
| 722288 | 1166520 | 164688 | 386036 | 3669202 | 654268 | 654086 | 383056 |
| 408398 | 553556 | 70752 | 105024 | 2016411 | 368161 | 224446 | 143910 |
| 256586 | 1607646 | 65257 | 218770 | 1792542 | 40123 | 1117939 | 28012 |
| 251652 | 302012 | 43446 | 40400 | 1375207 | 196255 | 323812 | 97061 |
| 155646 | 231330 | 29206 | 63854 | 1618546 | 337299 | 428093 | 249546 |
| -8415 | 17588 | 618 | 19390 | 769424 | 234511 | 175401 | 75607 |
| 87396 | 103854 | 6514 | 12274 | 506143 | 104471 | 47195 | 19308 |
| 295522 | 399404 | 38465 | 88568 | 2773414 | 360896 | 212840 | 63354 |
| 67010 | 95665 | 15135 | 23800 | 1783085 | 394818 | 154650 | 63766 |
| 49848 | 71628 | 9732 | 16458 | 645008 | 245060 | 117409 | 45626 |
| 64211 | 111764 | 13280 | 36219 | 1139907 | 264727 | 392834 | 170425 |
| 115658 | 1597694 | 29404 | 210575 | 1447748 | 141398 | 326264 | 53240 |
| 1059833 | 1499120 | 298975 | 369024 | 8701198 | 2751207 | 1348632 | 501632 |
| 856454 | 1066540 | 116544 | 179174 | 4669697 | 838224 | 660061 | 261997 |
| 7006 | 9249 | 732 | 1801 | 37837 | 7437 | 9027 | 3892 |
| 501471 | 628185 | 66844 | 100077 | 3428998 | 1067746 | 666869 | 294206 |
| 281417 | 471181 | 53155 | 159898 | 3631090 | 1853434 | 388966 | 177803 |
| 13831 | 64045 | 12291 | 40935 | 1180620 | 114201 | 377907 | 116082 |
| -10478 | 3975 | 4294 | 11453 | 1073814 | 232840 | 268352 | 118825 |
| 166154 | 240942 | 26002 | 58641 | 2481875 | 839908 | 576987 | 253110 |
| 511279 | 693306 | 56248 | 151182 | 7248884 | 1760310 | 2163990 | 1246050 |
| 560607 | 681629 | 79071 | 97016 | 3859434 | 1122343 | 1066372 | 320171 |
| 4309762 | 7659338 | 674613 | 1316106 | 25024303 | 6376468 | 3058699 | 1208700 |
| -14007 | 25330 | 10661 | 28479 | 5695787 | 1363062 | 1246672 | 91433 |
| 535957 | 685615 | 63650 | 112170 | 7546908 | 2697202 | 1476833 | 744818 |
| 1407002 | 1701946 | 213602 | 217607 | 16393061 | 4656936 | 2481905 | 836571 |
| 167222 | 198310 | 25779 | 23638 | 1063752 | 441240 | 214139 | 75536 |
| 14570 | 18412 | 3331 | 2870 | 105512 | 21172 | 30982 | 14332 |
| 20469 | 26585 | 4100 | 4999 | 264782 | 8148 | 45833 | 41031 |
| 6498 | 33273 | -135 | 21490 | 807648 | 363389 | 172202 | 40980 |
| 1384597 | 1634951 | 110909 | 209879 | 6968974 | 841795 | 115676 | 1314 |
| 73282 | 83251 | 17882 | 5377 | 1204583 | 151963 | 107363 | 76572 |
| 54274 | 92307 | 8621 | 27121 | 837846 | 167438 | 25416 | 1452 |

11-17 续表 2

单位：万元

| 行　　业 | Sector |
|---|---|
| **合　计** | **Total** |
| 煤炭开采和洗选业 | Mining and Washing of Coal |
| 石油和天然气开采业 | Extraction of Petroleum and Natural Gas |
| 黑色金属矿采选业 | Mining and Processing of  Ferrous Metal Ores |
| 有色金属矿采选业 | Mining and Processing of Nonferrous Metal Ores |
| 非金属矿采选业 | Mining and Processing of Nonmetal Ores |
| 开采专业及辅助性活动 | Mining Professional and Auxiliary Activities |
| 其他矿采选业 | Mining of Other Ores |
| 农副食品加工业 | Processing of Food from Agricultural Products |
| 食品制造业 | Manufacturing of Foods |
| 酒、饮料和精制茶制造业 | Manufacture of Wine ,Beverages and Refined Tea |
| 烟草制品业 | Manufacturing of Tobacco |
| 纺织业 | Textile Industry |
| 纺织服装、服饰业 | Manufacture of Textile Wearing Apparel,Clothing |
| 皮革、毛皮、羽毛及其制品和制鞋业 | Manufacture of Leather, Fur, Feather and Related Products and Footwear |
| 木材加工及木、竹、藤、棕、草制品业 | Processing of Timber, Manufacture of Wood, Bamboo,Rattan,Palm and Straw Products |
| 家具制造业 | Manufacturing of Furniture |
| 造纸及纸制品业 | Manufacturing of Paper and Paper Products |
| 印刷和记录媒介复制业 | Manufacture of Leather, Fur, Feather and Related Products and Footwear |
| 文教、工美、体育和娱乐用品制造业 | Manufacture of Culture and  Education ,Arts and Crafts, Sports and Entertainment Supplies |
| 石油、煤炭及其他燃料加工业 | Petroleum, Coal and Other Fuel Processing Industries |
| 化学原料及化学制品制造业 | Manufacturing of Raw Chemical Material and Chemical Products |
| 医药制造业 | Manufacturing of Medical and Pharmaceutical Products |
| 化学纤维制造业 | Manufacturing of Chemical Fiber |
| 橡胶和塑料制品业 | Manufacture of Rubber and Plastic |
| 非金属矿物制品业 | Manufacturing of Non-metallic Mineral Products |
| 黑色金属冶炼和压延加工业 | Smelting and Pressing of Ferrous Metals |
| 有色金属冶炼和压延加工业 | Smelting and Pressing of Non-ferrous Metals |
| 金属制品业 | Manufacturing of Metal Products |
| 通用设备制造业 | Manufacturing of General Purpose Equipment |
| 专用设备制造业 | Manufacturing of Special Purpose Equipment |
| 汽车制造业 | Manufacture of Automobile |
| 铁路、船舶、航空航天和其他运输设备制造业 | Manufacture of Railway, Ship, Aerospace and Other Transportation Equipment |
| 电气机械及器材制造业 | Manufacturing of Electric Machinery and Equipment |
| 计算机、通信和其他电子设备制造业 | Manufacture of  Computers, Communications and Other Electronic Equipment |
| 仪器仪表制造业 | Manufacture of Instrument |
| 其他制造业 | Other Manufacturing |
| 废弃资源综合利用业 | Comprehensive Utilization of Waste Resources |
| 金属制品、机械和设备修理业 | Metal Products, Machinery and Equipment Repair |
| 电力、热力生产和供应业 | Production and Supply of Electric Power and Heat Power |
| 燃气生产和供应业 | Production and Supply of Gas |
| 水的生产和供应业 | Production and Supply of Water |

continued

(10000 yuan)

| 固定资产原价 Original Value of Fixed Assets at the Year-end | 累计折旧 Accumulated Depreciation | 固定资产净额 Net Fixed Assets | 资产总计 Total Assets at the Year-end | 负债合计 Total Liabilities at the Year-end | 所有者权益合计 Total Owners' Equity at the Year-end | 平均用工人数（人） Average Number of Employed Persons (person) |
|---|---|---|---|---|---|---|
| **100045635** | **51742082** | **46820031** | **229442060** | **115468263** | **113973797** | **1221261** |
| 557 | 92 | 8 | 6490 | 2423 | 4068 | 81 |
| 571171 | 294965 | 272507 | 2556175 | 1489550 | 1066626 | 11976 |
| 2253843 | 1335076 | 908913 | 5440147 | 2717560 | 2722588 | 57254 |
| 1144742 | 634862 | 504350 | 2808720 | 998766 | 1809954 | 16945 |
| 702685 | 502976 | 197972 | 2414847 | 359118 | 2055729 | 2723 |
| 889794 | 534410 | 354689 | 1810120 | 757798 | 1052322 | 22066 |
| 318008 | 162806 | 148668 | 1936389 | 1091742 | 844647 | 56612 |
| 210167 | 98669 | 92631 | 1086403 | 666075 | 420329 | 39524 |
| 100051 | 63265 | 36101 | 844142 | 234411 | 609730 | 5030 |
| 524102 | 206542 | 307100 | 4045006 | 2045465 | 1999541 | 32250 |
| 627248 | 254391 | 364489 | 2464986 | 1530056 | 934929 | 11883 |
| 628799 | 364615 | 260036 | 1004318 | 544974 | 459344 | 20212 |
| 728036 | 424608 | 285352 | 1578921 | 752575 | 826345 | 38972 |
| 2388955 | 1829663 | 550012 | 2534919 | 1456744 | 1078175 | 5157 |
| 3739345 | 2057743 | 1596054 | 12513932 | 6885758 | 5628174 | 73916 |
| 1694786 | 823894 | 831741 | 8097968 | 2759638 | 5338330 | 37981 |
| 66364 | 43190 | 22935 | 78342 | 16833 | 61509 | 579 |
| 2328546 | 1236139 | 1039271 | 6298994 | 3281681 | 3017313 | 55783 |
| 1652686 | 795971 | 852309 | 4940057 | 3430307 | 1509750 | 27987 |
| 1937397 | 1098510 | 838828 | 2278311 | 1529698 | 748613 | 4943 |
| 274503 | 135428 | 120604 | 1650561 | 1206504 | 444056 | 5619 |
| 1177939 | 630255 | 521360 | 3434879 | 1807485 | 1627394 | 41070 |
| 2229885 | 1363237 | 852795 | 9519588 | 5184972 | 4334616 | 73641 |
| 1179945 | 543037 | 622268 | 5347625 | 2925019 | 2422607 | 45440 |
| 16245030 | 9345146 | 6230964 | 36317855 | 22490332 | 13827523 | 157542 |
| 1938341 | 841428 | 1082817 | 7980889 | 5902318 | 2078571 | 27707 |
| 2085835 | 1051697 | 1010380 | 10369842 | 5315552 | 5054290 | 92234 |
| 13565767 | 5499184 | 7782477 | 29111665 | 15632706 | 13478959 | 173403 |
| 581134 | 367876 | 211624 | 1606968 | 896856 | 710112 | 17283 |
| 54578 | 27019 | 27132 | 144011 | 83351 | 60660 | 3047 |
| 82044 | 42059 | 39984 | 362832 | 211206 | 151626 | 1687 |
| 759746 | 327327 | 431408 | 1360330 | 775568 | 584761 | 13099 |
| 30148567 | 16434441 | 13578921 | 48512939 | 14597496 | 33915443 | 29341 |
| 811295 | 314511 | 497236 | 2321698 | 1662474 | 659224 | 4571 |
| 6403744 | 2057050 | 4346095 | 6661191 | 4225252 | 2435939 | 13703 |

# 11-18 规模以上大中型工业企业主要经济指标（2020年，按轻重工业分）

单位：万元

| 项　　目 | | Item | |
|---|---|---|---|
| 企业单位数 | （个） | Number of Enterprises | (unit) |
| #亏损企业 | | Number of Loss-making Enterprises | |
| 营业收入 | | Business Revenue | |
| 营业成本 | | Cost of Business | |
| 税金及附加 | | Taxes and Other Charges | |
| 盈利企业的盈利总额 | | Total Profits of Profitable Enterprises | |
| 亏损企业的亏损总额 | | Total Losses of Loss-making Enterprises | |
| 利润总额 | | Total Profits of All Enterprises | |
| 所得税费用 | | Income Tax Payable | |
| 应交增值税 | | Value-added Tax Payable | |
| 流动资产合计 | | Total Working Capitals at the Year-end | |
| #应收账款 | | Accounts Receivable | |
| #存　货 | | Inventory | |
| #产成品存货 | | Inventory of Finished Goods | |
| 固定资产原价 | | Original Value of Fixed Assets at the Year-end | |
| 累计折旧 | | Accumulated Depreciation | |
| 固定资产净额 | | Net Fixed Assets | |
| 资产总计 | | Total Assets at the Year-end | |
| 负债合计 | | Total Liabilities at the Year-end | |
| 所有者权益合计 | | Total Owners' Equity at the Year-end | |
| #实收资本 | | Capital Hold | |
| #国家资本 | | State Capital | |
| 外商资本 | | Foreign Capital | |
| 应付职工薪酬 | | Wages Payable | |
| 平均用工人数 | （人） | Annual Average Number of Staff and Workers | (person) |
| 工业总产值 | （当年价格） | Gross Industrial Output Value | (at current prices) |
| 工业增加值 | （当年价格） | Value-added of Industry | (at current prices) |

## Major Indicators of Large and Medium-sized Industrial Enterprises above the Designated Size (2020，by Light and Heavy Industry)

(10000 yuan)

| 全　市<br>Total | | # 中央企业<br>Central Enterprises | | # 地方企业<br>Local Enterprises | |
|---|---|---|---|---|---|
| 轻工业<br>Light Industry | 重工业<br>Heavy Industry | 轻工业<br>Light Industry | 重工业<br>Heavy Industry | 轻工业<br>Light Industry | 重工业<br>Heavy Industry |
| 349 | 413 | 2 | 19 | 347 | 394 |
| 64 | 55 | | 6 | 64 | 49 |
| 34460004 | 114737245 | 2491759 | 19664182 | 31968245 | 95073063 |
| 21493777 | 97717340 | 851103 | 17079943 | 20642674 | 80637397 |
| 1342808 | 3467534 | 1132911 | 1283762 | 209897 | 2183772 |
| 4397476 | 8628120 | 269235 | 1430746 | 4128241 | 7197374 |
| 193700 | 696569 | | 125490 | 193700 | 571079 |
| 4203776 | 7931552 | 269235 | 1305256 | 3934541 | 6626296 |
| 732441 | 1131263 | 66666 | 109029 | 665775 | 1022234 |
| 1225931 | 2137249 | 222740 | 327787 | 1003191 | 1809462 |
| 24168335 | 62712797 | 1828481 | 11662168 | 22339854 | 51050629 |
| 4580256 | 15401682 | 50271 | 1392794 | 4529985 | 14008888 |
| 4525589 | 9405583 | 1126182 | 1705255 | 3399407 | 7700328 |
| 1674458 | 3573932 | 31189 | 114929 | 1643269 | 3459003 |
| 10268037 | 69536673 | 788046 | 17492627 | 9479991 | 52044046 |
| 5848435 | 35001044 | 526416 | 9526656 | 5322019 | 25474388 |
| 4356580 | 33619536 | 259894 | 7875294 | 4096686 | 25744242 |
| 36762455 | 137874481 | 2578869 | 45672914 | 34183586 | 92201567 |
| 16511245 | 68496947 | 415653 | 15245453 | 16095592 | 53251494 |
| 20251210 | 69377534 | 2163216 | 30427461 | 18087994 | 38950073 |
| 6348940 | 25395999 | 823117 | 7951486 | 5525823 | 17444513 |
| 1496456 | 8594591 | 807382 | 5361295 | 689074 | 3233296 |
| 1103479 | 4941579 | | 49005 | 1103479 | 4892574 |
| 3851126 | 7517316 | 142090 | 829698 | 3709036 | 6687618 |
| 301785 | 457926 | 3513 | 35576 | 298272 | 422350 |
| 30906343 | 113766765 | 2228726 | 19812402 | 28677617 | 93954363 |
| 10495567 | 24159188 | 1836957 | 3750463 | 8658610 | 20408725 |

# 11-19 规模以上大中型工业企业主要经济指标（2020年，按经济类型分）

单位:万元

| 项　　目 | | Item | |
|---|---|---|---|
| 企业单位数 | (个) | Number of Enterprises | (unit) |
| #亏损企业 | | Number of Loss-making Enterprises | |
| 营业收入 | | Business Revenue | |
| 营业成本 | | Cost of Business | |
| 税金及附加 | | Taxes and Other Charges | |
| 盈利企业的盈利总额 | | Total Profits of Profitable Enterprises | |
| 亏损企业的亏损总额 | | Total Losses of Loss-making Enterprises | |
| 利润总额 | | Total Profits of All Enterprises | |
| 所得税费用 | | Income Tax Payable | |
| 应交增值税 | | Value-added Tax Payable | |
| 流动资产合计 | | Total Working Capitals at the Year-end | |
| #应收账款 | | Accounts Receivable | |
| #存　货 | | Inventory | |
| #产成品存货 | | Inventory of Finished Goods | |
| 固定资产原价 | | Original Value of Fixed Assets at the Year-end | |
| 累计折旧 | | Accumulated Depreciation | |
| 固定资产净额 | | Net Fixed Assets | |
| 资产总计 | | Total Assets at the Year-end | |
| 负债合计 | | Total Liabilities at the Year-end | |
| 所有者权益合计 | | Total Owners' Equity at the Year-end | |
| #实收资本 | | Capital Hold | |
| #国家资本 | | State Capital | |
| 外商资本 | | Foreign Capital | |
| 应付职工薪酬 | | Wages Payable | |
| 平均用工人数 | (人) | Annual Average Number of Staff and Workers | (person) |
| 工业总产值 | (当年价格) | Gross Industrial Output Value | (at current prices) |
| 工业增加值 | (当年价格) | Value-added of Industry | (at current prices) |

# Major Indicators of Large and Medium-sized Industrial Enterprises above the Designated Size (2020, by Type of Ownership)

(10000 yuan)

| 合 计<br>Total | 国有企业<br>State-owned Enterprises | 集体企业<br>Collective-owned Enterprises | “三资”企业<br>Foreign Funded Enterprises | 其他企业<br>Other Enterprises |
|---|---|---|---|---|
| 762 | 7 | 5 | 397 | 353 |
| 119 | | | 65 | 54 |
| 149197249 | 651814 | 85630 | 95600929 | 52858876 |
| 119211117 | 520077 | 58817 | 76554837 | 42077386 |
| 4810342 | 4647 | 242 | 2129606 | 2675847 |
| 13025596 | 28082 | 1589 | 8251398 | 4744527 |
| 890269 | | | 400056 | 490213 |
| 12135328 | 28082 | 1589 | 7851342 | 4254315 |
| 1863704 | 2365 | 397 | 1370157 | 490785 |
| 3363180 | 15738 | 3 | 2155768 | 1191671 |
| 86881132 | 616945 | 21403 | 49626049 | 36616735 |
| 19981938 | 103668 | 2446 | 12892090 | 6983734 |
| 13931172 | 165725 | | 7160859 | 6604588 |
| 5248390 | 65733 | | 3225871 | 1956786 |
| 79804710 | 2921638 | 28896 | 35919091 | 40935085 |
| 40849479 | 1093666 | 22682 | 19365458 | 20367673 |
| 37976116 | 1827972 | 6215 | 15865682 | 20276247 |
| 174636936 | 2903295 | 29957 | 74264423 | 97439261 |
| 85008192 | 1839042 | 3184 | 44045258 | 39120708 |
| 89628744 | 1064252 | 26773 | 30219165 | 58318554 |
| 31744939 | 89978 | 590 | 13377199 | 18277172 |
| 10091047 | 20154 | | 1326152 | 8744741 |
| 6045058 | | | 5973164 | 71894 |
| 11368442 | 173613 | 55662 | 6853741 | 4285426 |
| 759711 | 9293 | 7142 | 458855 | 284421 |
| 144673108 | 689659 | 85630 | 91403424 | 52494395 |
| 34654755 | 266147 | 58184 | 21325954 | 13004470 |

# 11-20 规模以上工业企业主要经济效益指标

| 项目 | | Item | |
|---|---|---|---|
| 工业经济效益综合指数 | (%) | Industrial Economic Benefit Synthetic | (%) |
| 总资产贡献率 | (%) | Ratio of Total Assets to Industrial Output Value | (%) |
| 资本保值增值率 | (%) | Ratio of Capital Maintenance and Appreciation | (%) |
| 资产负债率 | (%) | Assets-Liability Ratio | (%) |
| 流动资产周转率 | (次) | Number of Times of Annual of Turnover Working Capitals | (times) |
| 工业成本费用利润率 | (%) | Ratio of Profits to Industrial Cost | (%) |
| 工业全员劳动生产率 | (元/人) | Overall Labor Productivity | (yuan/person) |
| 工业产品销售率 | (%) | Proportion of Products Sold | (%) |
| 工业资金利税率 | (%) | Ratio of Pre-tax Profits to Total Capital | (%) |
| 营业收入利润率 | (%) | Ratio of Business Revenue | (%) |
| 每百元营业收入中的成本 | (元) | Cost of Business Per 100 Yuan | (yuan) |
| 工业增加值率 | (%) | Ratio of Value-added to Gross Industrial Output Value | (%) |
| 企业亏损面 | (%) | Ratio of Loss-making Enterprises to Total Industrial Enterprises | (%) |
| 工业产成品存货可供销售天数 | (天) | Days for Sale of Inventory of Finished Products | (day) |
| 每百元资金提供的总产值 | (元) | Output Value Created by per 100 yuan | (yuan) |
| 每百元资金提供的利税 | (元) | Pre-tax Profits Created by per 100 Yuan | (yuan) |
| 每百元固定资产原价提供利税 | (元) | Pre-tax Profits Created by per 100 yuan Original Value of Fixed Assets | (yuan) |
| 每百元固定资产原价提供总产值 | (元) | Output Value Created by per 100 yuan Original Value of Fixed Assets | (yuan) |
| 每百元固定资产净值提供利税 | (元) | Pre-tax Profits Created by per 100 yuan Net Value of Fixed Assets | (yuan) |
| 每百元固定资产净值提供总产值 | (元) | Output Value Created by per 100 yuan Net Value of Fixed Assets | (yuan) |
| 每百元总产值实现利税 | (元) | Pre-tax Profits Created by per 100 yuan Output Value | (yuan) |
| 每百元总产值占用全部资产 | (元) | Total Assets Used by per 100 yuan Output Value | (yuan) |
| 平均每个职工拥有全部资产 | (元) | Average Assets Owned by per Staff and Worker | (yuan) |
| 平均每个职工提供利税 | (元) | Average Pre-tax Profits Created by per Staff and Worker | (yuan) |

# Main Indicators on Economic Benefit of Industrial Enterprises above the Designated Size

| 2019 | | | 2020 | | |
|---|---|---|---|---|---|
| 全 市 Total | # 中央企业 Central Enterprises | # 地方企业 Local Enterprises | 全 市 Total | # 中央企业 Central Enterprises | # 地方企业 Local Enterprises |
| 316.65 | 978.95 | 290.56 | 331.95 | 994.97 | 308.40 |
| 11.81 | 12.65 | 11.56 | 11.46 | 10.40 | 11.75 |
| 110.98 | 104.92 | 113.69 | 108.12 | 107.98 | 108.18 |
| 49.79 | 33.04 | 54.50 | 50.33 | 33.69 | 54.99 |
| 1.85 | 2.05 | 1.82 | 1.69 | 1.76 | 1.68 |
| 7.00 | 11.64 | 6.34 | 7.59 | 8.00 | 7.54 |
| 346318 | 1406266 | 307920 | 372124 | 1467185 | 332620 |
| 97.55 | 94.86 | 97.97 | 97.73 | 91.63 | 98.60 |
| 14.75 | 27.42 | 12.78 | 13.98 | 20.45 | 12.97 |
| 6.51 | 10.35 | 5.94 | 6.98 | 6.95 | 6.99 |
| 82.56 | 84.87 | 82.22 | 81.48 | 82.40 | 81.35 |
| 22.23 | 23.81 | 21.99 | 22.38 | 24.49 | 22.07 |
| 13.92 | 19.57 | 13.88 | 17.78 | 16.36 | 17.80 |
| 13.19 | 2.85 | 14.74 | 13.68 | 3.23 | 15.14 |
| 129.14 | 127.01 | 129.47 | 118.10 | 108.96 | 119.54 |
| 14.75 | 27.42 | 12.78 | 13.98 | 20.45 | 12.97 |
| 25.65 | 33.28 | 23.82 | 24.04 | 25.28 | 23.75 |
| 224.51 | 154.15 | 241.34 | 203.01 | 134.70 | 218.93 |
| 54.78 | 75.57 | 50.17 | 49.79 | 54.87 | 48.67 |
| 479.49 | 350.04 | 508.21 | 420.47 | 292.34 | 448.67 |
| 11.43 | 21.59 | 9.87 | 11.84 | 18.77 | 10.85 |
| 107.37 | 177.63 | 96.63 | 112.97 | 197.10 | 100.90 |
| 1672350 | 10490394 | 1352910 | 1878731 | 11807376 | 1520563 |
| 177959 | 1275040 | 138216 | 196918 | 1124402 | 163460 |

# 11-21 规模以上工业企业主要经济效益指标（2020年，按轻重工业分）

| 项　　目 | | Item | |
|---|---|---|---|
| 工业经济效益综合指数 | (%) | Industrial Economic Benefit Synthetic | (%) |
| 总资产贡献率 | (%) | Ratio of Total Assets to Industrial Output Value | (%) |
| 资本保值增值率 | (%) | Ratio of Capital Maintenance and Appreciation | (%) |
| 资产负债率 | (%) | Assets-Liability Ratio | (%) |
| 流动资产周转率 | （次） | Number of Times of Annual of Turnover Working Capitals | (times) |
| 工业成本费用利润率 | (%) | Ratio of  Profits to Industrial Cost | (%) |
| 工业全员劳动生产率 | （元/人） | Overall Labor Productivity | (yuan/person) |
| 工业产品销售率 | (%) | Proportion of  Products Sold | (%) |
| 工业资金利税率 | (%) | Ratio of Pre-tax Profits to Total Capital | (%) |
| 营业收入利润率 | (%) | Ratio of Business Revenue | (%) |
| 每百元营业收入中的成本 | （元） | Cost of Business Per 100 Yuan | (yuan) |
| 工业增加值率 | (%) | Ratio of Value-added to Gross Industrial Output Value | (%) |
| 企业亏损面 | (%) | Ratio of Loss-making Enterprises to Total Industrial Enterprises | (%) |
| 工业产成品存货可供销售天数 | （天） | Days for Sale of Inventory of Finished Products | (day) |
| 每百元资金提供的总产值 | （元） | Output Value Created by per 100 yuan | (yuan) |
| 每百元资金提供的利税 | （元） | Pre-tax Profits Created by per 100 Yuan | (yuan) |
| 每百元固定资产原价提供利税 | （元） | Pre-tax Profits Created by per 100 yuan Original Value of Fixed Assets | (yuan) |
| 每百元固定资产原价提供总产值 | （元） | Output Value Created by per 100 yuan Original Value of Fixed Assets | (yuan) |
| 每百元固定资产净值提供利税 | （元） | Pre-tax Profits Created by per 100 yuan Net Value of Fixed Assets | (yuan) |
| 每百元固定资产净值提供总产值 | （元） | Output Value Created by per 100 yuan Net Value of Fixed Assets | (yuan) |
| 每百元总产值实现利税 | （元） | Pre-tax Profits Created by per 100 yuan Output Value | (yuan) |
| 每百元总产值占用全部资产 | （元） | Total Assets Used by per 100 yuan Output Value | (yuan) |
| 平均每个职工拥有全部资产 | （元） | Average Assets Owned by per Staff and Worker | (yuan) |
| 平均每个职工提供利税 | （元） | Average Pre-tax Profits Created by per Staff and Worker | (yuan) |

## Main Indicators on Economic Benefit of Industrial Enterprises above the Designated Size (2020, by Light and Heavy Industry)

| 全　市 Total | | # 中央企业 Central Enterprises | | # 地方企业 Local Enterprises | |
|---|---|---|---|---|---|
| 轻工业 Light Industry | 重工业 Heavy Industry | 轻工业 Light Industry | 重工业 Heavy Industry | 轻工业 Light Industry | 重工业 Heavy Industry |
| 287.28 | 373.45 | 3349.44 | 775.38 | 260.98 | 351.31 |
| 14.45 | 10.45 | 65.18 | 7.39 | 12.05 | 11.62 |
| 97.85 | 111.95 | 113.14 | 107.63 | 96.73 | 114.56 |
| 48.44 | 50.91 | 16.00 | 34.67 | 50.10 | 56.97 |
| 1.43 | 1.80 | 1.34 | 1.82 | 1.43 | 1.80 |
| 10.25 | 6.74 | 26.18 | 7.11 | 9.89 | 6.68 |
| 277500 | 446879 | 5072538 | 1119089 | 243960 | 406369 |
| 105.42 | 95.29 | 104.95 | 90.24 | 105.45 | 96.18 |
| 17.75 | 12.69 | 76.33 | 14.82 | 14.76 | 12.26 |
| 9.12 | 6.27 | 10.90 | 6.53 | 9.03 | 6.22 |
| 68.71 | 85.75 | 34.47 | 87.59 | 70.44 | 85.43 |
| 30.63 | 19.76 | 79.26 | 18.80 | 28.12 | 19.93 |
| 19.87 | 15.72 | | 18.00 | 19.90 | 15.68 |
| 18.56 | 12.04 | 4.48 | 3.09 | 19.27 | 13.60 |
| 111.02 | 120.54 | 112.03 | 108.65 | 110.97 | 122.90 |
| 17.75 | 12.69 | 76.33 | 14.82 | 14.76 | 12.26 |
| 49.17 | 19.30 | 205.16 | 17.38 | 40.94 | 19.82 |
| 307.45 | 183.30 | 301.13 | 127.39 | 307.78 | 198.64 |
| 108.31 | 39.52 | 620.26 | 37.26 | 88.92 | 40.10 |
| 677.29 | 375.42 | 910.41 | 273.09 | 668.46 | 401.91 |
| 15.99 | 10.53 | 68.13 | 13.64 | 13.30 | 9.98 |
| 111.26 | 113.51 | 109.78 | 206.16 | 111.34 | 97.21 |
| 1007856 | 2566748 | 7025592 | 12269055 | 965764 | 1982058 |
| 144869 | 238039 | 4360278 | 811980 | 115383 | 203451 |

# 11-22 规模以上工业企业主要经济效益指标（2020年，按经济类型分）

| 项　　目 | | Item | |
|---|---|---|---|
| 工业经济效益综合指数 | (%) | Industrial Economic Benefit Synthetic | (%) |
| 总资产贡献率 | (%) | Ratio of Total Assets to Industrial Output Value | (%) |
| 资本保值增值率 | (%) | Ratio of Capital Maintenance and Appreciation | (%) |
| 资产负债率 | (%) | Assets-Liability Ratio | (%) |
| 流动资产周转率 | （次） | Number of Times of Annual of Turnover Working Capitals | (times) |
| 工业成本费用利润率 | (%) | Ratio of  Profits to Industrial Cost | (%) |
| 工业全员劳动生产率 | （元/人） | Overall Labor Productivity | (yuan/person) |
| 工业产品销售率 | (%) | Proportion of  Products Sold | (%) |
| 工业资金利税率 | (%) | Ratio of Pre-tax Profits to Total Capital | (%) |
| 营业收入利润率 | (%) | Ratio of Business Revenue | (%) |
| 每百元营业收入中的成本 | （元） | Cost of Business Per 100 Yuan | (yuan) |
| 工业增加值率 | (%) | Ratio of Value-added to Gross Industrial Output Value | (%) |
| 企业亏损面 | (%) | Ratio of Loss-making Enterprises to Total Industrial Enterprises | (%) |
| 工业产成品存货可供销售天数 | （天） | Days for Sale of Inventory of Finished Products | (day) |
| 每百元资金提供的总产值 | （元） | Output Value Created by per 100 yuan | (yuan) |
| 每百元资金提供的利税 | （元） | Pre-tax Profits Created by per 100 Yuan | (yuan) |
| 每百元固定资产原价提供利税 | （元） | Pre-tax Profits Created by per 100 yuan Original Value of Fixed Assets | (yuan) |
| 每百元固定资产原价提供总产值 | （元） | Output Value Created by per 100 yuan Original Value of Fixed Assets | (yuan) |
| 每百元固定资产净值提供利税 | （元） | Pre-tax Profits Created by per 100 yuan Net Value of Fixed Assets | (yuan) |
| 每百元固定资产净值提供总产值 | （元） | Output Value Created by per 100 yuan Net Value of Fixed Assets | (yuan) |
| 每百元总产值实现利税 | （元） | Pre-tax Profits Created by per 100 yuan Output Value | (yuan) |
| 每百元总产值占用全部资产 | （元） | Total Assets Used by per 100 yuan Output Value | (yuan) |
| 平均每个职工拥有全部资产 | （元） | Average Assets Owned by per Staff and Worker | (yuan) |
| 平均每个职工提供利税 | （元） | Average Pre-tax Profits Created by per Staff and Worker | (yuan) |

# Main Indicators on Economic Benefit of Industrial Enterprises above the Designated Size (2020, by Type of Ownership)

| 全 市 Total | 国有企业 State-owned Enterprises | 集体企业 Collective-owned Enterprises | "三资"企业 Foreign Funded Enterprises | 其他企业 Other Enterprises | # 国有及国有控股工业企业 State-owned and State-holding Enterprises |
|---|---|---|---|---|---|
| 331.95 | 272.98 | 157.44 | 380.71 | 292.08 | 583.32 |
| 11.46 | 5.26 | 9.66 | 15.94 | 8.57 | 10.60 |
| 108.12 | 177.23 | 161.31 | 104.41 | 109.01 | 108.37 |
| 50.33 | 57.21 | 59.39 | 57.88 | 44.91 | 44.82 |
| 1.69 | 0.75 | 1.35 | 1.82 | 1.59 | 2.03 |
| 7.59 | 9.55 | 3.71 | 8.81 | 6.19 | 6.51 |
| 372124 | 286788 | 113202 | 429179 | 326301 | 791061 |
| 97.73 | 75.60 | 73.78 | 101.11 | 94.23 | 96.33 |
| 13.98 | 3.63 | 7.67 | 16.75 | 11.83 | 15.57 |
| 6.98 | 9.28 | 3.56 | 8.03 | 5.75 | 5.95 |
| 81.48 | 76.57 | 76.16 | 80.55 | 82.63 | 84.90 |
| 22.38 | 32.86 | 41.97 | 22.74 | 21.81 | 21.32 |
| 17.78 | 16.67 | 15.00 | 22.99 | 16.41 | 17.31 |
| 13.68 | 33.13 | 16.20 | 13.06 | 14.18 | 7.86 |
| 118.10 | 29.51 | 116.80 | 131.23 | 109.45 | 118.58 |
| 13.98 | 3.63 | 7.67 | 16.75 | 11.83 | 15.57 |
| 24.04 | 3.39 | 15.95 | 31.55 | 19.41 | 18.86 |
| 203.01 | 27.55 | 242.92 | 247.13 | 179.60 | 143.60 |
| 49.79 | 5.92 | 98.88 | 68.66 | 39.13 | 39.10 |
| 420.47 | 48.18 | 1506.12 | 537.79 | 362.13 | 297.73 |
| 11.84 | 12.29 | 6.56 | 12.77 | 10.81 | 13.13 |
| 112.97 | 418.61 | 100.64 | 85.43 | 140.60 | 135.70 |
| 1878731 | 3653712 | 271435 | 1612688 | 2103804 | 5035941 |
| 196918 | 107284 | 17705 | 241011 | 161679 | 487377 |

# 11-23 规模以上工业企业主要经济效益指标（2020年，按企业规模分）

| 项　　目 | | Item | |
|---|---|---|---|
| 工业经济效益综合指数 | (%) | Industrial Economic Benefit Synthetic | (%) |
| 总资产贡献率 | (%) | Ratio of Total Assets to Industrial Output Value | (%) |
| 资本保值增值率 | (%) | Ratio of Capital Maintenance and Appreciation | (%) |
| 资产负债率 | (%) | Assets-Liability Ratio | (%) |
| 流动资产周转率 | (次) | Number of Times of Annual of Turnover Working Capitals | (times) |
| 工业成本费用利润率 | (%) | Ratio of Profits to Industrial Cost | (%) |
| 工业全员劳动生产率 | (元/人) | Overall Labor Productivity | (yuan/person) |
| 工业产品销售率 | (%) | Proportion of Products Sold | (%) |
| 工业资金利税率 | (%) | Ratio of Pre-tax Profits to Total Capital | (%) |
| 营业收入利润率 | (%) | Ratio of Business Revenue | (%) |
| 每百元营业收入中的成本 | (元) | Cost of Business Per 100 Yuan | (yuan) |
| 工业增加值率 | (%) | Ratio of Value-added to Gross Industrial Output Value | (%) |
| 企业亏损面 | (%) | Ratio of Loss-making Enterprises to Total Industrial Enterprises | (%) |
| 工业产成品存货可供销售天数 | (天) | Days for Sale of Inventory of Finished Products | (day) |
| 每百元资金提供的总产值 | (元) | Output Value Created by per 100 yuan | (yuan) |
| 每百元资金提供的利税 | (元) | Pre-tax Profits Created by per 100 Yuan | (yuan) |
| 每百元固定资产原价提供利税 | (元) | Pre-tax Profits Created by per 100 yuan Original Value of Fixed Assets | (yuan) |
| 每百元固定资产原价提供总产值 | (元) | Output Value Created by per 100 yuan Original Value of Fixed Assets | (yuan) |
| 每百元固定资产净值提供利税 | (元) | Pre-tax Profits Created by per 100 yuan Net Value of Fixed Assets | (yuan) |
| 每百元固定资产净值提供总产值 | (元) | Output Value Created by per 100 yuan Net Value of Fixed Assets | (yuan) |
| 每百元总产值实现利税 | (元) | Pre-tax Profits Created by per 100 yuan Output Value | (yuan) |
| 每百元总产值占用全部资产 | (元) | Total Assets Used by per 100 yuan Output Value | (yuan) |
| 平均每个职工拥有全部资产 | (元) | Average Assets Owned by per Staff and Worker | (yuan) |
| 平均每个职工提供利税 | (元) | Average Pre-tax Profits Created by per Staff and Worker | (yuan) |

## Main Indicators on Economic Benefit of Industrial Enterprises above the Designated Size (2020, by Size of Enterprises)

| 全　市 Total | | | # 国有及国有控股工业企业 State-owned and State-holding Enterprises | | |
|---|---|---|---|---|---|
| 大　型 Large Enterprises | 中　型 Medium Enterprises | 小微型 Small and Micro Enterprises | 大　型 Large Enterprises | 中　型 Medium Enterprises | 小微型 Small and Micro Enterprises |
| 479.79 | 272.73 | 228.10 | 650.30 | 322.87 | 563.82 |
| 12.91 | 11.55 | 7.76 | 12.29 | 7.38 | 1.72 |
| 109.39 | 102.42 | 109.32 | 106.90 | 121.63 | 112.45 |
| 48.37 | 49.77 | 55.58 | 41.82 | 56.39 | 55.79 |
| 1.89 | 1.30 | 1.63 | 2.12 | 1.02 | 2.50 |
| 8.44 | 10.97 | 4.31 | 8.15 | 8.20 | -0.02 |
| 602610 | 260662 | 233804 | 885041 | 373917 | 818407 |
| 98.73 | 98.19 | 95.53 | 96.31 | 97.60 | 95.95 |
| 17.23 | 12.99 | 8.11 | 19.42 | 7.94 | 1.45 |
| 7.63 | 9.92 | 4.13 | 7.29 | 7.63 | -0.02 |
| 81.05 | 75.81 | 85.40 | 83.34 | 77.32 | 93.88 |
| 23.27 | 26.35 | 18.47 | 22.86 | 25.06 | 13.38 |
| 10.91 | 16.92 | 18.09 | 28.26 | 21.54 | 13.43 |
| 10.77 | 19.40 | 16.20 | 6.61 | 17.31 | 9.40 |
| 120.37 | 99.38 | 126.66 | 120.07 | 69.72 | 151.14 |
| 17.23 | 12.99 | 8.11 | 19.42 | 7.94 | 1.45 |
| 24.77 | 28.45 | 18.48 | 22.44 | 14.56 | 1.71 |
| 172.99 | 217.75 | 288.67 | 138.72 | 127.84 | 178.51 |
| 50.67 | 58.63 | 40.01 | 45.93 | 26.33 | 4.17 |
| 353.93 | 448.71 | 625.02 | 283.98 | 231.13 | 434.40 |
| 14.32 | 13.07 | 6.40 | 16.17 | 11.39 | 0.96 |
| 121.02 | 119.63 | 93.80 | 142.06 | 182.48 | 90.95 |
| 3134259 | 1183409 | 1187415 | 5500779 | 2722241 | 5563953 |
| 370757 | 129254 | 81031 | 626287 | 169920 | 58711 |

# 11-24 规模以上工业企业分组主要指标（2020年）

# Major Indicators of Industrial Enterprises above the Designated Size by Group (2020)

单位：万元 (10000 yuan)

| 项　目 | Item | 企业单位数（个） Number of Enterprises (unit) | 利润总额 Total Profits of All Enterprises | 固定资产原价 Original Value of Fixed Assets at the Year-end | 工业增加值 Value-added of Industry | 工业总产值 Gross Industrial Output Value | 平均用工人数（人） Annual Average Employed Persons (person) |
|---|---|---|---|---|---|---|---|
| **总　计** | **Total** | **6208** | **14614011** | **100045635** | **45445998** | **203101622** | **1221261** |
| 按总产值分组 | Grouped by Gross Output Value | | | | | | |
| 1亿元及以上 | 100 million yuan and above | 1760 | 14066905 | 94187990 | 40992019 | 185632784 | 877088 |
| 5000万元-9999万元 | 50-99.99 million yuan | 1187 | 279305 | 2813882 | 2064887 | 8189891 | 143292 |
| 4999万元及以下 | 49.99 million yuan and below | 3261 | 267801 | 3043763 | 2389092 | 9278946 | 200881 |
| 按固定资产原价分组 | Grouped by Original Value of Fixed Assets | | | | | | |
| 1亿元及以上 | 100 million yuan and above | 766 | 12060972 | 92349057 | 34642722 | 150993997 | 638228 |
| 5000万元-9999万元 | 50-99.99 million yuan | 468 | 856082 | 3326357 | 2497387 | 11570374 | 127427 |
| 4999万元及以下 | 49.99 million yuan and below | 4974 | 1696957 | 4370221 | 8305889 | 40537250 | 455606 |
| 按利税总额分组 | Grouped by Pre-tax Profits | | | | | | |
| 1亿元及以上 | 100 million yuan and above | 297 | 13462444 | 68429052 | 30862875 | 125610284 | 392612 |
| 5000万元-9999万元 | 50-99.99 million yuan | 210 | 1131760 | 6026930 | 3087417 | 15117255 | 117462 |
| 4999万元及以下 | 49.99 million yuan and below | 5701 | 19807 | 25589654 | 11495706 | 62374083 | 711187 |
| 按从业人员人数分组 | Grouped by Staff and Workers | | | | | | |
| 2000人及以上 | 2000 Persons and above | 82 | 6927588 | 55926559 | 21609747 | 93103177 | 322409 |
| 500人-1999人 | 500-1999 Persons | 343 | 3864767 | 18105722 | 9759234 | 38101031 | 315132 |
| 499人及以下 | 499 Persons and below | 5783 | 3821656 | 26013353 | 14077018 | 71897414 | 583720 |

## 11-25 规模以上先进制造业和高技术制造业工业总产值(按产业分)

## Total Industrial Output Value of the City's Advanced and High-tech Manufacturing Industries above the Designated Size (by Industry)

单位：万元 (10000yuan)

| 产业名称 | Industry | 2019年 | 2020年 |
|---|---|---|---|
| 一、先进制造业(合计) | I.Advanced Manufacturing (Total) | 110694753 | 115974141 |
| 其中：高端电子信息制造业 | High-End Electronic Information Manufacturing | 14169486 | 14548621 |
| 先进装备制造业 | Advanced Equipment Manufacturing | 65424110 | 70922972 |
| 石油化工产业 | Petrochemical Industry | 14905266 | 13907610 |
| 先进轻纺制造业 | Advanced Light Textile Manufacturing Industry | 8393796 | 8447779 |
| 新材料制造业 | Manufacturing of New Materials | 6567542 | 6394287 |
| 生物医药及高性能医疗器械制造业 | Biomedicine and High Performance Medical Equipment Manufacturing | 3258453 | 4120657 |
| 二、高技术制造业(合计) | II. High-Tech Manufacturing (Total) | 28738745 | 29989975 |
| 其中：医药制造业 | Pharmaceutical Manufacturing | 3482990 | 4143686 |
| 航空、航天器及设备制造业 | Aviation, Spacecraft and Equipment Manufacturing | 422632 | 343208 |
| 电子及通信设备制造业 | Electronics and Communication Equipment Manufacturing | 19830793 | 20011935 |
| 计算机及办公设备制造业 | Computer and Office Equipment Manufacturing | 2076711 | 2186223 |
| 医疗器设备及仪器仪表制造业 | Medical Equipment And Instrumentation Manufacturing | 2781707 | 2935499 |
| 信息化学品制造业 | Information Chemicals Manufacturing | 143912 | 369424 |

## 11-26 规模以上先进制造业和高技术制造业工业总产值(按区域分)

## Total Industrial Output Value of the City's Advanced and High-tech Manufacturing Industries above the Designated Size (by District)

单位：万元 (10000 yuan)

| 地 区 | District | 先进制造业 Advanced Manufacturing | | 高技术制造业 High-Tech Manufacturing | |
|---|---|---|---|---|---|
| | | 2019年 | 2020年 | 2019年 | 2020年 |
| **总 计** | **Total** | **110694753** | **115974141** | **28738745** | **29989975** |
| 荔湾区 | Liwan | 718400 | 634495 | 705459 | 627203 |
| 越秀区 | Yuexiu | 14360 | 12181 | 11567 | 5524 |
| 海珠区 | Haizhu | 687443 | 666400 | 512581 | 532239 |
| 天河区 | Tianhe | 883273 | 833347 | 851054 | 857146 |
| 白云区 | Baiyun | 3980407 | 4430608 | 826862 | 878970 |
| 黄埔区 | Huangpu | 49490378 | 50365619 | 20736748 | 21138721 |
| 番禺区 | Panyu | 8710001 | 9621313 | 1543983 | 1685532 |
| 花都区 | Huadu | 21109415 | 21484363 | 1522833 | 1414650 |
| 南沙区 | Nansha | 18590056 | 21124901 | 1387502 | 1692565 |
| 从化区 | Conghua | 1851690 | 1816586 | 270949 | 332302 |
| 增城区 | Zengcheng | 4659329 | 4984327 | 369209 | 825123 |

# 主要统计指标解释

**【工业】**指从事自然资源的开采，对采掘品和农产品进行加工和再加工的物质生产部门。具体包括:

(1)对自然资源的开采，如采矿、晒盐等(但不包括禽兽捕猎和水产捕捞);

(2)对农副产品的加工、再加工，如粮油加工、食品加工、轧花、缫丝、纺织、制革等;

(3)对采掘品的加工、再加工，如炼铁、炼钢、化工生产、石油加工、机器制造、木材加工等，以及电力、燃气及水的生产和供应等;

(4)对工业品的修理、翻新，如机器设备的修理等。

工业统计调查单位为工业法人单位。

工业法人单位指从事工业生产经营活动的法人单位。工业法人单位应同时具备以下条件：①依法成立，有自己的名称、组织机构和场所，能够独立承担民事责任；②独立拥有（或授权）使用资产，承担负债，有权与其他单位签订合同；③具有包括资产负债表在内的账户，或者能够根据需要编制账户。

**【工业法人单位】**指从事工业生产经营活动的法人单位。工业法人单位应同时具备以下条件：①依法成立，有自己的名称、组织机构和场所，能够独立承担民事责任；②独立拥有（或授权）使用资产，承担负债，有权与其他单位签订合同；③具有包括资产负债表在内的账户，或者能够根据需要编制账户。

**【轻工业】**指主要提供生活消费品和制作手工工具的工业。按其所使用的原料不同，可分为两大类:

(1)以农产品为原料的轻工业,是指直接或间接以农产品为基本原料的轻工业。主要包括食品制造、饮料制造、烟草加工、纺织、缝纫、皮革和毛皮制作、造纸以及印刷等工业;

(2)以非农产品为原料的轻工业,是指以工业品为原料的轻工业。主要包括文教体育用品、化学药品制造、合成纤维制造、日用化学制品、日用玻璃制品、日用金属制品、手工工具制造、医疗器械制造、文化和办公用机械制造等工业。

**【重工业】**是指为国民经济各部门提供物质技术基础的主要生产资料的工业。按其生产性质和产品用途，可分为下列三类:

(1)采掘(伐)工业，是指对自然资源的开采，包括石油开采、煤炭开采、金属矿开采、非金属矿开采和木材采伐等工业;

(2)原材料工业,指向国民经济各部门提供基本材料、动力和燃料的工业。包括金属冶炼及加工、炼焦及焦炭化学、化工原料、水泥、人造板以及电力、石油和煤炭加工等工业;

(3)加工工业，是指对工业原材料进行再加工制造的工业。包括装备国民经济各部门的机械设备制造工业、金属结构、水泥制品等工业，以及为农业提供的生产资料如化肥、农药等工业。

根据上述划分原则，修理业中以重工业产品为修理作业对象的划为重工业,反之划为轻工业。

**【资产总计】**指企业过去的交易或者事项形成的、由企业拥有或者控制的、预期会给企业带来经济利益的资源。资产一般按流动性（资产的变现或耗用时间长短）分为流动资产和非流动资产。其中流动资产可分为货币资金、交易性金融资产、应收票据、应收账款、预付款项、其他应收款、存货等；非流动资产可分为长期股权投资、固定资产、无形资产及其他非流动资产等。

**【负债合计】**指企业过去的交易或者事项形成的，预期会导致经济利益流出企业的现时义务。负债一般按偿还期长短分为流动负债和非流动负债。

**【所有者权益】**指企业资产扣除负债后由所有者享有的剩余权益。公司的所有者权益又称股东权益。包括实收资本、资本公积、盈余公积、未分配利润等。

**【固定资产原价】**指固定资产的成本，包括企业在购置、自行建造、安装、改建、扩建、技术改造某项固定资产时所发生的全部支出总额。

【利润总额】指企业在一定会计期间的经营成果，是生产经营过程中各种收入扣除各种耗费后的盈余，反映企业在报告期内实现的盈亏总额。根据会计“利润表”中“利润总额”项目的本年累计数填报。

【应交增值税】指按照税法规定，以销售货物、服务、无形资产、不动产或提供加工、修理修配劳务的增值额和货物进口金额为计税依据而课征的一种流转税。填报本指标时，应按权责发生制核算企业本期应负担的增值税。

## Explanatory Notes on Main Statistical Indicators

**【Industry】** refers to the material production sector which is engaged in the extraction of natural resources and processing and reprocessing of minerals and agricultural products, including

I.Extraction of natural resources, such as mining, salt production (but not including hunting and fishing);

II.Processing and reprocessing of farm and sideline produces, such as grain and oil processing, food processing, silk reeling, spinning and weaving and leather making;

Ⅲ.Processing and reprocessing of mineral products, such as steel making, iron smelting, chemicals manufacturing, petroleum processing, machine building, timber processing, and production and supply of electricity, gas and water;

IV. repairing and renovating of industrial products such as the machinery.

In industrial surveys, the units of enquiry are industrial corporate units.

Industrial corporate units refer to corporate units engaging in industrial production and operation activities, which meet the following requirements:

I.They are established legally, having their own names, organizations, location, and are able to take civil liability independently;

II.They possess (or are authorized to use) assets independently, assume liabilities and are entitled to sign contracts with other units;

Ⅲ. They have accounts including the balance sheets or can compile the accounts according to the need.

**【Industrial corporate units】** refer to corporate units engaging in industrial production and operation activities, which meet the following requirements:

I.They are established legally, having their own names, organizations, location, and are able to take civil liability independently;

II.They possess (or are authorized to use) assets independently, assume liabilities and are entitled to sign contracts with other units;

Ⅲ. They have accounts including the balance sheets or can compile the accounts according to the need.

**【Light Industry】** refers to industry which produces consu-mer goods and hand tools.It consists of two categories depending on the materiais used:

(1)Industries using farm products as raw materials.These are branches of light industry which directly or indirectly use farm products as basic raw materials,including the manufacture of food and beverages,tobacco processing,textile,clothing,fur and leather manufacturing ,paper making, printing,etc.

(2)Industries using nonfarm products as raw materials.These are branches of light industry which use manufactured goods as raw materials, including the manufacture of cultural,educational articles and sports goods,chemicals,synthetic fiber,chemical pro-ducts for daily use,glass products for daily use,metal products ma-chinery,etc.

**【Heavy Industry】** refers to the industry which produces capital goods,and provides various sectors of the national econo-my with necesary material and technical basis.It consists of the fo-llowing three branches according to the purpose of production or the use of products:

(1)Mining,quarrying and logging industry refers to the indu-stry that extracts natural resources,including extraction of petro-leum, coal,metal and nonmetalores and logging.

(2)Raw materials industry refers to the industry that provides various sectors of the national economy with raw materials,fuels and power.It inc1udes smelting and processing of metals,coking and coke chemistry, chemical materials and building materials such as cement,plywood,and power,petroleum refining and coal dressing.

(3)Manufacturing industry refers to the industry that process-es raw materials.It includes machine building industry which equi-ps sectors of the national economy,industry of metal structure and cement products, industries producing means of agricultural prod-uction,such as chemical fertilizers and pesticides.

According to the above principle of classification,the repair-ing trades which are engaged primarily in repairing products of heavy industry are classified into heavy industry while these enga-ged in repairing products of light industry are classified into light industry.

**【Total Assets】** refer to all resources that are owned or controlled by enterprises through previous trades or transactions with expectation of making economic profits. Classified by the degree of liquidity, total assets include current assets and non-current assets. Current assets can be classified into monetary capital, trading financial assets, notes receivable, accounts receivable, advanced payments, other receivables and inventories. Non-current assets can be divided into long-term equity investment, fixed assets, intangible assets and other non-current assets. Data on this indicator can be obtained from the year-end figures of total assets in the Balance Sheet of accounting records.

**【Total Liabilities】** refer to payable liabilities of enterprises that accumulated from previous trades or transactions with expectation of economic profits leaking out. In terms of payment, it can be divided into liquid liabilities and long-term liabilities. Data on this indicator can be obtained from the year-end figures of total liabilities in the Balance Sheet of accounting records.

**【Owner undefined equity】** refers to the residual equity enjoyed by the owner after deducting liabilities from the assets of the enterprise. The owner undefined equity of the company is also known as the shareholder undefined equity. Including paid-in capital, capital reserves, surplus reserves, undistributed profits and so on.

**【The Cost of fixed Assets】** includes the total amount of expenditure incurred by an enterprise in purchasing, building, installing, rebuilding, expanding, and technically transforming a fixed asset.

**【Total Profits】** refers to the operation results in a certain accounting period, and it is the balance of various incomes minus various spendings in the course of operation, reflecting the total profits and losses of enterprises in reference period. Data are obtained from the amount of total profits in the profit statement of the accounting record of enterprise.

**【Value added tax (VAT)】** refers to a turnover tax levied on the basis of taxation to sell goods, services, intangible assets, immovable property or provide processing, repair and repair services and import goods. When completing this index, the value-added tax that enterprises should bear in the current period should be accounted for on the accrual basis.

# 建筑业

# CONSTRUCTION

# 第十二篇 建筑业

**简要说明**

一、本篇资料反映广州市建筑业概况和发展情况。主要包括资质以上施工总承包、专业承包建筑业企业生产经营和资质以上劳务分包建筑企业经营资料。

二、本篇资料由广州市统计局固定资产投资统计处整理提供。

三、本篇资料是依据国家统计局和广东省统计局制定的“建筑业统计报表制度”规定收集的年报资料，其统计范围包括：广州市境内各种登记注册类型（个体户除外）的具有建筑业资质的所有独立核算建筑业企业（包括没有工作量的建筑业企业）及所属产业活动单位。

# 12 Construction

**Brief Introduction**

I.The data in this chapter show the general situation and the development of the construction industry of Guangzhou Municipality. It mainly includes the operation materials of the general contracting, specialized contracting and labor subcontracting construction enterprises with above qualifications.

II.The data in this chapter are prepared and provided by the Division of Investment and Construction Statistics of Guangzhou Municipal Bureau of Statistics.

III.The data in this chapter are collected in accordance with the Reporting Scheme of Construction Statistics stipulated by the National Bureau of Statistics and Guangdong Provincia1 Bureau of Statistics. The coverage of construction statistics includes the various registration types (except the self-employed) with the construction industry qualified independent accounting construction enterprises (including the workload of construction enterprises) and their respective industrial units of Guangzhou Municipality.

# 12-1 资质以上建筑业企业主要经济指标
# Major Indicators of Grade Construction Enterprises

| 项　　目 | | Item | | 2019 | 2020 |
|---|---|---|---|---|---|
| 建筑企业个数 | （个） | Number of Construction Enterprises | (unit) | 1316 | 1639 |
| 年末从业人员 | （人） | Number of Employed Persons at Year-end | (person) | 847027 | 872293 |
| 固定资产原价 | （亿元） | Original Value of Fixed Assets | (100 million yuan) | 454 | 431 |
| 固定资产净值 | （亿元） | Net Value of Fixed Assets | (100 million yuan) | | |
| 建筑业总产值 | （万元） | Gross Output Value of Construction | (10000 yuan) | 53043655 | 59572284 |
| #建筑工程 | | Output Value of Construction | | 46742169 | 53467422 |
| 安装工程 | | Output Value of Installation | | 4333551 | 4557853 |
| 房屋建筑施工面积 | （万平方米） | Floor Space of Buildings under Construction | (10000 sq.m) | 32043.52 | 35103.93 |
| #新开工 | | Floor Space Started in Current Year | | 7929.47 | 9849.56 |
| 房屋建筑竣工面积 | （万平方米） | Floor Space of Buildings Completed | (10000 sq.m) | 6536.75 | 4420.81 |
| #住　宅 | | Residential Buildings | | 5446.76 | 3155.63 |
| 主营业务收入 | （万元） | Income on Projects Settlement Account | (10000 yuan) | 59413560 | 67445460 |
| 主营业务成本 | （万元） | Cost on Projects Settlement Account | (10000 yuan) | 55283615 | 63108388 |
| 利润总额 | （万元） | Total Profits | (10000 yuan) | 1227019 | 1508629 |

注：本表统计范围为施工总承包、专业承包法人建筑业企业。

Note: The statistical scope of this table covers legal construction enterprises with general contracting and professional contracting.

# 12-2 主要年份建筑业主要指标

## Major Indicators of Construction Sector in Main Years

| 年 份<br>Year | 建筑业总产值<br>(万元)<br>Gross Output Value<br>(10000 yuan) | 房屋建筑施工面积<br>(万平方米)<br>Floor Space of Buildings under Construction<br>(10000 sq.m) | 房屋建筑竣工面积<br>(万平方米)<br>Floor Space of Buildings Completed<br>(10000 sq.m) |
|---|---|---|---|
| 1978 | 30673 | 247.42 | 138.52 |
| 1985 | 153489 | 674.77 | 285.22 |
| 1986 | 176960 | 773.88 | 300.17 |
| 1987 | 184390 | 772.38 | 330.14 |
| 1988 | 287655 | 1076.05 | 408.85 |
| 1989 | 368755 | 1094.90 | 489.88 |
| 1990 | 355333 | 876.08 | 439.08 |
| 1991 | 425798 | 909.09 | 377.71 |
| 1992 | 668171 | 1257.61 | 487.95 |
| 1993 | 1031846 | 1680.21 | 605.50 |
| 1994 | 1516519 | 2268.99 | 734.75 |
| 1995 | 1816133 | 2708.58 | 890.81 |
| 1996 | 1893478 | 2983.56 | 1043.26 |
| 1997 | 1965269 | 2764.64 | 941.10 |
| 1998 | 2287004 | 3086.95 | 1054.71 |
| 1999 | 2470523 | 3136.47 | 1187.02 |
| 2000 | 2561326 | 3161.25 | 1150.36 |
| 2001 | 3403870 | 3490.22 | 1205.79 |
| 2002 | 3733922 | 3522.67 | 1334.43 |
| 2003 | 4785787 | 4291.55 | 1398.91 |
| 2004 | 5459314 | 4727.78 | 1596.21 |
| 2005 | 6331382 | 5311.14 | 1598.79 |
| 2006 | 6870406 | 5502.47 | 1520.25 |
| 2007 | 7507109 | 5951.92 | 1623.36 |
| 2008 | 8754491 | 6156.62 | 1719.79 |
| 2009 | 10134050 | 6190.86 | 1500.35 |
| 2010 | 12805288 | 7135.48 | 1509.20 |
| 2011 | 15613171 | 8439.12 | 1596.98 |
| 2012 | 17417072 | 9119.66 | 2859.31 |
| 2013 | 21828895 | 15055.70 | 2556.74 |
| 2014 | 23339417 | 16398.88 | 2674.22 |
| 2015 | 24898087 | 15159.70 | 2861.93 |
| 2016 | 27653341 | 16289.56 | 2805.16 |
| 2017 | 31874585 | 19323.31 | 3167.27 |
| 2018 | 40192380 | 27755.15 | 4648.09 |
| 2019 | 53043655 | 32043.52 | 6536.75 |
| 2020 | 59572284 | 35103.93 | 4420.81 |

注：1.2004年及以后年份统计数据口径为资质以上建筑业企业；
　　2.本表统计范围为施工总承包、专业承包法人建筑业企业。

Note: I. Since 2004 the statistical coverage of all data in this table is all grade construction enterprises.
　　II.The statistical scope of this table covers legal construction enterprises with general contracting and professional contracting.

## 12-3 资质以上建筑业企业签订合同情况(2020年)

## Statistics on Construction Contracts of Grade Construction Enterprises (2020)

单位：万元 (10000 yuan)

| 项目 | Item | 签订合同额 Value of Signed Contracts | 上年结转合同额 Value of Contracts Balanced from Preceding Year | 本年新签合同额 Value of Contracts Newly Signed in Current Year |
|---|---|---|---|---|
| **总计** | **Total** | **211238275** | **112421339** | **98816936** |
| **按地区分** | **Grouped by District** | | | |
| 荔湾区 | Liwan | 6027411 | 2784323 | 3243088 |
| 越秀区 | Yuexiu | 38457707 | 21856558 | 16601149 |
| 海珠区 | Haizhu | 34125505 | 18508931 | 15616574 |
| 天河区 | Tianhe | 38322265 | 19055094 | 19267171 |
| 白云区 | Baiyun | 9999610 | 3140192 | 6859418 |
| 黄埔区 | Huangpu | 14132737 | 3666611 | 10466126 |
| 番禺区 | Panyu | 8544583 | 4172747 | 4371836 |
| 花都区 | Huadu | 4899162 | 3622350 | 1276812 |
| 南沙区 | Nansha | 47031135 | 29577037 | 17454098 |
| 从化区 | Conghua | 1574020 | 701580 | 872440 |
| 增城区 | Zengcheng | 8124140 | 5335916 | 2788224 |
| **按隶属关系分** | **Grouped by Administrative Relationship** | | | |
| 中央属企业 | Central Government | 110830247 | 58728848 | 52101399 |
| 地方企业 | Provincial Government | 60968320 | 34383866 | 26584454 |
| 其他企业 | Others | 39439708 | 19308625 | 20131083 |
| **按登记注册类型分** | **Grouped by Registration Status** | | | |
| 内资企业 | Domestic Funded Enterprises | 210789003 | 112165467 | 98623536 |
| 国有企业 | State-owned Enterprises | 2694043 | 1175178 | 1518865 |
| 集体企业 | Collective-owned Enterprises | 1616120 | 843871 | 772249 |
| 股份合作企业 | Share-holding Cooperative Enterprises | 271107 | 115019 | 156088 |
| 联营企业 | Joint Ownership Enterprises | 81135 | 40146 | 40989 |
| # 国有联营企业 | State Joint Ownership Enterprises | | | |
| 集体联营企业 | Collective Joint Ownership Enterprises | | | |
| 国有与集体联营企业 | Joint State-collective Enterprises | 81135 | 40146 | 40989 |
| 有限责任公司 | Limited Liability Corporations | 170968088 | 91400079 | 79568009 |
| # 国有独资公司 | State Sole Funded Corporations | 65223612 | 30140505 | 35083107 |
| 股份有限公司 | Share-holding Corporations Ltd. | 13685324 | 9711430 | 3973894 |
| 私营企业 | Private Enterprises | 21468972 | 8879594 | 12589378 |
| 其他企业 | Other Enterprises | 4214 | 150 | 4064 |
| 港、澳、台商投资企业 | Enterprises with Funds from Hong Kong, Macao and Taiwan | 300144 | 149976 | 150168 |
| # 与港、澳、台商合资经营企业 | Joint-venture Enterprises | 271827 | 133906 | 137921 |
| 与港、澳、台商合作经营企业 | Cooperative Enterprises | 25595 | 16070 | 9525 |
| 港、澳、台商独资经营企业 | Enterprises with Sole Funds | 2722 | | 2722 |
| 港、澳、台商投资股份有限公司 | Share-holding Corporations Ltd. | | | |
| 外商投资企业 | Foreign Funded Enterprises | 149128 | 105896 | 43232 |
| # 中外合资经营企业 | Joint-venture Enterprises | 43453 | 6989 | 36464 |
| 中外合作经营企业 | Cooperative Enterprises | | | |
| 外资企业 | Enterprises with Sole Foreign Funds | 105675 | 98907 | 6768 |
| 外商投资股份有限公司 | Share-holding Corporations Ltd. | | | |

注：本表统计范围为施工总承包、专业承包法人建筑业企业。
Note: The statistical scope of this table covers legal construction enterprises with general contracting and professional contracting.

# 12-4 资质以上建筑业企业生产情况(2020年)

| 项　　目 | Item | 企业数（个）Number of Construction Enterprises (unit) |
|---|---|---|
| **总　　计** | **Total** | **1639** |
| **按地区分** | **Grouped by District** | |
| 荔湾区 | Liwan | 58 |
| 越秀区 | Yuexiu | 170 |
| 海珠区 | Haizhu | 239 |
| 天河区 | Tianhe | 383 |
| 白云区 | Baiyun | 196 |
| 黄埔区 | Huangpu | 87 |
| 番禺区 | Panyu | 240 |
| 花都区 | Huadu | 51 |
| 南沙区 | Nansha | 98 |
| 从化区 | Conghua | 48 |
| 增城区 | Zengcheng | 69 |
| **按隶属关系分** | **Grouped by Administrative Relationship** | |
| 中央属企业 | Central Government | 58 |
| 地方企业 | Provincial Government | 156 |
| 其他企业 | Others | 1425 |
| **按登记注册类型分** | **Grouped by Registration Status** | |
| 内资企业 | Domestic Funded Enterprises | 1625 |
| 国有企业 | State-owned Enterprises | 45 |
| 集体企业 | Collective-owned Enterprises | 17 |
| 股份合作企业 | Share-holding Cooperative Enterprises | 3 |
| 联营企业 | Joint Ownership Enterprises | 1 |
| #国有联营企业 | State Joint Ownership Enterprises | |
| 集体联营企业 | Collective Joint Ownership Enterprises | |
| 国有与集体联营企业 | Joint State-collective Enterprises | 1 |
| 有限责任公司 | Limited Liability Corporations | 307 |
| #国有独资公司 | State Sole Funded Corporations | 61 |
| 股份有限公司 | Share-holding Corporations Ltd. | 23 |
| 私营企业 | Private Enterprises | 1229 |
| 其他企业 | Other Enterprises | |
| 港、澳、台商投资企业 | Enterprises with Funds from Hong Kong, Macao and Taiwan | 9 |
| 与港、澳、台商合资经营企业 | Joint-venture Enterprises | 5 |
| 与港、澳、台商合作经营企业 | Cooperative Enterprises | 2 |
| 港、澳、台商独资经营企业 | Enterprises with Sole Funds | 2 |
| 港、澳、台商投资股份有限公司 | Share-holding Corporations Ltd. | |
| 外商投资企业 | Foreign Funded Enterprises | 5 |
| 中外合资经营企业 | Joint-venture Enterprises | 3 |
| 中外合作经营企业 | Cooperative Enterprises | |
| 外资企业 | Enterprises with Sole Foreign Funds | 1 |
| 外商投资股份有限公司 | Share-holding Corporations Ltd. | 1 |

注：本表统计范围为施工总承包、专业承包法人建筑业企业。

# Statistics on Production of Grade Construction Enterprises (2020)

| 建筑业总产值 (万元) Gross Output Value of Construction (10000 yuan) | | | | 竣工产值 (万元) Output Value of Completed Projects (10000 yuan) | 竣工率 (%) Ratio of Floor Space of Buildings Completed (%) |
|---|---|---|---|---|---|
| | 建筑工程 Output Value of Construction | 安装工程 Output Value of Installation | 其 他 Others | | |
| **59572284** | **53467422** | **4557853** | **1547009** | **20252103** | **34.00** |
| | | | | | |
| 1703860 | 1226544 | 428883 | 48433 | 823287 | 46.68 |
| 9014409 | 7427311 | 1393903 | 193195 | 6390187 | 67.43 |
| 7052227 | 6520687 | 289776 | 241764 | 1791541 | 24.57 |
| 12322517 | 11054485 | 793477 | 474555 | 2856927 | 21.90 |
| 4591750 | 4226578 | 254308 | 110864 | 1485911 | 34.11 |
| 6184531 | 5452082 | 524318 | 208131 | 1292449 | 21.78 |
| 3252415 | 2847771 | 338247 | 66397 | 355790 | 14.50 |
| 2861650 | 2801605 | 36881 | 23164 | 150052 | 5.50 |
| 10108848 | 9974347 | 111479 | 23022 | 3773266 | 36.94 |
| 639164 | 393465 | 241975 | 3724 | 379582 | 56.09 |
| 1840913 | 1542547 | 144606 | 153760 | 953111 | 58.30 |
| | | | | | |
| 28240419 | 26878053 | 1319114 | 43252 | 7381392 | 26.14 |
| 14751403 | 13273605 | 851292 | 626506 | 6680209 | 45.29 |
| 16580462 | 13315764 | 2387447 | 877251 | 6190502 | 37.34 |
| | | | | | |
| 59395959 | 53342562 | 4506589 | 1546808 | 20212459 | 34.03 |
| 997432 | 839663 | 11129 | 146640 | 200287 | 20.08 |
| 505264 | 501764 | 1109 | 2391 | 412852 | 81.71 |
| 140472 | 89635 | 645 | 50192 | 63772 | 45.40 |
| 46035 | 46035 | | | | |
| | | | | | |
| 46035 | 46035 | | | | |
| 45331882 | 42028513 | 2647573 | 655796 | 14909449 | 32.89 |
| 16075858 | 15102371 | 873877 | 99610 | 5406174 | 33.63 |
| 2418707 | 2145165 | 94696 | 178846 | 1081176 | 44.70 |
| 9954898 | 7690518 | 1751437 | 512943 | 3541519 | 35.58 |
| 1269 | 1269 | | | 3404 | 268.24 |
| 138301 | 97570 | 40730 | 1 | 8022 | 5.80 |
| 116912 | 76181 | 40730 | 1 | 53 | 0.05 |
| 18667 | 18667 | | | 5247 | 28.11 |
| 2722 | 2722 | | | 2722 | 100.00 |
| | | | | | |
| 38024 | 27290 | 10534 | 200 | 31622 | 83.16 |
| 18814 | 11099 | 7515 | 200 | 13351 | 70.96 |
| | | | | | |
| 19210 | 16191 | 3019 | | 18271 | 95.11 |

Note: The statistical scope of this table covers legal construction enterprises with general contracting and professional contracting.

12-4 续表

| 项 目 | Item | 房屋建筑施工面积(平方米) Floor Space of Buildings under Construction (sq.m) |
|---|---|---|
| **总 计** | **Total** | **351039334** |
| **按地区分** | **Grouped by District** | |
| 荔湾区 | Liwan | 8818660 |
| 越秀区 | Yuexiu | 75042247 |
| 海珠区 | Haizhu | 80162553 |
| 天河区 | Tianhe | 120092427 |
| 白云区 | Baiyun | 18357691 |
| 黄埔区 | Huangpu | 13448647 |
| 番禺区 | Panyu | 10753222 |
| 花都区 | Huadu | 8403737 |
| 南沙区 | Nansha | 12030432 |
| 从化区 | Conghua | 1573800 |
| 增城区 | Zengcheng | 2355918 |
| **按隶属关系分** | **Grouped by Administrative Relationship** | |
| 中央属企业 | Central Government | 199870695 |
| 地方企业 | Provincial Government | 80711781 |
| 其他企业 | Others | 70456858 |
| **按登记注册类型分** | **Grouped by Registration Status** | |
| 内资企业 | Domestic Funded Enterprises | 350846139 |
| 国有企业 | State-owned Enterprises | 1382676 |
| 集体企业 | Collective-owned Enterprises | 1578042 |
| 股份合作企业 | Share-holding Cooperative Enterprises | 597809 |
| 联营企业 | Joint Ownership Enterprises | |
| #国有联营企业 | State Joint Ownership Enterprises | |
| 集体联营企业 | Collective Joint Ownership Enterprises | |
| 国有与集体联营企业 | Joint State-collective Enterprises | |
| 有限责任公司 | Limited Liability Corporations | 304611478 |
| #国有独资公司 | State Sole Funded Corporations | 160938409 |
| 股份有限公司 | Share-holding Corporations Ltd. | 12879363 |
| 私营企业 | Private Enterprises | 29717611 |
| 其他企业 | Other Enterprises | 79160 |
| 港、澳、台商投资企业 | Enterprises with Funds from Hong Kong, Macao and Taiwan | 188695 |
| 与港、澳、台商合资经营企业 | Joint-venture Enterprises | |
| 与港、澳、台商合作经营企业 | Cooperative Enterprises | 179595 |
| 港、澳、台商独资经营企业 | Enterprises with Sole Funds | 9100 |
| 港、澳、台商投资股份有限公司 | Share-holding Corporations Ltd. | |
| 外商投资企业 | Foreign Funded Enterprises | 4500 |
| 中外合资经营企业 | Joint-venture Enterprises | 4500 |
| 中外合作经营企业 | Cooperative Enterprises | |
| 外资企业 | Enterprises with Sole Foreign Funds | |
| 外商投资股份有限公司 | Share-holding Corporations Ltd. | |

continued

| # 本年新开工<br>Floor Space Started<br>in Current Year | 房屋建筑竣工面积<br>（平方米）<br>Floor Space<br>of Buildings<br>Completed<br>(sq.m) | # 住　宅<br>Residential<br>Buildings | 年平均人数<br>（人）<br>Average Annual<br>Employed Persons<br>(person) |
|---|---|---|---|
| **98495558** | **44208084** | **31556269** | **1037881** |
| | | | |
| 2737113 | 945161 | 325510 | 38601 |
| 20466342 | 18183763 | 13186754 | 206414 |
| 25243520 | 9398680 | 9021603 | 85333 |
| 22046262 | 8840390 | 6315650 | 209378 |
| 11512567 | 1750097 | 342399 | 98575 |
| 6062824 | 1751557 | 1306812 | 74645 |
| 4311316 | 525905 | 126766 | 75412 |
| 1334211 | 646372 | 89022 | 40962 |
| 3931834 | 1599083 | 601385 | 154757 |
| 629159 | 159436 | 123134 | 20390 |
| 220410 | 407640 | 117234 | 33414 |
| | | | |
| 56310730 | 13505492 | 10569647 | 370596 |
| 23551660 | 13034198 | 7511129 | 275202 |
| 18633168 | 17668394 | 13475493 | 392083 |
| | | | |
| 98457311 | 44159329 | 31556269 | 1033952 |
| 940726 | 197500 | | 12625 |
| 336642 | 242840 | 4753 | 6575 |
| 191339 | 256310 | 57889 | 3147 |
| | | | 1136 |
| | | | |
| | | | |
| | | | 1136 |
| 83609418 | 32623304 | 25225346 | 707581 |
| 45189717 | 11590221 | 7088313 | 310295 |
| 3183708 | 2771121 | 1064092 | 48776 |
| 10195478 | 7989094 | 5125029 | 253994 |
| | 79160 | 79160 | 118 |
| 37847 | 44355 | | 3111 |
| | | | 2596 |
| 37847 | 35255 | | 363 |
| | 9100 | | 152 |
| | | | |
| 400 | 4400 | | 818 |
| 400 | 4400 | | 168 |
| | | | |
| | | | 650 |

# 12-5 资质以上建筑业企业承包工程完成情况(2020年)

单位：万元

| 项　　目 | Item |
|---|---|
| **总　计** | **Total** |
| **按地区分** | **Grouped by District** |
| 荔湾区 | Liwan |
| 越秀区 | Yuexiu |
| 海珠区 | Haizhu |
| 天河区 | Tianhe |
| 白云区 | Baiyun |
| 黄埔区 | Huangpu |
| 番禺区 | Panyu |
| 花都区 | Huadu |
| 南沙区 | Nansha |
| 从化区 | Conghua |
| 增城区 | Zengcheng |
| **按隶属关系分** | **Grouped by Administrative Relationship** |
| 中央属企业 | Central Government |
| 地方企业 | Provincial Government |
| 其他企业 | Others |
| **按登记注册类型分** | **Grouped by Registration Status** |
| 内资企业 | Domestic Funded Enterprises |
| 国有企业 | State-owned Enterprises |
| 集体企业 | Collective-owned Enterprises |
| 股份合作企业 | Share-holding Cooperative Enterprises |
| 联营企业 | Joint Ownership Enterprises |
| #国有联营企业 | State Joint Ownership Enterprises |
| 集体联营企业 | Collective Joint Ownership Enterprises |
| 国有与集体联营企业 | Joint State-collective Enterprises |
| 有限责任公司 | Limited Liability Corporations |
| #国有独资公司 | State Sole Funded Corporations |
| 股份有限公司 | Share-holding Corporations Ltd. |
| 私营企业 | Private Enterprises |
| 其他企业 | Other Enterprises |
| 港、澳、台商投资企业 | Enterprises with Funds from Hong Kong, Macao and Taiwan |
| 与港、澳、台商合资经营企业 | Joint-venture Enterprises |
| 与港、澳、台商合作经营企业 | Cooperative Enterprises |
| 港、澳、台商独资经营企业 | Enterprises with Sole Funds |
| 港、澳、台商投资股份有限公司 | Share-holding Corporations Ltd. |
| 外商投资企业 | Foreign Funded Enterprises |
| 中外合资经营企业 | Joint-venture Enterprises |
| 中外合作经营企业 | Cooperative Enterprises |
| 外资企业 | Enterprises with Sole Foreign Funds |
| 外商投资股份有限公司 | Share-holding Corporations Ltd. |

注：本表统计范围为施工总承包、专业承包法人建筑业企业。

## Statistics on Contracted Projects of Grade Construction Enterprises (2020)

(10000 yuan)

| 直接从建设单位承揽工程完成的产值 Output Value of Completed Projects Directly Contracted with Construction Units | 自行完成施工产值 Output Value of Projects Completed by Oneself | 分包出去工程产值 Output Value of Projects Subcontracted | 从建设单位以外承揽工程完成的产值 Output Value of Completed Projects Contracted with Other Units |
|---|---|---|---|
| **67948597** | **54857448** | **13091149** | **4714836** |
| | | | |
| 1928804 | 1460119 | 468685 | 303640 |
| 14222921 | 9215548 | 5007373 | 260788 |
| 11654967 | 7136115 | 4518852 | 154311 |
| 13602458 | 12519884 | 1082574 | 528189 |
| 3145801 | 2977877 | 167924 | 1377835 |
| 5157566 | 4829468 | 328098 | 1103816 |
| 2405644 | 2316919 | 88725 | 136026 |
| 2234590 | 2226600 | 7990 | 499946 |
| 10250006 | 9940410 | 309596 | 273288 |
| 673229 | 665816 | 7413 | 10975 |
| 2672611 | 1568692 | 1103919 | 66022 |
| | | | |
| 29820831 | 25708672 | 4112159 | 2531747 |
| 21549114 | 13811540 | 7737574 | 939863 |
| 16578652 | 15337236 | 1241416 | 1243226 |
| | | | |
| 67768018 | 54690412 | 13077606 | 4705547 |
| 926622 | 884946 | 41676 | 112486 |
| 504664 | 504635 | 29 | 629 |
| 140505 | 140048 | 457 | 424 |
| 46035 | 46035 | | |
| | | | |
| | | | |
| 46035 | 46035 | | |
| 52361949 | 41610152 | 10751797 | 3721730 |
| 18517163 | 14702738 | 3814425 | 1373120 |
| 3811056 | 2377978 | 1433078 | 40729 |
| 9973643 | 9125419 | 848224 | 829479 |
| 3544 | 1199 | 2345 | 70 |
| 150944 | 138301 | 12643 | |
| 129555 | 116912 | 12643 | |
| 18667 | 18667 | | |
| 2722 | 2722 | | |
| | | | |
| 29635 | 28735 | 900 | 9289 |
| 11449 | 10549 | 900 | 8265 |
| | | | |
| 18186 | 18186 | | 1024 |

Note: The statistical scope of this table covers legal construction enterprises with general contracting and professional contracting.

# 12-6　资质以上建筑业企业财务指标(2020年)

单位：万元

| 项　　目 | Item | 资产总计 Total Assets |
|---|---|---|
| **总　计** | **Total** | **83273238** |
| **按地区分** | **Grouped by District** | |
| 荔湾区 | Liwan | 4596974 |
| 越秀区 | Yuexiu | 16193940 |
| 海珠区 | Haizhu | 13201145 |
| 天河区 | Tianhe | 18675454 |
| 白云区 | Baiyun | 2767856 |
| 黄埔区 | Huangpu | 5192507 |
| 番禺区 | Panyu | 2481526 |
| 花都区 | Huadu | 2611179 |
| 南沙区 | Nansha | 11133363 |
| 从化区 | Conghua | 1513951 |
| 增城区 | Zengcheng | 4905343 |
| **按隶属关系分** | **Grouped by Administrative Relationship** | |
| 中央属企业 | Central Government | 37700808 |
| 地方企业 | Provincial Government | 21381112 |
| 其他企业 | Others | 24191318 |
| **按登记注册类型分** | **Grouped by Registration Status** | |
| 内资企业 | Domestic Funded Enterprises | 81037635 |
| 国有企业 | State-owned Enterprises | 4590942 |
| 集体企业 | Collective-owned Enterprises | 572646 |
| 股份合作企业 | Share-holding Cooperative Enterprises | 62311 |
| 联营企业 | Joint Ownership Enterprises | 16106 |
| #国有联营企业 | State Joint Ownership Enterprises | |
| 集体联营企业 | Collective Joint Ownership Enterprises | |
| 国有与集体联营企业 | Joint State-collective Enterprises | 16106 |
| 有限责任公司 | Limited Liability Corporations | 55916019 |
| #国有独资公司 | State Sole Funded Corporations | 21474457 |
| 股份有限公司 | Share-holding Corporations Ltd. | 6370003 |
| 私营企业 | Private Enterprises | 13509608 |
| 其他企业 | Other Enterprises | |
| 港、澳、台商投资企业 | Enterprises with Funds from Hong Kong, Macao and Taiwan | 1918957 |
| 与港、澳、台商合资经营企业 | Joint-venture Enterprises | 661692 |
| 与港、澳、台商合作经营企业 | Cooperative Enterprises | 1237377 |
| 港、澳、台商独资经营企业 | Enterprises with Sole Funds | 19888 |
| 港、澳、台商投资股份有限公司 | Share-holding Corporations Ltd. | |
| 外商投资企业 | Foreign Funded Enterprises | 316646 |
| 中外合资经营企业 | Joint-venture Enterprises | 236607 |
| 中外合作经营企业 | Cooperative Enterprises | |
| 外资企业 | Enterprises with Sole Foreign Funds | 70567 |
| 外商投资股份有限公司 | Share-holding Corporations Ltd. | 9472 |

注：本表统计范围为施工总承包、专业承包法人建筑业企业。

# Financial Indicators of Grade Construction Enterprises (2020)

(10000 yuan)

| 负债合计<br>Total<br>Liabilities | 所有者权益<br>Owners' Equity | # 实收资本<br>Paid-in Capitals |
|---|---|---|
| **63926164** | **19347074** | **9641922** |
| | | |
| 2838403 | 1758571 | 1148046 |
| 13457799 | 2736141 | 1246403 |
| 9207788 | 3993357 | 1692862 |
| 15251033 | 3424421 | 2037910 |
| 1975562 | 792294 | 448291 |
| 4132980 | 1059527 | 585890 |
| 1853099 | 628427 | 413400 |
| 2076261 | 534918 | 382448 |
| 9093890 | 2039473 | 1163495 |
| 1140490 | 373461 | 77422 |
| 2898859 | 2006484 | 445755 |
| | | |
| 29490636 | 8210172 | 3708330 |
| 16663071 | 4718041 | 2595260 |
| 17772457 | 6418861 | 3338332 |
| | | |
| 63039570 | 17998065 | 9532596 |
| 3316840 | 1274102 | 771462 |
| 460779 | 111867 | 57814 |
| 41765 | 20546 | 14000 |
| 12063 | 4043 | 1000 |
| | | |
| | | |
| 12063 | 4043 | 1000 |
| 44278293 | 11637726 | 5749706 |
| 16893340 | 4581117 | 2448471 |
| 5312681 | 1057322 | 351931 |
| 9617149 | 3892459 | 2586683 |
| | | |
| 606419 | 1312538 | 98138 |
| 573021 | 88671 | 56346 |
| 22891 | 1214486 | 36949 |
| 10507 | 9381 | 4843 |
| | | |
| 280175 | 36471 | 11188 |
| 217313 | 19294 | 4588 |
| | | |
| 57830 | 12737 | 5000 |
| 5032 | 4440 | 1600 |

Note: The statistical scope of this table covers legal construction enterprises with general contracting and professional contracting.

12-6 续表 1

单位:万元

| 项　　　目 | Item | 营业收入 Income of Business |
|---|---|---|
| **总　计** | **Total** | **68191607** |
| **按地区分** | **Grouped by District** | |
| 荔湾区 | Liwan | 2572555 |
| 越秀区 | Yuexiu | 13566626 |
| 海珠区 | Haizhu | 10973238 |
| 天河区 | Tianhe | 13428847 |
| 白云区 | Baiyun | 2856581 |
| 黄埔区 | Huangpu | 5473777 |
| 番禺区 | Panyu | 3269979 |
| 花都区 | Huadu | 1913014 |
| 南沙区 | Nansha | 10834009 |
| 从化区 | Conghua | 640402 |
| 增城区 | Zengcheng | 2662579 |
| **按隶属关系分** | **Grouped by Administrative Relationship** | |
| 中央属企业 | Central Government | 30914160 |
| 地方企业 | Provincial Government | 18854819 |
| 其他企业 | Others | 18422628 |
| **按登记注册类型分** | **Grouped by Registration Status** | |
| 内资企业 | Domestic Funded Enterprises | 67903977 |
| 国有企业 | State-owned Enterprises | 3261435 |
| 集体企业 | Collective-owned Enterprises | 541710 |
| 股份合作企业 | Share-holding Cooperative Enterprises | 88558 |
| 联营企业 | Joint Ownership Enterprises | 43938 |
| #国有联营企业 | State Joint Ownership Enterprises | |
| 集体联营企业 | Collective Joint Ownership Enterprises | |
| 国有与集体联营企业 | Joint State-collective Enterprises | 43938 |
| 有限责任公司 | Limited Liability Corporations | 48621518 |
| #国有独资公司 | State Sole Funded Corporations | 15365561 |
| 股份有限公司 | Share-holding Corporations Ltd. | 3239939 |
| 私营企业 | Private Enterprises | 12106879 |
| 其他企业 | Other Enterprises | |
| 港、澳、台商投资企业 | Enterprises with Funds from Hong Kong, Macao and Taiwan | 225007 |
| 与港、澳、台商合资经营企业 | Joint-venture Enterprises | 185763 |
| 与港、澳、台商合作经营企业 | Cooperative Enterprises | 16309 |
| 港、澳、台商独资经营企业 | Enterprises with Sole Funds | 22935 |
| 港、澳、台商投资股份有限公司 | Share-holding Corporations Ltd. | |
| 外商投资企业 | Foreign Funded Enterprises | 62623 |
| 中外合资经营企业 | Joint-venture Enterprises | 27327 |
| 中外合作经营企业 | Cooperative Enterprises | |
| 外资企业 | Enterprises with Sole Foreign Funds | 25790 |
| 外商投资股份有限公司 | Share-holding Corporations Ltd. | 9506 |

continued

(10000 yuan)

| #主营业务收入 Revenue from Principal Business | 主营业务成本 Cost of Principal Business | 其他业务利润 Other Operational Profit |
|---|---|---|
| **67445460** | **63108388** | **112964** |
| | | |
| 2541562 | 2357012 | 1741 |
| 13519215 | 12908967 | 15853 |
| 10880937 | 10017719 | 47416 |
| 13295375 | 12263120 | 8447 |
| 2804826 | 2556396 | 2550 |
| 5399429 | 5051874 | 6728 |
| 3250566 | 2959971 | 7771 |
| 1884222 | 1742865 | 8071 |
| 10572741 | 10241130 | 13060 |
| 639195 | 554587 | 665 |
| 2657392 | 2454747 | 662 |
| | | |
| 30466706 | 28629566 | 77918 |
| 18739345 | 17862628 | 18606 |
| 18239409 | 16616194 | 16440 |
| | | |
| 67158365 | 62860185 | 112932 |
| 3152205 | 2927567 | 53401 |
| 537721 | 508249 | 1774 |
| 88037 | 83288 | |
| 43938 | 42152 | |
| | | |
| | | |
| 43938 | 42152 | |
| 48149944 | 45451346 | 47808 |
| 15281084 | 14439387 | 16857 |
| 3234596 | 3050008 | -446 |
| 11951924 | 10797575 | 10395 |
| | | |
| 224967 | 198605 | 4 |
| 185727 | 167038 | |
| 16309 | 15555 | |
| 22931 | 16012 | 4 |
| | | |
| 62128 | 49598 | 28 |
| 27300 | 21068 | 28 |
| | | |
| 25322 | 20415 | |
| 9506 | 8115 | |

12-6 续表 2

单位：万元

| 项　　目 | Item | 管理费用 Management Cost |
|---|---|---|
| **总　计** | **Total** | **1670864** |
| **按地区分** | **Grouped by District** | |
| 荔湾区 | Liwan | 76164 |
| 越秀区 | Yuexiu | 333532 |
| 海珠区 | Haizhu | 197370 |
| 天河区 | Tianhe | 358389 |
| 白云区 | Baiyun | 108086 |
| 黄埔区 | Huangpu | 178413 |
| 番禺区 | Panyu | 133104 |
| 花都区 | Huadu | 51196 |
| 南沙区 | Nansha | 137213 |
| 从化区 | Conghua | 27477 |
| 增城区 | Zengcheng | 69920 |
| **按隶属关系分** | **Grouped by Administrative Relationship** | |
| 中央属企业 | Central Government | 391564 |
| 地方企业 | Provincial Government | 403292 |
| 其他企业 | Others | 876008 |
| **按登记注册类型分** | **Grouped by Registration Status** | |
| 内资企业 | Domestic Funded Enterprises | 1653530 |
| 国有企业 | State-owned Enterprises | 98367 |
| 集体企业 | Collective-owned Enterprises | 16978 |
| 股份合作企业 | Share-holding Cooperative Enterprises | 902 |
| 联营企业 | Joint Ownership Enterprises | 1085 |
| #国有联营企业 | State Joint Ownership Enterprises | |
| 集体联营企业 | Collective Joint Ownership Enterprises | |
| 国有与集体联营企业 | Joint State-collective Enterprises | 1085 |
| 有限责任公司 | Limited Liability Corporations | 806610 |
| #国有独资公司 | State Sole Funded Corporations | 255426 |
| 股份有限公司 | Share-holding Corporations Ltd. | 64133 |
| 私营企业 | Private Enterprises | 665455 |
| 其他企业 | Other Enterprises | |
| 港、澳、台商投资企业 | Enterprises with Funds from Hong Kong, Macao and Taiwan | 10508 |
| 与港、澳、台商合资经营企业 | Joint-venture Enterprises | 7624 |
| 与港、澳、台商合作经营企业 | Cooperative Enterprises | 562 |
| 港、澳、台商独资经营企业 | Enterprises with Sole Funds | 2322 |
| 港、澳、台商投资股份有限公司 | Share-holding Corporations Ltd. | |
| 外商投资企业 | Foreign Funded Enterprises | 6826 |
| 中外合资经营企业 | Joint-venture Enterprises | 2136 |
| 中外合作经营企业 | Cooperative Enterprises | |
| 外资企业 | Enterprises with Sole Foreign Funds | 3570 |
| 外商投资股份有限公司 | Share-holding Corporations Ltd. | 1120 |

continued

(10000 yuan)

| 财务费用<br>Financial<br>Cost | 营业利润<br>Business<br>Profits | 利润总额<br>Total<br>Profits | 产值利润率(%)<br>Rate of Profits to<br>Output (%) |
|---|---|---|---|
| **288695** | **1503295** | **1508629** | **2.53** |
| | | | |
| -664 | 161673 | 161124 | 9.14 |
| 31644 | 273629 | 274677 | 2.90 |
| 22825 | 396199 | 397443 | 5.45 |
| 123307 | 172981 | 175902 | 1.35 |
| 22862 | 52104 | 54213 | 1.24 |
| 16972 | 82111 | 78878 | 1.33 |
| 18093 | 84498 | 82284 | 3.35 |
| 10034 | 44619 | 45944 | 1.69 |
| 6871 | 126749 | 129535 | 1.27 |
| 6788 | 47404 | 48057 | 7.10 |
| 29963 | 61328 | 60572 | 3.71 |
| | | | |
| 113356 | 806567 | 813634 | 2.88 |
| 23808 | 418356 | 417898 | 2.83 |
| 151531 | 278372 | 277097 | 1.67 |
| | | | |
| 285640 | 1485273 | 1490215 | 2.51 |
| 29773 | 78208 | 83093 | 8.33 |
| 209 | 10172 | 10248 | 2.05 |
| -97 | 1080 | 980 | 0.70 |
| -56 | 534 | 511 | 1.01 |
| | | | |
| -56 | 534 | 511 | 1.11 |
| 104404 | 1212137 | 1208245 | 2.67 |
| 70979 | 392195 | 394966 | 2.46 |
| 27404 | 69654 | 68623 | 2.84 |
| 124003 | 113488 | 118515 | 1.19 |
| | | | |
| 1548 | 14384 | 14649 | 10.59 |
| 1536 | 10985 | 10980 | 9.39 |
| 27 | 105 | 67 | 0.36 |
| -15 | 3294 | 3602 | 132.33 |
| | | | |
| 1507 | 3638 | 3765 | 9.90 |
| -283 | 4191 | 4184 | 22.24 |
| | | | |
| 1765 | -771 | -687 | |
| 25 | 218 | 268 | |

## 12-7 资质以上建筑业企业盈亏情况(2020年)

单位:个、万元

| 项　　目 | Item |
|---|---|
| **总　计** | **Total** |
| **按地区分** | **Grouped by District** |
| 荔湾区 | Liwan |
| 越秀区 | Yuexiu |
| 海珠区 | Haizhu |
| 天河区 | Tianhe |
| 白云区 | Baiyun |
| 黄埔区 | Huangpu |
| 番禺区 | Panyu |
| 花都区 | Huadu |
| 南沙区 | Nansha |
| 从化区 | Conghua |
| 增城区 | Zengcheng |
| **按隶属关系分** | **Grouped by Administrative Relationship** |
| 中央属企业 | Central Government |
| 地方企业 | Provincial Government |
| 其他企业 | Others |
| **按登记注册类型分** | **Grouped by Registration Status** |
| 内资企业 | Domestic Funded Enterprises |
| 国有企业 | Stateowned Enterprises |
| 集体企业 | Collectiveowned Enterprises |
| 股份合作企业 | Shareholding Cooperative Enterprises |
| 联营企业 | Joint Ownership Enterprises |
| #国有联营企业 | State Joint Ownership Enterprises |
| 集体联营企业 | Collective Joint Ownership Enterprises |
| 国有与集体联营企业 | Joint Statecollective Enterprises |
| 有限责任公司 | Limited Liability Corporations |
| #国有独资公司 | State Sole Funded Corporations |
| 股份有限公司 | Shareholding Corporations Ltd. |
| 私营企业 | Private Enterprises |
| 其他企业 | Other Enterprises |
| 港、澳、台商投资企业 | Enterprises with Funds from Hong Kong, Macao and Taiwan |
| 与港、澳、台商合资经营企业 | Jointventure Enterprises |
| 与港、澳、台商合作经营企业 | Cooperative Enterprises |
| 港、澳、台商独资经营企业 | Enterprises with Sole Funds |
| 港、澳、台商投资股份有限公司 | Shareholding Corporations Ltd. |
| 外商投资企业 | Foreign Funded Enterprises |
| 中外合资经营企业 | Jointventure Enterprises |
| 中外合作经营企业 | Cooperative Enterprises |
| 外资企业 | Enterprises with Sole Foreign Funds |
| 外商投资股份有限公司 | Shareholding Corporations Ltd. |

注：本表统计范围为施工总承包、专业承包法人建筑业企业。

# Statistics on Profits and Losses of Grade Construction Enterprises (2020)

(unit, 10000 yuan)

| 企业数<br>Number of Construction Enterprises | 盈 余<br>Profits | | 亏 损<br>Losses | |
|---|---|---|---|---|
| | 企业数<br>Number of Enterprises | 金 额<br>Value | 企业数<br>Number of Enterprises | 金 额<br>Value |
| **1639** | **1299** | **1748484** | **340** | **239856** |
| | | | | |
| 58 | 45 | 174938 | 13 | 13814 |
| 170 | 137 | 285937 | 33 | 11260 |
| 239 | 177 | 405229 | 62 | 7786 |
| 383 | 313 | 323120 | 70 | 147218 |
| 196 | 160 | 65670 | 36 | 11457 |
| 87 | 69 | 98750 | 18 | 19872 |
| 240 | 190 | 95852 | 50 | 13569 |
| 51 | 36 | 50834 | 15 | 4890 |
| 98 | 81 | 135606 | 17 | 6072 |
| 48 | 35 | 49383 | 13 | 1325 |
| 69 | 56 | 63165 | 13 | 2593 |
| | | | | |
| 58 | 53 | 825313 | 5 | 11679 |
| 156 | 137 | 439898 | 19 | 22000 |
| 1425 | 1109 | 483273 | 316 | 206177 |
| | | | | |
| 1625 | 1287 | 1729372 | 338 | 239158 |
| 45 | 36 | 95372 | 9 | 12280 |
| 17 | 14 | 10514 | 3 | 266 |
| 3 | 3 | 980 | | |
| 1 | 1 | 511 | | |
| | | | | |
| 1 | 1 | 511 | | |
| 307 | 263 | 1244353 | 44 | 36108 |
| 61 | 56 | 399334 | 5 | 4368 |
| 23 | 18 | 71191 | 5 | 2567 |
| 1229 | 952 | 306451 | 277 | 187937 |
| | | | | |
| 9 | 8 | 14660 | 1 | 11 |
| 5 | 4 | 10991 | 1 | 11 |
| 2 | 2 | 67 | | |
| 2 | 2 | 3602 | | |
| | | | | |
| 5 | 4 | 4452 | 1 | 687 |
| 3 | 3 | 4184 | | |
| | | | | |
| 1 | | | 1 | 687 |
| 1 | 1 | 268 | | |

Note: The statistical scope of this table covers legal construction enterprises with general contracting and professional contracting.

# 主要统计指标解释

**【建筑业总产值】**指以货币表现的建筑业企业在一定时期内生产的建筑业产品和服务的总和。建筑业总产值包括三部分内容:

(1)建筑工程产值:指列入建筑工程预算内的各种工程价值。

(2)设备安装工程产值:指设备安装工程价值，以及将预制部品部件安装成建筑工程产品的价值。

(3)其他产值:建筑业总产值中除建筑工程、安装工程以外的产值。包括房屋构筑物修理产值、非标准设备制造产值、总包企业向分包企业收取的管理费以及不能明确划分的施工活动所完成的产值。

a.房屋构筑物修理产值：指房屋和构筑物的修理所完成的产值，但不包括被修理房屋、构筑物的本身价值和生产设备的本身的价值。

b.非标准设备制造产值：指加工制造没有定型的非标准生产设备的加工费和原材料价值以及附属加工厂为本企业承建工程制作的非标准设备的价值。

**【房屋建筑面积】**指房屋全部平面面积的总和。它从房屋的外墙线算起，包括可供使用的有效面积和墙柱等结构占用面积。多层房屋按各层(包括地下室)面积总和计算。旧房加层或改造，只计算增加的建筑面积；旧房拆除重建，计算其全部面积；临时房屋不计算建筑面积。

**【主营业务收入】**指企业确认的销售商品、提供劳务等主营业务的收入。根据会计“主营业务收入”科目的本年各月贷方余额（结转前）之和填报。如未设置该科目，以“营业收入”代替填报。

**【营业收入】**指企业经营主要业务和其他业务所确认的收入总额。营业收入合计包括“主营业务收入”和“其他业务收入”。根据会计“利润表”中“营业收入”项目的本年累计数填报，即：

营业收入=主营业务收入+其他业务收入

# Explanatory Notes on Main Statistical Indicators

**【Gross Output Value of Construction】** refers to total Volume of construction products and services, expressed in mo-netary terms, completed by construction and installation enterp-rises during a given period of time. It includes:

(1)Output value of construction projects, that is the value of projects covered by the project budgets;

(2)Output value of installation projects, those are the value of the installation of equipment and the value of installing prefabricated parts into construction engineering products.

(3)Other output values, that is the values excluding output value of construction projects and output value of installation projects, including output value of repair of buildings and struc-tures, output value of manufactured non-standard equipment, management expenses received by head enterprises from sub-contract enterprises and output value of construction activities completed but unclassified.

a.Output value of repair of buildings and structures, that is the value created through the repairs of buildings or structures, but does not include the value of buildings or structures being repaired and the value of the repair of production equipment.

b.Output value of manufactured non-standard equipment, that is the value of non-standard production equipment (includ-ing raw materials and manufacturing cost) made for the constru-ction project, and equipment manufactured by subsidiary work-shops.

**【Floor Space of Buildings under Construction】** refers to the sum of all of the surface area of the housing. Counting from the housing exterior lines, including the availability of effective area and wall and column structure occupied the area. The floor space of multi-storey housing is the sum of area of all layers (including basement). The additional layer or transformation of existing homes, only the increase in construction area; old house demolition and reconstruction, to calculate the total area; temporary housing does not calculate the building area.

**【Main business income】** refers to the enterprise recognizes sales of goods and services, and other main business income. According to the sum of the credit balance (before carry-over) of each month of this year in the accounting subject of "main business income". If without a set of the subjects, operating income instead.

**【Operating income】** refers to the total income of the business recognized by business and other business. Total operating revenue includes the main business income and other operating income. Fill in the number of business income project accounting income statement for accumulated data in the year, .its calculating formula is:

Operating income = the main business income + other operating income

第十三篇

CHAPTER 13

# 运输和邮电

# TRANSPORT，POSTAL AND TELECOMMUNICATION SERVICES

# 第十三篇　运输和邮电

## 简要说明

一、本篇资料反映广州市运输、邮电通信业发展的基本状况。交通运输业资料主要包括：五种运输方式的线路里程、运输设备拥有量、各种运输方式完成的货物运输量和旅客运输量、港口设备拥有量、港口货物吞吐量等。

邮电通信业资料主要包括：邮电业务量、邮电通信工具、邮电通信网、邮电通信水平等。

二、本篇资料由广州市统计局服务业统计处整理提供。

三、资料分别来源于民航、铁路、公路、水运、港口、公安、邮电等部门。管道运输资料由有关管道运输企业提供。

# 13 Transport,Postal and Telecommunication Services

## Brief　Introduction

I.The data in this chapter cover mainly the basis conditions of the development of transport, posts and telecommunications in Guangzhou. The data on transport cover mainly the length of the routes of five means of transportation, the owner-ship of the transport equipment, the freight traffic and passenger traffic accomplished by various means of transportation, the ownership of the port equipment and the cargo handled at ports, etc. The data on posts and telecomm-unications cover mainly the postal and telecommunication services, means of post and telecommunications, network of post and telecommunications, main financial of indicators of postal and telecommunication enterprises and the level of the development of the postal and telecommunication services, etc.

II.The data in this chapter are prepared and provided by the Division of Service Industries Statistics of Guangzhou Municipal Bureau of Statistics.

III.The data in this chapter come respectively from Guangzhou municipal departments of railways, transportation, post and telecommunications, etc. The data on the pipeline transport are provided by related pipeline enterprises.

# 13-1 运输邮电主要指标

# Basic Statistics of Transport and Post

| 项　　目 | Item | 2019 | 2020 |
|---|---|---|---|
| 民用车辆拥有量 (辆) | Civilian Vehicle (unit) | 2882296 | 3081809 |
| #汽车 | Automobile | 2789056 | 2981224 |
| 货运量 (万吨) | Freight Traffic (10000 tons) | 95032 | 92458 |
| #铁　路 | Railways | 2105 | 1793 |
| 公　路 | Highways | 48216 | 46966 |
| 水　路 | Waterways | 44571 | 42238 |
| 民　航 | Civil Aviation | 140 | 117 |
| 货物周转量 (万吨公里) | Freight Ton-kilometers (10000 ton-km) | 214726541 | 216197515 |
| #铁　路 | Railways | 239874 | 228758 |
| 公　路 | Highways | 6704138 | 6581567 |
| 水　路 | Waterways | 207107575 | 208677118 |
| 民　航 | Civil Aviation | 674954 | 656514 |
| 客运量 (万人次) | Passenger Traffic (10000 person-times) | 49819 | 32702 |
| 铁　路 | Railways | 14530 | 8686 |
| 公　路 | Highways | 25625 | 18054 |
| 水　路 | Waterways | 33 | 6 |
| 民　航 | Civil Aviation | 9630 | 5956 |
| 旅客周转量 (万人公里) | Passenger-kilometers (10000 passenger-km) | 23760253 | 12572814 |
| 铁　路 | Railways | 1322899 | 782367 |
| 公　路 | Highways | 2628568 | 1806192 |
| 水　路 | Waterways | 3242 | 473 |
| 民　航 | Civil Aviation | 19805544 | 9983782 |
| 港口货物吞吐量 (万吨) | Volume of Freight Handled in Coastal Ports (10000 tons) | 62687 | 63643 |
| 进　港 | Import | 36151 | 36861 |
| 出　港 | Export | 26536 | 26782 |
| 白云国际机场货邮行吞吐量 (万吨) | Volume of Freight and Post Handled in Baiyun International Airport (10000 tons) | 255 | 200 |
| 白云国际机场旅客吞吐量 (万人次) | Volume of Passengers Handled in Baiyun International Airport (10000 person-times) | 7339 | 4376 |
| 邮电业务收入 (万元) | Revenue of Postal and Telecommunication Services (10000 yuan) | 10450611 | 11144378 |
| 电话交换机总容量 (万门) | Total Capacity of Telephone Exchanges (10000 gates) | 81 | 74 |
| 报纸发行量 (万份) | Newspapers Issued (10000 copies) | 90427 | 78571 |
| 杂志发行量 (万份) | Magazines Issued (10000 copies) | 4934 | 4863 |
| 固定电话用户 (万户) | Number of Telephone Sets at Year-end (10000 subscribes) | 331 | 289 |
| 移动电话用户 (万户) | Number of Mobile Telephone Subscribers (10000 subscribes) | 3645 | 3377 |
| 互联网宽带接入用户数(万户) | Number of Internet Subscribers (10000 subscribes) | 566 | 620 |
| 城市电话普及率(含移动电话) (部/百人) | Popularity Rate of Urban Telephones (Including Mobile Telephones) (set/100 persons) | 265.01 | 372.14 |
| #移动电话 | Mobile Telephones | 242.97 | 342.85 |

注：交通运输部自2020年起对公路货运量统计口径进行调整，同时对2019年同期数作同口径调整。

Note:The Ministry of Transport has adjusted the statistical caliber of Highways Freight Traffic since 2020, while making the same caliber adjustment for the corresponding period in 2019.

# 13-2 公路和航道线路基本情况

## Basic Statisics on Highways and Waterways

| 项　　目 | | Item | | 2019 | 2020 |
|---|---|---|---|---|---|
| **公路里程** | **（公里）** | **Length of Highways** | **(kilometer)** | **8984** | **9045** |
| #晴雨通车里程 | | Length of Highways in Any Weathers | | 8984 | 9045 |
| 等级公路 | | Expressway and Class I to IV Highways | | 8984 | 9045 |
| 高　速 | | Expressway | | 1030 | 1102 |
| 一　级 | | First Class | | 1068 | 1066 |
| 二　级 | | Second Class | | 872 | 896 |
| 三　级 | | Third Class | | 1452 | 1845 |
| 四　级 | | Fourth Class | | 4562 | 4136 |
| 等外公路 | | Highways below Class IV | | | |
| 有路面里程 | | Paved Highways | | 8972 | 9044 |
| 沥青混凝土 | | High Class | | 2297 | 2663 |
| 水泥混凝土 | | Second High Class | | 6675 | 6382 |
| 简易铺路面 | | Medium Class | | 12 | |
| 未铺装路面 | | Low Class | | | |
| **桥　梁** | | **Bridges** | | | |
| 座 | （座） | Number | (unit) | 3377 | 3362 |
| 长　度 | （米） | Length | (meter) | 612095 | 619010 |
| **永久式桥梁** | | **Permanent Bridges** | | | |
| 座 | （座） | Number | (unit) | 3377 | 3362 |
| 长　度 | （米） | Length | (meter) | 612095 | 619010 |
| **渡　口** | **（个）** | **Ferries** | **(unit)** | **2** | **2** |
| **内河航道里程** | **（公里）** | **Length of Navigable Inland Waterways** | **(kilometer)** | **1301** | **1237** |
| #等级航道里程 | | Standand Waterways | (kilometer) | 579 | 579 |

注：本表数据由广州市交通运输局等单位提供。

Note: The data in this table are provided by Guangzhou Municipal Transportation Bureau, etc.

# 13-3 民用车辆拥有量（2020年）
# Possession of Civil Vehicles (2020)

单位：辆 (unit)

| 项　目 | Item | 全市 Total | #私人 Private |
|---|---|---|---|
| **合　计** | **Total** | **3081809** | **2406972** |
| 汽　车 | Civil Automobile | 2981224 | 2337448 |
| 载客汽车 | Passenger Vehicles | 2527591 | 2146927 |
| 大　型 | Large | 36648 | 448 |
| 中　型 | Medium | 8503 | 2509 |
| 小　型 | Small | 2470682 | 2137539 |
| 微　型 | Minicar | 11758 | 6431 |
| 载货汽车 | Trucks | 435682 | 184690 |
| 重　型 | Heavy | 90135 | 3624 |
| 中　型 | Medium | 20893 | 3822 |
| 轻　型 | Light | 321655 | 174594 |
| 微　型 | Mini | 2999 | 2650 |
| 其他汽车 | Others | 17951 | 5831 |
| 电　车 | Trolleybuses and Trams | 257 | |
| 无　轨 | Trolleybuses | 257 | |
| 有　轨 | Trams | | |
| 摩托车 | Motorcycle | 70695 | 69310 |
| 普　通 | Ordinary | 70695 | 69310 |
| 轻　便 | Light | | |
| 挂　车 | Trailers | 29633 | 214 |
| 其他类型车 | Other Kinds of Vehicles | | |

注：本表资料由广州市公安局交警支队提供。
Note: The data in this table are provided by the transportation policy branch of Guangzhou Policy Bureau.

# 13-4 营业性民用运输轮驳船拥有量

## Possession of Business Civil Transport Vessels

| 项　　目 | | Item | | 2019 | 2020 |
|---|---|---|---|---|---|
| **机动船** | | **Motor Vessels** | | | |
| 艘数 | (艘) | Number of Motor Vessels | (unit) | 1622 | 1501 |
| # 客船 | (艘) | Passenger Vessels | (unit) | 85 | 78 |
| 货船 | (艘) | Cargo Vessels | (unit) | 1531 | 1423 |
| 载客量 | (客位) | Passenger Capacity | (seat) | 19540 | 17833 |
| 净载重量 | (吨位) | Dead Weight Tonnage | (ton) | 37240523 | 39856895 |
| 总功率 | (千瓦) | Total Power | (kw) | 5485246 | 4883049 |
| **驳　船** | | **Barges** | | | |
| 艘数 | (艘) | Number of Barges | (unit) | 1 | 2 |
| 净载重量 | (吨位) | Dead Weight Tonnage | (ton) | 4206 | 8411 |

注：本表资料由广州港务局等单位提供。

Note:The data in this table are provided by Guangzhou Port Authority.

# 13-5 主要年份客货运输(吞吐量)和邮电业务收入

# Total Passenger and Freight Traffic and Revenue of Postal and Telecommunication Services in Main Years

| 年 份<br>Year | 客运量<br>(万人次)<br>Passenger Traffic<br>(10000 persontimes) | 旅客周转量<br>(万人公里)<br>Passenger-kilometers<br>(10000 passengerkm) | 货运量<br>(万吨)<br>Freight Traffic<br>(10000 tons) | 货物周转量<br>(万吨公里)<br>Freight Tonkilometers<br>(10000 ton-km) | 港口旅客吞吐量<br>(万人次)<br>Volume of Passenger Handled in Coastal Ports<br>(10000 persontimes) |
|---|---|---|---|---|---|
| 1978 | | | | | 433 |
| 1980 | | | | | 489 |
| 1985 | 11653 | 1017045 | 18233 | 15653824 | 514 |
| 1986 | 10985 | 1090054 | 15439 | 16584196 | 788 |
| 1987 | 9152 | 1158152 | 18947 | 17143674 | 742 |
| 1988 | 10290 | 1340611 | 21390 | 18968882 | 765 |
| 1989 | 9051 | 1269994 | 18397 | 20193670 | 610 |
| 1990 | 9461 | 1340608 | 17842 | 21417482 | 531 |
| 1991 | 9996 | 1574625 | 19535 | 26703071 | 485 |
| 1992 | 12459 | 1897547 | 22562 | 28156518 | 484 |
| 1993 | 15988 | 2198885 | 24818 | 29564344 | 447 |
| 1994 | 17307 | 2202816 | 26461 | 35696673 | 406 |
| 1995 | 16107 | 2227019 | 26992 | 39618131 | 343 |
| 1996 | 15638 | 2066438 | 23315 | 30739572 | 233 |
| 1997 | 17725 | 2417966 | 23768 | 30573646 | 134 |
| 1998 | 19587 | 2563072 | 24443 | 26210641 | 91 |
| 1999 | 22007 | 2799796 | 24238 | 20924658 | 153 |
| 2000 | 26097 | 4533805 | 27972 | 22660161 | 134 |
| 2001 | 27461 | 4986901 | 28248 | 23370862 | 135 |
| 2002 | 30084 | 5570611 | 28496 | 22346711 | 135 |
| 2003 | 30546 | 5408605 | 29309 | 25104134 | 112 |
| 2004 | 36941 | 8557982 | 35700 | 27833246 | 119 |
| 2005 | 40524 | 9750755 | 38153 | 27240509 | 99 |
| 2006 | 43777 | 10915614 | 42759 | 27954630 | 98 |
| 2007 | 51180 | 12906006 | 45852 | 24706845 | 111 |
| 2008 | 55385 | 13752318 | 49586 | 24620645 | 90 |
| 2009 | 57053 | 14538626 | 52525 | 21762287 | 78 |
| 2010 | 62595 | 16936472 | 57369 | 24508491 | 79 |
| 2011 | 67756 | 18790926 | 64929 | 28611908 | 80 |
| 2012 | 76070 | 20746062 | 76100 | 49383911 | 75 |
| 2013 | 89269 | 22776307 | 89099 | 68224384 | 77 |
| 2014 | 98062 | 24996168 | 96553 | 86335522 | 71 |
| 2015 | 106082 | 26681268 | 100124 | 90504153 | 61 |
| 2016 | 45823 | 21698556 | 107992 | 153864229 | 87 |
| 2017 | 45279 | 19990354 | 117429 | 212596804 | 92 |
| 2018 | 48048 | 21950302 | 127752 | 214871658 | 101 |
| 2019 | 49819 | 23760253 | 95032 | 214726541 | 78 |
| 2020 | 32702 | 12572814 | 92458 | 216197515 | 8 |

注：1.交通运输部自2019年1月起调整了港口统计口径和部分货类吞吐量的计算方法，同时对2018年同期数作同口径调整。
2.交通部自2020年起对公路货运量统计口径进行调整，同时对2019年同期数作同口径调整。

Note: I. The Ministry of Transport has adjusted the calculation method of port statistical caliber and throughput of some cargo classes since January 2019, while making the same caliber adjustment for the corresponding period in 2018.

II.The Ministry of Transport has adjusted the statistical caliber of Highways Freight Traffic since 2020, while making the same caliber adjustment for the corresponding period in 2019.

## 13-5 续表 continued

| 年 份 Year | 港口货物吞吐量 (万吨) Volume of Freight Handled (10000 tons) | # 集装箱 Container | 机场旅客吞吐量 (万人次) Volume of Passenger Handled in Airport (10000 persontimes) | 机场货邮行吞吐量 (万吨) Volume of Freight Mail and Luggage Handled in Airport (10000 tons) | 邮电业务收入 (万元) Revenue of Postal and Telecommun-ication Services (10000 yuan) |
|---|---|---|---|---|---|
| 1978 | 1950 | | 66 | | 2357 |
| 1980 | 2107 | | 131 | 3 | 3631 |
| 1985 | 3700 | | 290 | 6 | 9927 |
| 1986 | 3954 | | 389 | 7 | 12744 |
| 1987 | 4561 | | 505 | 10 | 19822 |
| 1988 | 5115 | 115 | 542 | 11 | 28482 |
| 1989 | 5106 | 103 | 485 | 11 | 38605 |
| 1990 | 5099 | 107 | 605 | 12 | 55960 |
| 1991 | 5657 | 161 | 745 | 15 | 79642 |
| 1992 | 6477 | 168 | 902 | 17 | 121473 |
| 1993 | 7610 | 177 | 927 | 19 | 180606 |
| 1994 | 8121 | 231 | 1070 | 23 | 270330 |
| 1995 | 8340 | 440 | 1257 | 28 | 380323 |
| 1996 | 8510 | 485 | 1264 | 32 | 528343 |
| 1997 | 8390 | 599 | 1251 | 35 | 687781 |
| 1998 | 8716 | 789 | 1241 | 41 | 841107 |
| 1999 | 11336 | 1355 | 1190 | 45 | 981527 |
| 2000 | 12455 | 1699 | 1279 | 49 | 1384846 |
| 2001 | 13539 | 2633 | 1384 | 53 | 1515282 |
| 2002 | 16772 | 3255 | 1601 | 59 | 1751392 |
| 2003 | 19200 | 4161 | 1501 | 54 | 1851326 |
| 2004 | 23887 | 4734 | 2033 | 63 | 2108788 |
| 2005 | 27283 | 6672 | 2340 | 75 | 2220589 |
| 2006 | 32816 | 9493 | 2622 | 82 | 2307436 |
| 2007 | 37053 | 13298 | 3096 | 90 | 2478199 |
| 2008 | 36954 | 15172 | 3344 | 93 | 2663183 |
| 2009 | 37549 | 15383 | 3705 | 122 | 2680007 |
| 2010 | 42526 | 18070 | 4098 | 145 | 2900942 |
| 2011 | 44770 | 20682 | 4504 | 153 | 3123440 |
| 2012 | 45125 | 21338 | 4831 | 163 | 3373039 |
| 2013 | 47267 | 23053 | 5246 | 173 | 4585063 |
| 2014 | 50097 | 24297 | 5479 | 190 | 5052592 |
| 2015 | 52096 | 26026 | 5521 | 200 | 5400082 |
| 2016 | 54437 | 27799 | 5974 | 216 | 6352822 |
| 2017 | 59012 | 30002 | 6584 | 234 | 7560250 |
| 2018 | 55669 | 32829 | 6974 | 249 | 8778953 |
| 2019 | 62687 | 33980 | 7339 | 255 | 10450611 |
| 2020 | 63643 | 33695 | 4377 | 200 | 11144378 |

注：交通运输部自2019年1月起调整了港口统计口径和部分货类吞吐量的计算方法，同时对2018年同期数作同口径调整。

Note:The Ministry of Transport has adjusted the calculation method of port statistical caliber and throughput of some cargo classes since January 2019, while making the same caliber adjustment for the corresponding period in 2018.

# 13-6 民航运输主要指标

# Main Indicators on Civil Aviation

| 项　　目 | Item | 2019 | 2020 |
|---|---|---|---|
| 客运量（万人次） | Passenger Traffic (10000 person-times) | 9630 | 5956 |
| 国际航线 | International Routes | 1644 | 210 |
| 国内航线 | Domestic Routes | 7986 | 5746 |
| #地区航线 | Regional Routes | 114 | 7 |
| 旅客周转量（万人公里） | Passenger-kilometers (10000 person-km) | 19805544 | 9983782 |
| 国际航线 | International Routes | 7101487 | 1025952 |
| 国内航线 | Domestic Routes | 12704057 | 8957830 |
| #地区航线 | Regional Routes | 176100 | 8827 |
| 货邮运量（吨） | Freight Traffic (ton) | 1397951 | 1174440 |
| 国际航线 | International Routes | 667100 | 603341 |
| 国内航线 | Domestic Routes | 730851 | 571099 |
| #地区航线 | Regional Routes | 16250 | 6691 |
| 货邮周转量（万吨公里） | Freight Ton-kilometers (10000 ton-km) | 674994 | 656514 |
| 国际航线 | International Routes | 551179 | 561309 |
| 国内航线 | Domestic Routes | 123815 | 95205 |
| #地区航线 | Regional Routes | 1852 | 660 |
| 总周转量（万吨公里） | Total Air Traffic Ton-kilometers(10000 ton-km) | 2415017 | 1537615 |
| 国际航线 | International Routes | 1173479 | 650638 |
| 国内航线 | Domestic Routes | 1241538 | 886977 |
| #地区航线 | Regional Routes | 17318 | 1431 |
| 飞行班次（班次） | Flying Times of General Aviation (time) | 695472 | 496068 |
| 国际航线 | International Routes | 107560 | 28113 |
| 国内航线 | Domestic Routes | 587912 | 467955 |
| #地区航线 | Regional Routes | 7723 | 948 |
| 飞行时间（小时） | Flying Time of General Aviation (hr) | 1994190 | 1348440 |
| 运输飞行 | Transportation Flying | 1978929 | 1335670 |
| 专业飞行 | Flying for Special Purpose | 15261 | 12770 |

# 13-7 民航航线及飞机年末数

## Number of Civil Aviation Routes and Civil Aircraft at Year-end

| 指标名称 | Item | 2019 | 2020 |
|---|---|---|---|
| 定期航班航线条数　(条) | Number of Civil Aviation Routes (line) | 978 | 1001 |
| 国际航线 | International Routes | 194 | 180 |
| 国内航线 | Domestic Routes | 784 | 821 |
| #地区航线 | Regional Routes | 20 | 13 |
| 定期航班航线里程(公里) | Length of Civil Aviation Routes (km) | 1953574 | 2478894 |
| 国际航线 | International Routes | 657709 | 872861 |
| 国内航线 | Domestic Routes | 1295865 | 1606033 |
| #地区航线 | Regional Routes | 32474 | 18686 |
| 民航飞机期末架数　(架) | Number of Civil Aircraft (unit) | 708 | 601 |
| 运输飞机 | Aero Transport | 687 | 579 |
| 大中型飞机 | Air Bus | 673 | 573 |
| 小型飞机 | Puddle-jumper | 14 | 6 |
| 通用航空飞机 | General Aircraft | 21 | 22 |
| 教学校验飞机 | Others | | |
| 国外通航国家和地区(个) | Foreign Countries and Regions Linked with Civil Aviation Routes(unit) | 48 | 45 |
| 通航城市　(个) | Cities Linked with Civil Aviation Routes (unit) | 325 | 313 |
| #国外通航城市 | Foreign Cities Linked with Civil Aviation Routes | 131 | 79 |

# 13-8 白云国际机场吞吐量

## Volume Handled in Baiyun International Airport

| 项　　目 | Item | 2019 | 2020 |
|---|---|---|---|
| 飞机起降架次　（万次） | Number of Aircrafts Taking off and Landing　(10000 times) | 49.12 | 37.34 |
| 进　港 | Landing | 24.56 | 18.67 |
| 出　港 | Taking off | 24.56 | 18.67 |
| 旅客吞吐量　（万人次） | Volume of Passengers Handled　(10000 person-times) | 7338 | 4376 |
| 进　港 | Landing | 3639 | 2204 |
| 出　港 | Taking off | 3699 | 2172 |
| 货邮行吞吐量　（万吨） | Volume of Freight Handled　(10000 ton) | 254.85 | 200.20 |
| 进　港 | Landing | 113.12 | 84.11 |
| 出　港 | Taking off | 141.73 | 116.09 |
| 航线条数　（条） | Number of Civil Aviation Routes　(line) | 327 | 324 |
| 国际航线 | International Routes | 115 | 102 |
| 国内航线 | Domestic Routes | 212 | 222 |
| #地区航线 | Regional Routes | 4 | 4 |
| 国外通航国家和地区　（个） | Foreign Countries and Regions Linked with Civil Aviation Routes　(unit) | 48 | 48 |
| 通航城市 | Cities Linked with Civil Aviation Routes | 240 | 202 |
| #国外通航城市 | Foreign Cities Linked with Civil Aviation Routes | 91 | 78 |

注：本表数据由白云国际机场提供。

Note:The data in this table are provided by Baiyun International Airport.

## 13-9 输油（气）管道基本情况（2020年）

## Basic Statistics on Pipelines (2020)

| 项目 | Item | 合计 Total | #输成品油管道 Refined Oil Pipelines | #输其他气体管道 Others Gas Pipelines |
|---|---|---|---|---|
| 条数 （条） | Number Of Pipelines (unit) | 32 | 18 | 11 |
| 输油（气）里程 （公里） | Length Of Pipelines (km) | 740.89 | 57.07 | 680.42 |
| 延展长度 （公里） | Extension Length of Pipelines (km) | 740.89 | 57.07 | 680.42 |
| 输油（气）能力 | Capacity of Pipeline Traffic | 6630.76 | 4023.28 | 987.48 |
| （万吨/年、千万立方米/年） | (10000 ton/year, 10 million cu.m/year) | | | |
| 输油（气）量 （万吨） | Pipeline Traffic (10000 tons) | 1514.78 | 731.38 | 154.89 |
| 输油（气）周转量 （万吨公里） | Ton-kilometers (10000 ton-km) | 108836.45 | 3722.27 | 809.82 |

注：本表数据由中石化广州分公司、国家管网集团广东省管网有限公司提供。
Note: The data in this table are provided by Sinopec Guangzhou Branch.

## 13-10 港口码头泊位数

## Number of Berths in Ports

| 项目 | Item | 2019 | 2020 |
|---|---|---|---|
| **总计** | **Total** | | |
| 码头长度 （米） | Length of Quay Line (m) | 70999 | 56330 |
| 泊位 （个） | Number of Berths (unit) | 809 | 724 |
| #万吨级 | 10000 Ton Class | 78 | 80 |
| 泊位年通过能力 | Berths Capacity | | |
| #货物 （万吨） | Cargo (10000 tons) | 37445 | 33664 |
| 集装箱 （万TEU） | Containers (10000 TEU) | 1576 | 1555 |
| 旅客 （万人） | Passengers (10000 persons) | 2937 | 3715 |
| 汽车 （万辆） | Automobile (10000 units) | 1034 | 66 |
| 生产用 | **For Productive Use** | | |
| 码头长度 （米） | Length of Quay Line (m) | 59305 | 51998 |
| 泊位 （个） | Number of Berths (unit) | 633 | 516 |
| #万吨级 | 10000 Ton Class | 75 | 80 |

注：本表数据由广州市港务局提供。
Note:The data in this table are provided by Guangzhou Port Bureau.

# 13-11 港口吞吐量及货物分类（2020年）

# Volume Handled in Ports and Type of Freight (2020)

单位：万吨 (10000 tons)

| 项目 | Item | 合计 Total | 出港 Out-port | 进港 In-port | #沿海港口 Coastal Harbour | 出港 Out-port | 进港 In-port |
|---|---|---|---|---|---|---|---|
| **货物吞吐量** | **Volume of Freight Handled** | **63643.20** | **26781.88** | **36861.32** | **61239.15** | **26310.63** | **34928.52** |
| 外贸 | Foreign Trade | 14360.76 | 5006.47 | 9354.29 | 14222.25 | 4951.80 | 9270.45 |
| 内贸 | Inland Trade | 49282.44 | 21775.41 | 27507.03 | 47016.90 | 21358.83 | 25658.07 |
| **货物分类** | **Type of Freight** | | | | | | |
| 煤炭及制品 | Coal and Related Products | 7029.88 | 2659.00 | 4370.88 | 6769.28 | 2659.00 | 4110.28 |
| 石油、天然气及制品 | Petroleum, Natural Gas and Related Products | 2459.92 | 1054.01 | 1405.91 | 2369.75 | 1040.36 | 1329.39 |
| #原油 | Crude Oil | 16.00 | 8.00 | 8.00 | 16.00 | 8.00 | 8.00 |
| 金属矿石 | Metal Ores | 622.40 | 28.66 | 593.74 | 620.05 | 28.66 | 591.39 |
| 钢铁 | Steel and Iron | 3818.37 | 1092.95 | 2725.42 | 3738.72 | 1073.59 | 2665.13 |
| 矿建材料 | Mineral Building Materials | 9969.91 | 3971.88 | 5998.03 | 9334.64 | 3971.68 | 5362.96 |
| 水泥 | Cement | 282.56 | 175.20 | 107.36 | 83.19 | 37.69 | 45.50 |
| 木材 | Timber | 423.13 | 132.41 | 290.72 | 422.34 | 132.41 | 289.93 |
| 非金属矿石 | Nonmetal Ores | 400.17 | 134.15 | 266.02 | 306.20 | 134.15 | 172.05 |
| 化肥及农药 | Chemical Fertilizers and Pesticides | 18.50 | 6.00 | 12.50 | 16.38 | 5.98 | 10.40 |
| 盐 | Salt | 9.72 | 0.21 | 9.51 | 9.72 | 0.21 | 9.51 |
| 粮食 | Grain | 3455.33 | 1014.10 | 2441.23 | 3242.91 | 1011.84 | 2231.07 |
| 机械、设备、电器 | Machinery, Equipment and Electric Appliance | 3879.95 | 1845.13 | 2034.82 | 3849.58 | 1824.52 | 2025.06 |
| 化工原料及制品 | Chemical Raw Materials and Related Products | 1064.30 | 144.31 | 919.99 | 812.41 | 135.76 | 676.65 |
| 有色金属 | Nonferrous Metals | 92.22 | 10.02 | 82.20 | 92.22 | 10.02 | 82.20 |
| 轻工、医药产品 | Light Industry, Medical and Pharmacestical Products | 1151.86 | 363.45 | 788.41 | 1051.53 | 348.90 | 702.63 |
| 农林牧渔业产品 | Agricultural, Forestry, Animal Husbandry and Fishery Products | 303.11 | 58.39 | 244.72 | 267.26 | 26.69 | 240.57 |
| 其他 | Others | 28661.87 | 14092.01 | 14569.86 | 28252.97 | 13869.17 | 14383.80 |

注：本表数据由广州市港务局提供。
Note: The data in this table are provided by Guangzhou Port Bureau.

# 13-12　港口标准集装箱吞吐量(2020年)

# Cargo Handled in International Standard Containers (2020)

| 项　　目 | Item | 合　计<br>Total | | |
|---|---|---|---|---|
| | | | 出 港<br>Out-port | 进 港<br>In-port |
| 箱数合计　(万箱) | Total Containers　(10000 units) | 2350.53 | 1179.21 | 1171.32 |
| 重量合计　(万吨) | Total Weight　(10000 tons) | 33695.05 | 15836.29 | 17858.76 |
| 国内小计 | National Total | | | |
| 箱　数　(万箱) | Number of Containers(10000 units) | 1445.45 | 735.75 | 709.70 |
| 重　量　(万吨) | Weight　(10000 tons) | 24219.11 | 11034.82 | 13184.29 |
| 国际小计 | International Total | | | |
| 箱　数　(万箱) | Number of Containers(10000 units) | 905.08 | 443.46 | 461.62 |
| #中国香港 | Hong Kong, China | 311.30 | 156.30 | 155.00 |
| 新加坡 | Singapore | 5.66 | 1.26 | 4.40 |
| 马来西亚 | Malaysia | 12.49 | 5.13 | 7.36 |
| 韩　国 | Korea, Rep. | 43.42 | 26.81 | 16.61 |
| 印　尼 | Indonesia | 38.20 | 20.14 | 18.06 |
| 日　本 | Japan | 9.74 | 6.00 | 3.74 |
| 泰　国 | Thailand | 1.27 | 1.14 | 0.13 |
| 意大利 | Italia | 6.54 | 5.94 | 0.60 |
| 重　量　(万吨) | Weight　(10000 tons) | 9475.94 | 4801.47 | 4674.47 |
| #中国香港 | Hong Kong, China | 3972.69 | 1569.79 | 2402.90 |
| 新加坡 | Singapore | 60.09 | 16.95 | 43.14 |
| 马来西亚 | Malaysia | 152.45 | 45.13 | 107.32 |
| 韩　国 | Korea, Rep. | 502.83 | 350.35 | 152.48 |
| 印　尼 | Indonesia | 432.74 | 270.16 | 162.58 |
| 日　本 | Japan | 123.05 | 70.07 | 52.98 |
| 泰　国 | Thailand | 17.32 | 15.77 | 1.55 |
| 意大利 | Italia | 88.12 | 82.08 | 6.04 |

注：本表数据由广州市港务局提供。
Note:The data in this table are provided by Guangzhou Port Bureau.

# 13-13 邮政电信网

## Network of Postal and Telecommunication Services

| 项　　目 | Item | 2019 | 2020 |
|---|---|---|---|
| 邮政网 (个) | Post Network (unit) | 243 | 243 |
| 自办邮政网点 | Post Office Owned by Itself | 184 | 185 |
| 代办网点 | Commission Office | 59 | 58 |
| 邮政储蓄所 (个) | Postal Savings Office (unit) | 131 | 131 |
| 信箱、信筒 (个) | Mail Box (unit) | 944 | 902 |
| 电信网 (个) | Telecommunication Office (unit) | 10927 | 12928 |
| 自办电信网点 | Telecommunication Office Owned by Itself | 409 | 395 |
| 代办网点 | Commission Office | 10518 | 12533 |
| 邮政网络 (公里) | Postal Service Network (km) | | |
| 邮路总长度 | Total Length of Mail Routes | 54719 | 54532 |
| 农村投递线路总长度 | Length of Rural Delivery Routes | 27854 | 29230 |

# 13-14 邮政业务主要指标

# Main Indicators on Post

| 项　　目 | | Item | | 2019 | 2020 |
|---|---|---|---|---|---|
| 国内分类业务总量 | | Category of Domestic Services | | | |
| 函　件 | （万件） | Number of Letters | (10000 pcs) | 11174 | 6346 |
| 包　裹 | （万件） | Packages | (10000 pcs) | 42 | 46 |
| 汇　兑 | （万笔） | Remittance | (10000 transactions) | 31 | 18 |
| 订销报纸累计数 | （万份） | Number of Newspapers Circulation | (10000 copies) | 13504 | 13262 |
| 订销杂志累计数 | （万份） | Number of Magazines Circulation | (10000 copies) | 1294 | 1073 |
| 快　递 | （万件） | Pieces of Express Mail Services | (10000 pcs) | 634680 | 761578 |
| 同　城 | | City Express | | 105013 | 111525 |
| 异　地 | | Long-distance Express | | 518793 | 635629 |
| 国际及港澳台 | | International and Hong Kong, Macao and Taiwan Express | | 10874 | 14424 |
| 邮政储蓄年末收储余额 | （万元） | Postal Savings Deposits at Year-end | (10000 yuan) | 3983986 | 4432572 |

# 13-15 电信业务主要指标

## Main Indicators on Telecommunication Services

| 项　目 | Item | 2019 | 2020 |
|---|---|---|---|
| 通信业务量 | Business Volume of Telecommunications | | |
| 移动电话用户　（万户） | Number of Mobile Telephone Subscribers　(10000 subscribers) | 3644.56 | 3377.48 |
| # 3G移动电话用户 | 3G Mobile Telephone Subscribers | 86.12 | 46.61 |
| 4G移动电话用户 | 4G Mobile Telephone Subscribers | 2671.77 | 2433.11 |
| 5G移动电话用户 | 5G Mobile Telephone Subscribers | 23.11 | 365.90 |
| 移动短信通信量　（亿条） | Short Message Services　(100 million) | 33.62 | 39.65 |
| 固定电话用户　（万户） | Landline Users　(10000 subscribers) | 330.57 | 288.55 |
| 公用电话　（万户） | Number of Public Telephones　(10000 subscribers) | 40.59 | 39.23 |
| 互联网宽带接入用户　（万户） | Broadband Users | 565.83 | 619.78 |
| 移动互联网用户　（万户） | Mobile Internet Users | 3108.76 | 3014.93 |
| 电信主要通信能力 | Main Communication Capacity of Telecommunications | | |
| 长途电话交换机容量(万路端) | Capacity of Long-distance Telephone Exchanges (10000 circuits) | 50.20 | 49.90 |
| 电话交换机总容量　（万门） | Capacity of Telephone Exchanges　(10000 gates) | 81.17 | 74.40 |
| 局用交换机容量 | Capacity of Office Exchanges | 39.91 | 32.72 |
| 接入网交换机容量 | Capacity of Exchanges Linked-out | 41.27 | 41.68 |
| 移动电话交换机容量　（万户） | Capacity of Mobile Telephone Exchanges　(10000 subscribers) | 4985 | 4370 |
| 移动电话基站数　（个） | Number of Mobile Phone Base Station　(unit) | 134284 | 143475 |
| 互联网宽带接入端口　（个） | Broad Band Subscribers Post Of Internet　(unit) | 13759938 | 13936516 |

注：中国电信股份有限公司广州分公司调整“移动互联网用户数”口径，2019年数做同口径调整。
Note: China Telecom Guangzhou Branch adjusts the calibre of "mobile Internet users" and makes the same calibre adjustment in 2019.

# 13-16 邮电业务收入

# Revenue of Postal and Telecommunication Services

单位：万元 (10000 yuan)

| 项　　目 | Item | 2019 | 2020 |
|---|---|---|---|
| **总　　计** | **Total** | **10450611** | **11144378** |
| # 港澳及国际 | Hong Kong, Macao and International | 724081 | 972946 |
| **邮政收入** | **Revenue of Posts** | **6861781** | **7503287** |
| # 港澳及国际 | Hong Kong, Macao and International | 686968 | 961897 |
| 函　　件 | Letters | 96359 | 55526 |
| 快　　递 | Express Mail Services | 6354932 | 6938299 |
| 汇　　兑 | Postal Orders | 2061 | 617 |
| 包　　裹 | Package | 6196 | 3128 |
| 报　　刊 | Newspapers and Magazines | 8508 | 8519 |
| 其　　他 | Others | 393724 | 497198 |
| **电信收入** | **Revenue of Telecommunications** | **3588830** | **3641091** |
| # 港澳及国际 | Hong Kong, Macao and International | 37113 | 11049 |
| 固定电话收入 | Fixed-line Telephone | 105407 | 88154 |
| 移动电话收入 | Mobile Telephone | 2219930 | 2209687 |
| 宽带收入 | Broadband Network | 452981 | 513350 |
| 其他收入 | Other Revenue | 810512 | 829901 |

# 13-17 城市公共交通（2020年）
# Public Traffic in City (2020)

| 项目 | Item | 合计 Total | 汽车 Buses | 电车 Trolleys |
|---|---|---|---|---|
| 营运车、船数（辆、艘） | Number of Vehicles and Vessels (unit) | 40273 | 15307 | 283 |
| 营运车船客位数（个） | Seat for Vehicles and Vessels for Business Transportation (seat) | 1929890 | 1011296 | 23560 |
| 营运线路条数（条） | Lines Used by Public Traffic for Business Transportation (line) | 1294 | 1250 | 14 |
| 营运线路长度（公里） | Length of Public Traffic (km) | 23982 | 23184 | 188 |
| 客运量（万人次） | Number of Passenger Traffic (10000 person-times) | 420655 | 133090 | 2976 |
| 客运收入（万元） | Revenue of Passenger Transport (10000 yuan) | 1205722 | 196439 | 3210 |
| 每辆汽、电车负担人数（人） | Number of Passengers per Bus and Trolley (person) | 632 | | |

13-17 续表 continued

| 项目 | Item | 轮渡 Ferries | 出租汽车 Cabs | 轨道交通 Track Traffic |
|---|---|---|---|---|
| 营运车、船数（辆、艘） | Number of Vehicles and Vessels (unit) | 43 | 21492 | 3148 |
| 营运车船客位数（个） | Seat for Vehicles and Vessels for Business Transportation (seat) | 8660 | 85968 | 800406 |
| 营运线路条数（条） | Lines Used by Public Traffic for Business Transportation (line) | 14 | | 16 |
| 营运线路长度（公里） | Length of Public Traffic (km) | 57 | | 553 |
| 客运量（万人次） | Number of Passenger Traffic (10000 person-times) | 1004 | 42026 | 241559 |
| 客运收入（万元） | Revenue of Passenger Transport (10000 yuan) | 778 | 546351 | 458944 |
| 每辆汽、电车负担人数（人） | Number of Passengers per Bus and Trolley (person) | | | |

注：1.本表数据由广州市交通运输局等单位提供。
2.营运车船客位数按行驶证上核定载人数计算。

Note: I. The data in this table are provided by Guangzhou Municipal Transportation Burea,etc.
II. Seats of vehicles and vessels for business tran-sportation are caculated by the number of passengers authorized on the driving license.

# 13-18　规模以上运输邮电企业财务指标（2020年）

单位：万元

| 项　目 | Item | 企业单位数（个）Number of Enterprises (unit) | # 亏损企业 Loss-making Enterprises | 营业收入 Business Revenue | 营业成本 Business Costs | 营业税金及附加 Tax and Extra Charges on Business |
|---|---|---|---|---|---|---|
| **合　计** | **Total** | **819** | **230** | **31063501** | **28264917** | **149378** |
| **按经济类型分** | **Grouped by Economic Type** | | | | | |
| 1. 内资 | Domestic Funded | 759 | 215 | 27301238 | 25723060 | 136380 |
| 2. 港、澳、台商投资 | Enterprises with Funds from Hong Kong, Macao and Taiwan Investors | 35 | 10 | 2599432 | 1743521 | 7076 |
| 3. 外商投资 | Foreign Funded Enterprises | 25 | 5 | 1162831 | 798335 | 5922 |
| **按行业类型分** | **Grouped by Sector Type** | | | | | |
| 1. 公路运输 | Highway Transport | 580 | 168 | 8918369 | 7358571 | 81552 |
| 2. 水上运输 | Waterway Transport | 75 | 20 | 4025163 | 3458740 | 12701 |
| # 港　口 | Port | 22 | 2 | 1098845 | 850047 | 6823 |
| 3. 民　航 | Civil Aviation | 13 | 5 | 8019301 | 8249628 | 29142 |
| 4. 邮　电 | Postal and Telecom-munication Services | 142 | 30 | 8802695 | 7577764 | 21959 |
| 5. 其　它 | Others | 9 | 7 | 1297974 | 1620214 | 4024 |

# Finance Indicators of Transport, Postal and Telecommunication Services Enterprises above the Designated Size (2020)

(10000 yuan)

| 销售费用 Selling Expenses | 管理费用 Management Expenses | 财务费用 Financial Expenses | 营业利润 Business Profits | 利润总额 Total Profits | 所得税费用 Income Tax Expenses | 应付职工薪酬 Total Wages Payable | 应交增值税 Value-added Tax Payable | 平均用工人数(人) Average Number of Employed Persons (person) |
|---|---|---|---|---|---|---|---|---|
| **1023940** | **1841731** | **2022596** | **633771** | **752786** | **459426** | **6026950** | **273313** | **341089** |
| 892266 | 1641056 | 1847584 | -90508 | -15943 | 326537 | 5517737 | 216695 | 305424 |
| 111493 | 157210 | 78878 | 528564 | 571441 | 88676 | 332014 | 28797 | 22300 |
| 20182 | 43465 | 96134 | 195715 | 197288 | 44213 | 177199 | 27821 | 13365 |
| 95127 | 605560 | 1296563 | 766060 | 876502 | 201648 | 2038761 | 185173 | 154701 |
| 15663 | 313452 | 301576 | 168500 | 175948 | 67953 | 565645 | 26026 | 17879 |
| 13765 | 112360 | 27127 | 348575 | 349223 | 58472 | 208058 | 7494 | 7952 |
| 402693 | 306329 | 203503 | -832565 | -791648 | -217157 | 1833685 | -80112 | 79910 |
| 510201 | 591612 | -95267 | 1107802 | 1089640 | 407530 | 1309165 | 132243 | 70634 |
| 256 | 24779 | 316222 | -576026 | -597655 | -549 | 279695 | 9983 | 17965 |

# 主要统计指标解释

**【货(客)运量】**指在一定时期内，各种运输工具实际运送的货物重量（旅客数量）。货运按吨计算,客运按人计算。货物不论运输距离长短、货物类别,均按实际重量统计；旅客不论行程远近或票价多少,均按一人一次作为客运量统计；半价票、小孩票也按一人统计。

**【货物(旅客)周转量】**指在一定时期内，由各种运输工具运送的货物（旅客）数量与其相应运输距离的乘积之总和。该指标反映可以运输业生产总成果，也是编制和检查运输生产计划,计算运输效率、劳动生产率以及核算运输单位成本的主要基础资料。计算货物周转量通常按发出站与到达站之间的最短距离，也就是计费距离计算。计算公式为：

货物（(旅客)周转量=Σ（货物（旅客）运输量×运输距离）

**【移动电话用户】**指在电信运营企业营业网点办理开户登记手续，通过移动电话交换机进入移动电话网、占用移动电话号码的各类电话用户。包括各类签约用户、智能网预付费用户、无线上网卡用户。

# Explanatory Notes on Main Statistical Indicators

**【Freight (Passenger) Traffic】** refers to the weight of freight (number of passenger) transported with various means within a specific period of time. Freight transport is calculated in tons and passenger traffic is calculated in terms of number of persons. Freight transport is calculated in terms of the actual weight of the goods and takes no account of the type of freight and distance of travel. Passenger traffic is calculated by the principle that one person can be counted only once in one trip and takes no account of the travelling distance and ticket price. The passengers who travel with a half price ticket or a child's ticket is also calculated as one person.

**【Freight Ton-kilometres (Passenger-kilometres)】** refers to the sum of the product of the volume of transported cargo (passengers) multiplied by the transport distance. It is an important indicator to reflect the achievement of the transportation industry. This is an important indicator to show the total results of the transport industry; to prepare and examine the transport plan; and to serve as the main basic data for calculating the efficiency, labour productivity and unit cost of transport. Normally, the shortest distance between the departure station and the destination station (i.e., the payable distance) is the basis in calculating the freight ton-kilometres. The formula is as follows:

Freight ton-kilometres (passenger-kilometres)=Σ freight (passenger) traffic×distance of transportation

**【Mobile Telephone Subscribers】** refer to persons who have gone through registration procedures in the operation points of enterprises engaged in telecommunications and are hence connected with the mobile telephone communication network through the mobile telephone switchboards and occupy mobile phone numbers. Included are various types of subscriber, prepaid users for intelligent network and wireless network card users.

第十四篇 CHAPTER 14

# 国内贸易
# DOMESTIC TRADE

# 第十四篇 国内贸易

**简要说明**

一、本篇资料反映广州市国内市场发展的基本情况。

二、本篇资料由广州市统计局贸易外经统计处整理提供。

三、本篇资料根据国家统计局制定的批发和零售业、住宿和餐饮业统计报表制度，通过采取全面调查、抽样调查等方法，对基层数据汇总取得。

四、各表的调查范围：

社会消费品零售总额表的调查范围是各种经济类型的批发和零售业、住宿和餐饮业法人单位、产业活动单位及个体户。

批发和零售业商品购、销、存总额表的调查范围是各种经济类型的批发和零售业法人单位及个体户。

商品购、销、存类值表的调查范围是各种经济类型的限额以上批发和零售业的法人单位及个体户。

财务状况表的调查范围是各种经济类型的限额以上批发和零售业、住宿和餐饮法人单位。

五、关于历史数据调整问题

根据2018年第四次全国经济普查结果，对1992—2018年社会消费品零售总额进行了调整。

# 14 Domestic Trade

**Brief Introduction**

I. The data in this chapter show the development of Guangzhou's domestic markets.

II.The data in this chapter are prepared and provided by the Division of Trade and External Economic Relations Statistics of Guangzhou Municipal Bureau of Statistics.

III.The data are obtained in accordance with the Statistical Reporting Scheme on Wholesale and Retail Trade and Catering Services stipulated by the National Bureau of Statistics. The Methods used in data collection for enterprises (units) are complete enumeration and sample surveys, under which data are reported from lower to higher level statistical offices.

IV. The statistical coverage comes as follows:

The total retail sales of social consumer goods covered the retail value of the corporation units, economic active units and individual operators of all economic types of wholesale and retail trade, accommodation and catering industry.

The investigated objects of total purchases and sales and inventory of wholesale and retail trade come from corporation units and individual operators.

The investigated objects of commodity purchases, sales and inventory covered the corporation units and individual operators of wholesale and retail trade enterprises above the designated size.

The investigated objects of financial situation covered the corporation units of wholesale and retail trade, catering and accommodation above the designated size.

V. Based on results from the Fourth National Economic Census in 2018, the total retail sales consumer goods from year 1992 to 2018 are revised.

# 14-1 主要年份社会消费品零售总额
# Total Retail Sales of Consumer Goods in Main Years

单位：万元 (10000 yuan)

| 年 份 Year | 总 计 Total | 按行业分 By Sector | | | |
|---|---|---|---|---|---|
| | | 批发和零售业 Wholesale and Retail Trades | 住宿和餐饮业 Hotels and Catering Services | 其他行业 Others | # 制造业 Manufacturing |
| 1978 | 176300 | 148378 | 16242 | 11680 | 7327 |
| 1980 | 287127 | 224457 | 23307 | 39363 | 24261 |
| 1985 | 749841 | 499571 | 115750 | 134520 | 64827 |
| 1986 | 802044 | 536172 | 107943 | 157929 | 69972 |
| 1987 | 952332 | 622077 | 134437 | 195818 | 67362 |
| 1988 | 1303688 | 833448 | 175891 | 294349 | 86936 |
| 1989 | 1442483 | 910670 | 234931 | 296882 | 90114 |
| 1990 | 1477826 | 945047 | 239607 | 293172 | 74574 |
| 1991 | 1701215 | 1062833 | 286924 | 351458 | 83978 |
| 1992 | 2149240 | 1396818 | 317912 | 434510 | 108827 |
| 1993 | 3114295 | 2095692 | 401053 | 617550 | 167954 |
| 1994 | 4499972 | 3028655 | 570592 | 900725 | 275664 |
| 1995 | 5712275 | 3864311 | 706234 | 1141730 | 344573 |
| 1996 | 6590603 | 4700098 | 813954 | 1076551 | 355871 |
| 1997 | 7693181 | 5493784 | 944091 | 1255306 | 488769 |
| 1998 | 8848523 | 6327972 | 1100940 | 1419611 | 549565 |
| 1999 | 9727415 | 6984432 | 1261213 | 1481770 | 588325 |
| 2000 | 10795918 | 8128043 | 1425322 | 1242553 | 567860 |
| 2001 | 11894799 | 9046636 | 1628785 | 1219378 | 544127 |
| 2002 | 12934476 | 9906249 | 1788390 | 1239837 | 449640 |
| 2003 | 14004188 | 11864803 | 1867179 | 272206 | |
| 2004 | 15654635 | 13575131 | 1976852 | 102652 | |
| 2005 | 17650089 | 15498368 | 2104240 | 47481 | |
| 2006 | 20085340 | 17842916 | 2242424 | | |
| 2007 | 23459002 | 21032527 | 2426475 | | |
| 2008 | 28363730 | 25583434 | 2780296 | | |
| 2009 | 31708764 | 28630223 | 3078541 | | |
| 2010 | 38090381 | 34227990 | 3862391 | | |
| 2011 | 43672840 | 39217193 | 4455647 | | |
| 2012 | 48996900 | 43912294 | 5084606 | | |
| 2013 | 55667741 | 50110919 | 5556822 | | |
| 2014 | 62527057 | 56554832 | 5972225 | | |
| 2015 | 69944246 | 63339740 | 6604506 | | |
| 2016 | 75620262 | 68568734 | 7051528 | | |
| 2017 | 81906273 | 74428793 | 7477480 | | |
| 2018 | 88109103 | 80207859 | 7901244 | | |
| 2019 | 95515699 | 86921314 | 8594385 | | |
| 2020 | 92186605 | 85450519 | 6736086 | | |

注：2019年，根据第四次全国经济普查结果，对1992—2018年社零数据进行了修订。
Note:According to the results of the fourth national economic census, the total retail sales of consumer goods from 1992 to 2018 are revised In 2019.

# 14-2 主要年份社会消费品零售总额指数

## Indices of Total Retail Sales of Consumer Goods in Main Years

上年=100 (preceding year=100)

| 年 份 Year | 总 计 Total | 按行业分 By Sector | | | |
|---|---|---|---|---|---|
| | | 批发和零售业 Wholesale and Retail Trades | 住宿和餐饮业 Hotels and Catering Services | 其他行业 Others | # 制造业 Manufacturing |
| 1978 | 106.6 | 105.6 | 118.2 | 104.3 | 95.4 |
| 1980 | 136.1 | 130.5 | 121.6 | 198.2 | 181.8 |
| 1985 | 138.1 | 124.7 | 224.2 | 147.9 | 133.1 |
| 1986 | 107.0 | 107.3 | 93.3 | 117.4 | 107.9 |
| 1987 | 118.7 | 116.0 | 124.5 | 124.0 | 96.3 |
| 1988 | 136.9 | 134.0 | 130.8 | 150.3 | 129.1 |
| 1989 | 110.6 | 109.3 | 133.6 | 100.9 | 103.7 |
| 1990 | 102.4 | 103.8 | 102.0 | 98.8 | 82.8 |
| 1991 | 115.1 | 112.5 | 119.8 | 119.9 | 112.6 |
| 1992 | 126.3 | 131.4 | 110.8 | 123.6 | 129.6 |
| 1993 | 144.9 | 150.0 | 126.2 | 142.1 | 154.3 |
| 1994 | 144.5 | 144.5 | 142.3 | 145.9 | 164.1 |
| 1995 | 126.9 | 127.6 | 123.8 | 126.8 | 125.0 |
| 1996 | 115.4 | 121.6 | 115.3 | 94.3 | 103.3 |
| 1997 | 116.7 | 116.9 | 116.0 | 116.6 | 137.3 |
| 1998 | 115.0 | 115.2 | 116.6 | 113.1 | 112.4 |
| 1999 | 109.9 | 110.4 | 114.6 | 104.4 | 107.1 |
| 2000 | 111.0 | 116.4 | 113.0 | 83.9 | 96.5 |
| 2001 | 110.2 | 111.3 | 114.3 | 98.1 | 95.8 |
| 2002 | 108.7 | 109.5 | 109.8 | 101.7 | 82.6 |
| 2003 | 108.3 | 119.8 | 104.4 | 22.0 | |
| 2004 | 111.8 | 114.4 | 105.9 | 37.7 | |
| 2005 | 112.7 | 114.2 | 106.4 | 46.3 | |
| 2006 | 113.8 | 115.1 | 106.6 | | |
| 2007 | 116.8 | 117.9 | 108.2 | | |
| 2008 | 120.9 | 121.6 | 114.6 | | |
| 2009 | 111.8 | 111.9 | 110.7 | | |
| 2010 | 120.1 | 119.6 | 125.5 | | |
| 2011 | 114.7 | 114.6 | 115.4 | | |
| 2012 | 112.2 | 112.0 | 114.1 | | |
| 2013 | 113.6 | 114.1 | 109.3 | | |
| 2014 | 112.3 | 112.9 | 107.5 | | |
| 2015 | 111.9 | 112.0 | 110.6 | | |
| 2016 | 108.1 | 108.3 | 106.8 | | |
| 2017 | 108.3 | 108.5 | 106.0 | | |
| 2018 | 107.6 | 107.8 | 105.7 | | |
| 2019 | 108.4 | 108.4 | 108.8 | | |
| 2020 | 96.5 | 98.3 | 78.4 | | |

注：1.当年指数按可比口径计算。
2.2019年，根据第四次全国经济普查结果，对1992—2018年社零数据进行了修订。

Note: I. The indices are calculated at the comparable coverage.
II. According to the results of the fourth national economic census,the total retail sales of consumer goods from 1992 to 2018 are revised In 2019.

# 14-3 各时期社会消费品零售总额

## Total Retail Sales of Consumer Goods in Different Periods

单位：万元 (10000 yuan)

| 时 期 | Period | 总 计 Total | 按行业分 By Sector | | | |
|---|---|---|---|---|---|---|
| | | | 批发和零售业 Wholesale and Retail Trades | 住宿和餐饮业 Hotels and Catering Services | 其他行业 Others | # 制造业 Manufacturing |
| "六五"时期 | 6th Five-year Plan Period | 2459903 | 1775024 | 260620 | 424259 | 222331 |
| "七五"时期 | 7th Five-year Plan Period | 5978373 | 3847414 | 892809 | 1238150 | 388958 |
| "八五"时期 | 8th Five-year Plan Period | 17176997 | 11448309 | 2282715 | 3445973 | 980996 |
| "九五"时期 | 9th Five-year Plan Period | 43655640 | 31634329 | 5545520 | 6475791 | 2550390 |
| "十五"时期 | 10th Five-year Plan Period | 72138187 | 59891187 | 9365446 | 2881554 | 993767 |
| "十一五"时期 | 11th Five-year Plan Period | 141707217 | 127317090 | 14390127 | | |
| "十二五"时期 | 12th Five-year Plan Period | 280808784 | 253134978 | 27673806 | | |
| "十三五"时期 | 13th Five-year Plan Period | 433337942 | 395577219 | 37760723 | | |
| 1979-2020 | 1979-2020 | 997761160 | 885021974 | 98214240 | | |

注：2019年，根据第四次全国经济普查结果，对1992—2018年社零数据进行了修订。
Note:According to the results of the fourth national economic census, the total retail sales of consumer goods from 1992 to 2018 are revised In 2019.

# 14-4 社会消费品零售总额

# Total Retail Sales of Consumer Goods

单位:万元 (10000 yuan)

| 项　目 | Item | 2019 | 2020 |
|---|---|---|---|
| **社会消费品零售总额** | **Total** | **95515699** | **92186605** |
| **按行业分** | **By Sector** | | |
| 批发和零售业 | Wholesale and Retail Trades | 86921314 | 85450519 |
| 限额以上 | Enterprises above Designated Size | 39696055 | 43087357 |
| 限额以下 | Enterprises (Units) below Designated Size and Individuals | 47225259 | 42363162 |
| 住宿和餐饮业 | Hotels and Catering Services | 8594385 | 6736086 |
| 限额以上 | Enterprises above Designated Size | 3741295 | 3141145 |
| 限额以下 | Enterprises (Units) below Designated Size and Individuals | 4853090 | 3594941 |

# 14-5 限额以上批发和零售业法人企业商品分类销售总额(2020年)
# Total Sales Value of Enterprises above Designated Size in Wholesale and Retail Trade by Category of Commodities (2020)

单位:万元 (10000 yuan)

| 项　　目 | Item | 销售总额 Total Sales Value | 批发额 Wholesale Value | 零售额 Retail Value |
|---|---|---|---|---|
| **合　计** | **Total** | **426811592** | **379096724** | **47714868** |
| 粮油、食品类 | Grain and Oil | 18214204 | 13170340 | 5043864 |
| # 肉禽蛋类 | Meat, Poultry and Eggs | 2523076 | 2015339 | 507737 |
| 饮料类 | Beverages | 3576205 | 2677362 | 898843 |
| 烟酒类 | Tobacco and Liquor | 4349725 | 3482753 | 866972 |
| 服装鞋帽、针、纺织品类 | Garments, Footwear, Headgear, Knitwear and Textiles | 13907056 | 9965059 | 3941997 |
| 服装类 | Clothing | 8859116 | 6195692 | 2663424 |
| 鞋帽类 | Footwear and Headgear | 2913666 | 1906506 | 1007160 |
| 针、纺织品类 | Knitwear and Textiles | 2134274 | 1862861 | 271413 |
| 化妆品类 | Cosmetics | 5901338 | 3652229 | 2249109 |
| 金银珠宝类 | Gold, Silver and Jewelry | 3197313 | 2035812 | 1161501 |
| 日用品类 | Daily-Use Articles | 10942301 | 7487690 | 3454611 |
| # 可穿戴智能设备类 | Wearable intelligent device | 27968 | 22403 | 5565 |
| 五金、电料类 | Hardware and Electrical Materials | 2397846 | 2252638 | 145208 |
| 体育、娱乐用品类 | Sports and Recreation Articles | 1362601 | 602616 | 759985 |
| 书报杂志类 | Newspapers and Magazines | 1180324 | 845427 | 334897 |
| 电子出版物及音像制品类 | E-journal and Video Products | 34620 | 32418 | 2202 |
| 家用电器和音像器材类 | Household Appliances and Video Appliances | 8382684 | 5140177 | 3242507 |
| 中西药品类 | Traditional Chinese and Western Medicines | 22519145 | 19025263 | 3493882 |
| # 西　药 | Western Medicines | 16511352 | 13871138 | 2640214 |
| 中草药及中成药 | Traditional Chinese Medicines | 3683131 | 3444373 | 238758 |
| 文化办公用品类 | Cultural and Office Goods | 6273766 | 4562975 | 1710791 |
| 家具类 | Furniture | 1445453 | 1178968 | 266485 |
| 通讯器材类 | Communication Appliances | 6228760 | 1772300 | 4456460 |
| 煤炭及制品类 | Coal and Related Products | 9551974 | 9551974 | |
| 木材及制品类 | Wood and Wooden Products | 1523739 | 1523739 | |
| 石油及制品类 | Petroleum and Related Products | 47817256 | 44975561 | 2841695 |
| 化工材料及制品类 | Chemical Materials and Related Products | 27153173 | 27153173 | |
| # 化肥类 | Chemical Fertilizers | 1042542 | 1042542 | |
| 金属材料类 | Metal Materials | 131447916 | 131447916 | |
| 建筑及装潢材料类 | Building and Decoration Materials | 8481352 | 8401872 | 79480 |
| 机电产品及设备类 | Mechanical and Electrical Products | 9318891 | 9246084 | 72807 |
| # 农机类 | Agricultural Machinery | 90708 | 90708 | |
| 汽车类 | Motor Vehicles | 66918125 | 54585488 | 12332637 |
| 种子饲料类 | Seeds and Feedstuff | 3317650 | 3317650 | |
| 棉麻类 | Cotton and Hemp | 873874 | 873874 | |
| 其他类 | Others | 10494301 | 10135366 | 358935 |

# 14-6 限额以上批发业法人企业商品购、销、存总额(2020年)

单位：万元

| 项　　目 | Item |
|---|---|
| **合　计** | **Wholesale Trade** |
| #国有及国有控股 | State-owned and State-controlled Enterprises |
| **按登记注册类型分** | **By Status of Registration** |
| 内资企业 | Domestic-funded Enterprises |
| 国有企业 | State-owned Enterprises |
| 集体企业 | Collective-owned Enterprises |
| 股份合作企业 | Cooperative Enterprises |
| 联营企业 | Joint Ownership Enterprises |
| 国有联营企业 | State Joint Ownership Enterprises |
| 集体联营企业 | Collective Joint Ownership Enterprises |
| 国有与集体联营企业 | Joint State-collective Enterprises |
| 其他联营企业 | Other Joint Ownership Enterprise |
| 有限责任公司 | Limited Liability Corporations |
| 国有独资企业 | State Sole Funded Corporations |
| 其他有限责任公司 | Other Limited Liability Corporations |
| 股份有限公司 | Share-holding Corporations Ltd. |
| 私营企业 | Private Enterprises |
| 私营独资企业 | Private-funded Enterprises |
| 私营合伙企业 | Private Partnership Enterprises |
| 私营有限责任公司 | Private Limited Liability Corporations |
| 私营股份有限公司 | Private Share-holding Corporations Ltd. |
| 其他企业 | Other Enterprises |
| 港、澳、台商投资企业 | Enterprises with Funds from Hong Kong, Macao and Taiwan |
| 与港、澳、台商合资经营企业 | Joint-venture Enterprises |
| 与港、澳、台商合作经营企业 | Cooperative Enterprises |
| 港、澳、台商独资经营企业 | Enterprises with Sole Funds |
| 港、澳、台商投资股份有限公司 | Share-holding Corporations Ltd. |
| 其他港、澳、台投资企业 | Other Enterprises with Funds from Hong Kong, Macao and Taiwan |
| 外商投资企业 | Foreign Funded Enterprises |
| 中外合资经营企业 | Joint-venture Enterprises |
| 中外合作经营企业 | Cooperative Enterprises |
| 外资企业 | Enterprises with Sole Foreign Funds |
| 外商投资股份有限公司 | Share-holding Corporations Ltd. |
| 其他外商投资企业 | Other Foreign Funded Enterprises |
| **按国民经济行业分组** | **By Economic Sector** |
| 农、林、牧产品批发 | Wholesale of Farming, Forestry, Animal Husbandry Products |
| 食品、饮料及烟草制品批发 | Wholesale of Food, Beverages and Tobacco Products |
| #米、面制品及食用油批发 | Wholesale of Rice, Flour and Edible Oil |
| 烟草制品批发 | Wholesale of Tobacco |
| 纺织、服装及家庭用品批发 | Wholesale of Textile, Clothing and Household Goods |
| #服装批发 | Wholesale of Garments |
| 家用视听设备批发 | Wholesale of Household Electrical Appliances |
| 文化、体育用品及器材批发 | Wholesale of Cultural, Sports Appliances and Equipment |
| 医药及医疗器材批发 | Wholesale of Medicine and Medical Appliances |
| 矿产品、建材及化工产品批发 | Wholesale of Mineral Products, Building Materials and Chemical Products |
| #煤炭及制品批发 | Wholesale of Coal and Related Products |
| 石油及制品批发 | Wholesale of Petroleum and Related Products |
| 金属及金属矿批发 | Wholesale of Metal Minerals |
| 建材批发 | Wholesale of Building Materials |
| 化肥批发 | Wholesale of Chemical Fertilizers |
| 机械设备、五金产品及电子产品批发 | Wholesale of Mechanical Equipment, Metal Products and Electronic Products |
| #汽车及零配件批发 | Wholesale of Automobile and Automobile Accessories |
| 摩托车及零配件批发 | Wholesale of Motorcycles and Accessories |
| 计算机、软件及辅助设备批发 | Wholesale of Computers, Software and Assistant Equipments |
| 贸易经纪与代理 | Trade Broker and Agency |
| 其他批发业 | Wholesale of Other Trades |

# Total Purchases, Sales and Stock of Enterprises above Designated Size in Wholesale Trade (2020)

(10000 yuan)

| 购进总额 Total Purchase Value | # 进口 Imports Value | 销售总额 Total Sales Value | 批发额 Wholesale Value | 零售额 Retail Value | 年末库存 Stock at Year-end |
|---|---|---|---|---|---|
| **368708481** | **14988595** | **378076455** | **372905568** | **5170887** | **16657469** |
| 147630280 | 5794683 | 143099469 | 142604054 | 495415 | 5253090 |
| | | | | | |
| 322536896 | 9478261 | 326280307 | 322946547 | 3333760 | 12992388 |
| 11221985 | 449736 | 11397109 | 11354814 | 42295 | 682848 |
| 72443 | | 75532 | 73808 | 1724 | 4466 |
| 148573 | 2459 | 164571 | 158728 | 5843 | 11142 |
| 14074 | | 14528 | 13797 | 731 | 450 |
| | | | | | |
| | | | | | |
| 3677 | | 4498 | 4498 | | 122 |
| 10397 | | 10030 | 9299 | 731 | 328 |
| 140933334 | 3849404 | 146326321 | 145198153 | 1128168 | 4113709 |
| 22775839 | 1205112 | 23951639 | 23895474 | 56165 | 693843 |
| 118157495 | 2644292 | 122374682 | 121302679 | 1072003 | 3419866 |
| 41533267 | 867646 | 32756738 | 32709375 | 47363 | 1657753 |
| 128613220 | 4309016 | 135545508 | 133437872 | 2107636 | 6522020 |
| 738554 | 7828 | 796886 | 785255 | 11631 | 36268 |
| 202644 | 13917 | 223467 | 217215 | 6252 | 17455 |
| 125653112 | 4249687 | 132259988 | 130460119 | 1799869 | 6297943 |
| 2018910 | 37584 | 2265167 | 1975283 | 289884 | 170354 |
| | | | | | |
| 20144752 | 2506886 | 23043792 | 22545255 | 498537 | 2633323 |
| 3814713 | 1066255 | 3786047 | 3781793 | 4254 | 466747 |
| 8605 | 923 | 9239 | 9239 | | 1133 |
| 16218289 | 1431044 | 19122288 | 18630147 | 492141 | 2137190 |
| 68395 | 7986 | 79465 | 79267 | 198 | 25017 |
| 34750 | 678 | 46753 | 44809 | 1944 | 3236 |
| 26026833 | 3003448 | 28752356 | 27413766 | 1338590 | 1031758 |
| 18475933 | 354906 | 20110537 | 18845952 | 1264585 | 438232 |
| 6944 | 6944 | 6298 | 6298 | | 1242 |
| 7217456 | 2623164 | 8273149 | 8199206 | 73943 | 577515 |
| 23462 | | 27521 | 27521 | | 1205 |
| 303038 | 18434 | 334851 | 334789 | 62 | 13564 |
| | | | | | |
| 5309092 | 969685 | 5473314 | 5462757 | 10557 | 553243 |
| 16498137 | 1154269 | 18951280 | 18703806 | 247474 | 2014123 |
| 2467256 | 69802 | 2467504 | 2459199 | 8305 | 646258 |
| 1305349 | 23699 | 1872911 | 1860962 | 11949 | 42575 |
| 17198738 | 919179 | 20589440 | 19256427 | 1333013 | 2240623 |
| 2139873 | 102011 | 2706363 | 2456017 | 250346 | 464245 |
| 1239255 | 25803 | 1318038 | 1292211 | 25827 | 87958 |
| 11215519 | 362776 | 12915954 | 12483752 | 432202 | 1268773 |
| 23460497 | 2243367 | 25601191 | 25071508 | 529683 | 2502551 |
| 226524976 | 5734657 | 221586290 | 219848059 | 1738231 | 6008574 |
| 9731270 | 764910 | 9999287 | 9999287 | | 312376 |
| 54918000 | 824342 | 46661475 | 45220664 | 1440811 | 1697703 |
| 123135113 | 1666693 | 123725077 | 123584412 | 140665 | 2099816 |
| 13438583 | 252687 | 14331023 | 14256335 | 74688 | 673592 |
| 1152627 | 64634 | 1199025 | 1199025 | | 78964 |
| 65866226 | 3318983 | 70096866 | 69290447 | 806419 | 1899464 |
| 48878893 | 1075766 | 51421390 | 50973623 | 447767 | 592870 |
| 168421 | 5977 | 187559 | 186557 | 1002 | 11073 |
| 3949784 | 820966 | 4169318 | 4048448 | 120870 | 244689 |
| 287453 | 31423 | 301208 | 300998 | 210 | 9859 |
| 2347843 | 254256 | 2560912 | 2487814 | 73098 | 160259 |

# 14-7 限额以上零售业法人企业商品购、销、存总额(2020年)

单位：万元

| 项目 | Item |
|---|---|
| 合　计 | **Retail Trade** |
| #国有及国有控股 | State-owned and State-controlled Enterprises |
| **按登记注册类型分** | **By Status of Registration** |
| 内资企业 | Domestic-funded Enterprises |
| 国有企业 | State-owned Enterprises |
| 集体企业 | Collective-owned Enterprises |
| 股份合作企业 | Cooperative Enterprises |
| 联营企业 | Joint Ownership Enterprises |
| 国有联营企业 | State Joint Ownership Enterprises |
| 集体联营企业 | Collective Joint Ownership Enterprises |
| 国有与集体联营企业 | Joint State-collective Enterprises |
| 其他联营企业 | Other Joint Ownership Enterprise |
| 有限责任公司 | Limited Liability Corporations |
| 国有独资企业 | State Sole Funded Corporations |
| 其他有限责任公司 | Other Limited Liability Corporations |
| 股份有限公司 | Share-holding Corporations Ltd. |
| 私营企业 | Private Enterprises |
| 私营独资企业 | Private-funded Enterprises |
| 私营合伙企业 | Private Partnership Enterprises |
| 私营有限责任公司 | Private Limited Liability Corporations |
| 私营股份有限公司 | Private Share-holding Corporations Ltd. |
| 其他企业 | Other Enterprises |
| 港、澳、台商投资企业 | Enterprises with Funds from Hong Kong, Macao and Taiwan |
| 与港、澳、台商合资经营企业 | Joint-venture Enterprises |
| 与港、澳、台商合作经营企业 | Cooperative Enterprises |
| 港、澳、台商独资经营企业 | Enterprises with Sole Funds |
| 港、澳、台商投资股份有限公司 | Share-holding Corporations Ltd. |
| 其他港、澳、台投资企业 | Other Enterprises with Funds from Hong Kong, Macao and Taiwan |
| 外商投资企业 | Foreign Funded Enterprises |
| 中外合资经营企业 | Joint-venture Enterprises |
| 中外合作经营企业 | Cooperative Enterprises |
| 外资企业 | Enterprises with Sole Foreign Funds |
| 外商投资股份有限公司 | Share-holding Corporations Ltd. |
| 其他外商投资企业 | Other Foreign Funded Enterprises |
| **按国民经济行业分组** | **By Economic Sector** |
| 综合零售 | Comprehensive Retail Trade |
| #百货零售 | Retail of General Merchandise |
| 超级市场零售 | Retail of Supermarket |
| 食品、饮料及烟草制品专门零售 | Retail of Food, Beverage and Tobacco |
| 纺织、服装及日用品专门零售 | Retail of Textile, Garments and Daily Articles Consumer |
| #服装零售 | Retail of Garments |
| 文化、体育用品及器材专门零售 | Retail of Cultural, Sports Appliances and Equipment |
| #体育用品及器材零售 | Retail of Sports Goods |
| 图书、报刊零售 | Retail of Books and Newspapers |
| 医药及医疗器材专门零售 | Retail of Medicine and Medical Appliances |
| #西药零售 | Retail of Medicine |
| 中药零售 | Retail of Chinese Medicine |
| 汽车、摩托车、零配件和燃料及其他动力设备零售 | Retail of Motor Vehicles, Motorcycles, Fuels and Parts |
| #汽车新车零售 | Retail of Motor Vehicles |
| 机动车燃油零售 | Retail of Motor Vehicle Fuels |
| 家用电器及电子产品专门零售 | Retail of Household Electrical Appliances and Electronic Products |
| #家用视听设备零售 | Retail of Household Audio and Video Equipment |
| 日用家电零售 | Retail of Household Electrical Appliances |
| 计算机、软件及辅助设备零售 | Retail of Computers, Software and Assistant Equipments |
| 通信设备零售 | Retail of Communication Equipments |
| 五金、家具及室内装饰材料专门零售 | Retail of Hardware, Furniture and Decoration Materials |
| 货摊、无店铺及其他零售业 | Retail of Booth and Others |
| #互联网零售 | E-Retail |

# Total Purchases, Sales and Stock of Enterprises above Designated Size in Retail Trade (2020)

(10000 yuan)

| 购进总额<br>Total Purchase Value | #进口<br>Imports Value | 销售总额<br>Total Sales | 批发额<br>Wholesale Trade | 零售额<br>Retail Trade | 年末库存<br>Stock at Year-end |
|---|---|---|---|---|---|
| **42692461** | **1113648** | **48546654** | **6002673** | **42543981** | **2975859** |
| 4570516 | 177046 | 6567144 | 1007367 | 5559777 | 417523 |
| | | | | | |
| 31643593 | 853808 | 35539500 | 4282930 | 31256570 | 2081114 |
| 149533 | 47686 | 166307 | 21357 | 144950 | 29107 |
| 185509 | | 218252 | 12965 | 205287 | 14330 |
| 32564 | | 39070 | 6874 | 32196 | 3045 |
| 58203 | | 64192 | 3734 | 60458 | 7577 |
| 24033 | | 31743 | 2288 | 29455 | 997 |
| 4815 | | 6151 | 1446 | 4705 | 37 |
| 11022 | | 14249 | | 14249 | 239 |
| 18333 | | 12049 | | 12049 | 6304 |
| 17819797 | 382679 | 18562487 | 994688 | 17567799 | 811081 |
| 327376 | 78723 | 332017 | 65175 | 266842 | 60682 |
| 17492421 | 303956 | 18230470 | 929513 | 17300957 | 750399 |
| 924444 | 3 | 2638021 | 664163 | 1973858 | 92993 |
| 12472556 | 423440 | 13850029 | 2578007 | 11272022 | 1122920 |
| 104679 | 2737 | 117839 | 13666 | 104173 | 10290 |
| 132202 | 2352 | 155697 | 490 | 155207 | 1215 |
| 12071860 | 418351 | 13356234 | 2504286 | 10851948 | 1089919 |
| 163815 | | 220259 | 59565 | 160694 | 21496 |
| 987 | | 1142 | 1142 | | 61 |
| 5127487 | 62172 | 6298197 | 1039668 | 5258529 | 412091 |
| 1263721 | 6195 | 1929187 | 296024 | 1633163 | 138990 |
| 380517 | | 417856 | 6064 | 411792 | 5256 |
| 3477448 | 55977 | 3944644 | 737580 | 3207064 | 267739 |
| 393 | | 524 | | 524 | 106 |
| 5408 | | 5986 | | 5986 | |
| 5921381 | 197668 | 6708957 | 680075 | 6028882 | 482654 |
| 1315180 | 3199 | 1614383 | 80346 | 1534037 | 120933 |
| | | | | | |
| 4491409 | 149041 | 4963072 | 599729 | 4363343 | 351428 |
| 248 | | 557 | | 557 | |
| 114544 | 45428 | 130945 | | 130945 | 10293 |
| | | | | | |
| 5213403 | 2607 | 6194590 | 986042 | 5208548 | 397125 |
| 2401175 | 2549 | 3008081 | 70047 | 2938034 | 173792 |
| 2458375 | 58 | 2611878 | 881936 | 1729942 | 202610 |
| 649333 | 7758 | 856085 | 291435 | 564650 | 89672 |
| 1604410 | 7396 | 2140096 | 325805 | 1814291 | 315863 |
| 739699 | 2707 | 1053035 | 165184 | 887851 | 230132 |
| 635077 | 19232 | 807804 | 253378 | 554426 | 115417 |
| 27860 | | 41234 | 3165 | 38069 | 3706 |
| 151079 | | 183412 | 32797 | 150615 | 39169 |
| 1286572 | 366 | 1576396 | 104933 | 1471463 | 195471 |
| 1234360 | | 1502666 | 90680 | 1411986 | 185928 |
| 29387 | 157 | 43540 | 5682 | 37858 | 3447 |
| 13821180 | 906038 | 16007186 | 2273985 | 13733201 | 1081437 |
| 12003850 | 894397 | 12252551 | 1490657 | 10761894 | 984955 |
| 1562464 | 2352 | 3478291 | 720713 | 2757578 | 64060 |
| 3228790 | 1235 | 3387541 | 1170249 | 2217292 | 260385 |
| 848378 | | 876138 | 8560 | 867578 | 7244 |
| 1667575 | | 1706373 | 928108 | 778265 | 143726 |
| 340041 | | 374443 | 102638 | 271805 | 32174 |
| 306205 | 953 | 353721 | 105594 | 248127 | 63838 |
| 179661 | 663 | 231638 | 67059 | 164579 | 25256 |
| 16074035 | 168353 | 17345318 | 529787 | 16815531 | 495233 |
| 15944484 | 114233 | 17158268 | 482867 | 16675401 | 467185 |

# 14-8 限额以上批发业法人企业财务状况(2020年)

单位：万元

| 项目 | Item |
|---|---|
| **总计** | **Total** |
| **按登记注册类型分** | **Grouped by Registration Status** |
| 内资企业 | Domestic-funded Enterprises |
| 国有企业 | State-owned Enterprises |
| 集体企业 | Collective-owned Enterprises |
| 股份合作企业 | Share-holding Cooperative Enterprises |
| 联营企业 | Joint-opeartion Enterprises |
| 国有联营企业 | State-owned Joint-opeartion Enterprises |
| 集体联营企业 | Collective Joint-opeartion Enterprises |
| 国有与集体联营企业 | Joint State-collective Enterprises |
| 其他联营企业 | Other Joint Ownership Enterprises |
| 有限责任公司 | Limited Liability Corporations |
| 国有独资公司 | State Sole Investment Corporations |
| 其他有限责任公司 | Other Limited Liability Corporations |
| 股份有限公司 | Share-holding Corporations Ltd. |
| 私营企业 | Private Enterprises |
| 私营独资企业 | Private Sole Investment Enterprises |
| 私营合伙企业 | Private Partnership Enterprises |
| 私营有限责任公司 | Private Limited Liability Corporations |
| 私营股份有限公司 | Private Share-holding Corporations Ltd. |
| 其他企业 | Other Enterprises |
| 港、澳、台商投资企业 | Enterprises with Funds from Hong Kong, Macao and Taiwan |
| 与港、澳、台商合资经营企业 | Joint-venture Enterprises |
| 与港、澳、台商合作经营企业 | Cooperative Enterprises |
| 港、澳、台商独资经营企业 | Enterprises with Sole Funds |
| 港、澳、台商投资股份有限公司 | Share-holding Corporations Ltd. |
| 其他港、澳、台投资企业 | Other Enterprises with Funds from Hong Kong, Macao and Taiwan |
| 外商投资企业 | Foreign Funded Enterprises |
| 中外合资经营企业 | Joint-venture Enterprises |
| 中外合作经营企业 | Cooperative Enterprises |
| 外资企业 | Enterprises with Sole Foreign Funds |
| 外商投资股份有限公司 | Share-holding Corporations Ltd. |
| 其他外商投资企业 | Other Foreign Funded Enterprises |
| **按行业分** | **Grouped by Sector** |
| 农、林、牧产品批发 | Wholesale of Farming, Forestry, Animal Husbandry Products |
| 食品、饮料及烟草制品批发 | Wholesale of Food, Beverages and Tobacco Products |
| #米、面制品及食用油批发 | Wholesale of Rice, Flour and Edible Oil |
| 烟草制品批发 | Wholesale of Tobacco |
| 纺织、服装及家庭用品批发 | Wholesale of Textile, Garments and Daily Articles Consumer |
| #服装批发 | Wholesale of Garments |
| 家用视听设备批发 | Wholesale of Household Electrical Appliances |
| 文化、体育用品及器材批发 | Wholesale of Cultural, Sports Appliances and Equipment |
| 医药及医疗器材批发 | Wholesale of Medicine and Medical Appliances |
| 矿产品、建材及化工产品批发 | Wholesale of Mineral Products, Building Materials and Chemical Products |
| #煤炭及制品批发 | Wholesale of Coal and Related Products |
| 石油及制品批发 | Wholesale of Petroleum and Related Products |
| 金属及金属矿批发 | Wholesale of Metal Minerals |
| 建材批发 | Wholesale of Building Materials |
| 化肥批发 | Wholesale of Chemical Fertilizers |
| 机械设备、五金产品及电子产品批发 | Wholesale of Mechanical Equipment, Metal Products and Electronic Products |
| #汽车及零配件批发 | Wholesale of Automobile |
| 摩托车及零配件批发 | Wholesale of Motorcycles and Accessories |
| 计算机、软件及辅助设备批发 | Wholesale of Computers, Software and Assistant Appliances |
| 贸易经纪与代理 | Trade Broker and Agency |
| 其他批发业 | Other Wholesales Trades |

# Financial Situation of Enterprises above Designated Size in Wholesale Trade (2020)

(10000 yuan)

| 资产总计 Total Assets | 固定资产原价 Original Value of Fixed Assets | 负债合计 Total Liabilities | 所有者权益 Owners' Equity | 营业收入 Revenue from Principal Business |
|---:|---:|---:|---:|---:|
| **144610254** | **7160628** | **107138787** | **37471467** | **348240002** |
| 122976212 | 6113817 | 91873998 | 31102214 | 302709937 |
| 4976296 | 334523 | 3166641 | 1809655 | 10225999 |
| 32980 | 1848 | 26576 | 6404 | 67733 |
| 67966 | 9774 | 39455 | 28511 | 149944 |
| 2303 | 46 | 508 | 1795 | 13090 |
| 1477 | 40 | 136 | 1341 | 4044 |
| 826 | 6 | 372 | 454 | 9046 |
| 53723745 | 1328600 | 40016873 | 13706872 | 130857759 |
| 7863152 | 329991 | 5793414 | 2069738 | 21249696 |
| 45860593 | 998609 | 34223459 | 11637134 | 109608063 |
| 17718499 | 2940185 | 11130383 | 6588116 | 39291755 |
| 46454423 | 1498841 | 37493562 | 8960861 | 122103657 |
| 240462 | 8121 | 196060 | 44402 | 718610 |
| 61682 | 995 | 51766 | 9916 | 203614 |
| 44514960 | 1417623 | 36348460 | 8166500 | 119099248 |
| 1637319 | 72102 | 897276 | 740043 | 2082185 |
| 11270218 | 377608 | 7634336 | 3635882 | 20819823 |
| 2318666 | 67608 | 1948336 | 370330 | 3387603 |
| 3380 | 170 | 2758 | 622 | 8279 |
| 8829488 | 306763 | 5620210 | 3209278 | 17309027 |
| 94424 | 2280 | 58919 | 35505 | 73656 |
| 24260 | 787 | 4113 | 20147 | 41258 |
| 10363824 | 669203 | 7630453 | 2733371 | 24710242 |
| 4190426 | 547644 | 3218915 | 971511 | 16733044 |
| 4715 | 46 | 2579 | 2136 | 5574 |
| 5445266 | 115712 | 4004645 | 1440621 | 7647741 |
| 519059 | 427 | 132828 | 386231 | 32696 |
| 204358 | 5374 | 271486 | -67128 | 291187 |
| 4775968 | 104388 | 2661285 | 2114683 | 5131225 |
| 11554623 | 896669 | 7721549 | 3833074 | 17615424 |
| 2441403 | 383983 | 1680486 | 760917 | 2355957 |
| 539179 | 74104 | 110406 | 428773 | 1663949 |
| 13504187 | 622542 | 9732896 | 3771291 | 18818718 |
| 2628514 | 121032 | 1840836 | 787678 | 2491947 |
| 573773 | 17837 | 423590 | 150183 | 1192029 |
| 6086432 | 242003 | 3450917 | 2635515 | 11711074 |
| 14079002 | 436562 | 10614375 | 3464627 | 22655616 |
| 71117757 | 4013379 | 53328183 | 17789574 | 206604893 |
| 2939443 | 67339 | 1868550 | 1070893 | 8824616 |
| 15661455 | 3167865 | 10818735 | 4842720 | 50778649 |
| 35736670 | 369980 | 27067344 | 8669326 | 110163282 |
| 8365110 | 150427 | 7377529 | 987581 | 12735256 |
| 705595 | 12419 | 595055 | 110540 | 1104926 |
| 22008119 | 771178 | 18425444 | 3582675 | 63037228 |
| 13210907 | 163525 | 11590823 | 1620084 | 45862849 |
| 73801 | 10483 | 52622 | 21179 | 180425 |
| 1678618 | 58252 | 1344646 | 333972 | 3849779 |
| 158831 | 17223 | 98828 | 60003 | 295195 |
| 1325335 | 56684 | 1105310 | 220025 | 2370629 |

14-8 续表 1

单位：万元

| 项　　目 | Item |
|---|---|
| **总　计** | **Total** |
| **按登记注册类型分** | **Grouped by Registration Status** |
| 内资企业 | Domestic-funded Enterprises |
| 国有企业 | State-owned Enterprises |
| 集体企业 | Collective-owned Enterprises |
| 股份合作企业 | Share-holding Cooperative Enterprises |
| 联营企业 | Joint-opeartion Enterprises |
| 国有联营企业 | State-owned Joint-opeartion Enterprises |
| 集体联营企业 | Collective Joint-opeartion Enterprises |
| 国有与集体联营企业 | Joint State-collective Enterprises |
| 其他联营企业 | Other Joint Ownership Enterprises |
| 有限责任公司 | Limited Liability Corporations |
| 国有独资公司 | State Sole Investment Corporations |
| 其他有限责任公司 | Other Limited Liability Corporations |
| 股份有限公司 | Share-holding Corporations Ltd. |
| 私营企业 | Private Enterprises |
| 私营独资企业 | Private Sole Investment Enterprises |
| 私营合伙企业 | Private Partnership Enterprises |
| 私营有限责任公司 | Private Limited Liability Corporations |
| 私营股份有限公司 | Private Share-holding Corporations Ltd. |
| 其他企业 | Other Enterprises |
| 港、澳、台商投资企业 | Enterprises with Funds from Hong Kong, Macao and Taiwan |
| 与港、澳、台商合资经营企业 | Joint-venture Enterprises |
| 与港、澳、台商合作经营企业 | Cooperative Enterprises |
| 港、澳、台商独资经营企业 | Enterprises with Sole Funds |
| 港、澳、台商投资股份有限公司 | Share-holding Corporations Ltd. |
| 其他港、澳、台投资企业 | Other Enterprises with Funds from Hong Kong, Macao and Taiwan |
| 外商投资企业 | Foreign Funded Enterprises |
| 中外合资经营企业 | Joint-venture Enterprises |
| 中外合作经营企业 | Cooperative Enterprises |
| 外资企业 | Enterprises with Sole Foreign Funds |
| 外商投资股份有限公司 | Share-holding Corporations Ltd. |
| 其他外商投资企业 | Other Foreign Funded Enterprises |
| **按行业分** | **Grouped by Sector** |
| 农、林、牧产品批发 | Wholesale of Farming, Forestry, Animal Husbandry Products |
| 食品、饮料及烟草制品批发 | Wholesale of Food, Beverages and Tobacco Products |
| #米、面制品及食用油批发 | Wholesale of Rice, Flour and Edible Oil |
| 烟草制品批发 | Wholesale of Tobacco |
| 纺织、服装及家庭用品批发 | Wholesale of Textile, Garments and Daily Articles Consumer |
| #服装批发 | Wholesale of Garments |
| 家用视听设备批发 | Wholesale of Household Electrical Appliances |
| 文化、体育用品及器材批发 | Wholesale of Cultural, Sports Appliances and Equipment |
| 医药及医疗器材批发 | Wholesale of Medicine and Medical Appliances |
| 矿产品、建材及化工产品批发 | Wholesale of Mineral Products, Building Materials and Chemical Products |
| #煤炭及制品批发 | Wholesale of Coal and Related Products |
| 石油及制品批发 | Wholesale of Petroleum and Related Products |
| 金属及金属矿批发 | Wholesale of Metal Minerals |
| 建材批发 | Wholesale of Building Materials |
| 化肥批发 | Wholesale of Chemical Fertilizers |
| 机械设备、五金产品及电子产品批发 | Wholesale of Mechanical Equipment, Metal Products and Electronic Products |
| #汽车及零配件批发 | Wholesale of Automobile |
| 摩托车及零配件批发 | Wholesale of Motorcycles and Accessories |
| 计算机、软件及辅助设备批发 | Wholesale of Computers, Software and Assistant Appliances |
| 贸易经纪与代理 | Trade Broker and Agency |
| 其他批发业 | Other Wholesales Trades |

continued

(10000 yuan)

| 主营业务收入 Revenue from Principal Business | 营业成本 Cost of Business | 税金及附加 Taxes and Other Charges | 其他业务利润 Profit from Other Business | 销售费用 Operating Expenses |
|---|---|---|---|---|
| **345506757** | **327697821** | **633775** | **387133** | **10129553** |
| 300677727 | 287530027 | 539574 | 322050 | 7584141 |
| 10139094 | 9937149 | 7758 | 11171 | 201273 |
| 67567 | 65851 | 47 | 166 | 952 |
| 143741 | 134574 | 423 | 1030 | 4210 |
| 13062 | 11784 | 18 | 27 | 542 |
| 4044 | 3246 | 8 | | 435 |
| 9018 | 8538 | 10 | 27 | 107 |
| 130323290 | 124778395 | 368964 | 85240 | 3121818 |
| 21164589 | 20347189 | 241086 | 10354 | 359425 |
| 109158701 | 104431206 | 127878 | 74886 | 2762393 |
| 38340838 | 37111381 | 45524 | 12252 | 1237280 |
| 121650135 | 115490893 | 116840 | 212164 | 3018066 |
| 717983 | 670138 | 606 | 663 | 17856 |
| 203613 | 192087 | 191 | | 4437 |
| 118677814 | 112850044 | 111685 | 210238 | 2864507 |
| 2050725 | 1778624 | 4358 | 1263 | 131266 |
| 20289953 | 17585097 | 53018 | 35623 | 1349543 |
| 3360519 | 3183341 | 6995 | 24023 | 89284 |
| 8279 | 7586 | 8 | | 396 |
| 16806279 | 14299173 | 45804 | 11598 | 1248109 |
| 73638 | 62266 | 87 | 2 | 7257 |
| 41238 | 32731 | 124 | | 4497 |
| 24539077 | 22582697 | 41183 | 29460 | 1195869 |
| 16679753 | 15420867 | 27666 | 442 | 835748 |
| 5574 | 4636 | 6 | | 434 |
| 7536657 | 6860453 | 13217 | 29018 | 328272 |
| 26891 | 27072 | 8 | | 2062 |
| 290202 | 269669 | 286 | | 29353 |
| 5095180 | 4921233 | 3823 | 4452 | 49726 |
| 17386719 | 15136517 | 250912 | 48118 | 1156455 |
| 2296045 | 2209228 | 2457 | 27024 | 103570 |
| 1662890 | 1175350 | 220450 | 893 | 23262 |
| 18613603 | 15426514 | 45899 | 152788 | 1932559 |
| 2458901 | 1988836 | 7509 | 92229 | 265217 |
| 1177213 | 1133932 | 1355 | 440 | 45238 |
| 11279555 | 10053972 | 27465 | 6126 | 459675 |
| 22458146 | 20111545 | 49508 | 50405 | 1288256 |
| 205365091 | 201190647 | 145501 | 81645 | 2538539 |
| 8805546 | 8628559 | 7167 | 2986 | 99864 |
| 49758954 | 48653131 | 51185 | 16915 | 1297960 |
| 110041212 | 109035150 | 49468 | 29545 | 257220 |
| 12705259 | 12015118 | 15383 | 4788 | 363713 |
| 1102780 | 1053884 | 584 | 2062 | 17376 |
| 62655060 | 58438259 | 106885 | 40317 | 2595681 |
| 45596493 | 42716933 | 80618 | 10704 | 2003329 |
| 180219 | 162831 | 177 | 63 | 5554 |
| 3841413 | 3675431 | 3979 | 7866 | 62941 |
| 293783 | 271751 | 557 | 610 | 9135 |
| 2359620 | 2147383 | 3225 | 2672 | 99527 |

## 14-8 续表 2

单位：万元

| 项目 | Item |
| --- | --- |
| **总计** | **Total** |
| **按登记注册类型分** | **Grouped by Registration Status** |
| 内资企业 | Domestic-funded Enterprises |
| 国有企业 | State-owned Enterprises |
| 集体企业 | Collective-owned Enterprises |
| 股份合作企业 | Share-holding Cooperative Enterprises |
| 联营企业 | Joint-opeartion Enterprises |
| 国有联营企业 | State-owned Joint-opeartion Enterprises |
| 集体联营企业 | Collective Joint-opeartion Enterprises |
| 国有与集体联营企业 | Joint State-collective Enterprises |
| 其他联营企业 | Other Joint Ownership Enterprises |
| 有限责任公司 | Limited Liability Corporations |
| 国有独资公司 | State Sole Investment Corporations |
| 其他有限责任公司 | Other Limited Liability Corporations |
| 股份有限公司 | Share-holding Corporations Ltd. |
| 私营企业 | Private Enterprises |
| 私营独资企业 | Private Sole Investment Enterprises |
| 私营合伙企业 | Private Partnership Enterprises |
| 私营有限责任公司 | Private Limited Liability Corporations |
| 私营股份有限公司 | Private Share-holding Corporations Ltd. |
| 其他企业 | Other Enterprises |
| 港、澳、台商投资企业 | Enterprises with Funds from Hong Kong, Macao and Taiwan |
| 与港、澳、台商合资经营企业 | Joint-venture Enterprises |
| 与港、澳、台商合作经营企业 | Cooperative Enterprises |
| 港、澳、台商独资经营企业 | Enterprises with Sole Funds |
| 港、澳、台商投资股份有限公司 | Share-holding Corporations Ltd. |
| 其他港、澳、台投资企业 | Other Enterprises with Funds from Hong Kong, Macao and Taiwan |
| 外商投资企业 | Foreign Funded Enterprises |
| 中外合资经营企业 | Joint-venture Enterprises |
| 中外合作经营企业 | Cooperative Enterprises |
| 外资企业 | Enterprises with Sole Foreign Funds |
| 外商投资股份有限公司 | Share-holding Corporations Ltd. |
| 其他外商投资企业 | Other Foreign Funded Enterprises |
| **按行业分** | **Grouped by Sector** |
| 农、林、牧产品批发 | Wholesale of Farming, Forestry, Animal Husbandry Products |
| 食品、饮料及烟草制品批发 | Wholesale of Food, Beverages and Tobacco Products |
| #米、面制品及食用油批发 | Wholesale of Rice, Flour and Edible Oil |
| 烟草制品批发 | Wholesale of Tobacco |
| 纺织、服装及家庭用品批发 | Wholesale of Textile, Garments and Daily Articles Consumer |
| #服装批发 | Wholesale of Garments |
| 家用视听设备批发 | Wholesale of Household Electrical Appliances |
| 文化、体育用品及器材批发 | Wholesale of Cultural, Sports Appliances and Equipment |
| 医药及医疗器材批发 | Wholesale of Medicine and Medical Appliances |
| 矿产品、建材及化工产品批发 | Wholesale of Mineral Products, Building Materials and Chemical Products |
| #煤炭及制品批发 | Wholesale of Coal and Related Products |
| 石油及制品批发 | Wholesale of Petroleum and Related Products |
| 金属及金属矿批发 | Wholesale of Metal Minerals |
| 建材批发 | Wholesale of Building Materials |
| 化肥批发 | Wholesale of Chemical Fertilizers |
| 机械设备、五金产品及电子产品批发 | Wholesale of Mechanical Equipment, Metal Products and Electronic Products |
| #汽车及零配件批发 | Wholesale of Automobile |
| 摩托车及零配件批发 | Wholesale of Motorcycles and Accessories |
| 计算机、软件及辅助设备批发 | Wholesale of Computers, Software and Assistant Appliances |
| 贸易经纪与代理 | Trade Broker and Agency |
| 其他批发业 | Other Wholesales Trades |

continued

(10000 yuan)

| 管理费用 Management Cost | 营业利润 Business Profit | 利润总额 Total Profits | 本年应付职工薪酬 Total Wages Payable | 本年应交增值税 Total Value-added Payable Tax |
|---|---|---|---|---|
| **4269979** | **5104854** | **5205623** | **4783334** | **2044126** |
| | | | | |
| 3431780 | 3440373 | 3496990 | 3693704 | 1590088 |
| 56239 | 173661 | 184685 | 117221 | 23295 |
| 758 | -4 | 381 | 1139 | 562 |
| 5244 | 4042 | 4092 | 5389 | 1399 |
| 906 | -274 | -280 | 1176 | 76 |
| | | | | |
| 174 | 74 | 63 | 444 | 53 |
| 732 | -348 | -343 | 732 | 23 |
| 846105 | 1844820 | 1886751 | 1186760 | 681908 |
| 162188 | 245896 | 257367 | 265279 | 109948 |
| 683917 | 1598924 | 1629384 | 921481 | 571960 |
| 271413 | 543522 | 558540 | 632827 | 204048 |
| 2251115 | 874606 | 862821 | 1749192 | 678800 |
| 21368 | 5786 | 5925 | 12017 | 3425 |
| 5696 | 1104 | 1142 | 4061 | 1405 |
| 2136128 | 704957 | 691785 | 1635792 | 647859 |
| 87923 | 162759 | 163969 | 97322 | 26111 |
| | | | | |
| 550432 | 1002208 | 1027561 | 699497 | 249415 |
| 40411 | 52211 | 53271 | 58786 | 38455 |
| 179 | 104 | 104 | 127 | 54 |
| 503516 | 948260 | 972244 | 635480 | 209412 |
| 4178 | -797 | -492 | 2697 | 669 |
| 2148 | 2430 | 2434 | 2407 | 825 |
| 287767 | 662273 | 681072 | 390133 | 204623 |
| 62003 | 404638 | 417841 | 151959 | 132323 |
| 411 | 83 | 83 | 454 | 67 |
| 214981 | 262957 | 271409 | 216388 | 70925 |
| 4687 | 9650 | 7087 | 7202 | 9 |
| 5685 | -15055 | -15348 | 14130 | 1299 |
| | | | | |
| 88014 | 96073 | 95177 | 86762 | 16808 |
| 639783 | 590088 | 593581 | 663937 | 223452 |
| 46645 | 100111 | 102423 | 56819 | 7684 |
| 47136 | 208168 | 207995 | 51400 | 61577 |
| 881590 | 478117 | 508103 | 938114 | 316743 |
| 207237 | 25247 | 30860 | 173811 | 49002 |
| 22759 | -14911 | -15152 | 22132 | 11795 |
| 261954 | 615030 | 619050 | 378458 | 68284 |
| 639136 | 562262 | 560478 | 619307 | 312040 |
| 1009982 | 1406755 | 1460766 | 1218656 | 517827 |
| 45346 | 80397 | 82039 | 33982 | 26511 |
| 195171 | 572854 | 604883 | 569200 | 205969 |
| 258807 | 287415 | 306745 | 184999 | 90942 |
| 151644 | 191145 | 180642 | 161122 | 72355 |
| 14678 | 8697 | 7001 | 12103 | 2104 |
| 677458 | 1313652 | 1322625 | 816680 | 535513 |
| 172989 | 1010557 | 1010451 | 284092 | 370938 |
| 8779 | 1758 | 2016 | 6126 | 1593 |
| 78162 | 42532 | 44208 | 77889 | 27497 |
| 9236 | 8279 | 8530 | 6483 | 9377 |
| 62826 | 34598 | 37313 | 54937 | 44082 |

# 14-9 限额以上零售业法人企业财务状况(2020年)

单位：万元

| 项　　目 | Item |
|---|---|
| **总　计** | **Total** |
| **按登记注册类型分** | **Grouped by Registration Status** |
| 内资企业 | Domestic-funded Enterprises |
| 国有企业 | State-owned Enterprises |
| 集体企业 | Collective-owned Enterprises |
| 股份合作企业 | Share-holding Cooperative Enterprises |
| 联营企业 | Joint-opeartion Enterprises |
| 国有联营企业 | State-owned Joint-opeartion Enterprises |
| 集体联营企业 | Collective Joint-opeartion Enterprises |
| 国有与集体联营企业 | Joint State-collective Enterprises |
| 其他联营企业 | Other Joint Ownership Enterprises |
| 有限责任公司 | Limited Liability Corporations |
| 国有独资公司 | State Sole Investment Corporations |
| 其他有限责任公司 | Other Limited Liability Corporations |
| 股份有限公司 | Share-holding Corporations Ltd. |
| 私营企业 | Private Enterprises |
| 私营独资企业 | Private Sole Investment Enterprises |
| 私营合伙企业 | Private Partnership Enterprises |
| 私营有限责任公司 | Private Limited Liability Corporations |
| 私营股份有限公司 | Private Share-holding Corporations Ltd. |
| 其他企业 | Other Enterprises |
| 港、澳、台商投资企业 | Enterprises with Funds from Hong Kong, Macao and Taiwan |
| 与港、澳、台商合资经营企业 | Joint-venture Enterprises |
| 与港、澳、台商合作经营企业 | Cooperative Enterprises |
| 港、澳、台商独资经营企业 | Enterprises with Sole Funds |
| 港、澳、台商投资股份有限公司 | Share-holding Corporations Ltd. |
| 其他港、澳、台投资企业 | Other Enterprises with Funds from Hong Kong, Macao and Taiwan |
| 外商投资企业 | Foreign Funded Enterprises |
| 中外合资经营企业 | Joint-venture Enterprises |
| 中外合作经营企业 | Cooperative Enterprises |
| 外资企业 | Enterprises with Sole Foreign Funds |
| 外商投资股份有限公司 | Share-holding Corporations Ltd. |
| 其他外商投资企业 | Other Foreign Funded Enterprises |
| **按行业分** | **Grouped by Sector** |
| 综合零售 | Integrated Retail |
| # 百货零售 | Retail of General Merchandise |
| 超级市场零售 | Retail of Supermarket |
| 食品、饮料及烟草制品专门零售 | Retail of Food, Beverage and Tobacco |
| 纺织、服装及日用品专门零售 | Retail of Textile, Garments and Daily Articles Consumer |
| # 服装零售 | Retail of Garments |
| 文化、体育用品及器材专门零售 | Retail of Cultural, Sports Appliances and Equipment |
| # 体育用品及器材零售 | Retail of Sporting Goods and Equipment |
| 图书、报刊零售 | Retail of Books and Newspapers |
| 医药及医疗器材专门零售 | Retail of Medicine and Medical Appliances |
| # 西药零售 | Retail of Medicine |
| 中药零售 | Retail of Chinese Medicine |
| 汽车、摩托车、零配件和燃料及其他动力设备零售 | Retail of Motor Vehicles, Motorcycles, Fuels and Parts |
| # 汽车新车零售 | Retail of Motor Vehicles |
| 机动车燃油零售 | Retail of Fuels for Motor Vehicles |
| 家用电器及电子产品专门零售 | Retail of Household Electrical Appliances and Electronic Products |
| # 家用视听设备零售 | Retail of Household Audio and Video Equipment |
| 日用家电零售 | Retail of Household Electrical Appliances |
| 计算机、软件及辅助设备零售 | Retail of Computers, Software and Assistant Equipment |
| 通信设备零售 | Retail of Communication Equipment |
| 五金、家具及室内装饰材料专门零售 | Retail of Hardware, Furniture and Decoration Materials |
| 货摊、无店铺及其他零售业 | Retail of Booth and Others |
| # 互联网零售 | E-Retail |

# Financial Situation of Enterprises above Designated Size in Retail Trade (2020)

(10000 yuan)

| 资产总计<br>Total Assets | # 固定资产原价<br>Original Value of Fixed Assets | 负债合计<br>Total Liabilities | 所有者权益<br>Owners' Equity | 营业收入<br>Revenue from Principal Business |
|---|---|---|---|---|
| **20653238** | **2221715** | **14864996** | **5788242** | **44748784** |
| | | | | |
| 14591019 | 1303461 | 10233374 | 4357645 | 32885988 |
| 143532 | 33986 | 37892 | 105640 | 148559 |
| 112826 | 14922 | 58554 | 54272 | 197400 |
| 16563 | 3186 | 6239 | 10324 | 35013 |
| 95982 | 26934 | 78188 | 17794 | 57168 |
| 5958 | 3454 | 1159 | 4799 | 28095 |
| 1073 | 903 | 457 | 616 | 5489 |
| 8139 | 1482 | 4417 | 3722 | 12921 |
| 80812 | 21095 | 72155 | 8657 | 10663 |
| 6047840 | 442613 | 4374927 | 1672913 | 17420757 |
| 507616 | 36286 | 278188 | 229428 | 326103 |
| 5540224 | 406327 | 4096739 | 1443485 | 17094654 |
| 1667120 | 336903 | -228081 | 1895201 | 2093569 |
| 6506703 | 444901 | 5905291 | 601412 | 12932511 |
| 63298 | 3023 | 71496 | -8198 | 107064 |
| 53390 | 1042 | 46746 | 6644 | 140866 |
| 6219043 | 433048 | 5644683 | 574360 | 12497498 |
| 170972 | 7788 | 142366 | 28606 | 187083 |
| 453 | 16 | 364 | 89 | 1011 |
| 2630997 | 419338 | 1871247 | 759750 | 5806107 |
| 754640 | 216165 | 526066 | 228574 | 1800380 |
| 82428 | 6584 | 72912 | 9516 | 378477 |
| 1793061 | 196481 | 1269880 | 523181 | 3621116 |
| 207 | 60 | 784 | -577 | 467 |
| 661 | 48 | 1605 | -944 | 5667 |
| 3431222 | 498916 | 2760375 | 670847 | 6056689 |
| 879341 | 206181 | 495286 | 384055 | 1409263 |
| | | | | |
| 2515527 | 286492 | 2240328 | 275199 | 4528288 |
| 123 | | 281 | -158 | 493 |
| 36231 | 6243 | 24480 | 11751 | 118645 |
| | | | | |
| 3224814 | 799834 | 2486120 | 738694 | 5304148 |
| 1860449 | 467267 | 1135056 | 725393 | 2326541 |
| 1181784 | 269827 | 1104482 | 77302 | 2451874 |
| 445650 | 41100 | 408164 | 37486 | 814183 |
| 1688990 | 158649 | 1188563 | 500427 | 1890870 |
| 1014338 | 79874 | 598768 | 415570 | 908374 |
| 461322 | 70227 | 255465 | 205857 | 759490 |
| 40830 | 13814 | 11278 | 29552 | 38573 |
| 203293 | 33882 | 102519 | 100774 | 188232 |
| 699767 | 30879 | 574058 | 125709 | 1454671 |
| 659349 | 28428 | 547931 | 111418 | 1388475 |
| 19232 | 1625 | 11339 | 7893 | 38981 |
| 6851969 | 848177 | 3794752 | 3057217 | 14804664 |
| 4441750 | 467068 | 3612007 | 829743 | 11473120 |
| 2269372 | 358931 | 75003 | 2194369 | 3071857 |
| 2506802 | 41314 | 2267677 | 239125 | 3086141 |
| 378403 | 4195 | 258261 | 120142 | 770232 |
| 1724026 | 24460 | 1681599 | 42427 | 1523468 |
| 238867 | 5763 | 193534 | 45333 | 391882 |
| 103953 | 3268 | 93611 | 10342 | 326479 |
| 198358 | 79896 | 168484 | 29874 | 214901 |
| 4575566 | 151639 | 3721713 | 853853 | 16419716 |
| 4483552 | 144612 | 3636358 | 847194 | 16242077 |

14-9 续表 1

单位：万元

| 项　　目 | Item |
|---|---|
| **总　　计** | **Total** |
| **按登记注册类型分** | **Grouped by Registration Status** |
| 内资企业 | Domestic-funded Enterprises |
| 国有企业 | State-owned Enterprises |
| 集体企业 | Collective-owned Enterprises |
| 股份合作企业 | Share-holding Cooperative Enterprises |
| 联营企业 | Joint-opeartion Enterprises |
| 国有联营企业 | State-owned Joint-opeartion Enterprises |
| 集体联营企业 | Collective Joint-opeartion Enterprises |
| 国有与集体联营企业 | Joint State-collective Enterprises |
| 其他联营企业 | Other Joint Ownership Enterprises |
| 有限责任公司 | Limited Liability Corporations |
| 国有独资公司 | State Sole Investment Corporations |
| 其他有限责任公司 | Other Limited Liability Corporations |
| 股份有限公司 | Share-holding Corporations Ltd. |
| 私营企业 | Private Enterprises |
| 私营独资企业 | Private Sole Investment Enterprises |
| 私营合伙企业 | Private Partnership Enterprises |
| 私营有限责任公司 | Private Limited Liability Corporations |
| 私营股份有限公司 | Private Share-holding Corporations Ltd. |
| 其他企业 | Other Enterprises |
| 港、澳、台商投资企业 | Enterprises with Funds from Hong Kong, Macao and Taiwan |
| 与港、澳、台商合资经营企业 | Joint-venture Enterprises |
| 与港、澳、台商合作经营企业 | Cooperative Enterprises |
| 港、澳、台商独资经营企业 | Enterprises with Sole Funds |
| 港、澳、台商投资股份有限公司 | Share-holding Corporations Ltd. |
| 其他港、澳、台投资企业 | Other Enterprises with Funds from Hong Kong, Macao and Taiwan |
| 外商投资企业 | Foreign Funded Enterprises |
| 中外合资经营企业 | Joint-venture Enterprises |
| 中外合作经营企业 | Cooperative Enterprises |
| 外资企业 | Enterprises with Sole Foreign Funds |
| 外商投资股份有限公司 | Share-holding Corporations Ltd. |
| 其他外商投资企业 | Other Foreign Funded Enterprises |
| **按行业分** | **Grouped by Sector** |
| 综合零售 | Integrated Retail |
| #百货零售 | Retail of General Merchandise |
| 超级市场零售 | Retail of Supermarket |
| 食品、饮料及烟草制品专门零售 | Retail of Food, Beverage and Tobacco |
| 纺织、服装及日用品专门零售 | Retail of Textile, Garments and Daily Articles Consumer |
| #服装零售 | Retail of Garments |
| 文化、体育用品及器材专门零售 | Retail of Cultural, Sports Appliances and Equipment |
| #体育用品及器材零售 | Retail of Sporting Goods and Equipment |
| 图书、报刊零售 | Retail of Books and Newspapers |
| 医药及医疗器材专门零售 | Retail of Medicine and Medical Appliances |
| #西药零售 | Retail of Medicine |
| 中药零售 | Retail of Chinese Medicine |
| 汽车、摩托车、零配件和燃料及其他动力设备零售 | Retail of Motor Vehicles, Motorcycles, Fuels and Parts |
| #汽车新车零售 | Retail of Motor Vehicles |
| 机动车燃油零售 | Retail of Fuels for Motor Vehicles |
| 家用电器及电子产品专门零售 | Retail of Household Electrical Appliances and Electronic Products |
| #家用视听设备零售 | Retail of Household Audio and Video Equipment |
| 日用家电零售 | Retail of Household Electrical Appliances |
| 计算机、软件及辅助设备零售 | Retail of Computers, Software and Assistant Equipment |
| 通信设备零售 | Retail of Communication Equipment |
| 五金、家具及室内装饰材料专门零售 | Retail of Hardware, Furniture and Decoration Materials |
| 货摊、无店铺及其他零售业 | Retail of Booth and Others |
| #互联网零售 | E-Retail |

continued

(10000 yuan)

| 主营业务收入 Revenue from Principal Business | 营业成本 Cost of Business | 税金及附加 Taxes and Other Charges | 其他业务利润 Profit from Other Business | 销售费用 Operating Expenses |
|---:|---:|---:|---:|---:|
| **43975071** | **39039302** | **127170** | **455915** | **4445227** |
| | | | | |
| 32325990 | 29472021 | 78269 | 191729 | 2700561 |
| 143925 | 107134 | 1297 | 3428 | 18947 |
| 196854 | 156250 | 704 | 66 | 17819 |
| 34968 | 30175 | 100 | 13 | 2076 |
| 56897 | 55651 | 200 | | 10311 |
| 27927 | 21925 | 117 | | 1397 |
| 5443 | 4273 | 30 | | 319 |
| 12872 | 10165 | 47 | | 794 |
| 10655 | 19288 | 6 | | 7801 |
| 17199027 | 15898598 | 35732 | 81781 | 1220607 |
| 312297 | 286430 | 1448 | 5887 | 27436 |
| 16886730 | 15612168 | 34284 | 75894 | 1193171 |
| 2008472 | 1971576 | 7144 | 16739 | 208415 |
| 12684836 | 11251764 | 33088 | 89702 | 1222364 |
| 105569 | 93377 | 212 | 106 | 7712 |
| 140861 | 129450 | 192 | 3 | 6613 |
| 12265938 | 10862510 | 32218 | 86660 | 1194913 |
| 172468 | 166427 | 466 | 2933 | 13126 |
| 1011 | 873 | 4 | | 22 |
| 5652954 | 4517191 | 33935 | 123662 | 896716 |
| 1745631 | 1294745 | 6747 | 47734 | 374459 |
| 377918 | 350130 | 736 | 629 | 18405 |
| 3523641 | 2867353 | 25866 | 75299 | 503557 |
| 467 | 388 | 1 | | |
| 5297 | 4575 | 585 | | 295 |
| 5996127 | 5050090 | 14966 | 140524 | 847950 |
| 1399678 | 1117548 | 4668 | 46529 | 251396 |
| | | | | |
| 4479364 | 3829884 | 9658 | 92498 | 584242 |
| 493 | 249 | 1 | | 435 |
| 116592 | 102409 | 639 | 1497 | 11877 |
| | | | | |
| 5116998 | 4326407 | 21033 | 241922 | 827901 |
| 2243888 | 1824658 | 15988 | 101264 | 397171 |
| 2389340 | 2183100 | 3633 | 131770 | 293534 |
| 803151 | 650909 | 2015 | 2317 | 119512 |
| 1830896 | 1252194 | 6698 | 46225 | 453315 |
| 891135 | 512477 | 3870 | 10110 | 283268 |
| 740978 | 584875 | 14844 | 12132 | 97034 |
| 38571 | 26372 | 146 | 1218 | 9704 |
| 177309 | 140450 | 699 | 6027 | 29842 |
| 1424236 | 1202446 | 3408 | 8384 | 200662 |
| 1358685 | 1151103 | 3142 | 8332 | 192590 |
| 38336 | 30548 | 169 | 52 | 5688 |
| 14422390 | 13647875 | 42978 | 126315 | 746893 |
| 11178519 | 10621066 | 35882 | 121822 | 475800 |
| 2990081 | 2799616 | 6547 | 3621 | 255768 |
| 3054178 | 2871376 | 2758 | 6754 | 155324 |
| 757750 | 726890 | 635 | -16 | 28664 |
| 1514659 | 1461661 | 763 | 1917 | 57240 |
| 387271 | 328966 | 848 | 3670 | 46524 |
| 323779 | 292111 | 331 | 20 | 18914 |
| 214737 | 162186 | 1047 | 189 | 33906 |
| 16367507 | 14341034 | 32389 | 11677 | 1810680 |
| 16193732 | 14210940 | 31856 | 11196 | 1742150 |

## 14-9 续表 2

单位：万元

| 项　　目 | Item |
|---|---|
| 总　计 | Total |
| 按登记注册类型分 | Grouped by Registration Status |
| 内资企业 | Domestic-funded Enterprises |
| 国有企业 | State-owned Enterprises |
| 集体企业 | Collective-owned Enterprises |
| 股份合作企业 | Share-holding Cooperative Enterprises |
| 联营企业 | Joint-opeartion Enterprises |
| 国有联营企业 | State-owned Joint-opeartion Enterprises |
| 集体联营企业 | Collective Joint-opeartion Enterprises |
| 国有与集体联营企业 | Joint State-collective Enterprises |
| 其他联营企业 | Other Joint Ownership Enterprises |
| 有限责任公司 | Limited Liability Corporations |
| 国有独资公司 | State Sole Investment Corporations |
| 其他有限责任公司 | Other Limited Liability Corporations |
| 股份有限公司 | Share-holding Corporations Ltd. |
| 私营企业 | Private Enterprises |
| 私营独资企业 | Private Sole Investment Enterprises |
| 私营合伙企业 | Private Partnership Enterprises |
| 私营有限责任公司 | Private Limited Liability Corporations |
| 私营股份有限公司 | Private Share-holding Corporations Ltd. |
| 其他企业 | Other Enterprises |
| 港、澳、台商投资企业 | Enterprises with Funds from Hong Kong, Macao and Taiwan |
| 与港、澳、台商合资经营企业 | Joint-venture Enterprises |
| 与港、澳、台商合作经营企业 | Cooperative Enterprises |
| 港、澳、台商独资经营企业 | Enterprises with Sole Funds |
| 港、澳、台商投资股份有限公司 | Share-holding Corporations Ltd. |
| 其他港、澳、台投资企业 | Other Enterprises with Funds from Hong Kong, Macao and Taiwan |
| 外商投资企业 | Foreign Funded Enterprises |
| 中外合资经营企业 | Joint-venture Enterprises |
| 中外合作经营企业 | Cooperative Enterprises |
| 外资企业 | Enterprises with Sole Foreign Funds |
| 外商投资股份有限公司 | Share-holding Corporations Ltd. |
| 其他外商投资企业 | Other Foreign Funded Enterprises |
| 按行业分 | Grouped by Sector |
| 综合零售 | Integrated Retail |
| # 百货零售 | Retail of General Merchandise |
| 超级市场零售 | Retail of Supermarket |
| 食品、饮料及烟草制品专门零售 | Retail of Food, Beverage and Tobacco |
| 纺织、服装及日用品专门零售 | Retail of Textile, Garments and Daily Articles Consumer |
| # 服装零售 | Retail of Garments |
| 文化、体育用品及器材专门零售 | Retail of Cultural, Sports Appliances and Equipment |
| # 体育用品及器材零售 | Retail of Sporting Goods and Equipment |
| 图书、报刊零售 | Retail of Books and Newspapers |
| 医药及医疗器材专门零售 | Retail of Medicine and Medical Appliances |
| # 西药零售 | Retail of Medicine |
| 中药零售 | Retail of Chinese Medicine |
| 汽车、摩托车、零配件和燃料及其他动力设备零售 | Retail of Motor Vehicles, Motorcycles, Fuels and Parts |
| # 汽车新车零售 | Retail of Motor Vehicles |
| 机动车燃油零售 | Retail of Fuels for Motor Vehicles |
| 家用电器及电子产品专门零售 | Retail of Household Electrical Appliances and Electronic Products |
| # 家用视听设备零售 | Retail of Household Audio and Video Equipment |
| 日用家电零售 | Retail of Household Electrical Appliances |
| 计算机、软件及辅助设备零售 | Retail of Computers, Software and Assistant Equipment |
| 通信设备零售 | Retail of Communication Equipment |
| 五金、家具及室内装饰材料专门零售 | Retail of Hardware, Furniture and Decoration Materials |
| 货摊、无店铺及其他零售业 | Retail of Booth and Others |
| # 互联网零售 | E-Retail |

continued

(10000 yuan)

| 管理费用 Management Cost | 营业利润 Business Profit | 利润总额 Total Profits | 本年应付职工薪酬 Total Wages Payable | 本年应交增值税 Total Value-added Payable Tax |
|---|---|---|---|---|
| **1267906** | **-54888** | **-6330** | **1676276** | **508963** |
| | | | | |
| 767290 | -153538 | -108527 | 1074459 | 324880 |
| 10115 | 5577 | 6409 | 17707 | 3009 |
| 7487 | 15110 | 15070 | 13644 | 5199 |
| 1229 | 1264 | 1270 | 2153 | 585 |
| 5318 | -24656 | -24542 | 12781 | 1445 |
| 83 | 4509 | 4515 | 882 | 847 |
| 9 | 802 | 848 | 217 | 164 |
| 30 | 1872 | 1873 | 503 | 348 |
| 5196 | -31839 | -31778 | 11179 | 86 |
| 238589 | 63422 | 115689 | 393424 | 156647 |
| 14872 | 9728 | 14808 | 23229 | 3879 |
| 223717 | 53694 | 100881 | 370195 | 152768 |
| 36277 | -109505 | -111163 | 82208 | 24067 |
| 468193 | -104776 | -111286 | 552469 | 133886 |
| 11342 | -6245 | -7993 | 7043 | 980 |
| 832 | 3579 | 3588 | 1032 | 1328 |
| 447213 | -100111 | -103083 | 535662 | 130331 |
| 8806 | -1999 | -3798 | 8732 | 1247 |
| 82 | 26 | 26 | 73 | 42 |
| 321865 | 62926 | 61783 | 358599 | 93665 |
| 98191 | 45683 | 46084 | 142703 | 39520 |
| 3666 | 5581 | 5202 | 10581 | 3273 |
| 219352 | 12032 | 10863 | 204977 | 50799 |
| 218 | -143 | -141 | 167 | 13 |
| 438 | -227 | -225 | 171 | 60 |
| 178751 | 35724 | 40414 | 243218 | 90418 |
| 31116 | 27314 | 26221 | 89652 | 20973 |
| | | | | |
| 144414 | 7788 | 13556 | 147075 | 67752 |
| | -192 | -191 | 73 | 15 |
| 3221 | 814 | 828 | 6418 | 1678 |
| | | | | |
| 257648 | 12230 | 4098 | 389601 | 64513 |
| 106183 | 50250 | 48434 | 185879 | 39111 |
| 50014 | -11474 | -13665 | 135989 | 16061 |
| 56705 | -18007 | -12227 | 70189 | 14841 |
| 202341 | -27749 | -30229 | 223771 | 46567 |
| 122197 | -11992 | -14101 | 127371 | 28089 |
| 49628 | 17986 | 19864 | 80767 | 14222 |
| 2387 | 1016 | 1024 | 2694 | 1163 |
| 19048 | 2025 | 3349 | 22846 | 1226 |
| 54937 | -8946 | -7557 | 105709 | 23550 |
| 48141 | -8493 | -6906 | 98682 | 21636 |
| 3299 | -713 | -916 | 4343 | 1253 |
| 290856 | 42758 | 52428 | 456074 | 134312 |
| 226873 | 77263 | 86260 | 351185 | 93580 |
| 52621 | -38764 | -39163 | 92841 | 37602 |
| 61642 | -20175 | -21351 | 93654 | 14737 |
| 5354 | -2064 | -2409 | 14724 | 1785 |
| 18645 | -16686 | -16540 | 23294 | 2897 |
| 15466 | -1668 | -1445 | 35148 | 6041 |
| 16310 | -915 | -2296 | 16465 | 2265 |
| 28593 | -14150 | -13894 | 20780 | 4302 |
| 265556 | -38835 | 2538 | 235731 | 191919 |
| 255923 | -1994 | 39229 | 222125 | 190735 |

# 14-10 限额以上住宿业法人企业基本情况(2020年)

| 项　　目 | Item |
| --- | --- |
| **合　计** | **Accommodation Trade** |
| # 国有及国有控股 | State-owned and State-controlled Enterprises |
| **按登记注册类型分组** | **Grouped by Registration Status** |
| 内资企业 | Domestic Funded Enterprises |
| 国有企业 | State-owned Enterprises |
| 集体企业 | Collective-owned Enterprises |
| 股份合作企业 | Share-holding Cooperative Enterprises |
| 联营企业 | Joint Ownership Enterprises |
| 国有联营企业 | State Joint Ownership Enterprises |
| 集体联营企业 | Collective Joint Ownership Enterprises |
| 国有与集体联营企业 | Joint State-collective Enterprises |
| 其他联营企业 | Other Joint Ownership Enterprise |
| 有限责任公司 | Limited Liability Corporations |
| 国有独资公司 | State Sole Investment Corporations |
| 其他有限责任公司 | Other Limited Liability Corporations |
| 股份有限公司 | Share-holding Corporations Ltd. |
| 私营企业 | Private Enterprises |
| 私营独资企业 | Private Sole Investment Enterprises |
| 私营合伙企业 | Private Partnership Enterprises |
| 私营有限责任公司 | Private Limited Liability Corporations |
| 私营股份有限公司 | Private Share-holding Corporations Ltd. |
| 其他企业 | Other Enterprises |
| 港、澳、台商投资企业 | Enterprises with Funds from Hong Kong, Macao and Taiwan |
| 与港、澳、台商合资经营企业 | Joint-venture Enterprises |
| 与港、澳、台商合作经营企业 | Cooperative Enterprises |
| 港、澳、台商独资经营企业 | Enterprises with Sole Funds |
| 港、澳、台商投资股份有限公司 | Share-holding Corporations Ltd. |
| 其他港、澳、台投资企业 | Other Enterprises with Funds from Hong Kong, Macao and Taiwan |
| 外商投资企业 | Foreign Funded Enterprises |
| 中外合资经营企业 | Joint-venture Enterprises |
| 中外合作经营企业 | Cooperative Enterprises |
| 外资企业 | Enterprises with Sole Foreign Funds |
| 外商投资股份有限公司 | Share-holding Corporations Ltd. |
| 其他外商投资企业 | Other Foreign Funded Enterprises |
| **按住宿行业中类分组** | **Grouped by Accomodation Middle Sector** |
| 旅游饭店 | Travel Hotel |
| 一般旅馆 | Common Hotel |
| 民宿服务 | Minshuku |
| 其它住宿服务业 | Others |

# Basic Statistics of Enterprises above Designated Size of Hotels (2020)

| 法人企业（个）Number of Corporation Units (unit) | 营业额（万元）Business Revenue (10000 yuan) | # 客房收入 Lodging Revenue | # 餐费收入 Dinner Revenue | # 商品销售收入 Sale Revenue of Commodities |
|---|---|---|---|---|
| **784** | **1239784** | **660654** | **301873** | **37954** |
| 114 | 436161 | 149698 | 129100 | 29421 |
| | | | | |
| 730 | 1045780 | 566956 | 237799 | 33698 |
| 57 | 144381 | 52863 | 40129 | 7368 |
| 7 | 4968 | 1379 | 330 | 2 |
| 1 | 450 | 450 | | |
| 1 | 293 | 263 | | |
| | | | | |
| | | | | |
| | | | | |
| 1 | 293 | 263 | | |
| 156 | 470098 | 216415 | 126628 | 20506 |
| 24 | 125053 | 40793 | 45022 | 13238 |
| 132 | 345045 | 175622 | 81606 | 7268 |
| 4 | 22132 | 6393 | 7267 | 2604 |
| 504 | 403458 | 289193 | 63445 | 3218 |
| 37 | 13102 | 12286 | 206 | 240 |
| 7 | 2130 | 1983 | | |
| 459 | 387952 | 274650 | 63239 | 2978 |
| 1 | 274 | 274 | | |
| | | | | |
| 33 | 103730 | 51889 | 31912 | 1527 |
| 10 | 30687 | 15620 | 9861 | 247 |
| 5 | 12554 | 4801 | 3573 | 324 |
| 17 | 48559 | 26319 | 12417 | 947 |
| 1 | 11930 | 5149 | 6061 | 9 |
| | | | | |
| 21 | 90274 | 41809 | 32162 | 2729 |
| 7 | 43737 | 20512 | 12259 | 227 |
| | | | | |
| 12 | 44982 | 19804 | 19871 | 2502 |
| 1 | 906 | 906 | | |
| 1 | 649 | 587 | 32 | |
| | | | | |
| 310 | 866965 | 391589 | 250315 | 32151 |
| 429 | 334512 | 238809 | 47139 | 5791 |
| 2 | 923 | 829 | 58 | |
| 43 | 37384 | 29427 | 4361 | 12 |

# 14-11 限额以上餐饮业法人企业基本情况(2020年)

| 项　　目 | Item |
|---|---|
| **合　计** | **Catering Trade** |
| # 国有及国有控股 | State-owned and State-controlled Enterprises |
| **按登记注册类型分组** | **Grouped by Registration Status** |
| 内资企业 | Domestic Funded Enterprises |
| 国有企业 | State-owned Enterprises |
| 集体企业 | Collective-owned Enterprises |
| 股份合作企业 | Share-holding Cooperative Enterprises |
| 联营企业 | Joint Ownership Enterprises |
| 国有联营企业 | State Joint Ownership Enterprises |
| 集体联营企业 | Collective Joint Ownership Enterprises |
| 国有与集体联营企业 | Joint State-collective Enterprises |
| 其他联营企业 | Other Joint Ownership Enterprise |
| 有限责任公司 | Limited Liability Corporations |
| 国有独资公司 | State Sole Investment Corporations |
| 其他有限责任公司 | Other Limited Liability Corporations |
| 股份有限公司 | Share-holding Corporations Ltd. |
| 私营企业 | Private Enterprises |
| 私营独资企业 | Private Sole Investment Enterprises |
| 私营合伙企业 | Private Partnership Enterprises |
| 私营有限责任公司 | Private Limited Liability Corporations |
| 私营股份有限公司 | Private Share-holding Corporations Ltd. |
| 其他企业 | Other Enterprises |
| 港、澳、台商投资企业 | Enterprises with Funds from Hong Kong, Macao and Taiwan |
| 与港、澳、台商合资经营企业 | Joint-venture Enterprises |
| 与港、澳、台商合作经营企业 | Cooperative Enterprises |
| 港、澳、台商独资经营企业 | Enterprises with Sole Funds |
| 港、澳、台商投资股份有限公司 | Share-holding Corporations Ltd. |
| 其他港、澳、台投资企业 | Other Enterprises with Funds from Hong Kong, Macao and Taiwan |
| 外商投资企业 | Foreign Funded Enterprises |
| 中外合资经营企业 | Joint-venture Enterprises |
| 中外合作经营企业 | Cooperative Enterprises |
| 外资企业 | Enterprises with Sole Foreign Funds |
| 外商投资股份有限公司 | Share-holding Corporations Ltd. |
| 其他外商投资企业 | Other Foreign Funded Enterprises |
| **按餐饮行业中类分组** | **Grouped by Catering Middle Sector** |
| 正餐服务 | Dinner |
| 快餐服务 | Snack |
| 饮料及冷饮服务 | Baverage and cold drinks |
| 餐饮配送及外卖送餐服务 | Restaurants distribution and take-away service |
| 其他餐饮服务 | Others |

## Basic Statistics of Enterprises above Designated Size of Catering Sevices (2020)

| 法人企业<br>(个)<br>Number of<br>Corporation Units<br>(unit) | 营业额<br>(万元)<br>Business<br>Revenue<br>(10000 yuan) | | | |
|---|---|---|---|---|
| | | # 客房收入<br>Lodging<br>Revenue | # 餐费收入<br>Dinner<br>Revenue | # 商品销售收入<br>Sale Revenue<br>of Commodities |
| **1421** | **3482266** | **28001** | **3233990** | **160009** |
| 22 | 133339 | 9427 | 92896 | 17880 |
| | | | | |
| 1317 | 1941236 | 23661 | 1740777 | 124010 |
| 10 | 40380 | 4481 | 28287 | 2983 |
| 5 | 9325 | 204 | 7015 | |
| 37 | 29751 | | 29702 | 40 |
| | | | | |
| 191 | 516844 | 5823 | 467170 | 32570 |
| 1 | 12219 | | 10244 | 1975 |
| 190 | 504625 | 5823 | 456926 | 30595 |
| 8 | 59337 | | 44063 | 12084 |
| 1066 | 1285599 | 13153 | 1164540 | 76333 |
| 104 | 60466 | 93 | 60176 | 49 |
| 32 | 30374 | 267 | 29966 | 38 |
| 919 | 1185903 | 12371 | 1069018 | 73211 |
| 11 | 8856 | 422 | 5380 | 3035 |
| | | | | |
| 69 | 512969 | 58 | 475790 | 32999 |
| 13 | 33371 | | 32264 | 94 |
| 5 | 40895 | | 39214 | 1087 |
| 49 | 432817 | 58 | 398527 | 31818 |
| 1 | 524 | | 525 | |
| 1 | 5362 | | 5260 | |
| 35 | 1028061 | 4282 | 1017423 | 3000 |
| 6 | 413958 | 2552 | 408615 | 25 |
| | | | | |
| 27 | 609660 | 1730 | 605163 | 2183 |
| | | | | |
| 2 | 4443 | | 3645 | 792 |
| | | | | |
| 1209 | 1692619 | 27148 | 1566081 | 62331 |
| 77 | 1116671 | 22 | 1105864 | 4956 |
| 28 | 401076 | | 362929 | 34826 |
| 70 | 222864 | 831 | 154106 | 56645 |
| 37 | 49036 | | 45010 | 1251 |

# 14-12　限额以上住宿业法人企业财务状况(2020年)

单位:万元

| 项　　目 | Item |
|---|---|
| **合　计** | **Accommodation Trade** |
| # 国有及国有控股 | State-owned and State-controlled Enterprises |
| **按登记注册类型分组** | **Grouped by Registration Status** |
| 内资企业 | Domestic Funded Enterprises |
| 国有企业 | State-owned Enterprises |
| 集体企业 | Collective-owned Enterprises |
| 股份合作企业 | Share-holding Cooperative Enterprises |
| 联营企业 | Joint Ownership Enterprises |
| 国有联营企业 | State Joint Ownership Enterprises |
| 集体联营企业 | Collective Joint Ownership Enterprises |
| 国有与集体联营企业 | Joint State-collective Enterprises |
| 其他联营企业 | Other Joint Ownership Enterprise |
| 有限责任公司 | Limited Liability Corporations |
| 国有独资公司 | State Sole Investment Corporations |
| 其他有限责任公司 | Other Limited Liability Corporations |
| 股份有限公司 | Share-holding Corporations Ltd. |
| 私营企业 | Private Enterprises |
| 私营独资企业 | Private Sole Investment Enterprises |
| 私营合伙企业 | Private Partnership Enterprises |
| 私营有限责任公司 | Private Limited Liability Corporations |
| 私营股份有限公司 | Private Share-holding Corporations Ltd. |
| 其他企业 | Other Enterprises |
| 港、澳、台商投资企业 | Enterprises with Funds from Hong Kong, Macao and Taiwan |
| 与港、澳、台商合资经营企业 | Joint-venture Enterprises |
| 与港、澳、台商合作经营企业 | Cooperative Enterprises |
| 港、澳、台商独资经营企业 | Enterprises with Sole Funds |
| 港、澳、台商投资股份有限公司 | Share-holding Corporations Ltd. |
| 其他港、澳、台投资企业 | Other Enterprises with Funds from Hong Kong, Macao and Taiwan |
| 外商投资企业 | Foreign Funded Enterprises |
| 中外合资经营企业 | Joint-venture Enterprises |
| 中外合作经营企业 | Cooperative Enterprises |
| 外资企业 | Enterprises with Sole Foreign Funds |
| 外商投资股份有限公司 | Share-holding Corporations Ltd. |
| 其他外商投资企业 | Other Foreign Funded Enterprises |
| **按住宿行业中类分组** | **Grouped by Accomodation Middle Sector** |
| 旅游饭店 | Travel Hotel |
| 一般旅馆 | Common Hotel |
| 民宿服务 | Minshuku |
| 其它住宿服务业 | Others |

# Financial Situation of Enterprises above Designated Size of Hotels (2020)

(10000 yuan)

| 资产总计<br>Total<br>Assets | 固定资产原价<br>Original<br>Value of<br>Fixed Assets | 负债合计<br>Total<br>Liabilities | 所有者权益<br>Owners'<br>Equity | 营业收入<br>Revenue from<br>Business | # 主营业务收入<br>Revenue from<br>Principal Business |
|---|---|---|---|---|---|
| **9065631** | **2600622** | **7608431** | **1457200** | **1317440** | **1292429** |
| 1774115 | 1213416 | 671391 | 1102724 | 423279 | 413459 |
| | | | | | |
| 5039829 | 1959528 | 3804890 | 1234939 | 1130400 | 1109016 |
| 400875 | 281383 | 191834 | 209041 | 144954 | 138614 |
| 9858 | 10514 | 5155 | 4703 | 4741 | 4741 |
| 409 | 1149 | 815 | -406 | 440 | 440 |
| 659 | 99 | 327 | 332 | 290 | 290 |
| | | | | | |
| | | | | | |
| | | | | | |
| 659 | 99 | 327 | 332 | 290 | 290 |
| 2893120 | 1287469 | 2114612 | 778508 | 567614 | 558176 |
| 652790 | 446404 | 147790 | 505000 | 118345 | 116059 |
| 2240330 | 841065 | 1966822 | 273508 | 449269 | 442117 |
| 320346 | 89168 | 35952 | 284394 | 20781 | 20781 |
| 1414562 | 289746 | 1456195 | -41633 | 391580 | 385974 |
| 16176 | 6595 | 12799 | 3377 | 12778 | 12737 |
| 816 | 256 | 1620 | -804 | 1967 | 1967 |
| 1396913 | 282894 | 1441234 | -44321 | 376563 | 370998 |
| 657 | 1 | 542 | 115 | 272 | 272 |
| | | | | | |
| 783458 | 334590 | 747226 | 36232 | 99584 | 96628 |
| 204044 | 50753 | 200095 | 3949 | 28954 | 28739 |
| 82313 | 95626 | 69556 | 12757 | 11971 | 11968 |
| 494358 | 188086 | 470934 | 23424 | 46728 | 43991 |
| 2743 | 125 | 6641 | -3898 | 11931 | 11930 |
| | | | | | |
| 3242344 | 306504 | 3056315 | 186029 | 87456 | 86785 |
| 441219 | 132660 | 348786 | 92433 | 42974 | 42740 |
| | | | | | |
| 2799938 | 173726 | 2706877 | 93061 | 42966 | 42566 |
| | | | | 906 | 889 |
| 1187 | 118 | 652 | 535 | 610 | 590 |
| | | | | | |
| 7781048 | 2284073 | 6485432 | 1295616 | 950539 | 935383 |
| 1216215 | 275947 | 1068953 | 147262 | 329472 | 319982 |
| 625 | 34 | 1345 | -720 | 922 | 922 |
| 67743 | 40568 | 52701 | 15042 | 36507 | 36142 |

## 14-12 续表 1

单位：万元

| 项　　目 | Item |
|---|---|
| **合　计** | **Accommodation Trade** |
| # 国有及国有控股 | State-owned and State-controlled Enterprises |
| **按登记注册类型分组** | **Grouped by Registration Status** |
| 内资企业 | Domestic Funded Enterprises |
| 国有企业 | State-owned Enterprises |
| 集体企业 | Collective-owned Enterprises |
| 股份合作企业 | Share-holding Cooperative Enterprises |
| 联营企业 | Joint Ownership Enterprises |
| 国有联营企业 | State Joint Ownership Enterprises |
| 集体联营企业 | Collective Joint Ownership Enterprises |
| 国有与集体联营企业 | Joint State-collective Enterprises |
| 其他联营企业 | Other Joint Ownership Enterprise |
| 有限责任公司 | Limited Liability Corporations |
| 国有独资公司 | State Sole Investment Corporations |
| 其他有限责任公司 | Other Limited Liability Corporations |
| 股份有限公司 | Share-holding Corporations Ltd. |
| 私营企业 | Private Enterprises |
| 私营独资企业 | Private Sole Investment Enterprises |
| 私营合伙企业 | Private Partnership Enterprises |
| 私营有限责任公司 | Private Limited Liability Corporations |
| 私营股份有限公司 | Private Share-holding Corporations Ltd. |
| 其他企业 | Other Enterprises |
| 港、澳、台商投资企业 | Enterprises with Funds from Hong Kong, Macao and Taiwan |
| 与港、澳、台商合资经营企业 | Joint-venture Enterprises |
| 与港、澳、台商合作经营企业 | Cooperative Enterprises |
| 港、澳、台商独资经营企业 | Enterprises with Sole Funds |
| 港、澳、台商投资股份有限公司 | Share-holding Corporations Ltd. |
| 其他港、澳、台投资企业 | Other Enterprises with Funds from Hong Kong, Macao and Taiwan |
| 外商投资企业 | Foreign Funded Enterprises |
| 中外合资经营企业 | Joint-venture Enterprises |
| 中外合作经营企业 | Cooperative Enterprises |
| 外资企业 | Enterprises with Sole Foreign Funds |
| 外商投资股份有限公司 | Share-holding Corporations Ltd. |
| 其他外商投资企业 | Other Foreign Funded Enterprises |
| **按住宿行业中类分组** | **Grouped by Accomodation Middle Sector** |
| 旅游饭店 | Travel Hotel |
| 一般旅馆 | Common Hotel |
| 民宿服务 | Minshuku |
| 其它住宿服务业 | Others |

continued

(10000 yuan)

| 营业成本<br>Cost of Business | 税金及附加<br>Taxes and Other Charges on Business | 其他业务利润<br>Profit from Other Business | 销售费用<br>Operating Expenses |
|---:|---:|---:|---:|
| **567755** | **22670** | **9855** | **377279** |
| 189777 | 8947 | 6038 | 112710 |
| | | | |
| 483039 | 19463 | 8552 | 325863 |
| 63116 | 2820 | 4153 | 45085 |
| 2586 | 190 | | 361 |
| | | | 324 |
| 190 | | | 21 |
| | | | |
| | | | |
| | | | |
| 190 | | | 21 |
| 228527 | 13495 | 4599 | 163949 |
| 47064 | 2148 | 1593 | 32956 |
| 181463 | 11347 | 3006 | 130993 |
| 13845 | 1001 | | 2841 |
| 174775 | 1957 | -200 | 113282 |
| 5120 | 23 | | 2216 |
| 689 | 6 | 30 | 470 |
| 168918 | 1928 | -230 | 110532 |
| 48 | | | 64 |
| | | | |
| 26761 | 1554 | 947 | 36986 |
| 7144 | 368 | 855 | 11095 |
| 2927 | 486 | | 5195 |
| 15207 | 699 | 92 | 14760 |
| 1483 | 1 | | 5936 |
| | | | |
| 57955 | 1653 | 356 | 14430 |
| 25473 | 837 | 58 | 8328 |
| | | | |
| 32403 | 816 | 289 | 5184 |
| 48 | | 1 | 918 |
| 31 | | 8 | |
| | | | |
| 397067 | 20755 | 6160 | 279668 |
| 152512 | 1659 | 3634 | 85665 |
| 151 | | | 638 |
| 18025 | 256 | 61 | 11308 |

14-12 续表 2

单位:万元

| 项　　目 | Item |
|---|---|
| **合　计** | **Accommodation Trade** |
| # 国有及国有控股 | State-owned and State-controlled Enterprises |
| **按登记注册类型分组** | **Grouped by Registration Status** |
| 内资企业 | Domestic Funded Enterprises |
| 国有企业 | State-owned Enterprises |
| 集体企业 | Collective-owned Enterprises |
| 股份合作企业 | Share-holding Cooperative Enterprises |
| 联营企业 | Joint Ownership Enterprises |
| 国有联营企业 | State Joint Ownership Enterprises |
| 集体联营企业 | Collective Joint Ownership Enterprises |
| 国有与集体联营企业 | Joint State-collective Enterprises |
| 其他联营企业 | Other Joint Ownership Enterprise |
| 有限责任公司 | Limited Liability Corporations |
| 国有独资公司 | State Sole Investment Corporations |
| 其他有限责任公司 | Other Limited Liability Corporations |
| 股份有限公司 | Share-holding Corporations Ltd. |
| 私营企业 | Private Enterprises |
| 私营独资企业 | Private Sole Investment Enterprises |
| 私营合伙企业 | Private Partnership Enterprises |
| 私营有限责任公司 | Private Limited Liability Corporations |
| 私营股份有限公司 | Private Share-holding Corporations Ltd. |
| 其他企业 | Other Enterprises |
| 港、澳、台商投资企业 | Enterprises with Funds from Hong Kong, Macao and Taiwan |
| 与港、澳、台商合资经营企业 | Joint-venture Enterprises |
| 与港、澳、台商合作经营企业 | Cooperative Enterprises |
| 港、澳、台商独资经营企业 | Enterprises with Sole Funds |
| 港、澳、台商投资股份有限公司 | Share-holding Corporations Ltd. |
| 其他港、澳、台投资企业 | Other Enterprises with Funds from Hong Kong, Macao and Taiwan |
| 外商投资企业 | Foreign Funded Enterprises |
| 中外合资经营企业 | Joint-venture Enterprises |
| 中外合作经营企业 | Cooperative Enterprises |
| 外资企业 | Enterprises with Sole Foreign Funds |
| 外商投资股份有限公司 | Share-holding Corporations Ltd. |
| 其他外商投资企业 | Other Foreign Funded Enterprises |
| **按住宿行业中类分组** | **Grouped by Accomodation Middle Sector** |
| 旅游饭店 | Travel Hotel |
| 一般旅馆 | Common Hotel |
| 民宿服务 | Minshuku |
| 其它住宿服务业 | Others |

continued

(10000 yuan)

| 管理费用<br>Management<br>Cost | 营业利润<br>Business<br>Profit | 利润总额<br>Total<br>Profits | 本年应付职工薪酬<br>Total Wages<br>Payable | 应交增值税<br>Value Added<br>Tax Payable |
|---:|---:|---:|---:|---:|
| **463629** | **-162632** | **-141995** | **438679** | **20129** |
| 157333 | -26885 | -25625 | 192402 | 7119 |
| | | | | |
| 386380 | -104229 | -95499 | 375157 | 17641 |
| 50164 | -15058 | -14120 | 71956 | 2534 |
| 1257 | 395 | 552 | 2007 | 153 |
| 80 | 10 | 10 | 135 | 10 |
| 79 | 1 | 3 | 47 | 2 |
| | | | | |
| | | | | |
| | | | | |
| 79 | 1 | 3 | 47 | 2 |
| 169910 | -40263 | -37484 | 177018 | 10201 |
| 45455 | 226 | 2397 | 55588 | 2143 |
| 124455 | -40489 | -39881 | 121430 | 8058 |
| 8846 | 11571 | 11618 | 10631 | 324 |
| 156044 | -60885 | -56078 | 113363 | 4417 |
| 5226 | -7 | 14 | 2718 | 158 |
| 808 | -7 | | 602 | 16 |
| 149852 | -60872 | -56094 | 109963 | 4243 |
| 158 | 1 | 2 | 80 | |
| | | | | |
| 52904 | -41495 | -29500 | 38518 | 952 |
| 11708 | -6102 | -5626 | 10403 | 163 |
| 9014 | -15847 | -2471 | 6622 | 190 |
| 26683 | -18511 | -20382 | 16853 | 598 |
| 5499 | -1035 | -1021 | 4640 | 1 |
| | | | | |
| 24345 | -16908 | -16996 | 25004 | 1536 |
| 15946 | -15641 | -15245 | 11000 | 499 |
| | | | | |
| 8320 | -1152 | -1637 | 13758 | 1034 |
| 23 | -78 | -77 | 145 | 2 |
| 56 | -37 | -37 | 101 | 1 |
| | | | | |
| 323260 | -119148 | -99687 | 327087 | 15867 |
| 129416 | -39186 | -35552 | 98221 | 3654 |
| 203 | -78 | -49 | 240 | |
| 10750 | -4220 | -6707 | 13131 | 608 |

# 14-13 限额以上餐饮业法人企业财务状况(2020年)

单位：万元

| 项　　目 | Item |
|---|---|
| **合　计** | **Catering Trade** |
| # 国有及国有控股 | State-owned and State-controlled Enterprises |
| **按登记注册类型分组** | **Grouped by Registration Status** |
| 内资企业 | Domestic Funded Enterprises |
| 国有企业 | State-owned Enterprises |
| 集体企业 | Collective-owned Enterprises |
| 股份合作企业 | Share-holding Cooperative Enterprises |
| 联营企业 | Joint Ownership Enterprises |
| 国有联营企业 | State Joint Ownership Enterprises |
| 集体联营企业 | Collective Joint Ownership Enterprises |
| 国有与集体联营企业 | Joint State-collective Enterprises |
| 其他联营企业 | Other Joint Ownership Enterprise |
| 有限责任公司 | Limited Liability Corporations |
| 国有独资公司 | State Sole Investment Corporations |
| 其他有限责任公司 | Other Limited Liability Corporations |
| 股份有限公司 | Share-holding Corporations Ltd. |
| 私营企业 | Private Enterprises |
| 私营独资企业 | Private Sole Investment Enterprises |
| 私营合伙企业 | Private Partnership Enterprises |
| 私营有限责任公司 | Private Limited Liability Corporations |
| 私营股份有限公司 | Private Share-holding Corporations Ltd. |
| 其他企业 | Other Enterprises |
| 港、澳、台商投资企业 | Enterprises with Funds from Hong Kong, Macao and Taiwan |
| 与港、澳、台商合资经营企业 | Joint-venture Enterprises |
| 与港、澳、台商合作经营企业 | Cooperative Enterprises |
| 港、澳、台商独资经营企业 | Enterprises with Sole Funds |
| 港、澳、台商投资股份有限公司 | Share-holding Corporations Ltd. |
| 其他港、澳、台投资企业 | Other Enterprises with Funds from Hong Kong, Macao and Taiwan |
| 外商投资企业 | Foreign Funded Enterprises |
| 中外合资经营企业 | Joint-venture Enterprises |
| 中外合作经营企业 | Cooperative Enterprises |
| 外资企业 | Enterprises with Sole Foreign Funds |
| 外商投资股份有限公司 | Share-holding Corporations Ltd. |
| 其他外商投资企业 | Other Foreign Funded Enterprises |
| **按行业分** | **Grouped by Catering Middle Sector** |
| 正餐服务 | Dinner |
| 快餐服务 | Snack |
| 饮料及冷饮服务 | Beverage and Cold Drinks |
| 餐饮配送及外卖送餐服务 | Restaurants distribution and take-away service |
| 其他餐饮服务 | Others |

# Financial Situation of Enterprises above Designated Size of Catering Services (2020)

(10000 yuan)

| 资产总计 Total Assets | # 固定资产原价 Original Value of Fixed Assets | 负债合计 Total Liabilities | 所有者权益 Owners' Equity | 营业收入 Revenue from Business | # 主营业务收入 Revenue from Principal Business |
|---|---|---|---|---|---|
| **2638939** | **825516** | **1692061** | **946878** | **3375182** | **3352561** |
| 473512 | 188414 | 217459 | 256053 | 125736 | 119365 |
| 1521487 | 423970 | 1166028 | 355459 | 1904064 | 1883914 |
| 63006 | 47842 | 34099 | 28907 | 38707 | 35669 |
| 21175 | 4266 | 7215 | 13960 | 9206 | 9178 |
| 13007 | 4081 | 9847 | 3160 | 29625 | 29578 |
| 372054 | 197883 | 361324 | 10730 | 499317 | 498882 |
| 11233 | 2223 | 9167 | 2066 | 11521 | 11489 |
| 360821 | 195660 | 352157 | 8664 | 487796 | 487393 |
| 271703 | 15542 | 59782 | 211921 | 56205 | 52918 |
| 780542 | 154356 | 693761 | 86781 | 1271004 | 1257689 |
| 25584 | 4374 | 24163 | 1421 | 60460 | 59461 |
| 12773 | 6266 | 12003 | 770 | 30224 | 29925 |
| 738277 | 143243 | 648869 | 89408 | 1171527 | 1159510 |
| 3908 | 473 | 8726 | -4818 | 8793 | 8793 |
| 569297 | 130901 | 269955 | 299342 | 499421 | 497484 |
| 25432 | 7637 | 17152 | 8280 | 32098 | 31773 |
| 57487 | 25261 | 65152 | -7665 | 40299 | 40168 |
| 481245 | 97520 | 182701 | 298544 | 421497 | 420113 |
| 1250 | 191 | 1470 | -220 | 525 | 525 |
| 3883 | 292 | 3480 | 403 | 5002 | 4905 |
| 548155 | 270645 | 256078 | 292077 | 971697 | 971163 |
| 319482 | 149818 | 130984 | 188498 | 390149 | 390135 |
| 227542 | 120103 | 124292 | 103250 | 577383 | 576867 |
| 1131 | 724 | 802 | 329 | 4165 | 4161 |
| 1490968 | 491989 | 1132316 | 358652 | 1663098 | 1644311 |
| 644554 | 257990 | 328677 | 315877 | 1060716 | 1058149 |
| 372152 | 53372 | 132251 | 239901 | 386968 | 386165 |
| 96853 | 18529 | 73423 | 23430 | 216186 | 216035 |
| 34412 | 3636 | 25394 | 9018 | 48214 | 47901 |

14-13　续表 1

单位：万元

| 项　　目 | Item |
| --- | --- |
| **合　计** | **Catering Trade** |
| # 国有及国有控股 | State-owned and State-controlled Enterprises |
| **按登记注册类型分组** | **Grouped by Registration Status** |
| 内资企业 | Domestic Funded Enterprises |
| 国有企业 | State-owned Enterprises |
| 集体企业 | Collective-owned Enterprises |
| 股份合作企业 | Share-holding Cooperative Enterprises |
| 联营企业 | Joint Ownership Enterprises |
| 国有联营企业 | State Joint Ownership Enterprises |
| 集体联营企业 | Collective Joint Ownership Enterprises |
| 国有与集体联营企业 | Joint State-collective Enterprises |
| 其他联营企业 | Other Joint Ownership Enterprise |
| 有限责任公司 | Limited Liability Corporations |
| 国有独资公司 | State Sole Investment Corporations |
| 其他有限责任公司 | Other Limited Liability Corporations |
| 股份有限公司 | Share-holding Corporations Ltd. |
| 私营企业 | Private Enterprises |
| 私营独资企业 | Private Sole Investment Enterprises |
| 私营合伙企业 | Private Partnership Enterprises |
| 私营有限责任公司 | Private Limited Liability Corporations |
| 私营股份有限公司 | Private Share-holding Corporations Ltd. |
| 其他企业 | Other Enterprises |
| 港、澳、台商投资企业 | Enterprises with Funds from Hong Kong, Macao and Taiwan |
| 与港、澳、台商合资经营企业 | Joint-venture Enterprises |
| 与港、澳、台商合作经营企业 | Cooperative Enterprises |
| 港、澳、台商独资经营企业 | Enterprises with Sole Funds |
| 港、澳、台商投资股份有限公司 | Share-holding Corporations Ltd. |
| 其他港、澳、台投资企业 | Other Enterprises with Funds from Hong Kong, Macao and Taiwan |
| 外商投资企业 | Foreign Funded Enterprises |
| 中外合资经营企业 | Joint-venture Enterprises |
| 中外合作经营企业 | Cooperative Enterprises |
| 外资企业 | Enterprises with Sole Foreign Funds |
| 外商投资股份有限公司 | Share-holding Corporations Ltd. |
| 其他外商投资企业 | Other Foreign Funded Enterprises |
| **按行业分** | **Grouped by Catering Middle Sector** |
| 正餐服务 | Dinner |
| 快餐服务 | Snack |
| 饮料及冷饮服务 | Beverage and Cold Drinks |
| 餐饮配送及外卖送餐服务 | Restaurants distribution and take-away service |
| 其他餐饮服务 | Others |

continued

(10000 yuan)

| 营业成本<br>Cost of Business | 税金及附加<br>Taxes and Other Charges on Business | 其他业务利润<br>Profit from Other Business | 销售费用<br>Operating Expenses |
|---:|---:|---:|---:|
| **1636263** | **3341** | **3668** | **1265138** |
| 79485 | 822 | 1713 | 34387 |
| | | | |
| 1020988 | 2688 | 3197 | 609165 |
| 25426 | 379 | 1634 | 6812 |
| 7647 | 95 | | 816 |
| 15180 | 4 | 24 | 11360 |
| | | | |
| 265432 | 542 | 282 | 183216 |
| 6570 | 2 | 31 | 3821 |
| 258862 | 540 | 251 | 179395 |
| 26082 | 343 | | 23100 |
| 681221 | 1325 | 1257 | 383861 |
| 33729 | 87 | 21 | 18805 |
| 15674 | 112 | 56 | 10332 |
| 625802 | 1123 | 1180 | 353060 |
| 6016 | 3 | | 1664 |
| | | | |
| 164165 | 308 | 480 | 249081 |
| 11785 | 33 | 14 | 15668 |
| 19650 | 52 | 5 | 17292 |
| 131020 | 214 | 461 | 212208 |
| 123 | | | 484 |
| 1587 | 9 | | 3429 |
| 451110 | 345 | -9 | 406892 |
| 133831 | 148 | 13 | 220187 |
| | | | |
| 315403 | 194 | -22 | 184064 |
| | | | |
| 1876 | 3 | | 2641 |
| | | | |
| 812818 | 2580 | 3525 | 606443 |
| 499113 | 385 | 54 | 436220 |
| 141593 | 112 | 14 | 169381 |
| 152499 | 234 | 76 | 43975 |
| 30240 | 30 | -1 | 9119 |

## 14-13 续表 2

单位：万元

| 项　　目 | Item |
|---|---|
| **合　计** | **Catering Trade** |
| # 国有及国有控股 | State-owned and State-controlled Enterprises |
| **按登记注册类型分组** | **Grouped by Registration Status** |
| 内资企业 | Domestic Funded Enterprises |
| 国有企业 | State-owned Enterprises |
| 集体企业 | Collective-owned Enterprises |
| 股份合作企业 | Share-holding Cooperative Enterprises |
| 联营企业 | Joint Ownership Enterprises |
| 国有联营企业 | State Joint Ownership Enterprises |
| 集体联营企业 | Collective Joint Ownership Enterprises |
| 国有与集体联营企业 | Joint State-collective Enterprises |
| 其他联营企业 | Other Joint Ownership Enterprise |
| 有限责任公司 | Limited Liability Corporations |
| 国有独资公司 | State Sole Investment Corporations |
| 其他有限责任公司 | Other Limited Liability Corporations |
| 股份有限公司 | Share-holding Corporations Ltd. |
| 私营企业 | Private Enterprises |
| 私营独资企业 | Private Sole Investment Enterprises |
| 私营合伙企业 | Private Partnership Enterprises |
| 私营有限责任公司 | Private Limited Liability Corporations |
| 私营股份有限公司 | Private Share-holding Corporations Ltd. |
| 其他企业 | Other Enterprises |
| 港、澳、台商投资企业 | Enterprises with Funds from Hong Kong, Macao and Taiwan |
| 与港、澳、台商合资经营企业 | Joint-venture Enterprises |
| 与港、澳、台商合作经营企业 | Cooperative Enterprises |
| 港、澳、台商独资经营企业 | Enterprises with Sole Funds |
| 港、澳、台商投资股份有限公司 | Share-holding Corporations Ltd. |
| 其他港、澳、台投资企业 | Other Enterprises with Funds from Hong Kong, Macao and Taiwan |
| 外商投资企业 | Foreign Funded Enterprises |
| 中外合资经营企业 | Joint-venture Enterprises |
| 中外合作经营企业 | Cooperative Enterprises |
| 外资企业 | Enterprises with Sole Foreign Funds |
| 外商投资股份有限公司 | Share-holding Corporations Ltd. |
| 其他外商投资企业 | Other Foreign Funded Enterprises |
| **按行业分** | **Grouped by Catering Middle Sector** |
| 正餐服务 | Dinner |
| 快餐服务 | Snack |
| 饮料及冷饮服务 | Beverage and Cold Drinks |
| 餐饮配送及外卖送餐服务 | Restaurants distribution and take-away service |
| 其他餐饮服务 | Others |

continued

(10000 yuan)

| 管理费用 Management Cost | 营业利润 Business Profit | 利润总额 Total Profits | 本年应付职工薪酬 Total Wages Payable | 应交增值税 Value Added Tax Payable |
|---|---|---|---|---|
| **440048** | **63406** | **56029** | **817461** | **6561** |
| 32367 | 25090 | 24941 | 53422 | 886 |
| 314759 | -5961 | -1926 | 476901 | 6800 |
| 9588 | -3338 | -3241 | 17356 | 834 |
| 908 | -153 | -133 | 3172 | 106 |
| 3740 | -917 | -747 | 7890 | 17 |
| 70070 | -25446 | -24958 | 140844 | 3621 |
| 1810 | -284 | -285 | 3416 | |
| 68260 | -25162 | -24673 | 137428 | 3621 |
| 14284 | 40994 | 40833 | 20630 | 108 |
| 216169 | -17101 | -13680 | 287009 | 2114 |
| 11274 | -3371 | -3021 | 16144 | 173 |
| 4057 | 26 | 212 | 7063 | 38 |
| 199422 | -13474 | -10643 | 261575 | 1867 |
| 1416 | -282 | -228 | 2227 | 36 |
| 41997 | 45311 | 45345 | 111698 | 1396 |
| 5263 | -705 | -2306 | 7936 | 573 |
| 3457 | -86 | 304 | 9233 | 134 |
| 32387 | 47102 | 48668 | 92075 | 689 |
| 213 | -299 | -299 | 278 | |
| 677 | -701 | -1022 | 2176 | |
| 83292 | 24056 | 12610 | 228862 | -1635 |
| 14315 | 15775 | 15074 | 84753 | -1898 |
| 68894 | 8738 | -1948 | 143089 | 260 |
| 83 | -457 | -516 | 1020 | 3 |
| 288287 | -12057 | -11579 | 447818 | 4145 |
| 103216 | 16276 | 8434 | 238042 | -1732 |
| 17468 | 59782 | 59432 | 81086 | 2683 |
| 21964 | -1117 | -860 | 39284 | 1335 |
| 9113 | 522 | 602 | 11231 | 130 |

# 14-14　连锁店(公司)基本情况(2020年)

# Statistics on Chain Stores (Companies) (2020)

单位：个　　(unit)

| 项　目 | Item | 连锁总店 General Chain Stores | 连锁门店 Branch Chain Stores | 直营店 Direct Stores | 加盟店 League Stores |
|---|---|---|---|---|---|
| **总　计** | **Total** | **126** | **10234** | **8901** | **1333** |
| 批发业 | Wholesale Trade | 9 | 545 | 227 | 318 |
| 零售业 | Retail Trade | 89 | 6792 | 5789 | 1003 |
| 按注册类型分 | Grouped by Registration Status | | | | |
| 内资 | Domestic Funded Enterprises | 67 | 3040 | 2519 | 521 |
| 外商及港澳台投资 | Enterprises with Funds from Foreign Countries, Hong Kong, Macao and Taiwan | 22 | 3752 | 3270 | 482 |
| 按零售业态分 | By Retail Format | | | | |
| 百货商店 | Department Stores | 8 | 726 | 726 | |
| 超级市场 | Supermarkets | 10 | 474 | 450 | 24 |
| 专业店 | Specialized Stores | 49 | 2385 | 2194 | 191 |
| 专卖店 | Franchised Stores | 16 | 982 | 981 | 1 |
| 其　他 | Others | 6 | 2225 | 1438 | 787 |
| 住宿业 | Accommodation Services | 6 | 39 | 39 | |
| 餐饮业 | Catering Services | 22 | 2858 | 2846 | 12 |
| #外商及港澳台投资 | Enterprises with Funds from Foreign Countries, Hong Kong, Macao and Taiwan | 9 | 2192 | 2192 | |
| 正　餐 | Dinner | 9 | 268 | 259 | 9 |
| 快　餐 | Snack | 9 | 1625 | 1625 | |
| 其　他 | Others | 4 | 965 | 962 | 3 |

## 14-14 续表 continued

单位：万元 (10000 yuan)

| 项目 | Item | 营业面积（平方米）Business Area (sq.m) | 从业人数（人）Employed Persons (person) | 商品销售额（营业额）Commodity Sales (turnover) | # 零售额 Retail Sales |
|---|---|---|---|---|---|
| **总计** | **Total** | **5702458** | **145468** | **14443475** | **11929103** |
| 批发业 | Wholesale Trade | 65039 | 2124 | 278333 | 120481 |
| 零售业 | Retail Trade | 4696972 | 67341 | 12592543 | 10257952 |
| 按注册类型分 | Grouped by Registration Status | | | | |
| 内资 | Domestic Funded Enterprises | 2541485 | 36258 | 8910014 | 7195330 |
| 外商及港澳台投资 | Enterprises with Funds from Foreign Countries, Hong Kong, Macao and Taiwan | 2155487 | 31083 | 3682529 | 3062622 |
| 按零售业态分 | By Retail Format | | | | |
| 百货商店 | Department Stores | 1213515 | 9168 | 2096842 | 2046782 |
| 超级市场 | Supermarkets | 1420579 | 18309 | 2023729 | 1415366 |
| 专业店 | Specialized Stores | 1613879 | 27464 | 7620348 | 6073832 |
| 专卖店 | Franchised Stores | 99648 | 5120 | 430720 | 301084 |
| 其他 | Others | 349351 | 7280 | 420904 | 420888 |
| 住宿业 | Accommodation Services | 1956 | 801 | 17904 | 322 |
| 餐饮业 | Catering Services | 938491 | 75202 | 1554695 | 1550348 |
| # 外商及港澳台投资 | Enterprises with Funds from Foreign Countries, Hong Kong, Macao and Taiwan | 773175 | 62163 | 1281030 | 1279722 |
| 正餐 | Dinner | 179426 | 9978 | 215388 | 214444 |
| 快餐 | Snack | 581785 | 57085 | 1034144 | 1033948 |
| 其他 | Others | 177280 | 8139 | 305163 | 301956 |

注：“营业面积”指标，批发业和零售业反映年末零售营业面积数据，住宿业和餐饮业反映年末餐饮营业面积数据。“商品销售额(营业额)”指标，批发业和零售业反映商品销售额数据，住宿业和餐饮业反映营业额数据。

Note: "Business area" indicator reflects data on retail business area at the end of the year for wholesale and retail trade,and it reflects data on catering business area at the end of the year for accommodation and catering services. "Commodity sales (turnover)" indicator reflects the sales data of commodities for wholesale and retail trade, and it reflects the turnover data for accommodation and catering services.

# 14-15 亿元以上商品交易市场成交情况(2020年)
# Statistics on Commodity Exchange Markets with Total Sale over 100 Million Yuan (2020)

| 项　　目 | Item | 出租摊位数(个) Number of Booths (unit) | 总成交额(万元) Total Transaction Values (10000 yuan) |
|---|---|---|---|
| **合　计** | **Total** | **70712** | **20028340** |
| 粮油、食品类 | Grain and Oil | 8891 | 4776430 |
| 饮料类 | Beverages | 472 | 94395 |
| 烟酒类 | Tobacco and Liquor | 167 | 34165 |
| 服装鞋帽、针、纺织品类 | Garments, Shoes, Hats, Knitwear and Textiles | 36720 | 10450572 |
| 化妆品类 | Cosmetics | 1919 | 78296 |
| 金银珠宝类 | Gold, Silver and Jewelry | 6 | 468 |
| 日用品类 | Articles for Daily Use | 9965 | 1065859 |
| 五金电料类 | Hardware and Electrical Appliances | 3240 | 636549 |
| 体育、娱乐用品类 | Sports and Recreation Articles | 338 | 26858 |
| 书报杂志类 | Books, Newspapers and Magazines | 85 | 11180 |
| 电子出版物及音像制品类 | E-journal and Video Products | | |
| 家用电器和音像器材类 | Household Appliances and Video Appliances | 576 | 64486 |
| 中西药品类 | Traditional Chinese and Western Medicines | 399 | 45978 |
| 文化办公用品类 | Cultural and Office Goods | 633 | 109022 |
| 家具类 | Furniture | 495 | 69271 |
| 通讯器材类 | Communication Equipments | 41 | 3959 |
| 煤炭及制品类 | Coal and Coal Products | | |
| 木材及制品类 | Wood and Wooden Products | 241 | 27885 |
| 石油及制品类 | Petroleum and Related Products | | |
| 化工材料及制品类 | Chemical Materials and Related Products | 24 | 2747 |
| 金属材料类 | Metal Materials | 964 | 633838 |
| 建筑及装潢材料类 | Building and Decoration Materials | 1721 | 167269 |
| 机电产品及设备类 | Mechanical and Electrical Products | 24 | 2437 |
| 汽车类 | Automobiles | 2254 | 1591881 |
| 种子饲料类 | Seed and Feedstuff | 12 | 327 |
| 棉麻类 | Cotton and Hemp | | |
| 其他类 | Others | 1525 | 134468 |

# 主要统计指标解释

**【社会消费品零售总额】**指企业（单位、个体户）通过交易直接售给个人、社会集团非生产、非经营用的实物商品金额，以及提供餐饮服务所取得的收入金额。个人包括城乡居民和入境人员，社会集团包括机关、社会团体、部队、学校、企事业单位、居委会或村委会等。

**【商品购进总额】**指从本企业以外的单位和个人购进（包括从国外直接进口）作为转卖或加工后转卖的商品金额（含增值税）。本指标反映批发和零售业从国内外市场上购进商品的总价。
商品购进包括：（1）从工农业生产者、批发和零售业、住宿和餐饮业、出版社或报社的出版发行部门和其他服务业等企事业单位和个体经营户购进的商品；（2）从机关、社会团体购进的商品；（3）从海关、市场管理部门购进的缉私和没收的商品；（4）从居民收购的废旧商品等。
不包括：（1）企业为本单位自身经营用，不是作为转卖而购进的商品，如材料物资、包装物、低值易耗品、办公用品等；（2）未通过买卖行为而收入的商品，如接受其他部门移交的商品、借入的商品、收入代其他单位保管的商品、其他单位赠送的样品、加工回收的成品等；（3）经本单位介绍，由买卖双方直接结算，本单位只收取手续费的业务；（4）销售退回和买方拒付货款的商品；（5）商品溢余；（6）期货交易商品。

**【商品销售总额】**指对本单位以外的单位和个人出售的商品金额（包括售给本单位消费用的商品，含增值税），在批发和零售业中，本指标反映在国内市场上销售商品以及出口商品的总价。

商品销售包括：（1）售给个人和社会集团消费用的商品；（2）售给农业、工业、建筑业、服务业等国民经济各行业用于生产、经营用的商品，包括售予批发和零售业作为转卖或加工后转卖的商品；（3）对国（境）外直接出口的商品。

商品销售不包括：（1）未通过买卖行为付出的商品，如因机构变动移交给其他企业单位的商品、借出的商品、归还受其他单位委托代保管的商品、付出的加工原料和赠送给其他单位的样品等；（2）促销返券所销售的、不计入营业收入的商品；（3）经本单位介绍，由买卖双方直接结算，本单位只收取手续费的业务；（4）未发生所有权转移的商品预付卡销售，如加油卡；（5）汽车维修、电话卡销售等服务性经济活动；（6）购货退回的商品；（7）商品损耗和损失；（8）出售本单位自用的废旧物资；（9）期货交易商品；（10）自来水供应企业、电力企业、天然气供应企业提供的水、电、气。

**【住宿餐饮业营业额】**指住宿和餐饮业单位在经营活动中因提供服务或销售商品等取得的全部收入（含销项税），收入主要来源于提供客房、餐费服务、商品销售和其他服务，如商务服务。不包括多产业法人企业附营的其他行业产业活动单位的餐费收入、商品销售收入等各项收入。

# Explanatory Notes on Main Statistical Indicators

**【Total Retail Sales of Consumer Goods】** refer to the amount obtained by enterprises (units, self-employed individuals) through direct sales of non-production and non-business physical commodity to individuals, social institutions, and revenue from providing catering services. Individuals include rural and urban households, population from abroad, social institutions include government agencies, social organizations, military units, schools, institutions, neighbourhood (village) committees.

**【Total Purchases of Commodities】** refer to the total value of purchases of commodities by enterprises (establishments) from other establishments or individuals (including direct import from abroad) for the purpose of re-selling, either with or without further processing of the commodities purchased. The commodities include: (1) commodities purchased from agricultural and industrial producer, wholesaler, retailer, publishing house and other service business; (2) commodities purchased from institutions and government departments; (3) confiscated goods purchased from the customs authorities or market management agencies; (4) second-hand goods and wastes purchased from residents; The commodities exclude (1) commodities purchased by enterprises (establishments) for use in their own business operation, commodities obtained without buying or selling procedures such as materials, consumable goods of low value, office appliance, etc. (2) received goods without trading, such as goods handed over from others, borrowed goods, preserved goods for others, donated goods from others, processed and retrieved goods, etc. (3) goods of direct settlement between buyer and seller with handling fees introduced by others, (4) goods returned or refused to pay by the buyer, (5) excessive goods.

**【Total Sales of Commodities】** refer to value of commodities sold by the establishments to other establishments and individuals (including goods sold for self consumption, including the value-added tax). The commodities include: (1) commodities sold to urban and rural residents and social groups for their consumption; (2) commodities sold to establishments in all industries for their production and operation, including ?agriculture, industry, construction, and catering services including commodities sold to wholesale and retail establishments for re-selling, with or without further processing; and (3) commodities for direct export to abroad. Excluded are (1) extended commodities without trading, such as goods handed over to other enterprises and institutions because of the change of organizations, lent goods, returned goods preserved for others, extended processing materials and samples donated to others, (2)? goods of direct settlement between buyer and seller with handling fees introduced by others, (3) goods returned after purchase, (4) damaged and spoiled goods, (5) waste and used goods of self use.

**【Hotel Services and Catering Services Business Revenue】**refers to total revenue (including VAT) of hotels and catering services received from providing services or selling commodities through business activities, income comes mainly from providing hotels, catering services, selling of commodities and other services, such as commodity services. It does not include revenue such as meal fees, selling of commodities of other industrial units affiliated with multi industrial legal entities. Income from hotels refers to income (including VAT) of hotels and catering services by providing lodging services through business activities. Income from catering services refers to income (including VAT) from providing catering services, including selling of cooked or prepared foods, such as staple food, cooked dishes, or cold dishes. It does not include meal fees of other industrial units affiliated with multi industrial legal entities.

第十五篇 CHAPTER 15

# 对外经济贸易和旅游

# FOREIGN ECONOMY AND TOURISM

# 第十五篇 对外经济贸易和旅游

**简要说明**

一、本篇资料反映广州市对外贸易、利用外资、对外承包工程和劳务合作、境外投资、外商投资企业工商注册登记以及旅游业概况及发展情况。

二、本篇资料由广州市统计局贸易外经统计处整理提供。

三、资料来源及统计范围：

1. 广州进出口贸易的规模、结构情况资料主要来源于广州海关和黄埔海关，统计范围为广州地区进出口经营单位（广州地区口岸进出口资料除外）。

2. 广州利用外资规模及结构、对外承包工程及劳务合作状况、境外投资情况、技术进口情况的资料来源于广州市商务局。

3. 广州外商投资企业注册登记情况的资料由广州市市场监督管理局提供，但不包括在广东省市场监督管理局注册登记的在穗外商投资企业。

4. 广州旅游业发展情况的资料由广州市文化广电旅游局提供。

5. 广州与国外城市交流情况，广州与国外结成友好城市情况及各国驻广州领事馆情况的资料由广州市政府外事办公室提供。

6. 外商投资企业包括国外及港澳台投资企业。

# 15 Foreign Economy and Tourism

**Brief Introduction**

I.The data in this chapter show the Summary data of Guangzhou's foreign trade, utilization of foreign capital, contracted projects and labor cooperation with the foreign countries or territories, external investment, basic indicators of three kinds of registered foreign-funded enterprises and international tourism.

II.The data in this chapter are prepared and provided by the Division of Trade and External Economic Relations Statistics of Guangzhou Municipal Bureau of Statistics.

III. Data sources and statistical coverage:

(1)The data on the size and composition of Guangzhou's imports and exports come from Guangzhou and Huangpu Customs Office; the statistical coverage covers the imports and exports operating units in Guangzhou, excluding the data of imports and exports through ports in Guangzhou.

(2)The data on the scale and composition of the utilization of foreign capitals and the contracted projects and labor cooperation with the foreign countries or territories, external investment, technical imports of Guangzhou come from Guangzhou Municipal Commerce Bureau.

(3)The basic indicators of the registered foreign-funded enterprises come from the Guangzhou Municipal Market Regulatory Administration but exclude those registered by the Administration for Market Regulation of Guangdong Province.

(4)The data on the development of international tourism are provided by Guangzhou Municipal Culture, Radio, Televison and Tourism Bureau.

(5)The data on exchange between Guangzhou and foreign friendly cities, consulate generals in Guangzhou are provided by Foreign Affair Office of Guangzhou Municipal People's Government.

(6)The foreign-funded enterprises cover the enterprises whose fund come from Hong Kong, Macao, Taiwan and foreign countries.

# 15-1 主要年份商品进出口总值和商品进出口总值指数

# Total Value and Indices of Import and Export Commodities in Main Years

| 年 份 Year | 进出口总值 (亿美元) Total Value of Imports and Exports (USD 100 million) | 进口总值 Imports | 出口总值 Exports | 进出口差额 (亿美元) Balance (USD 100 million) | 进出口总值指数 (上年=100) Indices of Total Imports and Exports (preceding year=100) | 进口总值 Imports | 出口总值 Exports |
|---|---|---|---|---|---|---|---|
| 1988 | 32.25 | 17.66 | 14.59 | -3.07 | 148.5 | 154.0 | 142.4 |
| 1989 | 35.32 | 17.62 | 17.70 | 0.08 | 109.5 | 99.8 | 121.3 |
| 1990 | 41.79 | 18.24 | 23.55 | 5.31 | 118.3 | 103.5 | 133.0 |
| 1991 | 53.82 | 24.40 | 29.42 | 5.02 | 128.8 | 133.8 | 125.0 |
| 1992 | 70.75 | 33.88 | 36.87 | 2.99 | 131.5 | 138.8 | 125.3 |
| 1993 | 134.33 | 69.84 | 64.49 | -5.35 | 189.9 | 206.2 | 174.9 |
| 1994 | 161.36 | 74.67 | 86.69 | 12.02 | 120.1 | 106.9 | 134.4 |
| 1995 | 166.99 | 71.32 | 95.67 | 24.35 | 103.5 | 95.5 | 110.4 |
| 1996 | 166.89 | 75.53 | 91.36 | 15.83 | 99.9 | 105.9 | 95.5 |
| 1997 | 187.46 | 81.51 | 105.95 | 24.44 | 112.3 | 107.9 | 116.0 |
| 1998 | 178.77 | 75.39 | 103.38 | 27.99 | 95.4 | 92.5 | 97.6 |
| 1999 | 191.85 | 93.18 | 98.67 | 5.49 | 107.3 | 123.6 | 95.4 |
| 2000 | 233.51 | 115.60 | 117.91 | 2.31 | 121.7 | 124.1 | 119.5 |
| 2001 | 230.37 | 114.13 | 116.24 | 2.11 | 98.7 | 98.7 | 98.6 |
| 2002 | 279.27 | 141.49 | 137.78 | -3.71 | 121.2 | 124.0 | 118.5 |
| 2003 | 349.41 | 180.52 | 168.89 | -11.63 | 125.1 | 127.6 | 122.6 |
| 2004 | 447.88 | 233.14 | 214.74 | -18.40 | 128.2 | 129.2 | 127.2 |
| 2005 | 534.75 | 268.07 | 266.68 | -1.39 | 119.4 | 115.0 | 124.2 |
| 2006 | 637.62 | 313.85 | 323.77 | 9.92 | 119.2 | 117.1 | 121.4 |
| 2007 | 734.94 | 355.91 | 379.03 | 23.12 | 115.3 | 113.4 | 117.1 |
| 2008 | 818.73 | 389.47 | 429.26 | 39.79 | 111.4 | 109.4 | 113.3 |
| 2009 | 766.85 | 392.82 | 374.03 | -18.79 | 93.7 | 100.9 | 87.1 |
| 2010 | 1037.68 | 553.89 | 483.79 | -70.10 | 135.3 | 141.0 | 129.3 |
| 2011 | 1161.68 | 596.94 | 564.74 | -32.20 | 112.0 | 107.8 | 116.7 |
| 2012 | 1171.67 | 582.52 | 589.15 | 6.63 | 100.9 | 97.6 | 104.3 |
| 2013 | 1188.96 | 560.89 | 628.07 | 67.18 | 101.5 | 96.3 | 106.6 |
| 2014 | 1305.90 | 578.77 | 727.13 | 148.36 | 109.8 | 103.2 | 115.8 |
| 2015 | 1338.68 | 527.01 | 811.67 | 284.66 | 102.5 | 91.1 | 111.6 |
| 2016 | 1293.09 | 511.32 | 781.77 | 270.45 | 96.6 | 97.0 | 96.3 |
| 2017 | 1432.50 | 579.30 | 853.20 | 273.90 | 110.8 | 113.3 | 109.1 |
| 2018 | 1485.05 | 636.55 | 848.50 | 211.95 | 103.7 | 109.9 | 99.4 |
| 2019 | 1450.19 | 687.96 | 762.23 | 74.27 | 97.7 | 108.1 | 89.8 |
| 2020 | 1376.12 | 593.94 | 782.18 | 188.24 | 94.8 | 86.2 | 102.6 |

15-1 续表 continue

| 年 份 Year | 进出口总值 (亿元) Total Value of Imports and Exports (RMB 100 million) | 进口总值 Imports | 出口总值 Exports | 进出口差额 (亿元) Balance (RMB 100 million) | 进出口总值指数 (上年=100) Indices of Total Imports and Exports (preceding year=100) | 进口总值 Imports | 出口总值 Exports |
|---|---|---|---|---|---|---|---|
| 2014 | 8022.80 | 3555.15 | 4467.65 | 912.50 | 108.7 | 102.2 | 114.6 |
| 2015 | 8306.28 | 3271.71 | 5034.57 | 1762.86 | 103.5 | 92.0 | 112.7 |
| 2016 | 8541.02 | 3382.26 | 5158.76 | 1776.50 | 102.8 | 103.4 | 102.5 |
| 2017 | 9715.52 | 3923.09 | 5792.43 | 1869.34 | 113.8 | 116.0 | 112.3 |
| 2018 | 9811.59 | 4204.09 | 5607.50 | 1403.41 | 101.0 | 107.2 | 96.8 |
| 2019 | 10001.04 | 4742.68 | 5258.36 | 515.68 | 101.9 | 112.8 | 93.8 |
| 2020 | 9531.92 | 4108.57 | 5423.35 | 1314.78 | 95.2 | 86.5 | 103.1 |

注：为进一步完善海关统计数据公布制度，从2014年开始海关总署全面公布以人民币计价的各类海关统计数据。

Note:In order to improve the customs statistical data publication system, since 2014 the General Administration of Customs has announced all kinds of Customs Statistics in RMB.

# 15-2 商品进出口总值(人民币计价)

单位：万元

| 项　　目 | Item |
|---|---|
| **总　计** | **Total** |
| **按贸易方式分** | **By Trade Form** |
| 一般贸易 | Ordinary Trade |
| 国家间、国际组织无偿援助和赠送的物资 | Free Assistance and Donated Materials between Countries/International Organizations |
| 其他捐赠物资 | Other Donated Materials |
| 补偿贸易 | Compensation Trade |
| 来料加工装配贸易 | Processing and Assembling Trade with Foreign-Supplied Materials |
| 进料加工贸易 | Processing Trade with Imported Materials |
| 寄售、代销贸易 | Consignment sale, selling goods on commission |
| 边境小额贸易 | Frontier Petty Trade |
| 加工贸易进口设备 | Processing Trade Imported Equipment |
| 对外承包工程出口货物 | Exports for Overseas Contracted Projects |
| 租赁贸易 | Leasing Trade |
| 外商投资企业作为投资进口的设备、物品 | Imported Equipment/Articles Invested by Foreign-Funded Enterprises |
| 出料加工贸易 | Outward Processing Trade |
| 保税监管场所进出境货物 | Entry and Exit Goods in Bonded Control Areas |
| 海关特殊监管区域物流货物 | Logistic Goods by Customs Special Control Areas |
| 易货贸易 | Barter Trade |
| 特殊监管区域进口设备 | Imported equipment in special regulatory areas |
| 其他贸易 | Others |
| **按登记注册类型分** | **Grouped by Registration Status** |
| 国有企业 | State-owned Enterprises |
| 集体企业 | Collective-owned Enterprises |
| 外商及港澳台投资企业 | Enterprises with Funds from Foreign Countries, Hong Kong, Macao and Taiwan |
| 合资企业 | Joint-venture Enterprises |
| 合作企业 | Cooperative Enterprises |
| 外资企业 | Enterprises with Sole Foreign Funds |
| 私营企业 | Private Enterprises |
| 其他企业 | Others |
| 个体工商户 | Individual Operating Households |

# Total Value of Import and Export Commodities through Customs (Renminbi-denominated)

( 10000 yuan )

| 2019 | | | 2020 | | |
|---|---|---|---|---|---|
| 合 计 Total (by RMB) | 进 口 Imports | 出 口 Exports | 合 计 Total (by RMB) | 进 口 Imports | 出 口 Exports |
| **100010429** | **47426778** | **52583651** | **95319172** | **41085669** | **54233503** |
| | | | | | |
| 48944418 | 26869337 | 22075081 | 48898201 | 25375428 | 23522773 |
| 4308 | | 4308 | 8773 | 111 | 8662 |
| | | | 44162 | 11465 | 32697 |
| | | | | | |
| 6433063 | 2814810 | 3618253 | 4334264 | 1950446 | 2383818 |
| 18487236 | 7294449 | 11192787 | 15053735 | 5869106 | 9184629 |
| | | | 5 | 5 | |
| | | | | | |
| 8494 | 8494 | | 3673 | 3673 | |
| 188353 | | 188353 | 26278 | | 26278 |
| 70963 | 69809 | 1154 | 18362 | 18324 | 38 |
| 1695961 | 1695961 | | 590407 | 590407 | |
| 24210 | 13364 | 10846 | 16957 | 9018 | 7940 |
| 4669035 | 2858202 | 1810833 | 3973784 | 2812322 | 1161462 |
| 6535987 | 5071604 | 1464383 | 4656269 | 3643493 | 1012777 |
| 1 | | 1 | 9 | | 9 |
| 1996 | 1996 | | 4881 | 4881 | |
| 12946404 | 728752 | 12217652 | 17689412 | 796990 | 16892422 |
| | | | | | |
| 13671092 | 8265680 | 5405412 | 10815663 | 5702722 | 5112941 |
| 355296 | 223296 | 132000 | 322342 | 159411 | 162931 |
| 42201169 | 22779602 | 19421567 | 34864987 | 18637635 | 16227352 |
| 15273920 | 9333924 | 5939996 | 12032811 | 6684270 | 5348541 |
| 533665 | 153679 | 379986 | 485497 | 136727 | 348770 |
| 26393584 | 13291999 | 13101585 | 22346679 | 11816638 | 10530041 |
| 42341959 | 14779395 | 27562564 | 48296347 | 15946351 | 32349996 |
| 1431301 | 1377533 | 53768 | 1011649 | 638727 | 372922 |
| 9612 | 1272 | 8340 | 8184 | 824 | 7360 |

15-2 续表

单位:万元

| 项　　目 | Item |
|---|---|
| **按国别(地区)分** | **By Country (Territory)** |
| 亚洲小计 | Asia |
| #中国香港 | Hong Kong, China |
| 中国澳门 | Macao, China |
| 印度尼西亚 | Indonesia |
| 日　本 | Japan |
| 马来西亚 | Malaysia |
| 新加坡 | Singapore |
| 韩　国 | Republic of Korea |
| 泰　国 | Thailand |
| 中国台湾 | Taiwan, China |
| 阿拉伯联合酋长国 | United Arab Emirates |
| 印　度 | India |
| 非洲小计 | Africa |
| #南　非 | South Africa |
| 欧洲小计 | Europe |
| #英　国 | United Kingdom |
| 德　国 | Germany |
| 法　国 | France |
| 意大利 | Italy |
| 荷　兰 | Netherlands |
| 西班牙 | Spain |
| 比利时 | Belgium |
| 瑞　士 | Switzerland |
| 俄罗斯 | Russia |
| 拉丁美洲小计 | Latin America |
| #墨西哥 | Mexico |
| 巴拿马 | Panama |
| 北美洲小计 | North America |
| #加拿大 | Canada |
| 美　国 | United States |
| 大洋洲小计 | Oceania |
| #澳大利亚 | Australia |
| 其　他 | Others |

continued

( 10000 yuan )

| 2019 | | | 2020 | | |
|---|---|---|---|---|---|
| 合　计 Total (by RMB) | 进　口 Imports | 出　口 Exports | 合　计 Total (by RMB) | 进　口 Imports | 出　口 Exports |
| 53124650 | 28054600 | 25070050 | 49098045 | 23952652 | 25145394 |
| 7667210 | 388137 | 7279073 | 6145062 | 307578 | 5837484 |
| 350567 | 5766 | 344801 | 194991 | 4167 | 190825 |
| 2491394 | 1286609 | 1204785 | 2519236 | 1337683 | 1181552 |
| 11953902 | 9609752 | 2344150 | 9858733 | 7914016 | 1944716 |
| 2912575 | 1262593 | 1649982 | 3971902 | 1413847 | 2558055 |
| 1630449 | 711531 | 918918 | 2068684 | 784124 | 1284560 |
| 6973949 | 5885532 | 1088417 | 5696010 | 4495381 | 1200629 |
| 2232253 | 1136277 | 1095976 | 2222038 | 1076263 | 1145775 |
| 3247915 | 2585355 | 662560 | 2519654 | 1869748 | 649906 |
| 1244672 | 418240 | 826432 | 1072061 | 321847 | 750214 |
| 1796894 | 347400 | 1449494 | 1440536 | 330616 | 1109920 |
| 7752868 | 2052382 | 5700486 | 8411632 | 1445542 | 6966091 |
| 1974995 | 1628574 | 346421 | 1342669 | 1021771 | 320898 |
| 18993901 | 9659851 | 9334050 | 18302811 | 8454924 | 9847886 |
| 2073285 | 446016 | 1627269 | 1900323 | 464829 | 1435495 |
| 4230345 | 2995172 | 1235173 | 3785834 | 2612732 | 1173102 |
| 2462348 | 1766099 | 696249 | 2057317 | 999092 | 1058225 |
| 1144224 | 509998 | 634226 | 1031572 | 497811 | 533761 |
| 1846734 | 744299 | 1102435 | 2166030 | 685992 | 1480038 |
| 795134 | 281569 | 513565 | 946058 | 329849 | 616209 |
| 886616 | 443282 | 443334 | 902319 | 484025 | 418294 |
| 1134941 | 1080479 | 54462 | 671281 | 607601 | 63680 |
| 974222 | 123631 | 850591 | 1040383 | 268868 | 771515 |
| 4978765 | 1143471 | 3835294 | 4544884 | 1131022 | 3413862 |
| 2042985 | 352969 | 1690016 | 1614138 | 336520 | 1277619 |
| 224352 | 6265 | 218087 | 189414 | 1917 | 187497 |
| 12038670 | 4472132 | 7566538 | 11565311 | 3856774 | 7708537 |
| 1083554 | 442304 | 641250 | 1225346 | 499195 | 726150 |
| 10952641 | 4029827 | 6922814 | 10338065 | 3357578 | 6980487 |
| 2744271 | 1667038 | 1077233 | 3013715 | 1861982 | 1151733 |
| 1963921 | 1086809 | 877112 | 2186752 | 1303034 | 883718 |
| 377304 | 377304 | | 382773 | 382773 | |

# 15-3 商品进出口总值(美元计价)

单位：万美元

| 项　　目 | Item |
|---|---|
| **总　计** | **Total** |
| **按贸易方式分** | **By Trade Form** |
| 一般贸易 | Ordinary Trade |
| 国家间、国际组织无偿援助和赠送的物资 | Free Assistance and Donated Materials between Countries/International Organizations |
| 其他捐赠物资 | Other Donated Materials |
| 补偿贸易 | Compensation Trade |
| 来料加工装配贸易 | Processing and Assembling Trade with Foreign-Supplied Materials |
| 进料加工贸易 | Processing Trade with Imported Materials |
| 寄售、代销贸易 | Consignment sale, selling goods on commission |
| 边境小额贸易 | Frontier Petty Trade |
| 加工贸易进口设备 | Processing Trade Imported Equipment |
| 对外承包工程出口货物 | Exports for Overseas Contracted Projects |
| 租赁贸易 | Leasing Trade |
| 外商投资企业作为投资进口的设备、物品 | Imported Equipment/Articles Invested by Foreign-Funded Enterprises |
| 出料加工贸易 | Outward Processing Trade |
| 保税监管场所进出境货物 | Entry and Exit Goods in Bonded Control Areas |
| 海关特殊监管区域物流货物 | Logistic Goods by Customs Special Control Areas |
| 易货贸易 | Barter Trade |
| 特殊监管区域进口设备 | Imported equipment in special regulatory areas |
| 其他贸易 | Others |
| **按登记注册类型分** | **Grouped by Registration Status** |
| 国有企业 | State-owned Enterprises |
| 集体企业 | Collective-owned Enterprises |
| 外商及港澳台投资企业 | Enterprises with Funds from Foreign Countries, Hong Kong, Macao and Taiwan |
| 合资企业 | Joint-venture Enterprises |
| 合作企业 | Cooperative Enterprises |
| 外资企业 | Enterprises with Sole Foreign Funds |
| 私营企业 | Private Enterprises |
| 其他企业 | Others |
| 个体工商户 | Individual Operating Households |

# Total Value of Import and Export Commodities through Customs (U.S.dollar-denominated)

( USD10000 )

| 2019 | | | 2020 | | |
|---|---|---|---|---|---|
| 合 计 Total (by USD) | 进 口 Imports | 出 口 Exports | 合 计 Total (by USD) | 进 口 Imports | 出 口 Exports |
| **14501947** | **6879666** | **7622281** | **13761247** | **5939398** | **7821849** |
| | | | | | |
| 7100041 | 3897951 | 3202090 | 7061597 | 3663684 | 3397912 |
| 622 | | 622 | 1257 | 16 | 1241 |
| | | | 6323 | 1658 | 4666 |
| | | | | | |
| 933879 | 408848 | 525031 | 628672 | 283268 | 345404 |
| 2683816 | 1059144 | 1624672 | 2174389 | 848530 | 1325859 |
| | | | 1 | 1 | |
| | | | | | |
| 1233 | 1233 | | 533 | 533 | |
| 27447 | | 27447 | 3785 | | 3785 |
| 10363 | 10197 | 166 | 2678 | 2673 | 5 |
| 248124 | 248124 | | 84801 | 84801 | |
| 3520 | 1941 | 1579 | 2438 | 1301 | 1137 |
| 676384 | 413464 | 262920 | 573644 | 406149 | 167495 |
| 947594 | 734551 | 213043 | 677157 | 530973 | 146183 |
| | | | 1 | | 1 |
| 286 | 286 | | 713 | 713 | |
| 1868638 | 103927 | 1764711 | 2543258 | 115099 | 2428159 |
| | | | | | |
| 1979360 | 1196434 | 782926 | 1563084 | 823524 | 739560 |
| 51633 | 32471 | 19162 | 46585 | 23038 | 23547 |
| 6129377 | 3309086 | 2820291 | 5034534 | 2690345 | 2344189 |
| 2220483 | 1356988 | 863495 | 1737654 | 963963 | 773691 |
| 77473 | 22306 | 55167 | 70261 | 19822 | 50439 |
| 3831421 | 1929792 | 1901629 | 3226619 | 1706560 | 1520059 |
| 6134202 | 2143329 | 3990873 | 6970284 | 2310112 | 4660172 |
| 205983 | 198163 | 7820 | 145587 | 92261 | 53326 |
| 1392 | 183 | 1209 | 1173 | 119 | 1055 |

15-3 续表

单位:万美元

| 项　　目 | Item |
| --- | --- |
| **按国别(地区)分** | **By Country (Territory)** |
| 亚洲小计 | Asia |
| #中国香港 | Hong Kong, China |
| 中国澳门 | Macao, China |
| 印度尼西亚 | Indonesia |
| 日　本 | Japan |
| 马来西亚 | Malaysia |
| 新加坡 | Singapore |
| 韩　国 | Republic of Korea |
| 泰　国 | Thailand |
| 中国台湾 | Taiwan, China |
| 阿拉伯联合酋长国 | United Arab Emirates |
| 印　度 | India |
| 非洲小计 | Africa |
| #南　非 | South Africa |
| 欧洲小计 | Europe |
| #英　国 | United Kingdom |
| 德　国 | Germany |
| 法　国 | France |
| 意大利 | Italy |
| 荷　兰 | Netherlands |
| 西班牙 | Spain |
| 比利时 | Belgium |
| 瑞　士 | Switzerland |
| 俄罗斯 | Russia |
| 拉丁美洲小计 | Latin America |
| #墨西哥 | Mexico |
| 巴拿马 | Panama |
| 北美洲小计 | North America |
| #加拿大 | Canada |
| 美　国 | United States |
| 大洋洲小计 | Oceania |
| #澳大利亚 | Australia |
| 其　他 | Others |

continued

(USD10000)

| 2019 | | | 2020 | | |
|---|---|---|---|---|---|
| 合　计 Total (by USD) | 进　口 Imports | 出　口 Exports | 合　计 Total (by USD) | 进　口 Imports | 出　口 Exports |
| 7707988 | 4072056 | 3635932 | 7086789 | 3457601 | 3629188 |
| 1112804 | 56295 | 1056509 | 888252 | 44463 | 843789 |
| 51362 | 837 | 50525 | 27818 | 604 | 27214 |
| 360779 | 186265 | 174514 | 364221 | 193413 | 170808 |
| 1736510 | 1395670 | 340840 | 1421319 | 1141003 | 280316 |
| 421547 | 182959 | 238588 | 573897 | 204584 | 369313 |
| 236137 | 102999 | 133138 | 298699 | 113032 | 185666 |
| 1012909 | 855041 | 157868 | 821880 | 648964 | 172915 |
| 323575 | 164691 | 158884 | 320802 | 155473 | 165329 |
| 471601 | 375416 | 96185 | 363606 | 269785 | 93821 |
| 180379 | 60750 | 119629 | 154809 | 46555 | 108255 |
| 260662 | 50403 | 210259 | 208008 | 47787 | 160221 |
| 1122465 | 298869 | 823596 | 1212445 | 209709 | 1002735 |
| 287592 | 237323 | 50269 | 194680 | 148424 | 46256 |
| 2752003 | 1398785 | 1353218 | 2648584 | 1227903 | 1420681 |
| 300853 | 64765 | 236088 | 274336 | 67280 | 207056 |
| 614823 | 435779 | 179044 | 550751 | 381518 | 169233 |
| 355153 | 254174 | 100979 | 298163 | 145542 | 152620 |
| 166011 | 73937 | 92074 | 149018 | 72143 | 76875 |
| 267913 | 108189 | 159724 | 313064 | 98998 | 214066 |
| 115378 | 40880 | 74498 | 136494 | 47726 | 88768 |
| 128159 | 64010 | 64149 | 130427 | 70187 | 60240 |
| 163016 | 155129 | 7887 | 97361 | 88175 | 9185 |
| 141166 | 17916 | 123250 | 150081 | 38874 | 111207 |
| 722160 | 165964 | 556196 | 656341 | 163666 | 492676 |
| 296419 | 51179 | 245240 | 233215 | 48705 | 184510 |
| 32457 | 906 | 31551 | 27254 | 275 | 26979 |
| 1746561 | 649307 | 1097254 | 1666970 | 556550 | 1110419 |
| 157097 | 64231 | 92866 | 176519 | 72167 | 104352 |
| 1589113 | 585076 | 1004037 | 1490178 | 484383 | 1005795 |
| 397942 | 241857 | 156085 | 434874 | 268725 | 166149 |
| 284816 | 157665 | 127151 | 315520 | 187978 | 127542 |
| 52828 | 52828 | | 55244 | 55244 | |

## 15-4 商品进出口总值(2020年，按地区分)

## Total Value of Import and Export Commodities through Customs (2020, by Region)

| 地区 | District | 按美元计价 (By USD) 商品进出口总值 (万美元) Total Value of Imports and Exports (USD 10000) | 进口总值 Imports | 出口总值 Exports |
|---|---|---|---|---|
| **全市** | **Total** | **13761247** | **5939398** | **7821849** |
| #荔湾区 | Liwan | 254549 | 123384 | 131165 |
| 越秀区 | Yuexiu | 973422 | 380128 | 593294 |
| 海珠区 | Haizhu | 425841 | 129200 | 296641 |
| 天河区 | Tianhe | 876909 | 531120 | 345790 |
| 白云区 | Baiyun | 616494 | 163683 | 452811 |
| 黄埔区 | Huangpu | 4021335 | 2045639 | 1975696 |
| 番禺区 | Panyu | 1453218 | 463859 | 989359 |
| 花都区 | Huadu | 1195028 | 411592 | 783435 |
| 南沙区 | Nansha | 3268148 | 1479352 | 1788796 |
| 从化区 | Conghua | 169449 | 26843 | 142606 |
| 增城区 | Zengcheng | 506853 | 184597 | 322256 |

15-4 续表 continued

| 地 区 | District | 按人民币计价 (By RMB) 商品进出口总值 (万元) Total Value of Imports and Exports (10000 yuan) | 进口总值 Imports | 出口总值 Exports |
|---|---|---|---|---|
| **全 市** | **Total** | **95319172** | **41085669** | **54233503** |
| # 荔湾区 | Liwan | 1762227 | 851425 | 910803 |
| 越秀区 | Yuexiu | 6728398 | 2627331 | 4101068 |
| 海珠区 | Haizhu | 2958768 | 895726 | 2063042 |
| 天河区 | Tianhe | 6075115 | 3677005 | 2398110 |
| 白云区 | Baiyun | 4278785 | 1132390 | 3146395 |
| 黄埔区 | Huangpu | 27819016 | 14173704 | 13645312 |
| 番禺区 | Panyu | 10042681 | 3199208 | 6843473 |
| 花都区 | Huadu | 8300873 | 2850380 | 5450493 |
| 南沙区 | Nansha | 22669643 | 10213564 | 12456080 |
| 从化区 | Conghua | 1177901 | 185616 | 992285 |
| 增城区 | Zengcheng | 3505765 | 1279322 | 2226442 |

# 15-5 主要进口商品数量和金额

| 商品名称 | | Name of Commodities | |
|---|---|---|---|
| 干鲜瓜果及坚果 | (吨) | Fresh or Dried Fruits and Nuts | (ton) |
| 乳　品 | (吨) | Dairy | (ton) |
| 谷物及谷物粉 | (吨) | Cereals and Cereal Flour | (ton) |
| 大　豆 | (吨) | Soybeans | (ton) |
| 食用植物油 | (吨) | Edible Vegetable Oil | (ton) |
| 原　木 | (吨) | Logs | (ton) |
| 铁矿砂及其精矿 | (吨) | Iron Ore and Concentrates | (ton) |
| 煤及褐煤 | (吨) | Coal and Lignite | (ton) |
| 成品油 | (吨) | Refined Petroleum Products | (ton) |
| 初级形状的塑料 | (吨) | Plastics in Primary Form | (ton) |
| 牛皮革及马皮革 | (吨) | Bovine or Equine Leather | (ton) |
| 棉纱线 | (吨) | Cotton Yarn | (ton) |
| 合成纤维纱线 | (吨) | Yarn of Synthetic Fibers | (ton) |
| 钻　石 | (千克) | Diamonds | (kg) |
| 钢　材 | (吨) | Steel Products | (ton) |
| 未锻轧铜及铜材 | (吨) | Unwrought Copper and Copper Products | (ton) |
| 未锻轧铝及铝材 | (吨) | Unwrought Aluminium and Aluminium Products | (ton) |
| 印刷、装订机械及其零件 | | Printing or Book-binding Machinery and Parts | |
| 自动数据处理设备及其零部件 | | Automatic Data Processing Equipment and Components | |
| 制造平板显示器用的机器及装置 | (台) | Machines and Devices for the Manufacture of Flat Display | (set) |
| 电容器 | (吨) | Capacitors and Parts | (ton) |
| 印刷电路 | (百万块) | Printed Circuit | (10 000 units) |
| 二极管及类似半导体器件 | (百万个) | Diode and Similar Semiconductor Devi | (million units) |
| 集成电路 | (百万个) | Integrated Circuits | (1 million pcs) |
| 电线和电缆 | (吨) | Electric Wires and Cables | (ton) |
| 汽车零配件 | | Automotive Components and Parts | |
| 飞机及其他航空器 | (架) | Aircraft | (unit) |
| 液晶显示板 | (万个) | LCD Panels | (10 000 units) |
| 医疗仪器及器械 | | Medical devices | |
| 计量检测分析自控仪器及器具 | | Measuring or Checking Instruments and Apparatus | |
| 塑料制品 | (吨) | Plastic Articles | (ton) |
| 天然气 | (吨) | Natural Gas | (ton) |
| 纸浆、纸及其制品 | (吨) | Paper Pulp and Related Products | (ton) |
| 医药材及药品 | (吨) | Pharmaceuticals | (ton) |
| 天然及合成橡胶（包括胶乳） | (吨) | Natural Rubber and Synthetic Rubber (incl. Latex) | (ton) |
| 珍珠、宝石及半宝石 | | Pearl, Precious and Semi-Precious Stones | |
| 美容化妆品及洗护用品 | (吨) | Cosmetics & Clean-Care Products | (ton) |
| 酒类及饮料 | | Alchol and Soft Drinks | |

注：海关进口重点商品2020年有变，故部分商品2019年进口数据空缺。

# Main Import Commodities in Volume and Value

| 2019 | | | 2020 | | |
|---|---|---|---|---|---|
| 数 量<br>Volume | 金 额 （万美元）<br>Value (USD 10000 ) | 金 额 （万元）<br>Value (10000 yuan ) | 数 量<br>Volume | 金 额 （万美元）<br>Value (USD 10000 ) | 金 额 （万元）<br>Value (10000 yuan ) |
| 67558 | 20857 | 143864 | 99996 | 27624 | 191947 |
| 224064 | 200745 | 1382831 | 198259 | 185984 | 1291137 |
| 1697036 | 49203 | 338150 | 3037357 | 79964 | 555128 |
| | | | 6525 | 250 | 1717 |
| 329144 | 20173 | 138329 | 243721 | 17463 | 121332 |
| 826274 | 21584 | 148527 | 877502 | 19721 | 137000 |
| 4838042 | 46374 | 320519 | 4989502 | 51802 | 357785 |
| 15057443 | 83796 | 575827 | 14157371 | 70452 | 490527 |
| 929448 | 56392 | 388175 | 747340 | 35611 | 248105 |
| 2478549 | 387492 | 2668544 | 2684930 | 367060 | 2540940 |
| 27569 | 14869 | 102152 | 31647 | 9951 | 68903 |
| 82868 | 24872 | 170906 | 113041 | 27672 | 191123 |
| 16894 | 12291 | 84690 | 14063 | 9513 | 65729 |
| 716 | 228331 | 1570704 | 500 | 141017 | 969084 |
| 1833440 | 142290 | 981517 | 1482589 | 118747 | 822932 |
| 141721 | 99563 | 686112 | 157755 | 108981 | 755267 |
| 24760 | 8996 | 62026 | 130174 | 28067 | 195042 |
| | 66839 | 460245 | | 41037 | 285270 |
| | 20155 | 138995 | | 21405 | 148273 |
| 887 | 209810 | 1434188 | 509 | 63290 | 438250 |
| 2391 | 22594 | 155905 | 2158 | 20720 | 143418 |
| 685 | 37203 | 256657 | 516 | 31725 | 219834 |
| 10066 | 50422 | 347393 | 9850 | 51825 | 358447 |
| 5872 | 321397 | 2216203 | 7412 | 285032 | 1977496 |
| 15864 | 27677 | 190886 | 4499 | 9901 | 68445 |
| | 332605 | 2293255 | | 305322 | 2118206 |
| 84 | 384178 | 2655912 | 25 | 168295 | 1133130 |
| 10864 | 294903 | 2027586 | 9129 | 207661 | 1436954 |
| | 49447 | 341337 | | 49470 | 340903 |
| | 223752 | 1539907 | | 220238 | 1522184 |
| 19809 | 26494 | 182730 | 61380 | 70560 | 488567 |
| | | | 1217259 | 23846 | 165035 |
| | | | 1100345 | 60096 | 416400 |
| | | | 11225 | 209280 | 1447563 |
| | | | 145734 | 22291 | 154289 |
| | | | | 155277 | 1067619 |
| | | | 50323 | 158351 | 1097304 |
| | | | | 27797 | 192338 |

Note: The key export commodities of customs changed in 2020, consequently the export data of some commodities in 2019 is vacant.

# 15-6 主要出口商品数量和金额

| 商品名称 | | Name of Commodities | |
|---|---|---|---|
| 成品油 | (吨) | Petroleum Products | (ton) |
| 新的充气橡胶轮胎 | (吨) | New Pneumatic Rubber Tires | (ton) |
| 纺织纱线、织物及其制品 | | Yarn, Fabric, and their Products | |
| 陶瓷产品 | (吨) | Ceramic Products | (ton) |
| 钢　材 | (吨) | Steel Products | (ton) |
| 电　扇 | (万台) | Electric Fans | (10000 sets) |
| 空　调 | (万台) | Air Conditioner | (10000 sets) |
| 冰　箱 | (万台) | Fridge | (10000 sets) |
| 自动数据处理设备及其零部件 | | Automatic Data Processing Equipment and Components | |
| 自动数据处理设备的零件、附件 | (吨) | Parts and Accessories of Automatic Data Processing | (ton) |
| 液晶显示板 | (万个) | LCD Panels | (10000 sets) |
| 原电池 | (百万个) | Primary Cells and Batteries | (million units) |
| 蓄电池 | (万个) | Electric Accumulators | (10000 units) |
| 印刷电路 | (百万块) | Printed Circuits | (million units) |
| 电线及电缆 | (吨) | Electronic Wires and Cables | (ton) |
| 集装箱 | (个) | Containers | (unit) |
| 汽车零配件 | | Automotive Components and Parts | |
| 摩托车 | (万辆) | Motorcycles | (10000 units) |
| 自行车 | (万辆) | Bicycles | (10000 units) |
| 摩托车及自行车的零配件 | | Parts of Motorcycles and Bicycles | |
| 船　舶 | (艘) | Ships | (unit) |
| 手　表 | (万只) | Wrist Watches | (10000 units) |
| 家具及其零件 | | Furniture and Furniture Parts | |
| 灯具、照明装置及其零件 | | Lamps, Lighting Devices, and their Parts | |
| 箱包及类似容器 | (吨) | Suitcases, Handbags and Similar Containers | (ton) |
| 服装及衣着附件 | | Garments and Clothing Accessories | |
| 塑料制品 | | Plastic Products | |
| 玩　具 | | Toys | |
| 贵金属或包贵金属的首饰 | (千克) | Jewelry of Precious Metals or Rolled Precious Metals | (kilogramme) |
| 医药材及药品 | (吨) | Pharmaceuticals | (ton) |
| 日用陶瓷 | (吨) | Domestic Ceramics | (ton) |
| 玻璃及其制品 | | Glass and Glassware | |
| 珍珠、宝石及半宝石 | | Pearl, Precious and Semi-Precious Stones | |
| 打印机、复印机及一体机 | (万台) | Printers, Copiers, and All-in-one Machines | (10000 sets) |
| 手　机 | (万台) | Mobile phones | (10000 sets) |
| 液晶电视机 | (万台) | LCD TV | (10000 sets) |
| 鞋　靴 | (吨) | Footwear | (ton) |
| 皮革、毛皮及其制品 | | Leather, Furs, and their Products | |

注：海关出口重点商品2020年有变，故部分商品2019年出口数据空缺。

# Main Export Commodities in Volume and Value

| 2019 | | | 2020 | | |
|---|---|---|---|---|---|
| 数 量 Volume | 金 额（万美元） Value (USD 10000 ) | 金 额（万元） Value (10000 yuan ) | 数 量 Volume | 金 额（万美元） Value (USD 10000 ) | 金 额（万元） Value (10000 yuan ) |
| 2290211 | 142196 | 979427 | 1698113 | 73884 | 512975 |
| 96519 | 23282 | 160538 | 77105 | 18406 | 127383 |
| | 263693 | 1820210 | | 399545 | 2782489 |
| 709841 | 101088 | 697178 | 598534 | 118483 | 824508 |
| 473250 | 66335 | 457064 | 460623 | 66782 | 462956 |
| 3271 | 18608 | 128058 | 1193 | 15746 | 109579 |
| 457 | 91260 | 623459 | 382 | 64083 | 446242 |
| 348 | 51758 | 356450 | 459 | 58092 | 402017 |
| | 117806 | 811421 | | 108706 | 753119 |
| 24898 | 59630 | 412230 | 29228 | 53464 | 370509 |
| 3179 | 382574 | 2631481 | 2180 | 270790 | 1873683 |
| 7144 | 29527 | 203259 | 6201 | 25206 | 175143 |
| 8467 | 36700 | 252984 | 9963 | 39902 | 276638 |
| 1376 | 96321 | 665245 | 1435 | 92944 | 642979 |
| 62099 | 45181 | 311764 | 55322 | 39882 | 276347 |
| 67691 | 19417 | 133668 | 51647 | 17229 | 117906 |
| | 216050 | 1488078 | | 216871 | 1501768 |
| 139 | 64991 | 447614 | 146 | 65537 | 453806 |
| 130 | 8780 | 60503 | 156 | 11127 | 76790 |
| | 58349 | 403756 | | 105650 | 734075 |
| 66 | 111607 | 769113 | 94 | 112359 | 779520 |
| 6188 | 17655 | 121734 | 3741 | 12178 | 84354 |
| | 223988 | 1547983 | | 228715 | 1588154 |
| | 205941 | 1423669 | | 259946 | 1806609 |
| 284908 | 251279 | 1734877 | 205150 | 187833 | 1301711 |
| | 740465 | 5124056 | | 698352 | 4832624 |
| | 161359 | 1113604 | | 324409 | 2252380 |
| | 147926 | 1020431 | | 184356 | 1281557 |
| 156553 | 337787 | 2328317 | 107317 | 204088 | 1404239 |
| | | | 25694 | 27487 | 190718 |
| | | | 184543 | 88847 | 619619 |
| | | | | 63277 | 439292 |
| | | | | 10297 | 71315 |
| | | | 306 | 57593 | 400111 |
| | | | 379 | 19956 | 137242 |
| | | | 549 | 48820 | 339182 |
| | | | 232434 | 190855 | 1324001 |
| | | | | 26125 | 180962 |

Note: The key export commodities of customs changed in 2020, consequently the export data of some commodities in 2019 is vacant.

# 15-7 进出口商品分类金额(按人民币计价)

单位:万元

| 项　　目 | Item |
|---|---|
| **合　计** | **Total** |
| 第一类 活动物、动物产品 | Live Animals & Animal Products |
| 活动物 | Live Animals |
| 肉及食用杂碎 | Meat and Edible Haslets |
| 水产品 | Aquatic Products |
| 乳品、蛋品、天然蜂蜜、其他食用动物产品 | Dairy Products, Eggs, Natural Honey and Other Edible Animal Products |
| 其他动物产品 | Other Animal Products |
| 第二类 植物产品 | Vegetables Products |
| 树苗及花草 | Saplings, Flowers and Herbs |
| 蔬　菜 | Edible Vegetables |
| 水果及坚果 | Fruits and Nuts |
| 咖啡、茶叶及调味香料 | Coffee, Tea and Spices |
| 谷　物 | Cereals |
| 制粉工业产品 | Flour,Starch and Related Prouducts |
| 植物油籽、果实、种子、药材及饲料 | Oil Seeds and Kernels and Oleaginous Fruits, Seeds, Plants for Medicinal Use and Forge |
| 虫胶、树胶、树脂 | Shellacs, Gums and Resins |
| 编结植物材料、其他植物产品 | Vegetable Plaiting Materials and Other Vegetable Products |
| 第三类 动、植物油脂及蜡 | Animal Fat ,Vegetable Oils and Waxes |
| 动、植物油脂及蜡 | Animal and Vegetable Oils, Fats and Waxes |
| 第四类 食品、烟草及制品 | Food, Tobacco and Related Products |
| 动物产品制品 | Animal Products |
| 糖及糖食 | Sugar and Sugar Confectionery |
| 可可及可可制品 | Cocoa and Cocoa Products |
| 粮食及乳制品、糕饼点心 | Grain, Milk and Pastry Products |
| 蔬菜、水果等植物制品 | Vegetable and Fruit Products |
| 杂项食品 | Miscellaneous Edible Preparation |
| 饮料、酒及醋 | Beverages, Liquor and Vinegar |
| 食品的残渣、动物饲料 | Residues and Waste from Food and Animal Fodder |
| 烟草及烟草制品 | Tobacco and Tobacco Products |
| 第五类 矿产品 | Mineral |
| 盐、硫磺、建筑材料 | Salt, Sulfur and Building Materials |
| 矿砂、矿渣及矿灰 | Ore, Slag and Mortar |
| 矿物燃料、矿物油及产品 | Mineral Fuels, Mineral Oils and Related Products |
| 第六类 化工产品 | Chemicals |
| 无机化学品 | Inorganic Chemicals |
| 有机化学品 | Organic Chemicals |
| 药　品 | Medicinal and Pharmaceuticaland Products |
| 肥　料 | Fertilizers |
| 鞣料、染料浸膏、染料、颜料、油漆、油墨 | Tanning and Dyeing Extracts, Coloring and Dyeing Materials, Paint and Printing Ink |

# Value of Imports and Exports by Category of Commodities (Renminbi-denominated)

(10000 yuan)

| 2019 | | 2020 | |
|---|---|---|---|
| 进 口<br>Imports | 出 口<br>Exports | 进 口<br>Imports | 出 口<br>Exports |
| **47426778** | **52583651** | **41085669** | **54233503** |
| 737589 | 87988 | 991941 | 90251 |
| 3564 | 59029 | 214 | 62172 |
| 173606 | 20039 | 456236 | 18063 |
| 283089 | 3586 | 232885 | 3952 |
| 266998 | 5053 | 294153 | 5816 |
| 10332 | 281 | 8453 | 248 |
| 762190 | 132736 | 1078571 | 138374 |
| 7142 | 1179 | 11826 | 1312 |
| 51265 | 42512 | 101355 | 50672 |
| 159661 | 4035 | 214733 | 5142 |
| 25389 | 16063 | 30035 | 19301 |
| 326296 | | 548416 | 1 |
| 32161 | 36082 | 18448 | 24639 |
| 121974 | 13777 | 124439 | 15898 |
| 25016 | 10023 | 20943 | 12249 |
| 13286 | 9065 | 8376 | 9159 |
| 266510 | 17780 | 262785 | 60706 |
| 266510 | 17780 | 262785 | 60706 |
| 2321071 | 409051 | 2433620 | 405806 |
| 8311 | 16208 | 10820 | 18908 |
| 44518 | 57451 | 80837 | 43694 |
| 15732 | 3537 | 18222 | 3335 |
| 1282255 | 129441 | 1347577 | 97925 |
| 86055 | 12634 | 61329 | 17981 |
| 408875 | 79108 | 555597 | 88383 |
| 267702 | 22588 | 186602 | 31738 |
| 202464 | 72191 | 162829 | 84355 |
| 5159 | 15893 | 9806 | 19487 |
| 3424278 | 1652081 | 3535941 | 1110649 |
| 74413 | 14602 | 50076 | 11683 |
| 457803 | 7039 | 468348 | 768 |
| 2892062 | 1630440 | 3017517 | 1098199 |
| 4645331 | 1542284 | 4644176 | 2073457 |
| 161752 | 130115 | 177996 | 122904 |
| 852299 | 250961 | 689409 | 228150 |
| 1259892 | 74528 | 1415821 | 151833 |
| 2142 | 21417 | 2587 | 4920 |
| 244671 | 121871 | 164814 | 140630 |

15-7 续表 1

单位:万元

| 项　　　目 | Item |
| --- | --- |
| 化妆品及其原料、芳香料制品 | Cosmetics and Related Products, Perfumed Materials |
| 洗涤用品 | Detergents |
| 蛋白类物质、改性淀粉、胶、酶 | Protein Materials, Modified Starches, Glues and Enzymes |
| 炸药、烟火制品、易燃材料制品 | Explosives, Pyrotechnic Products and Combustible Products |
| 照相及电影用品 | Photographic and Cinematographic Goods |
| 杂项化学产品 | Miscellaneous Chemical Products |
| 第七类 塑料、橡胶及其制品 | Plastics, Rubber and Related Products |
| 塑料及其制品 | Plastics and Related Products |
| 橡胶及其制品 | Rubber and Related Products |
| 第八类 皮革、毛皮及其制品、旅行用品、手提包 | Leather, Furs Skins and Related Products, Travel Articles and Handbags |
| 生皮及皮革 | Raw Hides and Leather |
| 皮革制品、旅行用品及手提包 | Leather Products, Travel Articles and Handbags |
| 毛皮、人造毛皮及制品 | Furs Shins, Artificial Furs Manufactures Thereof |
| 第九类 木及木制品、草柳编结品 | Wood and Wooden Products, Straw and Wicker Plaited Products |
| 木及木制品、木炭 | Wood and Wooden Products, Charcoal |
| 软木及软木制品 | Cork and Related Products |
| 草柳编结品 | Straw and Wicker Plaited Products |
| 第十类 木浆、纸、纸板及制品 | Wood Paper Pulp, Paper, Paperboard and Related Products |
| 木浆及其他纤维素浆、废碎纸板 | Paper Pulp and Cellulose, Waste Paperboard |
| 纸及纸板、纸浆、纸制品 | Paper and Paperboard, Articles of Paper Pulp and Paper Products |
| 书籍、印刷品、设计图纸 | Books, Printed Matter and Design Drawings |
| 第十一类 纺织原料及纺织制品 | Textile Materials and Products |
| 蚕　丝 | Natural Silk |
| 羊毛、动物毛、毛纱线及制品 | Wool, Animal Hair and Woolen Woven Fabrics |
| 棉花及制品 | Cotton and Related Products |
| 其他纺织纤维、纸纱线及机织物 | Other Textile Fiber, Yarn and Related Woven Fabrics |
| 化学纤维长丝 | Chemical Fiber, Continuous Filament |
| 化学纤维短丝 | Chemical Fiber, Staple Fiber |
| 絮胎、毡尼及无纺物、特种纱线、线绳索缆 | Wadding, Felt and Adhesive-Bond Fabrics, Special Yarn, Thread, Rope and Cable |
| 地毯及纺织铺地制品 | Carpets and Related Products |
| 特种机织物、纺织装饰品、刺绣品 | Special Woven Fabrics, Textile Trimmings and Embroidery |
| 浸渍、涂布、包覆或层压的纺织物 | Soaked, Coated or Overlapping Textiles |
| 针织物及钩编织物 | Knitwear and Crocheted Fabrics |
| 针织或钩编的服装及衣着附件 | Knitted or Crocheted Garments and Clothing Accessories |
| 非针织或非钩编的服装及衣着附件 | Garments and Clothing Accessories Not Knitted or Crocheted |
| 其他纺织制成品、成套物品 | Other Textile Products |
| 第十二类 鞋帽伞杖、加工羽毛、人造花、人发制品 | Footwear, Headgear, Umbrellas, Canes, Processed Feather, Artificial Flowers and Wigs |
| 鞋类及零件 | Footwear and Accessories |
| 帽类及零件 | Headgear and Accessories |

continued

(10000 yuan)

| 2019 | | 2020 | |
|---|---|---|---|
| 进　口<br>Imports | 出　口<br>Exports | 进　口<br>Imports | 出　口<br>Exports |
| 1105318 | 397495 | 1169301 | 448552 |
| 268685 | 197518 | 261343 | 282096 |
| 119295 | 122391 | 141118 | 153110 |
| 17 | 19905 | 3 | 11761 |
| 43312 | 14662 | 82958 | 16321 |
| 587948 | 191421 | 538825 | 513180 |
| 3406291 | 2596077 | 3375577 | 3052553 |
| 3075861 | 2286023 | 3022841 | 2753534 |
| 330430 | 310054 | 352737 | 299018 |
| 268181 | 1810710 | 187885 | 1365451 |
| 130350 | 1621 | 86629 | 1736 |
| 97412 | 1803281 | 77096 | 1361619 |
| 40419 | 5808 | 24160 | 2096 |
| 279661 | 96536 | 272315 | 86145 |
| 279372 | 90357 | 271758 | 79974 |
| 135 | 120 | 440 | 182 |
| 154 | 6059 | 118 | 5989 |
| 533169 | 618552 | 555629 | 656549 |
| 302104 | 3261 | 194388 | 1730 |
| 162450 | 489337 | 288121 | 522707 |
| 68615 | 125954 | 73119 | 132112 |
| 744236 | 6824381 | 682827 | 7508142 |
| 2138 | 74327 | 883 | 4811 |
| 10150 | 21071 | 5162 | 1218 |
| 193116 | 178786 | 204148 | 150829 |
| 14430 | 1437 | 8560 | 783 |
| 121820 | 108698 | 95115 | 87896 |
| 72774 | 58060 | 58088 | 46822 |
| 46947 | 110707 | 47319 | 172840 |
| 2175 | 41780 | 1150 | 44989 |
| 15115 | 146325 | 8743 | 134360 |
| 34720 | 191017 | 31963 | 153853 |
| 47660 | 650643 | 29018 | 584857 |
| 88578 | 1324769 | 70803 | 1795031 |
| 81573 | 3669282 | 77564 | 2924908 |
| 13040 | 247479 | 44313 | 1404945 |
| 192205 | 1589229 | 127584 | 1671801 |
| 184112 | 1304188 | 121817 | 1405481 |
| 5260 | 52120 | 4272 | 56210 |

15-7 续表 2

单位:万元

| 项 目 | Item |
|---|---|
| 伞、杖、鞭及零件 | Umbrellas, Canes, Whips and Accessories |
| 加工羽毛、羽绒及制品、人造花、人发制品 | Processed Feathers and Related Products, Artificial Flowers and Wigs |
| 第十三类 石材制品、陶瓷产品、玻璃及其制品 | Stone Products,Leramics,Glass and Glossware |
| 石材制品 | Stone and Related Products |
| 陶瓷产品 | Ceramics |
| 玻璃及其制品 | Glass and Glassware |
| 第十四类 珠宝首饰、硬币 | Jewellery and Coins |
| 珠宝首饰 | Jewellery |
| 第十五类 贱金属及其制品 | Base Metals and Related Products |
| 钢 铁 | Iron and Steel |
| 钢铁制品 | Iron and Steel Products |
| 铜及其制品 | Copper and Related Products |
| 镍及其制品 | Nickel and Related Products |
| 铝及其制品 | Aluminum and Related Products |
| 铅及其制品 | Lead and Related Products |
| 锌及其制品 | Zinc and Related Products |
| 锡及其制品 | Tin and Related Products |
| 其他贱金属、金属陶瓷及其制品 | Other Base Metals, Metal Ceramics and Related Products |
| 贱金属工具、器具、利口器、餐具及零件 | Base Metal Tools, Implements, Cutlery, Tableware and Related Parts |
| 贱金属杂项制品 | Miscellaneous Products of Base Metals |
| 第十六类 机械、电气设备、电视机及音响设备 | Machinery, Electric Equipment, Television Sets and Sound Appliances |
| 核反应堆、锅炉、机械设备及零件 | Nuclear Reactors, Boilers, Mechanical Equipment and Accessories |
| 机电、电气设备、电视机及音响设备 | Machinery and Electric Equipment, Television Sets and Sound Appliances |
| 第十七类 车辆、航空器、船舶及有关运输设备 | Locomotives, Vehicles, Aircraft, Ships and Related Transportation Equipment |
| 铁道及电车机车、车辆及零件 | Railway Locomotives, Tramcars and Accessories |
| 车辆及零附件(铁道车辆除外) | Vehicles and Related Parts and Accessories (excluding railway locomotives) |
| 航空器、航天器及零件 | Aircraft, Spacecraft and Related Parts |
| 船舶及浮动结构体 | Ships and Related Products |
| 第十八类 仪器、医疗器械、钟表及乐器 | Instruments, Medical Instruments and Equipment, Clocks and Musical Instruments |
| 光学、照相电影、计量检验、医疗仪器设备 | Optical, Photographic, Film, Measuring and Checking, Medical Instruments and Equipments |
| 钟表及零件 | Clocks and Related Parts |
| 乐器及零附件 | Musical Instruments and Related Parts and Accessories |
| 第十九类 武器、弹药及其零件、附件 | Arms and Ammunition, Parts and Accessories thereof |
| 第二十类 杂项制品 | Miscellaneous Products |
| 家具、床上用品、照明装置、活动房 | Furniture, Bed Articles, Lighting Apparatus and Luminous Signs |
| 玩具、游戏、运动用品及零附件 | Toys, Games and Sports Goods and Related Parts and Accessories |
| 杂项制品 | Miscellaneous Manufactured Articles |
| 第二十一类 艺术品、收藏品及古物 | Works of Art, Collector's Pieces and Antiques |
| 第二十二类 特殊交易品及未分类商品 | Special Commodities and Unclassified Commodities |

continued

(10000 yuan)

| 2019 | | 2020 | |
|---|---|---|---|
| 进　口<br>Imports | 出　口<br>Exports | 进　口<br>Imports | 出　口<br>Exports |
| 994 | 21697 | 386 | 15566 |
| 1839 | 211224 | 1109 | 194544 |
| 314205 | 1395692 | 253002 | 1609292 |
| 41349 | 306091 | 40658 | 361573 |
| 29432 | 697178 | 17622 | 824508 |
| 243424 | 392423 | 194723 | 423212 |
| 3088844 | 2600723 | 1857587 | 1639047 |
| 3088844 | 2600723 | 1857587 | 1639047 |
| 2740409 | 3330877 | 2723704 | 3876838 |
| 1191459 | 291889 | 1070670 | 294560 |
| 315952 | 1338253 | 272418 | 1731288 |
| 707072 | 115218 | 772621 | 148925 |
| 196168 | 9307 | 186452 | 4597 |
| 101129 | 443041 | 214953 | 385746 |
| 4752 | 140 | 1064 | 61 |
| 13524 | 2886 | 14879 | 1683 |
| 8726 | 27028 | 20042 | 30457 |
| 25620 | 16802 | 37196 | 10193 |
| 110542 | 329017 | 87695 | 363331 |
| 65465 | 757296 | 45714 | 905997 |
| 12648647 | 14945474 | 9639256 | 14613373 |
| 6713077 | 6015661 | 4216525 | 5709598 |
| 5935570 | 8929813 | 5422731 | 8903775 |
| 4891002 | 3231009 | 3080194 | 3441264 |
| 657 | 135759 | 816 | 119275 |
| 2102487 | 2237070 | 1810192 | 2497047 |
| 2783668 | 65122 | 1257168 | 42862 |
| 4190 | 793058 | 12017 | 782080 |
| 4858322 | 3954841 | 4139980 | 3326483 |
| 4622902 | 3663311 | 3884076 | 3104389 |
| 216657 | 222034 | 240214 | 150109 |
| 18763 | 69496 | 15690 | 71985 |
| 742 | 90 | 1294 | 493 |
| 582932 | 4987002 | 452185 | 5963594 |
| 120227 | 3129374 | 95729 | 3644615 |
| 164859 | 1539275 | 131751 | 1969612 |
| 297846 | 318353 | 224705 | 349366 |
| 4349 | 791 | 13368 | 83 |
| 716614 | 759747 | 776248 | 1523278 |

# 15-8 进出口商品分类金额(按美元计价)

单位:万美元

| 项　　目 | Item |
| --- | --- |
| 合　计 | **Total** |
| 第一类 活动物、动物产品 | Live Animals & Animal Products |
| 活动物 | Live Animals |
| 肉及食用杂碎 | Meat and Edible Haslets |
| 水产品 | Aquatic Products |
| 乳品、蛋品、天然蜂蜜、其他食用动物产品 | Dairy Products, Eggs, Natural Honey and Other Edible Animal Products |
| 其他动物产品 | Other Animal Products |
| 第二类 植物产品 | Vegetables Products |
| 树苗及花草 | Saplings, Flowers and Herbs |
| 蔬　菜 | Edible Vegetables |
| 水果及坚果 | Fruits and Nuts |
| 咖啡、茶叶及调味香料 | Coffee, Tea and Spices |
| 谷　物 | Cereals |
| 制粉工业产品 | Flour,Starch and Related Prouducts |
| 植物油籽、果实、种子、药材及饲料 | Oil Seeds and Kernels and Oleaginous Fruits, Seeds, Plants for Medicinal Use and Forge |
| 虫胶、树胶、树脂 | Shellacs, Gums and Resins |
| 编结植物材料、其他植物产品 | Vegetable Plaiting Materials and Other Vegetable Products |
| 第三类 动、植物油脂及蜡 | Animal Fat ,Vegetable Oils and Waxes |
| 动、植物油脂及蜡 | Animal and Vegetable Oils, Fats and Waxes |
| 第四类 食品、烟草及制品 | Food, Tobacco and Related Products |
| 动物产品制品 | Animal Products |
| 糖及糖食 | Sugar and Sugar Confectionery |
| 可可及可可制品 | Cocoa and Cocoa Products |
| 粮食及乳制品、糕饼点心 | Grain, Milk and Pastry Products |
| 蔬菜、水果等植物制品 | Vegetable and Fruit Products |
| 杂项食品 | Miscellaneous Edible Preparation |
| 饮料、酒及醋 | Beverages, Liquor and Vinegar |
| 食品的残渣、动物饲料 | Residues and Waste from Food and Animal Fodder |
| 烟草及烟草制品 | Tobacco and Tobacco Products |
| 第五类 矿产品 | Mineral |
| 盐、硫磺、建筑材料 | Salt, Sulfur and Building Materials |
| 矿砂、矿渣及矿灰 | Ore, Slag and Mortar |
| 矿物燃料、矿物油及产品 | Mineral Fuels, Mineral Oils and Related Products |
| 第六类 化工产品 | Chemicals |
| 无机化学品 | Inorganic Chemicals |
| 有机化学品 | Organic Chemicals |
| 药　品 | Medicinal and Pharmaceuticaland Products |
| 肥　料 | Fertilizers |
| 鞣料、染料浸膏、染料、颜料、油漆、油墨 | Tanning and Dyeing Extracts, Coloring and Dyeing Materials, Paint and Printing Ink |

# Value of Imports and Exports by Category of Commodities
## (U.S.dollar-denominated)

(USD 10000)

| 2019 | | 2020 | |
|---|---|---|---|
| 进　口<br>Imports | 出　口<br>Exports | 进　口<br>Imports | 出　口<br>Exports |
| **6879666** | **7622281** | **5939398** | **7821849** |
| 106934 | 12746 | 143746 | 13014 |
| 517 | 8542 | 31 | 8975 |
| 25185 | 2907 | 66250 | 2603 |
| 41030 | 524 | 33682 | 564 |
| 38704 | 732 | 42558 | 835 |
| 1498 | 41 | 1225 | 36 |
| 110670 | 19247 | 155663 | 19918 |
| 1032 | 170 | 1720 | 190 |
| 7396 | 6163 | 14697 | 7280 |
| 23144 | 585 | 30908 | 744 |
| 3684 | 2328 | 4415 | 2783 |
| 47484 | | 78993 | |
| 4686 | 5236 | 2675 | 3546 |
| 17681 | 1990 | 18020 | 2292 |
| 3624 | 1456 | 3029 | 1762 |
| 1939 | 1319 | 1206 | 1322 |
| 38764 | 2584 | 37893 | 8737 |
| 38764 | 2584 | 37893 | 8737 |
| 336761 | 59388 | 351145 | 58546 |
| 1201 | 2350 | 1576 | 2723 |
| 6400 | 8325 | 11850 | 6298 |
| 2278 | 512 | 2647 | 479 |
| 186102 | 18830 | 194056 | 14133 |
| 12467 | 1830 | 8883 | 2590 |
| 59258 | 11481 | 80204 | 12777 |
| 38844 | 3275 | 26971 | 4559 |
| 29466 | 10480 | 23543 | 12182 |
| 745 | 2305 | 1416 | 2805 |
| 495385 | 239996 | 510709 | 159611 |
| 10780 | 2117 | 7267 | 1682 |
| 66288 | 1038 | 67716 | 109 |
| 418317 | 236841 | 435727 | 157820 |
| 674011 | 223911 | 671111 | 298951 |
| 23460 | 18926 | 25731 | 17716 |
| 123736 | 36529 | 99645 | 32909 |
| 182675 | 10828 | 204683 | 21895 |
| 317 | 3115 | 371 | 708 |
| 35515 | 17685 | 23885 | 20338 |

15-8 续表 1

单位:万美元

| 项　　目 | Item |
|---|---|
| 化妆品及其原料、芳香料制品 | Cosmetics and Related Products, Perfumed Materials |
| 洗涤用品 | Detergents |
| 蛋白类物质、改性淀粉、胶、酶 | Protein Materials, Modified Starches, Glues and Enzymes |
| 炸药、烟火制品、易燃材料制品 | Explosives, Pyrotechnic Products and Combustible Products |
| 照相及电影用品 | Photographic and Cinematographic Goods |
| 杂项化学产品 | Miscellaneous Chemical Products |
| 第七类 塑料、橡胶及其制品 | Plastics, Rubber and Related Products |
| 塑料及其制品 | Plastics and Related Products |
| 橡胶及其制品 | Rubber and Related Products |
| 第八类 皮革、毛皮及其制品、旅行用品、手提包 | Leather, Furs Skins and Related Products, Travel Articles and Handbags |
| 生皮及皮革 | Raw Hides and Leather |
| 皮革制品、旅行用品及手提包 | Leather  Products, Travel Articles and Handbags |
| 毛皮、人造毛皮及制品 | Furs Shins, Artificial Furs Manufactures Thereof |
| 第九类 木及木制品、草柳编结品 | Wood and Wooden Products, Straw and Wicker Plaited Products |
| 木及木制品、木炭 | Wood and Wooden Products, Charcoal |
| 软木及软木制品 | Cork and Related Products |
| 草柳编结品 | Straw and Wicker Plaited Products |
| 第十类 木浆、纸、纸板及制品 | Wood Paper Pulp, Paper, Paperboard and Related Products |
| 木浆及其他纤维素浆、废碎纸板 | Paper Pulp and Cellulose, Waste Paperboard |
| 纸及纸板、纸浆、纸制品 | Paper and Paperboard,  Articles of Paper Pulp and Paper Products |
| 书籍、印刷品、设计图纸 | Books, Printed Matter and Design Drawings |
| 第十一类 纺织原料及纺织制品 | Textile Materials and Products |
| 蚕　丝 | Natural Silk |
| 羊毛、动物毛、毛纱线及制品 | Wool, Animal Hair and Woolen Woven Fabrics |
| 棉花及制品 | Cotton and Related Products |
| 其他纺织纤维、纸纱线及机织物 | Other Textile Fiber, Yarn and Related Woven Fabrics |
| 化学纤维长丝 | Chemical Fiber, Continuous Filament |
| 化学纤维短丝 | Chemical Fiber, Staple Fiber |
| 絮胎、毡尼及无纺物、特种纱线、线绳索缆 | Wadding, Felt and Adhesive-Bond Fabrics, Special Yarn, Thread, Rope and Cable |
| 地毯及纺织铺地制品 | Carpets and Related Products |
| 特种机织物、纺织装饰品、刺绣品 | Special Woven Fabrics, Textile Trimmings and Embroidery |
| 浸渍、涂布、包覆或层压的纺织物 | Soaked, Coated or Overlapping Textiles |
| 针织物及钩编织物 | Knitwear and Crocheted Fabrics |
| 针织或钩编的服装及衣着附件 | Knitted or Crocheted Garments and Clothing Accessories |
| 非针织或非钩编的服装及衣着附件 | Garments and Clothing Accessories Not Knitted or Crocheted |
| 其他纺织制成品、成套物品 | Other Textile Products |
| 第十二类 鞋帽伞杖、加工羽毛、人造花、人发制品 | Footwear, Headgear, Umbrellas, Canes, Processed Feather, Artificial Flowers and Wigs |
| 鞋类及零件 | Footwear and Accessories |
| 帽类及零件 | Headgear and Accessories |

continued

(USD 10000)

| 2019 | | 2020 | |
|---|---|---|---|
| 进　口<br>Imports | 出　口<br>Exports | 进　口<br>Imports | 出　口<br>Exports |
| 160398 | 57681 | 168712 | 64736 |
| 38998 | 28626 | 37835 | 40760 |
| 17354 | 17745 | 20366 | 22091 |
| 2 | 2906 | | 1678 |
| 6251 | 2125 | 11974 | 2358 |
| 85305 | 27745 | 77910 | 73762 |
| 494510 | 376450 | 487630 | 440012 |
| 446565 | 331495 | 436658 | 396823 |
| 47945 | 44955 | 50971 | 43189 |
| 38922 | 262266 | 27216 | 197041 |
| 18964 | 236 | 12507 | 253 |
| 14119 | 261190 | 11171 | 196482 |
| 5839 | 840 | 3538 | 307 |
| 40588 | 14003 | 39239 | 12452 |
| 40547 | 13107 | 39158 | 11563 |
| 19 | 17 | 64 | 26 |
| 22 | 879 | 17 | 863 |
| 77386 | 89670 | 80231 | 94514 |
| 43887 | 475 | 28070 | 248 |
| 23574 | 70932 | 41635 | 75225 |
| 9925 | 18263 | 10526 | 19041 |
| 108118 | 986810 | 98828 | 1082491 |
| 308 | 10634 | 128 | 695 |
| 1485 | 2994 | 744 | 176 |
| 28107 | 25911 | 29573 | 21744 |
| 2098 | 209 | 1241 | 113 |
| 17670 | 15778 | 13775 | 12647 |
| 10559 | 8410 | 8391 | 6747 |
| 6819 | 16028 | 6800 | 24960 |
| 317 | 6056 | 166 | 6492 |
| 2195 | 21216 | 1266 | 19414 |
| 5045 | 27700 | 4622 | 22186 |
| 6932 | 94383 | 4194 | 84524 |
| 12854 | 191840 | 10258 | 259060 |
| 11833 | 529803 | 11253 | 423059 |
| 1896 | 35848 | 6417 | 200675 |
| 27872 | 229878 | 18394 | 240934 |
| 26698 | 188746 | 17568 | 202631 |
| 764 | 7541 | 612 | 8158 |

15-8 续表 2

单位:万美元

| 项　　目 | Item |
|---|---|
| 伞、杖、鞭及零件 | Umbrellas, Canes, Whips and Accessories |
| 加工羽毛、羽绒及制品、人造花、人发制品 | Processed Feathers and Related Products, Artificial Flowers and Wigs |
| 第十三类 石材制品、陶瓷产品、玻璃及其制品 | Stone Products,Leramics,Glass and Glossware |
| 石材制品 | Stone and Related Products |
| 陶瓷产品 | Ceramics |
| 玻璃及其制品 | Glass and Glassware |
| 第十四类 珠宝首饰、硬币 | Jewellery and Coins |
| 珠宝首饰 | Jewellery |
| 第十五类 贱金属及其制品 | Base Metals and Related Products |
| 钢　铁 | Iron and Steel |
| 钢铁制品 | Iron and Steel Products |
| 铜及其制品 | Copper and Related Products |
| 镍及其制品 | Nickel and Related Products |
| 铝及其制品 | Aluminum and Related Products |
| 铅及其制品 | Lead and Related Products |
| 锌及其制品 | Zinc and Related Products |
| 锡及其制品 | Tin and Related Products |
| 其他贱金属、金属陶瓷及其制品 | Other Base Metals, Metal Ceramics and Related Products |
| 贱金属工具、器具、利口器、餐具及零件 | Base Metal Tools, Implements, Cutlery, Tableware and Related Parts |
| 贱金属杂项制品 | Miscellaneous Products of Base Metals |
| 第十六类 机械、电气设备、电视机及音响设备 | Machinery, Electric Equipment, Television Sets and Sound Appliances |
| 核反应堆、锅炉、机械设备及零件 | Nuclear Reactors, Boilers, Mechanical Equipment and Accessories |
| 机电、电气设备、电视机及音响设备 | Machinery and Electric Equipment, Television Sets and Sound Appliances |
| 第十七类 车辆、航空器、船舶及有关运输设备 | Locomotives, Vehicles, Aircraft, Ships and Related Transportation Equipment |
| 铁道及电车机车、车辆及零件 | Railway Locomotives, Tramcars and Accessories |
| 车辆及零附件(铁道车辆除外) | Vehicles and Related Parts and Accessories (excluding railway locomotives) |
| 航空器、航天器及零件 | Aircraft, Spacecraft and Related Parts |
| 船舶及浮动结构体 | Ships and Related Products |
| 第十八类 仪器、医疗器械、钟表及乐器 | Instruments, Medical Instruments and Equipment, Clocks and Musical Instruments |
| 光学、照相电影、计量检验、医疗仪器设备 | Optical, Photographic, Film, Measuring and Checking, Medical Instruments and Equipments |
| 钟表及零件 | Clocks and Related Parts |
| 乐器及零附件 | Musical Instruments and Related Parts and Accessories |
| 第十九类 武器、弹药及其零件、附件 | Arms and Ammunition, Parts and Accessories thereof |
| 第二十类 杂项制品 | Miscellaneous Products |
| 家具、床上用品、照明装置、活动房 | Furniture, Bed Articles, Lighting Apparatus and Luminous Signs |
| 玩具、游戏、运动用品及零附件 | Toys, Games and Sports Goods and Related Parts and Accessories |
| 杂项制品 | Miscellaneous Manufactured Articles |
| 第二十一类 艺术品、收藏品及古物 | Works of Art, Collector's Pieces and Antiques |
| 第二十二类 特殊交易品及未分类商品 | Special Commodities and Unclassified Commodities |

continued

(USD 10000)

| 2019 | | 2020 | |
|---|---|---|---|
| 进　口 Imports | 出　口 Exports | 进　口 Imports | 出　口 Exports |
| 144 | 3149 | 55 | 2246 |
| 266 | 30442 | 159 | 27899 |
| 45656 | 202023 | 36420 | 231333 |
| 6000 | 44179 | 5876 | 51883 |
| 4273 | 101088 | 2576 | 118483 |
| 35383 | 56756 | 27968 | 60967 |
| 447390 | 377326 | 269936 | 238203 |
| 447390 | 377326 | 269936 | 238203 |
| 397136 | 483001 | 392895 | 558710 |
| 172402 | 42385 | 154300 | 42568 |
| 45824 | 193994 | 39281 | 249289 |
| 102603 | 16689 | 111494 | 21642 |
| 28401 | 1321 | 26984 | 665 |
| 14688 | 64307 | 30942 | 55649 |
| 697 | 20 | 153 | 9 |
| 1963 | 418 | 2152 | 243 |
| 1279 | 3935 | 2914 | 4365 |
| 3732 | 2433 | 5410 | 1478 |
| 16066 | 47707 | 12658 | 52377 |
| 9481 | 109792 | 6606 | 130424 |
| 1838020 | 2167571 | 1391062 | 2110257 |
| 977345 | 873894 | 608282 | 823488 |
| 860675 | 1293677 | 782780 | 1286769 |
| 708608 | 468433 | 448884 | 496440 |
| 97 | 19723 | 120 | 17426 |
| 305218 | 324353 | 260820 | 360093 |
| 402687 | 9345 | 186209 | 6195 |
| 606 | 115012 | 1735 | 112726 |
| 705544 | 574437 | 598892 | 480338 |
| 671459 | 532206 | 561814 | 448276 |
| 31359 | 32171 | 34806 | 21663 |
| 2726 | 10060 | 2271 | 10399 |
| 108 | 13 | 190 | 73 |
| 84491 | 722029 | 65282 | 858092 |
| 17419 | 452726 | 13851 | 524730 |
| 23890 | 223163 | 19076 | 282966 |
| 43182 | 46140 | 32355 | 50396 |
| 621 | 117 | 1913 | 12 |
| 102171 | 110382 | 112119 | 219326 |

# 15-9 广州地区口岸进出口商品总值

## Commodity Value of Imports and Exports through Ports in Guangzhou Area

| 项　　目 | Item | 2019 | | 2020 | |
|---|---|---|---|---|---|
| | | 万美元 (USD 10000) | 万元 (10000 yuan) | 万美元 (USD 10000) | 万元 (10000 yuan) |
| **进出口商品货物总值** | **Total** | **20144648** | **138952214** | **20809404** | **144100535** |
| 进口商品货物总值 | Imports | 10427960 | 71873188 | 10253868 | 71031729 |
| 出口商品货物总值 | Exports | 9716688 | 67079027 | 10555536 | 73068806 |

# 15-10 技术进口情况

## General Techonology  Importation

| 项　　目 | Item | 2019 | | 2020 | |
|---|---|---|---|---|---|
| | | 合同数 (个) Number (unit) | 金　额 (万美元) Amount (USD 10000) | 合同数 (个) Number (unit) | 金　额 (万美元) Amount (USD 10000) |
| **总　　计** | **Total** | **55** | **176425** | **28** | **322266** |
| 专利技术 | Patent technology | 2 | 5550 | 6 | 60612 |
| 专有技术 | Proprietary technology | 37 | 160614 | 16 | 251925 |
| 技术咨询、技术服务 | Technical consulting | 16 | 10261 | 6 | 9381 |
| 合资生产、合作生产 | Joint ventures and manufacturing | | | | 348 |

# 15-11 技术进口分类

# The Classification of Techonology Importation

| 项目 | Item | 2019 合同数（个）Number (unit) | 2019 金额（万美元）Amount (USD 10000) | 2020 合同数（个）Number (unit) | 2020 金额（万美元）Amount (USD 10000) |
|---|---|---|---|---|---|
| **总计** | **Total** | **55** | **176425** | **28** | **322266** |
| **按国民经济行业分** | **By Sector** | | | | |
| # 制造业 | # Manufacturing | 45 | 173883 | 22 | 320144 |
| # 交通运输设备制造业 | # Transportation equipment industry | 27 | 128367 | 5 | 133022 |
| 化学原料及化学制品制造业 | Chemical materials and chemical products manufacturing | 1 | 13604 | 1 | 100388 |
| 医药制造业 | Pharmaceutical industry | 4 | 1902 | 4 | 59048 |
| 通讯设备、计算机及其他电子 # 设备制造业 | Communication ,computer and other # electronical equipment manufacturing | 5 | 3125 | 5 | 3826 |
| 信息传输、计算机服务和软件业 | Information transmission, software and information technology services | | | 2 | 100 |
| 科学研究、技术服务和地质勘查业 | Scientific Research and Technical Services and geological perambulation industry | 5 | 1383 | 2 | 1529 |
| **按国别(地区)分** | **By Country (Territory)** | | | | |
| # 亚洲 | # Asia | 33 | 142698 | 9 | 144579 |
| # 中国香港 | # Hong Kong ,China | 4 | 1590 | 1 | 2353 |
| 中国台湾 | Taiwan,China | 2 | 1337 | | 1499 |
| 日本 | Japan | 18 | 136188 | 7 | 138956 |
| 韩国 | Republic of Korea | 2 | 2934 | 1 | 1525 |
| 欧洲 | Europe | 8 | 15957 | 9 | 15832 |
| # 德国 | # Germany | | 9451 | 3 | 10399 |
| 南美洲 | South America | | 60 | 1 | 55693 |
| # 开曼群岛 | # Cayman Islands | | | 1 | 55510 |
| 北美洲 | North America | 14 | 17709 | 7 | 105969 |
| # 美国 | # The USA | 13 | 17669 | 6 | 105878 |

# 15-12 历年利用外资情况

## Statistics on Utilization of Foreign Capital in Main Years

| 年 份<br>Year | 项目(企业)个数(个)<br>Number of Contracts (unit) | #外商直接投资<br>Foreign Direct Investment | 合同外资金额(万美元)<br>Amount of Contracted Foreign Capital (USD 10000) | #外商直接投资<br>Foreign Direct Investment | 实际使用外资金额(万美元)<br>Amount of Foreign Capital Actually Used (USD 10000) | #外商直接投资<br>Foreign Direct Investment |
|---|---|---|---|---|---|---|
| 1978 | 2 | | 53 | | | |
| 1980 | 1379 | 21 | 24905 | 24794 | 3013 | 1287 |
| 1985 | 4394 | 290 | 70175 | 51575 | 15782 | 10389 |
| 1986 | 2062 | 104 | 33668 | 29569 | 17966 | 9316 |
| 1987 | 2271 | 126 | 28510 | 20374 | 8574 | 5562 |
| 1988 | 2120 | 289 | 52650 | 39338 | 27119 | 14521 |
| 1989 | 2121 | 292 | 57778 | 40101 | 43892 | 27481 |
| 1990 | 2711 | 389 | 55426 | 47183 | 27263 | 18613 |
| 1991 | 2678 | 571 | 87517 | 70635 | 40519 | 25938 |
| 1992 | 2925 | 1193 | 471080 | 449654 | 74595 | 57135 |
| 1993 | 2620 | 1275 | 704764 | 683634 | 147028 | 128464 |
| 1994 | 2907 | 1906 | 709683 | 685763 | 204816 | 181403 |
| 1995 | 2564 | 1774 | 685657 | 673101 | 225298 | 214444 |
| 1996 | 1793 | 865 | 510301 | 447393 | 260002 | 233153 |
| 1997 | 3066 | 661 | 219922 | 169824 | 289379 | 248003 |
| 1998 | 986 | 643 | 245058 | 193178 | 304467 | 271608 |
| 1999 | 1053 | 537 | 172808 | 141377 | 317600 | 298687 |
| 2000 | 1445 | 647 | 163454 | 152759 | 311541 | 298923 |
| 2001 | 1087 | 678 | 200604 | 196229 | 332746 | 300119 |
| 2002 | 1177 | 776 | 316579 | 302322 | 265299 | 228386 |
| 2003 | 1204 | 870 | 402176 | 351117 | 306409 | 258076 |
| 2004 | 1506 | 1046 | 334767 | 320494 | 247696 | 240062 |
| 2005 | 1599 | 1061 | 366155 | 340205 | 284128 | 264882 |
| 2006 | 1465 | 1025 | 463987 | 439124 | 305477 | 292339 |
| 2007 | 1460 | 959 | 715269 | 703506 | 341138 | 328579 |
| 2008 | 1378 | 991 | 604536 | 591864 | 377413 | 362277 |
| 2009 | 1022 | 844 | 388633 | 378401 | 387476 | 377339 |
| 2010 | 1170 | 980 | 505928 | 497384 | 408121 | 397862 |
| 2011 | 1273 | 1134 | 683809 | 674734 | 437626 | 427009 |
| 2012 | 1204 | 1095 | 693071 | 680188 | 474312 | 457485 |
| 2013 | 1258 | 1092 | 734009 | 711428 | 507853 | 480385 |
| 2014 | 1324 | 1155 | 827560 | 803975 | 543905 | 510707 |
| 2015 | | 1429 | | 836335 | | 541634 |
| 2016 | | 1757 | | 990123 | | 570120 |
| 2017 | | 2459 | | 1339133 | | 628947 |
| 2018 | | 5376 | | 3995880 | | 661108 |
| 2019 | | 3446 | | 3952881 | | 714349 |
| 2020 | | 2695 | | 2223369 | | 708498 |
| 2020(人民币 RMB) | | 2695 | | 15453892 | | 4937180 |

注：1.合同外资金额、实际使用外资金额按当年口径统计。
2.由于制度变化，2015年开始不再统计外商其他投资，仅统计外商直接投资。
3.外商直接投资实际金额2020年起调整为国家商务部统计口径，下同。

Note: I. The amount of contracted foreign capital and foreign capital actually used are calculated at current coverage.
II. Recording to the statistical system,the only statistical indicator is foreign direct investment instead of other foreign invest since 2015.
III.The data of the foreign direct investment is according to the statitical coverage of The Ministry of Commerce of the People's Republic of China.

# 15-13 历年利用外资项目(企业)个数、合同外资金额、实际使用外资金额指数(上年=100)

# Indices of Contracts Number, Contracted Foreign Capital and Foreign Capital Actually Used in Main Years (Preceding Year=100)

| 年 份<br>Year | 项目(企业)个数<br>Number of Contracts | #外商直接投资<br>Foreign Direct Investment | 合同外资金额<br>Amount of Contracted Foreign Capital | #外商直接投资<br>Foreign Direct Investment | 实际使用外资金额<br>Amount of Foreign Capital Actually Used | #外商直接投资<br>Foreign Direct Investment |
|---|---|---|---|---|---|---|
| 1980 | 250.3 | 300.0 | 1080.5 | 1258.6 | 306.2 | 780.0 |
| 1985 | 97.2 | 163.8 | 344.8 | 272.3 | 101.3 | 79.7 |
| 1986 | 46.9 | 35.9 | 48.0 | 57.3 | 113.8 | 89.7 |
| 1987 | 110.1 | 121.2 | 84.7 | 68.9 | 47.7 | 59.7 |
| 1988 | 93.4 | 229.4 | 184.7 | 193.1 | 316.3 | 261.1 |
| 1989 | 100.1 | 101.0 | 109.7 | 101.9 | 161.9 | 189.3 |
| 1990 | 127.8 | 133.2 | 95.9 | 117.7 | 62.1 | 67.7 |
| 1991 | 98.8 | 146.8 | 157.9 | 149.7 | 148.6 | 139.4 |
| 1992 | 109.2 | 208.9 | 538.3 | 636.6 | 184.1 | 220.3 |
| 1993 | 89.6 | 106.9 | 149.6 | 152.0 | 197.1 | 224.8 |
| 1994 | 111.0 | 149.5 | 100.7 | 100.3 | 139.3 | 141.2 |
| 1995 | 88.2 | 93.1 | 96.6 | 98.2 | 110.0 | 118.2 |
| 1996 | 69.9 | 48.8 | 74.4 | 66.5 | 115.4 | 108.7 |
| 1997 | 171.0 | 76.4 | 43.1 | 38.0 | 111.3 | 106.4 |
| 1998 | 32.2 | 97.3 | 111.4 | 113.8 | 105.2 | 109.5 |
| 1999 | 106.8 | 83.5 | 70.5 | 73.2 | 104.3 | 110.0 |
| 2000 | 137.2 | 120.5 | 94.6 | 108.1 | 98.1 | 100.1 |
| 2001 | 75.2 | 104.8 | 122.7 | 128.5 | 106.8 | 100.4 |
| 2002 | 108.3 | 114.5 | 174.1 | 170.4 | 110.6 | 110.2 |
| 2003 | 102.3 | 112.1 | 127.0 | 116.1 | 115.5 | 113.0 |
| 2004 | 125.1 | 120.2 | 127.7 | 125.6 | 164.8 | 164.4 |
| 2005 | 106.2 | 101.4 | 109.4 | 106.2 | 114.7 | 110.3 |
| 2006 | 91.6 | 96.6 | 126.7 | 129.1 | 107.5 | 110.4 |
| 2007 | 99.7 | 93.6 | 154.2 | 160.2 | 111.7 | 112.4 |
| 2008 | 94.4 | 103.3 | 84.5 | 84.1 | 110.6 | 110.3 |
| 2009 | 74.2 | 85.2 | 64.3 | 63.9 | 102.7 | 104.2 |
| 2010 | 114.5 | 116.1 | 130.2 | 131.4 | 105.3 | 105.4 |
| 2011 | 108.8 | 115.7 | 135.2 | 135.7 | 107.2 | 107.3 |
| 2012 | 94.6 | 96.6 | 101.4 | 100.8 | 108.4 | 107.1 |
| 2013 | 104.5 | 99.7 | 105.9 | 104.6 | 107.1 | 105.0 |
| 2014 | 105.2 | 105.8 | 112.7 | 113.0 | 107.1 | 106.3 |
| 2015 | | 123.7 | | 104.0 | | 106.1 |
| 2016 | | 123.0 | | 118.4 | | 105.3 |
| 2017 | | 140.0 | | 135.3 | | 110.3 |
| 2018 | | 218.6 | | 298.4 | | 105.1 |
| 2019 | | 64.1 | | 98.9 | | 108.1 |
| 2020 | | 78.2 | | 58.3 | | 105.4 |
| 2020(人民币 RMB) | | 78.2 | | 59.6 | | 107.5 |

注：2002年、2004年和2020年合同外资金额、实际使用外资金额统计口径调整，当年指数按可比口径计算。

Note: The coverage of amount of contracted foreign capital and foreign capital actually used were adjusted in 2002、2004 and 2020, the indices of which being calculated on the same coverage.

# 15-14 外商直接投资情况

## Statistics on Foreign Direct Investment

单位：万美元 (USD 10000)

| 项　　目 | Item | 2019 | 2020 | 1978-2020 |
|---|---|---|---|---|
| **项目(企业)个数　(个)** | **Number of Contracts　(unit)** | | | |
| 外商直接投资 | Foreign Direct Investment | 3446 | 2695 | 42702 |
| 合资企业 | Joint-venture Enterprises | 684 | 513 | 8327 |
| 合作企业 | Cooperative Enterprises | 5 | | 5734 |
| 外资企业 | Enterprises with Sole Foreign Funds | 2751 | 1991 | 28421 |
| 外商投资股份制企业 | Share-holding Corporations | 5 | 5 | 33 |
| 合伙企业 | Partnership Enterprises | 1 | 46 | 47 |
| 其它 | others | | 140 | 140 |
| **合同外资金额** | **Contracted Foreign Capital** | | | |
| 外商直接投资 | Foreign Direct Investment | 3952881 | 2223369 | 24288477 |
| 合资企业 | Joint-venture Enterprises | 518200 | 184756 | 4234717 |
| 合作企业 | Cooperative Enterprises | 1078 | 27401 | 3269761 |
| 外资企业 | Enterprises with Sole Foreign Funds | 3422141 | 1923806 | 16044285 |
| 外商投资股份制企业 | Share-holding Corporations | 4397 | 50034 | 695277 |
| 合伙企业 | Partnership Enterprises | 7065 | 4567 | 11632 |
| 其它 | others | | 32805 | 32805 |
| **实际使用外资金额** | **Amount of Foreign Capital Actually Used** | | | |
| 外商直接投资 | Foreign Direct Investment | 714349 | 708498 | 10819638 |
| 合资企业 | Joint-venture Enterprises | 246581 | 200400 | 2803711 |
| 合作企业 | Cooperative Enterprises | 796 | 227 | 1803483 |
| 外资企业 | Enterprises with Sole Foreign Funds | 443717 | 441380 | 5469115 |
| 外商投资股份制企业 | Share-holding Corporations | 20344 | 45137 | 719064 |
| 合伙企业 | Partnership Enterprises | 2911 | 4100 | 7011 |
| 其它 | others | | 17254 | 17254 |

# 15-15 外商直接投资情况(按地区分)

# Statistics on Utilization of Foreign Direct Investment Capital (by Region)

单位：万美元 (USD 10000)

| 项 目 | Item | 2019 | | | 2020 | | |
|---|---|---|---|---|---|---|---|
| | | 项目(企业)个数(个) Number of Contracts (unit) | 合同外资金 额 Contracted Foreign Capital | 实际使用外资金额 Amount of Foreign Capital Actually Used | 项目(企业)个数(个) Number of Contracts (unit) | 合同外资金 额 Contracted Foreign Capital | 实际使用外资金额 Amount of Foreign Capital Actually Used |
| **全 市** | **Total** | **3446** | **3952881** | **714349** | **2695** | **2223369** | **708498** |
| # 荔湾区 | Liwan | 244 | 31270 | 17032 | 237 | 13480 | 1784 |
| 越秀区 | Yuexiu | 491 | 72339 | 24636 | 416 | 173016 | 24526 |
| 海珠区 | Haizhu | 154 | 127708 | 51115 | 126 | 127381 | 55542 |
| 天河区 | Tianhe | 736 | 273836 | 62636 | 700 | 419201 | 66962 |
| 白云区 | Baiyun | 230 | 55009 | 31348 | 287 | 330292 | 1218 |
| 黄埔区 | Huangpu | 166 | 200884 | 228097 | 189 | 443615 | 254678 |
| 番禺区 | Panyu | 245 | 70906 | 50128 | 309 | 68806 | 37121 |
| 花都区 | Huadu | 66 | 21208 | 2448 | 97 | 52784 | 3891 |
| 南沙区 | Nansha | 979 | 3003331 | 186311 | 245 | 527269 | 162394 |
| 从化区 | Conghua | 41 | 12045 | 10449 | 14 | 15299 | 1928 |
| 增城区 | Zengcheng | 83 | 64626 | 47310 | 71 | 60744 | 96906 |
| 广州空港经济区 | Guangzhou Airport Economic Zone | 11 | 19719 | 2839 | 2 | -1634 | 1560 |

# 15-16 外商直接投资项目分类(2020年)

# Amount of Foreign Direct Investment Capital Actually Used by Category (2020)

单位：万美元 (USD 10000)

| 项　　目 | Item | 项目(企业)个数(个) Number of Contracts (unit) | 合同外资金额 Contracted Foreign Capital | 实际使用外资金额 Amount of Foreign Capital Actually Used |
|---|---|---|---|---|
| **总　　计** | **Total** | **2695** | **2223369** | **708498** |
| # 投资额1000万美元以上项目 | Projects with Investment above 10 million USD | 215 | 1783464 | 684913 |
| **按国民经济行业分** | **By Sector** | | | |
| 农、林、牧、渔业 | Agriculture, Forestry, Animal Husbandry and Fishing | 9 | 1515 | 33 |
| 采矿业 | Mining | 1 | 42 | |
| 制造业 | Manufacturing | 87 | 303918 | 116594 |
| 电力、热力、燃气及水生产和供应业 | Production and Supply of Electricity, Heat,Gas and Water | 4 | 1628 | 10023 |
| 建筑业 | Construction | 25 | 258928 | 2312 |
| 交通运输、仓储和邮政业 | Transport, Storage and Post | 55 | 59566 | 58278 |
| 信息传输、计算机服务和软件业 | Information Transmission, Software and Information Technology Services | 205 | 68179 | 38831 |
| 批发和零售业 | Wholesale and Retail Trade | 1054 | 115999 | 27492 |
| 住宿和餐饮业 | Hotels and Catering Services | 65 | 1593 | |
| 金融业 | Financial Intermediation | 16 | 8186 | 10276 |
| 房地产业 | Real Estate | 57 | 284848 | 87911 |
| 租赁和商务服务业 | Leasing and Business Services | 540 | 692780 | 200572 |
| 科学研究和技术服务业 | Scientific Research and Technical Services | 445 | 419185 | 154872 |
| 水利、环境和公共设施管理业 | Management of Water Conservancy,Environment and Public Facilities | 7 | 1211 | |
| 居民服务、修理和其他服务业 | Service to Households, Repair and Other Services | 20 | 1904 | 17 |
| 教育 | Education | 5 | 148 | |
| 卫生和社会工作 | Health and Social Service | 4 | 155 | 847 |
| 文化、体育和娱乐业 | Culture, Sports and Entertainment | 96 | 3584 | 440 |
| 公共管理、社会保障和社会组织 | Public Management, Social Security and Social Organization | | | |
| 国际组织 | International Organizations | | | |

## 15-16 续表 continued

单位：万美元 (USD 10000)

| 项 目 | Item | 项目(企业)个数(个) Number of Contracts (unit) | 合同外资金额 Contracted Foreign Capital | 实际使用外资金额 Amount of Foreign Capital Actually Used |
|---|---|---|---|---|
| **按国别(地区)分** | **By Country (Territory)** | | | |
| # 中国香港 | Hong Kong, China | 1243 | 1857317 | 520869 |
| 英属维尔京群岛 | Virgin Islands | 10 | 125129 | 53364 |
| 新加坡 | Singapore | 60 | 46686 | 50095 |
| 日 本 | Japan | 20 | -13450 | 30680 |
| 韩 国 | Republic of Korea | 161 | 12635 | 24679 |
| 中国澳门 | Macao, China | 105 | 16365 | 9724 |
| 毛里求斯 | Mauritius | | -7 | 3832 |
| 泰 国 | Thailand | 8 | 745 | 2986 |
| 奥地利 | Austria | | 2331 | 2446 |
| 德 国 | Germany | 5 | 1053 | 2395 |
| 开曼群岛 | Cayman Islands | 4 | -3196 | 2039 |
| 以色列 | Israel | 4 | 1541 | 1438 |
| 法 国 | France | 11 | 903 | 1239 |
| 中国台湾 | Taiwan, China | 194 | 118023 | 672 |
| 澳大利亚 | Australia | 41 | 12683 | 401 |
| 荷 兰 | Netherlands | 6 | 8613 | 310 |
| 美 国 | United States | 53 | 6745 | 295 |
| 马来西亚 | Malaysia | 31 | 2121 | 242 |
| 卢森堡 | Luxembourg | | 81 | 209 |
| 萨摩亚 | Samoa | 2 | -1095 | 181 |
| 英 国 | United Kingdom | 28 | 6832 | 120 |
| 马绍尔群岛 | Marshall Islands | 1 | 100 | 100 |
| 加拿大 | Canada | 34 | 2446 | 51 |
| 俄罗斯联邦 | Russia | 48 | 809 | 35 |
| 瑞典 | Sweden | 2 | 74 | 29 |
| 丹麦 | Denmark | 1 | 15 | 19 |
| 越南 | Vietnam | 3 | 83 | 15 |
| 波兰 | Poland | 1 | 15 | 14 |
| 匈牙利 | Hungary | | | 10 |
| 约旦 | Jordan | 18 | 448 | 3 |
| 保加利亚 | Bulgaria | | | 3 |
| 西班牙 | Spain | 2 | 360 | 2 |
| 格鲁吉亚 | Georgia | | 10 | 1 |

# 15-17 境外企业情况(2020年)

# Statistics on Overseas Enterprises Funded by Domestic Capital (2020)

单位：万美元 (USD 10000)

| 项　目 | Item | 当年新增 Newly Increased in Current Year | |
|---|---|---|---|
| | | 企业数(个) Number of Enterprises (unit) | 中方投资额 Volume of Investment from China |
| **总　计** | **Total** | **163** | **84063** |
| **按投资企业类型分** | **By Status of Investment** | | |
| 国有企业 | State-owned enterprises | 10 | 7823 |
| 私营企业 | Private-owned enterprises | 139 | 79613 |
| 外资企业 | Foreign-owned enterprises | 14 | -3373 |
| **按国民经济行业分** | **By Sector** | | |
| 农、林、牧、渔业 | Agriculture, Forestry, Animal Husbandry and Fishing | 4 | 3488 |
| 采矿业 | Mining | 2 | 24994 |
| 制造业 | Manufacturing | 21 | 9057 |
| 电力、热力、燃气及水生产和供应业 | Production and Supply of Electricity, Heat,Gas and Water | | |
| 建筑业 | Construction | 8 | 386 |
| 批发和零售业 | Wholesale and Retail Trade | 44 | 27315 |
| 交通运输、仓储和邮政业 | Transport, Storage and Post | 4 | 3898 |
| 住宿和餐饮业 | Hotels and Catering Services | | |
| 信息传输、软件和信息技术服务业 | Information Transmission, Software and Information Technology Services | 20 | 1116 |
| 金融业 | Financial Intermediation | | |
| 房地产业 | Real Estate | | |
| 租赁和商务服务业 | Leasing and Business Services | 33 | 6255 |
| 科学研究和技术服务业 | Scientific Research and Technical Services | 17 | 8033 |
| 水利、环境和公共设施管理业 | Management of Water Conservancy,Environment and Public Facilities | | |
| 居民服务、修理和其他服务业 | Service to Households, Repair and Other Services | | |
| 教育 | Education | 2 | -567 |
| 卫生和社会工作 | Health and Social Service | | |
| 文化、体育和娱乐业 | Culture, Sports and Entertainment | | |
| 其他 | Others | 8 | 88 |

15-17　续表　continued

单位：万美元 (USD 10000)

| 项　　目 | Item | 当年新增 Newly Increased in Current Year | |
|---|---|---|---|
| | | 企业数(个) Number of Enterprises (unit) | 中方投资额 Volume of Investment from China |
| **按投资国家(地区)分** | **By Investment Destination** | | |
| 中国香港 | Hong Kong, China | 79 | 27112 |
| 中国澳门 | Macao，China | 5 | 371 |
| 中国台湾 | Taiwan,China | | |
| 日本 | Japan | 4 | 20 |
| 韩国 | Republic of Korea | 1 | 43 |
| 柬埔寨 | Cambodia | | |
| 泰国 | Thailand | 2 | 419 |
| 新加坡 | Singapore | 5 | 5024 |
| 印度 | India | 4 | 3296 |
| 越南 | Vietnam | 6 | 3037 |
| 缅甸 | Burma | | |
| 印度尼西亚 | Indonesia | 7 | 1507 |
| 马来西亚 | Malaysia | 6 | 626 |
| 沙特阿拉伯 | Saudi Arabia | 1 | 100 |
| 菲律宾 | Filipino | 1 | 1 |
| 巴基斯坦 | Pakistan | 2 | 321 |
| 乌兹别克斯坦 | Uzbekistan | 1 | 100 |
| 老挝 | Laos | 1 | 24894 |
| 孟加拉国 | Bangladesh | 1 | |
| 以色列 | Israel | 2 | 840 |
| 加纳 | Ghana | 1 | |
| 尼日利亚 | Nigeria | | 1188 |
| 英国 | Britain | 4 | 8833 |
| 德国 | Germany | 3 | 28 |
| 法国 | France | 1 | 9 |
| 意大利 | Italy | | 15 |
| 荷兰 | Holland | 2 | 395 |
| 瑞典 | Sweden | 1 | |
| 格鲁吉亚 | Georgia | 1 | 350 |
| 俄罗斯联邦 | Russia | 1 | 42 |
| 捷克共和国 | CZ (Czech Republic) | 1 | 500 |
| 开曼群岛 | Cayman Islands | 1 | -4249 |
| 厄瓜多尔 | Ecuador | | 635 |
| 英属维尔京群岛 | British Virgin Islands | 1 | 1 |
| 加拿大 | Canada | 1 | 237 |
| 美国 | United States of America | 10 | 5759 |
| 澳大利亚 | Australia | 5 | 1781 |
| 新西兰 | New Zealand | 2 | 830 |

# 15-18 对外劳务合作业务情况(2020年)

# Statistics on Labor Cooperation with Foreign Countries or Territories (2020)

| 项　　目 | Item | 合同额（万美元） Contracted Value (USD 10000) | 完成营业额（万美元） Turnover (USD 10000) |
|---|---|---|---|
| **合　计** | **Total** | **20587** | **22570** |
| 中国香港 | Hong Kong, China | 586 | 2876 |
| 中国澳门 | Macao, China | 19943 | 18858 |
| 中国台湾 | Taiwan,China | | 40 |
| 日本 | Japan | 3 | 15 |
| 新加坡 | Singapore | 21 | 163 |
| 利比里亚 | Liberia | 10 | 87 |
| 德国 | Germany | | 8 |
| 马耳他 | The Republic of Malta | 6 | 75 |
| 巴拿马 | The Republic of Panama | 18 | 157 |
| 科威特 | Kuwait | | 230 |
| 沙特阿拉伯 | Saudi Arabia | | 61 |

## 15-19　主要年份对外经济合作业务情况
## Contracted Projects and Labor Cooperation with Foreign Countries or Territories in Main Years

| 年 份<br>Year | 新签合同数<br>(个)<br>Number of Contracts Newly Signed<br>(unit) | 合同额<br>(万美元)<br>Contracted Value<br>(USD 10000) | 完成营业额<br>(万美元)<br>Turnover<br>(USD 10000) | 派出人数<br>(人次)<br>Persons Sent Abroad<br>(person-times) | 年末在外人数<br>(人)<br>Persons Abroad at Year-end<br>(person) |
|---|---|---|---|---|---|
| 1985 | 201 | 189 | 189 | 113 | 113 |
| 1990 | 1005 | 1887 | 1072 | 994 | 1201 |
| 1995 | 806 | 6632 | 5810 | 1473 | 2893 |
| 2000 | 4989 | 10588 | 7288 | 684 | 1833 |
| 2001 | 6317 | 8186 | 7487 | 1088 | 2247 |
| 2002 | 6577 | 7837 | 9115 | 2390 | 3378 |
| 2003 | 9089 | 10737 | 10919 | 3237 | 4080 |
| 2004 | 9728 | 13047 | 13247 | 3530 | 4456 |
| 2005 | 11815 | 16490 | 16237 | 3556 | 5001 |
| 2006 | 13611 | 19691 | 18093 | 3784 | 5011 |
| 2007 | 13615 | 23174 | 21365 | 4503 | 5962 |
| 2008 | 19872 | 30362 | 32037 | 4844 | 7912 |
| 2009 | 20457 | 40527 | 38827 | 5187 | 8142 |
| 2010 | 47416 | 81878 | 47187 | 6685 | 8970 |
| 2011 | | 43928 | 24765 | 8795 | 11790 |
| 2012 | | 44553 | 28856 | 9867 | 13770 |
| 2013 | | 51373 | 36696 | 11282 | 16617 |
| 2014 | | 62866 | 57141 | 15292 | 24368 |
| 2015 | | 90214 | 85491 | 16117 | 24375 |
| 2016 | | 53840 | 45606 | 17887 | 25014 |
| 2017 | | 59285 | 39262 | 20493 | 39496 |
| 2018 | | 49532 | 36814 | 26326 | 37848 |
| 2019 | | 58946 | 38138 | 21432 | 38026 |
| 2020 | | 20587 | 22570 | 7501 | 16372 |

注：1.2011年开始取消新签合同数统计。
　　2.本表中2017—2020年的数据为对外劳务合作业务数据。
Note: 1.Since 2011, the indicator number of contracts newly signed has been canceled.
　　2.The data of year 2017 and 2020 is about the foreign labour cooperation.

## 15-20　旅游业总收入、外汇收入情况(2020年)
## Total Income from Tourism and Foreign Exchange Earnings (2020)

| 项　目 | Item | 旅游业总收入<br>(万元)<br>Total Income<br>(10000 yuan) | 国内旅游收入<br>Domestic Travel Income | 旅游外汇收入<br>Foreign Exchange Income | 旅游外汇收入<br>(万美元)<br>Foreign Exchange Income<br>(USD 10000) |
|---|---|---|---|---|---|
| **合　计** | **Total** | **26790738** | **25782969** | **1007769** | **145850** |
| 商品销售 | Commodity Sales | 5401013 | 5195268 | 205745 | 29777 |
| 餐　饮 | Catering Services | 5904679 | 5739289 | 165390 | 23936 |
| 长途交通 | Long Distance Transport | 4653551 | 4316142 | 337409 | 48832 |
| 住　宿 | Accommodation | 5859134 | 5654904 | 204230 | 29557 |
| 邮电通讯 | Post and Telecommunications | 53581 | 26123 | 27458 | 3974 |
| 市内交通 | Local Transport | 500243 | 480126 | 20117 | 2911 |
| 游　览 | Tours | 1904821 | 1885048 | 19773 | 2862 |
| 娱　乐 | Recreation | 1216300 | 1208989 | 7311 | 1058 |
| 其　他 | Others | 1297416 | 1277080 | 20336 | 2943 |

## 15-21 城市接待过夜旅游者情况

## Tourists Staying Overnight in Guangzhou

| 项　目 | Item | 2019 | 2020 |
|---|---|---|---|
| **人次数合计　（万人次）** | **Total Number of Tourists　(10000 person-times)** | **6773.15** | **4182.59** |
| 入境旅游者 | Overseas Tourists | 899.43 | 209.73 |
| 外国人 | Foreigners | 346.28 | 46.99 |
| 亚　洲 | Asia | 163.97 | 20.66 |
| # 日　本 | Japan | 21.21 | 4.63 |
| 韩　国 | Republic of Korea | 13.91 | 1.67 |
| 蒙　古 | Mongolia | 0.32 | 0.04 |
| 印度尼西亚 | Indonesia | 6.28 | 0.26 |
| 马来西亚 | Malaysia | 12.31 | 0.64 |
| 菲律宾 | Philippines | 3.58 | 0.31 |
| 新加坡 | Singapore | 9.18 | 1.08 |
| 泰　国 | Thailand | 7.64 | 0.38 |
| 印　度 | India | 10.56 | 0.42 |
| 越　南 | Vietnam | 3.15 | 0.08 |
| 沙特阿拉伯 | Saudi Arabia | 4.46 | 0.20 |
| 欧　洲 | Europe | 66.75 | 8.41 |
| # 英　国 | United Kingdom | 6.32 | 0.76 |
| 法　国 | France | 5.60 | 0.45 |
| 德　国 | Germany | 5.14 | 1.19 |
| 意大利 | Italy | 3.95 | 0.27 |
| 瑞　士 | Switzerland | 0.99 | 0.07 |
| 瑞　典 | Sweden | 0.90 | 0.07 |
| 荷　兰 | Netherlands | 2.12 | 0.19 |
| 俄罗斯 | Russia | 6.41 | 0.73 |
| 西班牙 | Spain | 2.30 | 0.43 |
| 美　洲 | America | 44.85 | 6.99 |
| # 美　国 | United States | 23.28 | 4.60 |
| 加拿大 | Canada | 4.41 | 0.66 |
| 大洋洲 | Oceania | 9.20 | 0.92 |
| # 澳大利亚 | Australia | 6.08 | 0.63 |
| 新西兰 | New Zealand | 1.02 | 0.11 |
| 非　洲 | Africa | 61.51 | 10.01 |
| 香港同胞 | Compatriots from Hong Kong | 427.58 | 115.40 |
| 澳门同胞 | Compatriots from Macao | 57.41 | 21.61 |
| 台湾同胞 | Compatriots from Taiwan | 68.16 | 25.73 |
| 境内旅游者 | Domestic Tourists | 5873.72 | 3972.86 |
| **人天数合计　（万人天）** | **Total Number of Tourists and Days　(10000 person-days)** | **15898.85** | **9963.88** |
| 入境旅游者 | Overseas Tourists | 2116.22 | 509.52 |
| 外国人 | Foreigners | 897.02 | 135.74 |
| 香港同胞 | Compatriots from Hong Kong | 911.47 | 252.37 |
| 澳门同胞 | Compatriots from Macao | 122.45 | 46.40 |
| 台湾同胞 | Compatriots from Taiwan | 185.28 | 75.01 |
| 境内旅游者 | Domestic Tourists | 13782.63 | 9454.36 |

# 15-22 主要宾馆(酒店)基本情况
## Statistics on Main Hotels

| 项　　目 | | Item | | 2019 | 2020 |
|---|---|---|---|---|---|
| **企业情况** | | **Statistics of Enterprises** | | | |
| 宾馆酒店数 | (家) | Number of Hotels | (unit) | 337 | 337 |
| #星　级 | | Star-rated | | 160 | 152 |
| 五星级 | | Five-star | | 22 | 23 |
| 四星级 | | Four-star | | 29 | 28 |
| 三星级 | | Three-star | | 93 | 90 |
| 二星级 | | Two-star | | 16 | 11 |
| 一星级 | | One-star | | | |
| 客房总数 | (间) | Number of Guest Rooms | (unit) | 91004 | 91004 |
| 床位总数 | (张) | Number of Beds | (unit) | 133805 | 133805 |
| **接待情况** | | **Reception Capacity** | | | |
| 过夜旅游者 | (万人次) | Tourists Staying Overnight | (10000 person-times) | 1935.76 | 968.14 |
| 海外旅游者 | | Overseas Tourists | | 214.87 | 26.22 |
| 国内旅游者 | | Domestic Tourists | | 1720.89 | 941.92 |
| 过夜旅游者 | (万人天) | Tourists Staying Overnight | (10000 person-days) | 2871.15 | 1421.07 |
| **经营情况** | | **Statistics of Operation** | | | |
| 营业收入 | (万元) | Operating Income | (10000 yuan) | 1614450 | 1209061 |
| 营业成本 | (万元) | Operating Cost | (10000 yuan) | 517438 | 426905 |
| 税金及附加 | (万元) | Taxes and Extra Charges | (10000 yuan) | 21587 | 15203 |
| 销售费用 | (万元) | Selling expenses | (10000 yuan) | 166426 | 12240 |
| 管理费用 | (万元) | Management Expense | (10000 yuan) | 376100 | 315675 |
| 财务费用 | (万元) | Financial Expense | (10000 yuan) | 50473 | 33162 |
| 营业利润 | (万元) | Operating Profit | (10000 yuan) | 210830 | -79637 |
| 投资收益 | (万元) | Investment Revenue | (10000 yuan) | 5740 | 13916 |
| 营业外收支净额 | (万元) | Net Non-operating Income and Expenditure | (10000 yuan) | 8426 | 5820 |
| 利润总额 | (万元) | Total Profits | (10000 yuan) | 219254 | 143049 |
| 年末从业人员 | (人) | Employed Person at Year-end | (person) | 51466 | 41389 |
| 开房率 | (%) | Room Occupancy | (%) | 67.42 | 45.45 |

# 15-23 旅行社基本情况

## Statistics on Travel Agencies

单位：万元 (10000 yuan)

| 项　　目 | Item | 2019 | 2020 |
|---|---|---|---|
| **企业情况** | **Statistics of Enterprises** | | |
| 企业数 (个) | Number of Enterprises (unit) | 799 | 830 |
| 年末从业人员 (人) | Employed Persons at Year-end (person) | 16619 | 13165 |
| **组团(外联)旅游情况** | **Organized (Overseas) Tourism Contracted** | | |
| 组团(外联)人数 (万人次) | Organized (Overseas) Persons Contracted (10000 person-times) | 1332.93 | 340.53 |
| 入境旅游者 | Overseas Tourists | 12.62 | 1.09 |
| 国内旅游者 | Domestic Tourists | 1320.31 | 339.44 |
| # 出境游 | Local Residents Going Overseas | 359.57 | 27.37 |
| **经营情况** | **Statistics of Operation** | | |
| 营业收入 | Operating Income | 3637230 | 923239 |
| 营业成本 | Operating Cost | 3325560 | 824080 |
| 税金及附加 | Taxes and Extra Charges | 2866 | 813 |
| 销售费用 | Selling expenses | 38104 | 47755 |
| 管理费用 | Management Expense | 120454 | 104336 |
| 财务费用 | Financial Expense | 7166 | -162 |
| 营业利润 | Operating Profit | 27493 | -97557 |
| 营业外收支净额 | Net Income of Non-business | 21374 | -4082 |
| 利润总额 | Total Profits | 51571 | -124356 |

注：组团(外联)人数包括旅行社外联入境旅游者人数和组团境内旅游者人数，包括过夜人数和不过夜人数，不包括接待人数。

Note: The organized(overseas)persons contracted includes both international and domestic tourists contracted by travel agencies and the data includes tourists staying overnight or not, except reception persons.

# 15-24 主要年份人民币对主要外币年平均汇价

# Average Exchange Rates of RMB Against Main Convertible in Main Years

单位:人民币，元 (RMB/yuan)

| 年 份<br>year | 100美元<br>100 US Dollars | 100日元<br>100 Japanese Yen | 100港元<br>100 Hong Kong Dollars | 100欧元<br>100 Euros |
|---|---|---|---|---|
| 1987 | 372.21 | 2.5799 | 47.74 | |
| 1988 | 372.21 | 2.9082 | 47.70 | |
| 1989 | 376.59 | 2.7360 | 48.28 | |
| 1990 | 478.38 | 3.3233 | 61.39 | |
| 1991 | 532.27 | 3.9602 | 68.45 | |
| 1992 | 551.49 | 4.3608 | 71.24 | |
| 1993 | 576.19 | 5.2020 | 74.41 | |
| 1994 | 861.87 | 8.4370 | 111.53 | |
| 1995 | 835.07 | 8.9225 | 107.96 | |
| 1996 | 830.57 | 7.6238 | 107.40 | |
| 1997 | 828.97 | 6.8623 | 107.09 | |
| 1998 | 827.90 | 6.3487 | 106.88 | |
| 1999 | 827.83 | 7.2913 | 106.66 | |
| 2000 | 827.84 | 7.6950 | 106.17 | |
| 2001 | 827.71 | 6.8098 | 106.07 | |
| 2002 | 827.70 | 6.6651 | 106.08 | 801.45 |
| 2003 | 827.70 | 7.1347 | 106.24 | 937.77 |
| 2004 | 827.70 | 7.6552 | 106.23 | 1029.00 |
| 2005 | 819.17 | 7.4484 | 105.00 | 1019.53 |
| 2006 | 797.18 | 6.8570 | 102.62 | 1001.90 |
| 2007 | 760.40 | 6.4632 | 97.46 | 1041.75 |
| 2008 | 694.51 | 6.7427 | 89.19 | 1022.27 |
| 2009 | 683.25 | 7.3244 | 88.15 | 955.25 |
| 2010 | 678.89 | 7.7122 | 87.39 | 906.86 |
| 2011 | 649.43 | 8.1309 | 83.39 | 902.34 |
| 2012 | 631.71 | 7.9343 | 81.43 | 814.64 |
| 2013 | 621.35 | 6.4682 | 80.11 | 824.47 |
| 2014 | 615.16 | 5.7456 | 79.34 | 803.45 |
| 2015 | 623.71 | 5.1643 | 80.46 | 690.12 |
| 2016 | 664.98 | 6.1178 | 85.68 | 734.12 |
| 2017 | 673.98 | 6.0254 | 86.47 | 766.10 |
| 2018 | 662.34 | 6.0074 | 84.51 | 780.72 |
| 2019 | 689.85 | 6.3347 | 88.05 | 772.55 |
| 2020 | 689.76 | 6.4626 | 88.93 | 787.55 |

## 15-25 外商投资企业及分支机构工商登记情况（2020）

## Statistics on Foreign Funded Enterprises Registered by Departments of Industry and Commerce (2020)

单位:万美元 (USD 10000)

| 项目 | Item | 年末户数（个） Number of Enterprises at Year-end (unit) | 注册资本 Registered Capital | #外方 Capital from Foreign Partners |
|---|---|---|---|---|
| **总　计** | **Total** | **33540** | **29114387** | **22043024** |
| 按国民经济行业分 | By Sector | | | |
| 农、林、牧、渔业 | Agriculture, Forestry, Animal Husbandry and Fishing | 117 | 110816 | 105776 |
| 采矿业 | Mining | 4 | | |
| 制造业 | Manufacturing | 3551 | 3775689 | 2344092 |
| 电力、热力、燃气及水生产和供应业 | Production and Supply of Electricity,Heat,Gas and Water | 75 | 116223 | 88311 |
| 建筑业 | Construction | 270 | 524675 | 347136 |
| 批发和零售业 | Wholesale and Retail Trade | 13343 | 1107561 | 966948 |
| 交通运输、仓储和邮政业 | Transport, Storage and Post | 914 | 261857 | 161353 |
| 住宿和餐饮业 | Hotels and Catering Services | 1770 | 96746 | 84612 |
| 信息传输、软件和信息技术服务业 | Information Transmission, Software and Information Technology | 1572 | 876556 | 619160 |
| 金融业 | Financial Intermediation | 485 | 1090050 | 502444 |
| 房地产业 | Real Estate | 1375 | 3739176 | 3139929 |
| 租赁和商务服务业 | Leasing and Business Services | 6725 | 15408444 | 12150740 |
| 科学研究和技术服务业 | Scientific Research and Technical Services | 2647 | 1721151 | 1333661 |
| 水利、环境和公共设施管理业 | Management of Water Conservancy, Environment and Public Facilities | 24 | 31175 | 21677 |
| 居民服务、修理和其他服务业 | Service to Households, Repair and Other Services | 188 | 48449 | 45394 |
| 教育 | Education | 29 | 416 | 356 |
| 卫生和社会工作 | Health and Social Service | 27 | 73607 | 10150 |
| 文化、体育和娱乐业 | Culture, Sports and Entertainment | 422 | 131648 | 121139 |
| 其他 | Others | 2 | 148 | 146 |

注:本表不包括在广东省市场监督管理局注册登记的在穗企业数。

Note: The number of enterprises loctated in Guangzhou but registered in Guangdong Provincial Administration for Market Regulation is excluded.

# 15-26 广州市与国外结成友好城市一览(2020年末)

# List of Foreign Friendly Cities with Guangzhou (Year-end of 2020)

| 国　别 | Country | 城　市 | City | 缔结日期（年、月、日） | Date of Signing |
|---|---|---|---|---|---|
| 日　本 | Japan | 福　冈 | Fukuoka | 1979.05.02 | May 2,1979 |
| 美　国 | United States | 洛杉矶 | Los Angeles | 1981.12.08 | December 8,1981 |
| 菲律宾 | Philippines | 马尼拉 | Manila | 1982.11.05 | November 05,1982 |
| 加拿大 | Canada | 温哥华 | Vancouver | 1985.03.27 | March 27,1985 |
| 澳大利亚 | Australia | 悉　尼 | Sydney | 1986.05.12 | May 12,1986 |
| 意大利 | Italy | 巴　里 | Bari | 1986.11.12 | November 12,1986 |
| 法　国 | France | 里　昂 | Lyon | 1988.01.19 | January 19,1988 |
| 德　国 | Germany | 法兰克福 | Frankfurt | 1988.04.11 | April 11,1988 |
| 新西兰 | New Zealand | 奥克兰 | Auckland | 1989.02.17 | February 17,1989 |
| 韩　国 | Republic of Korea | 光　州 | Gwangju | 1996.10.25 | October 25,1996 |
| 瑞　典 | Sweden | 林雪平 | Linkoping | 1997.11.24 | November 24,1997 |
| 南　非 | South Africa | 德　班 | Durban | 2000.07.17 | July 17,2000 |
| 英　国 | United Kingdom | 布里斯托尔 | Bristol | 2001.05.23 | May 23,2001 |
| 俄罗斯 | Russia | 叶卡捷琳堡 | Ekaterinburg | 2002.07.10 | July 10,2002 |
| 秘　鲁 | Peru | 阿雷基帕 | Arequipa | 2004.10.27 | October 27,2004 |
| 印度尼西亚 | Indonesia | 泗　水 | Surabaya | 2005.12.21 | December 21,2005 |
| 立陶宛 | Litawen | 维尔纽斯 | Vilnius | 2006.10.12 | October 12,2006 |
| 英　国 | United Kingdom | 伯明翰 | Birmingham | 2006.12.04 | December 4,2006 |
| 斯里兰卡 | Sri lanka | 汉班托塔 | Hambantota | 2007.02.27 | February 27,2007 |
| 巴　西 | Brazil | 累西腓 | Recife | 2007.10.22 | October 22,2007 |
| 芬　兰 | Finland | 坦佩雷 | Tampere | 2008.12.02 | December 2,2008 |
| 泰　国 | Thailand | 曼　谷 | Bangkok | 2009.11.13 | November 13,2009 |
| 阿根廷 | Agentine Republic | 布宜诺斯艾利斯 | Buenos Aires | 2012.04.16 | April 16,2012 |
| 阿联酋 | United Arab Emirates | 迪　拜 | Dubai | 2012.04.18 | April 18,2012 |
| 科威特 | State of Kuwait | 科威特城 | Kuwait City | 2012.04.25 | April 25,2012 |
| 俄罗斯 | Russian Federation | 喀　山 | Kazan | 2012.07.06 | July 6,2012 |
| 土耳其 | Republic of Turkey | 伊斯坦布尔 | Istanbul | 2012.07.18 | July 18,2012 |
| 津巴布韦 | Repulic of Zimbabwe | 哈拉雷 | Harare | 2012.09.03 | September 3,2012 |
| 哥斯达黎加 | Republic of Costa Rica | 圣何塞 | San Jose | 2012.09.11 | September 11,2012 |
| 日　本 | Japan | 登　别 | Noboribetsu | 2012.11.15 | November 15,2012 |
| 西班牙 | Kingdom of Spain | 巴伦西亚 | Valencia | 2012.12.29 | December 29,2012 |
| 摩洛哥 | Kingdom of Morocco | 拉巴特 | Rabat | 2013.10.03 | October 3,2013 |
| 波　兰 | The Republic Of Poland | 罗　兹 | Lodz | 2014.08.20 | August 20,2014 |
| 印　度 | India | 艾哈迈达巴德 | Ahmedabad | 2014.09.17 | September 17,2014 |
| 尼泊尔 | Federal Democratic Republic of Nepal | 博克拉 | Pokhara | 2014.11.29 | November 29,2014 |
| 厄瓜多尔 | The Republic of Ecuador | 基　多 | Quito | 2014.11.29 | November 29,2014 |
| 智　利 | Chile | 圣地亚哥 | San Diego | 2017.06.20 | June 20,2017 |
| 肯尼亚 | Kenya | 蒙巴萨郡 | Mombasa County | 2018.11.27 | November 27，2018 |

# 15-27 各国驻广州总领事馆一览(2020年末)
# List of Consulate General in Guangzhou (Year-end of 2020)

| 馆务 | Consulates | 设立时间 Date of Setting up | 领区范围 | Consular Region |
|---|---|---|---|---|
| 美国 | United States | 1979.08.31 | 广东、广西、福建、海南 | Guangdong Guangxi Fujian Hainan |
| 日本 | Japan | 1980.03.01 | 广东、广西、福建、海南 | Guangdong Guangxi Fujian Hainan |
| 泰国 | Thailand | 1989.02.12 | 广东、海南 | Guangdong Hainan |
| 波兰 | Poland | 1989.07.22 | 广东、广西、海南 | Guangdong Guangxi Hainan |
| 澳大利亚 | Australia | 1992.12.09 | 广东、广西、福建、海南、湖南 | Guangdong Guangxi Fujian Hainan Hunan |
| 越南 | Viet Nam | 1993.01.18 | 广东 | Guangdong (Interim) |
| 马来西亚 | Malaysia | 1993.10.24 | 广东、福建、海南、江西、湖南 | Guangdong Fujian Hainan Jiangxi Hunan |
| 德国 | Germany | 1995.11.07 | 广东、广西、福建、海南 | Guangdong Guangxi Fujian Hainan |
| 英国 | United Kingdom | 1997.01.14 | 广东、广西、湖南、福建、海南、江西 | Guangdong Guangxi Hunan Fujian Hainan Jiangxi |
| 法国 | France | 1997.04.24 | 广东、广西、福建、海南 | Guangdong Guangxi Fujian Hainan |
| 菲律宾 | Philippines | 1997.05.23 | 广东、广西、湖南、海南 | Guangdong Guangxi Hunan Hainan |
| 荷兰 | Netherlands | 1997.09.15 | 广东、广西、福建、海南 | Guangdong Guangxi Fujian Hainan |
| 加拿大 | Canada | 1997.11.20 | 广东、广西、福建、海南、湖南、江西 | Guangdong Guangxi Fujian Hainan Hunan Jiangxi |
| 柬埔寨 | Cambodia | 1998.07.01 | 广东、福建 | Guangdong Fujian |
| 丹麦 | Denmark | 1998.09.23 | 广东、广西、福建、海南 | Guangdong Guangxi Fujian Hainan |
| 意大利 | Italy | 1998.11.04 | 广东、广西、福建、海南、湖南、江西 | Guangdong Guangxi Fujian Hainan Hunan Jiangxi |
| 韩国 | Republic of Korea | 2001.08.28 | 广东、广西、福建、海南 | Guangdong Guangxi Fujian Hainan |
| 印度尼西亚 | Indonesia | 2002.12.12 | 广东、广西、福建、海南 | Guangdong Guangxi Fujian Hainan |
| 瑞士 | Switzerland | 2005.10.10 | 广东、广西、福建、海南、湖南、江西 | Guangdong Guangxi Fujian Hainan Hunan Jiangxi |
| 比利时 | belgium | 2005.12.10 | 广东、福建、海南、云南、广西 | Guangdong Fujian Hainan Yunnan Guangxi |
| 新加坡 | Singapore | 2006.04.13 | 广东、海南、湖南、广西、云南、贵州 | Guangdong Hainan Hunan Guangxi Yunnan Guizhou |
| 古巴 | Cuba | 2006.11.08 | 广东、广西、海南 | Guangdong Guangxi Hainan |
| 俄罗斯 | Russia | 2007.04.05 | 广东、福建、海南、云南、江西、广西 | Guangdong Fujian Hainan Yunnan Jiangxi Guangxi |
| 新西兰 | New Zealand | 2007.04.26 | 广东、广西、湖南、福建、海南 | Guangdong Guangxi Hunan Fujian Hainan |
| 希腊 | Greece | 2007.05.15 | 广东、福建、海南、广西、湖南、云南、贵州 | Guangdong Fujian Hainan Guangxi Hunan Yunnan Guizhou |
| 印度 | India | 2007.10.18 | 广东、福建、湖南、海南、云南、四川、广西 | Guangdong Fujian Hunan Hainan Yunnan Sichuan Guangxi |
| 奥地利 | Austria | 2007.11.25 | 广东、海南、湖南、广西 | Guangdong Hainan Hunan Guangxi |
| 挪威 | Norway | 2008.02.18 | 广东、福建、海南、广西 | Guangdong Fujian Hainan Guangxi |
| 科威特 | Kuwait | 2008.02.21 | 广东、福建、海南、广西 | Guangdong Fujian Hainan Guangxi |
| 墨西哥 | Mexico | 2008.04.25 | 广东、海南、福建、湖南、江西、广西 | Guangdong Hainan Fujian Hunan Jiangxi Guangxi |
| 巴基斯坦 | Pakistan | 2008.06.27 | 广东、福建、湖南、海南、广西 | Guangdong Fujian Hunan Hainan Guangxi |
| 以色列 | Israel | 2009.03.22 | 广东、福建、海南、广西 | Guangdong Fujian Hainan Guangxi |

15-27 续表 conitnued

| 馆 务 | Consulates | 设立时间 Date of Setting up | 领区范围 | Consular Region |
|---|---|---|---|---|
| 西 班 牙 | Spain | 2009.06.14 | 广东、福建、湖南、广西、海南 | Guangdong Fujian Hunan Guangxi Hainan |
| 埃塞俄比亚 | Ethiopia | 2009.06.14 | 广东、湖南、福建、江西、海南、广西 | Guangdong Hunan Fujian Jiangxi Hainan Guangxi |
| 阿 根 廷 | Argentina | 2009.07.21 | 广东、福建、海南、广西 | Guangdong Fujian Hainan Guangxi |
| 厄瓜多尔 | Ecuador | 2009.09.08 | 广东、福建、江西、湖南、广西、海南 | Guangdong Fujian Jiangxi Hunan Guangxi Hainan |
| 巴 西 | Brazil | 2010.04.15 | 广东、海南、广西、福建、湖南、贵州、云南 | Guangdong Hainan Guangxi Fujian Hunan Guizhou Yunnan |
| 智 利 | Chile | 2010.12.29 | 广东、海南、广西、福建 | Guangdong Hainan Guangxi Fujian |
| 马 里 | Mali | 2011.07.18 | 广东、福建、海南、广西 | Guangdong Fujian Hainan Guangxi |
| 乌 干 达 | Uganda | 2011.08.15 | 广东、福建、海南、广西 | Guangdong Fujian Hainan Guangxi |
| 伊 朗 | Iran | 2011.12.23 | 广东、福建、湖南、广西 | Guangdong Fujian Hunan Guangxi |
| 土 耳 其 | Turkey | 2012.01.12 | 广东、福建、海南、广西 | Guangdong Fujian Hainan Guangxi |
| 斯里兰卡 | Sri Lanka | 2012.03.27 | 广东、福建、海南、广西、江西 | Guangdong Fujian Hainan Guangxi Jiangxi |
| 乌 克 兰 | Ukraine | 2012.05.30 | 广东、贵州、海南、湖南、广西 | Guangdong Guizhou Hainan Hunan Guangxi |
| 老 挝 | Lao | 2013.09.23 | 广东、海南、江西、福建 | Guangdong Hainan Jiangxi Fujian |
| 秘 鲁 | Peru | 2013.10.02 | 广东、广西、贵州、海南、云南、湖南 | Guangdong Guangxi Guizhou Hainan Yunnan Hunan |
| 吉尔吉斯斯坦 | Kyrgyzstan | 2014.04.08 | 广东、福建、江西、湖南、海南、广西 | Guangdong Fujian Jiangxi Hunan Hainan Guangxi |
| 尼日利亚 | Nigeria | 2014.07.09 | 广东、广西、海南 | Guangdong Guangxi Hainan |
| 科特迪瓦 | Cote d Ivoire | 2014.07.12 | 广东、福建、海南、江西、广西 | Guangdong Fujian Hainan Jiangxi Guangxi |
| 刚果(布) | Coga | 2014.08.15 | 广东、海南、福建、广西 | Guangdong Hainan Fujian Guangxi |
| 哥伦比亚 | Colombia | 2014.12.12 | 广东、广西、贵州、云南、海南 | Guangdong Guangxi Guizhou Yunnan Hainan |
| 安 哥 拉 | Angola | 2015.11.06 | 广东、福建、海南、广西 | Guangdong Fujian Hainan Guangxi |
| 卡 塔 尔 | Qatar | 2015.11.10 | 广东、广西、福建、海南 | Guangdong Guangxi Fujian Hainan |
| 阿 联 酋 | Emirates | 2016.06.15 | 广东、广西、海南 | Guangdong Guangxi Hainan |
| 赞 比 亚 | Zambia | 2016.06.28 | 广东、福建、海南、广西 | Guangdong Fujian Hainan Guangxi |
| 沙特阿拉伯 | Saudi Arab | 2017.01.01 | 广东、福建、广西、海南 | Guangdong Fujian Guangxi Hainan |
| 塞内加尔 | Senegal | 2017.03.06 | 广东、广西、福建、海南 | Guangdong Guangxi Fujian Hainan |
| 尼 泊 尔 | Nepal | 2017.04.25 | 广东、广西、福建、海南 | Guangdong Guangxi Fujian Hainan |
| 苏 丹 | Sudan | 2017.05.15 | 广东、江西、福建、湖南、贵州、海南、浙江、广西 | Guangdong Jiangxi Fujian Hunan Guizhou Hainan Zhejiang Guangxi |
| 葡 萄 牙 | Portugal | 2017.07.17 | 广东、湖南、海南、福建、广西 | Guangdong Hunan Hainan Fujian Guangxi |
| 白俄罗斯 | Belarus | 2017.12.28 | 广东、湖南、海南、贵州、广西 | Guangdong Hunan Hainan Guizhou Guangxi |
| 乌拉圭 | Uruguay | 2018.03.26 | 广东、福建、贵州、海南、广西、湖南 | Guangdong Fujian Guizhou Hainan Guangxi Hunan |
| 委内瑞拉 | Venezuela | 2018.10.26 | 广东、福建、湖南、贵州、海南广西 | Guangdong Fujian Hunan Guizhou Hainan Guangxi |
| 加 纳 | Ghana | 2019.03.04 | 广东、福建、海南、广西 | Guangdong Fujian Hainan Guangxi |
| 巴 拿 马 | Panama | 2019.04.01 | 广东、福建、海南、贵州、湖南广西 | Guangdong Fujian Hainan Guizhou Hunan Guangxi |
| 乌兹别克斯坦 | Uzbekistan | 2020.06.30 | 广东、福建、湖南、海南、广西 | Guangdong Fujian Hunan Hainan Guangxi |

# 主要统计指标解释

**【外商直接投资】**是指外国投资者在我国境内通过设立外商投资企业、合伙企业、与中方投资者共同进行石油资源的合作勘探开发以及设立外国公司分支机构等方式进行投资。外国投资者可以用现金、实物、无形资产、股权等投资，还可以用从外商投资企业获得的利润进行再投资。

**【对外劳务合作】**指组织劳务人员赴其他国家或地区为国外的企业或机构工作的经营性活动。

**【国际旅游（外汇）收入】**指入境游客在中国（大陆）境内旅行、游览过程中用于交通、参观游览、住宿、餐饮、购物、娱乐等全部花费。

**【国内旅游收入（旅游总花费）】**指国内游客在国内旅行、游览过程中用于交通、参观游览、住宿、餐饮、购物、娱乐等全部花费。

# Explanatory Notes on Main Statistical Indicators

**【Foreign Direct Investment】** refers to foreign investment in China through the establishment of foreign invested enterprises, cooperative exploration and development of petroleum resources with domestic investors and the establishment of branch organizations of foreign enterprises. Foreign investment can be made in forms of cash, physical investment, intangible assets and equity, in addition with reinvestment of the foreign enterprises with the profits gained from the investment.

**【Overseas Labour Services】**refer to operational activities of organizing labour force to go abroad providing services to foreign enterprises or agencies.

**【Foreign Exchange Earnings from International Tourism】** refer to the total expenditure of foreigners, overseas Chinese, Chinese compatriots from Hong Kong, Macao and Taiwan during their stay in the mainland of China on transportation, sighting, accommodation, food, shopping and entertainment.

**【Income from Domestic Tourism】** refer to expenditure of domestic tourists on transportation, sighting, accommodation, food, shopping and entertainment while they travel.

# 规模以上服务业

# SERVICE ENTERPRISES ABOVE THE DESIGNATED SIZE

# 第十六篇　规模以上服务业

**简要说明**

一、本篇资料反映广州市规模以上服务业基本情况。

二、统计范围：辖区内规模以上服务业法人单位。

三、规模以上服务业涉及行业包括：交通运输、仓储和邮政业，信息传输、软件和信息技术服务业，租赁和商务服务业，科学研究和技术服务业，水利、环境和公共设施管理业，居民服务、修理和其他服务业，教育，卫生和社会工作，文化、体育和娱乐业；以及房地产业中除房地产开发经营外等行业。

四、规模以上服务业法人单位的界定标准为：

交通运输、仓储和邮政业，信息传输、软件和信息技术服务业，水利、环境和公共设施管理业三个门类和卫生行业大类年营业收入 2000 万元及以上服务业法人单位。

租赁和商务服务业，科学研究和技术服务业，教育三个门类，以及物业管理、房地产中介服务、房地产租赁经营和其他房地产业四个行业小类年营业收入 1000 万元及以上服务业法人单位。

居民服务、修理和其他服务业，文化、体育和娱乐业两个门类，以及社会工作行业大类年营业收入 500 万元及以上服务业法人单位。

五、调查方法：执行国家统计局制定的《规模以上服务业一套表制度》，调查方法为符合上述行业条件法人单位的全面调查。

六、本篇资料由广州市统计局服务业处整理提供。

# 16 Service Enterprises Above Designated Size

**Brief Introduction**

I.This data in this chapter reflect the basic information of some service enterprises above designated size of Guangzhou.

II. The statistical coverage of service enterprises above designated size includes relative sectors enterprises in every district in Guangzhou Municipality.

III. The sectors of service enterprises above designated size includes: Transportation, storage and postal service, Information Transmission Software and Information Technology Services, Leasing and Business Services, Scientific Research and Technical Services, Management of Water Conservancy, Environment and Public Facilities Households' Service, Repair and Other Services, Education Health and Social Work, Culture, Sports and Entertainment and Real Estate (Not including Real Estate Development and Management).

IV. The definition criteria of corporate units in service industries above designated size are:

It is a legal entity in the service industry of Transportation, storage and postal service, Information transmission, software and information technology service, Water conservancy, environment and public facilities management, and Health industry with an annual revenue of 20 million yuan or more.

There are three categories of Leasing and business services, Scientific research and technical services and Education, and four sub-categories of Real estate management, Real estate intermediary services, Real estate leasing and Other real estate industries, with annual operating income of 10 million yuan or more.

Residential services, repair and other services, two categories of Culture, sports and entertainment, as well as Social work industry category of service companies with annual revenue of 5 million yuan and above.

V. Survey method: implement the "a set of table system for Service Enterprises Above Designated Size" formulated by the National Bureau of Statistics, and is a comprehensive survey of legal entities meeting the above IV conditions.

VI. The data in this chapter are prepared and edited by the Division of Service Statistics of Guangzhou Statistics Bureau.

# 16-1 主要年份规模以上服务业企业主要财务指标

## Main Financial Indicators of Service Enterprises above the Designated Size in Main Years

单位：万元 (10000 yuan)

| 项　　目 | Item | 2015 | 2016 | 2017 |
|---|---|---|---|---|
| 一、损益及分配 | Profits and Loss | | | |
| 营业收入 | Business Revenue | 71075059 | 81964693 | 98260031 |
| 营业成本 | Business Costs | 54346762 | 61682821 | 74051959 |
| 税金及附加 | Tax and Extra Charges on Business | 875415 | 688247 | 752423 |
| 销售费用 | Sales Expenses | 4234565 | 4811183 | 5649368 |
| 管理费用 | Management Expenses | 7770064 | 9162761 | 10838863 |
| 财务费用 | Financial Expenses | 2990003 | 3170867 | 3203977 |
| 投资收益(损失以“-”号记) | Investment Income(loss with “-”mark) | 4729717 | 5597607 | 6581549 |
| 营业利润 | Business Profits | 6458836 | 7991606 | 10838079 |
| 利润总额 | Total Profits | 8075370 | 10692723 | 12369737 |
| 所得税费用 | Income Taxes Payable | 1455858 | 1724977 | 2312946 |
| 二、成本费用及增值税 | Labor Cost and Value-added Tax | | | |
| 应付职工薪酬(本年贷方累计发生额) | Total Wages Payable(Credit Accumulated Amount in this year) | 14105400 | 16046031 | 20178986 |
| 其中：社会保险和住房公积金 | Social insurance and Housing Fund | - | - | 2044974 |
| 应交增值税 | Value-added Tax Payable | 1519759 | 2395313 | 2471997 |
| 三、平均用工人数(人) | Average number of employed persons(person) | 1375987 | 1546571 | 1636729 |

16-1 续表 continued

单位：万元 (10000 yuan)

| 项　　目 | Item | 2018 | 2019 | 2020 |
|---|---|---|---|---|
| 一、损益及分配 | Profits and Loss | | | |
| 营业收入 | Business Revenue | 111147729 | 136308072 | 140948283 |
| 营业成本 | Business Costs | 84736477 | 102255631 | 108011170 |
| 税金及附加 | Tax and Extra Charges on Business | 784873 | 838693 | 766772 |
| 销售费用 | Sales Expenses | 6257331 | 7049069 | 7443157 |
| 管理费用 | Management Expenses | 12375523 | 13575797 | 14069717 |
| 财务费用 | Financial Expenses | 3591399 | 3877484 | 3715214 |
| 投资收益(损失以“-”号记) | Investment Income(loss with “-”mark) | 7161593 | 7995834 | 9636128 |
| 营业利润 | Business Profits | 11480628 | 14759461 | 12914615 |
| 利润总额 | Total Profits | 12178093 | 15147133 | 13287089 |
| 所得税费用 | Income Taxes Payable | 1592634 | 2590143 | 1959900 |
| 二、成本费用及增值税 | Labor Cost and Value-added Tax | | | |
| 应付职工薪酬(本年贷方累计发生额) | Total Wages Payable(Credit Accumulated Amount in this year) | 21116175 | 27857120 | 29958822 |
| 其中：社会保险和住房公积金 | Social insurance and Housing Fund | 2370161 | 3820450 | 3298043 |
| 应交增值税 | Value-added Tax Payable | 2286922 | 2962502 | 2787615 |
| 三、平均用工人数(人) | Average number of employed persons(person) | 1635692 | 2004759 | 2337156 |

# 16-2 规模以上服务业企业主要财务指标

# Main Financial Indicators of Service Enterprises above the Designated Size

单位：万元 (10000 yuan)

| 项　目 | Item | 2020 | 同比增速 (%) Year-on-year Growth Rate (%) |
|---|---|---|---|
| 一、损益及分配 | Profits and Loss | | |
| 营业收入 | Business Revenue | 140948283 | 1.3 |
| 营业成本 | Business Costs | 108011170 | 4.0 |
| 税金及附加 | Tax and Extra Charges on Business | 766772 | -17.3 |
| 销售费用 | Sales Expenses | 7443157 | 3.2 |
| 管理费用 | Management Expenses | 14069717 | -0.4 |
| 财务费用 | Financial Expenses | 3715214 | -6.6 |
| 投资收益(损失以"-"号记) | Investment Income(loss with "-"mark) | 9636128 | 8.6 |
| 营业利润 | Business Profits | 12914615 | -18.5 |
| 利润总额 | Total Profits | 13287089 | -18.2 |
| 所得税费用 | Income Taxes Payable | 1959900 | -29.8 |
| 二、成本费用及增值税 | Labor Cost and Value-added Tax | | |
| 应付职工薪酬(本年贷方累计发生额) | Total Wages Payable(Credit Accumulated Amount in this year) | 29958822 | 6.5 |
| 其中：社会保险和住房公积金 | Social insurance and Housing Fund | 3298043 | -22.6 |
| 应交增值税 | Value-added Tax Payable | 2787615 | -8.3 |
| 三、平均用工人数(人) | Average number of employed persons(person) | 2337156 | 10.8 |

注：同比增速按本年数和上年同口径数计算得出，下同。

Note: The year-on-year growth rate is calculated based on the number of this year and the same caliber number of last year, the same below.

# 16-3 规模以上服务业企业主要财务指标(2020年，按大中小微型企业分)

# Main Financial Indicators of Service Enterprises above the Designated Size (by Large, Medium, Small and Micro Enterprises)

单位：万元 (10000 yuan)

| 项　　目 | Item | 合计 Total | 大型 Large Enterprises | 中型 Medium Enterprises | 小微型 Small and Micro Enterprises |
|---|---|---|---|---|---|
| 单位数(个) | Number of Enterprises(unit) | 11666 | 550 | 1644 | 9472 |
| 一、损益及分配 | Profits and Loss | | | | |
| 营业收入 | Business Revenue | 140948283 | 59500008 | 35360306 | 46087969 |
| 营业成本 | Business Costs | 108011170 | 45832858 | 26212952 | 35965360 |
| 税金及附加 | Tax and Extra Charges on Business | 766772 | 295635 | 189790 | 281347 |
| 销售费用 | Sales Expenses | 7443157 | 2874045 | 2544094 | 2025018 |
| 管理费用 | Management Expenses | 14069717 | 4115359 | 4553850 | 5400508 |
| 财务费用 | Financial Expenses | 3715214 | 1173005 | 1459921 | 1082288 |
| 投资收益(损失以“-”号记) | Investment Income(loss with “-”mark) | 9636128 | 2901736 | 3157891 | 3576500 |
| 营业利润 | Business Profits | 12914615 | 6267114 | 1943719 | 4703782 |
| 利润总额 | Total Profits | 13287089 | 6290074 | 2058183 | 4938832 |
| 所得税费用 | Income Taxes Payable | 1959900 | 593576 | 735202 | 631122 |
| 二、成本费用及增值税 | Labor Cost and Value-added Tax | | | | |
| 应付职工薪酬(本年贷方累计发生额) | Total Wages Payable(Credit Accumulated Amount in this year) | 29958822 | 15565746 | 8492888 | 5900189 |
| 其中：社会保险和住房公积金 | Social insurance and Housing Fund | 3298043 | 2123404 | 717004 | 457635 |
| 应交增值税 | Value-added Tax Payable | 2787615 | 1270289 | 686398 | 830928 |
| 三、平均用工人数(人) | Average number of employed persons(person) | 2337156 | 976469 | 794758 | 565929 |

注：本表在国家统计局《统计上大中小微型企业划分办法（2017）》基础上，对于文件中未明确划分标准的铁路运输业、教育、卫生三个大类以及房地产租赁经营一个中类进行了划分。

Note: On the basis of 《Statistical Classification Of Large, Small and Micro Enterprises》 (2017) of the National Bureau of Statistics, this table has divided the railway transportation industry, education and health into three categories and the real estate leasing operation into one category.

# 16-4 规模以上服务业企业主要财务指标(2020年，按行业分)

单位：万元

| 项　　目 | Item | 企业单位数(个) Number of Enterprises (unit) |
|---|---|---|
| **合　计** | **Total** | **11666** |
| **按行业分** | **Grouped by Sector** | |
| 交通运输、仓储和邮政业 | Transport, Storage and Postal Services | 1490 |
| 铁路运输业 | Railway Transport Service | 10 |
| 道路运输业 | Road Transport Services | 580 |
| 水上运输业 | Waterway Transport Service | 75 |
| 航空运输业 | Air Transport Service | 13 |
| 管道运输业 | Pipeline Transportation | 2 |
| 装卸搬运和运输代理业 | Handling and Transportation Agency | 566 |
| 仓储业 | Warehousing Service | 167 |
| 邮政业 | Postal Service | 77 |
| 信息传输、软件和信息技术服务业 | Information Transmission, Software and Information Technology Services | 2130 |
| 电信、广播电视和卫星传输服务 | Telecommunications, Broadcasting Television and Satellite Transmission Services | 75 |
| 互联网和相关服务 | Internet and Related Services | 346 |
| 软件和信息技术服务业 | Software and Information Technology Services | 1709 |
| 房地产业(不含房地产开发) | Real Estate (Not including Real Estate Development and Management) | 1766 |
| 租赁和商务服务业 | Leasing and Business Services | 3253 |
| 租赁业 | Leasing | 216 |
| 商务服务业 | BusinessServices | 3037 |
| 科学研究和技术服务业 | Scientific Research and Technical Services | 1493 |
| 研究和试验发展 | Research and Experimental Development | 230 |
| 专业技术服务业 | Professional Technical Services | 1044 |
| 科技推广和应用服务业 | Services of Science and Technology Exchanges and Promotion | 219 |
| 水利、环境和公共设施管理业 | Management of Water Conservancy,Environment and Public Facilities | 108 |
| 水利管理业 | Management of Water Conservancy | 4 |
| 生态保护和环境治理业 | Ecological Protection and Environmental Treatment | 31 |
| 公共设施管理业 | Management of Public Facilities | 70 |
| 土地管理业 | Land Management | 3 |
| 居民服务、修理和其他服务业 | Households' service,Repair and Other Services | 448 |
| 居民服务业 | Services to Households | 105 |
| 机动车、电子产品和日用产品修理业 | Motor Vehicle,Electronic Products and Consumer Productsrepair | 158 |
| 其他服务业 | Other Services | 185 |
| 教育 | Education | 275 |
| 卫生和社会工作 | Health and Social Work | 214 |
| 卫生 | Health | 161 |
| 社会工作 | SocialWork | 53 |
| 文化、体育和娱乐业 | Culture,Sports and Entertainment | 489 |
| 新闻和出版业 | News and Publication | 64 |
| 广播、电视、电影和影视录音制作业 | Production of Radio,Television,Film and Video Recording | 164 |
| 文化艺术业 | CultureandArts | 77 |
| 体育 | Sports | 65 |
| 娱乐业 | Entertainment | 119 |

# Main Financial Indicators of Service Enterprises above the Designated Size (2020,by Sector)

(10000 yuan)

| 营业收入 Business Revenue | 营业成本 Business Costs | 税金及附加 Tax and Extra Charges | 销售费用 Selling Expenses | 管理费用 Management Expenses | 财务费用 Financial Expenses |
|---|---|---|---|---|---|
| **140948283** | **108011170** | **766772** | **7443157** | **14069717** | **3715214** |
| 41419633 | 38887357 | 159110 | 711323 | 2256584 | 2106994 |
| 6037403 | 6615436 | 8854 | 256 | 231395 | 237226 |
| 8918369 | 7358571 | 81552 | 95127 | 605560 | 1296563 |
| 4025163 | 3458740 | 12701 | 15663 | 313452 | 301576 |
| 8019301 | 8249628 | 29142 | 402693 | 306329 | 203503 |
| 98765 | 47579 | 640 | 345 | 1997 | 12554 |
| 8759422 | 8040037 | 11436 | 126219 | 420225 | 27979 |
| 1275030 | 1059036 | 8348 | 40919 | 126644 | 24273 |
| 4286182 | 4058330 | 6437 | 30102 | 250983 | 3319 |
| 42415296 | 28011686 | 119464 | 3829105 | 3387828 | -71996 |
| 5270737 | 4065939 | 16201 | 527019 | 465948 | -91032 |
| 12766498 | 8283409 | 23637 | 1286591 | 1062965 | -44942 |
| 24378062 | 15662338 | 79626 | 2015495 | 1858915 | 63978 |
| 10968357 | 6935419 | 217481 | 454494 | 1976902 | 473729 |
| 24724218 | 18875086 | 180555 | 1225119 | 3230960 | 1080808 |
| 1081031 | 823265 | 3808 | 54792 | 136445 | 41430 |
| 23643187 | 18051822 | 176747 | 1170327 | 3094515 | 1039378 |
| 13720875 | 9714812 | 61803 | 505423 | 1849666 | 83865 |
| 2241536 | 1534553 | 8562 | 129610 | 257900 | 4406 |
| 10224580 | 7420676 | 47387 | 284271 | 1321797 | 39788 |
| 1254759 | 759584 | 5854 | 91542 | 269970 | 39671 |
| 1482442 | 1187861 | 6132 | 18876 | 158586 | -18261 |
| 11407 | 7218 | 55 | 99 | 2766 | 93 |
| 290796 | 215664 | 1378 | 7667 | 37990 | -2227 |
| 1169857 | 959979 | 4560 | 11050 | 108386 | 9140 |
| 10382 | 4999 | 139 | 60 | 9443 | -25267 |
| 1188358 | 810676 | 5048 | 124833 | 209965 | 4316 |
| 282768 | 147619 | 1029 | 56124 | 64619 | 2229 |
| 363984 | 268640 | 1565 | 42307 | 52504 | 1065 |
| 541605 | 394417 | 2454 | 26403 | 92842 | 1022 |
| 1476213 | 852952 | 1847 | 164077 | 382507 | 25372 |
| 1460272 | 969659 | 1712 | 211858 | 255786 | 19225 |
| 1346628 | 885234 | 1634 | 203514 | 224559 | 17552 |
| 113644 | 84425 | 78 | 8345 | 31227 | 1674 |
| 2092618 | 1765663 | 13621 | 198049 | 360933 | 11163 |
| 600618 | 448642 | 4685 | 35830 | 99212 | -1956 |
| 594099 | 449141 | 2822 | 55365 | 70378 | -589 |
| 167845 | 134699 | 1139 | 11689 | 39436 | 844 |
| 279945 | 422104 | 3864 | 38056 | 44788 | -4255 |
| 450111 | 311077 | 1111 | 57109 | 107119 | 17119 |

## 16-4 续表

单位：万元

| 项　　目 | Item | 营业利润 Business Profits |
|---|---|---|
| **合　计** | **Total** | **12914615** |
| 按行业分 | Grouped by Sector | |
| 交通运输、仓储和邮政业 | Transport, Storage and Postal Services | -754081 |
| 铁路运输业 | Railway Transport Service | -1041578 |
| 道路运输业 | Road Transport Services | 766060 |
| 水上运输业 | Waterway Transport Service | 168500 |
| 航空运输业 | Air Transport Service | -832565 |
| 管道运输业 | Pipeline Transportation | 35368 |
| 装卸搬运和运输代理业 | Handling and Transportation Agency | 157160 |
| 仓储业 | Warehousing Service | 27641 |
| 邮政业 | Postal Service | -34667 |
| 信息传输、软件和信息技术服务业 | Information Transmission, Software and Information Technology Services | 5652363 |
| 电信、广播电视和卫星传输服务 | Telecommunications, Broadcasting Television and Satellite Transmission | 1126049 |
| 互联网和相关服务 | Internet and Related Services | 1228117 |
| 软件和信息技术服务业 | Software and Information Technology Services | 3298197 |
| 房地产业(不含房地产开发) | Real Estate (Not including Real Estate Development and Management) | 1451000 |
| 租赁和商务服务业 | Leasing and Business Services | 5323336 |
| 租赁业 | Leasing | -6954 |
| 商务服务业 | BusinessServices | 5330291 |
| 科学研究和技术服务业 | Scientific Research and Technical Services | 1178176 |
| 研究和试验发展 | Research and Experimental Development | 133795 |
| 专业技术服务业 | Professional Technical Services | 779869 |
| 科技推广和应用服务业 | Services of Science and Technology Exchanges and Promotion | 264511 |
| 水利、环境和公共设施管理业 | Management of Water Conservancy,Environment and Public Facilities | 172739 |
| 水利管理业 | Management of Water Conservancy | 1181 |
| 生态保护和环境治理业 | Ecological Protection and Environmental Treatment | 27670 |
| 公共设施管理业 | Management of Public Facilities | 86542 |
| 土地管理业 | Land Management | 57347 |
| 居民服务、修理和其他服务业 | Households' service,Repair and Other Services | 26671 |
| 居民服务业 | Services to Households | 7478 |
| 机动车、电子产品和日用产品修理业 | Motor Vehicle,Electronic Products and Consumer Productsrepair | -2916 |
| 其他服务业 | Other Services | 22109 |
| 教育 | Education | 49125 |
| 卫生和社会工作 | Health and Social Work | -2796 |
| 卫生 | Health | 7994 |
| 社会工作 | SocialWork | -10790 |
| 文化、体育和娱乐业 | Culture,Sports and Entertainment | -181920 |
| 新闻和出版业 | News and Publication | 67559 |
| 广播、电视、电影和影视录音制作业 | Production of Radio,Television,Film and Video Recording | 16509 |
| 文化艺术业 | CultureandArts | -5745 |
| 体育 | Sports | -221833 |
| 娱乐业 | Entertainment | -38409 |

continued

(10000 yuan)

| 利润总额<br>Total Profits | 所得税费用<br>Income Tax Expenses | 应付职工薪酬<br>Total Wages Payable | 应交增值税<br>Value-added Tax Payable | 平均用工人数（人）<br>Average Number of Employed Persons (person) |
|---|---|---|---|---|
| **13287089** | **1959900** | **29958822** | **2787615** | **2337156** |
| | | | | |
| -613909 | 138621 | 7393428 | 557017 | 484862 |
| -1086469 | -5065 | 1461836 | 330542 | 105414 |
| 876502 | 201648 | 2038761 | 185173 | 154701 |
| 175948 | 67953 | 565645 | 26026 | 17879 |
| -791648 | -217157 | 1833685 | -80112 | 79910 |
| 35414 | 10018 | 11556 | 227 | 533 |
| 176190 | 42324 | 811131 | 45645 | 64841 |
| 32646 | 15729 | 171786 | 16204 | 16944 |
| -32492 | 23170 | 499029 | 33313 | 44640 |
| 5726183 | 765951 | 7153445 | 786725 | 334439 |
| 1100381 | 383406 | 1021993 | 101714 | 37446 |
| 1242695 | 156148 | 1295119 | 164822 | 54154 |
| 3383107 | 226397 | 4836333 | 520189 | 242839 |
| 1516633 | 344142 | 3071980 | 383916 | 331092 |
| 5358173 | 465671 | 6200986 | 579543 | 747273 |
| -1413 | 14422 | 118033 | 13156 | 12010 |
| 5359586 | 451249 | 6082954 | 566387 | 735263 |
| 1216303 | 175327 | 3568600 | 382777 | 195413 |
| 147368 | 25215 | 444791 | 41368 | 22741 |
| 798179 | 119776 | 2894289 | 309001 | 158545 |
| 270755 | 30336 | 229520 | 32408 | 14127 |
| 164575 | 22637 | 260928 | 30976 | 37168 |
| 1233 | 42 | 2556 | 452 | 166 |
| 28190 | 2545 | 45340 | 5445 | 3084 |
| 77971 | 15519 | 206234 | 24333 | 33672 |
| 57181 | 4531 | 6798 | 746 | 246 |
| 32508 | 10302 | 451257 | 31114 | 75203 |
| 10092 | 4894 | 95444 | 5291 | 10551 |
| -608 | 2231 | 69827 | 10865 | 8028 |
| 23024 | 3176 | 285987 | 14958 | 56624 |
| 62145 | 11431 | 673566 | 3012 | 52653 |
| -1814 | 14089 | 476827 | -683 | 42668 |
| 7340 | 12697 | 413543 | -877 | 30545 |
| -9154 | 1393 | 63285 | 194 | 12123 |
| -173708 | 11730 | 707806 | 33218 | 36385 |
| 68977 | 1084 | 177115 | 15032 | 6326 |
| 19394 | 1795 | 78821 | 8421 | 6871 |
| -1640 | 1307 | 43463 | 3984 | 3935 |
| -222413 | 4321 | 277140 | 1955 | 6743 |
| -38026 | 3222 | 131268 | 3827 | 12510 |

# 16-5 规模以上服务业企业主要财务指标(2020年，按地区分)

单位：万元

| 地区 | District | 企业单位数(个) Number of Enterprises (unit) | 营业收入 Business Revenue | 营业成本 Business Costs | 税金及附加 Tax and Extra Charges | 销售费用 Selling Expenses | 管理费用 Management Expenses |
|---|---|---|---|---|---|---|---|
| **合 计** | **Total** | **11666** | **140948283** | **108011170** | **766772** | **7443157** | **14069717** |
| **按地区分** | **By District** | | | | | | |
| 荔湾区 | Liwan | 407 | 3278386 | 1733102 | 27191 | 633005 | 580354 |
| 越秀区 | Yuexiu | 1934 | 24039245 | 20669385 | 126345 | 816619 | 2405477 |
| 海珠区 | Haizhu | 1817 | 14304689 | 9838532 | 112819 | 834541 | 1562055 |
| 天河区 | Tianhe | 3009 | 46302341 | 33272271 | 248173 | 2915026 | 4925555 |
| 白云区 | Baiyun | 1184 | 14217642 | 13402766 | 78578 | 651663 | 1198016 |
| 黄埔区 | Huangpu | 1298 | 15883369 | 11902541 | 71109 | 785767 | 1191584 |
| 番禺区 | Panyu | 877 | 9298059 | 6457803 | 42716 | 471402 | 818993 |
| 花都区 | Huadu | 307 | 2590423 | 2138220 | 10486 | 91946 | 237656 |
| 南沙区 | Nansha | 474 | 9207982 | 7280995 | 35105 | 170070 | 897298 |
| 从化区 | Conghua | 106 | 700157 | 532103 | 4321 | 9677 | 83201 |
| 增城区 | Zengcheng | 253 | 1125990 | 783451 | 9929 | 63442 | 169528 |

# Main Financial Indicators of Service Enterprises above the Designated Size (2020, by District)

(10000 yuan)

| 财务费用 Financial Expenses | 营业利润 Business Profits | 利润总额 Total Profits | 所得税费用 Income Tax Expenses | 应付职工薪酬 Total Wages Payable | 应交增值税 Value-added Tax Payable | 平均用工人数(人) Average Number of Employed Persons (person) |
|---|---|---|---|---|---|---|
| **3715214** | **12914615** | **13287089** | **1959900** | **29958822** | **2787615** | **2337156** |
| | | | | | | |
| 38825 | 800234 | 817267 | 80480 | 668422 | 88322 | 49759 |
| 694272 | 836185 | 851094 | 557619 | 5699353 | 759112 | 454024 |
| 567064 | 1784485 | 1762802 | 244510 | 3322948 | 282211 | 223865 |
| 1182675 | 6469032 | 6499373 | 617194 | 9423757 | 955451 | 756067 |
| 281932 | -492050 | -391882 | -173758 | 3334644 | 59790 | 237887 |
| 202670 | 2246877 | 2320337 | 304808 | 2879515 | 261092 | 224083 |
| 125019 | 782720 | 858268 | 128790 | 1626805 | 159907 | 137183 |
| 36539 | 88139 | 102273 | 41888 | 397304 | 32751 | 40515 |
| 454300 | 310567 | 363450 | 117588 | 2161811 | 147821 | 167709 |
| 105668 | -37750 | -31208 | 5160 | 144762 | 12482 | 14585 |
| 26251 | 126177 | 135314 | 35620 | 299501 | 28676 | 31479 |

# 16-6 规模以上服务业企业主要财务指标(2020年，按登记注册类型分)

单位：万元

| 项目 | Item | 企业单位数（个）Number of Enterprises (unit) |
|---|---|---|
| **合 计** | **Total** | **11666** |
| **按登记注册类型分** | **Grouped by Registration Status** | |
| 内资企业 | Domestic Funded | 10738 |
| 国有企业 | State-owned | 273 |
| 集体企业 | Collective-owned | 410 |
| 股份合作企业 | Cooperative | 25 |
| 联营企业 | Joint Ownership Enterprises | 7 |
| 国有联营企业 | State Joint Ownership Enterprises | 4 |
| 集体联营企业 | Collective Joint Ownership Enterprises | 2 |
| 其他联营企业 | Joint State-collective Enterprises | 1 |
| 有限责任公司 | Limited Liability Corporations | 2877 |
| 国有独资公司 | State Sole Funded Corporations | 359 |
| 其他有限责任公司 | Other Limited Liability Corporations | 2518 |
| 股份有限公司 | Share-holding Corporations Ltd. | 262 |
| 私营企业 | Private Enterprises | 6697 |
| 私营独资企业 | Private-funded Enterprises | 68 |
| 私营合伙企业 | Private Partnership Enterprises | 167 |
| 私营有限责任公司 | Private Limited Liability Corporations | 6263 |
| 私营股份有限公司 | Private Share Holding Corporations | 199 |
| 其他企业 | Others | 187 |
| 港、澳、台商投资企业 | Enterprises with Funds from Hong Kong, Macao and Taiwan Investors | 559 |
| 与港澳台商合资经营企业 | Joint-venture Enterprises | 103 |
| 与港澳台商合作经营企业 | Cooperative Enterprises | 50 |
| 港澳台商独资经营企业 | Enterprises with Sole Funds | 388 |
| 港澳台商投资股份有限公司 | Share-holding Corporations Ltd. | 13 |
| 其他港澳台投资企业 | Other Enterprises with Funds from Hong Kong, Macao and Taiwan | 5 |
| 外商投资企业 | Foreign Funded Enterprises | 369 |
| 中外合资经营企业 | Joint-venture Enterprises | 127 |
| 中外合作经营企业 | Cooperative Enterprises | 11 |
| 外资企业 | Enterprises with Sole Foreign Funds | 206 |
| 外商投资股份有限公司 | Share-holding Corporations Ltd. | 9 |
| 其他外商投资企业 | Other Foreign Funded Enterprises | 16 |

# Main Financial Indicators of Service Enterprises above the Designated Size
# (2020,by Registration Status)

(10000 yuan)

| 营业收入 Business Revenue | 营业成本 Business Costs | 税金及附加 Tax and Extra Charges | 销售费用 Selling Expenses | 管理费用 Management Expenses | 财务费用 Financial Expenses |
|---|---|---|---|---|---|
| **140948283** | **108011170** | **766772** | **7443157** | **14069717** | **3715214** |
| 123298240 | 97379643 | 627818 | 6348726 | 11923238 | 3372502 |
| 6824682 | 6002583 | 39100 | 116924 | 646220 | 53295 |
| 952899 | 305512 | 41688 | 18512 | 327423 | -1033 |
| 67161 | 47415 | 917 | 1387 | 10183 | -50 |
| 62435 | 42542 | 1638 | 1313 | 11789 | -470 |
| 54526 | 38286 | 1607 | 1304 | 9179 | -425 |
| 7347 | 3857 | 29 | | 2138 | -41 |
| 562 | 399 | 3 | 10 | 471 | -5 |
| 53898093 | 41734807 | 302096 | 2178451 | 4464939 | 2667426 |
| 15336808 | 13693371 | 122464 | 100055 | 1226855 | 1313426 |
| 38561285 | 28041437 | 179632 | 2078396 | 3238084 | 1354000 |
| 14988446 | 14169427 | 79715 | 865181 | 1231546 | 212871 |
| 45556356 | 34495077 | 161602 | 3125721 | 4974358 | 423121 |
| 264441 | 186127 | 504 | 30003 | 43337 | 1859 |
| 829732 | 225704 | 5674 | 95343 | 338613 | -2583 |
| 41499320 | 31945706 | 143502 | 2810514 | 4349867 | 399086 |
| 2962863 | 2137540 | 11923 | 189860 | 242542 | 24759 |
| 948169 | 582280 | 1062 | 41238 | 256780 | 17341 |
| 11324701 | 6738454 | 82886 | 744504 | 1351296 | 159099 |
| 1171606 | 940880 | 18602 | 64826 | 151724 | 42361 |
| 1158149 | 524038 | 13544 | 95027 | 93295 | 60348 |
| 8819921 | 5133636 | 50357 | 580251 | 1083070 | 55717 |
| 162273 | 120727 | 504 | 3929 | 15603 | 668 |
| 12752 | 19173 | -121 | 473 | 7605 | 5 |
| 6325341 | 3893073 | 56068 | 349927 | 795182 | 183613 |
| 1997994 | 1411864 | 20208 | 65371 | 181365 | 91863 |
| 185089 | 74543 | 1826 | 5721 | 18874 | 13681 |
| 3721940 | 2063220 | 30745 | 243675 | 568387 | 77028 |
| 306074 | 236498 | 1603 | 28464 | 16816 | -1433 |
| 114245 | 106948 | 1686 | 6696 | 9741 | 2474 |

16-6 续表

单位：万元

| 项　　目 | Item | 营业利润 Business Profits |
|---|---|---|
| **合　计** | **Total** | **12914615** |
| **按登记注册类型分** | **Grouped by Registration Status** | |
| 内资企业 | Domestic Funded | 9101804 |
| 国有企业 | State-owned | 1264461 |
| 集体企业 | Collective-owned | 279134 |
| 股份合作企业 | Cooperative | 7414 |
| 联营企业 | Joint Ownership Enterprises | 6825 |
| 国有联营企业 | State Joint Ownership Enterprises | 5756 |
| 集体联营企业 | Collective Joint Ownership Enterprises | 1385 |
| 其他联营企业 | Joint State-collective Enterprises | -316 |
| 有限责任公司 | Limited Liability Corporations | 4916113 |
| 国有独资公司 | State Sole Funded Corporations | 1501465 |
| 其他有限责任公司 | Other Limited Liability Corporations | 3414649 |
| 股份有限公司 | Share-holding Corporations Ltd. | 828777 |
| 私营企业 | Private Enterprises | 1748573 |
| 私营独资企业 | Private-funded Enterprises | 40210 |
| 私营合伙企业 | Private Partnership Enterprises | 261035 |
| 私营有限责任公司 | Private Limited Liability Corporations | 1236580 |
| 私营股份有限公司 | Private Share Holding Corporations | 210747 |
| 其他企业 | Others | 50507 |
| 港、澳、台商投资企业 | Enterprises with Funds from Hong Kong, Macao and Taiwan Investors | 2712462 |
| 与港澳台商合资经营企业 | Joint-venture Enterprises | -10299 |
| 与港澳台商合作经营企业 | Cooperative Enterprises | 368847 |
| 港澳台商独资经营企业 | Enterprises with Sole Funds | 1738985 |
| 港澳台商投资股份有限公司 | Share-holding Corporations Ltd. | 600581 |
| 其他港澳台投资企业 | Other Enterprises with Funds from Hong Kong, Macao and Taiwan | 14347 |
| 外商投资企业 | Foreign Funded Enterprises | 1100349 |
| 中外合资经营企业 | Joint-venture Enterprises | 299505 |
| 中外合作经营企业 | Cooperative Enterprises | 68569 |
| 外资企业 | Enterprises with Sole Foreign Funds | 725430 |
| 外商投资股份有限公司 | Share-holding Corporations Ltd. | 21205 |
| 其他外商投资企业 | Other Foreign Funded Enterprises | -14359 |

continued

(10000 yuan)

| 利润总额<br>Total Profits | 所得税费用<br>Income Tax Expenses | 应付职工薪酬<br>Total Wages Payable | 应交增值税<br>Value-added Tax Payable | 平均用工人数（人）<br>Average Number of Employed Persons (person) |
|---|---|---|---|---|
| **13287089** | **1959900** | **29958822** | **2787615** | **2337156** |
| 9389008 | 1460717 | 25019047 | 2342095 | 2037002 |
| 1286523 | 138853 | 1578930 | 97318 | 92422 |
| 313223 | 19211 | 155978 | 35413 | 22829 |
| 6539 | 728 | 6788 | 1458 | 884 |
| 7367 | 1762 | 11495 | 2499 | 705 |
| 6294 | 1737 | 8463 | 2237 | 521 |
| 1385 | 25 | 2668 | 240 | 167 |
| -312 | | 364 | 22 | 17 |
| 4955540 | 1087342 | 10803566 | 1287463 | 741621 |
| 1474258 | 188314 | 3790984 | 507722 | 220771 |
| 3481281 | 899028 | 7012582 | 779741 | 520850 |
| 852390 | -93548 | 4022713 | 68380 | 201734 |
| 1906070 | 302420 | 8033687 | 848226 | 945386 |
| 40315 | 1012 | 50717 | 4010 | 5734 |
| 260532 | 33792 | 165078 | 44474 | 16450 |
| 1385240 | 239987 | 7061816 | 721421 | 858496 |
| 219983 | 27629 | 756076 | 78322 | 64706 |
| 61358 | 3951 | 405892 | 1340 | 31421 |
| 2786733 | 301652 | 2985810 | 294270 | 186829 |
| 26952 | 20352 | 380258 | 29942 | 46978 |
| 379744 | 87594 | 212494 | 33316 | 14357 |
| 1764639 | 185882 | 2354161 | 228899 | 122046 |
| 601034 | 4089 | 32567 | 1771 | 3032 |
| 14363 | 3736 | 6331 | 342 | 416 |
| 1111348 | 197531 | 1953964 | 151250 | 113325 |
| 302366 | 68060 | 397469 | 46179 | 25745 |
| 68611 | 11275 | 26623 | 5081 | 2043 |
| 730508 | 112210 | 1380192 | 89491 | 63171 |
| 22737 | 5380 | 130445 | 8459 | 20935 |
| -12874 | 607 | 19236 | 2039 | 1431 |

# 16-7 规模以上服务业企业主要财务指标(2020年，按控股情况分)

单位：万元

| 项 目 | Item | 合计 Total |
| --- | --- | --- |
| **按控股情况分** | **Group by Type of Ownership** | |
| 单位数(个) | Number of Enterprises(unit) | **11666** |
| 一、损益及分配 | Profits and Loss | |
| 营业收入 | Business Revenue | 140948283 |
| 营业成本 | Business Costs | 108011170 |
| 税金及附加 | Tax and Extra Charges on Business | 766772 |
| 销售费用 | Sales Expenses | 7443157 |
| 管理费用 | Management Expenses | 14069717 |
| 财务费用 | Financial Expenses | 3715214 |
| 投资收益(损失以“-”号记) | Investment Income(loss with “-”mark) | 9636128 |
| 营业利润 | Business Profits | 12914615 |
| 利润总额 | Total Profits | 13287089 |
| 所得税费用 | Income Taxes Payable | 1959900 |
| 二、成本费用及增值税 | Labor Cost and Value-added Tax | |
| 应付职工薪酬(本年贷方累计发生额) | Total Wages Payable(Credit Accumulated Amount in this year) | 29958822 |
| 其中：社会保险和住房公积金 | Social insurance and Housing Fund | 3298043 |
| 应交增值税 | Value-added Tax Payable | 2787615 |
| 三、平均用工人数(人) | Average number of employed persons(person) | 2337156 |

## Main Financial Indicators of Service Enterprises above the Designated Size (2020, by Type of Ownership)

(10000 yuan)

| 国有控股 State-owned | 集体控股 Collective-owned | 私人控股 Private Holdings | 港澳台商控股 Hong Kong, Macao and Taiwan Holdings | 外商控股 Foreign Holdings | 其他 Other Holdings |
|---|---|---|---|---|---|
| **1301** | **493** | **8130** | **495** | **291** | **956** |
| | | | | | |
| 52113047 | 2168145 | 58888805 | 9337092 | 4824616 | 13616577 |
| 45521554 | 1172914 | 43828403 | 5611294 | 2813289 | 9063716 |
| 310273 | 54551 | 221766 | 68153 | 41696 | 70333 |
| 1431330 | 65714 | 4239278 | 589649 | 315821 | 801365 |
| 3848906 | 478446 | 6414610 | 1227727 | 702251 | 1397777 |
| 2685178 | 44517 | 638750 | 103998 | 100692 | 142079 |
| 7403390 | 48422 | 759992 | 1047438 | 65906 | 310980 |
| 5574786 | 211017 | 2218846 | 2199349 | 826742 | 1883875 |
| 5614424 | 249130 | 2421419 | 2265239 | 843600 | 1893278 |
| 889325 | 25885 | 412250 | 212979 | 142775 | 276687 |
| | | | | | |
| 12040698 | 325843 | 10426327 | 2655754 | 1751202 | 2758999 |
| 1920944 | 25792 | 678529 | 214217 | 246769 | 211792 |
| 1002979 | 61915 | 1068902 | 258463 | 120115 | 275241 |
| 666271 | 35150 | 1168891 | 150673 | 111948 | 204223 |

## 16-8 规模以上服务业企业营业收入(2020年,按行业分)

单位：万元

| 项 目 | Item |
|---|---|
| **合 计** | **Total** |
| **按行业划分** | **Grouped by Sector** |
| 交通运输、仓储和邮政业 | Transport, Storage and Postal Services |
| 铁路运输业 | Railway Transport Service |
| 道路运输业 | Road Transport Services |
| 水上运输业 | Waterway Transport Service |
| 航空运输业 | Air Transport Service |
| 管道运输业 | Pipeline Transportation |
| 装卸搬运和运输代理业 | Handling and Transportation Agency |
| 仓储业 | Warehousing Service |
| 邮政业 | Postal Service |
| 信息传输、软件和信息技术服务业 | Information Transmission, Software and Information Technology Services |
| 电信、广播电视和卫星传输服务 | Telecommunications, Broadcasting Television and Satellite Transmission Services |
| 互联网和相关服务 | Internet and Related Services |
| 软件和信息技术服务业 | Software and Information Technology Services |
| 房地产业(不含房地产开发) | Real Estate (Not including Real Estate Development and Management) |
| 租赁和商务服务业 | Leasing and Business Services |
| 租赁业 | Leasing |
| 商务服务业 | Business Services |
| 科学研究和技术服务业 | Scientific Research and Technical Services |
| 研究和试验发展 | Research and Experimental Development |
| 专业技术服务业 | Professional Technical Services |
| 科技推广和应用服务业 | Services of Science and Technology Exchanges and Promotion |
| 水利、环境和公共设施管理业 | Management of Water Conservancy,Environment and Public Facilities |
| 水利管理业 | Management of Water Conservancy |
| 生态保护和环境治理业 | Ecological Protection and Environmental Treatment |
| 公共设施管理业 | Management of Public Facilities |
| 土地管理业 | Land Management |
| 居民服务、修理和其他服务业 | Households' service,Repair and Other Services |
| 居民服务业 | Services to Households |
| 机动车、电子产品和日用产品修理业 | Motor Vehicle,Electronic Products and Consumer Products Repair |
| 其他服务业 | Other Services |
| 教育 | Education |
| 卫生和社会工作 | Health and Social Work |
| 卫生 | Health |
| 社会工作 | Social Work |
| 文化、体育和娱乐业 | Culture,Sports and Entertainment |
| 新闻和出版业 | News and Publication |
| 广播、电视、电影和影视录音制作业 | Production of Radio,Television,Film and Video Recording |
| 文化艺术业 | Culture and Arts |
| 体育 | Sports |
| 娱乐业 | Entertainment |

# Business Revenue of Service Enterprises above the Designated Size (2020, by Sector)

(10000 yuan)

| 企业单位数 (个) Number of Enterprises (unit) | 营业收入 (万元) Business Revenue (10000 yuan) | 同比增速 (%) Year-on-year Growth Rate (%) |
|---|---|---|
| **11666** | **140948283** | **1.3** |
| 1490 | 41419633 | -8.0 |
| 10 | 6037403 | -19.6 |
| 580 | 8918369 | -8.7 |
| 75 | 4025163 | -3.0 |
| 13 | 8019301 | -35.6 |
| 2 | 98765 | 7.3 |
| 566 | 8759422 | 39.5 |
| 167 | 1275030 | 14.7 |
| 77 | 4286182 | 17.1 |
| 2130 | 42415296 | 14.7 |
| 75 | 5270737 | 6.9 |
| 346 | 12766498 | 17.7 |
| 1709 | 24378062 | 15.0 |
| 1766 | 10968357 | 6.2 |
| 3253 | 24724218 | -5.5 |
| 216 | 1081031 | 14.8 |
| 3037 | 23643187 | -6.3 |
| 1493 | 13720875 | 12.3 |
| 230 | 2241536 | 12.3 |
| 1044 | 10224580 | 12.3 |
| 219 | 1254759 | 12.2 |
| 108 | 1482442 | 8.7 |
| 4 | 11407 | -40.7 |
| 31 | 290796 | 12.2 |
| 70 | 1169857 | 8.7 |
| 3 | 10382 | 13.0 |
| 448 | 1188358 | 2.7 |
| 105 | 282768 | -10.2 |
| 158 | 363984 | 10.9 |
| 185 | 541605 | 5.3 |
| 275 | 1476213 | -1.1 |
| 214 | 1460272 | 6.1 |
| 161 | 1346628 | 4.5 |
| 53 | 113644 | 30.7 |
| 489 | 2092618 | -31.5 |
| 64 | 600618 | 4.4 |
| 164 | 594099 | -44.8 |
| 77 | 167845 | -18.9 |
| 65 | 279945 | -31.7 |
| 119 | 450111 | -42.6 |

## 16-9 规模以上服务业企业营业收入(2020年，按地区分)

## Business Revenue of Service Enterprises above the Designated Size (2020, by District)

| 项　目 | District | 企业单位数（个）Number of Enterprises (unit) | 营业收入（万元）Business Revenue (10000 yuan) | 同比增速（%）Year-on-year Growth Rate (%) |
|---|---|---|---|---|
| **合　计** | **Total** | **11666** | **140948283** | **1.3** |
| **按地区分** | **By District** | | | |
| 荔湾区 | Liwan | 407 | 3278386 | -0.5 |
| 越秀区 | Yuexiu | 1934 | 24039245 | -7.2 |
| 海珠区 | Haizhu | 1817 | 14304689 | 12.0 |
| 天河区 | Tianhe | 3009 | 46302341 | 6.5 |
| 白云区 | Baiyun | 1184 | 14217642 | -26.2 |
| 黄埔区 | Huangpu | 1298 | 15883369 | 19.3 |
| 番禺区 | Panyu | 877 | 9298059 | 3.2 |
| 花都区 | Huadu | 307 | 2590423 | 8.9 |
| 南沙区 | Nansha | 474 | 9207982 | 14.2 |
| 从化区 | Conghua | 106 | 700157 | 12.6 |
| 增城区 | Zengcheng | 253 | 1125990 | 5.7 |

# 16-10 规模以上服务业企业营业收入(2020年，按登记注册类型和控股情况分)

# Business Revenue of Service Enterprises above the Designated Size (2020, by Registration Status and Type of Ownership)

| 项　　目 | Item | 企业单位数(个) Number of Enterprises (unit) | 营业收入(万元) Business Revenue (10000 yuan) | 同比增速(%) Year-on-year Growth Rate (%) |
|---|---|---|---|---|
| **合　计** | **Total** | **11666** | **140948283** | **1.3** |
| **按登记注册类型分** | **Grouped by Registration Status** | | | |
| 内资企业 | Domestic Funded | 10738 | 123298240 | 1.1 |
| 国有企业 | State-owned | 273 | 6824682 | 5.7 |
| 集体企业 | Collective-owned | 410 | 952899 | -2.5 |
| 股份合作企业 | Cooperative | 25 | 67161 | -3.4 |
| 联营企业 | Joint Ownership Enterprises | 7 | 62435 | -0.4 |
| 国有联营企业 | State Joint Ownership Enterprises | 4 | 54526 | 6.0 |
| 集体联营企业 | Collective Joint Ownership Enterprises | 2 | 7347 | -28.9 |
| 其他联营企业 | Joint State-collective Enterprises | 1 | 562 | -39.0 |
| 有限责任公司 | Limited Liability Corporations | 2877 | 53898093 | 4.6 |
| 国有独资公司 | State Sole Funded Corporations | 359 | 15336808 | -5.5 |
| 其他有限责任公司 | Other Limited Liability Corporations | 2518 | 38561285 | 9.2 |
| 股份有限公司 | Share-holding Corporations Ltd. | 262 | 14988446 | -28.1 |
| 私营企业 | Private Enterprises | 6697 | 45556356 | 10.8 |
| 私营独资企业 | Private-funded Enterprises | 68 | 264441 | 45.1 |
| 私营合伙企业 | Private Partnership Enterprises | 167 | 829732 | 3.2 |
| 私营有限责任公司 | Private Limited Liability Corporations | 6263 | 41499320 | 11.6 |
| 私营股份有限公司 | Private Share Holding Corporations | 199 | 2962863 | -0.1 |
| 其他企业 | Others | 187 | 948169 | 2.1 |

16-10 续表 continued

| 项 目 | Item | 企业单位数（个）Number of Enterprises (unit) | 营业收入（万元）Business Revenue (10000 yuan) | 同比增速(%) Year-on-year Growth Rate (%) |
|---|---|---|---|---|
| 港、澳、台商投资企业 | Enterprises with Funds from Hong Kong, Macao and Taiwan Investors | 559 | 11324701 | 1.6 |
| 与港澳台商合资经营企业 | Joint-venture Enterprises | 103 | 1171606 | -3.3 |
| 与港澳台商合作经营企业 | Cooperative Enterprises | 50 | 1158149 | -22.7 |
| 港澳台商独资经营企业 | Enterprises with Sole Funds | 388 | 8819921 | 6.6 |
| 港澳台商投资股份有限公司 | Share-holding Corporations Ltd. | 13 | 162273 | 19.0 |
| 其他港澳台投资企业 | Other Enterprises with Funds from Hong Kong, Macao and Taiwan | 5 | 12752 | -49.7 |
| 外商投资企业 | Foreign Funded Enterprises | 369 | 6325341 | 5.3 |
| 中外合资经营企业 | Joint-venture Enterprises | 127 | 1997994 | -1.6 |
| 中外合作经营企业 | Cooperative Enterprises | 11 | 185089 | -18.8 |
| 外资企业 | Enterprises with Sole Foreign Funds | 206 | 3721940 | 14.7 |
| 外商投资股份有限公司 | Share-holding Corporations Ltd. | 9 | 306074 | -4.7 |
| 其他外商投资企业 | Other Foreign Funded Enterprises | 16 | 114245 | -37.3 |
| **按控股情况分** | **Group by Type of Ownership** | | | |
| 国有控股 | State-owned | 1301 | 52113047 | -9.2 |
| 集体控股 | Collective-owned | 493 | 2168145 | -5.4 |
| 私人控股 | Private Holdings | 8130 | 58888805 | 8.9 |
| 港澳台商控股 | Hong Kong, Macao and Taiwan Holdings | 495 | 9337092 | 4.5 |
| 外商控股 | Foreign Holdings | 291 | 4824616 | 8.8 |
| 其他 | Other Holdings | 956 | 13616577 | 12.9 |

# 主要统计指标解释

【营业收入】指企业从事销售商品、提供劳务和让渡资产使用权等生产经营活动形成的经济利益流入。营业收入包括“主营业务收入”和“其他业务收入”。

【营业成本】指企业从事销售商品、提供劳务和让渡资产使用权等生产经营活动发生的实际成本。“营业成本”应当与“营业收入”进行配比。包括“主营业务成本”和“其他业务成本”。

【营业利润】指企业从事生产经营活动所取得的利润。执行《企业会计准则》或《小企业会计准则》的企业，营业利润为营业收入减去营业成本、税金及附加、销售费用、管理费用、财务费用、研发费用、资产减值损失、信用减值损失，再加上公允价值变动收益、资产处置收益、投资收益、净敞口套期收益和其他收益。执行其他企业会计制度的企业，营业利润为营业收入减去营业成本、税金及附加，加上其他业务利润后，再减去销售费用、管理费用、财务费用、研发费用后的金额，应符合以下逻辑关系：营业利润等于营业收入减去营业成本、税金及附加、销售费用、管理费用、财务费用、研发费用。

【利润总额】指企业在一定会计期间的经营成果，是生产经营过程中各种收入扣除各种耗费后的盈余，反映企业在报告期内实现的盈亏总额。执行《企业会计准则》或《小企业会计准则》的企业，利润总额为营业利润加上营业外收入，减去营业外支出后的金额；执行其他企业会计制度的企业，利润总额为营业利润加上投资收益、营业外收入，再减去营业外支出后的金额。

【应付职工薪酬】指企业为获得职工提供的服务或解除劳动关系而给予的各种形式的报酬或补偿。包括职工工资、奖金、津贴和补贴，职工福利费，医疗保险费、养老保险费、失业保险费、工伤保险费和生育保险费等社会保险费，住房公积金，工会经费和职工教育经费，带薪缺勤，利润分享计划，非货币性福利，辞退福利和其他为获得职工提供的服务而给予的报酬或补偿。

【平均用工人数】指报告期内（年度、月度）企业平均拥有的从事服务业活动的人员数。按“谁用工，谁统计”的原则实施统计，包括参加企业服务业活动的正式人员，劳务派遣人员和临时聘用人员。不包括在本企业领取工资、股息、红利、未参加服务业活动的人员。

# Explanatory Notes on Main Statistical Indicators

**【Business Revenue】** refers to the inflow of economic benefits from production and operation activities such as selling goods, providing labor services and transferring the right to use assets. Total operating revenue includes the main business income and other operating income.

**【Business Costs】** refers to the actual costs incurred by an enterprise in production and operation activities such as selling goods, providing labor services and transferring the right to use assets. "Business cost" shall be matched with "Business Revenue". Including "Main business costs" and "Other business costs".

**【Business Profits】** refers to the profit gained by an enterprise in its production and operation activities. For an enterprise performing the accounting standards for enterprises or small business accounting standards, operating profit is revenue minus the operating cost, additional, sales tax and fees, management fees, financial cost, development cost, asset impairment loss, credit impairment loss, coupled with the gains on the changes in the fair value, disposal income, investment income, net exposure to hedging income and other income. For an enterprise that implements other accounting systems for enterprises, the operating profit is the amount of operating income minus operating costs, taxes and surcharges, plus other business profits and minus sales expenses, administrative expenses, financial expenses and research and development expenses, which shall conform to the following logical relationship: Operating profit is equal to revenue minus operating costs, taxes and surcharges, selling expenses, administrative expenses, financial expenses, and research and development expenses.

**【Total Profits】** refers to all kinds of income surplus of enterprises after the deduction of the various costs in the process of production, to reflect the realized total profit and loss of the enterprise in the reporting period. For enterprises that implement the Accounting Standards for Enterprises or the Accounting Standards for Small Enterprises, the total profit is the amount of operating profit plus non-operating income, minus non-operating expenses; For an enterprise that implements other accounting systems for enterprises, the total profit shall be the amount of operating profit plus investment income and non-operating income, minus non-operating expenses.

**【Total Wages Payable】** refers to various forms of remuneration or compensation given by an enterprise to obtain services provided by employees or to terminate labor relations. Including employee wages, bonuses, allowances and subsidies, employee welfare, social insurance premiums such as medical insurance, old-age insurance, unemployment insurance, industrial injury insurance and maternity insurance, housing provident fund, trade union funds and employee education funds, paid absenteeism, profit sharing plan, non-monetary benefits, Severance benefits and other remuneration or compensation for services rendered by employees.

**【Average number of employed persons】** refers to the average number of employees engaged in service industry activities by enterprises during the reporting period (annual and monthly). According to the "who uses the labor, who statistics" principle implementation statistics, including the formal staff, labor dispatch personnel and temporary employment staff who participate in business service activities excluding the people who receiving wages, dividends, bonuses from the enterprise but not participating in the service industry activities.

第十七篇 CHAPTER 17

# 科 技

# SCIENCE AND TECHNOLOGY

# 第十七篇　科技

**简要说明**

一、本篇资料反映广州市科学技术活动的基本情况。

二、资料来源：17-1 至 17-5 表根据广州市科学技术局、广州市市场监督管理局（知识产权局）、广州市科协等部门提供的统计数据加工整理。17-6 至 17-13 表由广州市统计局人口和社会科技统计处根据国家统计局企业研发活动情况年报表数据整理。17-14 至 17-16 表分别由广州市统计局综合处、工业处和服务业处提供。

# 17 Science and Technology

**Brief Introduction**

I.The data in this chapter show the basic conditions of Guangzhou's activities of science and technology.

II. Data resources: Tables 17-1 to 17-5 is provided by Guangzhou Municipal Science and Technology Bureau, Guangzhou Administration for Market Regulation (Intellectual Property Office), Guangzhou Association of Science and Technology. Tables 17-6 to 17-13 are organized by the population and Social Science and Technology Statistics Department of the Bureau of Statistics of Guangzhou, according to the annual report on enterprise R&D activities in the National Bureau of Statistics. Tables 17-14 to 17-16 is provided by Guangzhou Bureau of Statistics, Integrated Branch, Industry Branch and Service Branch, respectively.

# 17-1 科技监测主要指标

# Main Indicators of Scientific and Technological Monitoring

| 项　　目 | Item | 2019 | 2020 |
|---|---|---|---|
| 科研机构人均固定资产原价 （千元/人） | Per Capita Original Value of Fixed Assets of Scientific Research Institutions (1000 yuan/person) | 830.00 | 848.00 |
| 科学研究和技术服务业新增固定资产占全社会新增固定资产比重 (%) | Proportion of Newly-increasing Fixed Assets in Science Research and Technology Services to Newly-increasing Fixed Assets of the Whole Society (%) | 0.38 | 0.52 |
| 每万人口专利授权量 （件/万人） | Number of Patent Applications Granted per 1 Million Persons (piece/10000 persons) | 111.42 | 160.75 |
| 每万人口发明专利授权量 （件/万人） | Number of Invention & Patent Applications Granted per Million Persons (piece/10000 persons) | 12.99 | 15.55 |
| 专业技术人才数 （万人） | Number of professional and technical personnel (10000 persons) | 186.00 | 195.00 |
| 其中：高级职称 | Senior title of professional | 20.80 | 22.40 |
| 中级职称 | Middle title of professional | 85.60 | 89.74 |
| 初级职称 | Junior title of professional | 79.60 | 82.86 |
| 技术市场合同成交金额年增长率 (%) | Annual Growth Rates of Contracted Transaction Value in Technical Market (%) | 77.01 | 77.21 |

# 17-2 各类科学研究与开发机构基本情况

# Basic Statistics of Scientific Research and Development Institutions

| 项　目 | Item | 2019 全市 Total | 2019 # 市属 Managed by Municipal Government |
|---|---|---|---|
| 机构数（个） | Number of Institutions (unit) | 185 | 61 |
| # 自然科学 | Natural Science | 175 | 57 |
| 从业人员（人） | Employed Persons (person) | 31947 | 7221 |
| # 自然科学 | Natural Science | 31174 | 6878 |
| 在从业人员中的科研人员（人） | Scientific Researchers of Employed Persons (person) | 25547 | 5320 |
| # 自然科学 | Natural Science | 24847 | 5013 |

17-2　续表　continue

| 项　目 | Item | 2020 全市 Total | 2020 # 市属 Managed by Municipal Government |
|---|---|---|---|
| 机构数（个） | Number of Institutions (unit) | 190 | 65 |
| # 自然科学 | Natural Science | 180 | 61 |
| 从业人员（人） | Employed Persons (person) | 34055 | 7310 |
| # 自然科学 | Natural Science | 33255 | 6954 |
| 在从业人员中的科研人员（人） | Scientific Researchers of Employed Persons (person) | 28780 | 5827 |
| # 自然科学 | Natural Science | 28057 | 5504 |

# 17-3　获得省级以上科技成果奖励情况

# Statistics on Provincial Prizes and Above for Scientific and Technological Research Achievements

单位：项 (item)

| 指　　标 | Indicators | 2019 | 2020 |
|---|---|---|---|
| **国家级科技奖励成果** | **National Prizes for Scientific and Technological Research Achievements** | **27** | |
| 国家发明奖 | Number of National Invention Prizes Awarded | 2 | |
| 国家自然科学奖 | Number of National Natural Sciences Prizes Awarded | 2 | |
| 国家科技进步奖 | Number of National Scientific and Technological Progress Prizes Awarded | 23 | |
| **省级科技奖励成果** | **Provincial Prizes for Scientific and Technological Research Achievements** | **136** | **142** |
| 省科技进步奖 | Number of Provincial Scientific and Technological Progress Prizes Awarded | 100 | 107 |

注：国家级科技奖励成果尚未完成最终评比，暂无数据。

Note: National science and technology award achievements have not completed the final evaluation, so the relevant data is unavailable.

# 17-4 科协基本情况（2020年）

| 项　　目 | | Item | |
|---|---|---|---|
| 机构数 | （个） | Number of Associations for Science & Technology | (unit) |
| 机关人数 | （人） | Number of Agency Personnel | (person) |
| 在册学会、协会、研究会 | （个） | Number of Registered Societies, Associations and Research Societies | (unit) |
| 企业科协 | （个） | Associations in Enterprises | (unit) |
| 乡镇/街道科协个数 | （个） | Associations in County-level cities/Communities | (unit) |
| 农技协个数 | （个） | Specialized Rural Technological Societies | (unit) |
| 举行国内外学术交流活动 | （次） | Number of Domestic and International Academic Meetings | (times) |
| 参加人数 | （人） | Number of Participants | (person-times) |
| 举办科普宣讲活动 | （次） | Number of Lectures on Popular Science | (times) |
| # 举办专题展览 | （次） | Number of Special Subject Exhibitions | (times) |
| 开展科技咨询 | （次） | Number of Scientific and Technological Consulting | (times) |
| 科普宣讲活动受众人数 | （人次） | Number of Participants in Lectures on Popular Science | (person-time) |
| 举办实用技术培训 | （次） | Number of Practical and Technical Training Courses | (times) |
| 实用技术培训人数 | （人） | Number of Participants to Practical and Technical Training Courses | (person) |
| 推广新技术、新品种 | （项） | Popularizing New Technologies and New Species | (items) |
| 科普宣讲活动覆盖村(社区)个数 | （个） | Number of Villages covered (Communities covered) by Lectures on Popular Science | (unit) |
| 举办青少年科普活动 | （次） | Number of Lectures on Popular Science for Teenagers | (times) |
| 青少年科普活动受众人数 | （人次） | Number of Participants to Lectures on Popular Science for Teenagers | (person-time) |
| 举办青少年科技竞赛 | （项） | Number of Teenagers Science and Technology Competitions | (times) |
| 青少年科技竞赛参加人数 | （人） | Number of Persons Engaged in Teenagers Science and Technology Competitions | (person) |
| 青少年科技竞赛获奖人数 | （人） | Number of Winners in Teenagers Science and Technology Competitions | (person) |
| 科技馆(科普活动中心) | （个） | Number of Science Centers | (unit) |
| 科普活动站(室) | （个） | Number of Popular Science labs | (unit) |
| 科普画廊建筑面积(宣传栏、科普橱窗) | （平方米） | Construction Area of Popular Science Galleries | (Square meter) |
| 科普画廊展示面积 | （平方米） | Demonstration Area of Popular Science Galleries | (Square meter) |
| 制作科普挂图种数 | （种） | Types of Popular Science Charts | (type) |
| 科普挂图总印数 | （张） | Total Amount of Printed Popular Science Charts | (piece) |
| 接待国外专家学者 | （人） | Foreign Experts and Scholars | (person) |
| 接待港澳台地区专家学者 | （人） | Experts and Scholars from Hong Kong, Macao and Taiwan | (person) |
| 参与“创交会”人数 | （人） | Number of Persons Engaged in China Innovation and Entrepreneurship Fair | (person) |

## Basic Statistics on Associations for Science and Technology (2020)

| 合 计<br>Total | # 市科协<br>City-level Associations | 区科协<br>District-level Associations |
| --- | --- | --- |
| 12 | 1 | 11 |
| 109 | 43 | 66 |
| 165 | 103 | 62 |
| 171 | 107 | 64 |
| 142 | | 142 |
| 5 | | 5 |
| 16 | 15 | 1 |
| 12834 | 12704 | 130 |
| 316 | 156 | 160 |
| 40 | 22 | 18 |
| 97 | 42 | 55 |
| 3736581 | 3452706 | 283875 |
| 38 | 10 | 28 |
| 2753 | 550 | 2203 |
| 16 | 6 | 10 |
| 959 | 337 | 622 |
| 166 | 45 | 121 |
| 352361 | 174661 | 177700 |
| 23 | 2 | 21 |
| 17292 | 1360 | 15932 |
| 5069 | 787 | 4282 |
| 2 | 1 | 1 |
| 325 | | 325 |
| 13200 | 387 | 12813 |
| 24480 | 1147 | 23333 |
| 390 | 381 | 9 |
| 1727 | 434 | 1293 |
| 8 | 8 | |
| 8 | 8 | |
| 42000 | 42000 | |

## 17-5　专利授权量

## Patent Certified

单位：件　(item)

| 指　标 | Indicators | 专利授权量 Patent Certified 2019 | 2020 |
|---|---|---|---|
| **总　计** | **Total** | **104813** | **155835** |
| **按种类分** | **By Sort** | | |
| 发　明 | Creations and Inventions | 12222 | 15077 |
| 实用新型 | Utility Models | 54746 | 83462 |
| 外观设计 | Appearance Designs | 37845 | 57296 |
| **按对象分** | **By Applicant** | | |
| 非职务发明创造 | Non-position Creations and Inventions | 14885 | 48320 |
| 职务发明创造 | Position Creations and Inventions | 89928 | 107515 |
| 大专院校 | Universities and Colleges | 7956 | 11259 |
| 科研单位 | Research Institutions | 2010 | 2620 |
| 工矿企业 | Industrial Enterprises | 78384 | 92134 |
| 机关团体 | Government Agencies and Organizations | 1578 | 1502 |

## 17-6　主要年份研究与试验发展(R&D)投入情况

## Research and Experimental Development (R&D) in Main Years

| 年份 Year | R&D经费内部支出(亿元) Internal Expenditure on R&D (100 million yuan) | R&D人员(万人) Number of R&D Personnel (10000 persons) | R&D人员折合全时当量(万人年) Number of R&D Personnel (10 000 man-year) | 研发强度(%) Percentage of R&D Expenditure in Provincial GDP (%) |
|---|---|---|---|---|
| 2000 | 29.06 | | 2.58 | 1.17 |
| 2001 | 32.66 | | 2.72 | 1.15 |
| 2002 | 34.86 | | 2.82 | 1.09 |
| 2003 | 37.27 | | 2.89 | 0.99 |
| 2004 | 44.51 | | 2.99 | 1.00 |
| 2005 | 47.29 | | 3.05 | 0.92 |
| 2006 | 51.38 | | 3.07 | 0.84 |
| 2007 | 100.40 | | 4.36 | 1.41 |
| 2008 | 129.19 | | 4.80 | 1.56 |
| 2009 | 171.01 | 9.07 | 6.58 | 1.87 |
| 2010 | 192.43 | 9.91 | 6.60 | 1.79 |
| 2011 | 238.06 | 11.58 | 8.41 | 1.92 |
| 2012 | 262.87 | 12.87 | 9.04 | 1.94 |
| 2013 | 292.07 | 14.38 | 10.02 | 1.90 |
| 2014 | 334.01 | 15.34 | 10.28 | 2.00 |
| 2015 | 380.13 | 16.57 | 10.96 | 2.10 |
| 2016 | 457.46 | 16.27 | 11.02 | 2.31 |
| 2017 | 532.41 | 19.57 | 11.80 | 2.48 |
| 2018 | 600.17 | 20.36 | 13.42 | 2.63 |
| 2019 | 677.74 | 22.90 | 15.06 | 2.87 |
| 2020 | 774.84 | 23.93 | 16.04 | 3.10 |

注：1．本表研发强度数据按当年地区生产总值计算，未对过往年份数据进行调整。
　　2．2009年以前未对R&D人员进行统计。

Note: I. The Percentage of R&D Expenditure in Provincial GDP data in this table is calculated based on the current year's Provincial GDP, and the previous year's data is not adjusted.
II. No statistics on Number of R&D Personnel before 2009.

# 17-7 研究与试验发展(R&D)投入基本情况

## Basic situation of Research and Experimental Development (R&D)

| 指　标 | Item | 2019 | 2020 |
|---|---|---|---|
| R&D人员（万人） | Number of R&D Personnel (10 000 persons) | 22.90 | 23.93 |
| # 企业 | Enterprises | 14.33 | 15.20 |
| 科研机构 | R&D Institutions | 2.13 | 2.49 |
| 高校 | Institutions of Higher Education | 5.94 | 5.85 |
| 其他 | others | 0.50 | 0.39 |
| R&D人员折合全时当量（万人年） | Number of R&D Personnel (10 000 person-years) | 15.06 | 16.04 |
| # 企业 | Enterprises | 10.34 | 11.03 |
| 科研机构 | R&D Institutions | 1.64 | 1.90 |
| 高校 | Institutions of Higher Education | 2.74 | 2.86 |
| 其他 | others | 0.35 | 0.25 |
| R&D经费内部支出（亿元） | Internal Expenditure on R&D (100 million yuan) | 677.74 | 774.84 |
| # 企业 | Enterprises | 432.54 | 476.03 |
| 科研机构 | R&D Institutions | 103.30 | 138.93 |
| 高校 | Institutions of Higher Education | 131.48 | 139.55 |
| 其他 | others | 10.42 | 20.33 |
| 全社会R&D经费内部支出占GDP比例（%） | Percentage of Research and Development Expenditure in Provincial GDP (%) | 2.87 | 3.10 |

# 17-8 规模以上工业企业研发情况

# Research and Experimental Development (R&D) of Industrial Enterprises above the Designated Size

| 项　　目 | Item | 2019 | 2020 |
| --- | --- | --- | --- |
| 规模以上工业企业数　（个） | Number of Industrial Enterprises above Designated Size (unit) | 5786 | 6203 |
| #有R&D活动的企业数　（个） | Number of Enterprises Having R&D Activities (unit) | 2349 | 2769 |
| 有研发机构的企业数　（个） | Number of Enterprises Having Research and Development Institutions (unit) | 2620 | 2685 |
| R&D经费内部支出合计（万元） | Expenditure for R&D (10000 yuan) | 2862407.1 | 3151115.9 |
| 按支出用途分组 | Grouped by use of Expenditure | | |
| 经常性支出 | Recurrent Expenditure | 2702037.4 | 2917770.6 |
| 资产性支出 | Capital Expenditure | 160369.7 | 233345.3 |
| 按支出类型分组 | Group by Expenditure Type | | |
| 基础研究支出 | Basic Research Expenditure | 3106.7 | 2892.2 |
| 应用研究支出 | Applied Research Expenditure | 7914.0 | 24564.5 |
| 试验发展支出 | Experimental Development Expenditure | 2851386.4 | 3123659.2 |
| 按资金来源分组 | Grouped by Source of Funds | | |
| 政府资金 | Government Appropriation Funds | 56003.7 | 50809.8 |
| 企业资金 | Self-raised Funds of Enterprises | 2806330.0 | 3075567.6 |
| 境外资金 | Overseas Funds | | 3767.6 |
| 其他资金 | Others | 73.4 | 20970.9 |
| R&D人员　（人） | R&D Personnel (person) | 99979 | 105364 |
| R&D人员折合全时当量（人年） | Full-time Equivalent of R&D Personnel (person-year) | 72877 | 77703 |
| 企业办研发机构数　（个） | Number of Research and Development Institutions in Enterprises (unit) | 3040 | 3066 |
| 研发机构人员　（人） | Personnel in Research and Development Institutions (person) | 109176 | 110255 |
| #硕士毕业及以上的人员 | Personnel with Educational Background of Master and Above | 9668 | 9955 |

# 17-9 资质以上建筑业企业研发情况

# Research and Experimental Development (R&D) of Grade Construction Enterprises

| 项　　目 | Item | 2019 | 2020 |
|---|---|---|---|
| 资质以上建筑业企业数（个） | Number of Grade Construction Enterprises (unit) | 307 | 349 |
| # 有R&D活动的企业数（个） | Number of Enterprises Having R&D Activities (unit) | 91 | 116 |
| 有研发机构的企业数 | Number of Enterprises Having Research and Development Institutions (unit) | 101 | 104 |
| R&D经费内部支出合计（万元） | Expenditure for R&D (10000 yuan) | 340333.5 | 314149.3 |
| 按支出用途分组 | Grouped by use of Expenditure | | |
| 经常性支出 | Recurrent Expenditure | 329962.8 | 306754 |
| 资产性支出 | Capital Expenditure | 10370.7 | 7395.3 |
| 按支出类型分组 | Group by Expenditure Type | | |
| 基础研究支出 | Basic Research Expenditure | | 31.3 |
| 应用研究支出 | Applied Research Expenditure | 12628.8 | 12576.1 |
| 试验发展支出 | Experimental Development Expenditure | 327704.7 | 301541.9 |
| 按资金来源分组 | Grouped by Source of Funds | | |
| 政府资金 | Government Appropriation Funds | 561.9 | 1563.2 |
| 企业资金 | Self-raised Funds of Enterprises | 338814.3 | 312586.1 |
| 境外资金 | Overseas Funds | 957.3 | |
| 其他资金 | Others | | |
| R&D人员 | R&D Personnel (person) | 6816 | 8439 |
| R&D人员折合全时当量（人年） | Full-time Equivalent of R&D Personnel (person-year) | 4927 | 6400 |
| 企业办研发机构数（个） | Number of Research and Development Institutions in Enterprises (unit) | 138 | 147 |
| 研发机构人员（人） | Personnel in Research and Development Institutions (person) | 12149 | 12882 |
| # 硕士毕业及以上的人员 | Personnel with Educational Background of Master and Above | 1187 | 932 |

注：本表中的建筑业企业指特、一级资质总承包，一级资质专业承包建筑业企业。

Note: Data in this table is the first-grade qualification of construction enterprise refers to the special and general contracting of construction enterprise specialized contracting.

# 17-10 规模以上服务业企业研发情况

# Research and Experimental Development (R&D) of Service Enterprises above the Designated Size

| 项　　目 | Item | 2019 | 2020 |
|---|---|---|---|
| 规模以上服务业企业数　（个） | Number of Service Enterprises above Designated Size (unit) | 8088 | 8699 |
| # 有R&D活动的企业数　（个） | Number of Enterprises Having R&D Activities (unit) | 1094 | 1170 |
| 有研发机构的企业数　（个） | Number of Industrial Enterprises Having Research and Development Institutions (unit) | 1228 | 1319 |
| R&D经费内部支出合计　（万元） | Expenditure for R&D (10000 yuan) | 1048749.2 | 1176001.9 |
| 按支出用途分组 | Grouped by use of Expenditure | | |
| 经常性支出 | Recurrent Expenditure | 965805.3 | 1097494.3 |
| 资产性支出 | Capital Expenditure | 82943.9 | 78507.6 |
| 按支出类型分组 | Group by Expenditure Type | | |
| 基础研究支出 | Basic Research Expenditure | 6279.7 | 7843.8 |
| 应用研究支出 | Applied Research Expenditure | 87809.6 | 78973.1 |
| 试验发展支出 | Experimental Development Expenditure | 954659.9 | 1089185 |
| 按资金来源分组 | Grouped by Source of Funds | | |
| 政府资金 | Government Appropriation Funds | 41568.4 | 52080.5 |
| 企业资金 | Self-raised Funds of Enterprises | 1007122.8 | 1121938.3 |
| 境外资金 | Overseas Funds | | 991.2 |
| 其他资金 | Others | 58.0 | 991.9 |
| R&D人员 | R&D Personnel (person) | 36508 | 37575 |
| R&D人员折合全时当量　（人年） | Full-time Equivalent of R&D Personnel (person-year) | 25632 | 25698 |
| 企业办研发机构数　（个） | Number of Research and Development Institutions in Enterprises (unit) | 1547 | 1636 |
| 研发机构人员　（人） | Personnel in Research and Development Institutions (person) | 96601 | 108917 |
| # 硕士毕业及以上的人员 | Personnel with Educational Background of Master and Above | 14055 | 16290 |

注：本表中规模以上服务业只包含以下行业：交通运输、仓储和邮政业，信息传输、软件和信息技术服务业，租赁和商务服务业，科学研究和 技术服务业，水利、环境和公共设施管理业，卫生和社会工作，文化、体育和娱乐业。

Note: The service enterprises above the designated size in this table only includes the following industries: transportation, warehousing and postal service, information transmission software and information technology services, leasing and business services, scientific research and technical services, water environment and public facilities management, health and social work, culture and sports and entertainment.

# 17-11 高校研究与试验发展（R&D）情况

## Research and Experimental Development (R&D) of Institutions of Higher Education

| 项　　目 | Item | 2019 | 2020 |
|---|---|---|---|
| **R&D经费内部支出合计（万元）** | **Expenditure for R&D (10000 yuan)** | 1314764.4 | 1395524.6 |
| 按类型分组 | Group by Expenditure Type | | |
| 基础研究支出 | Basic Research Expenditure | 626505.5 | 717718.2 |
| 应用研究支出 | Applied Research Expenditure | 575695.4 | 538642.6 |
| 试验发展支出 | Experimental Development Expenditure | 112563.5 | 139163.8 |
| 按资金来源分组 | Grouped by Source of Funds | | |
| 政府资金 | Government Appropriation Funds | 969764.2 | 954432.8 |
| 企业资金 | Self-raised Funds of Enterprises | 257792.5 | 394463.2 |
| 境外资金 | Overseas Funds | 1104.5 | 1709.8 |
| 其他资金 | Others | 86103.2 | 44918.8 |
| **R&D人员（人）** | **R&D Personnel (person)** | 59398 | 58532 |
| **R&D人员折合全时当量（人年）** | **Full-time Equivalent of R&D Personnel** | 27364.7 | 28610 |
| 按类型分组 | Group by Type | | |
| 基础研究 | Basic Research | 14149.7 | 14803 |
| 应用研究 | Applied Research | 12045.7 | 12513.0 |
| 试验发展 | Experimental Development | 1169.3 | 1294 |

# 17-12 科研机构研究与试验发展（R&D）情况

# Research and Experimental Development (R&D) of R&D Institutions

| 项　　目 | Item | 2019 | 2020 |
|---|---|---|---|
| **R&D经费内部支出合计（万元）** | **Expenditure for R&D (10000 yuan)** | 1033004.8 | 1389305.1 |
| 按类型分组 | Group by Expenditure Type | | |
| 基础研究支出 | Basic Research Expenditure | 286680.7 | 319833.2 |
| 应用研究支出 | Applied Research Expenditure | 361674.3 | 397523.2 |
| 试验发展支出 | Experimental Development Expenditure | 384649.8 | 671948.7 |
| 按资金来源分组 | Grouped by Source of Funds | | |
| 政府资金 | Government Appropriation Funds | 782972.6 | 1125049.2 |
| 企业资金 | Self-raised Funds of Enterprises | 54746.7 | 63325.8 |
| 境外资金 | Overseas Funds | 1457.7 | 730.1 |
| 其他资金 | Others | 193827.8 | 200200.0 |
| **R&D人员（人）** | **R&D Personnel (person)** | 21324 | 24901 |
| **R&D人员折合全时当量（人年）** | **Full-time Equivalent of R&D Personnel** | 16367 | 18973 |
| 按类型分组 | Group by Type | | |
| 基础研究 | Basic Research | 4351 | 4916 |
| 应用研究 | Applied Research | 5691 | 6466 |
| 试验发展 | Experimental Development | 6325.0 | 7591.0 |

## 17-13 各区研究与试验发展(R&D)投入情况(2020年)
## Research and Experimental Development (R&D) by District (2020)

| 地　区 | Districts | R&D经费内部支出(亿元) Internal Expendi on R&D (100 million yuan) | 研发强度(%) Percentage of R&D Expenditure in Provincial GDP (%) |
|---|---|---|---|
| **全　市** | **Total** | **774.84** | **3.10** |
| 荔湾区 | Liwan | 12.98 | 1.20 |
| 越秀区 | Yuexiu | 66.67 | 1.98 |
| 海珠区 | Haizhu | 69.85 | 3.35 |
| 天河区 | Tianhe | 175.02 | 3.29 |
| 白云区 | Baiyun | 35.27 | 1.57 |
| 黄埔区 | Huangpu | 209.15 | 5.71 |
| 番禺区 | Panyu | 64.96 | 2.85 |
| 花都区 | Huadu | 36.59 | 2.18 |
| 南沙区 | Nansha | 67.75 | 3.67 |
| 从化区 | Conghua | 8.20 | 2.12 |
| 增城区 | Zengcheng | 28.40 | 2.67 |

注：本表研发强度数据按当年地区生产总值计算。
Note: The Percentage of R&D Expenditure in Provincial GDP data in this table is calculated based on the current year's Provincial GDP.

## 17-14 高新技术产品情况(2020年)
## Statistics on High-tech Products (2020)

单位：万元 (10000 yuan)

| 项　目 | Item | 企业数(个) Number of Enterprises (unit) | 总产值 Gross Output Value | 产　品销售收入 Sales Revenue | 出　口销售收入 Sales Revenue of Export | 实现利税总额 Total Profits and Taxes |
|---|---|---|---|---|---|---|
| **合　计** | **Total** | **5176** | **102897014** | **107653868** | **11060872** | **11226315** |
| # 规模以上工业 | Industries above Designated Size | 2176 | 94993365 | 94376600 | 10587916 | 9574910 |
| 规模以上服务业 | Service above Designated Size | 858 | | 8468289 | 94304 | 1237920 |

注：高新技术产品产值的口径不包含军工企业；不含军工企业的2020年规模以上工业总产值为201164091万元。
Note:The scale of output value of high-tech products does not include military enterprises; The total output value of industries above the scale in 2020, excluding military enterprises was 2011,640.91 million yuan.

# 17-15 规模以上工业企业高新技术产品情况（2020年）

单位：万元

| 项　目 | Item | 企业数（个）Number of Enterprises (unit) |
|---|---|---|
| **总　计** | **Total** | **2176** |
| 按地区分 | By District | |
| 荔湾区 | Liwan | 33 |
| 越秀区 | Yuexiu | 3 |
| 海珠区 | Haizhu | 29 |
| 天河区 | Tianhe | 65 |
| 白云区 | Baiyun | 319 |
| 黄埔区 | Huangpu | 518 |
| 番禺区 | Panyu | 422 |
| 花都区 | Huadu | 273 |
| 南沙区 | Nansha | 191 |
| 从化区 | Conghua | 137 |
| 增城区 | Zengcheng | 186 |
| 按技术领域分 | By Technological Circle | |
| 电子与信息技术 | Electronic and Information Technology | |
| 机电一体化技术 | Integration Technology for Machinery with Electronics | |
| 生物技术 | Biotechnology | |
| 新材料技术 | New Material Technology | |
| 新能源高效节能 | New Energy and High-efficiency Energy-saving | |
| 环保技术 | Environmental Protection Technology | |
| 其他技术 | Others | |

注：高新技术产品产值的口径不包含军工企业。

## Statistics on High-tech Products of Industrial Enterprisesa Above the Designated Size (2020)

(10000 yuan)

| 产品数 (个) Number of Products (unit) | 总产值 Total Output Value | 产品销售收入 Sales Revenue | 出口销售收入 Sales Revenue of Exports | 实现利税总额 Total Profits and Taxes |
|---|---|---|---|---|
| **6676** | **94993365** | **94376600** | **10587916** | **9574910** |
| | | | | |
| 124 | 715727 | 717385 | 22148 | 105705 |
| 8 | 8932 | 20020 | | 865 |
| 125 | 790584 | 770909 | 12339 | 87369 |
| 320 | 1590811 | 1754148 | 73695 | 204239 |
| 947 | 4986467 | 4837090 | 479749 | 565379 |
| 2069 | 35433447 | 34699429 | 5097932 | 3174538 |
| 1191 | 10497622 | 10220889 | 922224 | 788230 |
| 677 | 16307445 | 16109840 | 723946 | 1087386 |
| 464 | 16092921 | 16244246 | 2231651 | 3028354 |
| 348 | 2172056 | 2151372 | 370796 | 151542 |
| 403 | 6397354 | 6851274 | 653437 | 381302 |
| | | | | |
| 1405 | 17982833 | 17573721 | 4347839 | 1430609 |
| 1297 | 31313841 | 31535369 | 757392 | 3784009 |
| 1231 | 6518631 | 6285174 | 544879 | 1391800 |
| 1342 | 13738500 | 14064521 | 1431491 | 1218826 |
| 450 | 6238339 | 6117677 | 573076 | 659432 |
| 196 | 1683804 | 1590629 | 71771 | 168300 |
| 755 | 17517417 | 17209510 | 2861469 | 921934 |

Note: The scale of output value of high-tech products does not include  military enterprises.

## 17-16 规模以上服务业企业高新技术产品情况(2020年)

单位:万元

| 项 目 | Item | 企业数(个) Number of Enterprises (unit) |
|---|---|---|
| **总 计** | **Total** | **858** |
| 按地区分 | By District | |
| 荔湾区 | Liwan | 17 |
| 越秀区 | Yuexiu | 84 |
| 海珠区 | Haizhu | 66 |
| 天河区 | Tianhe | 340 |
| 白云区 | Baiyun | 31 |
| 黄埔区 | Huangpu | 177 |
| 番禺区 | Panyu | 96 |
| 花都区 | Huadu | 5 |
| 南沙区 | Nansha | 29 |
| 从化区 | Conghua | 3 |
| 增城区 | Zengcheng | 10 |
| 按技术领域分 | By Technological Circle | |
| 电子与信息技术 | Electronic and Information Technology | 858 |
| 机电一体化技术 | Integration Technology for Machinery with Electronics | |
| 生物技术 | Biotechnology | |
| 新材料技术 | New Material Technology | |
| 新能源高效节能 | New Energy and High-efficiency Energy-saving | |
| 环保技术 | Environmental Protection Technology | |
| 其他技术 | Others | |

# Statistics on High-tech Products of Enterprises in Service Sector Enterprises above the designated size (2020)

| 产品数 (个) Number of Products (unit) | 产品销售收入 Sales Revenue | 出口销售收入 Sales Revenue of Exports | 实现利税总额 Total Profits and Taxes |
|---:|---:|---:|---:|
| **3017** | **8468289** | **94304** | **1237920** |
| | | | |
| 44 | 469948 | | 7744 |
| 247 | 601371 | 784 | 68054 |
| 227 | 280906 | 2786 | 22752 |
| 1317 | 3604417 | 26441 | 593501 |
| 98 | 76088 | 406 | 8247 |
| 654 | 1549863 | 57287 | 189410 |
| 280 | 1517764 | 5338 | 249802 |
| 13 | 10184 | | 949 |
| 99 | 251993 | 1262 | 82170 |
| 13 | 66652 | | 10200 |
| 25 | 39102 | | 5091 |
| | | | |
| 3017 | 8468289 | 94304 | 1237920 |

# 主要统计指标解释

**【研究与试验发展（R&D）】**指在科学技术领域，为增加知识总量以及运用这些知识去创造新的应用进行的系统的创造性的活动，包括基础研究、应用研究、试验发展三类活动。

# Explanatory Notes on Main Statistical Indicators

**【Research and Experimental Development(R&D)】**In the field of science and technology, comprise creative work undertaken on a systematic basis in order to increase the stock of knowledge and the use of this stock of knowledge to devise new applications. The term R&D covers three activities: basic research, applied research and experimental development.

第十八篇 CHAPTER 18

# 教育、文化、体育、卫生、社会福利和其他

# EDUCATION, CULTURE, SPORTS, PUBLIC HEALTH, SOCIAL WELFARE AND OTHERS

# 第十八篇　教育、文化、体育、卫生、社会福利和其他

**简要说明**

一、本篇资料反映广州市教育、文化、体育、卫生、社会福利及其他事业的发展情况。

二、本篇资料由广州市统计局人口和社会科技统计处整理提供。

三、教育部分包括高等、中等、基础教育、幼儿教育、各级成人教育。资料由省教育厅、市教育局、省人力资源和社会保障厅等相关部门提供。

四、文化部分主要包括文化机构、人员及业务活动开展情况等。文化统计资料根据省文化和旅游厅、市文化广电旅游局、省广播电视局、省委办公厅（省档案局）、市委办公厅（市档案局）等有关部门提供的统计年报加工整理。

五、体育部分主要包括体育行政部门主办的运动会和比赛活动、全民健身活动情况及运动竞技成绩等，资料由市体育局提供。

六、卫生部分主要包括卫生事业机构、床位及人员数、医院业务情况、妇幼保健情况等，资料由市卫生健康委员会提供。

七、社会福利部分主要包括社会福利事业的机构数、收养救济人数、婚姻登记状况等，资料由市民政局、市退役军人事务局、市应急管理局、市医疗救助服务中心提供。

八、社会保险部分主要包括五种险种的年末参保人数和全年享受人数。其中 2019 年的养老保险、失业保险、工伤保险和生育保险数据由广州市人力资源和社会保障局提供，医疗保险数据由广州市医疗保障局提供。

九、其他部分主要包括司法工作开展情况和刑事、交通、火灾事故发生情况等，资料由市司法局、市公安局、市应急管理局提供。

# 18 Education, Culture, Sports, Public Health, Social Welfare and Others

**Brief　Introduction**

I. The data in this chapter show the development conditions of Guangzhou's education, culture, sports, public health, social welfare and others.

II.The data in this chapter are prepared and provided by the Division of Population, Social, Science and Technology Statistic of Guangzhou Municipal Bureau of Statistics.

III.The data on education cover the situations on higher education, secondary education, primary education, kindergartens and adult education at all levels. The data are provided by Guangdong Provincial Bureau of Education, Guangzhou Municipal Bureau of Education, Guangdong Provincial Bureau of Human Resources and Social Security, etc.

IV. The data on culture mainly cover the situations on institutes, employed persons and business activities of culture. The cultural statistics are processed according to the statistical annual reports provided by the Guangdong Provincial Department of Culture and Tourism, Guangzhou Bureau of Culture, Radio and Television Tourism, Guangdong Radio and Television Bureau, Guangdong Provincial Committee Office (Provincial Archives Bureau), Guangzhou Committee Office (Municipal Archives Bureau) and other relevant departments.

V. The data on sports mainly include the sports games and matches organized by sports administrative departments, mass sports and athletics sports. The data are provided by Guangzhou Municipal Bureau of Sports.

VI. The data on public health mainly include the number of institutions, hospital beds and personnel, hospital business, women and babies hygiene. The data are provided by Guangzhou Municipal Health Commission.

VII. The data on social welfare mainly include the number of institutions, the number receiving social welfare relief funds and marriage registrations, etc. The data are provided by Guangzhou Municipal Civil Affairs Bureau, Guangzhou Municipal Veterans Affairs Bureau, and Municipal Emergency Management Bureau and Guangzhou Municipal Medical Assistance Service Center.

VIII.The part of social insurance mainly includes the number of insurance participants at the end of the year and the number of people enjoying the whole year of five kinds of insurance. The data of endowment insurance, unemployment insurance, industrial injury insurance and reproductive insurance in 2019 are provided by Guangzhou Municipal Human Resources and Social Security Bureau, and the data of medical insurance are provided by Guangzhou Municipal Medical Security Bureau.

IX. The data on others mainly include the judicial conditions, basic statistics on traffic accidents and fires, etc. The data are provided by Guangzhou Municipal Bureau of Justice, Guangzhou Municipal Bureau of Public Security and Municipal Emergency Management Bureau.

# 18-1 主要年份教育事业基本情况
## Basic Statistics on Education in Main Years

| 项　　目 | Item | 2019 | 2020 |
|---|---|---|---|
| **学校数　　（所）** | **Number of Schools　　(unit)** | **1753** | **1764** |
| 普通高等学校 | Regular Institutions of Higher Education | 81 | 82 |
| 中等职业学校 | Vocational Secondary Schools | 82 | 77 |
| 技工学校 | Technical Schools | 56 | 54 |
| 普通中学 | Regular Secondary Schools | 534 | 539 |
| 高　中 | Senior Secondary Schools | 119 | 120 |
| 初　中 | Junior Secondary Schools | 415 | 419 |
| 小　学 | Primary Schools | 980 | 992 |
| 特殊教育学校 | Special Schools | 20 | 20 |
| **专任教师　　（人）** | **Number of Full-time Teachers　　(person)** | **186174** | **194760** |
| 普通高等学校 | Regular Institutions of Higher Education | 66773 | 71202 |
| 中等职业学校 | Vocational Secondary Schools | 7926 | 7739 |
| 技工学校 | Technical Schools | 6242 | 6792 |
| 普通中学 | Regular Secondary Schools | 44179 | 45249 |
| 高　中 | Senior Secondary Schools | 14475 | 14620 |
| 初　中 | Junior Secondary Schools | 29704 | 30629 |
| 小　学 | Primary Schools | 60035 | 62615 |
| 特殊教育学校 | Special Schools | 1019 | 1163 |

注：本表普通高等学校数据由广东省教育厅提供，技工学校数据由广东省人力资源和社会保障厅提供，其余数据由广州市教育局提供。

Note: The data of colleges and universities in this table are provided by the Department of Education of Guangdong Province, the data of technical schools are provided by Human Resources and Social Security Department of Guangdong Province, and the rest of the data are provided by the Bureau of Education of Guangzhou City.

18-1 续表 continued

| 项 目 | Item | 2019 | 2020 |
|---|---|---|---|
| **招生数 （人）** | **New Student Enrollment (person)** | **902701** | **998403** |
| 普通高等学校 | Regular Institutions of Higher Education | 356273 | 473165 |
| 中等职业学校 | Vocational Secondary Schools | 63309 | 42225 |
| 技工学校 | Technical Schools | 86561 | 90183 |
| 普通中学 | Regular Secondary Schools | 184705 | 193277 |
| 高 中 | Senior Secondary Schools | 53127 | 54360 |
| 初 中 | Junior Secondary Schools | 131578 | 138917 |
| 小 学 | Primary Schools | 210895 | 198393 |
| 特殊教育学校 | Special Schools | 958 | 1160 |
| **在校学生 （人）** | **Total Student Enrollment (person)** | **3201170** | **3367391** |
| 普通高等学校 | Regular Institutions of Higher Education | 1140949 | 1307144 |
| 中等职业学校 | Vocational Secondary Schools | 180249 | 123657 |
| 技工学校 | Technical Schools | 244098 | 262527 |
| 普通中学 | Regular Secondary Schools | 526222 | 543203 |
| 高 中 | Senior Secondary Schools | 159355 | 159450 |
| 初 中 | Junior Secondary Schools | 366867 | 383753 |
| 小 学 | Primary Schools | 1104714 | 1125103 |
| 特殊教育学校 | Special Schools | 4938 | 5757 |
| **毕业生数 （人）** | **Graduates (person)** | **730029** | **736826** |
| 普通高等学校 | Regular Institutions of Higher Education | 286777 | 305248 |
| 中等职业学校 | Vocational Secondary Schools | 57941 | 38238 |
| 技工学校 | Technical Schools | 72854 | 67222 |
| 普通中学 | Regular Secondary Schools | 164047 | 168488 |
| 高 中 | Senior Secondary Schools | 56484 | 53845 |
| 初 中 | Junior Secondary Schools | 107563 | 114643 |
| 小 学 | Primary Schools | 147700 | 156827 |
| 特殊教育学校 | Special Schools | 710 | 803 |

注：本表普通高等学校数据由广东省教育厅提供，技工学校数据由广东省人力资源和社会保障厅提供，其余数据由广州市教育局提供。

Note: The data of colleges and universities in this table are provided by the Department of Education of Guangdong Province, the data of technical schools are provided by Human Resources and Social Security Department of Guangdong Province, and the rest of the data are provided by the Bureau of Education of Guangzhou City.

# 18-2 主要年份每万人口在校学生数、每个教师负担学生数

# Students Enrollment per 10000 Persons and Students Taught by Every Teacher in Main Years

单位：人 (person)

| 年 份<br>Year | 平均每万人口在校学生数<br>Students Enrollment Per 10000 Persons | | | 平均每个教师负担学生数<br>Students Taught by Every Teacher | | |
|---|---|---|---|---|---|---|
| | 普通高校<br>College and University Students | 普通中学生<br>High School Students | 小学生<br>Primary School Students | 普通高校<br>College and University Students | 普通中学<br>Regular Secondary Schools | 小 学<br>Primary School Students |
| 1978 | 44.94 | 795.85 | 1178.65 | 3.10 | 18.25 | 24.05 |
| 1980 | 54.28 | 598.04 | 1175.91 | 3.65 | 15.83 | 21.80 |
| 1985 | 94.77 | 456.79 | 993.46 | 4.83 | 15.15 | 20.43 |
| 1986 | 99.43 | 471.25 | 967.81 | 4.87 | 16.10 | 21.05 |
| 1987 | 103.35 | 487.88 | 938.26 | 5.18 | 16.40 | 21.04 |
| 1988 | 112.42 | 481.43 | 919.33 | 5.52 | 16.21 | 21.05 |
| 1989 | 116.10 | 463.41 | 941.98 | 5.74 | 15.44 | 21.93 |
| 1990 | 110.16 | 446.65 | 963.03 | 5.52 | 15.25 | 22.79 |
| 1991 | 106.92 | 446.28 | 985.58 | 5.58 | 15.56 | 23.24 |
| 1992 | 109.37 | 461.81 | 1009.11 | 6.04 | 15.99 | 24.16 |
| 1993 | 126.51 | 469.79 | 1034.06 | 6.87 | 15.94 | 24.52 |
| 1994 | 139.74 | 475.66 | 1058.77 | 7.75 | 16.20 | 24.62 |
| 1995 | 147.56 | 494.03 | 1073.74 | 8.13 | 16.42 | 23.90 |
| 1996 | 151.23 | 516.39 | 1074.82 | 8.23 | 16.53 | 22.77 |
| 1997 | 153.60 | 538.65 | 1085.07 | 8.72 | 16.79 | 22.24 |
| 1998 | 160.76 | 562.95 | 1087.87 | 9.33 | 16.99 | 22.14 |
| 1999 | 196.03 | 581.75 | 1083.13 | 10.83 | 17.25 | 22.81 |
| 2000 | 264.14 | 606.92 | 1080.31 | 13.95 | 17.59 | 22.16 |
| 2001 | 343.44 | 642.86 | 1106.66 | 16.48 | 17.60 | 22.04 |
| 2002 | 414.97 | 668.15 | 1133.21 | 14.40 | 17.38 | 22.04 |
| 2003 | 516.75 | 705.69 | 1168.69 | 14.48 | 17.21 | 21.76 |
| 2004 | 623.14 | 719.53 | 1185.82 | 15.45 | 17.28 | 21.88 |
| 2005 | 738.58 | 733.24 | 1203.62 | 15.89 | 17.09 | 22.02 |
| 2006 | 814.28 | 746.16 | 1174.64 | 16.22 | 16.89 | 21.85 |
| 2007 | 888.35 | 745.78 | 1149.31 | 16.33 | 16.38 | 21.24 |
| 2008 | 938.77 | 742.25 | 1100.35 | 16.90 | 16.07 | 20.45 |
| 2009 | 1001.75 | 723.94 | 1043.13 | 17.30 | 15.50 | 19.61 |
| 2010 | 1046.88 | 709.90 | 1023.16 | 17.32 | 14.97 | 18.88 |
| 2011 | 1100.10 | 689.46 | 1006.37 | 17.31 | 14.48 | 18.74 |
| 2012 | 1142.17 | 669.67 | 1000.36 | 17.49 | 13.74 | 18.43 |
| 2013 | 1181.11 | 657.14 | 1032.38 | 17.74 | 13.41 | 19.06 |
| 2014 | 1209.96 | 632.55 | 1068.44 | 17.82 | 12.84 | 19.00 |
| 2015 | 1221.30 | 603.18 | 1097.96 | 17.66 | 12.38 | 19.01 |
| 2016 | 1214.58 | 580.92 | 1112.63 | 17.71 | 12.07 | 18.60 |
| 2017 | 1188.74 | 567.37 | 1118.98 | 17.43 | 11.90 | 18.31 |
| 2018 | 1171.09 | 554.53 | 1140.96 | 17.32 | 11.82 | 18.52 |
| 2019 | 1196.32 | 551.76 | 1158.33 | 17.09 | 11.91 | 18.40 |
| 2020 | 1326.90 | 551.41 | 1142.11 | 18.36 | 12.00 | 17.97 |

# 18-3 主要年份各级各类学校在校学生数

## Students Enrollment by Various Schools in Main Years

单位：人 (person)

| 年 份<br>Year | 普通高等学校<br>Regular Institutions of Higher Education | 中等职业学校<br>Vocational Secondary Schools | 技工学校<br>Technical Schools | 普通中学<br>Regular Secondary Schools | 小 学<br>Primary Schools | 特殊教育学校<br>Special Schools |
|---|---|---|---|---|---|---|
| 1978 | 21699 | | | 384313 | 569165 | 326 |
| 1980 | 27239 | 18852 | 8273 | 300134 | 590146 | 289 |
| 1985 | 51647 | 48959 | 5615 | 248940 | 541420 | 372 |
| 1986 | 55223 | 61913 | 8670 | 261733 | 537528 | 481 |
| 1987 | 58402 | 69693 | 12479 | 275690 | 530189 | 546 |
| 1988 | 64859 | 78025 | 17225 | 277743 | 530368 | 651 |
| 1989 | 67969 | 84662 | 18514 | 271291 | 551458 | 724 |
| 1990 | 65465 | 95048 | 20319 | 265423 | 572286 | 854 |
| 1991 | 64389 | 103860 | 21692 | 268760 | 593537 | 949 |
| 1992 | 66958 | 113218 | 23842 | 282720 | 617779 | 1032 |
| 1993 | 78901 | 141307 | 25242 | 292991 | 644907 | 1680 |
| 1994 | 89019 | 154144 | 29742 | 303004 | 674464 | 3760 |
| 1995 | 95429 | 182090 | 36078 | 319493 | 694401 | 5411 |
| 1996 | 99214 | 212396 | 43446 | 338776 | 705134 | 6096 |
| 1997 | 102372 | 210956 | 50566 | 359000 | 723183 | 5977 |
| 1998 | 108378 | 210566 | 58396 | 379505 | 733375 | 5827 |
| 1999 | 134283 | 227084 | 59779 | 398499 | 741950 | 6106 |
| 2000 | 185078 | 219640 | 59570 | 425261 | 756961 | 5224 |
| 2001 | 244736 | 209340 | 64008 | 458099 | 788604 | 5877 |
| 2002 | 299037 | 200090 | 76660 | 481481 | 816617 | 5495 |
| 2003 | 374742 | 200337 | 87878 | 511756 | 847524 | 4947 |
| 2004 | 459676 | 184682 | 104317 | 530776 | 874749 | 5302 |
| 2005 | 554327 | 191499 | 122108 | 550320 | 903353 | 5010 |
| 2006 | 619442 | 216555 | 153175 | 567619 | 893575 | 5045 |
| 2007 | 687115 | 237411 | 173413 | 576845 | 888965 | 5340 |
| 2008 | 736152 | 244070 | 196197 | 582051 | 862859 | 5246 |
| 2009 | 796006 | 251077 | 242085 | 575252 | 828889 | 5131 |
| 2010 | 843934 | 248060 | 252812 | 572280 | 824807 | 5153 |
| 2011 | 896123 | 248614 | 269188 | 561618 | 819771 | 4527 |
| 2012 | 939208 | 239446 | 289967 | 550669 | 822594 | 4719 |
| 2013 | 983051 | 240579 | 279329 | 546941 | 859263 | 4389 |
| 2014 | 1019291 | 244585 | 240350 | 532870 | 900072 | 4386 |
| 2015 | 1043221 | 237130 | 236323 | 515228 | 937870 | 4281 |
| 2016 | 1057281 | 216974 | 222298 | 505685 | 968531 | 2969 |
| 2017 | 1067335 | 196796 | 229651 | 509427 | 1004695 | 2975 |
| 2018 | 1086407 | 184094 | 226342 | 514428 | 1058455 | 2846 |
| 2019 | 1140949 | 180249 | 244098 | 526222 | 1104714 | 4938 |
| 2020 | 1307144 | 123657 | 262527 | 543203 | 1125103 | 5757 |

# 18-4 主要年份研究生基本情况

## Basic Statistics on Postgraduates in Main Years

单位：人 (person)

| 年份<br>Year | 培养单位(所)<br>Training Units (unit) | #普通高校<br>Regular Institutions of Higher Education | 毕业生数<br>Graduates | #普通高校<br>Regular Institutions of Higher Education | #博士<br>Doctors |
|---|---|---|---|---|---|
| 1985 | 15 | 12 | 654 | 650 | 7 |
| 1990 | 25 | 13 | 1491 | 1438 | 101 |
| 1991 | 24 | 13 | 1272 | 1234 | 109 |
| 1992 | 19 | 13 | 947 | 917 | 76 |
| 1993 | 18 | 13 | 1025 | 1003 | 76 |
| 1994 | 18 | 13 | 1079 | 1064 | 142 |
| 1995 | 21 | 13 | 1259 | 1215 | 154 |
| 1996 | 21 | 13 | 1440 | 1396 | 188 |
| 1997 | 21 | 13 | 1770 | 1715 | 253 |
| 1998 | 21 | 13 | 1843 | 1759 | 420 |
| 1999 | 21 | 13 | 2168 | 2059 | 371 |
| 2000 | 21 | 13 | 2131 | 2028 | 417 |
| 2001 | 22 | 14 | 2753 | 2671 | 540 |
| 2002 | 20 | 12 | 3133 | 3022 | 574 |
| 2003 | 20 | 12 | 4439 | 4299 | 772 |
| 2004 | 24 | 16 | 6541 | 6303 | 1160 |
| 2005 | 24 | 16 | 9006 | 8699 | 1331 |
| 2006 | 24 | 16 | 11790 | 11360 | 1579 |
| 2007 | 26 | 18 | 12624 | 12170 | 1751 |
| 2008 | 26 | 18 | 14773 | 14286 | 2086 |
| 2009 | 26 | 18 | 15395 | 14969 | 2462 |
| 2010 | 26 | 18 | 16244 | 15828 | 2265 |
| 2011 | 26 | 18 | 18584 | 18155 | 2374 |
| 2012 | 27 | 19 | 20816 | 20372 | 2583 |
| 2013 | 27 | 19 | 21833 | 21382 | 2700 |
| 2014 | 22 | 19 | 22717 | 22636 | 2788 |
| 2015 | 22 | 19 | 23218 | 23132 | 2881 |
| 2016 | 22 | 19 | 24138 | 24057 | 2896 |
| 2017 | 22 | 19 | 24127 | 24044 | 2979 |
| 2018 | 22 | 19 | 25418 | 25315 | 3031 |
| 2019 | 22 | 19 | 26703 | 26599 | 2985 |
| 2020 | 22 | 19 | 31506 | 31399 | 3284 |

注：1.本表数据由广东省教育厅提供。

2.2014年起，中国科学院在我市研究所招收的研究生不再纳入全市教育事业统计，因此2014年及以后的研究生数据不含中国科学院在广州的数据。下表同。

Note: I.The data in this table are provided by the Department of Education of Guangdong Province.

II.Since 2014, Guangzhou education statistics does not include the recruit students of Chinese Academic of Sciences in Guangzhou. So since 2014 the statistic of graduates does not contain the graduates of Chinese Academy of Sciences in Guangzhou. The same as the following table.

## 18-4 续表 continued

单位:人 (person)

| 年 份 Year | 招生数 New Students Enrollment | # 普通高校 Regular Institutions of Higher Education | # 博 士 Doctors | 在校学生数 Students Enrollment | # 普通高校 Regular Institutions of Higher Education | # 博 士 Doctors |
|---|---|---|---|---|---|---|
| 1985 | 1526 | 1518 | 74 | 2878 | 2859 | 92 |
| 1990 | 1113 | 1090 | 76 | 3355 | 3264 | 293 |
| 1991 | 1171 | 1157 | 167 | 3216 | 3149 | 338 |
| 1992 | 1258 | 1228 | 162 | 3492 | 3426 | 417 |
| 1993 | 1521 | 1490 | 201 | 3940 | 3865 | 533 |
| 1994 | 1866 | 1831 | 298 | 4656 | 4562 | 681 |
| 1995 | 1875 | 1782 | 407 | 5283 | 5080 | 935 |
| 1996 | 2367 | 2249 | 457 | 6162 | 5888 | 1192 |
| 1997 | 2387 | 2288 | 457 | 6696 | 6388 | 1391 |
| 1998 | 2997 | 2921 | 582 | 7821 | 7521 | 1539 |
| 1999 | 3673 | 3559 | 788 | 9253 | 8952 | 1933 |
| 2000 | 5435 | 5274 | 1048 | 12492 | 12135 | 2549 |
| 2001 | 7080 | 6837 | 1352 | 17150 | 16631 | 3421 |
| 2002 | 8245 | 7910 | 1596 | 20408 | 19674 | 4256 |
| 2003 | 10864 | 10403 | 2104 | 26294 | 25253 | 5499 |
| 2004 | 13642 | 13143 | 2656 | 34599 | 33302 | 7474 |
| 2005 | 15642 | 15140 | 2780 | 40594 | 39124 | 8980 |
| 2006 | 17093 | 16586 | 2672 | 45238 | 43725 | 9149 |
| 2007 | 18084 | 17578 | 2819 | 49838 | 48298 | 9846 |
| 2008 | 19298 | 18776 | 2893 | 53826 | 52313 | 10753 |
| 2009 | 22181 | 21684 | 3132 | 60129 | 58635 | 11530 |
| 2010 | 23390 | 22844 | 3059 | 65911 | 64321 | 11528 |
| 2011 | 24216 | 23690 | 3119 | 69825 | 68223 | 12125 |
| 2012 | 25042 | 24504 | 3195 | 73118 | 71484 | 12526 |
| 2013 | 26002 | 25457 | 3294 | 76193 | 74535 | 13389 |
| 2014 | 26524 | 26440 | 3463 | 77211 | 76943 | 13818 |
| 2015 | 27137 | 27037 | 3434 | 79547 | 79268 | 14085 |
| 2016 | 28563 | 28459 | 3617 | 82282 | 81979 | 14532 |
| 2017 | 34074 | 33963 | 3847 | 90716 | 90391 | 15171 |
| 2018 | 37356 | 37244 | 4580 | 101092 | 100757 | 16394 |
| 2019 | 39531 | 39395 | 5193 | 112432 | 112064 | 18460 |
| 2020 | 49965 | 49832 | 5782 | 128828 | 128434 | 20691 |

# 18-5 普通高等院校各类专业本科学生数(2020年)
# Students Enrollment in Regular Institutions of Higher Education by Field of Study (2020)

单位:人 (person)

| 项　目 | Item | 毕业生数 Number of Graduates | 招生数 New Students Enrollment | 在校学生数 Number Of Students Enrollment |
|---|---|---|---|---|
| **合　计** | **Total** | **157733** | **191619** | **695314** |
| 哲　学 | Philosophy | 171 | 265 | 881 |
| 经济学 | Economics | 15744 | 15748 | 61927 |
| 法　学 | Law | 6277 | 7255 | 26085 |
| 教育学 | Education | 2944 | 4626 | 14928 |
| 文　学 | Literature | 20200 | 24123 | 87120 |
| 历史学 | History | 554 | 685 | 2465 |
| 理　学 | Science | 8565 | 10492 | 39367 |
| 工　学 | Engineering | 39891 | 51697 | 192258 |
| 农　学 | Agriculture | 1948 | 2785 | 9257 |
| 医　学 | Medicine | 9629 | 11780 | 52099 |
| 管理学 | Management | 40492 | 42048 | 150305 |
| 艺术学 | Art | 11318 | 15389 | 52135 |
| 财经商贸大类 | Finance and Trade | | 1514 | 1751 |
| 装备制造大类 | Equipment Manufacture | | 278 | 508 |
| 教育与体育大类 | Education and Sports | | 667 | 980 |
| 土木建筑大类 | Civil Engineering | | 402 | 645 |
| 旅游大类 | Tourism | | 364 | 433 |
| 文化艺术大类 | Culture and Art | | 259 | 363 |
| 电子信息大类 | Electronics | | 1204 | 1740 |
| 轻工纺织大类 | Light Industry and Textiles | | 38 | 67 |
| 土建施工类 | Civil Construction | | 299 | 542 |

注：1.本表数据由广东省教育厅提供。
2.2019年10月教育部对普通高校本科专业目录作出更新，新增9种大类专业，分别是财经商贸大类、装备制造大类、教育与体育大类、土木建筑大类、旅游大类、文化艺术大类、电子信息大类、轻工纺织大类、土建施工大类。

Note: I.The data in this table are provided by the Department of Education of Guangdong Province.
II.In October 2019, the Ministry of Education made an update to the directory of undergraduate majors of ordinary universities, adding nine new major categories, namely: finance and trade, equipment manufacture, education and sports, civil engineering, tourism, culture and art, electronics, light industry and textiles, civil construction.

# 18-6 普通高等院校专科分学科学生数(2020年)

# Students Enrollment in Regular Institutions of Higher Education for Junior College by Field of Study (2020)

单位:人 (person)

| 项　目 | Item | 毕业生数 Number of Graduates | 招生数 New Students Enrollment | 在校学生数 Number Of Students Enrollment |
|---|---|---|---|---|
| **合　计** | **Total** | **147515** | **281546** | **611830** |
| 农林牧渔大类 | Agriculture,Forestry,Animal Husbandry and Fishery Category | 1605 | 4105 | 8097 |
| 资源环境与安全大类 | Resource Environment and Security Category | 2798 | 4929 | 11597 |
| 能源动力与材料大类 | Energy Dynamics and Materials Category | 1141 | 1795 | 4551 |
| 土木建筑大类 | Civil Engineering Category | 11528 | 21700 | 48816 |
| 水利大类 | Water Conservancy Category | 375 | 679 | 1642 |
| 装备制造大类 | Equipment Manufacturing Category | 12332 | 22367 | 51173 |
| 生物与化工大类 | Biology and Chemical Industry Category | 1014 | 1391 | 3684 |
| 轻工纺织大类 | Textile Category | 939 | 1471 | 3719 |
| 食品药品与粮食大类 | Food,Medicine and Grain Category | 3602 | 4806 | 12019 |
| 交通运输大类 | Transport Category | 8140 | 10975 | 27663 |
| 电子信息大类 | Electronic Information Category | 23442 | 45606 | 102998 |
| 医药卫生大类 | Medical and Health Care Category | 6228 | 18195 | 38180 |
| 财经商贸大类 | Finance Category | 38533 | 82333 | 156173 |
| 旅游大类 | Tourism Category | 4553 | 5956 | 15756 |
| 文化艺术大类 | Cultural and Art Design Category | 9974 | 15411 | 38203 |
| 新闻传播大类 | Media Category | 1013 | 2070 | 5115 |
| 教育与体育大类 | Education and Sports Category | 14628 | 25881 | 59338 |
| 公安与司法大类 | Public Security and Law Category | 2051 | 2803 | 6946 |
| 公共管理与服务大类 | Public Administration and Services Category | 3619 | 9073 | 16160 |

注：本表数据由广东省教育厅提供。

Note: The data in this table are provided by the Department of Education of Guangdong Province.

# 18-7 普通高等院校本专科基本情况(2020年)

单位：人

| 院校名称 | Name of Universities, Institutes and Colleges | 毕业生数 Number of Graduates |
|---|---|---|
| **合　计** | **Total** | **305248** |
| 中山大学 | Sun Yat-sen University | 7468 |
| 华南理工大学 | South China University of Technology | 5962 |
| 暨南大学 | Jinan University | 5697 |
| 华南农业大学 | South China Agricultural University | 8911 |
| 南方医科大学 | Southern Medical University | 2793 |
| 广州中医药大学 | Guangzhou University of Traditional Chinese Medicine | 2842 |
| 华南师范大学 | South China Normal University | 5897 |
| 广东工业大学 | Guangdong University of Technology | 8443 |
| 广东外语外贸大学 | Guangdong University of Foreign Studies | 4852 |
| 广东财经大学 | Guangdong Business Institute | 6327 |
| 仲恺农业工程学院 | Zhongkai Agritechnical College | 5009 |
| 广东药科大学 | Guangdong Pharmaceutical University | 4505 |
| 星海音乐学院 | Xinghai Conservatory of Music | 1054 |
| 广州美术学院 | Guangzhou Academy of Fine Arts | 1313 |
| 广州体育学院 | Guangzhou Institute of Physical Education | 1612 |
| 广东技术师范大学 | Guangdong Polytechnic Normal University | 6202 |
| 广东金融学院 | Guangdong Finance College | 5459 |
| 广东警官学院 | Guangdong Police College | 1690 |
| 广州大学 | Guangzhou University | 8873 |
| 广州医科大学 | Guangzhou Medical Institute | 1758 |
| 广东白云学院 | Guangdong Baiyun Vocational Technical College | 4571 |
| 广东培正学院 | Guangdong Peizheng College | 3956 |
| 广东第二师范学院 | Guangdong University of Education | 2918 |
| 广州民航职业技术学院 | Guangzhou Civil Aviation College | 3989 |
| 广州航海学院 | Guangzhou Maritime College | 4333 |
| 广东轻工职业技术学院 | Guangdong Light Industry Technical College | 6182 |
| 广东省外语艺术职业学院 | Guangdong College of Foreign Languages and Art | 3078 |
| 广东机电职业技术学院 | Guangdong Machinery and Electricity College | 5123 |
| 广东工贸职业技术学院 | Guangdong Vocational College of Industry & Commerce | 4949 |
| 广东交通职业技术学院 | Guangdong Communication Polytechnic College | 5154 |
| 广东水利电力职业技术学院 | Guangdong Technical College of Water Resources and Electric Engineering | 4453 |
| 广东生态工程职业学院 | Guangdong Eco-engineering Polytechnic | 1835 |
| 广东司法警官职业学院 | Judicial Police Officers' Professional Institute of Guangdong | 1473 |
| 广东女子职业技术学院 | Guangdong Women's Professional College | 1979 |
| 广东农工商职业技术学院 | Guangdong AIB Polytechnic College | 6394 |
| 广东邮电职业技术学院 | Guangdong Posts & Telecom Vocational Technology College | 1539 |
| 广东建设职业技术学院 | Guangdong Construction Vocational Technology Institute | 2603 |
| 广东行政职业学院 | Guangdong Vocational of Administration | 1880 |
| 广东环境保护工程职业学院 | Guangdong Polytechnic of Environmental Protection Engineering | 3115 |

# Basic Statistics on Regular Institutions of Higher Education (2020)

(person)

| 招生数 Number of New Entrants | 在校学生数 Number of Enrolled Students | 校本部教职工人数 Number of Teachers and Staff | # 专任教师 Full-time Teachers | # 正高级 Professors | # 副高级 Associate Professors | # 中级 Lecturers |
|---|---|---|---|---|---|---|
| **473165** | **1307144** | **98415** | **71202** | **11280** | **20103** | **26158** |
| 7685 | 32192 | 6401 | 4255 | 1695 | 1834 | 534 |
| 6572 | 25575 | 4122 | 2648 | 1035 | 1058 | 546 |
| 6791 | 26562 | 4081 | 2684 | 834 | 1015 | 706 |
| 9832 | 37966 | 3232 | 2514 | 489 | 929 | 777 |
| 3252 | 14258 | 2838 | 2078 | 653 | 859 | 546 |
| 2980 | 12530 | 1928 | 1530 | 433 | 478 | 452 |
| 7369 | 27018 | 5020 | 2499 | 640 | 648 | 651 |
| 9402 | 36705 | 3476 | 2531 | 474 | 817 | 1142 |
| 5075 | 19826 | 2317 | 1587 | 342 | 439 | 489 |
| 8058 | 25501 | 1881 | 1600 | 222 | 448 | 629 |
| 7044 | 22905 | 1462 | 1135 | 143 | 324 | 503 |
| 4651 | 20978 | 1761 | 1448 | 203 | 416 | 756 |
| 1275 | 5016 | 659 | 390 | 52 | 128 | 127 |
| 1850 | 5909 | 970 | 561 | 77 | 176 | 277 |
| 1736 | 6717 | 652 | 463 | 66 | 115 | 202 |
| 10418 | 26966 | 2096 | 1301 | 145 | 359 | 613 |
| 6045 | 21475 | 1625 | 1338 | 104 | 292 | 574 |
| 1692 | 6713 | 651 | 330 | 41 | 113 | 112 |
| 10161 | 37037 | 3543 | 2257 | 456 | 776 | 931 |
| 2129 | 9288 | 1979 | 1456 | 575 | 670 | 86 |
| 8133 | 24773 | 1564 | 1291 | 122 | 289 | 538 |
| 4901 | 17529 | 959 | 809 | 50 | 99 | 398 |
| 3826 | 14077 | 1031 | 732 | 51 | 139 | 299 |
| 4592 | 12744 | 719 | 574 | 20 | 169 | 284 |
| 2942 | 12082 | 826 | 571 | 51 | 145 | 291 |
| 11807 | 26747 | 1244 | 978 | 89 | 304 | 484 |
| 6971 | 13861 | 551 | 356 | 19 | 111 | 159 |
| 11663 | 21579 | 1025 | 819 | 37 | 266 | 438 |
| 10898 | 22295 | 1008 | 802 | 27 | 207 | 361 |
| 11856 | 22096 | 948 | 779 | 89 | 230 | 356 |
| 7545 | 18241 | 816 | 642 | 30 | 231 | 303 |
| 6899 | 11492 | 500 | 416 | 7 | 92 | 122 |
| 2023 | 5032 | 315 | 202 | 17 | 56 | 92 |
| 3907 | 8889 | 405 | 249 | 14 | 76 | 106 |
| 10064 | 23491 | 1349 | 1128 | 41 | 388 | 498 |
| 3146 | 6323 | 529 | 231 | 3 | 41 | 92 |
| 8510 | 17110 | 592 | 454 | 6 | 107 | 227 |
| 1930 | 3746 | 248 | 150 | 5 | 18 | 95 |
| 4582 | 11996 | 637 | 511 | 11 | 87 | 269 |

## 18-7 续表

单位：人

| 院校名称 | Name of Universities, Institutes and Colleges | 毕业生数 Number of Graduates |
|---|---|---|
| 广东体育职业技术学院 | Guangdong Sports Vocational Technical Institute | 1209 |
| 广东食品药品职业学院 | Guangdong Food and Drug Vocational School | 5159 |
| 广东文艺职业学院 | Guangdong Vocational Literature and Art College | 1223 |
| 广州工程技术职业学院 | Guangzhou Institute of Technology | 2817 |
| 广州番禺职业技术学院 | Guangzhou Panyu Polytechnic College | 4133 |
| 广州体育职业技术学院 | Guangzhou Sports Training and Technical College | 693 |
| 广东理工职业学院 | Guangdong Polytechnic Institute of Technology | 3888 |
| 广州城市职业学院 | Guangzhou City Polytechnic College | 2708 |
| 广东工程职业技术学院 | Guangdong Polytechnic College of Engineering | 3726 |
| 广州铁路职业技术学院 | Guangzhou Railway Vocational Technical College | 2698 |
| 广东科贸职业学院 | Guangdong Vocational College of Science and Trade | 3071 |
| 广州科技贸易职业学院 | Guangzhou Polytechnic of Science and Trade | 1544 |
| 广东青年职业学院 | Guangdong Youth Polytechnic College | 1711 |
| 广东舞蹈戏剧职业学院 | Guangdong Dance and Drama College | 691 |
| 广东南华工商职业学院 | Guangdong Nanhua Vocational College of Industry and Commerce | 3483 |
| 私立华联学院 | Private Hualian University | 2459 |
| 广东岭南职业技术学院 | Guangdong Lingnan Polytechnic College | 6117 |
| 广州康大职业技术学院 | Kanda Vocational Technical College | |
| 广州工商学院 | Guangdong College of Technology and Business | 6528 |
| 广州涉外经济职业技术学院 | Guangzhou International Economics College | 2826 |
| 广州南洋理工职业学院 | Guangzhou Nanyang Institute of Technology | 3603 |
| 广州科技职业技术学院 | Guangzhou Vocational College of Science and Technology | 2713 |
| 广州现代信息工程职业技术学院 | Guangzhou Modern Information Engineering College | 2256 |
| 广州华南商贸职业学院 | South China Business Trade College | 1655 |
| 广州华立科技职业学院 | Guangzhou HuaLi Vocational College of Science and Technology | 4392 |
| 广州珠江职业技术大学 | Guangzhou Pearl-River Vocational University of Technology | 3222 |
| 广州松田职业学院 | Guangzhou Songtian Polytechnic College | 1044 |
| 广州城建职业学院 | Guangzhou City Construction College | 6110 |
| 广州华商职业学院 | Guangzhou Huashang Vocational College | 3229 |
| 广州华夏职业学院 | Guangzhou Huaxia Technical College | 4739 |
| 广州东华职业学院 | Guangdong Donghua Polytechnic College | 3369 |
| 广东工业大学华立学院 | Huali College, Guangdong University | 3407 |
| 广州大学松田学院 | Songtian College, Guangzhou University | 2565 |
| 广州商学院 | Guangzhou College of Commerce | 4844 |
| 中山大学新华学院 | Xinhua College of SYSU | 5533 |
| 广州大学华软软件学院 | South Institute of Software Engineering | 3542 |
| 中山大学南方学院 | Nanfang College of SYSU | 4645 |
| 广东外语外贸大学南国商学院 | South China Business College, Guangdong University of Foreign Studies | 2173 |
| 广东财经大学华商学院 | Huashang College, Guangdong University of Business Studies | 5985 |
| 华南农业大学珠江学院 | Zhujiang College of South China Agriculture University | 2707 |
| 广州理工学院 | Guangzhou Institute of Science and Technology | 3874 |
| 华南理工大学广州学院 | Guangzhou College of SCUT | 5154 |
| 公安边防部队高等专科学校 | Public Security Frontier Defense Force College | |
| 广州卫生职业技术学院 | Guangzhou Health Vocational and Technical College | 1612 |

注：本表数据由广东省教育厅提供。

continued

(person)

| 招生数 Number of New Entrants | 在校学生数 Number of Enrolled Students | 校本部教职工人数 Number of Teachers and Staff | # 专任教师 Full-time Teachers | # 正高级 Professors | # 副高级 Associate Professors | # 中级 Lecturers |
|---|---|---|---|---|---|---|
| 1899 | 4107 | 263 | 207 | 12 | 51 | 91 |
| 8086 | 21262 | 1196 | 899 | 38 | 302 | 361 |
| 1572 | 4111 | 324 | 217 | 7 | 44 | 98 |
| 6609 | 11679 | 496 | 428 | 14 | 112 | 232 |
| 5852 | 13607 | 1029 | 592 | 40 | 169 | 272 |
| 1429 | 2915 | 498 | 182 | 3 | 41 | 95 |
| 4799 | 12786 | 789 | 458 | 29 | 98 | 290 |
| 5803 | 12071 | 633 | 437 | 18 | 119 | 218 |
| 10171 | 20428 | 595 | 518 | 15 | 138 | 269 |
| 3565 | 9155 | 567 | 380 | 25 | 111 | 163 |
| 13050 | 23134 | 1139 | 953 | 14 | 129 | 275 |
| 3233 | 9000 | 446 | 334 | 10 | 92 | 180 |
| 2388 | 4578 | 137 | 110 | 4 | 14 | 57 |
| 1523 | 3432 | 352 | 197 | 3 | 39 | 62 |
| 5857 | 13587 | 581 | 490 | 8 | 60 | 254 |
| 3460 | 9680 | 531 | 379 | 12 | 54 | 163 |
| 12536 | 26416 | 1251 | 1043 | 58 | 182 | 373 |
| 1391 | 2443 | 149 | 116 | 12 | 25 | 28 |
| 7183 | 25399 | 1583 | 1170 | 155 | 202 | 466 |
| 6569 | 13661 | 665 | 485 | 16 | 134 | 222 |
| 4929 | 13012 | 776 | 658 | 26 | 130 | 201 |
| 9955 | 25495 | 1453 | 1130 | 89 | 298 | 349 |
| 4755 | 10519 | 648 | 497 | 13 | 74 | 215 |
| 3847 | 8455 | 481 | 367 | 17 | 60 | 132 |
| 7840 | 17450 | 1017 | 852 | 76 | 231 | 240 |
| 2012 | 6492 | 502 | 378 | 29 | 47 | 86 |
| 5657 | 8659 | 333 | 272 | 9 | 49 | 132 |
| 9644 | 22949 | 1028 | 822 | 40 | 243 | 296 |
| 9640 | 16998 | 705 | 591 | 54 | 91 | 201 |
| 11569 | 20078 | 764 | 601 | 26 | 100 | 199 |
| 4232 | 8192 | 606 | 443 | 4 | 80 | 166 |
| 4199 | 18359 | 912 | 787 | 187 | 222 | 232 |
| 3500 | 11282 | 647 | 582 | 52 | 74 | 320 |
| 4962 | 16875 | 1082 | 803 | 54 | 138 | 337 |
| 5209 | 21987 | 1299 | 1078 | 154 | 222 | 445 |
| 3447 | 14291 | 891 | 685 | 63 | 150 | 349 |
| 4838 | 19600 | 1004 | 850 | 105 | 155 | 368 |
| 2116 | 9036 | 756 | 426 | 79 | 96 | 182 |
| 7032 | 25038 | 1380 | 1230 | 170 | 185 | 369 |
| 3113 | 12852 | 647 | 525 | 56 | 66 | 220 |
| 5864 | 13056 | 691 | 613 | 77 | 134 | 278 |
| 5132 | 21854 | 1217 | 906 | 35 | 125 | 498 |
| 2486 | 5924 | 392 | 212 | 4 | 68 | 109 |

Note: The data in this table are provided by the Department of Education of Guangdong Province.

## 18-8 高中、初中、小学毕业生升学情况

## Statistics on Graduates of Senior, Junior Secondary Schools and Primary Schools Entering Higher Level Schools

| 项 目 | | Item | | 2019 |
|---|---|---|---|---|
| 高中毕业生数 | （人） | Graduates of Senior Secondary Schools | (person) | 56484 |
| 已升学人数 | （人） | Students Entering Institution of Higher Education | (person) | 52262 |
| 升学率 | （%） | Percentage of Graduates of Senior Secondary Schools Entering Institution of Higher Education | (%) | 92.53 |
| 初中毕业生数 | （人） | Graduates of Junior Secondary Schools | (person) | 107563 |
| 已升学人数 | （人） | Students Entering Senior Secondary Schools | (person) | 103695 |
| 升学率 | （%） | Percentage of Graduates of Junior Secondary Schools Entering Senior Secondary Schools | (%) | 96.40 |
| 小学毕业生数 | （人） | Graduates of Primary Schools | (person) | 147700 |
| 已升学人数 | （人） | Students Entering Junior Secondary Schools | (person) | 140216 |
| 升学率 | （%） | Percentage of Graduates of Primary Schools Entering Junior Secondary Schools | (%) | 94.93 |

18-8 续表 continued

| 项 目 | | Item | | 2020 |
|---|---|---|---|---|
| 高中毕业生数 | （人） | Graduates of Senior Secondary Schools | (person) | 53845 |
| 已升学人数 | （人） | Students Entering Institution of Higher Education | (person) | 51425 |
| 升学率 | （%） | Percentage of Graduates of Senior Secondary Schools Entering Institution of Higher Education | (%) | 95.51 |
| 初中毕业生数 | （人） | Graduates of Junior Secondary Schools | (person) | 114643 |
| 已升学人数 | （人） | Students Entering Senior Secondary Schools | (person) | 111350 |
| 升学率 | （%） | Percentage of Graduates of Junior Secondary Schools Entering Senior Secondary Schools | (%) | 97.13 |
| 小学毕业生数 | （人） | Graduates of Primary Schools | (person) | 156827 |
| 已升学人数 | （人） | Students Entering Junior Secondary Schools | (person) | 151124 |
| 升学率 | （%） | Percentage of Graduates of Primary Schools Entering Junior Secondary Schools | (%) | 96.36 |

注：本表数据由广州市教育局提供。

Note: The data in this table are provided by Guangzhou Municipal Education Bureau.

# 18-9　普通中学专任教师学历情况(2020年)

# Diploma Qualifications of Full-time Teachers in Regular Secondary Schools (2020)

| 项　目 | Item | 人　数 (人) Personnel (person) | 高　中 Senior Secondary Schools | 初　中 Junior Secondary Schools |
|---|---|---|---|---|
| **合　计** | **Total** | **45092** | **14467** | **30625** |
| 研究生毕业 | Postgraduates | **5622** | 2880 | 2742 |
| 本科毕业 | Graduates Attending Regular College Course | **37848** | 11587 | 26261 |
| 专科及以下毕业 | Graduates Attending Specialized Subject | **1622** | | 1622 |

18-9　续表 continued

| 项　目 | Item | 构　成 (%) Composition (%) | 高　中 Senior Secondary Schools | 初　中 Junior Secondary Schools |
|---|---|---|---|---|
| **合　计** | **Total** | **99.65** | **98.95** | **99.99** |
| 研究生毕业 | Postgraduates | 12.41 | 19.70 | 8.95 |
| 本科毕业 | Graduates Attending Regular College Course | 83.64 | 79.25 | 85.74 |
| 专科及以下毕业 | Graduates Attending Specialized Subject | 3.60 | | 5.30 |

注：1.高中教师学历达标率为98.95%，初中教师学历达标率为99.99%。
　　2.本表数据由广州市教育局提供。

Note:I. The academic qualification rate of teachers in senior secondary schools is 98.95 percent, that in junior secondary schools is 99.99 percent.
　　II.The data in this table are provided by Guangzhou Municipal Education Bureau.

# 18-10 各类学校教职工人数及专任教师数

# Staff and Workers and Full-time Teachers by Type of School

单位：人 (person)

| 项　目 | Item | 2019 | 2020 |
|---|---|---|---|
| **各类学校教职工人数** | **Number of Staff and Workers by Type of School** | **236951** | **247224** |
| 普通高等学校 | Regular Institutions of Higher Education | 93506 | 98415 |
| 中等职业学校 | Vocational Secondary Schools | 11327 | 10952 |
| 技工学校 | Technical Schools | 12590 | 13134 |
| 普通中学 | Regular Secondary Schools | 54197 | 55659 |
| 小　学 | Primary Schools | 64154 | 67648 |
| 特殊学校 | Special Schools | 1177 | 1416 |
| **各类学校专任教师数** | **Number of Full-time Teachers by Type of School** | **186174** | **194760** |
| 普通高等学校 | Regular Institutions of Higher Education | 66773 | 71202 |
| 中等职业学校 | Vocational Secondary Schools | 7926 | 7739 |
| 技工学校 | Technical Schools | 6242 | 6792 |
| 普通中学 | Regular Secondary Schools | 44179 | 45249 |
| #高　中 | Senior Secondary Schools | 14475 | 14620 |
| 小　学 | Primary Schools | 60035 | 62615 |
| 特殊学校 | Special Schools | 1019 | 1163 |

## 18-11 小学教育情况

## Statistics on Primary Education

| 项　　目 | Item | 2019 | 2020 |
|---|---|---|---|
| 适龄儿童入学率 (%) | Percentage of School-age Children Enrolled (%) | 100.00 | 100.00 |
| 6-11岁学龄儿童数 (人) | Number of 6-11 School-age Children (person) | 1085795 | 1108365 |
| # 已入学人数 (人) | Number of Children Enrolled in Schools (person) | 1085795 | 1108365 |
| 毕业率 (%) | Percentage of Graduation (%) | 99.14 | 100.10 |
| 上学年预计毕业生数 (人) | Number of Graduated Pupils in Previous Year (person) | 148986 | 156668 |
| 毕业生人数 (人) | Number of Graduates (person) | 147700 | 156827 |

注：本表数据由广州市教育局提供。

Note: The data in this table are provided by Guangzhou Municipal Education Bureau.

## 18-12 成人高等教育基本情况

## Basic Statistics on Adult Higher Education

单位：人 (person)

| 项　　目 | Item | 2019 | 2020 |
|---|---|---|---|
| **成人高等教育** | **Higher Education for Adults** | | |
| 学校数 (所) | Number of Schools (unit) | 9 | 9 |
| 教职工人数 | Number of Teachers and Staff | 3284 | 2522 |
| # 专任教师数 | Number of Full-time Teachers | 1985 | 1588 |
| 聘请校外教师 (人次) | Number of Teachers Engaged from Other Schools (Person-time) | 3566 | 3460 |
| 毕业生 | Graduates | 134465 | 153852 |
| 招生数 | New Students Enrollment | 287260 | 302346 |
| 在校学生数 | Students Enrolled | 600354 | 739703 |

注：本表数据由广东省教育厅提供。

Note: The data in this table are provided by the Department of Education of Guangdong Province.

# 18-13 成人高等教育在校学生数

## Number of Students Enrolled in Adult Higher Education by Level

单位:人 (person)

| 项　目 | Item | 2019 | 2020 |
| --- | --- | --- | --- |
| **成人高等教育** | **Higher Education for Adults** | **600354** | **739703** |
| 成人高等学校 | Institutions of Higher Education for Adults | 192277 | 273554 |
| 广播电视大学 | Radio and TV Universities | 185555 | 265732 |
| 职工高等学校 | Schools of Higher Education for Staff and Workers | 6722 | 7822 |
| 管理干部学院 | Colleges for Management Cadres | | |
| 普通高校附设 | Departments Run by Regular Institutions of Higher Education | 408077 | 466149 |
| 函　授 | Correspondence Divisions | 145613 | 185942 |
| 业　余 | Evening Universities | 262464 | 280207 |
| 脱　产 | Courses in Form of Full Time for Adults | | |

注：本表数据由广东省教育厅提供。
Note: The data in this table are provided by the Department of Education of Guangdong Province.

# 18-14 民办普通中小学及幼儿园情况（2020年）

## Statistics on Regular Secondary Schools, Primary Schools and Kindergartens Run by Society (2020)

单位：人 (person)

| 项　目 | Item | 学校数（所） Number of Schools (unit) | 毕业生数 Number of Graduates | 招生数 Number of New Entrants | 在校学生数 Number of Enrolled Students | 教职工数 Number of Teachers and Staff | #专任教师 Full-time Teachers |
| --- | --- | --- | --- | --- | --- | --- | --- |
| **合　计** | **Total** | **1657** | **191869** | **212953** | **759404** | **85448** | **49337** |
| 普通中学 | Regular Secondary Schools | 214 | 37304 | 45521 | 125743 | 16853 | 9763 |
| 高　中 | Senior Secondary Schools | 18 | 3617 | 4200 | 12090 | 2683 | 1157 |
| 初　中 | Junior Secondary Schools | 196 | 33687 | 41321 | 113653 | 14170 | 8606 |
| 小　学 | Primary Schools | 145 | 46199 | 52793 | 316735 | 19794 | 17065 |
| 幼儿园 | Kindergartens | 1298 | 108366 | 114639 | 316926 | 48801 | 22509 |

注：本表数据由广州市教育局提供。
Note: The data in this table are provided by Guangzhou Municipal Education Bureau.

## 18-15 幼儿园基本情况

## Basic Statistics on Kindergartens

| 项　目 | Item | 2019 | 2020 |
|---|---|---|---|
| **幼儿园数　（所）** | **Number of Kindergartens (unit)** | **1966** | **2068** |
| 公　办 | Kindergartens Run by Government | 612 | 770 |
| 民　办 | Kindergartens Run by Society | 1354 | 1298 |
| **教职工人数　（人）** | **Number of Teachers and Staff (person)** | **79236** | **85567** |
| #教　师 | Teachers | 37912 | 41019 |
| **在园幼儿数　（人）** | **Number of Student Enrollment (person)** | **527648** | **574541** |

注：本表数据由广州市教育局提供。
Note: The data in this table are provided by Guangzhou Municipal Education Bureau.

## 18-16 体育事业基本情况

## Basic Statistics on Sports

| 项　目 | Item | 2019 | 2020 |
|---|---|---|---|
| **群众体育活动情况** | **Mass Sports Activities** | | |
| 各级各类大型全民健身活动赛事（项次） | Number of large-scale Body-building Activities Run by all kinds all levels (item-times) | 1184 | 448 |
| 举办国际级、国家级单项比赛次数（次） | Number of international and national individual competitions (times) | 117 | 19 |
| **破纪录** | **Records Chalked up** | | |
| 破世界纪录（项、人次） | World Records Chalked up (item, person-times) | | |
| 破亚洲纪录（项、人次） | Asian Records Chalked up (item, person-times) | 5项6人次 | 1项1人次 |
| 破全国纪录（项、人次） | National Records Chalked up (item, person-times) | 10项15人次 | 2项2人次 |
| **获得冠军** | **Champions Won** | | |
| 广州运动员获世界冠军（项、人次） | World Champions (item, person-times) | 15项17人次 | 1项1人次 |
| 广州运动员获亚洲冠军（项、人次） | Asian Champions (item, person-times) | 15项19人次 | 0项0人次 |
| 广州运动员获全国冠军（项、人次） | National Champions (item, person-times) | 40项70人次 | 40项76人次 |

注：本表数据由广州市体育局提供。
Note: The data in this table are provided by Guangzhou Municipal Sports Bureau.

# 18-17　文化主要指标
# Main Indicators of Culture

| 项　　目 | | Item | | 2019 | 2020 |
|---|---|---|---|---|---|
| **电影、艺术** | | **Films and Arts** | | | |
| 全年摄制完成影片 | (部) | Film Production | (film) | 4 | 1 |
| #故事片 | | Feature Films | | 4 | 1 |
| 全年发行各种新影片 | (部) | Release of Various New Films | (film) | 542 | 235 |
| #国产与合拍片 | | Chinese-made Films | | 351 | 168 |
| 进口片 | | Hong Kong-made and Import Films | | 191 | 61 |
| 艺术表演场馆 | (个) | Art Performance Halls | (unit) | 30 | 8 |
| 艺术表演场馆座席数 | (个) | Seats of Art Performance Halls | (unit) | 44749 | 5986 |
| 专业艺术表演团体 | (个) | Specialized Arts Performance Troupes | (unit) | 47 | 16 |
| 本团原创首演剧目 | (个) | Premiere Performance of Original Play | (unit) | 20 | 21 |
| 艺术表演团体演出场次 | (万场) | Number of Performance for Arts Performance Troupes | (scene) | 0.41 | 0.14 |
| 艺术表演团体国内演出观众人次 | (万人次) | Number of Spectators for Arts Performance Troupes | (10000 person-times) | 354 | 93 |
| **广播电视事业** | | **Broadcasting and Television Stations** | | | |
| 广　播 | | Broadcasting | | | |
| 广播电台 | (座) | Number of Broadcasting Stations | (set) | 2 | 2 |
| 节目套数 | (套) | Number of Programs | (set) | 17 | 17 |
| 中短波转播发射台 | (座) | Medium Wave and Short Wave Broadcasting Transmission Stations | (set) | 2 | 2 |
| 平均日播音 | (时) | Broadcasting Hours per Day | (hour) | 348 | 371 |
| 广播综合人口覆盖率 | (%) | Listener Rating | (%) | 100.00 | 100 |
| 电　视 | | Television | | | |
| 电视台 | (座) | Number of Television Stations | (set) | 2 | 2 |
| 节目套数 | (套) | Number of Programs | (set) | 25 | 25 |
| 平均周播放时间 | (时) | Broadcasting Hours per Week | (hour) | 3933 | 3575 |
| 制作电视剧 | (集) | TV Play Programs | (set) | 116 | 435 |
| 电视综合人口覆盖率 | (%) | Viewer Rating | (%) | 100.00 | 100.00 |

18-17 续表 continued

| 项　　目 | | Item | | 2019 | 2020 |
|---|---|---|---|---|---|
| **图书、档案事业** | | **Books and Archives** | | | |
| 公共图书馆 | （间） | Public Libraries | (unit) | 14 | 14 |
| 总藏量 | （万册） | Total Collections | (10000 volumes) | 3638 | 3873 |
| # 图　书 | | Books | | 3243 | 3446 |
| 阅览室座席 | （个） | Seating Capacity of Reading Rooms | (seat) | 27207 | 27792 |
| # 少儿阅览室座席 | | Seating Capacity of Children Reading Rooms | | 6306 | 6212 |
| 总流通人次 | （万人次） | Total Number of Circulation | (10000 person-times) | 4170 | 1635 |
| 书刊文献外借册次 | （万册次） | Number of Books Borrowed by the Readers | (10000 volume-times) | 3666 | 2810 |
| 国家综合档案馆 | （个） | Number of National Comprehensive Archives | (unit) | 13 | 13 |
| 馆藏案卷总数 | （万卷） | Total Number of Collections | (10000 volumes) | 528 | 542 |
| 图书销售量 | （万册） | Number of Books Sold | (10000 volumes) | 2270 | 3073 |
| **群众文化事业** | | **Mass Culture** | | | |
| 群众艺术馆、文化馆 | （间） | Units Responsible for Guiding Mass Art | (unit) | 13 | 13 |
| 文化站 | （个） | Cultural Stations | (unit) | 170 | 176 |
| 举办展览 | （个） | Number of Exhibitions | (unit) | 993 | 682 |
| 组织文艺活动 | （次） | Art Performances and Story-telling | (times) | 9848 | 5203 |
| 举办训练班 | （次） | Training Courses | (times) | 15501 | 8483 |
| **文物事业** | | **Cultural Relics** | | | |
| 博物馆、纪念馆及美术馆 | （个） | Museums and Memorial Halls | (unit) | 31 | 62 |
| 藏品数 | （件） | Number of Cultural Relics Collection | (piece) | 381115 | 1622287 |
| # 一级品 | | Grade One | | 1065 | 1100 |
| 举办陈列展览 | （个） | Number of Displays and Exhibitions | (unit) | 104 | 454 |
| 参观人次 | （千人次） | Number of Visitors | (1000 person-times) | 13617 | 6212 |
| 文物商店 | （间） | Cultural Relic Stores | (unit) | 2 | 2 |

注：1．2013年起图书销售量不包括花都区、番禺区、增城区和从化区数据。
　　2．2018年起藏品数不含美术馆藏品。

Note: I. Since 2013 number of books sold does not include Huadu, Panyu, Zengcheng and Conghua.
　　II. Since 2018, the number of cultural relics collection has not included art gallery collections.

# 18-18 主要年份卫生事业基本情况

## Basic Statistics on Public Health in Main Years

| 年 份<br>Year | 卫生机构数（个）<br>Health Care Institutions (unit) | #医 院<br>Hospitals | 卫 生 技术人员（人）<br>Medical Professionals (person) | #医 生<br>Doctors | 卫生机构床位数（张）<br>Hospital Beds (bed) | #医 院<br>Hospitals | 每万人口医生数（人）<br>Doctors per 10000 Population (person) | 每万人口医院床位数（张）<br>Hospital Beds per 10000 Population (bed) |
|---|---|---|---|---|---|---|---|---|
| 1978 | 1589 | 140 | 31547 | 12014 | 17109 | 14382 | 24.88 | 29.78 |
| 1980 | 1802 | 141 | 35792 | 14566 | 17673 | 14747 | 29.02 | 29.38 |
| 1985 | 2098 | 163 | 42522 | 18079 | 23830 | 19439 | 33.17 | 35.67 |
| 1986 | 2319 | 165 | 44666 | 19152 | 25031 | 20020 | 34.48 | 36.05 |
| 1987 | 2173 | 174 | 45818 | 19557 | 26599 | 21544 | 34.61 | 38.13 |
| 1988 | 2387 | 182 | 46957 | 20094 | 27981 | 22663 | 34.83 | 39.28 |
| 1989 | 2409 | 186 | 47988 | 20913 | 28988 | 23458 | 35.72 | 40.07 |
| 1990 | 2353 | 190 | 48276 | 21015 | 29930 | 24395 | 35.36 | 41.05 |
| 1991 | 2347 | 194 | 48618 | 21026 | 31293 | 25286 | 34.91 | 41.99 |
| 1992 | 2323 | 200 | 49052 | 21304 | 32646 | 26901 | 34.80 | 43.94 |
| 1993 | 2094 | 210 | 50097 | 22153 | 32399 | 27339 | 35.52 | 43.84 |
| 1994 | 2131 | 216 | 50819 | 22401 | 33086 | 27871 | 35.17 | 43.75 |
| 1995 | 2238 | 221 | 52851 | 23321 | 34139 | 28721 | 36.06 | 44.41 |
| 1996 | 1987 | 222 | 52450 | 22384 | 34338 | 29728 | 34.12 | 45.31 |
| 1997 | 1989 | 224 | 53654 | 22829 | 35301 | 30067 | 34.25 | 45.11 |
| 1998 | 2013 | 224 | 54053 | 22817 | 35306 | 30791 | 33.85 | 45.67 |
| 1999 | 1670 | 250 | 54480 | 23068 | 36431 | 31284 | 33.68 | 45.67 |
| 2000 | 1703 | 252 | 55677 | 23503 | 38758 | 33716 | 33.54 | 48.12 |
| 2001 | 2257 | 253 | 56262 | 23949 | 39417 | 34558 | 33.61 | 48.50 |
| 2002 | 2265 | 196 | 54652 | 22169 | 40430 | 32736 | 30.76 | 45.43 |
| 2003 | 2349 | 183 | 57274 | 23464 | 42210 | 34140 | 32.36 | 47.08 |
| 2004 | 2443 | 188 | 59943 | 24493 | 45687 | 35979 | 33.20 | 48.77 |
| 2005 | 2517 | 211 | 64182 | 25852 | 47888 | 39359 | 34.44 | 52.44 |
| 2006 | 2603 | 223 | 69091 | 27338 | 50500 | 42821 | 35.94 | 56.29 |
| 2007 | 2543 | 225 | 76791 | 29056 | 52640 | 45209 | 37.57 | 58.45 |
| 2008 | 2388 | 218 | 80687 | 29953 | 54973 | 47128 | 38.20 | 60.10 |
| 2009 | 2341 | 224 | 89179 | 32926 | 59038 | 50367 | 41.44 | 63.39 |
| 2010 | 2387 | 216 | 95546 | 33575 | 62552 | 53227 | 41.65 | 66.03 |
| 2011 | 3459 | 207 | 100832 | 35638 | 65940 | 55429 | 43.75 | 68.05 |
| 2012 | 3511 | 224 | 106708 | 37442 | 70649 | 62194 | 45.53 | 75.63 |
| 2013 | 3729 | 222 | 114802 | 39694 | 73301 | 64864 | 47.69 | 77.93 |
| 2014 | 3749 | 224 | 120915 | 40715 | 77011 | 68685 | 48.33 | 81.53 |
| 2015 | 3724 | 229 | 126681 | 42499 | 82022 | 73313 | 49.75 | 85.83 |
| 2016 | 3806 | 243 | 137953 | 46791 | 87959 | 79037 | 53.75 | 90.80 |
| 2017 | 4058 | 243 | 145045 | 49747 | 90222 | 81747 | 55.41 | 91.05 |
| 2018 | 4598 | 255 | 156497 | 54134 | 95134 | 86011 | 36.32 | 57.71 |
| 2019 | 5093 | 269 | 168056 | 58671 | 100080 | 90940 | 38.33 | 59.41 |
| 2020 | 5550 | 289 | 177835 | 62329 | 101640 | 93067 | 33.26 | 54.24 |

注：1. 从2016年起卫生指标按照新的《2016国家卫生和计划生育统计调查制度》统计。其中，医生为执业(助理)医师数。
2. 从2004年起医院不包卫生院及社区卫生服务中心(站)。
3. 2017年及以前年份，每万人口医生数和每万人口医院床位数用年末户籍人口计算，从2018年起用年末常住人口计算。

Note: I. Since 2016, the health indicators have been counted according to the new National Health and Family Planning Survey system 2016. Among them, the number of doctors practising (assistant) doctors.

II.The number of hospitals haven't included the township hospitals since 2004.

III.In 2017 and previous years，doctors per 10000 population and hospital beds per 10000 population were caculated by the year-end registered population. Since 2018, they were caculated by the year-end permanent population.

# 18-19 医疗卫生机构数

# Number of Health Institutions

单位：个 (unit)

| 项　目 | Item | 2019 | 2020 |
|---|---|---|---|
| **各类医疗卫生机构合计** | **Total Number of Health Care Institutions** | **5093** | **5550** |
| **医　院** | **Hospitals** | **269** | **289** |
| 综合医院 | General Hospitals | 143 | 150 |
| 中医医院 | TCM Hospitals | 28 | 34 |
| 中西医结合医院 | Hospitals Which Integrate Traditional Chinese Therapeutics with Western Therapeutics in Practice | 7 | 6 |
| 专科医院 | Specialized Hospitals | 84 | 89 |
| 护理院 | Nursing Homes | 7 | 10 |
| **基层医疗卫生机构** | **Basic Health Care Institutions** | **4651** | **5070** |
| 社区卫生服务中心(站) | Health Service Certers(Stations) for Community | 325 | 334 |
| 社区卫生服务中心 | Health Service Centers for Community | 152 | 155 |
| 社区卫生服务站 | Health Service Stations for Community | 173 | 179 |
| 卫生院 | Township Hospitals | 31 | 31 |
| 村卫生室 | Village Health Hospitals | 931 | 921 |
| 门诊部 | Outpatient Departments | 1381 | 1529 |
| 诊所、卫生所、医务室 | Clinics, Health Stations, Infirmaries | 1983 | 2255 |
| **专业公共卫生机构** | **Specialized Health Care Institutions** | **109** | **101** |
| 疾病预防控制中心 | CDC(Epidemic Prevention Stations) | 17 | 17 |
| 专科疾病防治院(所、站) | Specialized Disease Prevention & Treatment Institutions | 7 | 7 |
| 健康教育所(站、中心) | Health Education Stations(Centers) | 3 | 3 |
| 妇幼保健院(所、站) | Maternity and Child Care Centers | 12 | 12 |
| 急救中心(站) | First Aid Centers(Stations) | 7 | 7 |
| 采供血机构 | Blood Collection Agencies | 5 | 5 |
| 卫生监督所(中心) | Health Supervision Stations | 14 | 14 |
| 计划生育技术服务机构 | Family-planning Technical Service Institutions | 44 | 36 |
| **其他卫生机构** | **Others** | **64** | **90** |
| 疗养院 | Sanitariums | 7 | 6 |
| 医学科学研究机构 | Research Institutions of Medical Science | 6 | 6 |
| 医学在职培训机构 | Training Institutions of Medical Science for Incunbent | 1 | 1 |
| 临床检验中心(所、站) | Clinical Inspect Centers(stations) | 34 | 57 |
| 统计信息中心 | Statistical Information Centers | 2 | 1 |
| 其　他 | Other Medical Institutions | 14 | 19 |

注：本表数据由广州市卫生健康委员会提供。

Note: The data in this table are provided by Guangzhou Municipal Health Commission.

# 18-20 医疗卫生机构床位数

## Number of Beds in Medical and Health Institutions

单位：张 (unit)

| 项　　目 | Item | 2019 | 2020 |
|---|---|---|---|
| **各类医疗卫生机构床位** | **Total Number of Beds in Health Institutions** | **100080** | **101640** |
| **医　院** | **Hospitals** | **90940** | **93067** |
| 综合医院 | General Hospitals | 57000 | 57399 |
| 中医医院 | TCM Hospitals | 11547 | 11803 |
| 中西医结合医院 | Hospitals Which Integrate Traditional Chinese Therapeutics with Therapeutics in Practice | 2687 | 2473 |
| 专科医院 | Specialized Hospitals | 19039 | 19973 |
| 护理院 | Nursing Homes | 667 | 1419 |
| **基层医疗卫生机构** | **Community Medical and Health Institutions** | **5116** | **4378** |
| 社区卫生服务中心(站) | Health Service Centers for Community | 3198 | 2479 |
| 卫生院 | Township Hospitals | 1892 | 1873 |
| 门诊部 | Outpatient Departments | 26 | 26 |
| **专业公共卫生机构** | **Specialized Public Health Institutions** | **3686** | **3902** |
| 专科疾病防治院(所、站) | Specialized Disease Prevention & Treatment Institutions | 106 | 126 |
| 妇幼保健院(所、站) | Maternity and Child Care Centers | 3580 | 3776 |
| **其他卫生机构** | **Others** | **338** | **293** |
| 疗养院 | Sanitariums | 338 | 293 |

注：本表数据由广州市卫生健康委员会提供。

Note: The data in this table are provided by Guangzhou Municipal Health Commission.

# 18-21 医疗卫生机构工作人员

## Number of Employed Personnel in Medical and Health Institutions

单位:人 (person)

| 项　　目 | Item | 2019 | 2020 |
|---|---|---|---|
| **合　计** | **Total** | **202725** | **214612** |
| # 卫生技术人员小计 | Medical Technical Personnel | 168056 | 177835 |
| 执业(助理)医师 | Assistant Certified Doctors | 58671 | 62329 |
| # 执业医师 | Certified Doctors | 54885 | 58266 |
| # 全科医生 | General Doctors | 5536 | 4063 |
| 注册护士 | Registered Nurses | 77812 | 82484 |
| 药　师(士) | Pharmacists | 9220 | 9447 |
| 技　师(士) | Technicians | 8395 | 8838 |
| # 检验师(士) | Testers | 6089 | 6369 |
| 其　他 | Others | 13958 | 14737 |
| 其他技术人员 | Other Technical Personnel | 6868 | 7572 |
| 管理人员 | Managerial Personnel | 9081 | 9614 |
| 工勤技能人员 | Workers | 18101 | 19043 |
| 乡村医生和卫生员 | Rural Doctors and Medical Attendants | 619 | 548 |

注：本表数据由广州市卫生健康委员会提供。2019年起全科医生数包含乡村全科执业助理医师人数。

Note: The data in this table are provided by Guangzhou Municipal Health Commission.The number of general practitioners includes the number of assistant practitioners in rural general practice from 2019.

# 18-22 医疗卫生机构基本情况(2020年，按地区分)

## Basic Statistics on Medical and Health Institutions (2020, by District)

| 地区 | District | 卫生机构数(个) Number of Health Institutions (unit) | 医疗机构数(个) Number of Medical Institutions (unit) | 医院 Hospital | 实有床位(张) Number of Beds (bed) | 医院 Hospital |
|---|---|---|---|---|---|---|
| **总计** | **Total** | **5550** | **5448** | **289** | **101640** | **93067** |
| 荔湾区 | Liwan | 245 | 242 | 30 | 7120 | 6917 |
| 越秀区 | Yuexiu | 396 | 377 | 34 | 25214 | 23429 |
| 海珠区 | Haizhu | 352 | 346 | 17 | 11064 | 10410 |
| 天河区 | Tianhe | 867 | 859 | 53 | 13563 | 13139 |
| 白云区 | Baiyun | 849 | 823 | 56 | 21517 | 20492 |
| 黄埔区 | Huangpu | 424 | 408 | 24 | 4161 | 3740 |
| 番禺区 | Panyu | 559 | 551 | 24 | 6359 | 5609 |
| 花都区 | Huadu | 585 | 581 | 14 | 4303 | 3216 |
| 南沙区 | Nansha | 262 | 260 | 14 | 1524 | 1366 |
| 从化区 | Conghua | 374 | 371 | 8 | 2793 | 2007 |
| 增城区 | Zengcheng | 637 | 630 | 15 | 4022 | 2742 |

18-22 续表 continued

| 地区 | District | 人员数(人) Number of Employed Personnel (person) | #卫生技术人员(人) Medical Technical Personnel (person) | #执业(助理)医师(人) Assistant Certified Doctors (person) | #注册护士(人) Registered Nurses (person) |
|---|---|---|---|---|---|
| **总计** | **Total** | **214612** | **177835** | **62329** | **82484** |
| 荔湾区 | Liwan | 12974 | 11081 | 4164 | 5058 |
| 越秀区 | Yuexiu | 56193 | 47492 | 15078 | 22316 |
| 海珠区 | Haizhu | 22223 | 18607 | 6201 | 8754 |
| 天河区 | Tianhe | 35037 | 28319 | 10407 | 13415 |
| 白云区 | Baiyun | 32186 | 25700 | 8686 | 12438 |
| 黄埔区 | Huangpu | 9659 | 7630 | 2708 | 2930 |
| 番禺区 | Panyu | 15641 | 13273 | 5206 | 5775 |
| 花都区 | Huadu | 11181 | 9572 | 3700 | 4333 |
| 南沙区 | Nansha | 3879 | 3136 | 1276 | 1328 |
| 从化区 | Conghua | 5273 | 4321 | 1557 | 2067 |
| 增城区 | Zengcheng | 10366 | 8704 | 3346 | 4070 |

注：本表数据由广州市卫生健康委员会提供。
Note: The data in this table are provided by Guangzhou Municipal Health Commission.

# 18-23　民营医疗机构基本情况(2020年，按地区分)

## Basic Statistics on Private Medical and Health Institutions (2020, by District)

| 地　区 | District | 医疗机构数(个) Number of Medical Institutions (unit) | 床位数(张) Number of Beds (unit) | 人员数(人) Number of Employed Personnel (person) | #卫生技术人员(人) Medical Technical Personnel (person) | #执业(助理)医师(人) Assistant Certified Doctors (person) | #注册护士(人) Registered Nurses (person) |
|---|---|---|---|---|---|---|---|
| **总　计** | **Total** | **3677** | **19688** | **52250** | **42093** | **17195** | **19305** |
| 荔湾区 | Liwan | 180 | 813 | 2539 | 2320 | 1065 | 1029 |
| 越秀区 | Yuexiu | 258 | 870 | 5485 | 4243 | 1662 | 2158 |
| 海珠区 | Haizhu | 221 | 749 | 3207 | 2822 | 1234 | 1234 |
| 天河区 | Tianhe | 746 | 3342 | 13285 | 9867 | 4019 | 4705 |
| 白云区 | Baiyun | 603 | 9423 | 11214 | 9118 | 3462 | 4512 |
| 黄埔区 | Huangpu | 310 | 664 | 3621 | 2877 | 1058 | 848 |
| 番禺区 | Panyu | 472 | 1208 | 4762 | 4017 | 1802 | 1638 |
| 花都区 | Huadu | 342 | 1191 | 2971 | 2640 | 1176 | 1153 |
| 南沙区 | Nansha | 91 | 135 | 897 | 571 | 252 | 241 |
| 从化区 | Conghua | 123 | 404 | 786 | 692 | 272 | 365 |
| 增城区 | Zengcheng | 331 | 889 | 3483 | 2926 | 1193 | 1422 |

注：本表数据由广州市卫生健康委员会提供。

Note: The data in this table are provided by Guangzhou Municipal Health Commission.

## 18-24 医疗资源与服务情况（2020年，按经济类型和设置主办单位分）

## Resources and Services on Medical Institutions (2020，By Economic Type and Setting Organizer)

| 项目 | Item | 合计 Total | 公立医疗机构 Public Medical Institutions | #政府办 Operated by Governments | 民营医疗机构 Private Medical Institutions |
|---|---|---|---|---|---|
| 医疗机构数（个） | Number of Units (unit) | 5550 | 1873 | 657 | 3677 |
| 总诊疗人次（万人次） | Patients Treated (10000 person-times) | 12596.08 | 10640.28 | 9751.94 | 1955.80 |
| #门　诊 | Outpatient Visits | 11453 | 9574 | 8742 | 1879 |
| 急　诊 | Emergency Visits | 894.24 | 842.96 | 800.15 | 51.28 |
| 观察室留观病例数（万人次） | Number of Persons for Further Observation (10000 person-times) | 61.19 | 60.70 | 60.54 | 0.49 |
| 健康检查人次（万人次） | Number of Persons for Health Examination (10000 person-times) | 948 | 739 | 682 | 209 |
| 入院人数（万人次） | Number of Inpatients (10000 person-times) | 278.55 | 257.97 | 252.15 | 20.58 |
| 出院人数（万人次） | Number of Leaving Hospital(10000 person-times) | 281 | 260 | 254 | 21 |
| 年底实有病床数（张） | Number of Beds at Year-end (unit) | 101640 | 81952 | 78153 | 19688 |
| 病床使用率（%） | Utilization Rate of Beds (%) | 70.60 | 72.65 | 72.85 | 61.44 |
| 病床周转次数（次/年） | Turnover Rate of Beds (times/year) | 28 | 32 | 33 | 11 |
| 出院者平均住院日（日） | Average Hospitalization Period (day) | 9.32 | 8.61 | 8.05 | 18.22 |
| 医师人均每日担负诊疗人次（人） | Average Daily For Per Doctor visited (person) | 8.18 | 9.58 | 9.51 | 4.55 |
| 医师人均每日担负住院床日（人） | Doctor Responsible For Inpatient Bed Days Per Capita Daily (person) | 1.45 | 1.39 | 1.38 | 1.91 |

注：本表数据由广州市卫生健康委员会提供。
Note: The data in this table are provided by Guangzhou Municipal Health Commission.

## 18-25 医疗资源与服务情况(2020年，按机构类型分)

## Resources and Services on Medical Institutions (2020, By Organization Type)

| 项目 | Item | 医院 Hospital | 基层医疗卫生机构 Basic Medical and Health Institutions | 社区卫生服务中心(站) Community Health Care Centers | 卫生院 Health Center | 专业公共卫生机构 Professional Medical and Health Institutions | 其他卫生机构 Other Health Care Institutions |
|---|---|---|---|---|---|---|---|
| 机构数 (个) | Number of Units (unit) | 289 | 5070 | 334 | 31 | 101 | 90 |
| 总诊疗人次 (万人次) | Patients Treated (10000 person-times) | 7932.69 | 3914.18 | 2129.73 | 400.76 | 742.44 | 6.77 |
| #门 诊 | Outpatient Visits | 7154.06 | 3666.31 | 1995.12 | 292.65 | 626.05 | 6.55 |
| 急 诊 | Emergency Visits | 681.89 | 128.54 | 44.95 | 83.59 | 83.60 | 0.21 |
| 观察室留观病例数 (万人次) | Number of Persons for Further Observation (10000 person-times) | 56.87 | 4.16 | 1.79 | 2.37 | 0.16 | |
| 健康检查人次 (万人次) | Number of Persons for Health Examination (10000 person-times) | 581.80 | 279.90 | 125.44 | 28.60 | 74.75 | 11.28 |
| 入院人数 (万人次) | Number of Inpatients (10000person-times) | 254.45 | 7.82 | 2.62 | 5.19 | 16.27 | |
| 出院人数 (万人次) | Number of Leaving Hospital (10000 person-times) | 256.34 | 7.84 | 2.60 | 5.23 | 16.33 | |
| 年末实有病床数 (张) | Number of Beds at Year-end (unit) | 93067 | 4378 | 2479 | 1873 | 3902 | 293 |
| 平均开放病床数 (张) | Average Number of Beds in Use (unit) | 90586 | 4223 | 2360 | 1863 | 3871 | 256 |
| 病床使用率 (%) | Utilization Rate of Beds (%) | 71.79 | 54.89 | 58.62 | 50.16 | 64.62 | 0.14 |
| 病床周转次数 (次/年) | Turnover Rate of Beds (times/year) | 28.30 | 18.60 | 11.00 | 28.10 | 42.20 | 0.10 |
| 出院者平均住院日 (日) | Average Hospitalization Period (day) | 9.50 | 11.80 | 23.20 | 6.10 | 5.60 | 5.80 |

注：本表数据由广州市卫生健康委员会提供。
Note: The data in this table are provided by Guangzhou Municipal Health Commission.

## 18-26 村卫生室基本情况

## Statistics on Rural Health Institutions

| 项目 | Item | 2019 | 2020 |
|---|---|---|---|
| 机构数 (个) | Number of Institutions (unit) | 931 | 921 |
| 执业(助理)医师 (人) | Certified (Assistant) Doctors (person) | 555 | 602 |
| 注册护士 (人) | Certified (Assistant) Nurses (person) | 295 | 272 |
| 乡村医生和卫生员 (人) | Rural Doctors and Medical Attendants (person) | 619 | 548 |
| 乡村医生数 | Rural Doctors | 590 | 522 |
| 卫生员 | Medical Attendants | 29 | 26 |
| 总诊疗人次 (万人次) | Patients Treated (10000 person-times) | 282.82 | 179.01 |

注：本表数据由广州市卫生健康委员会提供。
Note: The data in this table are provided by Guangzhou Municipal Health Commission.

# 18-27 卫生事业其他指标

## Other Indicators of Health Care

| 项　　目 | Item | 2019 | 2020 |
|---|---|---|---|
| **人均卫生资源** | **Per Capita Health Resources** | | |
| 每万人口卫生机构床位数 (张) | Number of Hospital Beds per 10000 Population (unit) | 65.39 | 54.24 |
| 每万人口卫生技术人员数 (人) | Number of Medical Technical Personnel per 10000 Population (person) | 109.80 | 94.89 |
| 每万人口执业(助理)医师数 (人) | Number of Certified (Assistant) Doctors per 10000 Population (person) | 38.33 | 33.26 |
| 每万人口注册护士数 (人) | Number of Registered Nurses per 10000 Population (person) | 50.84 | 44.01 |
| **防病工作** | **Disease Prevention** | | |
| 甲、乙类传染病发病率 (1/10万) | Incidence Disease Rate of type A&B Infectious Disease (per 100000 persons) | 347.59 | 289.09 |
| 甲、乙类传染病死亡率 (1/10万) | Death Rate of type A&B Infectious Diseases (per 100000 persons) | 0.87 | 0.63 |
| 儿童计划免疫接种率 (%) | Planned Vaccination Rate of Children (%) | | |
| 卡介苗基础免疫 (%) | BCG Basic Vaccination Rate | 99.89 | 99.88 |
| 脊髓灰质炎基础免疫 (%) | Poliovirus Basic Vaccination Rate | 99.82 | 99.81 |
| 百白破基础免疫 (%) | Pertussis, Diphtheria & Tetanus Basic Vaccination Rate | 99.73 | 99.83 |
| 麻疹基础免疫 (%) | Measles Virus Basic Vaccination Rate | 99.84 | 99.82 |
| 乙肝基础免疫 (%) | Hepatitis B Basic Vaccination Rate | 99.83 | 99.81 |
| 乙脑基础免疫 (%) | Encephalitis B Basic Vaccination Rate | 99.80 | 99.83 |
| **妇幼工作** | **Women and Children** | | |
| 孕产妇保健系统管理率 (%) | Management Rate of Maternity Health Care System (%) | 96.89 | 97.29 |
| 产前检查率 (%) | Medical Examination Rate before Birth (%) | 98.41 | 98.64 |
| 住院分娩率 (%) | Hospital Childbirth Rate (%) | 99.95 | 99.94 |
| 3岁以下儿童系统管理率 (%) | Management Rate of Children System at 3 Years Old and below (%) | 96.14 | 96.51 |
| 7岁以下儿童健康管理率 (%) | Management Rate of Children Health Care at 7 Years Old and below (%) | 99.22 | 99.31 |
| 新生儿遗传代谢性疾病筛查率 (%) | Screening Rate of Neonatal Genetic and Metabolic Disease (%) | 99.70 | 99.80 |
| 新生儿听力筛查率 (%) | Neonatal Hearing Screening Rate (%) | 99.18 | 99.28 |
| 住院分娩出生缺陷发生率 (1/万) | Birth Defect Rate at Hospital Childbirth (1/10000) | 217.27 | 233.28 |
| 出生低体重儿发生率 (%) | Incidence Rate of Low Weight Infants at Birth (%) | 6.20 | 6.00 |
| 5岁以下儿童中重度营养不良发生率 (%) | Incidence Rate from Medium and Serious Malnutrition of Children at 5 Years Old and below (%) | 1.34 | 1.37 |
| 围产儿死亡率 (‰) | Death Rate of Perinatal Children (‰) | 3.39 | 3.32 |
| 孕产妇死亡率 (1/10万) | Death Rate of Pregnant and Lying-in Women (per 100000 persons) | 6.57 | 7.51 |
| 婴儿死亡率 (‰) | Death Rate of Infant (‰) | 2.37 | 1.95 |
| 5岁以下儿童死亡率 (‰) | Death Rate of Children at 5 Years Old and below (‰) | 3.26 | 3.02 |
| **生命指标** | **Life Indicators** | | |
| 平均期望寿命 (岁) | Life Expectancy (year) | 82.52 | 82.90 |
| 男　性 | Male | 79.68 | 80.09 |
| 女　性 | Female | 85.48 | 85.81 |

注：1.本表数据由广州市卫生健康委员会提供。
2.本表人均卫生资源用年末常住人口计算；
3.甲、乙类传染病发病率、死亡率用年平均常住人口计算。
4.平均期望寿命以死因统计年报计算。

Note: I. The data in this table are provided by Guangzhou Municipal Health Commission.
II. Per capita health resources is calculated by annual resident population.
III. The incidence disease rate and death rate of type A and B infections diseases are calculated by annual resident population.
IV. Life expectancy is calculated according to the statistical yearbook of death.

# 18-28 律师、公证、基层司法基本情况

# Basic Statistics on Lawyers, Notarization and Grassroots Judicial Work

| 项　　目 | | Item | | 2019 | 2020 |
|---|---|---|---|---|---|
| **律师工作** | | **Lawyers** | | | |
| 律师事务所 | (个) | Number of Law Offices | (unit) | 747 | 812 |
| 执业律师 | (人) | Number of Certified Lawyers | (person) | 15880 | 17902 |
| 担任常年法律顾问 | (家) | Number of Units with Permanent Legal Advisors | (unit) | 23666 | 22415 |
| 民事诉讼代理 | (件) | Civil Case Litigation Agency | (case) | 147938 | 141073 |
| 行政诉讼代理 | (件) | Administrative Action Case Litigation Agency | (case) | 4837 | 4105 |
| 非诉讼法律事务 | (件) | off-court Case | (case) | 152980 | 52009 |
| 刑事辩护及代理 | (件) | Criminal Case Litigation Agency | (case) | 28167 | 24956 |
| **公证工作** | | **Notarization** | | | |
| 公证处 | (个) | Number of Notary Offices | (unit) | 12 | 10 |
| 公证人员 | (人) | Number of Notary Personnel | (person) | 532 | 456 |
| 办结公证总数 | (件) | Number of Notary Documents | (case) | 439093 | 379405 |
| # 国内民事公证 | | Domestic Civil Notary | | 255349 | 247340 |
| 国内经济公证 | | Domestic Economic Notarization | | 89326 | 89939 |
| 涉外民事公证 | | Foreign-related Civil notary | | 93214 | 41106 |
| 涉外经济公证 | | Foreign-related Economic Notarization | | 1204 | 1020 |
| **基层司法工作** | | **Grassroots Judicial Work** | | | |
| 司法所 | (个) | Number of Law Services | (unit) | 174 | 174 |
| 司法所人员 | (人) | Number of Law Service Personnel | (person) | 998 | 998 |
| 司法所兼职人员 | (人) | Number of Units with Legal Advisors | (person) | 5 | 5 |
| 司法助理员 | (人) | Agent of Civil Cases | (person) | 529 | 529 |
| 人民调解委员会 | (个) | Number of People's Mediation Committees at Year-end | (unit) | 3299 | 3316 |
| 调解人员 | (人) | Number of Mediators at Year-end | (person) | 15656 | 15712 |
| 调解纠纷总数 | (件) | Number of Disputes Mediated | (case) | 59076 | 91710 |

注：本表数据由广州市司法局提供。

Note:The data in this table are provided by Guangzhou Municipal Bureau of Justice.

# 18-29 社会治安主要指标

## Main Indicators of Public Security

| 项　目 | Item | 2019 | 2020 |
|---|---|---|---|
| **刑事案件** | **Criminal Cases** | | |
| 立当年案数 (件) | Number of Cases Registered (case) | 105997 | 100807 |
| 破当年案数 (件) | Number of Cases Cracked in Current Year (case) | 36916 | 29875 |
| 破案率 (%) | Percentage of Cases Cracked to Total Criminal Cases in Current Year (%) | 34.8 | 29.6 |
| **治安案件** | **Offense Cases against Public Order** | | |
| 受理数 (件) | Number of Cases Accepted to be Treated (case) | 137220 | 121422 |
| 查处数 (件) | Number of Cases Investigated and Treated (case) | 132427 | 116784 |
| **城市交通事故** | **City Traffic Accidents** | | |
| 交通事故 (件) | Number of Traffic Accidents (case) | 2506 | 2972 |
| 死伤人数 (人) | Number of Deaths and Injuries (person) | 2998 | 3257 |
| # 死亡人数 | Number of Deaths | 735 | 669 |
| 损失折款 (万元) | Losses Converted into Cash (10000 yuan) | 740.5 | 942.3 |
| **火　灾** | **Fires** | | |
| 火灾起数 (起) | Number of Fires (case) | 6254 | 8555 |
| 死伤人数 (人) | Number of Deaths and Injuries (person) | 25 | 13 |
| # 死亡人数 | Number of Deaths | 13 | 7 |
| 损失折款 (万元) | Losses Converted into Cash (10000 yuan) | 4617 | 6913 |

注：本表刑事案件、治安案件、城市交通事故数据由广州市公安局提供。火灾相关数据由广州市消防救援支队提供。

Note: This table provides data on criminal cases, public security cases, and urban traffic accidents provided by the Guangzhou Municipal Public Security Bureau. Fire-related data are provided by Guangzhou Fire Rescue Detachment.

# 18-30 社会保险情况
# Conditions of Social Insurance

单位：人 (person)

| 项目 | Item | 2019 年末参保人数 Persons Participating in Insurance at Year-end | 2019 全年享受人数 Persons Enjoying Insurance |
|---|---|---|---|
| 基本养老保险 | Basic Pension Insurance | 9090879 | 1721023 |
| 城镇职工基本养老保险 | Basic Pension Insurance for Employed Persons in Urban Units | 7689932 | 1142993 |
| 城乡居民养老保险 | Pension Insurance for Urban and Rural Resident | 1400947 | 578030 |
| 农转居养老保险 | Pension Insurance for Resident transferred from Farmers | - | - |
| 社会医疗保险 | Social Medical Care Insurance | 13022026 | 6801606 |
| 职工社会医疗保险 | Employee Social Medical Care Insurance | 8031247 | 4428028 |
| 城乡居民社会医疗保险 | Social Medical Care Insurance for Urban and Rural Residents | 4990779 | 2373578 |
| 失业保险 | Unemployment Insurance | 6442012 | 133120 |
| 工伤保险 | Work Injury Insurance | 7322657 | 15884 |
| 生育保险 | Maternity Insurance | 6281315 | 338646 |

18-30 续表 continued

单位：人 (person)

| 项目 | Item | 2020 年末参保人数 Persons Participating in Insurance at Year-end | 2020 全年享受人数 Persons Enjoying Insurance |
|---|---|---|---|
| 基本养老保险 | Basic Pension Insurance | 9614011 | 1789536 |
| 城镇职工基本养老保险 | Basic Pension Insurance for Employed Persons in Urban Units | 8204077 | 1208148 |
| 城乡居民养老保险 | Pension Insurance for Urban and Rural Resident | 1400947 | 581388 |
| 农转居养老保险 | Pension Insurance for Resident transferred from Farmers | - | - |
| 社会医疗保险 | Social Medical Care Insurance | 13481361 | 5983567 |
| 职工社会医疗保险 | Employee Social Medical Care Insurance | 8441958 | 4075253 |
| 城乡居民社会医疗保险 | Social Medical Care Insurance for Urban and Rural Residents | 5039403 | 1908314 |
| 失业保险 | Unemployment Insurance | 6918212 | 154571 |
| 工伤保险 | Work Injury Insurance | 6829268 | 15179 |
| 生育保险 | Maternity Insurance | 6335769 | 156117 |

注：1.从2018年起，养老保险、失业保险、工伤保险和生育保险数据由广州市人力资源和社会保障局提供，医疗保险数据由广州市医疗保障局提供。

2.从2018年起，城镇职工基本养老保险含机关事业单位养老保险，且其中的暂停缴费人数统计口径有调整，数据与2017年不可比。

3.职工医保享受人数仅统计享受医疗待遇人数，未包含医保个人账户注资人数。

4.自2019年8月1日起，我市原农转居基本养老保险参保人员并入我市城乡居民养老保险，按城乡居民养老保险制度统一管理。

Note: I. The data on old-age insurance, unemployment insurance, industrial injury insurance and maternity insurance are provided by Guangzhou Municipal Human Resources and Social Security Bureau, the data on medical insurance are provided by Guangzhou Municipal Medical Insurance Bureau, since 2018.

II. The basic old-age insurance for urban employees includes the old-age insurance for government and public institutions, and the statistical caliber of suspended contributions has been adjusted, since 2018. The data are incomparable with that of 2017.

III. Number of medical care insurance for employed persons only calculates the number of persons enjoyed medical treatment, excluding the number of personal capital account for medical insurance.

IV.Since August 1st, 2019, former participants of the pension insurance for residents transferred from farmers have been merged into the city's pension insurance for urban and rural residents, which will be managed in a unified manner in accordance with pension insurance for urban and rural residents' system.

# 18-31 优抚和社会救助、福利事业情况

## Statistics on Special Care, Social Relief and Social Welfare

| 项　　目 | Item | 2019 | 2020 |
|---|---|---|---|
| **优抚事业** | **Special Care and Preferential Treatment** | | |
| 抚恤、补助优抚对象总人数(人) | Number of Persons Enjoying Regular Pensions and Allowances (person) | 31543 | 31749 |
| 抚恤事业财政性支出 (万元) | Expenses on Special Care and Preferential Treatment (10000 yuan) | 52023.04 | 57225.35 |
| **社会救助** | **Social Relief** | | |
| 城市居民最低生活保障人数(人) | Number of Persons Enjoying Mininum living Security In Urban Areas (Person) | 18742 | 18995 |
| 城市居民最低生活保障户数(户) | Number of Households Enjoying Mininum living Security In Urban Areas (Household) | 11640 | 11962 |
| 农村居民最低生活保障人数(人) | Number of Persons Enjoying Mininum living Security In Rural Areas (Person) | 27370 | 27801 |
| 农村居民最低生活保障户数(户) | Number of Households Enjoying Mininum living Security In Rural Areas (Household) | 12175 | 12118 |
| 农村特困人员救助供养人数(人) | The Number of Relief Personnel in Rural Areas (Person) | 4024 | 3727 |
| 资助参加医疗救助保险 (人) | Number of Persons Funded to Participate in Medical Care Insurance (Person) | 193364 | 201035 |
| 直接实施医疗救助人次数(人次) | Number of Persons Direct Implementation of Medical Assistance(Person-times) | 1042976 | 989862 |
| #住院救助人次数 (人次) | Number of Persons Enjoying Medical Assistance Intpatient Services (Person-times) | 366868 | 346083 |
| 门诊救助人次数 (人次) | Number of Persons Enjoying Medical Assistance Outpatient Services (Person-times) | 676108 | 643779 |
| 生活无着人员救助人次数(人次) | Number of Poor Persons Enjoying Relief (Person-times) | 23352 | 12970 |
| #未成年人救济人次数 (人次) | Number of Child Enjoying Relief (Person-times) | 332 | 29 |
| 社会救助事业财政性支出(万元) | Expenses on Social Relief (10000 yuan) | 86213 | 97633.9 |
| 自然灾害生活救助财政性支出 (万元) | Financial Relief Funds for Disasters (10000 yuan) | 9 | 21.87 |
| **社会福利** | **Social Welfare** | | |
| 社会福利收养性单位数 (个) | Number of Social Welfare Adoption Units (unit) | 228 | 249 |
| 社会福利收养性单位床位数(张) | Number of Beds in Social Welfare Adoption Units (unit) | 63377 | 69257 |
| 年末社会福利收养性单位在院人数 (人) | Number of Persons in Social Welfare Adoption Units at Year-end (Person) | 32306 | 31932 |
| 社会福利事业财政性支出(万元) | Expenses on Social Welfare (10000 yuan) | 262010 | 258045.1 |
| **城乡社区服务** | **Grassroots Social Security in Urban and Rural Areas** | | |
| 社区服务设施数 (个) | Number of Community Service Facilities in Urban Areas (unit) | 4661 | 3396 |
| #社区服务中心(站) (个) | Centers of Community Service | 2256 | 2956 |

注:1.2018年起，优抚事业数据由广州市退役军人事务局提供，医疗救助数据由广州市医疗救助服务中心提供，其余数据由广州市民政局提供。

2.从2018年起，社会福利收养性单位相关数据不含优抚及转隶单位数据。

3.抚恤事业财政性支出包含中央、市和区财政支出,统计口径包括优抚对象抚恤补助、慰问金、一次性抚恤金和义务兵家庭优待金等，2018年度统计数据同口径调整后，以此次报送为准。

4.2019年起，自然灾害生活救助财政性支出数据由广州市应急管理局提供，指救助经费，不含物资救助。因口径调整，与往年数据不可比。

Note: I. The data on preferential care are provided by Guangzhou Bureau of Veterans Affairs, medical assistance data are provided by Guangzhou Medical Assistance Service Center. Other data are provided by Guangzhou Civil Affairs Bureau, since 2018.

II. Since 2018, the relevant data of social welfare adoptive units do not include the data of preferential care and subordinate units,and the data of 2017 are adjusted according to the same caliber.

III. The financial expenditure on pension business includes the financial expenditure of the central government, municipalities and districts, and the statistical caliber includes pension subsidies, condolence payments, one-time pensions and preferential treatment for the families of conscripts，2018 statistical data of the same caliber adjusted to this report.

IV. Since 2019,the data of financial relief funds for disasters has been provided by Guangzhou Emergency Management Bureau,which includes only aid funding and does not include material relief. Because of the adjustment, it is incomparable with the data of the previous year.

# 18-32 结婚和离婚对数

# Couples of Marriage and Divorce

单位：对 (couple)

| 地 区 | District | 2019 | | 2020 | |
|---|---|---|---|---|---|
| | | 登记结婚对数 Number of Marriage Registration | 离婚对数 Number of Divorces | 登记结婚对数 Number of Marriage Registration | 离婚对数 Number of Divorces |
| **全 市** | **Total** | **73757** | **25298** | **67697** | **24919** |
| 荔湾区 | Liwan | 4327 | 1318 | 4021 | 1613 |
| 越秀区 | Yuexiu | 8395 | 3538 | 6771 | 3198 |
| 海珠区 | Haizhu | 6299 | 2874 | 6505 | 2587 |
| 天河区 | Tianhe | 8834 | 2758 | 8036 | 2821 |
| 白云区 | Baiyun | 11359 | 3322 | 9093 | 2899 |
| 黄埔区 | Huangpu | 5382 | 1734 | 4632 | 1417 |
| 番禺区 | Panyu | 7443 | 2038 | 7492 | 2660 |
| 花都区 | Huadu | 6367 | 2509 | 6234 | 2483 |
| 南沙区 | Nansha | 3438 | 1232 | 3524 | 1075 |
| 从化区 | Conghua | 4388 | 1562 | 3901 | 1652 |
| 增城区 | Zengcheng | 7525 | 2413 | 7488 | 2514 |

注：1.法院判决解除和调解解除2020年2843对、2019年3060对。
2.从2018年起，涉外婚姻登记办理权限下放到各区。
3.本表数据由广州市民政局提供。

Note: I. Number of divorces by the court is about 3060 in 2019,and 2843 in 2020.
II. The authority for registration of foreign-related marriages has been delegated to all districts since 2018.
III. The data in this table are provided by Guangzhou Municipal Civil Affairs Bureau.

# 18-33 社会组织机构情况

# Social Organization Structure

单位：个 (unit)

| 项 目 | Item | 2019 | 2020 |
|---|---|---|---|
| **社会组织机构数** | **Number of social organizations** | **8135** | **8135** |
| #社会团体 | Social Group | 3423 | 3440 |
| 民办非企业 | Private non-enterprise Organization | 4633 | 4551 |
| 基金会 | Foundation | 79 | 104 |

注：1.本表数据由广州市民政局提供。
2.2019年“社会团体”不再进行行业分类统计。

Note: I.The data in this table are provided by Guangzhou Municipal Civil Affairs Bureau.
II.In 2019, "social groups" is no longer counted by industry classification.

# 主要统计指标解释

【卫生技术人员】指卫生事业机构支付工资的全部固定职工和合同制职工现任职务为卫生技术工作的专业人员。包括中医师、西医师、中西医结合高级医师、护师、中药师、西药师、检验师、其他技师、中医士、西医士、护士、助产士、中药剂士、检验士、其他初级卫生技术人员。

【医生】指经卫生部门审查合格，具有执业资格的医疗专业人员。

【社会福利收养性单位在院人数】包括民政部门管理的和城镇及农村集体举办的社会福利事业单位中收养的老人、少年儿童、缺乏生活自理能力的残疾人员和精神病人。

【律师】指依法取得律师执业证书，为社会提供法律服务的执业人员。

【公证员】指符合《公证法》规定的条件，在公证机构从事公证业务的执业人员。

【办理公证文书】指公证处在一定时期内办结的公证文书件数。公证文书是按司法部规定或批准的格式制作。包括国内公证和涉外公证两部分。其中国内公证分为经济合同公证和民事法律关系公证两大类。

【调解人员】是经群众选举或者接受聘任，在人民调解委员会领导下，从事调解工作的人员。

【调解民间纠纷】指调解委员会依照法律规定，根据自愿原则，用说服教育的方法调解社会上发生的有关民事权利和义务的争执，促成相关当事双方达到协议和谅解，解决纠纷。包括婚姻家庭纠纷，财产权益纠纷等，不包括法院受理调解的民事案件数。

# Explanatory Notes on Main Statistical Indicators

**【Medical Technical Personnel】** refer to all permanent medical staff and workers employed by medical institutions, including doctors of Chinese and Western medicine, senior doctors who integrate traditional Chinese therapeutics with Western therapeutics in practice, senior nurses, pharmacists of Chinese and Western medicine，1aboratory specialists, other specialists, paramedics of Chinese and Western medicine, nurses, midwives, druggists in Chinese and Western medicine, laboratory technicians, other technicians, other practitioners of Chinese medicine, nursing attendants, pharmacological workers of Chinese and Western medicine, laboratory workers, and other primary medical technical personne1.

**【Doctors】**refer to qualified professional medical wor-kers approved to practice by public health departments.

**【Number of People Taken in by adoption units of So-cial Welfare Institutions】** refers to the number of old people, children, totally dependent handicapped people and mental patients taken in by social welfare institutions run by civil affairs departments and those run by collective units in urban and rural areas.

**【Lawyers】** are certified legal workers according to law, and provide legal service to the public.

**【Notary Personnel】**refer to judicial workers of the state notary offices handling notarization work according to law.

**【Notarized Documents】** refer to the documents settled by notary offices in a year. The nutria documents are drawn up in accordance with the regulations of the Ministry of Justice, including domestic documents and foreign-related documents. Domestic documents are divided into two major categories: documents on economic contracts and documents on civil legal relations.

**【Mediators】** refer to workers who are selected or employ-ed by the masses under the lead of people's mediation committees responsible for mediating in civil disputes and cases of slight infraction of the law.

**【Mediation of Civil Disputes】** refers to mediation commi-ttees' work in mediating in civil disputes concerning civil rights and duties through persuasion and education in accordance with the provisions of law on a voluntary basis, so as to solve disputes by helping the parties involved come to an agreement and understanding. These disputes include divorce cases and disputes over property ownership, but exclude the civil cases to be handled by the court.

专篇 SPECIAL CHAPTER

# 第七次全国人口普查

# THE SEVENTH NATIONAL POPULATION CENSUS

# 专篇　第七次全国人口普查

**简要说明**

一、 本篇资料由广州市第七次全国人口普查领导小组办公室整理提供。

二、本篇资料主要整理广州市 2010 年第六次全国人口普查及 2020 年第七次全国人口普查数据。其中，广州市 2010 年第六次全国人口普查数据取自《广州市 2010 年人口普查资料》。广州市 2020 年第七次全国人口普查数据为初步汇总数据，详细数据见广州市第七次全国人口普查领导小组办公室随后编辑出版的资料汇编。

三、第七次全国人口普查标准时点为 2020 年 11 月 1 日零时，普查对象是普查标准时点在中华人民共和国境内的自然人以及在中华人民共和国境外但未定居的中国公民，不包括在中华人民共和国境内短期停留的境外人员。

# The Seventh National Population Census

**Brief Introduction**

Ⅰ.The data in this chapter are prepared and provided by Office of the Leading Group of Guangzhou for the Seventh National Population Census.

Ⅱ. The data of the Sixth National Population Census in 2010 and the Seventh National Population Census in 2020 of Guangzhou are collected in this chapter. Among them, the data of the Sixth National Population Census of Guangzhou in 2010 is taken from the "Tabulation on the 2010 Population Census of Guangzhou Municipality". The data of the Seventh National Population Census of Guangzhou in 2020 is the preliminary summary data. For detailed data, see the data compilation subsequently edited and published by the office of the Seventh National Population Census Leading Group of Guangzhou.

Ⅲ. The reference time of the Seventh National Population Census is 00:00 hours of November 1st, 2020. The population census covers all natural persons residing in the territory of the People's Republic of China and the Chinese citizens residing outside but not permanently settled down in locations beyond the territory of the People’s Republic of China at the census reference time, excluding foreigners temporarily staying in the territory of the People’s Republic of China.

## 专1 历次人口普查常住人口户数、人口数、性别比
## Households, Population and Sex Ratio of Each Population Census

单位：户、人 (household，person)

| 年份 | 户数 (Households) | | | 人口数 (Population) | | | 性别比 (女=100) Sex Ratio (Female=100) |
|---|---|---|---|---|---|---|---|
| | 合计 Total | 家庭户 Family Households | 集体户 Collective Households | 合计 Total | 男 Male | 女 Female | |
| 1953 | 713780 | | | 2849316 | 1443188 | 1406128 | 102.64 |
| 1964 | 880333 | | | 3882411 | 1963092 | 1919319 | 102.28 |
| 1982 | 1215399 | 1210483 | 4916 | 5193284 | 2632754 | 2560530 | 102.82 |
| 1990 | 1539015 | 1512464 | 26551 | 6299943 | 3248496 | 3051447 | 106.46 |
| 2000 | 2820647 | 2374086 | 446561 | 9942022 | 5175742 | 4766280 | 108.59 |
| 2010 | 4330407 | 3785278 | 545129 | 12701948 | 6639745 | 6062203 | 109.53 |
| 2020 | 8007681 | 7185023 | 822658 | 18676605 | 9866005 | 8810600 | 111.98 |

## 专2 各区常住人口户数
## Resident Households by District

单位：户、人 (household，person)

| 地 区 | District | 2010 | | | 2020 | | |
|---|---|---|---|---|---|---|---|
| | | 合计 Total | 家庭户 Family Households | 集体户 Collective Households | 合计 Total | 家庭户 Family Households | 集体户 Collective Households |
| **全 市** | **Total** | **4330407** | **3785278** | **545129** | **8007681** | **7185023** | **822658** |
| 荔湾区 | Liwan | 326337 | 302233 | 24104 | 506120 | 421995 | 84125 |
| 越秀区 | Yuexiu | 395470 | 366853 | 28617 | 414404 | 384946 | 29458 |
| 海珠区 | Haizhu | 572339 | 516621 | 55718 | 813226 | 757207 | 56019 |
| 天河区 | Tianhe | 545211 | 445078 | 100133 | 1040654 | 884692 | 155962 |
| 白云区 | Baiyun | 803908 | 678481 | 125427 | 1726892 | 1564667 | 162225 |
| 黄埔区 | Huangpu | 311201 | 260447 | 50754 | 534047 | 478199 | 55848 |
| 番禺区 | Panyu | 586086 | 516082 | 70004 | 1233625 | 1103060 | 130565 |
| 花都区 | Huadu | 242319 | 210291 | 32028 | 653428 | 597951 | 55477 |
| 南沙区 | Nansha | 90697 | 78266 | 12431 | 348212 | 315840 | 32372 |
| 从化区 | Conghua | 169510 | 157508 | 12002 | 205207 | 191468 | 13739 |
| 增城区 | Zengcheng | 287329 | 253418 | 33911 | 531866 | 484998 | 46868 |

# 专3　各区常住人口数和性别比

# Resident Population and Sex Ratio by District

单位：户、人　　　　(household，person)

| 地　区 | District | 2010 | | | | 2020 | | | |
|---|---|---|---|---|---|---|---|---|---|
| | | 人口数 Total Population | | | 性别比（女=100） | 人口数 Total Population | | | 性别比（女=100） |
| | | 合计 Total | 广州户籍 Guangzhou Hukou Holders | 非广州户籍 Non Guangzhou Hukou Holders | Sex Ratio (Female=100) | 合计 Total | 广州户籍 Guangzhou Hukou Holders | 非广州户籍 Non Guangzhou Hukou Holders | Sex Ratio (Female=100) |
| **全　市** | **Total** | **12701948** | **7942153** | **4759795** | **109.53** | **18676605** | **9297780** | **9378825** | **111.98** |
| 荔湾区 | Liwan | 898200 | 645267 | 252933 | 103.51 | 1238305 | 682393 | 555912 | 105.34 |
| 越秀区 | Yuexiu | 1157666 | 916210 | 241456 | 99.66 | 1038643 | 748058 | 290585 | 95.65 |
| 海珠区 | Haizhu | 1558663 | 1052060 | 506603 | 105.33 | 1819037 | 1025412 | 793625 | 102.12 |
| 天河区 | Tianhe | 1432426 | 785086 | 647340 | 112.72 | 2241826 | 923799 | 1318027 | 110.88 |
| 白云区 | Baiyun | 2223150 | 1003835 | 1219315 | 116.89 | 3742991 | 1367435 | 2375556 | 116.68 |
| 黄埔区 | Huangpu | 831586 | 385725 | 445861 | 120.79 | 1264447 | 569825 | 694622 | 123.90 |
| 番禺区 | Panyu | 1764828 | 1042650 | 722178 | 106.19 | 2658397 | 1152825 | 1505572 | 112.07 |
| 花都区 | Huadu | 945005 | 653019 | 291986 | 108.52 | 1642360 | 843114 | 799246 | 116.41 |
| 南沙区 | Nansha | 259900 | 148686 | 111214 | 121.14 | 846584 | 454665 | 391919 | 124.88 |
| 从化区 | Conghua | 593415 | 523855 | 69560 | 106.32 | 717684 | 570199 | 147485 | 109.99 |
| 增城区 | Zengcheng | 1037109 | 785760 | 251349 | 110.53 | 1466331 | 960055 | 506276 | 112.26 |

# 专4　各区常住人口中城镇人口数和乡村人口数

## Urban and Rural Population of the Resident Population by District

单位：人、%　　(person，%)

| 地　区 | District | 2010 | | | 2020 | | |
|---|---|---|---|---|---|---|---|
| | | 合计 Total | 城镇人口 Urban Population | 乡村人口 Rural Population | 合计 Total | 城镇人口 Urban Population | 乡村人口 Rural Population |
| **总　计** | **Total** | **12701948** | **10641408** | **2060540** | **18676605** | **16096724** | **2579881** |
| 荔湾区 | Liwan | 898200 | 868588 | 29612 | 1238305 | 1238305 | |
| 越秀区 | Yuexiu | 1157666 | 1157666 | | 1038643 | 1038643 | |
| 海珠区 | Haizhu | 1558663 | 1558663 | | 1819037 | 1819037 | |
| 天河区 | Tianhe | 1432426 | 1426911 | 5515 | 2241826 | 2241826 | |
| 白云区 | Baiyun | 2223150 | 1736955 | 486195 | 3742991 | 3045607 | 697384 |
| 黄埔区 | Huangpu | 831586 | 751515 | 80071 | 1264447 | 1166108 | 98339 |
| 番禺区 | Panyu | 1764828 | 1413002 | 351826 | 2658397 | 2381320 | 277077 |
| 花都区 | Huadu | 945005 | 609942 | 335063 | 1642360 | 1143934 | 498426 |
| 南沙区 | Nansha | 259900 | 178902 | 80998 | 846584 | 620406 | 226178 |
| 从化区 | Conghua | 593415 | 229118 | 364297 | 717684 | 328708 | 388976 |
| 增城区 | Zengcheng | 1037109 | 710146 | 326963 | 1466331 | 1072830 | 393501 |

# 专5　各区常住人口年龄构成
# Age Composition of the Resident Population by District

单位：人　　(person)

| 地　区 | District | 2010 人口数 Total Population 0-14岁 0-14 | 2010 人口数 Total Population 15-59岁 15-59 | 2010 人口数 Total Population 60岁及以上 60 and over | 2020 人口数 Total Population 0-14岁 0-14 | 2020 人口数 Total Population 15-59岁 15-59 | 2020 人口数 Total Population 60岁及以上 60 and over |
|---|---|---|---|---|---|---|---|
| **总　计** | **Total** | **1456352** | **10008413** | **1237183** | **2590189** | **13955818** | **2130598** |
| 荔湾区 | Liwan | 91153 | 674282 | 132765 | 165607 | 827375 | 245323 |
| 越秀区 | Yuexiu | 122148 | 854679 | 180839 | 141708 | 665854 | 231081 |
| 海珠区 | Haizhu | 157872 | 1203645 | 197146 | 205847 | 1302952 | 310238 |
| 天河区 | Tianhe | 151445 | 1176908 | 104073 | 259453 | 1789698 | 192675 |
| 白云区 | Baiyun | 233313 | 1829901 | 159936 | 441995 | 2988640 | 312356 |
| 黄埔区 | Huangpu | 94835 | 681350 | 55401 | 195273 | 962848 | 106326 |
| 番禺区 | Panyu | 212651 | 1414804 | 137373 | 354425 | 2076919 | 227053 |
| 花都区 | Huadu | 113980 | 742526 | 88499 | 272335 | 1213193 | 156832 |
| 南沙区 | Nansha | 31237 | 206310 | 22353 | 129243 | 625126 | 92215 |
| 从化区 | Conghua | 99526 | 433031 | 60858 | 141509 | 486338 | 89837 |
| 增城区 | Zengcheng | 148192 | 790977 | 97940 | 282794 | 1016875 | 166662 |

# 专6 各区常住人口受教育程度

## Resident Population with Various Educational Attainment Levels by District

单位：人 (person)

| 地 区 | District | 2010 | | | | 2020 | | | |
|---|---|---|---|---|---|---|---|---|---|
| | | 大学 University | 高中 Senior Secondary School | 初中 Junior Secondary school | 小学 Primary School | 大学 University | 高中 Senior Secondary School | 初中 Junior Secondary school | 小学 Primary School |
| **全 市** | **Total** | **2491688** | **2944642** | **4524674** | **1979916** | **5094467** | **4109750** | **5505891** | **2573108** |
| 荔湾区 | Liwan | 141144 | 277815 | 288838 | 142129 | 308094 | 320687 | 340739 | 182231 |
| 越秀区 | Yuexiu | 337055 | 346103 | 282983 | 136866 | 386926 | 258478 | 208641 | 118070 |
| 海珠区 | Haizhu | 375879 | 419972 | 482743 | 199421 | 528287 | 422793 | 552582 | 212616 |
| 天河区 | Tianhe | 573611 | 357188 | 290584 | 134144 | 962398 | 563478 | 387523 | 197088 |
| 白云区 | Baiyun | 315037 | 531390 | 941272 | 305483 | 882900 | 862091 | 1274864 | 478829 |
| 黄埔区 | Huangpu | 127466 | 237366 | 300062 | 115712 | 377614 | 280369 | 330845 | 162721 |
| 番禺区 | Panyu | 329009 | 312275 | 678900 | 334706 | 741588 | 594582 | 763280 | 361484 |
| 花都区 | Huadu | 97666 | 165154 | 433915 | 178343 | 302382 | 274183 | 660461 | 264110 |
| 南沙区 | Nansha | 17263 | 59955 | 108115 | 54674 | 151487 | 173715 | 278378 | 161544 |
| 从化区 | Conghua | 74706 | 91961 | 249738 | 128048 | 155773 | 118424 | 240088 | 129626 |
| 增城区 | Zengcheng | 102852 | 145463 | 467524 | 250390 | 297018 | 240950 | 468490 | 304789 |

注：大学受教育程度包含大专及以上，高中受教育程度包含中专。

Notes: University education refers to junior college and above. Senior secondary school education includes secondary technical school education.

## 专7 各区每10万常住人口中拥有的各类受教育程度人口数

## Resident Population with Various Educational Attainment Levels per 100000 Persons by District

单位：人/10万人 (per 100000 persons )

| 地 区 | District | 2010 | | | | 2020 | | | |
|---|---|---|---|---|---|---|---|---|---|
| | | 大学 University | 高中 Senior Secondary School | 初中 Junior Secondary school | 小学 Primary School | 大学 University | 高中 Senior Secondary School | 初中 Junior Secondary school | 小学 Primary School |
| **全 市** | **Total** | **19617** | **23183** | **35622** | **15587** | **27277** | **22005** | **29480** | **13777** |
| 荔湾区 | Liwan | 15714 | 30930 | 32157 | 15824 | 24880 | 25897 | 27517 | 14716 |
| 越秀区 | Yuexiu | 29115 | 29897 | 24444 | 11823 | 37253 | 24886 | 20088 | 11368 |
| 海珠区 | Haizhu | 24115 | 26944 | 30972 | 12794 | 29042 | 23243 | 30378 | 11688 |
| 天河区 | Tianhe | 40045 | 24936 | 20286 | 9365 | 42929 | 25135 | 17286 | 8791 |
| 白云区 | Baiyun | 14171 | 23903 | 42340 | 13741 | 23588 | 23032 | 34060 | 12793 |
| 黄埔区 | Huangpu | 15328 | 28544 | 36083 | 13915 | 29864 | 22173 | 26165 | 12869 |
| 番禺区 | Panyu | 18643 | 17694 | 38468 | 18965 | 27896 | 22366 | 28712 | 13598 |
| 花都区 | Huadu | 10335 | 17477 | 45917 | 18872 | 18411 | 16694 | 40214 | 16081 |
| 南沙区 | Nansha | 6642 | 23068 | 41599 | 21037 | 17894 | 20520 | 32883 | 19082 |
| 从化区 | Conghua | 12589 | 15497 | 42085 | 21578 | 21705 | 16501 | 33453 | 18062 |
| 增城区 | Zengcheng | 9917 | 14026 | 45080 | 24143 | 20256 | 16432 | 31950 | 20786 |

注：大学受教育程度包含大专及以上，高中受教育程度包含中专。

Notes: University education refers to junior college and above. Senior secondary school education includes secondary technical school education.

# 专8 各区15岁及以上人口平均受教育年限、文盲人口及文盲率
## Average Years of Schooling for People Aged 15 and Above , Illiterate Population and Iilliteracy Rate by District

单位：年、人、%　　　　(year，person，%)

| 地　区 | District | 2010 | | | 2020 | | |
|---|---|---|---|---|---|---|---|
| | | 15岁及以上人口平均受教育年限 Average Years of Schooling for People Aged 15 and Above | 文盲人口 Illiterate Population | 文盲率 Iilliteracy Rate | 15岁及以上人口平均受教育年限 Average Years of Schooling for People Aged 15 and Above | 文盲人口 Illiterate Population | 文盲率 Iilliteracy Rate |
| **总　计** | **Total** | **10.84** | **125136** | **0.99** | **11.61** | **107695** | **0.58** |
| 荔湾区 | Liwan | 10.74 | 10008 | 1.11 | 11.49 | 8136 | 0.66 |
| 越秀区 | Yuexiu | 11.96 | 6883 | 0.59 | 12.63 | 3729 | 0.36 |
| 海珠区 | Haizhu | 11.39 | 12402 | 0.80 | 11.79 | 6651 | 0.37 |
| 天河区 | Tianhe | 12.74 | 5630 | 0.39 | 13.06 | 7056 | 0.31 |
| 白云区 | Baiyun | 10.48 | 20046 | 0.90 | 11.31 | 21719 | 0.58 |
| 黄埔区 | Huangpu | 10.75 | 7693 | 0.93 | 11.92 | 8617 | 0.68 |
| 番禺区 | Panyu | 10.47 | 19762 | 1.12 | 11.64 | 13648 | 0.51 |
| 花都区 | Huadu | 9.72 | 15054 | 1.59 | 10.72 | 9274 | 0.56 |
| 南沙区 | Nansha | 9.49 | 5838 | 2.25 | 10.55 | 13242 | 1.56 |
| 从化区 | Conghua | 9.87 | 10885 | 1.83 | 11.02 | 6198 | 0.86 |
| 增城区 | Zengcheng | 9.52 | 10935 | 1.05 | 10.77 | 9425 | 0.64 |

## 专9 第六次全国人口普查分镇（街）常住人口数

## Resident Population by Street and Town of the Sixth National Population Census

单位：人 (person)

| 地 区 | Street /Town | 人口数 Total Population |
|---|---|---|
| **广州市** | **Guangzhou** | **12701948** |
| 荔湾区 | Liwan | 898200 |
| 沙面街道 | Shamian | 3108 |
| 岭南街道 | Lingnan | 25221 |
| 华林街道 | Hualin | 43292 |
| 多宝街道 | Duobao | 29784 |
| 昌华街道 | Changhua | 31087 |
| 逢源街道 | Fengyuan | 56275 |
| 龙津街道 | Longjin | 40419 |
| 金花街道 | Jinhua | 52297 |
| 彩虹街道 | Caihong | 53119 |
| 南源街道 | Nanyuan | 67930 |
| 西村街道 | Xicun | 44141 |
| 站前街道 | Zhanqian | 26099 |
| 桥中街道 | Qiaozhong | 48847 |
| 白鹤洞街道 | Baihedong | 46963 |
| 冲口街道 | Chongkou | 46798 |
| 花地街道 | Huadi | 37506 |
| 石围塘街道 | Shiweitang | 61376 |
| 茶滘街道 | Chajiao | 54069 |
| 东漖街道 | Dongjiao | 35651 |
| 海龙街道 | Hailong | 31663 |
| 东沙街道 | Dongsha | 37970 |
| 中南街道 | Zhongnan | 24585 |
| 越秀区 | Yuexiu | 1157666 |
| 洪桥街道 | Hongqiao | 42258 |
| 广卫街道 | Guangwei | 33984 |
| 北京街道 | Beijing | 19151 |
| 六榕街道 | Liurong | 41120 |
| 流花街道 | Liuhua | 17253 |
| 东风街道 | Dongfeng | 42876 |
| 光塔街道 | Guangta | 32734 |
| 诗书街道 | Shishu | 35394 |
| 大新街道 | Daxin | 40285 |
| 人民街道 | Renmin | 28989 |
| 东湖街道 | Donghu | 74299 |
| 农林街道 | Nonglin | 50152 |
| 梅花村街道 | Meihua | 85400 |
| 黄花岗街道 | Huanghuagang | 99569 |
| 华乐街道 | Huale | 47126 |
| 建设街道 | Jianshe | 52110 |
| 大塘街道 | Datang | 46124 |
| 珠光街道 | Zhuguang | 56329 |
| 大东街道 | Dadong | 83491 |
| 白云街道 | Baiyun | 46768 |
| 登峰街道 | Dengfeng | 92218 |
| 矿泉街道 | Kuangquan | 90036 |
| 海珠区 | Haizhu | 1558663 |
| 赤岗街道 | Chigang | 114978 |
| 新港街道 | Xingang | 111897 |
| 昌岗街道 | Changgang | 97986 |
| 江南中街道 | Jiangnanzhong | 75220 |
| 滨江街道 | Binjiang | 72324 |
| 素社街道 | Sushe | 67103 |
| 海幢街道 | Haichuang | 62884 |
| 南华西街道 | Nanhuaxi | 37960 |
| 龙凤街道 | Longfeng | 102561 |
| 沙园街道 | Shayuan | 67322 |
| 南石头街道 | Nanshitou | 123043 |
| 凤阳街道 | Fengyang | 162641 |

专9　续表1　continued

单位：人 (person)

| 地　区 | Street /Town | 人口数 Total Population | 地　区 | Street /Town | 人口数 Total Population |
|---|---|---|---|---|---|
| 瑞宝街道 | Ruibao | 125399 | 松洲街道 | Songzhou | 106274 |
| 江海街道 | Jianghai | 115157 | 景泰街道 | Jingtai | 82226 |
| 琶洲街道 | Pazhou | 29851 | 同德街道 | Tongde | 105310 |
| 南洲街道 | Nanzhou | 84726 | 黄石街道 | Huangshi | 117339 |
| 华洲街道 | Huazhou | 49742 | 棠景街道 | Tangjing | 89895 |
| 官洲街道 | Guanzhou | 57869 | 新市街道 | Xinshi | 152292 |
| 天河区 | Tianhe | 1432426 | 同和街道 | Tonghe | 89362 |
| 五山街道 | Wushan | 131795 | 京溪街道 | Jingxi | 91970 |
| 员村街道 | Yuancun | 81831 | 永平街道 | Yongping | 124000 |
| 车陂街道 | Chebei | 102787 | 嘉禾街道 | Jiahe | 87696 |
| 沙河街道 | Shahe | 42814 | 均禾街道 | Junhe | 124909 |
| 石牌街道 | Shipai | 177198 | 石井街道 | Shijing | 209022 |
| 沙东街道 | Shadong | 29522 | 金沙街道 | Jinsha | 52657 |
| 天河南街道 | Tianhenan | 62912 | 人和镇 | Renhe | 127795 |
| 林和街道 | Linhe | 59732 | 太和镇 | Taihe | 208589 |
| 兴华街道 | Xinghua | 68139 | 钟落潭镇 | Zhongluotan | 192322 |
| 棠下街道 | Tangxia | 177864 | 江高镇 | Jianggao | 161343 |
| 天园街道 | Tianyuan | 54769 | 黄埔区 | Huangpu | 457930 |
| 猎德街道 | Liede | 22522 | 黄埔街道 | Huangpu | 71280 |
| 冼村街道 | Xiancun | 51284 | 红山街道 | Hongshan | 41815 |
| 元岗街道 | Yuangang | 30610 | 鱼珠街道 | Yuzhu | 52504 |
| 黄村街道 | Huangcun | 29501 | 大沙街道 | Dasha | 44641 |
| 长兴街道 | Changxing | 66098 | 文冲街道 | Wenchong | 47189 |
| 龙洞街道 | Longdong | 70055 | 穗东街道 | Suidong | 45025 |
| 凤凰街道 | Fenghuang | 19534 | 南岗街道 | Nangang | 76747 |
| 前进街道 | Qianjin | 59700 | 荔联街道 | Lilian | 42251 |
| 珠吉街道 | Zhuji | 52552 | 长洲街道 | Changzhou | 36478 |
| 新塘街道 | Xintang | 41207 | 番禺区 | Panyu | 1764828 |
| 白云区 | Baiyun | 2223150 | 市桥街道 | Shiqiao | 168701 |
| 三元里街道 | Sanyuanli | 100149 | 沙头街道 | Shatou | 35201 |

专9　续表2　continued

单位：人　　　　(person)

| 地　区 | Street /Town | 人口数 Total Population | 地　区 | Street /Town | 人口数 Total Population |
|---|---|---|---|---|---|
| 东环街道 | Donghuan | 52965 | 横沥镇 | Hengli | 30492 |
| 桥南街道 | Qiaonan | 72695 | 黄阁镇 | Huangge | 43791 |
| 小谷围街道 | Xiaoguwei | 131470 | 萝岗区 | Luogang | 373656 |
| 大石街道 | Dashi | 116107 | 夏港街道 | Xiagang | 44528 |
| 洛浦街道 | Luopu | 89294 | 萝岗街道 | Luogang | 45717 |
| 石壁街道 | Shibi | 32989 | 东区街道 | Dongqu | 85235 |
| 钟村街道 | Zhongcun | 104598 | 联和街道 | Lianhe | 49867 |
| 大龙街道 | Dalong | 129515 | 永和街道 | Yonghe | 55044 |
| 南村镇 | Nancun | 129076 | 九龙镇 | Jiulong | 93265 |
| 新造镇 | Xinzao | 27248 | 增城市 | Zengcheng | 1037109 |
| 化龙镇 | Hualong | 53142 | 荔城街道 | Licheng | 191777 |
| 石楼镇 | Shilou | 90381 | 增江街道 | Zengjiang | 78072 |
| 东涌镇 | Dongchong | 147228 | 朱村街道 | Zhucun | 43557 |
| 大岗镇 | Dagang | 125011 | 新塘镇 | Xintang | 391287 |
| 榄核镇 | Lanhe | 73078 | 石滩镇 | Shitan | 121674 |
| 沙湾镇 | Shawan | 88695 | 中新镇 | Zhongxin | 78293 |
| 石基镇 | Shiji | 97434 | 正果镇 | Zhengguo | 40387 |
| 花都区 | Huadu | 945005 | 派潭镇 | Paitan | 58337 |
| 新华街道 | Xinhua | 381311 | 小楼镇 | Xiaolou | 33725 |
| 梯面镇 | Timian | 9516 | 从化市 | Conghua | 593415 |
| 花山镇 | Huashan | 99262 | 街口街道 | Jiekou | 96846 |
| 花东镇 | Huadong | 118736 | 江埔街道 | Jiangpu | 95843 |
| 炭步镇 | Tanbu | 55797 | 城郊街道 | Chengjiao | 79085 |
| 赤坭镇 | Chini | 56609 | 温泉镇 | Wenquan | 55194 |
| 狮岭镇 | Shiling | 203254 | 良口镇 | Liangkou | 32829 |
| 雅瑶镇 | Yayao | 20520 | 吕田镇 | Lvtian | 23430 |
| 南沙区 | Nansha | 259900 | 太平镇 | Taiping | 94369 |
| 南沙街道 | Nansha | 112151 | 鳌头镇 | Aotou | 111308 |
| 珠江街道 | Zhujiang | 28575 | 流溪河林场 | Liuxihe | 4511 |
| 万顷沙镇 | Wanqing | 44891 | | | |

# 专10 第七次全国人口普查分镇（街）常住人口数

# Resident Population by Street and Town of the Seventh Nation Population Census

单位：人 (person)

| 地 区 | Street /Town | 人口数 Total Population | 地 区 | Street /Town | 人口数 Total Population |
|---|---|---|---|---|---|
| 广州市 | **Guangzhou** | 18676605 | 农林街道 | Nonglin | 41801 |
| 荔湾区 | Liwan | 1238305 | 梅花村街道 | Meihua | 88958 |
| 沙面街道 | Shamian | 3180 | 黄花岗街道 | Huanghuagang | 93745 |
| 岭南街道 | Lingnan | 29280 | 华乐街道 | Huale | 44220 |
| 华林街道 | Hualin | 48265 | 建设街道 | Jianshe | 41655 |
| 多宝街道 | Duobao | 48640 | 大塘街道 | Datang | 44351 |
| 昌华街道 | Changhua | 35289 | 珠光街道 | Zhuguang | 52146 |
| 逢源街道 | Fengyuan | 70560 | 大东街道 | Dadong | 71083 |
| 龙津街道 | Longjin | 52949 | 白云街道 | Baiyun | 44508 |
| 金花街道 | Jinhua | 56118 | 登峰街道 | Dengfeng | 80870 |
| 彩虹街道 | Caihong | 56116 | 矿泉街道 | Kuangquan | 77495 |
| 南源街道 | Nanyuan | 84121 | 海珠区 | Haizhu | 1819037 |
| 西村街道 | Xicun | 60553 | 赤岗街道 | Chigang | 159684 |
| 站前街道 | Zhanqian | 34872 | 新港街道 | Xingang | 109614 |
| 桥中街道 | Qiaozhong | 69516 | 昌岗街道 | Changgang | 92079 |
| 白鹤洞街道 | Baihedong | 74442 | 江南中街道 | Jiangnanzhong | 75557 |
| 冲口街道 | Chongkou | 72918 | 滨江街道 | Binjiang | 67862 |
| 花地街道 | Huadi | 35117 | 素社街道 | Sushe | 68871 |
| 石围塘街道 | Shiweitang | 95608 | 海幢街道 | Haichuang | 58394 |
| 茶滘街道 | Chajiao | 74729 | 南华西街道 | Nanhuaxi | 33330 |
| 东漖街道 | Dongjiao | 63997 | 龙凤街道 | Longfeng | 97048 |
| 海龙街道 | Hailong | 70423 | 沙园街道 | Shayuan | 73210 |
| 东沙街道 | Dongsha | 55470 | 南石头街道 | Nanshitou | 127008 |
| 中南街道 | Zhongnan | 46142 | 凤阳街道 | Fengyang | 164070 |
| 越秀区 | Yuexiu | 1038643 | 瑞宝街道 | Ruibao | 170684 |
| 洪桥街道 | Hongqiao | 36766 | 江海街道 | Jianghai | 124010 |
| 北京街道 | Beijing | 43632 | 琶洲街道 | Pazhou | 70699 |
| 六榕街道 | Liurong | 71163 | 南洲街道 | Nanzhou | 161415 |
| 流花街道 | Liuhua | 13045 | 华洲街道 | Huazhou | 88695 |
| 光塔街道 | Guangta | 63650 | 官洲街道 | Guanzhou | 76807 |
| 人民街道 | Renmin | 50260 | 天河区 | Tianhe | 2241826 |
| 东山街道 | Dongshan | 79295 | 五山街道 | Wushan | 142324 |

专10　续表1　continued

单位：人 (person)

| 地　区 | Street /Town | 人口数 Total Population | 地　区 | Street /Town | 人口数 Total Population |
|---|---|---|---|---|---|
| 员村街道 | Yuancun | 123692 | 嘉禾街道 | Jiahe | 175410 |
| 车陂街道 | Chebei | 172529 | 均禾街道 | Junhe | 172155 |
| 沙河街道 | Shahe | 44197 | 石井街道 | Shijing | 127503 |
| 石牌街道 | Shipai | 177781 | 金沙街道 | Jinsha | 152317 |
| 沙东街道 | Shadong | 36572 | 云城街道 | Yuncheng | 78532 |
| 天河南街道 | Tianhenan | 69844 | 鹤龙街道 | Helong | 132737 |
| 林和街道 | Linhe | 74111 | 白云湖街道 | Baiyunhu | 166715 |
| 兴华街道 | Xinghua | 112234 | 石门街道 | Shimen | 99604 |
| 棠下街道 | Tangxia | 264809 | 龙归街道 | Longgui | 194776 |
| 天园街道 | Tianyuan | 92655 | 大源街道 | Dayuan | 182245 |
| 猎德街道 | Liede | 50063 | 人和镇 | Renhe | 211248 |
| 冼村街道 | Xiancun | 58550 | 太和镇 | Taihe | 131793 |
| 元岗街道 | Yuangang | 52355 | 钟落潭镇 | Zhongluotan | 275130 |
| 黄村街道 | Huangcun | 86879 | 江高镇 | Jianggao | 220835 |
| 长兴街道 | Changxing | 127792 | 黄埔区 | Huangpu | 1264447 |
| 龙洞街道 | Longdong | 111342 | 黄埔街道 | Huangpu | 92568 |
| 凤凰街道 | Fenghuang | 107640 | 红山街道 | Hongshan | 45888 |
| 前进街道 | Qianjin | 92768 | 鱼珠街道 | Yuzhu | 67335 |
| 珠吉街道 | Zhuji | 143158 | 大沙街道 | Dasha | 61888 |
| 新塘街道 | Xintang | 100531 | 文冲街道 | Wenchong | 71569 |
| 白云区 | Baiyun | 3742991 | 穗东街道 | Suidong | 65752 |
| 三元里街道 | Sanyuanli | 89671 | 南岗街道 | Nangang | 93235 |
| 松洲街道 | Songzhou | 152484 | 长洲街道 | Changzhou | 39835 |
| 景泰街道 | Jingtai | 97235 | 夏港街道 | Xiagang | 44641 |
| 同德街道 | Tongde | 154425 | 萝岗街道 | Luogang | 84956 |
| 黄石街道 | Huangshi | 151580 | 云埔街道 | Yunpu | 208636 |
| 棠景街道 | Tangjing | 143969 | 联和街道 | Lianhe | 109807 |
| 新市街道 | Xinshi | 110563 | 永和街道 | Yonghe | 101405 |
| 同和街道 | Tonghe | 151243 | 长岭街道 | Changling | 46244 |
| 京溪街道 | Jingxi | 142334 | 九佛街道 | Jiufo | 21342 |
| 永平街道 | Yongping | 228487 | 龙湖街道 | Longhu | 67390 |

专10 续表2 continued

单位：人 (person)

| 地 区 | Street /Town | 人口数 Total Population | 地 区 | Street /Town | 人口数 Total Population |
|---|---|---|---|---|---|
| 新龙镇 | Xinlong | 41956 | 珠江街道 | Zhujiang | 38710 |
| 番禺区 | Panyu | 2658397 | 龙穴街道 | Longxue | 13588 |
| 市桥街道 | Shiqiao | 246881 | 万顷沙镇 | Wanqing | 46045 |
| 沙头街道 | Shatou | 115083 | 横沥镇 | Hengli | 42281 |
| 东环街道 | Donghuan | 96479 | 黄阁镇 | Huangge | 94809 |
| 桥南街道 | Qiaonan | 117469 | 东涌镇 | Dongchong | 170772 |
| 小谷围街道 | Xiaoguwei | 142550 | 大岗镇 | Dagang | 114324 |
| 大石街道 | Dashi | 280847 | 榄核镇 | Lanhe | 88966 |
| 洛浦街道 | Luopu | 256442 | 从化区 | Conghua | 717684 |
| 石壁街道 | Shibi | 67980 | 街口街道 | Jiekou | 97039 |
| 钟村街道 | Zhongcun | 203710 | 江埔街道 | Jiangpu | 146131 |
| 大龙街道 | Dalong | 235727 | 城郊街道 | Chengjiao | 105675 |
| 南村镇 | Nancun | 341703 | 温泉镇 | Wenquan | 61766 |
| 新造镇 | Xinzao | 45818 | 良口镇 | Liangkou | 37606 |
| 化龙镇 | Hualong | 68958 | 吕田镇 | Lvtian | 24094 |
| 石楼镇 | Shilou | 169106 | 太平镇 | Taiping | 119109 |
| 沙湾镇 | Shawan | 132355 | 鳌头镇 | Aotou | 126264 |
| 石碁镇 | Shiji | 137289 | 增城区 | Zengcheng | 1466331 |
| 花都区 | Huadu | 1642360 | 荔城街道 | Licheng | 202589 |
| 新华街道 | Xinhua | 397267 | 增江街道 | Zengjiang | 109727 |
| 花城街道 | Huacheng | 155343 | 朱村街道 | Zhucun | 58713 |
| 秀全街道 | Xiuquan | 186418 | 永宁街道 | Yongning | 154015 |
| 新雅街道 | Xinya | 171899 | 荔湖街道 | Lihu | 57970 |
| 梯面镇 | Timian | 11180 | 宁西街道 | Ningxi | 54550 |
| 花山镇 | Huashan | 122929 | 新塘镇 | Xintang | 389448 |
| 花东镇 | Huadong | 176063 | 石滩镇 | Shitan | 139728 |
| 炭步镇 | Tanbu | 63970 | 中新镇 | Zhongxin | 110327 |
| 赤坭镇 | Chini | 58994 | 正果镇 | Zhengguo | 35574 |
| 狮岭镇 | Shiling | 298297 | 派潭镇 | Paitan | 63178 |
| 南沙区 | Nansha | 846584 | 小楼镇 | Xiaolou | 36098 |
| 南沙街道 | Nansha | 237089 | 仙村镇 | Xiancun | 54414 |

# 主要统计指标解释

**【家庭户】**指以家庭成员关系为主、居住一处共同生活的人组成的户。

**【平均受教育年限】**平均受教育年限是将各种受教育程度折算成受教育年限计算平均数得出的，具体的折算标准是：小学=6 年，初中=9 年，高中=12 年，大专及以上=16 年。

**【文盲率】**指市内 11 个区常住人口中 15 岁及以上不识字人口所占比例。

# Explanatory Notes on Main Statistical Indicators

**【Family households】**Family households refers to households consisting of persons, bonded by family relations, staying under the same roof and sharing living arrangement.

**【Average years of schooling】**Average years of schooling are means of schooling years converted from the duration of each level of education. Specifically, primary school=6 years, junior secondary school=9 years, senior secondary school=12 years, and junior college and above=16 years.

**【Illiteracy rate】**Illiteracy rate refers to the population of 15 years old and above who cannot read divided by the population in the 11 districts of Guangzhou.

# 附录 APPENDIX

# 附 1 全国国民经济主要指标

# Appendix Ⅰ. Main Indicators of National Economy of China

| 项　　目 | Item | 2019 | 2020 |
|---|---|---|---|
| 年末总人口 (万人) | Year-end Population (10000 persons) | 140005 | 141178 |
| 国内生产总值 (亿元) | Gross Domestic Product (100 million yuan) | 986515 | 1015986 |
| # 第一产业 | Added Value of Agriculture | 70474 | 77754 |
| 工业增加值 | Added Value of Industry | 311859 | 313071 |
| 全社会固定资产投资额 (亿元) | Total Investment in Fixed Assets (100 million yuan) | 560874 | 527270 |
| 社会消费品零售总额 (亿元) | Total Retail Sales of Consumer Goods (100 million yuan) | 408017 | 391981 |
| 货物周转量 (亿吨公里) | Total Freight To-kilometers (100 million ton-km) | 199394 | 202069 |
| 旅客周转量 (亿人公里) | Total Passener-kilometers (100 million passenger-km) | 35349 | 19251 |
| 邮政业务总量 (亿元) | Business Volume of Postal Services (100 million yuan) | 16230 | 21053 |
| 电信业务总量 (亿元) | Business Volume of Telecommunication Services (100 million yuan) | 106811 | 136758 |
| 货物进出口总额 (亿元) | Total Imports & Exports through Customs (100 million yuan) | 315627 | 321557 |
| 进口总额 (亿元) | Total Imports through Customs (100 million yuan) | 143254 | 142231 |
| 出口总额 (亿元) | Total Exports through Customs (100 million yuan) | 172374 | 179326 |
| 实际使用外商直接投资 (亿美元) | Amount of Capital Actually Used in Foreign Direct Investment (USD 100 million) | 1381 | 1444 |
| 一般公共预算收入 (亿元) | General Budgetary Expenditure (100 million yuan) | 190390 | 182895 |
| 居民消费价格总指数 (上年=100) | General Consumer Price Index (preceding year=100) | 102.9 | 102.5 |
| 城镇非私营单位就业人员年平均工资 (元) | Average Wage of Employed persons in Urban Units (yuan) | 90501 | 97379 |
| 城镇居民年人均可支配收入 (元) | Per Capita Annual Disposable Income of Urban Residents (yuan) | 42359 | 43834 |
| 农村居民年人均可支配收入 (元) | Per Capita Annual Disposable Income of Rural Residents (yuan) | 16021 | 17131 |
| 在校学生数 | Number of Enrolled Students by Level of School | | |
| # 普通本专科学校 (万人) | Undergraduate in Regular HEIS (10000 persons) | 3031.5 | 3285.3 |
| 普通高中学校 (万人) | Regular Senior Secondary Schools (10000 persons) | 2414.3 | 2494.5 |
| 普通小学 (万人) | Primary Schools (10000 persons) | 10561.2 | 10725.4 |
| 医疗卫生机构床位数 (万张) | Hospital Beds (10000 units) | 881 | 911 |
| 卫生技术人员 (万人) | Medical Technical Personnel (10000 persons) | 1015 | 1067 |
| # 执业医师和执业助理医师 | Doctors and Assistant Medical Practitioners | 387 | 408 |

注：1. 2019年为最终统计数据，2020年为初步统计数据。

2. 规模以上港口的统计范围为年通过能力在100万吨以上的沿海港口和200万吨以上的内河港口，以及从事外贸、集装箱装卸的港口，具体范围由交通运输部划定。

Note: I. The figures of 2020 are preliminary statistics, and the figures of 2019 are finally statistics.

II. Data on production capacity and handing capacity include the seaports handing cargo more than 1 million tons. Inland river ports with turnover over 2 million tons and ports with operation in foreign trade and containing shipping. The specific scope are decided by the Administration of Transportation.

# 附 2 广东省国民经济主要指标

# Appendix Ⅱ. Main Indicators of National Economy of Guangdong Province

| 项目 | Item | 2019 | 2020 |
|---|---|---|---|
| 年末常住人口 (万人) | Year-end Population (10000 persons) | 12489 | 12624 |
| 年末就业人员人数 (万人) | Year-end Employed Persons (10000 persons) | 6995 | 7039 |
| 地区生产总值 (亿元) | Gross Domestic Products (100 million yuan) | 107986.92 | 110760.94 |
| 人均地区生产总值 (元) | Per Capita GDP (yuan) | 86956 | 88210 |
| 社会消费品零售总额 (亿元) | Total Retail Sales of Consumer Goods (100 million yuan) | 42951.75 | 40207.85 |
| 货物周转量 (亿吨公里) | Total Freight To-kilometers (10 million ton-km) | 27635.68 | 27575.18 |
| 旅客周转量 (亿人公里) | Total Passener-kilometers (100 million passenger-km) | 4764.98 | 2617.23 |
| 港口货物吞吐量 (万吨) | Volume of Freight Handled at Ports (10000 tons) | 191819 | 202226 |
| 邮电业务总量 (亿元) | Business Volume of Postal and Telecommunication Services (100 million yuan) | 16451.23 | 20833.11 |
| 进口总值 (亿元) | Total Imports (100 million) | 28068.35 | 27369.58 |
| 出口总值 (亿元) | Total Exports ( 100 million) | 43416.04 | 43493.07 |
| 实际利用外商直接投资 (亿元) | Amount of Direct Foreign Capital Actually Used (100 million) | 1522.00 | 1620.29 |
| 地方一般公共预算收入 (亿元) | General Public Budgetary Revenue of Local Government (100 million yuan) | 12654.53 | 12923.85 |
| 地方一般公共预算支出 (亿元) | General Public Budgetary Expenditure of Local Government (100 million yuan) | 17297.85 | 17430.79 |
| 居民消费价格指数 (上年=100) | General Consumer Price Index (preceding year=100) | 103.4 | 102.6 |
| 工业生产者出厂价格指数 (上年=100) | Producer Price Index for Manufactured Goods (preceding year=100) | 100.2 | 99.0 |
| 工业生产者购进价格指数 (上年=100) | Producer Price Index for Purchased Goods (preceding year=100) | 99.2 | 97.4 |
| 城镇非私营单位就业人员年平均工资(元) | Average Wage of Fully Employed Staff and Workers in Urban Units (yuan) | 98889 | 108045 |
| 城镇常住居民人均可支配收入 (元) | Per Capita Disposable Income of Urban Residents (yuan) | 48118 | 50257 |
| 农村常住居民人均可支配收入 (元) | Per Capita Disposable Income of Rural Residents (yuan) | 18818 | 20143 |
| 在校学生数 (万人) | Number of Enrolled Students by Level of School (10000 persons) | | |
| 普通高等学校 | Institutions of Higher Education | 205.40 | 240.02 |
| 中等职业教育学校 | Secondary Vocational Schools | 85.97 | 86.68 |
| 普通中学 | Regular Secondary Schools | 572.77 | 595.82 |
| 小 学 | Primary Schools | 1033.43 | 1057.11 |
| 医院及卫生院床位 (万张) | Hospital Beds (10000 units) | 50.39 | 52.39 |
| 卫生技术人员 (万人) | Medical Technical Personnel (10000 persons) | 79.51 | 83.21 |
| # 医 生 | Doctors | 29.21 | 30.73 |

# 附 3　中国香港特别行政区主要统计指标

# Appendix Ⅲ. Main Indicators of Hong Kong Special Administrative Region

| 项　　目 | Item | 2019 | 2020 |
|---|---|---|---|
| **人口及生命统计** | **Population and Vital Events** | | |
| 总人口(年中数)　(万人) | Mid-year Population　(10000 persons) | 750.7 | 748.2 |
| 男　性 | Male | 342.3 | 341.6 |
| 女　性 | Female | 408.4 | 406.6 |
| 粗出生率　(‰) | Crude Birth Rate　(‰) | 7.0 | 5.8 |
| 粗死亡率　(‰) | Crude Death Rate　(‰) | 6.5 | 6.7 |
| **劳动、就业** | **Labor and Employment** | | |
| 劳动人口　(万人) | Labor Force　(10000 persons) | 396.6 | 388.8 |
| 劳动人口参与率　(%) | Labor Force Participation Rate　(%) | 60.6 | 59.6 |
| 失业率　(%) | Unemployment Rate　(%) | 2.9 | 5.8 |
| 就业不足率　(%) | Underemployment Rate　(%) | 1.1 | 3.3 |
| **本地生产总值** | **Gross Domestic Product　(GDP)** | | |
| 本地生产总值(按2018年环比物量计算)　(亿港元) | GDP　(At 2018 Link Ratios, HKD 100 million) | 27997 | 26277 |
| 人均本地生产总值(按2018年环比物量计算)(港元) | Per Capita GDP　(At 2018 Link Ratios, HKD) | 372925 | 351218 |
| 本地生产总值(按当年价格计算)　(亿港元) | GDP　(At Current Prices, HKD 1000 million) | 28657 | 27107 |
| 人均本地生产总值(按当年价格计算)　(港元) | Per Capita GDP　(At Current Prices, HKD) | 381711 | 362310 |
| **本地居民总收入(按当年价格计算)　(亿港元)** | **Gross National Income (at current prices) (GNI)** | | |
| 本地居民总收入　(亿港元) | GNI　(HKD 100 million) | 30138 | 28592 |
| 人均本地居民总收入　(港元) | GNI per capita　(HKD) | 401450 | 382147 |
| **工业生产** | **Industrial Production** | | |
| 工业生产指数　(2015年=100) | Index of Industrial Production　(2015 = 100) | 101.7 | 95.8 |
| 工业电力消费量　(万亿焦耳) | Industrial Electricity Consumption　(Terajoule) | 10815 | 10672 |
| 工业煤气消费量　(万亿焦耳) | Industrial Gas Consumption　(Terajoule) | 1824 | 1653 |
| **对外商品贸易** | **External Merchandise Trade** | | |
| 进口　(亿港元) | Imports　(CIF, HKD 100 million) | 44154 | 42698 |
| 香港产品出口　(亿港元) | Domestic Exports　(HKD 100 million) | 478 | 474 |
| 转口　(亿港元) | Re-exports　(HKD 100 million) | 39409 | 38801 |

附 3　续表 continued

| 项　　目 | Item | 2019 | 2020 |
|---|---|---|---|
| **对外服务贸易** | **Trade in Service** | | |
| 服务输出　（亿港元） | Exports of Service　(HKD 100 million) | 7989 | 4949 |
| 服务进口　（亿港元） | Inports of Service　(HKD 100 million) | 6342 | 3958 |
| 房屋及物业 | **Housing and Property** | | |
| 已登记物业买卖合约涉及的价值 | Value of registered Agreements for Sale | | |
| 住宅　（亿港元） | Residential　(HKD 100 million) | 5488 | 5482 |
| 非住宅　（亿港元） | Non-Residential　(HKD 100 million) | 1436 | 802 |
| 总计　（亿港元） | Total　(HKD 100 million) | 6924 | 6284 |
| 楼宇售价指数　（1999年=100） | Property price index　(Year 1999=100) | | |
| 私人住宅单位 | Private Residence | 383.0 | 381.2 |
| 私人写字楼　（甲级、乙级及丙级） | Private Office Building　( Grade A, B & C) | 543.0 | 468.1 |
| **运输、通讯及旅游** | **Transport , Communications and Tourism** | | |
| 进出香港货物总量　（万吨） | Inward and Outward Movements of Cargo　(10000 tons) | | |
| 总卸下 | Total Discharged | 18566 | 18361 |
| 总装上 | Total Loaded | 10276 | 8892 |
| 集装箱吞吐量　（万标准集装箱） | Container Throughput　(10000 TEUs) | 1830 | 1797 |
| 电话服务　（万条操作线路） | Telephone Services　(10000 working lines) | 405 | 393 |
| 访港旅客　（万人次） | Visitors Arrivals　(10000 person-times) | 5591 | 357 |
| 酒店入住率　（%） | Hotel Room Occupancy Rate　(%) | 79 | 46 |
| **政府收支　（亿港元）** | **Public Accounts　(HKD 100 million)** | | |
| 政府收入（财政年度由4月1日至3月31日） | Total Government Revenue　(Fiscal year: Apr. - Mar.) | 5998 | 5987 |
| 政府支出（财政年度由4月1日至3月31日） | Total Government Expenditure (Fiscal year: Apr. - Mar.) | 5318 | 6093 |
| **消费价格指数　（按年变动率）** | **Consumer Price Indices　(Oct.2014 - Sept.2015 = 100)** | | |
| 综合消费价格指数 | Composite Consumer Price Index | 110.1 | 110.5 |
| **教育程度　（万人）** | **Education　(Student enrolment by level of education) (10000 persons)** | | |
| 小学学生人数 | Primary | 37.72 | 36.83 |
| 中学学生人数 | Secondary | 34.26 | 34.35 |
| 专上教育学生人数 | Post-secondary | 32.00 | 31.45 |

# 附 4　中国澳门特别行政区主要统计指标

# Appendix Ⅳ. Main Indicators of Macao Special Administrative Region

| 项　　目 | | Item | | 2019 | 2020 |
|---|---|---|---|---|---|
| **人口及生命统计** | | **Population and Vital Events** | | | |
| 年中人口估计 | （万人） | Mid-year Estimates of Population | (10000 persons) | 67.2 | 68.5 |
| 出生率 | （‰） | Crude Birth Rate | (‰) | 8.9 | 8.1 |
| 死亡率 | （‰） | Crude Death Rate | (‰) | 3.4 | 3.3 |
| **劳动、就业** | | **Labour** | | | |
| 劳动人口 | （万人） | Labour Force | (10000 persons) | 39.5 | 40.5 |
| 劳动力参与率 | （%） | Labour Force Participation Rate | (%) | 70.3 | 70.5 |
| 失业率 | （%） | Unemployment Rate | (%) | 1.7 | 2.5 |
| 就业不足率 | （%） | Underemployment Rate | (%) | 0.5 | 3.5 |
| **本地生产总值** | | **Gross Domestic Product** | | | |
| **以2018年环比物量计算** | | **At 2018 Link Ratios** | | | |
| 本地生产总值 | （亿澳门元） | GDP | (100 million MOP) | 4346.9 | 1899.2 |
| 人均本地生产总值 | （万澳门元） | GDP per Capita | (100 million MOP) | 64.5 | 27.9 |
| 按当年价格计算 | | At Current Prices | | | |
| 本地生产总值 | （亿澳门元） | GDP | (100 million MOP) | 4451.2 | 1944.0 |
| 人均本地生产总值 | （万澳门元） | GDP per Capita | (10000 MOP) | 66.1 | 28.5 |
| **对外商品贸易** | | **External Merchandise Trade** | | | |
| 出口总值 | （亿澳门元） | Exports | (100 million MOP) | 128.0 | 108.1 |
| 进口总值 | （亿澳门元） | Imports | (100 million MOP) | 901.3 | 925.6 |
| **运输、旅游** | | **Transport &Tourism** | | | |
| 进出澳门货运车数目 | （万次） | Lorries Entering and Departing Macao | (10000 times) | 34.1 | 29.8 |
| 访澳旅客 | （万人次） | Visitors Arrival | (10000 person-times) | 3940.6 | 589.7 |
| 酒店入住率 | （%） | Hotel Room Occupancy Rate | (%) | 91 | 29 |
| **财政收支** | | **Government Accounts** | | | |
| 公共财政总收入 | （亿澳门元） | Total Government Revenue | (100 million MOP) | 1407.3 | 1016.7 |
| 公共财政总支出 | （亿澳门元） | Total Government Expenditure | (100 million MOP) | 846.8 | 961.3 |
| **消费价格指数** | | **Consumer Price Index** | | | |
| 综合消费价格指数(2018年4月至2019年3月=100) | | Composite Consumer Price Index (Apr.2018 - Mar.2019 = 100) | | 101.78 | 102.60 |
| **教　育** | | **Education** | | | |
| 小学生 | （人） | Primary Education | (person) | 33961 | 35450 |
| 中学生 | （人） | Secondary Education | (person) | 26396 | 27627 |
| 高等教育学生 | （人） | Higher Education | (person) | 36107 | 39093 |

注：2020年数据在日后得到更多资料时会作出修订。

Notes: Figures of 2020 are subject to revision as more data become available.

# 中国统计出版社有限公司最新图书简目

(仅供参考,以实际出版为准)

## 统计资料

中国统计年鉴　中国统计摘要　中国第三产业统计年鉴
中国第三次全国农业普查综合资料　国际统计年鉴　金砖国家联合统计手册
中国-东盟国家统计手册　中国农村统计年鉴　中国县域统计年鉴
中国农产品价格调查年鉴　中国城市统计年鉴　中国价格统计年鉴
中国贸易外经统计年鉴　中国零售和餐饮连锁企业统计年鉴　中国商品交易市场统计年鉴
大中型批发零售和住宿餐饮企业统计年鉴　中国住户调查年鉴　中国工业统计年鉴
中国环境统计年鉴　中国能源统计年鉴　中国建筑业统计年鉴
中国房地产统计年鉴　中国投资领域统计年鉴　长江经济带发展统计年鉴
中国人口和就业统计年鉴　中国劳动统计年鉴　中国社会统计年鉴
中国科技统计年鉴　中国高技术产业统计年鉴　全国企业创新调查年鉴
中国文化及相关产业统计年鉴　中国妇女儿童状况统计资料　中国青年发展状况统计年鉴
中国基本单位统计年鉴　中国教育统计年鉴　中国教育经费统计年鉴
中国民族统计年鉴　中国残疾人事业统计年鉴　中国电力统计年鉴

## 省级综合统计年鉴系列

北京 天津 河北 山西 内蒙古 辽宁 吉林 黑龙江 上海 江苏 浙江 安徽 福建 江西 山东 河南 湖北 湖南
广东 广西 海南 重庆 四川 贵州 云南 西藏 陕西 甘肃 青海 宁夏 新疆 新疆生产建设兵团

## 市(县)级综合统计年鉴系列

滨海新区 石家庄 唐山 邯郸 邢台 保定 承德 沧州 衡水 太原 大同 晋城 晋中 长治 忻州 朔州 临汾 运城
阳泉 吕梁 呼和浩特 包头 鄂尔多斯 赤峰 大连 长春 四平 延吉 延边 哈尔滨 齐齐哈尔 黑龙江垦区 浦东新区
南京 无锡 徐州 常州 苏州 南通 淮安 盐城 扬州 镇江 宿迁 江阴 丹阳 海门 张家港 通州 如东 杭州 宁波
绍兴 台州 温州 金华 嘉兴 湖州 丽水 舟山 合肥 安庆 福州 厦门 漳州 宁德 龙岩 莆田 泉州 三明 南平 思明
南昌 上饶 抚州 赣州 九江 景德镇 宁都 济南 青岛 枣庄 潍坊 聊城 郑州 洛阳 三门峡 南阳 商丘 平顶山
信阳 济源 武汉 宜昌 十堰 荆州 荆门 咸宁 黄冈 长沙 广州 东莞 惠州 深圳 汕尾 珠海 南宁 桂林 柳州
防城港 贵港 梧州 玉林 钦州 海口 三亚 儋州 成都 贵阳 毕节 黔南 昆明 文山 德宏 西安 安康 延安 汉中
渭南 商洛 榆林 银川 兰州 庆阳 乌鲁木齐

## 调查年鉴系列

天津 内蒙古 上海 河南 湖北 湖南 广西 重庆 四川 云南 甘肃 宁夏 南宁 桂林 贵港 昆明

## 统计方法应用/实用手册

Python数据分析基础（第二版）　非参数统计（第五版）　现代金融投资统计分析（第四版）
国民经济核算初级教程（第二版）　国民经济核算教程（第五版）　概率统计基础
全国统计专业技术资格考试系列考试用书：统计业务知识（第四版修订版）　统计业务知识学习指导与习题
全国统计专业技术资格考试系列考试用书：统计相关知识（第四版）　统计相关知识学习指导与习题

## 统计通俗读物/统计科普图书

领导干部统计知识问答（第二版）　统计公文写作及会议办理实用手册　大数据在统计工作中的应用案例汇编
中国国民经济核算知识问答（修订版）　地区生产总值核算国际比较研究　新中国统计制度方法的发展与改革

## 重点图书

第七次全国人口普查年鉴　第四次全国经济普查地图集　中国经济普查年鉴2018
新编英汉汉英统计大词典　中国国民经济核算体系2016　国民经济行业分类注释
挑大学选专业2020—考研择校指南　挑大学选专业2020—高考志愿填报指南　中华医学统计百科全书